U0164128

孫希旦撰
沈嘯寰 王星賢 點校

禮記集解

上

文史哲出版社印行

禮記集解

著者：孫希旦
出版者：文史哲出版社
登記證字號：行政院新聞局局版臺業字〇七五五號
發行所：文史哲出版社
印刷者：文史哲出版社
台北市羅斯福路一段七十二巷四號
郵撥〇五一二八八一二彭正雄帳戶
電話：三五一一〇二八
實價新台幣八〇〇元
中華民國七十九年八月文一版

版權所有・翻印必究

ISBN 957-547-014-1

本書點校說明

禮記有大戴禮記與小戴禮記之分，前者一名大戴禮或大戴記，後者一名小戴禮或小戴記。通常所說的禮記，都是指後者。傳統的說法認爲大戴記是漢元帝時戴德所編，小戴記是其姪戴聖所編。

漢書藝文志書類云：「武帝末，魯共王壞孔子宅，欲以廣其宮，而得古文尚書及禮記、論語、孝經凡數十篇，皆古文也。」禮類云：「禮古經五十六卷，經十七篇，后氏、戴氏。記百三十一篇，七十子後學者所記也。」又云：「漢興，魯高堂生傳士禮十七篇。迄孝宣世，后倉最明。戴德、戴聖、慶普皆其弟子，三家立於學官。」漢書儒林傳也說：「倉說禮數萬言，號曰后氏曲臺記，授沛聞人通漢子方、梁戴德延君、戴聖次君、沛慶普孝公。孝公爲東平太傅。德號大戴，爲信都太傅。聖號小戴，以博士論石渠，至九江太守。由是禮有大戴、小戴、慶氏之學。」二戴的生卒年月不詳，其生平之可考者亦僅見於此。

史書最早將二戴之書分別定名爲大戴禮記與禮記，首推隋書經籍志：「大戴禮記十三卷，漢信都王太傅戴德撰。」「禮記二十卷，漢九江太守戴聖撰，鄭玄注。」隋志所載，是根據鄭玄之說。唐孔穎達作禮記正義，引鄭玄的六藝論云：「戴德傳記八十五篇，則大戴禮是也。戴聖傳記四十九篇，則此禮記是也。」但六藝論僅見著錄於隋志，久已佚失，今不傳，故正史所載，還是以隋志爲最早。

隋志又說：「漢初，河間獻王又得仲尼弟子及後學者所記一百三十一篇獻之，時亦無傳之者。至劉向考校經籍，檢得一百三十篇，向因第而敍之。而又得明堂陰陽記三十三篇，孔子三朝記七篇，王史氏記二十一篇，樂記二十三篇，凡五種，合二百十四篇。戴德刪其繁重，合而記之，爲八十五篇，謂之大戴記。而戴聖又刪大戴之書，爲四十六篇，謂之小戴記。漢末，馬融遂傳小戴之學。融又定月令一篇，明堂位一篇，樂記一篇，合四十九篇。」

據漢志及隋志所載，七十子後學者所記之記爲一百三十一篇，而大戴所傳爲十三卷八十五篇，小戴記爲二十卷四十九篇。大戴之學，漢初雖與小戴、慶氏三家並立博士，而至東漢時，「大戴無傳學者，唯鄭注周禮、儀禮、禮記並立學官」（見唐陸德明經典釋文序錄）。故大戴之書，流傳不廣，不爲學者所重視，直至北周才有盧辯爲之作注，而隋志及唐志、宋志均不予著錄。今所存者僅四十篇，始於主言第三十九，終於易本命第八十一，其餘各篇均闕，卷數則與隋志合。小戴之書，除鄭注以外，後漢盧植、魏王肅、孫炎、劉宋業遵、庾蔚之等都曾爲之作過注解，而且陸氏釋文又有禮記音義四卷，孔穎達又作了禮記正義。其後，宋方慤著有禮記集解，宋衛湜、元陳澔都著有禮記集說，如此等等。正由於此，故小戴記二十卷四十九篇一直流傳至今。

儘管二戴記的遭遇有天淵之別，但兩書的內容與文字却不無相同相類之處。例如小戴記雜記下「成廟則釁之」至「既反命乃退」，祭義「曾子曰『孝有三』」至「不羞其親，可謂孝矣」，各與大戴記諸侯釁廟、曾子大孝兩篇全文大同小異。其餘如聘義之與朝事篇，喪服四制之與本命篇，亦有類似情形。特別有小戴記的哀公問與大戴記的哀公問於孔子篇，文字內容基本相同；兩書的投壺篇，不但文字大部份相同，而且篇名亦同。這大概正是隋志說「戴聖刪大戴之書爲四十六篇」的事實依據。

但是，孔穎達的禮記正義說：「禮記之作，出自孔氏。」「七十二之徒共撰所聞，以爲此記。」「中庸是子思伋所作，緇衣公孫尼子所撰。」陸德明的經典釋文序錄也說：「鄭玄云：『月令是呂不韋所撰。』盧植云：『王制是漢時博士所爲。』」又引晉陳邵的周禮論序云：「後漢馬融、盧植，考諸家同異，附戴聖篇章，去其繁重及所敍略，而行於世，卽今之禮記是也。」故清儒認爲，大戴、小戴之書係對流傳的禮記各有去取，小戴並未取大戴之書而刪之。現今所見的禮記，是經過後人整理的，已成爲集體著作，並非原貌了。

清人對二戴記的研究成果超過前代，著述頗豐，有王聘珍的大戴禮記解詁、孔廣森的大戴禮記補注、朱軾的禮記纂言、朱彬的禮記訓纂等等，其中孫希旦所著的禮記集解尤爲著稱。

孫希旦，生於乾隆丙辰(一七三六)，卒於乾隆甲辰(一七八四)，字紹周，號敬軒，浙江瑞安縣人，乾隆戊戌(一七七八)進士及第。曾參修四庫全書，歷任翰林院編修，武英殿分校官，國史三通館纂修官。一生博覽天文、輿地、曆算、卜筮等書，尤精三禮，後更專治小戴禮記。所著除禮記集解外，另有尚書顧命解一卷，求放心齋詩文集若干卷。

禮記四十九篇，記述了以周王朝爲主的秦漢以前的典章、名物、制度和自天子以下各等級的冠、昏、喪、祭、燕、享、朝、聘等禮儀。其中中庸、大學二篇，受到宋儒朱熹的推崇，使之與論語、孟子並列，合稱四書或四子，并爲之作了章句，爲南宋以後的統治者所重視，成爲封建文人的必讀之書。禮記全書文字古奥艱深，有些地方晦澀難明。孫氏的集解共六十一卷，以各篇記文分隸於其下。除學、庸二篇僅著篇目，下標「朱子章句」，不錄記文外，其餘四十七篇，每篇篇首基本上都作了題解。每節除沿用鄭注、孔疏而外，更博采宋、元以來各家之説，旁蒐遠紹，頗爲詳備。末加己見，對每一節的字、詞、語、句幾乎都作了詮釋，析疑解惑，大有助於研究古代經濟、政治、文教以及禮俗、制度。其於前人之説有異議者，則提出辯難，亦頗有創見。故其書頗爲晚近學者所採用，辭海中也有不少條目援引其說。對於文句的斷讀，孫氏亦時有新解。例如周禮量人「與鬱人受斝歷而皆飲之」句，賈疏謂「鬱人與量人歷皆飲之」，以「斝」字絕句，「歷」字連下。而禮記郊特牲「舉斝角，詔妥尸」節下，集解引量人此文則曰「歷與瀝同」，以「斝歷」二字連讀，解爲「尸所祭所啐之餘」。這樣解釋，確使文義由晦轉明。又如儒行篇「今衆人之命儒也妄，常以儒相詬病」，鄭玄以「妄常」連文，注云：「妄之言無也。言今世名儒，無有常人，遭人名爲儒，而以士靳，故相戲。」如此迂迴作解，義仍難曉。孫氏解之曰：「命，名也。妄，無實也。言衆人之名爲儒者，本未嘗有儒之實，故爲人所輕，常以儒相詬病。」此解較符記文原意，似勝鄭注一籌。

清人的著作，版本不多。本書的整理，以最通行的咸豐庚申瑞安孫氏盤谷草堂本爲底本。此本爲販書偶記所著録，當是原刻本。據書目答問補正，此書尚有蘇州新刻本及永嘉叢書本兩種，前者遍查北京圖書館、科學院圖書館、首都圖書館、北京大學及中華書局圖書館均未見，後者卽盤谷草堂本的後印本，並非另雕新版。因無別本可校，故記文及鄭注、孔疏則參考阮刻本十三經注疏（校記中簡稱禮記注疏）及原上海中華書局依聚珍仿宋版排印的四部備要禮記，集解部份則參考原上海商務印書館萬有文庫中的禮記集解（校記中簡稱萬有文庫）。這種印本雖無版本價值，但也從中發現了一些異文。例如：王制「天子之縣內」節，集解引朱子曰「周襄王以原田與晉文」，萬有文庫無「田」字；喪大記「君松榑」節，集解「榑八寸者榑九寸」，萬有文庫上「榑」作「棺」等等。至於集解中的引文，則絕大部份都查對了原書。惟古人引書，文字每有增損，其無碍文義者，則一仍其舊，概不出校（阮元已有校記者亦同）；其有碍文義者，則都出了校記，依次編列注碼，附於本面之後。

本書卷首，載有孫希旦族子鏘鳴的禮記集解序，及孫氏邑人孫衣言所撰的行狀；全書之末，載有孫氏邑人項琪的禮記集解跋。此外，另附錄本書作者的尚書顧命解及孫鏘鳴的尚書顧命解跋，爲萬有文庫所未載。此二篇與禮記關係不大，但篇幅不長，今仍予保留。

本書的點校，限於水平，錯誤疏漏在所難免，敬希讀者多提意見，不吝匡正。

沈嘯寰

民國七十四年十二月

禮記集解 上册 目次

孫鏘鳴序
敬軒先生行狀
卷一 曲禮上第一之一……一
卷二 曲禮上第一之二……二六
卷三 曲禮上第一之三……五二
卷四 曲禮上第一之四……七九
卷五 曲禮下第二之一……一〇四
卷六 曲禮下第二之二……一三八
卷七 檀弓上第三之一……一六三
卷八 檀弓上第三之二……一八八
卷九 檀弓上第三之三……二一六
卷十 檀弓下第四之一……二四二
卷十一 檀弓下第四之二……二七七

卷十二
王制第五之一……三〇九
卷十三
王制第五之二……三三七
卷十四
王制第五之三……三七〇
卷十五
月令第六之一……三九九
卷十六
月令第六之二……四三九
卷十七
月令第六之三……四六五
卷十八
曾子問第七之一……五〇六
卷十九
曾子問第七之二……五二七
卷二十
文王世子第八……五五一
卷二十一
禮運第九之一……五八一
卷二十二
禮運第九之二……六〇四
卷二十三
禮器第十之一……六二四
卷二十四
禮器第十之二……六四六
卷二十五
郊特牲第十一之一……六七〇
卷二十六
郊特牲第十一之二……六九九

禮記集解 下册 目次

卷二十七 內則第十二之一……七三四
卷二十八 內則第十二之二……七五四
卷二十九 玉藻第十三之一……七七四
卷三十 玉藻第十三之二……八〇九
卷三十一 明堂位第十四……八三九
卷三十二 喪服小記第十五之一……八五九
卷三十三 喪服小記第十五之二……八七九
卷三十四 大傳第十六……九〇二
卷三十五 少儀第十七……九一九
卷三十六 學記第十八……九五六
卷三十七 樂記第十九之一……九七五
卷三十八 樂記第十九之二……一〇〇三

卷三十九
雜記上第二十之一……一〇四〇
卷四十
雜記上第二十之二……一〇六二
卷四十一
雜記下第二十一之一……一〇八三
卷四十二
雜記下第二十一之二……一一〇六
卷四十三
喪大記第二十二之一……一一二八
卷四十四
喪大記第二十二之二……一一五九
卷四十五
祭法第二十三……一一九二
卷四十六
祭義第二十四……一二〇七
卷四十七
祭統第二十五……一二三六
卷四十八
經解第二十六……一二五四
哀公問第二十七……一二五八
卷四十九
仲尼燕居第二十八……一二六七
孔子閒居第二十九……一二七四
卷五十
坊記第三十……一二八〇
中庸第三十一朱子章句……一二九六
卷五十一
表記第三十二……一二九七
卷五十二

緇衣第三十三……一三三二
卷五十三
奔喪第三十四……一三三四
卷五十四
問喪第三十五……一三四九
服問第三十六……一三五五
卷五十五
間傳第三十七……一三六四
三年問第三十八……一三七二
卷五十六
深衣第三十九……一三七八
投壺第四十……一三八三
卷五十七
儒行第四十一……一三九八
大學第四十二朱子章句……一四一〇
卷五十八
冠義第四十三……一四一一
昏義第四十四……一四一六
卷五十九
鄉飲酒義第四十五……一四二四
卷六十
射義第四十六……一四三七
燕義第四十七……一四四九
卷六十一
聘義第四十八……一四五六
喪服四制第四十九……一四六八
項琪跋……一四七五
尚書顧命解……一四七七
尚書顧命解跋……一四八六

孫鏘鳴序

小戴之學，鄭注、孔義而外，宋櫟齋衛氏之書綜羅最博，而無所折衷，黄東發以爲浩瀚未易徧觀。自元雲莊陳氏集説出，明人樂其簡易，遂列學官，至今承用，然於禮制則援据多疎，禮意則發明未至，學者弗心饜也。我家敬軒先生，乾隆戊戌廷對，以第三人及第，爲學一宗程、朱，研精覃思，於書無所不窺，旁涉天官、地輿、鍾律、曆算，而致力於三禮尤深，著禮記集解六十一卷。余舅氏㕑湖、几山兩先生屢謀鋟版而未果。咸豐癸丑，鏘鳴自粤右歸，被朝旨治團於鄉，從其曾孫裕昆發篋出之，則纍然巨編。首十卷，几山先生所精校，録藏其副，餘則朱墨雜糅，塗乙紛糾，蓋稿雖屢易，而增改尚多，其間剪紙黏綴，歲久脱落，往往而是。乃索先生所治三禮注疏本及衛氏集説於裕昆所，皆逐字逐句，丹黄已徧，讐勘駁正之説，劄記於簡端者幾滿，遂爲之參互考訂，逾歲而清本定。庚申六月開雕，中更寇亂，迄同治戊辰三月始成，集貲鳩工，藉同人之力爲多。夫禮四十九篇，先王之遺制，聖賢之格言賴是傳焉。而雜出於漢儒之所輯，去聖已遠，各記所聞，其旨不能盡一，於是訓詁家紛紜聚訟，莫決從違。是書首取鄭注、孔義，芟其繁蕪，掇其樞要，下及宋、元以來諸儒之說，靡不博觀約取，苟有未當，裁以己意。其於名物制度之詳，必求確有根據，而大旨在以經注經，非苟爲異同者也。至其闡明禮意，往復曲暢，必求卽乎天理人心之安，則尤篤實正大，粹然程、朱之言也。先生易簀時，年未逾五十，於是書已三易稿。於乎！功亦勤矣。今距先生之卒不及百年，其在館閣時，清節峻望，無有能道之者，讀是書，抑可想見先生之爲人也。族子鏘鳴謹序。

敬軒先生行狀

先生孫氏，諱希旦，字紹周，自號曰敬軒。先世有諱桐彪者，自永嘉徙居瑞安二十七都，鄉曰集善，里曰昭德。其所居數十百家，大抵皆孫氏，土人呼之曰桐田，實桐乾。祖德修，妣某氏。父珠，妣某氏。先生卽貴，祖父皆贈徵仕郎、內閣中書，加贈文林郎、翰林院編修，妣皆孺人。蓋自徙瑞安至先生八世矣。先生幼有異稟，方垂髫，見羣兒嬉戲，獨端立不視。讀書三四過，卽成誦。初，文林君以老學不遇，祈夢於聖井山之許旌陽祠，夢神拊其背，嘔出心肝紙上，文林君愕然弗怡。時先生方在娠，及生而頴異絕人，乃悟曰：「紙者子也，此欲我成此兒耳。」輒閉户課先生讀。年十二，補縣學生。後數年，諸城竇東皋先生視浙學，少許可，獨奇先生，以謂當爲古作者。時先生年甫及冠。乾隆壬午，舉浙江鄉試。己丑會試〔一〕，挑取中正榜。中正榜者，會試榜出，主司擇其當中而限於額者別爲一榜，引見，以內閣中書、國子監學正用，乾隆以前舊制也。而先生引見得中書。辛卯，補授中書。四庫全書館開，先生爲分校官，以父憂歸。服除，中戊戌科進士，以一甲第三賜及

〔一〕「己丑」，萬有文庫本作「丁丑」。

第，授翰林院編修，復以母憂歸。服除，充武英殿分校官，國史三通館纂修官。四庫全書第一部成，議叙加一級。初修四庫書，大學士金壇于文襄公爲總裁，以王應麟玉海徵引繁博，俾先生專任校勘。至是，上以葉隆禮所爲契丹國志體例混淆，書法謬舛，又所採胡安國之論多謬説，詔館臣重加釐定，文襄遂并大金國志以屬先生。其明年，書成，天子以爲善，勑部議叙，而先生已病。今欽定契丹國志，世莫知爲先生手訂也。先生素清羸，既爲校纂官，日有國史三通之役，歸則從事二志，而四庫全書尚未成，天子屢下詔敦趣，先生又在繕書所分校。同館者遇所疑，必就先生質正。又以其間爲門弟子講學，至於場屋文字，有來問，先生必爲之傾盡，食少而事繁。或謂先生毋過勞，先生殊不自覺也。已而林氏女卒於鄆城。女許字林覲平，壬辰進士，鄆城令露之子，未嫁而壻亡，先生尤悲之。其秋遂病痢，及痢已，猶不能行。比冬初，氣益逆，喘急，遂不起，乾隆甲辰十一月九日也。我瑞安自入國朝至乾隆時，逾百年，而先生始爲登朝官，遂由甲科入詞館，驟以文章學術折服其輩行。當是時，先生名動海内，天子宰相皆奇其才，方思有以用之，而先生卒矣。是殆先生之命也歟！先生自少以善事父母稱，與弟希奭盡其愛。持己甚嚴，而與人甚寬厚，務在相接以誠。居家不問生産，及在官，無車馬衣服之好，而遇人之急，常務竭其力。其爲學，務在博覽，自天文、地輿、曆算、卜筮之書，無所不研究。爲舉人時，餘姚邵晉涵，博聞士也，與先生遇於舟中，初未知先生。及與論經史百家，先生滔滔不可窮，乃大歎服，曰：「才固不擇地而生也！」于文襄主戊戌禮闈，得先生所對策讀之，曰：「使他人檢書爲之，不能有此。」及榜發，同年生大集，讌主司。文襄至，見先生退然居人後，卽手招使前，以語諸進士曰：「諸君一皆師事可也。」其爲當時推重如此。先生既以文學爲諸公貴人所慕嚮，而平生彌自矜惜，不苟趍勢利。在内閣時，將應會試，翰林某欲授以關節，先生笑弗受。及在翰林，大學士和珅慕其名，使人喻意指，先生絶不一往。遇鄉會試，輒前期杜門謝客，雖密友不得一見其面。既卧病，國史館猶月致公費錢，先生輒以在假辭不受，同館者皆以爲難。其於程、朱之説，尤篤信之，而務在實體諸身。嘗曰：「學道而以爲名，吾所恥也。」前卒數月，嘗爲觀心之詩，有「客感消除非外揵，主人閒暇且安居」之語。及疾亟，又口占爲詩曰：「人禽相去只幾希，天理横流人欲微。病裏静言半生事，茫茫四十九年非。」可以觀其所得矣。先生雖瘦弱，而氣特清峻静深，見者皆知爲端士。爲諸生時，善舉子文，頗自喜，嘗自言曰：「我平生它著述不敢自信，至制義則透過來矣。」又自謂其文過羅文止，但不及章大力。然自少喜金正希、陳大士，故不利科舉，若自陶庵入，則當早得科矣。其於諸經，尤深於三禮。辛卯以後，始專治小戴，注説有未當，輒以己意爲之詁釋，謂之注疏駮誤。己亥居憂，主中山書院，乃益取宋、元以來諸家之書，推廣其説，爲集解五十卷，其大指在博參衆説，以明古義，而不爲詭詞曲論。故論者謂先生之言禮，其於名物制度，考索精詳，可以補漢儒所未及；而深明先王制作之意，以卽乎人心之所安，則又漢儒所不逮也。然先生常自言「讀禮經當如目親見之而身親行之」〔一〕，則其著書之旨蓋可見矣。禮注既成，方欲治周官、儀禮，謂門人曰：「若四分官書事畢，再得從事二十年，當可卒業，而疾病不及爲矣，非可惜歟！」其他論著，有尚書顧命解一卷，求放心齋詩文集若干卷。而詩尤清遠，有王維、孟浩然之風。今他文多散軼，而詩特爲世所傳誦。其時文，臨海門人黃河清刻之〔二〕，予舅氏項几山教諭又增刻之，禮注及顧命解則予弟鏘鳴頃始刻之，距先生之卒八十年矣。先生生於乾隆丙辰十二月二十日，其卒也，年僅四十有九。娶同邑林氏，鄆城女弟也，封孺人。子一，涑，歲貢生，候選教諭。孫一，松承，邑廪生，有文而早卒。曾孫一，裕昆，郡庠生，亦好學，通曆算家言。玄孫三：長曰高紱，縣學生，次某某，皆端謹守其家法。予居邑二十五都潘埭，與先生皆集善鄉人，而相去約十里。予族望富春，而桐田孫氏望樂安，言譜諜者以謂皆出田敬仲完之後，然莫能得其詳也。而先生之子涑與先通議府君，及裕昆與予兄弟，皆相親愛，歲時往來，若同族云。昔水心葉氏言：「吾鄉之學，自周恭

〔一〕「目」，原本作「自」，據文義並參照萬有文庫本改。
〔二〕「臨海」，萬有文庫本作「太平」。

叔首聞程、呂遺言，鄭景望出，明見天理，篤信固守，而後知今人之心可卽於古人之心。故永嘉之學必兢省以禦物欲者，周作於前，鄭承於後也。薛士隆憤發昭曠，獨究體統，陳君舉尤號精密，而後知古人之治可措於今人之治。故永嘉之學必彌綸以通世變者，薛經其始，陳緯其終也。」予嘗由水心之言，考諸鄉先輩之遺書，葢吾鄉儒術之興，雖肇於東山、浮沚，而能卓然自成爲永嘉之學，以鼎立於新安、東陽間，雖百世後不能强爲軒輊者，必推乾、熙諸儒。至葉文修、陳潛室師事朱子，以傳新安之學，元儒史伯璿實其緒餘，以迄於明之黃文簡淮、張吉士文選，而項參政喬、王副使叔果當姚江方熾之時，不能無雜於陸學，而永嘉先生之風微矣。先生之生，在南宋六百年之後，當學術衰熄之時，獨能奮其孤蹤，仰追逸軌。閒嘗綜其生平論之，其敦內行，厲名節，非水心所謂「兢省以禦物欲」者歟！其明庶物，知古今，非水心所謂「彌綸以通世變」者歟！百年論定，如先生者，可謂行方景望，學媲艮齋矣。徒以年未及中壽，官不過翰林，其書未能盡具，而其學亦未有所施，是以後世知之者鮮。至於吾鄉之人，亦鮮能志先生之志，行先生之行者，永嘉先輩之學，其將誰屬矣乎！豈其遂替矣乎！然則先生之遺言往行，其可無辭以述之乎！又以先生之文行，於國史宜在儒林，故不揣譾陋，敘而論之，以俟後之人有可採焉。同治十年辛未正月，同里後學孫衣言謹狀。

禮記卷一

曲禮上第一之一 別録屬制度。

曲禮者，古禮篇之名。禮記多以簡端之語名篇，此篇名曲禮者，以篇首引之也。鄭氏謂「篇中記五禮之事」，故名曲禮，非是。此篇所記，多禮文之細微曲折，而上篇尤致詳於言語、飲食、灑埽、應對、進退之法，蓋將使學者謹乎其外，以致養乎其內；循乎其末，以漸及乎其本。故朱子謂爲小學之支與流裔。而首篇「毋不敬」之一言，則尤貫徹乎精粗內外，而小學、大學皆當以此爲本者也。篇分上下者，以簡策重大故也。後凡分上下篇者放此。○朱子曰：禮器作「經禮」「曲禮」，而中庸以「經禮」爲「禮儀」。鄭玄等皆曰：「經禮卽周禮三百六十官，曲禮卽今儀禮冠、昏、吉、凶。其中書儀三千，以其有委曲威儀，故有二名。」獨臣瓚曰：「周禮三百，特官名耳。經禮爲冠、昏、吉、凶。」蓋以儀禮爲經禮也。而近世栝蒼葉夢得曰：「經禮，制之凡也；曲禮，文之目也。先王之世，二者蓋皆有書藏於有司。祭祀、朝覲、會同則大史執之以涖事，小史讀之以喻衆，而鄉大夫受之以教萬民。保氏掌之以教國子者，亦此書也。」愚意禮篇三名，儀禮一，經禮二，禮儀三。禮器爲勝；諸儒之說，瓚、葉爲長。蓋周禮乃制治、立法、設官、分職之書，於天下事無不該攝，禮典固在其中，而非專爲禮設也。其中或以一官兼掌衆禮，或以數官通行一事，亦難計其官數以充禮篇之數。至於儀禮，則其冠、昏、喪、祭、燕、射、朝、聘自爲經禮大目，亦不容專以曲禮名之也。今儀禮十七篇，而其逸見於他書者，猶有投壺、奔喪、遷廟、釁廟、中霤等篇，其不可見者，又有古經增多三十九篇，而明堂陰陽、王史氏記數十篇，及河間獻王所輯禮樂古事多至五百餘篇，儻或猶有逸在其間者，大率且以春官所領五禮之目約之，則其初固當有三百餘篇亡疑矣。所謂曲禮，則皆禮之微文小節，如今曲禮、少儀、內則、玉藻、弟子職篇所記事親、事長、起居、飲食、容貌、辭氣之法，制器、備物、宗廟、宮室、衣冠、車旗之等，凡所以行乎經禮之中者，其篇之全數雖不可知，然條而析之，亦應不下三千有餘矣。或者專以經禮爲常禮，曲禮爲變禮，藍田呂氏之說。石林葉氏雖言「經禮制之凡，曲禮文之目」，而亦云「經禮其常，曲禮其變」。則如冠禮之「不醴而醮用酒」，殺牲而有折俎，若「孤子冠，母不在」之類，皆禮之變，而未嘗不在經禮篇中；「坐如尸，立如齊」，「毋放飯，毋流歠」之類，雖在曲禮之中，而不得謂之變禮。其說誤也。愚謂經禮、曲禮之說，朱子之所辨論者至矣。蓋經禮卽儀禮也，曲禮則經禮中之儀文曲折，如冠禮之三加，昏禮之六禮，士相見之授贄、反見、還贄，鄉飲酒禮之獻賓、獻介、獻衆賓之類皆是。曲禮之合，卽爲經禮；經禮之分，卽爲曲禮。曲禮之所以爲三千者，蓋據經禮三百而以相十之數言之，而非別有曲禮之書至於三千篇之多也。至禮記中所載曲禮、少儀、內則、玉藻，與夫管子書之弟子職，或詳其儀文，或記其名物，則又皆周末儒者各以其所傳習者記之，而可補禮經之所未詳者也。若此篇所引之曲禮，則別爲古禮篇之名，非禮器所言之曲禮。蓋曲禮三千，卽儀禮中之曲折，而此所引「毋不敬」以下，其文與儀禮不類也。而此篇之爲曲禮，則特以篇首引曲禮而名之，不可謂此篇皆曲禮之言，猶檀弓首章載檀弓事而名爲檀弓，不可以檀弓一篇皆爲檀弓一人之事也。蓋此篇所言，多雜見於他書，如「坐如尸，立如齊」，見於大戴禮曾子事父母篇；「不登高，不苟訾，不苟笑」，見於大戴禮曾子本孝篇；「天子曰崩」至「庶人曰死」，見大戴禮四代篇；「道德仁義，非禮不成」，至「撙節退讓以明禮」，見賈誼新書禮篇；「將上堂，聲必揚，將入户，視必下」，見列女傳及韓詩外傳。雖其與諸書所出未知孰爲先後，然其言「君子抱孫不抱子」，別引「禮曰」，而「前有車騎」又爲戰國時語，事君三諫不從則去，「天子未除喪稱名」，「諸侯失地名」之類，又皆春秋公羊之説，知此非曲禮之完篇明矣。然則曲禮有三：一爲儀禮中之曲折，一則古禮篇之曲禮，一則禮記中之曲禮也。

曲禮曰：毋不敬，儼若思，安定辭，安民哉！釋文：毋音無。説文云：「止之詞。其字從女，内有一畫，象有姦之形，禁止之，勿令姦。古人云毋，猶今人言莫也。」按「毋」字與「父母」字不同，俗本多亂，讀者皆朱點「母」字以作無音，非也。後放此。疑者特復音之。儼，魚檢反，本亦作「儼」，同。思，如字，徐息嗣反。○音義並用釋文，有不同者及補音者，別出於下。

鄭氏曰：禮主於敬。儼，矜莊貌。人之坐思，貌必儼然。安定辭，審言語也。孔氏曰：若，如也。思，計慮也。人心有所計慮，則其形狀必端慤也。程子曰：主一之謂敬，無適之謂一。又曰：但整齊嚴肅，則心自一，一則自無非僻之干矣。朱子曰：毋不敬，是統言主宰處。儼若思，敬者之貌也；安定辭，敬者之言也；安民哉，敬者之效也。愚謂人之治其身心，莫切乎敬，自不睹不聞以至於應事接物，無一時一事之可以不主乎此也。儼若思，謂容貌端嚴，儼然若有所思也。安者氣之和，定者理之確，人能事無不敬，而謹於言貌如此，則其效至於安民也。論語言「修己以敬」，而能安人、安百姓，卽此意也。○范氏祖禹曰：經禮三百，曲禮三千，一言以蔽之，曰「毋不敬」。

敖不可長，欲不可從，志不可滿，樂不可極。釋文：敖，五報反，王肅五高反，遨遊也。長，丁丈反，盧植、馬融、王肅並直良反。欲，如字，一音喻。從，足用反。樂，舊音洛，皇侃音岳。極，如字，皇紀力反。矜己淩物謂之敖。敖者德之凶，欲者情之私，志滿則招損，樂極則必淫，四者皆害於性情學問之大者，克己者之所當力戒也。

賢者狎而敬之，畏而愛之。愛而知其惡，憎而知其善。積而能散，安安而能遷。朱子曰：人之常情，與人親狎則敬弛，有所畏敬則愛衰，惟賢者乃能狎而敬之，是以雖褻而不慢；畏而愛之，是以貌恭而情親也。己之愛憎，或出私心，而人之善惡，自有公論，惟賢者存心中正，乃能不以此而廢彼也。　愚謂狎，謂所親習之人。畏，謂德位之可嚴憚者。安安，謂心安於所安，凡身之所習，事之所便者，皆是也。狎而敬之，則無玩人喪德之失；畏而愛之，則有事賢友仁之益；財物之積聚而能散以與人，則不至於專利而害義；心安於所安而能遷以從善，則不至於懷安而溺志。六者皆脩身進德之事，惟賢者爲能行此，而學者之所當自勉也。

臨財毋苟得，臨難毋苟免，很毋求勝，分毋求多。釋文：難，乃旦反。很，胡懇反。勝，舒證反。分，扶問反。

鄭氏曰：毋苟得，爲傷廉也。毋苟免，爲傷義也。毋求多，爲傷平也。愚謂很者，血氣之爭。毋求勝，爲其傷和，而且將有忘身及親之禍也。

疑事毋質，直而勿有。

鄭氏曰：質，成也。彼己俱疑而己成之，終不然，則傷知。直，正也。己若不疑，則當稱師友而正之，謙也。孔氏曰：彼己俱疑而來問己，己亦疑，則毋得成之；己若不疑，仍須謙退稱師友所説以正之，勿爲己有此義也。朱子曰：疑事毋質，卽少儀所謂「毋身質言語」也。直而勿有，謂陳我所見，聽彼決擇，不可據而有之，專事强辨，不然，則是以身質言語矣。愚謂據而有之，若子游以禮許人是也。

若夫坐如尸，立如齊。釋文：夫，方于反，丈夫也。齊，側皆反，本亦作「齋」，音同。○今按夫當音扶，發語辭。舊讀爲「丈夫」之夫，非是。

鄭氏曰：坐如尸，視貌正。立如齊，磬且聽也。齊，謂祭祀時。孔氏曰：尸居神位，坐必矜莊。言人雖不爲尸，所在坐處，必當如尸之坐。人之立時雖不齊，亦當如祭前之齊，磬折屈身。案士虞禮云：「無尸者，主人哭，出，復位，祝闔牖户，如食間。」是祭時主人有聽法。吴氏澄曰：祭之日，爲尸者有坐而無立，故坐以尸爲法；祭者有立而無坐，故立以齊爲法。愚謂齊，鄭氏以祭時言，孔氏以祭前言。祭時有立無坐，故立言如齊，註説爲長。又註以磬且聽言如齊，蓋謂祭祀之時，主人磬折致恭，而僾見、愾聞，如將受命然也。疏引士虞禮「祝闔户，如食間」，以釋註義，亦非是。尸之坐，齊之立，因事而致其敬者也。君子之坐立常如此，則整齊、嚴肅而惰慢、邪僻之氣無自而入矣。○朱子曰：劉原父云：「大戴禮曾子事父母篇曰：『孝子惟巧變，故父母安之。若夫坐如尸，立如齊，弗訊不言，言必齊色，此成人之善者也，未得爲人子之道也。』此篇蓋取彼文，而『若夫』二字失於刪去。鄭氏不知其然，乃謂二句爲丈夫之事，誤矣。」

禮從宜，使從俗。釋文：使，色吏反。

鄭氏曰：事不可常也。朱子曰：宜，謂事之所宜，若男女授受不親，而祭與喪則相授受之類。俗，謂彼國之俗，若魏李彪以吉服弔齊，齊裴昭明以凶服弔魏，蓋得此意。愚謂禮之爲體固有一定，然事變不一，禮俗不同，故或權乎一時之宜，或隨乎他國之俗，又有貴乎變而通之者也。

夫禮者，所以定親疏，決嫌疑，別同異，明是非也。釋文：夫音扶，凡發語之端皆然。後放此。疏，或作「疎」。別，彼列反。

孔氏曰：定親疏者，五服之内，大功以上服麤者爲親，小功以下服精者爲疏。決嫌疑者，若妾爲女君期，女君爲妾，若報之則大重，降之則有舅姑爲婦之嫌，故全不服，是決嫌也。孔子之喪，門人疑所服，子貢請喪夫子若喪父而無服，是決疑也。別同異者，本同今異，姑姊妹是也；本異今同，世母叔母及子婦是也。明是非者，得禮爲是，失禮爲非，若主人未小斂，子游裼裘而弔是也，曾子襲裘而弔非也。但嫌疑、同異、是非之屬，在禮甚衆，各舉一事爲證，而皇氏具引，今亦畧之。愚謂彼此相淆謂之嫌，是非相似謂之疑。四者所該甚廣，孔氏各舉喪禮一端以言之，其餘亦可以類推矣。

禮不妄說人，不辭費。釋文：說音悅，又始悅反。辭，本又作「詞」，同。說文以詞爲「言詞」之字。辭，不受也。後皆放此。費，芳味反。

鄭氏曰：不妄説人，爲近佞媚也。不辭費，爲傷信。朱子曰：禮有常度，不爲佞媚以求説於人也。辭達則止，不貴於多。

禮不踰節，不侵侮，不好狎。釋文：好，呼報反。

鄭氏曰：不好狎，爲傷敬也。孔氏曰：禮者所以辨尊卑，別等級，使上不逼下，下不僭上，故不踰越節度。禮主於敬，自卑而尊人，故不得侵犯侮慢於人也。朱子曰：狎，謂親褻。愚謂禮主於恭敬退讓，踰節則上僭，侵侮則不讓，好狎則不敬。

脩身踐言，謂之善行。行脩言道，禮之質也。釋文：行，下孟反。

鄭氏曰：踐，履也。言履而行之。言道，言合於道。質，本也，禮爲之文飾耳。孔氏曰：禮以忠信仁義爲本，禮爲文飾。忠信之行脩，言合於仁義之道，則可與禮爲本也。愚謂脩身踐言，脩身以踐其所言也。行顧言則行無不脩矣，言顧行則言皆合道矣。人之言行篤實，乃行禮之本，所謂「忠信之人可以學禮」也。

禮聞取於人，不聞取人。禮聞來學，不聞往教。釋文：取於，舊七樹反，謂趣就師求道也。皇如字，謂取師之道。取人，如字，謂制師使從己。○今按：二「取」字並如字。

鄭氏曰：禮不往教，尊道藝。朱子曰：取於人者，爲人所取法也。取人者，人不來而我引取之也。禮聞取於人，故有來學；不聞取人，故無往教。愚謂君子有教無類，然必彼有求道之心，而後我之教有所施，若往而教之，則道不尊而教不行矣。

道德仁義，非禮不成；

劉氏彝曰：仁也，義也，知也，信也，雖有其理而無定形，附於行事而後著者也。惟禮，事爲之物，物爲之名，有數有度，有文有質，咸有等降上下之制，以載乎五常之道。然則五常之道同本乎性，待禮之行，然後四者附之以行，此禮之所以爲大，而百行資之以成其德焉。　愚謂仁義禮知之爲人所由謂之道，仁義禮知之有得於身謂之德。仁義與禮，雖同出於性，然惟禮者天理之節文，人事之儀則，而細微曲折之間，參差等級之度，莫不有一定之矩矱。故道非禮則無以爲率由之準，德非禮則無以爲持守之實，仁非禮則無以酌施恩厚薄之等，義非禮則無以得因事裁制之宜。是四者非禮則不能成也。

教訓正俗，非禮不備；

黄氏炎曰：率之以身而使傚之謂教，諭之以言而使循之謂訓。　愚謂禮者經緯萬端，事爲之制，曲爲之坊，故教訓以正民俗。而苟不以禮，則闕畧而不備也。

分爭辨訟，非禮不決；釋文：辨，皮勉反，徐方勉反。

朱子曰：爭見於事而有曲直，分爭則曲直不相交；訟形於言而有是非，辨訟則是非不相敵。禮所以正曲直，明是非，故此二者非禮則不能決。

君臣上下，父子兄弟，非禮不定；

孔氏曰：上，謂公、卿、大夫；下，謂士也。公、卿、大夫列位於上，士列位於下。　吳氏澄曰：國之倫，君臣爲大，上下次之；家之倫，父子爲大，兄弟次之。有分有義，有恩有情，其尊卑厚薄，非禮有一定之制不能定之。　愚謂大功以上謂之昆弟，小功以下謂之兄弟。不言昆弟而言兄弟者，舉疏以包親也。

宦、學事師，非禮不親；鄭註：學，或爲「御」。釋文：鄭此註爲見他本也。後放此。

鄭氏曰：宦，仕也。　孔氏曰：熊氏云：「宦，謂學仕宦之事；學，謂習學六藝。此二者俱是事師。」左傳宣二年，趙盾見靈輒餓，問之。云：「宦三年矣。」服虔云：「宦，學也。」是學職事爲宦也。　愚謂宦，謂已仕而學者；學，謂未仕而學者。故學記云：「凡學，官先事，士先志。」王制云：「六十不親學。」明未六十，雖已仕，猶親學也。宦、學皆有師，然非事之以禮，則學者怠，教者倦，而師弟之情不親矣。

班朝、治軍，涖官、行法，非禮威嚴不行；釋文：朝，直遥反。涖，本亦作「莅」，徐音利，沈力二反，又力位反。

鄭氏曰：班，次也。涖，臨也。　孔氏曰：朝，朝廷也。次，謂司士正朝儀之位次也。治軍，謂師、旅、卒、伍各正其部分也。涖，臨也。官，謂卿大夫士各有職事。行法，謂司寇、士師明刑法也。　愚謂四者之事必以禮肅之，不然則上慢下怠而徒爲文具矣。

禱祠、祭祀，供給鬼神，非禮不誠不莊。釋文：共音恭，本或作「供」。莊，側良反。徐側亮反。

孔氏曰：周禮註云：「求福曰禱，得求曰祠。」　吴氏澄曰：禱祠者，因事之祭；祭祀者，常事之祭。皆有牲幣以供給鬼神，必依於禮，然後其心誠實，其容莊肅。

是以君子恭、敬、撙、節、退、讓以明禮。釋文：撙，祖本反。

鄭氏曰：撙，趨也。　何氏胤曰：在貌爲恭，在心爲敬。　孔氏曰：君子，是有德有爵之通稱。又康成註少儀云：「君子，卿大夫若有異德者。」凡禮，有深疑則稱君子以正之。撙，趨也。節，法度也。言恆趨於法度。應進而卻曰退，應受而辭曰讓。　愚謂君子，以德言之。恭、敬、撙、節、退、讓六字平列。荀子「不恤是非、然不然之情，以相薦撙」，楊倞註曰：「撙，抑也。」漢書王吉傳「伏軾撙銜」，臣瓚曰：「撙，促也。」師古曰：「撙，挫也。」楊雄賦曰「齊總總撙撙，其相膠葛」，亦是相迫促之意。鄭氏訓爲趨，當讀爲「趨數煩志」之趨，疏以趨向之義解之，非矣。有所抑而不敢肆，謂之撙；有所制而不敢過，謂之節。恭、敬所以盡禮之實，撙、節所以約禮之用，退、讓所以達禮之文。凡事不可以無禮，故君子必恭、敬、撙、節、退、讓以明之，禮主其減故也。○凡君子，有專以德言者。鄭註鄉飲酒禮云：「君子，國中有德者。」此篇「君子恭、敬、撙、節、退、讓以明禮」，「博聞强識而讓，敦善行而不怠，謂之君子」，「君子不盡人之歡」，皆此義也。有兼德與位言之者。鄭註少儀云：「君子，卿大夫若有異德者。」又註士相見禮云：「君子，謂卿大夫及國中賢者。」此篇屢言「侍坐於君子」，皆此義也。又有專以人君言者。「君子式黃髮，下卿位」，「君子將營宮室，宗廟爲先」，是也。

鸚鵡能言，不離飛鳥；猩猩能言，不離禽獸。今人而無禮，雖能言，不亦禽獸之心乎！夫唯禽獸無禮，故父子聚麀。　釋文：嬰，本或作「鸚」，厄耕反。毋，本或作「鵡」，同音武，諸葛恪茂后反。離，力智反。狌，本又作「猩」，音生。禽獸，盧本作「走獸」。麀音憂。○今經文係孔疏本，陸氏本經文與孔間有不同，故此經「鸚鵡」字，釋文作「嬰毋」。後放此。

鄭氏曰：聚猶共也。鹿牝曰麀。孔氏曰：爾雅云：「猩猩小而好啼」。郭璞註山海經云：〔一〕「人面豕身，能言語。今交趾封谿縣出猩猩，狀如獾豘，聲如兒啼。」爾雅云：「二足而羽謂之禽，四足而毛謂之獸。」鸚鵡是禽，猩猩是獸，今並云「禽獸」者，凡語有通別：別而言之，羽則曰禽，毛則曰獸。所以然者，禽者擒也，言鳥力小，可擒捉而取之；獸者守也，言其力多，不易可擒，須圍守乃獲也。通而言之，鳥不可曰獸，獸亦可曰禽。故易云：「王用三驅，失前禽。」周禮司馬職云：「大獸公之，小禽私之。」周禮又云：「以禽作六摯，卿羔，大夫雁。」白虎通云：「禽者，鳥獸之總名。」以其小獸可擒，故得而名禽也。愚謂鸚鵡猩猩能言而不離乎禽獸者，以其無禮故也。人而無禮，則與禽獸無以別矣。聚，共也。麀，牝獸也。父子共麀，言其無別之甚。

是故聖人作爲禮以教人，使人以有禮，知自別於禽獸。「是故」，石經作「是以」。

呂氏大臨曰：夫人之血氣嗜欲，視聽食息，與禽獸異者幾希，特禽獸之言與人異爾，然猩猩鸚鵡亦或能之。是則所以貴於萬物者，蓋有理義存焉。聖人因理義之同，制爲之禮，然後父子有親，君臣有義，男女有別，人道之所以立，而與天地參也。縱恣怠敖，滅天理而窮人欲，將與馬牛犬彘之無辨，是果於自暴自棄而不欲齒於人類者乎！

大上貴德，其次務施報。禮尚往來，往而不來，非禮也；來而不往，亦非禮也。釋文：大音泰。施，始豉反。

〔一〕「註」字原本脱，據禮記注疏及山海經注補。

鄭氏曰：大上，帝皇之世，其民施而不惟報。三王之世，禮始興焉。　愚謂大上，上古之時；其次，謂後王也。施德於人謂之施，答人之施謂之報。禮之從來遠矣，與天地並，但上古之時，人心淳樸，而禮制未備，惟貴施德於人，而不必相報。然施之有報，乃理之當然，而情之不可以已者，故後王有作，制爲交際往來之禮，稱情立文，而禮制於是大備矣。

人有禮則安，無禮則危。故曰：禮者，不可不學也。

禮所以治人情，脩仁義，尚辭讓，去爭奪。故人必有禮，然後身安而國家可保也。自天子至於庶人，未有無禮而不危者。

夫禮者，自卑而尊人，雖負販者，必有尊也，而況富貴乎！

鄭氏曰：負販者尤輕恌志利，宜若無禮然。　愚謂恭敬辭讓之心，人皆有之，故雖負販者，必有所尊，而況於富貴乎！

富貴而知好禮，則不驕不淫；貧賤而知好禮，則志不懾。釋文：好，呼報反。

鄭氏曰：懾，猶怯惑。　馬氏晞孟曰：富貴之所以驕淫，貧賤之所以怯懾者，以內無素定之分，而與物爲輕重也。好禮則有得於內，而在外者莫能奪矣。

人生十年曰幼，學；二十曰弱，冠；三十曰壯，有室；四十曰强，而仕；五十曰艾，服官政；六十曰耆，指使；七十曰老，而傳；八十九十曰耄；七年曰悼。悼與耄，雖有罪，不加刑焉。百年曰期，頤。釋文：冠，古亂反。艾，五蓋反，謂蒼艾色也。一音刈，治也。傳，直專反，沈直戀反。八十九十曰旄，本又作「耄」，同忘報反。本或作「八十曰耋，九十曰旄」，後人妄加之。○期，朱子讀居宜反。○朱子曰：陸農師點「人生十年曰幼」爲句，「學」字作一句，下至「百年曰期」皆然。愚謂鄭氏解「幼學」云：「名曰幼，時始可學也。」則本於「幼」字讀斷，孔疏始以「幼學」「弱冠」等相連解之，失鄭氏之意矣。

鄭氏曰：十年名曰幼，時始可學也。內則曰：「十年出就外傅，居宿於外，學書計。」有室，有妻也。妻曰室。艾，老也。指使，指事使人也。六十不與服戎，不親學。傳，傳家事，任子孫，是謂宗子之父。耄，惛忘也。春秋傳曰：「謂老將知，耄又及之。」悼，憐愛也。不加刑，愛幼而尊老。頤，養也。孔氏曰：幼者，自始生至十九時。故檀弓云：「幼名，三月爲名，稱幼。」冠禮云：「棄爾幼志。」是十九以前爲幼。學，就業也。二十成人，始加冠，體猶未壯，故曰弱也。至二十九，通得名弱。三十而立，氣血已定，故曰壯。壯有妻。妻居室中，故呼妻爲室。不云「有妻」而云「有室」者，含妾媵也。三十九以前，通名曰壯。壯久則强，故四十曰强。强有二義：一則智慮强，二則氣力强也。四十九以前，通曰强。至五十，氣力已衰，髮蒼白色如艾。五十堪爲大夫，大夫得專治其官政，故曰「服官政」也。耆，至也，至老境也。六十不得執事，但指事使人也。六十至老境而未全〔一〕，七十全至老境，故曰老也。既老則傳授家事，付委子孫，不復指使也。案庶子年老亦得傳付子孫，而鄭惟云「宗子」者，庶子授家事於子，非相傳之事。傳者，上受祖父之重，下傳子孫。子孫所傳家事，祭祀爲重，若非宗子，無由傳之。但七十之時，祭祀之事猶親爲之，其視濯溉則子孫。故序卦註云：「謂父退居田里，不能備祭宗

〔一〕禮記注疏「全」下有「老」字。

廟，長子當親視滌濯鼎俎。」是也。若至八十，祭亦不爲。故王制云「八十，齊喪之事不及也」，註云：「不齊則不祭也。」耄者，僻謬也。人或八十而耄，或九十而耄，故並言二時也。悼者，幼無識慮，耄者可尊敬，雖有罪而同不加其刑辟也。周禮司刺有三赦：一「曰幼弱」，二「曰老耄」，三「曰惷愚」。鄭註云：「若今時律令，未滿八歲，八十以上，非手殺人，他皆不坐也。」呂氏大臨曰：仕者，爲士以事人，治官府之小事也。服官政者，爲大夫以長人，治官府之大事也。材可用則使之仕，德成則命爲大夫。非無蚤成夙知之才也。蓋養天下之材，至於成就而後用之，則收功博；如不待其成而用之，所謂「賊夫人之子」，「以政學」者也。耄者，老而知已衰，悼者，幼而知未及，二者雖有罪而情不出於故，故不加刑焉。百年者，飲食、居處、動作無所不待於養。方氏慤曰：人生以百年爲期，故百年以「期」名之。朱子曰：期，與「朞」字同。論語「期可已矣」，周匝之義。期，謂百年已周。頤，謂當養而已。期如上句「幼」「弱」「耄」「悼」等字，頤如上句「學」「冠」「不刑」等字。愚謂傳者，喪服傳所謂「傳重」也。曾子問曰「宗子雖七十，無無主婦」，則宗子七十主祭。故鄭氏謂七十使子孫視滌濯，而祭猶親之也。○戴氏溪曰：聖人制禮以律天下，壯者服其勞，老者安其逸，未用者無躁進之心，當退者無不知足之戒，每十年爲一節，而人心有定向矣。愚謂二十而冠，三十有室，四十而仕，五十服官政，亦制爲大限如此耳。喪服有「爲夫姊之長殤」，又有「大夫爲昆弟之長殤」，則大夫士之冠昏未必皆至於二十三十，而材德秀異者，其爲士大夫亦有不待乎四十五十者矣。

大夫七十而致事。

鄭氏曰：致其所掌之事於君而告老。　劉氏敞曰：古者大夫七十而致事。君曰：「是猶足以佐國家社稷也。留之，不可失也。」君雖留之，臣曰：「不可貪人之榮，不可慁人之朝，不可塞人之路。」再拜稽首，反其室，君亦不强焉，義也。毋奪其爵，毋除其禄，毋去其采邑，終其身而已矣。此古者致事之義也。古之仕者，爲道也，非爲食也；爲君也，非爲己也；爲國也，非爲家也。是以時進則進，時止則止。

若不得謝，則必賜之几杖，行役以婦人，適四方，乘安車。

鄭氏曰：謝猶聽也。君必有命，勞苦辭謝之。其有德尚壯，則不聽耳。几杖、婦人、安車，所以養其身體也。安車，坐乘，若今小車也。　孔氏曰：謝，猶聽許也。君若許其罷職，必辭謝云：「在朝日久，劬勞歲積。」是許其致事也。今不得聽，是有德尚壯，猶堪掌事，不聽去也。熊氏云：「不聽致事，則祭義云：『七十杖於朝。』聽致事，則王制云：『七十杖於國，八十杖於朝。』」行役，謂本國巡行役事。婦人能養人，故許自隨也。適四方，謂遠聘異國。安車，小車也，亦老人所宜然。此養老之具，在國及出，皆得用之。今言行役婦人，四方安車，則相互也。　愚謂賜之几，使於朝中治事之所憑之以爲安也。賜之杖，使於入朝之時持之以自扶也。几杖不入君門，君賜之，則得以入朝。

自稱曰「老夫」，於其國則稱名。

鄭氏曰：老夫，老人稱也，亦明君貪賢。春秋傳曰：「老夫耄矣。」於其國則稱名，君雖尊異之，自稱猶若臣。　孔氏曰：註引左傳，證老臣對他國人自稱老夫也。於其國，謂自與其君言也，雖老，猶自稱名也。案玉藻云：「上大夫曰下臣，下大夫自名。」是上大夫於己君自稱爲下臣，下大夫於己君稱名。此既自稱老夫，宜是上大夫，而稱名從下大夫者，既被君尊異，故臣亦謙退，從下大夫之例而稱名也。愚謂臣於君，無不稱名者。玉藻「上大夫曰下臣，下大夫自名」者，謂上大夫自稱曰下臣某，下大夫直稱名而已。此老臣稱於他國曰老夫，而於其國尚稱名，與平日同，不敢自尊異也。疏說非是。

越國而問焉，必告之以其制。

鄭氏曰：鄰國來問，必問於老者以答之。制，法度。孔氏曰：鄰國來問，君必問於老賢，老賢則稱國之舊制以對他國君之問也。愚謂明習於國家之舊典故事，而使四方之國有所取正焉，此老成人之所以可貴也。

謀於長者，必操几杖以從之。長者問，不辭讓而對，非禮也。釋文：長，丁丈反，下皆同。操，七刀反。

鄭氏曰：從猶就也。長者問，當謝不敏，如曾子之爲。孔氏曰：操，執持也。杖可以策身，几可以扶己，俱是養尊者之物，故於謀議之時持就之。陳氏祥道曰：辭者，無所受於己；讓者，有所推於人。曾子之謝不敏，所謂辭也。子路之率爾而對，非所謂讓也。呂氏祖謙曰：古者弟子見長者，不敢以賓客之禮見。長者處未必無几杖，所以操而從之者，蓋存養其弟讓之心也。與長者語，須是虛心而受，若率爾而對，自以爲能，便是實了此心，雖有法語之言，精微之理，亦不能入。

凡爲人子之禮，冬温而夏凊，昏定而晨省，釋文：凊，七性反，字從冫，冰冷也。本或作「水」旁，非也。

鄭氏曰：定，安其牀衽也。省，問其安否何如。孔氏曰：冬温夏凊，是四時之法；昏定晨省，是一日之法。先昏後晨，兼示經宿之禮。熊氏云：「晨省者，案内則云：『同宮則雞初鳴，異宮則昧爽而朝。』」方氏慤曰：冬則温之以禦其寒，夏則清之以辟其暑，昏則定之以奠其居，晨則省之以問其安也。吕氏大臨曰：内則「父母將衽，奉席請何趾」，此昏定之事也。「子事父母，雞鳴」，「適父母之所，問衣燠寒」，此晨省之事也。朱子曰：温、清、定、省，雖有四時一日之異，然一日之間，正當隨時隨處省察其或温或清之宜也。

在醜、夷不争。

鄭氏曰：醜，衆也。夷猶儕也。孔氏曰：醜、夷，皆等類之名。貴賤相臨，則有畏憚，朋儕等輩，喜争勝負，忘身及親，故戒之。吕氏大臨曰：事親者，居上不驕，爲下不亂，在醜不争。三者不除，雖日用三牲之養，猶爲不孝也。孝經引此三者，此獨云「在醜、夷不争」者，上下驕亂之禍爲少，而醜、夷之争多也。愚謂此爲少者設戒，故但言「在醜、夷不争」。

夫爲人子者，三賜不及車馬。

鄭氏曰：三賜，三命也。凡仕者，一命而受爵，再命而受衣服，三命而受車馬。受車馬而身所以尊者備矣。卿大夫士之子不受，不敢以成尊比踰於父；天子諸侯之子不受，自卑遠於君。孔氏曰：大宗伯云「一命受職」，職則爵也。又宗伯「三命受位」，鄭云：「始有列位於王朝。」今言受車馬者，三命受位，即受車馬。所以許受三命，不受車馬者，命是榮美光顯祖父，故受也；車馬是安身，身安不關祖父，故不受也。不云「不受」而云「不及」者，明非惟外迹不受，抑亦心所不及於此賜也。吕氏大臨曰：事宗子者，不敢以富貴入宗子之家，雖衆車徒，舍於外，以寡約入，則事親者，車馬之盛，宜在所不受也。朱子曰：按左氏傳，魯叔孫豹聘於王，王賜之大路，豹以上卿無路而不敢乘。疑此不及車馬，亦謂受之而不敢用耳。若天子之賜，又爵秩所當得，豈容獨辭而不受耶？愚謂車馬衣服，所以賜有功也。三賜不及車馬者，賜物車馬爲重，雖有三命之尊，猶不敢及於此也。不及，以心言，非以事言。註疏之說已得之，而呂氏得其比例之確，朱子盡其情事之詳，三說參觀之，其義乃備。

故州、閭、鄉、黨稱其孝也，兄弟親戚稱其慈也，僚友稱其弟也，執友稱其仁也，交遊稱其信也。釋文：僚，本又作「寮」。弟，大計反。

鄭氏曰：不敢受重賜者，心也。如此而五者備有焉。周禮二十五家爲閭，「四閭爲族」，「五族爲黨」，「五黨爲州」，「五州爲鄉」。僚友，官同者；執友，志同者。孔氏曰：慈者，篤愛之心。兄弟，內外通稱。親疏交接，並見其慈而稱之。孝子能接同官，不敢踰越等級，故稱其事長之弟。同師之友，意趣相得，綢繆切磋，故見其仁恩而稱之。交遊，泛交也。交遊本資信合，故稱其信。呂氏大臨曰：五者之稱不同，各以其所見言之也。州、閭、鄉、黨，觀其行者也，見其所以敬親者，故稱其孝。兄弟親戚，責其恩者也，順於父母者，親親之愛必隆，故稱其慈。僚友，見其有所讓者也，有遜弟之心，故稱其弟。執友者友其德，德莫盛於孝，孝者仁之本，故稱其仁。交遊主於信，知其誠心於孝也，故稱其信。

見父之執，不謂之進不敢進，不謂之退不敢退，不問不敢對，此孝子之行也。釋文：行，下孟反。

鄭氏曰：敬父同志，如事父。孔氏曰：自上詣下曰見，如字。自下朝上曰見。賢遍反。父執，謂執友與父同志者也。或故往見，賢遍反。或途中相見如字。也。

夫爲人子者，出必告，反必面，所遊必有常，所習必有業，釋文：告，古毒反。

鄭氏曰：告、面同耳。反言面者，從外來，宜知親之顏色安否。有常、有業，緣親之意欲知之。呂氏大臨曰：出必告，反必面，受命於親而不敢專也。所遊必有常，所習必有業，體親之愛而不敢貽其憂也。親之愛子至矣：所遊必欲其安，所習必欲其正。苟輕身而不自愛，則非所以養其志也。

恆言不稱老。

鄭氏曰：廣敬。黄氏幹曰：人子對父母，常言須避「老」字，一則傷父母之心，一則孝子不忍斥言，非謂人子身自稱老也。

年長以倍，則父事之；十年以長，則兄事之；五年以長，則肩隨之。

鄭氏曰：年長以倍，謂年二十於四十者。人年二十，弱冠成人，有爲人父之端，今四十於二十者有子道。內則曰：「年二十，惇行孝弟。」肩隨者，與之並行差退。孔氏曰：父事之，卽父黨隨行也。兄事之，正差退而雁行也。肩隨，謂並行而差退。吳氏澄曰：此謂道路長幼同行之節。父事，王制所謂「父之齒隨行」也。兄事，王制所謂「兄之齒雁行」也。肩隨，王制所謂「朋友不相踰」也。○孔氏曰：未二十童子則無此禮，以其未能惇行孝弟。論語云：「與先生並行。」愚謂鄭氏謂「年長以倍，謂年二十於四十者」，此畧舉以見例可也。至其引內則「年二十，惇行孝弟」，則似謂二十方有此禮，孔氏遂謂「未二十童子無此禮」，誤矣。此篇所言灑埽、應對、進退、辭讓之節，乃內則所謂「幼儀」，正所以教童子，若二十惇行孝弟，則其事不止於此矣。孔子言闕黨童子「與先生並行」，正謂其不知隨行後長之禮，非謂禮當如是也。

羣居五人，則長者必異席。

鄭氏曰：席以四人爲節，因宜有所尊。孔氏曰：古者地敷橫席，席容四人，則推長者一人居席端。若有五人，應一人別席，因推長者一人異席也。愚謂席之度九尺，足以容四人也。○馬氏晞孟曰：其出也不並行，其居也不同席，敬長如此，則民之犯上而踰禮者鮮矣。

爲人子者，居不主奧，坐不中席，行不中道，立不中門。釋文：奧，烏報反，沈於六反。

鄭氏曰：謂與父同宮者也，不敢當其尊處。室中西南隅謂之奧。道有左右。中門，謂棖、闑之中。內則曰：「由命士以上，父子皆異宮。」孔氏曰：主猶坐也。室戶近東南角，西南隅隱奧無事，故名爲奧，尊者居必主奧，人子不宜處之。一席四人，則席端爲上，獨坐則席中爲尊，尊者宜獨，則坐居席中，卑者不得坐也。男女各路，路各有中，尊者常行正路，卑者不得行也。門中有闑，兩旁有棖，棖、闑之中，尊者所立，人子不當之而立也。四事皆謂與父同宮者，異宮則不禁。有命既尊，各有子孫臣隸，應敬己故也。

食饗不爲槩，釋文：食音嗣。饗，本又作「享」。槩，古愛反。

鄭氏曰：槩，量也。不制待賓客饌具之所有。孔氏曰：大夫士相來往，設於饗食。制設饌具，事由尊者所裁，子不得輒豫限量多少也。熊氏云：「謂傳家事，任子孫。若不傳家事，則子無待賓之事。」

祭祀不爲尸，

鄭氏曰：尊者之處，爲其失子之道，然則尸卜筮無父者。孔氏曰：尸代尊者之處，故人子不爲也。愚謂宗廟之尸，用所祭者之孫爲之。父在而爲尸，其父必與於祭，將以尊臨其父，爲人子者所不可安也。

聽於無聲，視於無形，

鄭氏曰：恆若親之將有教使然。孔氏曰：謂雖不聞父母之聲，不見父母之形，然想像視聽，似見形聞聲，而將有教使己然也。

不登高，不臨深，不苟訾，不苟笑。釋文：訾音紫，沈又將知反。

鄭氏曰：爲其近危辱也。人之性，不欲見訾毀，不欲見笑。君子樂然後笑。孔氏曰：苟，且也。相毀曰訾。不樂而笑爲苟笑。彼雖有是非，而己苟譏毀訾笑之，皆非彼所欲，必反見毀辱，故孝子不爲也。愚謂登高恐墜，臨深恐溺，二者皆近於危。苟訾似讒，苟笑似諂，二者皆近於辱。少儀曰：「毋訾重器。」又曰：「毋訾衣服成器。」是非但於人不苟訾，於物亦然。

孝子不服闇，不登危，懼辱親也。

鄭氏曰：服，事也。闇，冥也。不於闇冥之中從事，爲卒有非常，且嫌失禮也。男女夜行以燭。孔氏曰：不行事於闇中，一則爲卒有非常，一則爲生物嫌。

父母存，不許友以死，不有私財。

鄭氏曰：不許友以死，爲忘親也。死，爲報仇讎。　孔氏曰：親存須供養，則孝子不可死也。若許友報仇怨而死，是忘親也。親亡則得爲友報仇，故周禮「主友之讎視從父兄弟」。家事統於尊，財關尊者，故不有私財。　愚謂白虎通義云：「朋友之道，親在不得行者二：不得許友以其身，不得專通財之恩。」不許友以死，卽不許友以身也；不有私財，卽不得專通財之恩也。

爲人子者，父母存，冠衣不純素。釋文：純，諸允反，又之閏反。下同。

鄭氏曰：爲其有喪象也。純，緣也。　玉藻曰：「縞冠玄武，子姓之冠也。縞冠素紕，既祥之冠也。」深衣曰：「具父母，衣純以青。」　孔氏曰：冠純，謂冠飾也。衣純，謂衣領緣也。禮：「具父母、大父母，衣純以繢；具父母，衣純以青。」故親存不得純素也。　愚謂吉冠之純未聞，以大祥縞冠素紕推之，則冠純之色當與冠同，而其物則精與？此冠謂燕居之冠也，衣謂深衣也。以其用於燕私，故或純采，或純素。若禮服之冠與其中衣，飾有一定，不因父母之存沒而異也。

孤子當室，冠衣不純采。

鄭氏曰：早喪親，雖除喪，不忘哀也。三十有室，有代親之端，不爲孤也。當室，適子也。深衣曰：「孤子，衣純以素。」　孔氏曰：深衣云「孤子，衣純以素」，則適、庶皆然。今云「當室」，則似庶子不同。通者有二。云「凡子皆然」，豈惟當室，但適子內理蒸、嘗，外交宗族，代親既備，嫌或不同，故特明之。故鄭引深衣，證凡孤悉同也。　崔靈恩云：「當室之孤，內理蒸、嘗，外交宗族，所履之事，莫不傷心，故特純素。不當室則純采。」呂氏大臨曰：少而無父者，雖人之窮，然既除喪矣，冠衣猶不改素，則無窮也。先王制禮，豈可獨遂其無窮之情哉？故惟當室者行之，非當室者則不然也。深衣之言畧矣。愚謂深衣云「具父母，衣純以青；孤子，衣純以素」，是非具父母即爲孤子矣。鄭云未三十無父者乃爲孤，非也。孔氏謂凡孤皆不純采，崔氏謂惟當室者不純采，呂氏説與崔氏同，朱子則存孔氏之説。然考問喪云：「童子不緦，唯當室緦。緦者其免也，當室則免而杖矣。」是童子當室者之服皆重於其不當室者。若此冠衣不純采，凡孤皆然，則不必嫌當室者之不然而特明之矣。今特言「孤子當室」，則是惟當室者有此禮，而餘孤不然也。蓋以適子傳重，所感彌深故也。深衣不言「當室」，乃文畧爾。

幼子常視毋誑。釋文：視音示。誑，本或作「迋」，同九況反。

鄭氏曰：視，今之「示」字。小未有所知，常示以正物，以正教之，毋誑欺。孔氏曰：幼子常習效長者，長者常示以正事，不可示以欺誑。劉氏彝曰：幼子之性，純明自天，未有外物生其好惡，無所學而不可成。故視之以誠信，則誠信篤於其心矣；視之以詐僞，則詐僞篤於其心矣。

童子不衣裘、裳，釋文：衣，於既反。

鄭氏曰：裘大温，消陰氣，使不堪苦，不衣裘、裳便易。孔氏曰：衣猶著也。童子體熱，不宜著裘，大温，傷陰氣也。又應給役，若著裳，則不便。故童子並緇布襦袴也。內則曰：「二十可以衣裘帛。」愚謂不衣裘，謂褻服也。成人褻服，冬有裘，夏有葛，春秋有繭、袍、絅、褶之屬。童子雖冬不衣裘，服繭袍而已。不衣裳，謂外服也。下文云：「兩手摳衣去齊尺。」玉藻云：「童子緇布衣，錦緣。」弟子職云：「振衽埽席。」童子之衣，有齊、有緣、有衽，則深衣之制也。成人燕居服深衣，其禮服則有玄端、朝服之屬。童子惟服深衣，衣裳相連，無殊衣裳之服也。蓋玄端、朝服之屬，衣冠相配，冠乃服之；童子未冠，自無服裳之法，非徒欲其便易也。

立必正方，不傾聽。

鄭氏曰：習其自端正。　孔氏曰：立宜正向一方，不得傾頭屬聽左右。　呂氏大臨曰：立必正所向之方，或東或西，或南或北，不使之偏有所向也。　士相見禮云：「凡燕見於君，必辨君之南面。若不得，則正方，不疑君。」疑君者，謂斜向之，不正方也。不傾聽者，頭容直。

長者與之提攜，則兩手奉長者之手。負、劍，辟咡詔之，則掩口而對。　釋文：奉，芳勇反，又扶恭反。下奉扃、奉席皆同。辟，匹亦反，徐芳益反，沈扶赤反。咡，徐如志反。

鄭氏曰：兩手奉長者之手，習其扶持尊者。提攜，謂牽將行。負，謂置之於背。劍，謂挾之於旁。辟咡詔之，謂傾頭與語。口旁曰咡。掩口而對，習其鄉尊者屛氣也。　孔氏曰：兩手奉長者之手，爲兒長大，方當供養扶持長者，故先使學之也。劍，謂挾於脅下，如帶劍也。長者負兒之時，傾頭與語，必教之使掩口而對，恐氣觸人也。　張子曰：古之小兒，便能敬事長者：與之提攜，則兩手奉長者之手；問之，則掩口而對。蓋稍不敬事，便不忠信，故教小兒且先教安詳恭敬。

從於先生，不越路而與人言。遭先生於道，趨而進，正立拱手。先生與之言則對，不與之言則趨而退。　釋文：從，才用反。下皆同。

鄭氏曰：先生，老人教學者。不越路而與人言，尊不二也。正立拱手，爲有教使。趨而退，爲其不欲與己並行。孔氏曰：稱師爲先生者，言彼先己而生，其德多厚也。自稱爲弟子者，言己自處如弟子，尊師如父兄也。而論語云「有酒食，先生饌」，則先生之號亦通父兄。崔靈恩云：「凡言先生，謂年德俱高，又教道於物者。凡云長者，直以年爲稱也。凡爲君子者，皆爲有德尊之，不據年之長幼，故所稱不同也。」案書傳畧說云：「大夫士七十而致仕。大夫爲父師，士爲少師，教於州里。」儀禮鄉射註云：「先生，卿大夫致仕者。」此云「老人教學者」，則通凡老而教學者，未必皆致仕者。見師而起敬，故疾趨而進就之，又不敢斥問先生所爲，故正立拱手，而俟先生之教。愚謂不與言則退者，不敢以無事稽先生之行也。註說非是。蓋此童子既知禮，自能隨行後長，先生不必以與己並行爲慮也。

從長者而上丘陵，則必鄉長者所視。釋文：上，時掌反，下同。鄉，許亮反，後文皆同。

鄭氏曰：爲遠視不察，有所問。

登城不指，城上不呼。釋文：呼，火故反。

鄭氏曰：爲惑人。

禮記卷二

曲禮上第一之二

將適舍，求毋固。

鄭氏曰：謂行而就人館。固猶常也。求主人物，不可以故常，或時乏無。孔氏曰：舍，主人家也。

黄氏榦曰：註義或迂。求毋固者，謂凡求物於主人，毋固毋必，隨其有無。愚謂自此以下至「必慎唯諾」，皆言適舍之法，蓋燕見之禮也。故下文言「將上堂，聲必揚」，「將入户，視必下」，皆爲燕見不將命故也。毋固之義，鄭氏與黄氏雖異，而皆以爲有求於主人之法。然下文方言上堂入户，此發端乃遽言求主人之物，非其序也。固，謂鄙野而不達於禮。下篇云：「輟朝而顧，君子謂之固。」哀公問曰：「寡人固。」左傳：「我偪固而授之末。」此言將適人之所居，凡事當求合禮，而不可失之鄙野。下文所言，皆毋固之事也。

將上堂，聲必揚。户外有二屨，言聞則入，言不聞則不入。釋文：聞音問，又如字。

鄭氏曰：聲必揚，警内人也。孔氏曰：屨人註云：「複下曰舄，單下曰屨。」室有二人，故户外有二屨。此謂兩人體敵，故二屨在外。鄉飲酒「無算爵，賓主皆降，脱屨於堂下」，體敵故也。若尊卑不同，則長者一人脱屨於户内。故少儀云「排闔脱屨於户内者，一人而已矣」，是也。二屨，是有二人，或請間密事，若内人語聞於户外〔一〕，則外人乃可入也。熊氏以爲一人之屨在户内，其户外有二屨，則三人也。義亦通也。　愚謂二屨，謂二兩也，凡席於堂者，賓主體敵，則屨皆解於堂下；有尊者，則尊者之屨在堂上。鄉飲酒禮「無算爵，賓主皆降，脱屨升堂」，體敵故也。燕禮「賓及卿大夫皆脱屨升，就席」，不言「公降脱屨」，公尊，屨在堂上也。席於室者，賓主體敵，則屨皆解於户外；有尊者，則尊者之屨在户内。少儀「排闔脱屨於户内者，一人而已矣」是也。户外有二屨，無尊者則二人也，有尊者則三人也，而其言不聞於外，或密謀私事，故不可入而干之。

將入户，視必下。入户奉扃，視瞻毋回。釋文：視，常止反，徐音示，沈又市志反。扃，古螢反，何云：「關也。」一云：門扇上鐶鈕。

鄭氏曰：不干人之私也。奉扃，敬也。　孔氏曰：禮有鼎扃，所以關鼎。關户之木，亦得稱扃。凡奉扃，必兩手向心，今入户雖不奉扃，其手對户，若奉扃然，言恭敬也。視瞻毋回，初入時不得回轉，廣有瞻視也。　愚謂奉扃，言其拱手高正之狀。視必下，謂在户外將入時。視瞻毋回，謂甫入時也。

户開亦開，户闔亦闔。有後入者，闔而勿遂。釋文：闔，胡臘反。

鄭氏曰：亦開亦闔，不以後來變於先入者。闔而勿遂，示不拒人。　孔氏曰：闔而弗遂，謂徐徐作闔勢，以待後入，不得遽闔以拒人。

〔一〕「内」，原本作「两」，據禮記註疏改。

毋踐屨，毋踖席，摳衣趨隅，必慎唯諾。釋文：踖，在亦反，一音席。摳，苦侯反。趨，本又作「走」，徐音奏，又如字。唯，于癸反，徐于比反，沈以水反。

鄭氏曰：趨隅，升席必由下也。慎唯諾者，不先舉，見問乃應。孔氏曰：踐，躡也。既並脱屨户外，其人既多，後進者不得躡先入者屨也。踖猶躐也。將就坐，當從下而升，當己位上，不發初從上也。摳，提也。衣，裳也。唯，唅也。唅諾，應辭也。既坐定，又慎於應對也。愚謂此言毋踐屨於入户之後，則非踐户外之屨矣。所毋踐者，謂長者之屨解於户内者也。毋踖席者，升席必由下，此是數人連坐之席，以後爲下，當由後而升，若升從席前，則爲踖席也。深衣衣裳相連，故言摳衣，其實是摳深衣之裳也。鄉射禮註云：「脱屨則摳衣，爲其被地。」蓋衣被地則污，且或傾跌也。趨隅者，升席由後，故必趨向室隅，乃得轉向席後而升也。○孔氏曰：玉藻云「升席不由前爲躐席」，自是不由席前升，與此別。鄉飲酒云「賓升席自西方」，註云：「升由下也。」升必中席，彼謂近主人爲上，故以西爲下，與此同也。朱子曰：此是衆人共坐一席，既云「當己位上」，即須立於席後，乃得當己位上，蓋以前爲上，後爲下也，正與玉藻義同。鄉飲乃是特設賓席一人之坐，故以西爲下，而自席下之中，升而即席，與此異也。愚謂凡燕坐之席，衆人連坐者，以席之前後爲上下，蓋以人之所向爲上，所背爲下，此與玉藻所言者是也。玉藻云「升席不由前」，註云：「升必由下。」下即後，前即上也。行禮之席，一人專坐者，以席之首尾爲上下。鄉飲酒禮賓席於户外，以西頭爲下，主人席於阼階，介席於西階，皆以南頭爲下，是也。人之升降，皆由下而不由上，禮席與燕席一也。孔疏謂此與玉藻異，而反以鄉飲酒禮爲證，誤矣。

大夫士出入君門，由闑右，不踐閾。釋文：闑，魚列反。閾，于逼反，一音況域反。

鄭氏曰：由闑右，臣統於君也。闑，門橛。閾，門限也。孔氏曰：門以向堂爲正，右在東，主人位在門東，客位在門西。大夫士是臣，臣統於君，不敢自同於賓，故出入君門恆從闑東也。士之朝位雖在西方東面，入時仍依闑右。踐閾者，一則自高，二則不淨，並爲不敬。愚謂疏謂「門以向堂爲正」，以明此出入由闑右之皆爲闑東，是也。然門之左右，所指不定。據向堂言之，則以東爲右，此記「由闑右」是也。據南向言之，則以西爲右，士虞禮「側亨於廟門外之右」，是也。若人之出入於門，則入以東爲右，下文云「主人入門而右，客入門而左」，是也。出以東爲左，士冠禮「主人宿賓，賓出門左，主人迎賓出門左」，是也。

凡與客入者，每門讓於客。客至於寢門，則主人請入爲席，然後出迎客，客固辭，主人肅客而入。

鄭氏曰：每門讓於客，下賓也。敵者迎於大門外。聘禮曰：「君迎賓於大門內。」爲猶敷也。客固辭，又讓先入。肅，進也。進客，謂道之。孔氏曰：固，如故也。禮有三辭：初曰禮辭，再曰固辭，三曰終辭。肅，進也。公食大夫禮曰「公揖入，賓從」，是也。愚謂與客入者，客在大門外，主人出迎之而與之入也。士相見禮：「賓奉贄入門左，主人再拜受，賓再拜送贄出。主人請見，賓反見。」此所言乃賓反見而主人與之入之禮也。蓋執贄相見者，主人受贄於門內，而賓遂出，禮雖已成，而情尚未洽，故主人復迎之而入，與之揖讓升堂，以盡賓主之歡也。凡者，凡大夫士也。迎於大門外者，敵者之禮也。每門者，自大門至寢門也。案儀禮，凡主人與客入，皆主人先入，而客從，所以道之也。此乃云「每門讓於客」者，蓋主人雖當道客，必先以讓客，而客辭，然後主人先入而客從之也。寢門，正寢之門也。禮先設席而後迎賓，此客至於寢門，主人乃請爲席者，欲更正之，示謹重也。客固辭者，辭主人之先入爲席也。事同曰讓，事異曰辭。固辭，再辭也。肅客而入者，客既辭，主人遂道客以入也。○孔疏以朝、聘之禮解此經。然朝、聘皆在廟，聘禮「歸饔餼」「問卿」，及公食大夫、冠禮、昏禮「納采」，亦皆在廟，與此言「客至寢門」者不合。燕禮雖在寢，然君燕己之臣子，君不迎，燕聘賓，迎於大門內，與此言「每門讓於客」者不合。若以爲兩君相見，又與下文言「客若降等」者不合。故知此爲士相見禮反見之禮無疑也。鄭氏云「請入爲席，雖君亦然」，非也。此反見乃大夫士之禮，若臣見於君，奠贄則退，無反見之禮也。又鄭氏云「客固辭，又讓先入」，孔疏云「主人鋪席竟，出而迎客，再辭不先入也」，亦非也。客固辭，辭主人之先入爲席，非辭先入也。主人請入爲席，然後出迎客，客固辭，主人肅客而入，與下文「客若降等，則就主人之階，主人固辭，然後客復就西階」，文勢正同。所謂「請入爲席」者，特請而未嘗入也，客辭之則止矣。

主人入門而右，客入門而左；主人就東階，客就西階。客若降等，則就主人之階；主人固辭，然後客復就西階。釋文：復音服。後此音更不重出。

鄭氏曰：降，下也，謂大夫於君，士於大夫也。不敢輒由其階，卑統於尊，不敢自專。復就西階，復其正。孔氏曰：降等，卑下之客也。不敢亢禮，故就主人階，是繼屬於主人。案聘禮云：「公迎賓，賓不就主人階。」公食大夫禮「公迎賓，賓入門左」，註：「左，西方。」此皆是降等不就主人階者。以聘禮及公食大夫禮並奉己君之命，不可苟下主人，故從客禮也。若君燕其臣，則宰夫爲主人，主人與賓皆從西階升，與此殊也。聘禮賓面主國大夫，是敵禮，賓亦入門右。鄭云：「見私事，雖敵賓猶謙。入門右，爲若降等然。」愚謂客就主人之階，謂入門而右也。主人固辭，然後客復就西階，謂轉而向左也。主人與客之辭讓，皆在門內，乃以階言之者，指其將就是階之道也。

主人與客讓登，主人先登，客從之，拾級聚足，連步以上。上於東階，則先右足；上於西階，則先左足。釋文：拾，依註音涉。上，時掌反。○今按：「拾」字當音其劫反。

鄭氏曰：拾當爲「涉」，聲之誤也。級，等也。涉等聚足，謂前足躡一等，後足從之併。連步以上，重蹉跌也。連步，謂足相隨，不相過也。上東階先右足，上西階先左足，近於相鄉敬。愚謂主人先登者，亦所以道客也。拾，更也，如投壺「拾投」，射者「拾發」之拾。級，等也。拾級，謂主人既升第一級，客乃發足升第一級，客既升第一級，主人乃發足升第二級，主人與客更拾而升也。鄉射禮云：「上射先升三等，下射從之中等。」中等，中間一級也。先升三等，而中僅間一級，則升階拾級之法可見矣。聚足，後足從前足而并，不粟階也。足聚則步連矣。○凡升階之法，賓尊於主，則賓升一等而主從之。聘禮「歸饔餼」，「大夫先升一等，賓從」，大夫銜主君之命，尊也。「賓問卿」，「賓先升一等，大夫從」，賓銜聘君之命，尊也。主尊於賓，則主升二等，而賓從之。聘禮及公食禮皆「公升二等而賓升」，是也。賓主敵者，則主升一等，而賓從之。聘禮賓儐大夫，「賓升一等，大夫從」，賓面大夫，「大夫先升一等，賓從」，是也。然主升二等而賓從，亦惟臣與君升則然，若主人爲大夫，賓爲士，亦不過主升一等而賓升耳。鄉飲酒禮鄉大夫尊於賓，但言「主人升，賓升」，不害主人升二等，可見矣。此云「主人先登，客從之」，謂主人升一等而客從之，雖降等之客亦然。疏謂「主人前升至第二級，客乃升中較一級」，非是。

帷薄之外不趨，堂上不趨，執玉不趨。堂上接武，堂下布武，室中不翔。

鄭氏曰：帷薄之外不趨，不見尊者，行自由，不爲容也。入則容。行而張足曰趨。堂上不趨，爲其迫也。堂下則趨。執玉不趨，志重玉也。聘禮曰：「上介授賓玉於廟門外。」疏云：「引聘禮，證賓有執玉於堂下時。」武，迹也。迹相接，謂每移足，半躡之。中人之武尺二寸。布武，謂每移足，各自成迹，不相躡。室中不翔，又爲其迫也。行而張拱曰翔。孔氏曰：帷，幔也。薄，簾也。禮：「天子外屏，諸侯內屏，卿大夫以簾，士以帷。」禮緯文，見郊特牲疏。趨，謂行而張足。疾趨，敬也。貴賤各有臣吏，臣來朝君，至屏而加肅，屏外不趨也。言帷薄，謂大夫士也。其外不趨，其內可趨，爲敬也。堂上不趨，亦謂不疾趨，堂上迫狹故也。下階則趨。故論語云：「沒階趨。」執玉須慎，不論堂之上下，皆不疾趨也。賓執玉，進入門內，不疾趨而爲徐趨。玉藻云「圈豚行，不舉足，齊如流」，註云：「孔子執玉則然。」又云「執龜玉，舉前曳踵，蹜蹜如也」，註云：「著徐趨之事也。」愚謂玉藻趨有疾趨、徐趨二法：疾趨，起屨離地；徐趨，舉前曳踵。帷薄之外不趨，此以不爲容而不趨，非惟不疾趨，並不必徐趨矣。堂上地迫，不能趨也；執玉重愼，不敢趨也。此二者但不疾趨耳，當徐趨也。故聘禮記「將授志趨」，是執玉徐趨也。堂上接武，卽徐趨；堂下布武，卽疾趨也。疾趨張足，則布武矣。此云「堂上接武，堂下布武」者，常法也。玉藻「君與尸行接武，大夫繼武，士中武」，以疏數爲尊卑之差，乃君與臣相與行禮之法，所謂「君行一，臣行二」也。

並坐不橫肱，授立不跪，授坐不立。釋文：並，如字，又步頂反。後放此。跪，求委反，本又作「危」。授坐，本又作「俛仰」。

鄭氏曰：不橫肱，爲害旁人。不跪不立，爲煩尊者俛仰受之。愚謂坐與跪皆以兩膝著地。直身而股不著於蹠則爲跪，以股就蹠則爲坐。坐所以爲安，跪所以爲敬。授立不跪，爲煩人之坐而受也。授坐不立，爲煩人之起而受也。○朱子曰：古人之坐者，兩膝著地，因反其蹠而坐於其上。故儀禮曰「坐取爵」，曰「坐奠爵」，禮記曰「坐而遷之」，曰「一坐再至」，曰「武坐致右軒左」，老子曰「坐進此道」之類，凡言坐者，皆謂跪也。然記又云「授立不跪，授坐不立」，莊子亦云「跪坐而進之」，則跪與坐又似有小異。疑跪有危義，故兩膝著地，伸腰及股而勢危者爲跪；兩膝著地，以尻著蹠而稍安者爲坐也。又詩云「不遑啓居」，而其傳以啓爲跪，爾雅以妥爲安坐。夫以「啓」對「居」，而訓啓爲跪，則居之爲坐可見；以妥爲安定之坐，則跪之爲危坐亦可知。蓋兩事相似，但一危一安爲小異耳。愚謂跪卽大祝九拜之「振動」也。跪或謂之長跪，亦曰長跽。史記「秦王跽而請」，索隱曰：「跽者，長跽。」古詩：「長跪問故夫。」蓋坐以尻就蹠而稍短，跪則竦身直股而稍長矣。弟子職云：「亦有據膝，毋有隱肘。」此坐之節也。坐必先脱屨，蓋坐以尻就蹠，著屨則妨於坐故也；跪則不必脱屨，故拜不脱屨也。然跪亦或謂之坐，而坐不可謂之跪。故孔疏云：「坐名通跪，跪名不通坐。」

凡爲長者糞之禮，必加帚於箕上。以袂拘而退，其塵不及長者。以箕自鄉而扱之。釋文：爲，于僞反。㩜，本又作「糞」，徐音奮。帚，之手反。拘，古侯反，徐音俱。扱，依註音吸，許急反。○今按：扱當如字，側洽反。

鄭氏曰：加帚於箕上，得兩手奉箕，恭也。謂初執而往時也。弟子職曰：「執箕膺擖，厥中有帚。」以袂拘而退，謂埽時也。以袂擁帚之前，埽而卻行之。扱讀曰吸，謂收糞時也。箕去棄物，以鄉尊者則不恭。孔氏曰：拘，障也。當埽時卻退，以一手捉帚，又一手舉衣袂，以拘障於帚前，且埽且退，故曰「拘而退」。必讀扱爲吸者，以其穢物少，吸然則盡，不得爲一扱再扱，故讀從吸也。呂氏大臨曰：扱讀如「尸扱以柶祭羊鉶」之扱，謂箕扱於糞，如柶扱於鉶也。糞除布席，役之至賤者也，古之童子爲長者役，而其心安焉。蓋古者教養之道，必本諸孝弟，孝弟之心雖生於惻隱恭敬之端，而其行常在於洒埽、應對、執事、趨走之際。蓋人之有血氣者，未有安於事人者也。今使知長者之可敬，甘爲僕御而不辭，是所以存其良心，折其傲慢之氣，然後可與進於道。愚謂扱當如字。説文：「扱，收也。」謂以帚收斂所糞於箕也。

奉席如橋衡。釋文：橋，居廟反。

鄭氏曰：横奉之，令左昂右低，如有首尾然。橋，井上桔槔，衡上低昂。孔氏曰：奉席如橋之衡。

衡，横也。席舒則有首尾，卷則無首尾。此謂奉卷席之法，故云「如有首尾然」。

請席何鄉？請衽何趾？釋文：衽，而審反。

鄭氏曰：順尊者所安也。衽，卧席也。坐問鄉，卧問趾，因於陰陽。愚謂此謂始布衽席之法也。弟子職曰：「先生將息，弟子皆起，敬奉枕席，問何所趾。俶衽則請，有常則否。」君子之居，恆當户，寢必東首，然又或順乎一時之宜，故爲長者設衽席，必先請其所欲也。

席南鄉北鄉，以西方爲上；東鄉西鄉，以南方爲上。

鄭氏曰：上，席端也。坐在陽則上左，坐在陰則上右。孔氏曰：上，謂席首所在也。凡坐隨乎陰陽：坐在陽則貴左，坐在陰則貴右。南坐是陽，其左在西；北坐是陰，其右亦在西；東坐是陽，其左在南；西坐是陰，其右亦在南也。此謂尋常布席之法，若禮席則不然。案鄉飲酒禮註云「賓席牖前南面，主人席阼階上西面，介席西階上東面」，並與此不同也。愚謂此室中布席之法也。室中之席，尊者在西南隅，東鄉南上，故東鄉西鄉，以南方爲上，南鄉北鄉，以西方爲上，皆統於尊者故也。故士昏禮婦盥饋，舅姑並席於奥，南上，婦餕席於北墉下，西上。

若非飲食之客，則布席，席間函丈。釋文：函，胡南反。丈，如字，「丈尺」之丈。王肅作「杖」。○鄭註：丈，或爲「杖」。

鄭氏曰：謂講問之客也。函猶容也。講問宜相對，容丈，足以指畫也。飲食之客，布席於牖前。孔氏曰：飲食之客，布席不須相對。若講問之客，布席相對，須講説指畫，使相見也。文王世子云：「侍坐於大司成，遠近間三席。」席之制三尺三寸三分寸之一，則三席是一丈，故鄭云「容丈」也。王肅以爲「杖」，言古人講説，用杖指畫，故容杖也。然二家可會。愚謂此亦謂室中布席之法也。饗食，燕之正禮，賓席於牖間。若尋常燕食，則有席於室者，其席蓋賓在西南隅東向，而主人在北墉下南向也。非飲食之客，謂凡以事相詣者。其席蓋賓在西南隅東向，而主人在户内之西，西向對之也。鄭氏以此爲講問之客，蓋據文王世子言之。然以下文「主人跪正席」及「客徹重席」觀之，則此乃敵體之客，而與主人非有教學之分者。非飲食之客，其布席皆函丈，不但講問爲然也。

主人跪正席，客跪撫席而辭。客徹重席，主人固辭，客踐席，乃坐。釋文：重，直龍反。

鄭氏曰：雖來講問，猶以客禮待之，異於弟子。撫之者，答主人之親正。徹，去也。去重席，謙也。再辭曰固。客踐席乃坐者，客坐〔一〕，主人乃敢安也。孔氏曰：撫，謂以手按止之也。禮器云：「諸侯席三重，大夫再重。」又鄉飲酒之禮：「公三重，大夫再重。」是尊者多，卑者少。故主人爲客設重席，客謙而自徹也。固辭，再辭，止客之徹也。踐，履也。客踐席乃坐者，客還，履席將坐，主人待客坐乃坐也。愚謂重席蓋一種席而重之者也。大夫席再重，士不重。此客有重席，不辨大夫士者，禮器謂行禮之席，此尋常待客之法也。然大夫之重席，以二種席重之。公食禮「蒲筵常，加萑席尋」，是也。此一種席而重之，則亦異乎大夫之再重矣。客徹重席者，不敢自異於主人也。禮有三辭：一辭曰禮

〔一〕「客坐」，禮記注疏作「客安」。

辭，再辭曰固辭，三辭曰終辭。凡禮辭者，其辭皆不行。冠禮「戒賓〔一〕：賓禮辭，許」，鄉飲酒、鄉射「宿賓，賓禮辭，許」，士相見禮「若嘗爲臣者，則禮辭其贄」，是也。凡終辭，其辭皆行。士相見禮「士見於大夫，終辭其贄」，是也。若固辭，則有行者，有不行者。士相見禮主人對曰：「某也固辭，不得命，將走見。」又曰：「某也固辭，不得命，敢不敬從。」此皆固辭而不行者也。客固辭，主人肅客而入；主人固辭，然後客復就西階；客徹重席，主人固辭，客踐席乃坐。此皆固辭而行者也。主人跪正席，客跪撫席而辭，客徹重席，主人固辭，此皆敵者之禮，鄭氏以爲講問之客，非矣。

主人不問，客不先舉。

鄭氏曰：客自外來，宜問其安否無恙，及所爲來故。愚謂客來詣己，則主人宜問其所爲來，然後客舉其所欲言者告之。若客先舉，則近於卒遽。

將卽席，容毋怍，兩手摳衣，去齊尺。衣毋撥，足毋蹶。先生書策琴瑟在前，坐而遷之，戒勿越。釋文：怍，才洛反。齊音咨，本又作「齋」。撥，半末反。蹶，本又作「蹷」，居衛反，又求月反。筴，本又作「策」，初革反。○孔疏以「足毋蹶」以上屬上「若非飲食之客」爲一節。今按自此以下至「稱先王」，言弟子見師卽席講問之禮，與上言賓主敵體之禮不同。又其文皆用韻，「席」字「怍」字「尺」字爲韻，「撥」字「蹷」字「越」字爲韻，「前」字「安」字「顔」字「言」字爲韻，「容」字「恭」字「同」字「王」字爲韻，當爲一節，不宜與上文相屬。

鄭氏曰：怍，顔色變也。齊，謂裳下緝也。撥，發揚貌。蹶，行遽貌。戒勿越，廣敬也。在前，謂當行

〔一〕「戒」，原本作「宿」，據禮記士冠禮改。

之前。孔氏曰：摳，提挈也。衣，謂裳也。將就席之時，以兩手提裳，令裳下緝去地一尺，恐轉足躡履之也。足毋蹶者，謂勿得行遽，恐有蹶蹪之貌也。策，篇簡也。坐亦跪也。坐名通跪，跪名不通坐。越，踰也。愚謂怍者，色慚變也。幼者之色易於慚變，故戒之。言去齊尺，則所摳者裳也，而曰「摳衣」者，深衣衣裳相連也。趨走則衣易撥開，行易卒遽，毋撥毋蹶，皆爲其失容也。

虛坐盡後，食坐盡前。坐必安，執爾顏。長者不及，毋儳言。釋文：儳，徐士鑒反。又蒼鑒反，又蒼陷反。

鄭氏曰：盡後，謙也。盡前，爲污席。執猶守也。儳猶暫也，非類雜。孔氏曰：虛，空也。空，謂非飲食坐也。盡後，不敢近前，以爲謙也。玉藻云「徒坐不盡席尺」，是也。食坐，飲食坐也。俎豆皆陳席前，若坐近後，則濺污席，故盡前也。玉藻云「讀書、食則齊，豆去席尺」，是也。凡坐好自摇動，故戒令安坐。久坐好異，故戒令如嚮者無怍顏容也。長者，猶先生也，互言耳。及，謂所及之事也。長者正論甲事，未及乙事，少者不得輒以乙事雜甲事，暫然雜錯長者之說。朱子曰：說文云：「儳，儳互〔一〕，不齊也。」儳言，儳長者之先而言也。愚謂上言將卽席之法，此又言既卽席之法也。毋儳言，謂長者方與甲言，未與乙言，則乙不得以己言儳雜之。論語曰「言未及之而言謂之躁」，是也。

正爾容，聽必恭，毋勦說，毋雷同，必則古昔，稱先王。釋文：勦，初交反，一音初教反。說，如字，徐舒銳反。

〔一〕「儳」，原本不重，據說文補。

鄭氏曰：正爾容，聽必恭，聽先生之言，既說又敬。勦猶擥也，謂取人之說以爲己說。雷之發聲，物無不同時應者，人之言當各由己，不當然也。則古昔，稱先王，言必有依據。孔氏曰：語當稱師友，無得擥人說以爲己語。則，法也。言雖不當雷同，又不得專輒，必法於古昔之正。所言之事，必稱先王。愚謂此謂長者既言及之，則其容貌應對當如此也。卽席之時，既執爾顏，先生言及之，則當益正其容，而恭敬以聽也。勦說則掠美，雷同則無識，既戒是二者，而或游談不根，妄自立說，又不可也。故又當則古昔，稱先王。古昔言其時，先王言其人，稱先王正所以則古昔也。自「將卽席」至此，皆弟子見師卽席講問之法也。

侍坐於先生，先生問焉，終則對。釋文：坐，才卧反。後放此。

鄭氏曰：不敢錯亂尊者之言。

請業則起，請益則起。

鄭氏曰：尊師重道也。起，若今摳衣前請也。業，謂篇卷也。益，謂受說不了，欲師更明說之。子路問政。子曰：「先之勞之。」請益。曰：「無倦。」

父召無諾，先生召無諾，唯而起。

鄭氏曰：應辭唯恭於諾。孔氏曰：父與先生呼召，稱唯，唯，唋也，不得稱諾。其稱諾，則似寬緩驕慢。但今人稱諾，猶古之稱唯，其意急；今之稱唋，猶古之稱諾，其意緩。是古今異也。

侍坐於所尊敬，毋餘席，見同等不起。

鄭氏曰：毋餘席，必盡其所近尊者之端，爲有後來者。見同等不起，不爲私敬。孔氏曰：坐於近尊者之端，勿使有空餘之席，欲得親近先生，備擬顧問，且擬後人之來，闕在下空處以待之也。同等後來，不爲之起，尊敬先生，不敢曲爲私敬也。愚謂弟子職曰：「後至就席，狹坐則起。」是非狹坐則不爲之起也。

燭至起，食至起，上客起。

鄭氏曰：燭至起，異晝夜。食至起，爲饌變。上客起，敬尊者。孔氏曰：上客，謂尊者之上客也。尊者見之則起，故侍者宜從之而起。愚謂燭至起者，當起而執燭也。弟子職曰「昏將舉火，執燭隅坐」，是也。食至起者，當起而饋饌也。弟子職曰「先生將食，弟子饌饋，攝衽盥漱，跪坐而饋」，是也。上客起者，既隨長者而起，且爲當給使令也。弟子職曰「若有賓客，弟子駿作，對客無讓，應且遂行，趨進受命，所求雖不得，必以反命」，是也。

燭不見跋。釋文：見，賢遍反。跋，半末反。

鄭氏曰：跋，本也。燭盡則去之，嫌若燼多，有厭倦。孔氏曰：小爾雅云：「跋，本也。」本，把處也。古者未有蠟燭，唯呼火炬爲燭，炬盡則藏所然殘本，恐客見殘本積多，則知夜深，慮主人厭倦，或欲辭退也。愚謂不見跋，謂出而棄之。弟子職曰「有墮代燭，交坐毋倍尊者，乃取厥櫛，遂出是去」，是也。蓋燭本不净，故不置於席旁而使之露見，恐先生見之而生憎惡，亦所以爲敬也。註疏專以待賓客言之，非是。

尊客之前不叱狗。

鄭氏曰：主人於尊客之前，不敢倦，嫌若風去之。　孔氏曰：尊客至而主人叱狗，則似厭倦其客，欲去之也。卑客亦當然，舉尊爲甚。　方氏慤曰：不以至賤駭尊者之聽。

讓食不唾。

鄭氏曰：嫌有憎惡。　呂氏大臨曰：嫌若訾主人食，亦不敬也。

侍坐於君子，君子欠伸，撰杖屨，視日蚤莫，侍坐者請出矣。釋文：莫音暮。

鄭氏曰：以君子有倦意也。撰猶持也。　孔氏曰：君子志疲則欠，體疲則伸。撰杖屨者，君子自執杖在坐，著屨升堂，脫之在側，若倦，則自撰持之也。視日蚤莫者，君子或瞻視庭影，望日蚤莫也。禮，卑賤者請進不請退，退由尊者。今尊者爲上諸事，皆是欲起之漸，故侍坐者得請出矣。　愚謂諸事皆君子厭倦之容，故侍坐者得請出，體尊者之意也。

侍坐於君子，君子問更端，則起而對。

鄭氏曰：離席對，敬異事也。　君子必令復坐。

侍坐於君子，若有告者曰：「少間，願有復也。」則左右屏而待。釋文：間音閑。

鄭氏曰：復，白也。　言欲少須空間，有所白也。　屏猶退也，隱也。　呂氏大臨曰：人俟間而有復，則屏而待，不敢干其私也。

毋側聽，毋噭應，毋淫視，毋怠荒。　遊毋倨，立毋跛，坐毋箕，寢毋伏。　斂髮毋髢，冠毋免，勞毋袒，暑毋褰裳。釋文：嗷，古弔反。視，如字，徐市志反。倨音據。跛，彼義反，又波我反，徐方寄反。髢，徒細反。袒，徒旱反。褰，起連反。○鄭註：髢，或爲「肆」。

鄭氏曰：毋側聽，嫌探人之私也。側聽，耳屬於垣。「毋嗷應」以下，皆爲其不敬。嗷，號呼之聲也。淫視，邪眄也[一]。怠荒，放散身體也。跛，偏任也。伏，覆也。髢，髲也。毋垂餘如髲也。免，去也。褰，袪也。孔氏曰：凡人當正立，不得傾欹側聽，嫌探人之私也。嗷，謂聲響高急。應答宜徐徐而和，不得高急如叫也。淫，謂流移也。瞻視當直，不得流動邪眄也。怠荒，謂身體放縱，不自拘斂也。遊，行也。身當恭謹，不得倨慢也。跛，偏也，謂挈舉一足，一足蹋地。立宜如齊，雙足並立，不得偏也。箕，謂舒展兩足，狀如箕舌也。寢，卧也。伏，覆也。卧當或側或仰，而不覆也。髢，髲也。髮以纚韜之，不使垂如髲也。愚謂此節通戒容儀之法，孔疏蒙上侍君子爲義，非是。

侍坐於長者，屨不上於堂，解屨不敢當階。釋文：上，時掌反。

鄭氏曰：不上於堂，屨賤，空則不陳於尊者之側。不敢當階，爲妨後升者。孔氏曰：屨不上於堂者，長者在堂，而侍者屨賤，故解於階下，不著上堂。若長者在室，則侍者得著屨上堂，而不得入室也。解，脱也。愚謂安坐必先脱屨，侍者統於長者，當就主人之階。解屨不敢當階，則當解於東階之東也。

就屨，跪而舉之，屏於側。

[一]「邪」，禮記注疏作「睇」。

鄭氏曰：謂獨退也。就猶著也。屏亦不當階。愚謂此侍者退而長者不送之者也。解屨固不當階矣，又必跪而舉之，屏於側者，長者在堂，不敢對尊者著屨，故必跪而舉之，而轉就旁側乃著屨也。側，謂堂下東序之東，長者所不見之處。玉藻「隱辟而後屨」，是也。

鄉長者而屨，跪而遷屨，俯而納屨。鄭註：遷，或爲「還」。

鄭氏曰：謂長者送之也。不得屏，遷之而已。俯，俛也。納，內也。孔氏曰：內屨不跪者，若跪則足向後，不便也。雖不並跪，亦坐左納右，坐右納左。愚謂侍者退而長者送之，則當鄉長者著屨。屨不當階，必遷之轉就階側，乃得鄉長者而屨也。

離坐離立，毋往參焉。離立者不出中間。

鄭氏曰：爲干人私也。離，兩也。孔氏曰：若見兩人併坐，或兩人併立，恐密有所論，則己不得輒往參預之也。又若見有二人併立，當己行路，則避之，不得出其中間也。不云離坐者，道路非安坐之地，故不云坐也。

男女不雜坐，不同椸、枷，不同巾、櫛，不親授。釋文：椸，羊支反。枷，本又作「架」，徐音嫁。古本無此字。櫛，側乙反。

鄭氏曰：自此至「弗與同器而食」，皆爲重別，防淫亂。不雜坐，謂男子在堂，女子在房也。椸，可以架衣者。呂氏大臨曰：男女不雜坐，經雖無文，然喪祭之禮，男女之位異矣。男子在堂，則女子在房；男子在堂下，則女子在堂上；男子在東方，則女子在西方。坐亦宜然。陳氏澔曰：植者曰楎，橫者曰椸。椸與架同，置衣裳之具也。巾以捝潔，櫛以理髮。此四者，所以遠私褻之嫌。

嫂叔不通問，諸母不漱裳。釋文：嫂，字「又作㛮」。漱，悉侯反。

鄭氏曰：通問，謂相稱謝也。諸母，庶母也。漱，澣也。庶母賤，可使漱衣，不可使漱裳。裳賤。尊之者，亦所以遠別。孔氏曰：諸母，謂父之諸妾有子者。諸母不可使漱裳，欲尊崇於兄弟之母，又欲遠別也。

外言不入於梱，內言不出於梱。釋文：梱，本又作「閫」，苦本反。

鄭氏曰：外言、內言，男女之職也。不出入者，不以相問也。孔氏曰：梱，門限也。外言，男職也。內言，女職也。男職在於官政，不得令婦人預之，故不入於梱。女職織紝，男子不得濫預，故不出於梱。愚謂此以嚴外內之限也。

女子許嫁，纓，非有大故，不入其門。

鄭氏曰：女子許嫁繫纓，有從人之端也。大故，宮中有災變若疾病，乃後入也。女子有宮者，亦謂由命士以上也。春秋傳曰：「羣公子之舍，則已卑矣。」孔氏曰：女子，婦人通稱也。婦人質弱，必有繫屬，故恆繫纓。纓有二時：一是少時常繫香纓。內則云：「男女未冠笄，衿纓。」鄭以爲佩香纓，不云纓之形制。一是許嫁時繫纓。昏禮「主人入，親說婦纓」，鄭註云：「婦人十五許嫁，笄而禮之，因著纓，明有繫也。蓋以五采爲之，其制未聞。」又內則云「婦事舅姑，衿纓」，鄭云：「婦人有纓，示繫屬也。」以此而言，有二纓也。婦人之衿纓，即是五采者，故鄭云「示繫屬」也。

姑、姊、妹、女子子，已嫁而反，兄弟弗與同席而坐，弗與同器而食。

孔氏曰：女子子，謂己之女也。男子單稱「子」，女子則重言「子」者，案鄭註喪服云「別於男子」。故云「女子子」。兄弟弗與同席而坐，弗與同器而食，未嫁亦然。今嫌嫁或有異，故明之，皆爲重別，防淫亂也。不云姪及父，唯云「兄弟」，姪、父尊卑殊，不嫌也。愚謂謂「女子子」，亦子也，但曰「女子」則無以著其爲子，但曰「子」則無以別其爲女，故兼而稱之。內則：「七年，男女不同席，不共食。」此云「既嫁而反」者，明雖嫁猶然也。上云「姑、姊、妹、女子子」，而下言「兄弟」，惟據姊妹者，舉其中以該上下，避文繁也。孔氏謂「姪、父尊卑殊，不嫌」，非也。

父子不同席。

鄭氏曰：異尊卑也。愚謂註說非也。此子亦謂女子子也。但言子者，蒙上可知也。上言「兄弟弗與同席而坐，弗與同器而食」，既據姊妹以見姑與女子子矣，又言此者，嫌父之與女尊親兼極，或無事乎遠別，故又明之。父子不同席，則亦不同器而食可知也。

男女非有行媒，不相知名；非受幣，不交不親。釋文：「不相知」，本或作「不相知名」，「名」衍字耳。○今按：據註當有「名」字，孔疏本爲長。

鄭氏曰：有媒往來傳昏姻之言[一]，乃相知姓名。重別，有禮乃相纏固。愚謂行媒，謂媒妁之往來也。士昏記：「昏辭曰：『吾子有惠，貺室某也。』」鄭云：「某，壻名。」此以男之名達之於女家也。昏禮

[一]「有」，禮記注疏作「見」。

「問名」，問女之名也。此以女之名達之於男家也。幣，納徵之幣也。庶人緇幣五兩，大夫士玄纁束帛，諸侯加以大璋，天子加以穀圭。既納吉而後納幣，納幣而昏姻之禮定。交，謂交際往來，若「執贄以相見」，是也。親，謂相親近，若「親御授綏，親之也」，是也。

故日月以告君，齊戒以告鬼神，爲酒食以召鄉黨僚友，以厚其別也。釋文：齊，側皆反。別，彼列反。

鄭氏曰：周禮凡取判妻入子者，媒氏書之以告君，謂此也。昏禮凡受女之禮皆於廟，爲神席以告鬼神，謂此也。爲酒食以召鄉黨僚友，會賓客也。厚，重愼也。愚謂日月以告君者，内則：子生，書曰「某年某月某日，某生」，以告閭史，閭史獻諸州史，州史獻諸州伯。意娶妻者其禮亦若此。小司徒、鄉師等皆云「稽其夫家」，蓋卽據諸此也。鬼神，謂祖、禰也。士昏禮不告廟，然左傳鄭公子忽娶於陳，先配而後祖，陳鍼子譏之；楚公子圍娶於鄭，亦言「布几筵，告於莊、共之廟」。自大夫以上，有告廟之禮也。同官爲僚，同志爲友。爲酒食以召鄉黨僚友者，昏禮有饗送者之禮，鄉黨僚友蓋亦有與於斯禮者與？男女有別，故其合也，不可以苟。昏禮愼重如此，所以厚男女之別也。

取妻不取同姓，故買妾不知其姓則卜之。釋文：取，七住反，本亦作「娶」。下「賀取妻」同。

鄭氏曰：爲其近禽獸也。妾賤，或時非媵，取之於賤者，世無本繫。孔氏曰：郊特牲云：「無別無義，禽獸之道也。」不取同姓，爲其近禽獸也。諸侯取一國之女，二國同姓以姪、娣媵，大夫士取亦有妾媵，或時非此媵類，取於賤者，不知何姓之後，但卜得吉者取之。顧氏炎武曰：天地之化，專則不生，兩則生。故叔詹言「男女同姓，其生不蕃」。而子産之告叔向云：「内官不及同姓，美先盡矣，則相生疾。」晉司空季子之告公子曰：「異德合姓。」鄭史伯之對桓公曰：「先王聘后於異姓，務和同也。聲一無聽，物一無文。」是知禮不娶同姓者，非但防嫌，亦以戒獨也。愚謂娶妻不娶同姓，固兼有遠嫌戒獨之義，而此節所言，則主於遠嫌厚別之義而已。然男女同姓，其生不蕃，卜之而吉，則其非同姓可知矣。

寡婦之子，非有見焉，弗與爲友。釋文：見，賢遍反。

鄭氏曰：遠嫌也〔一〕。有見，謂有奇才卓然，衆人所知。孔氏曰：寡婦無夫，若其子有奇才異行，則可與之爲友。若此子凡庸，而已與往來，則於寡婦有嫌也。○自「男女不雜坐」至此，明男女遠嫌厚別之禮。

賀取妻者曰：「某子使某，聞子有客，使某羞。」

鄭氏曰：謂不在賓客中，使人往者。羞，進也，言進於客。古者謂候爲進，其禮蓋乘壺酒、束脩若犬也〔二〕。不斥主人，昏禮不賀。孔昏曰：某子，賀者名。使某，使自謂也。呂氏大臨曰：賀者，以物遺人而有所慶也。昏禮不賀，人之序也。雖曰不賀，然爲酒食以召鄉黨僚友，則問遺不可廢也。故其辭舍曰「昏禮」，而曰「有客」，則所以羞者，佐其供具之費，以待鄉黨僚友而已，非賀也。言賀，因俗

〔一〕「遠」，禮記注疏作「辟」。
〔二〕「乘」，禮記注疏無。

之名。

貧者不以貨財爲禮，老者不以筋力爲禮。

鄭氏曰：禮許儉，不非無也。年五十始杖，八十拜君命，一坐再至。愚謂貨財、筋力，所以行禮也。然人之所無而不可强者，君子有所不責焉，所以通禮之窮也。

名子者不以國，不以日月，不以隱疾，不以山川。

鄭氏曰：此在常語之中，爲後難諱也。春秋傳曰：「名，終將諱之。」隱疾，衣中之疾，謂若黑臀、黑肱矣。疾在外者，尚可指擿，此則無時可避。杜氏預曰：隱痛疾病，避不祥也。孔氏曰：名子不以國者，不以本國爲名。如他國則得爲名，故桓十三年「衞侯晉卒」，襄十五年「晉侯周卒」，是也。不以日月者，不以甲乙丙丁爲名。殷家得以爲名者，殷質，不諱名故也。然案春秋魯僖公名申，蔡莊公名甲午者，周末亂世，不能如禮，或以爲不以「日」「月」二字爲名也，皆爲其難避也。愚謂日，謂支干也，日以支干相配爲名。月，謂晦、朔、弦、望，或曰謂十二月之名，爾雅「正月曰陬，二月曰如」之屬是也。〇左傳魯申繻曰：「名不以國，不以官，不以山川，不以隱疾，不以牲畜，不以器幣。周人以諱事神，名，終將諱之，故以國則廢名，以官則廢職，以山川則廢主，以牲畜則廢祀，以器幣則廢禮。晉以僖侯廢司徒，宋以武公廢司空，先君獻、武廢二山。是以大物不可以命。」愚謂周人以諱事神，謂不正稱其名耳，非謂他處皆避之也。書言「惟有歷年」，詩言「克昌厥後」，「駿發爾私」，此卽王季、文、武之名也。則諱名之法可見矣。周末文勝而諱避繁，故有如此記與申繻之所言者。雖然，臣子尊其君父，聞名心瞿，有忠敬之心焉，固非禮之訾也。

男女異長。

鄭氏曰：各自爲伯、季也。

男子二十，冠而字。釋文：冠，古亂反。

鄭氏曰：成人矣，敬其名。

父前子名，君前臣名。

鄭氏曰：對至尊，無小大皆稱名〔一〕。孔氏曰：君前臣名者，成十六年鄢陵之戰：「陷於淖，欒書欲載晉侯，鍼曰：『書退。』」鍼是書之子，對晉侯而稱書，是於君前臣名其父也。賈氏公彥曰：名受於父母爲質，字受於賓爲文。故君父之前稱名，至於他人則稱字。胡氏銓曰：宣十五年申犀謂楚王曰「毋畏知死而不敢廢王命」，襄二十一年欒盈謂王行人曰「陪臣書」，皆名其父於君前也。於他國君亦然。成三年荀罃謂楚王曰：「以賜君之外臣首。」愚謂成人雖爲之字，然對君而言臣，對父而言子，則皆稱其名。謂卿大夫於君前名其僚友，子於父前名其兄弟，蓋至尊之前無私敬也。統以父則皆子，統以君則皆臣，故對父，雖弟亦名其兄；對君，雖子亦名其父也。

女子許嫁，笄而字。

鄭氏曰：以許嫁爲成人。陳氏澔曰：許嫁則十五而笄，未許嫁則二十而笄。愚謂男子冠而婦人笄，

〔一〕「稱」，禮記注疏作「相」。

然冠之年有一定，而笄之年無定。內則曰：「女子十五而笄。」蓋自十五以前未可許嫁也。至十五始可許嫁，許嫁則笄矣。然許嫁不必皆十五，卽笄亦不必皆十五也。故於男子言二十而冠，而女子之笄不著言其年也。○自「名子者」至此，記男女名字之法。

禮記卷三

曲禮上第一之三

凡進食之禮，左殽右胾。食居人之左，羹居人之右；膾炙處外，醯醬處內；葱渫處末，酒漿處右。釋文：胾，側吏反。食音嗣，徐音自。羹，古衡反，舊音衡。膾，古外反。炙，章夜反。醯，徐音海。本或作「醢」，呼兮反。渫，以制反。漿，子羊反，字亦作「[illegible]」。○按醯醬，孔疏本作「醢醬」，今從釋文。

鄭氏曰：皆便食也。殽，骨體也。胾，切肉也。食，飯屬也。居人左右，明其近也。殽在俎，胾在豆。近醯醬者，食之主。膾炙皆在豆。渫，烝葱也。言末者，殊加也，渫在豆。酒漿處羹之右，此言若酒若漿耳；兩有之則左酒右漿。此大夫士與賓客燕食之禮，其禮食則宜放公食大夫禮云。孔氏曰：熟肉帶骨而臠曰殽，純肉切之曰胾。骨是陽，故在左；肉是陰，故在右。食飯燥爲陽，故居左；羹溼是陰，故居右。此醯醬，徐音作海，則醢之與醬，兩物各別。按公食大夫禮「宰夫自東房授醯醬，公設之」，鄭註云：「以醯和醬也。」則醯醬共爲一物。醯之與醢，其義皆通，未知孰是。儀禮正饌惟有菹醢，無葱渫，故知葱渫殊加也。愚謂食，饌具之總名也。骨剛爲陽，肉柔爲陰；食燥爲陽，羹溼爲陰。或左或右者，順其陰陽也。食羹係人言之者，明其在席前而最近人也。肉聶而切之曰膾，公食禮作

「鮨」。炙，炙肉也。醢，肉醬也。周禮註云：「作醢及臡者，必先膊乾其肉，乃後莝之，雜以粱麴及鹽，漬以美酒，塗置甀中，百日則成矣。」凡胾與膾，必配醢設之。公食禮及內則三牲之胾及牛鮨、牛膾皆有醢，特牲禮羞庶羞四豆，有醢，少牢禮羞胾兩瓦豆，有醢，此有胾有膾，則有醢必矣。豆數必偶。胾也，膾也，炙也，醢也，庶羞之四豆也。醬爲食之主，下云「客自前跪，徹飯齊以授相者」，註云「齊，醬屬」，是也。膾炙處外，處醢醬之外也。醢醬處內，處膾炙之內也。酒，清醴。漿，截漿也。公食禮：「酒在豆東，漿在稻西。」此禮亦當兼有酒漿。漿處右，酒處左，弟子職云「左酒右漿」，是也。乃云「酒漿處右」者，酒漿雖並設，而食畢但飲漿，故據所飲者言之也。葱渿處末者，處殽之外，以其最遠於食也，故言末焉。殽在俎，食在敦，羹及膾炙、醢醬，葱渿在豆，酒漿在觶。其設之在左者，食最近人，其外殽，其外葱渿，而酒在食之左。在右者，羹最近人，其外胾，胾外炙，炙右膾，膾內醢，醢內醬，而漿在羹之右。食與羹，殽與胾之間，蓋容人焉。弟子職曰：「羹胾中別，胾在醬前，其設要方。」公食禮曰：「庶羞設於稻南簋西，間容人。」此大夫士與賓客燕食之禮，故無正豆，正豆尊，不用於燕食也。鄭氏謂「膾炙處外，醯醬處內，爲在殽胾之內外」。今按炙、胾、膾、醢爲庶羞之四豆，其設之當在一處，若如鄭說，則膾、炙、醢三者或左或右，非設饌之法也。

以脯脩置者，左朐右末。釋文：朐，其俱反。

鄭氏曰：亦便食也。屈中曰朐。孔氏曰：脯訓始，始作即成也。脩亦脯也。脩訓治，治之乃成。鄭註腊人云：「薄析曰脯，捶而施薑桂曰腶脩，朐，脯中屈，朐朐然也。朐置左，末邊際置右，右手取祭，擘之便也。愚謂脯爲籩實，惟飲酒有之。此燕食乃有脯者，用之以代膾也。蓋釋而煎之以醢，而盛之則以豆與？其設之亦於膾之處。內則曰：「大夫燕食，有膾無脯，有脯無膾。」

客若降等，執食興辭，主人興，辭於客，然後客坐。食字，釋文無音，蓋如字讀之。今讀爲「飯食」之食。

鄭氏曰：辭者，辭主人之臨己食，若欲食於堂下然。愚謂食，飯也。執食者自席前殽胾間客人之處，向席而跪執之。辭，告也。賓席於奧，而主人席於阼，降等之客，不敢食於尊處，故執食而興，告於主人，言己欲食於他處也。公食大夫禮：「賓左擁簠粱，右執湇，以降。」又大夫相食，賓執粱與湇，之西序端。此雖降等之客，然與公食大夫有君臣之分者不同，其辭於主人，蓋當告主人以將往食於西序端也。必執食者，以其爲饌之主，而主人之所親饋者也。然禮食無阼席，主人立而視客食，故雖大夫相食敵體之禮，必執食之西序端，且又不告於主人而遽往，蓋不安於主人之不食而立而臨己也。此燕食，賓主皆坐，設席對食，故非降等之客則不必辭。執食興辭者，惟降等之客耳。然興即致辭，尚未離乎席前也，則與大夫相食之不辭而遽之西序端者亦異矣。主人興辭於客者，告客使反食於席也。於賓及主人皆言興，則設饌時主人與客皆已即席坐矣。又此言「客若降等，執食興辭」，則降等之客，其禮之異者惟此耳。若下文所言，則皆爲賓主燕食之通禮，非專據降等之客。猶「凡與客入者」一節，言「客若降等，則就主人之階」，而自「主人與客讓登」以下，又皆言賓主之通禮，非惟降等之禮也。註疏因此言「客若降等」，遂於下文「主人延客祭」，「主人未辯，客不虛口」，皆以爲降等之禮，非是。

主人延客祭，祭食，祭所先進，殽之序，徧祭之。

鄭氏曰：延，道也。祭，祭先也。君子有事，不忘本也。客若降等，則先祭。主人所先進，先祭之，所後進，後祭之，如其次。殽之序徧祭：之，謂胾、膾、炙也，以其同出於牲體也。公食大夫禮：「魚、腊、湆、醬不祭。」孔氏曰：祭者，君子不忘本，有德必酬之。故得食而種種出少許，置之豆間之地，以報先代造食之人也。愚謂禮食無阼席，故惟客祭。燕食賓主並設席而食，則主人必先祭以道客，而後客祭也。蓋主人以爲己之食不足以當客之祭，故但自祭而已。玉藻：「孔子食於少施氏，孔子祭，作而辭曰：『疏食不足祭也。』」是也。主人祭，則客從而祭，是主人之祭實所以道客也。下言「延客食胾」亦然。食，饌具也。祭食，祭所先進者，先進者先祭之，後進者後祭之也。公食大夫禮先設豆，次設俎，次設黍稷，次設鉶。此禮食設饌之次也。昏禮、特牲禮亦然。弟子職云：「置醬錯食，陳膳毋悖。凡置彼食，鳥獸魚鼈。必先菜羹，羹胾中別。胾在醬前，其設要方。飯是爲卒，左酒右漿。」此朝夕燕食設饌之次也。此與客燕食，其設饌之次不可考。然以設饌內外之法觀之，則當先設羹食於內，而後設殽、胾於外，則亦先祭食而後祭殽、胾與？殽，謂牲骨在俎者，註以爲胾、膾、炙，非也。殽之體骨非一，初時惟祭其肺，其餘體骨，至食則振祭，故曰「殽之序，徧祭之」，謂依所食之次第而祭之也。食胾之後乃辯殽，未辯殽則猶未徧祭也。此因言「祭食」，遂並言祭殽之法耳。

三飯，主人延客食胾，然後辯殽。釋文：飯，扶晚反。依字書，「食」旁作「卞」，扶萬反；「食」旁作「反」，符晚反。二字不同，今則混之，故隨俗而音此字。辯音遍，下同。

鄭氏曰：先食胾，後食殽，殽尊也。凡食殽，辯於肩，食肩則飽也。孔氏曰：三飯，謂三食也。禮食三飧而告飽，須勸乃更食，三飯竟，而主人乃道客食胾也。公食大夫禮云「賓三飯，以湆、醬」，鄭云：「每飯歠湆，以殽擩醬，食正饌也。」案彼文，是三飯但食醬及他饌，而未食胾，故三飧竟而主人道客使之食胾也。所以至三飧後乃食胾者，公食禮亦以胾爲加，故客三飧前未食之。然公食禮三飧竟，起受漿漱口，受束帛之物，升，降拜，禮畢方還坐，更食取飽，不云「三飯延客食胾」，與此異也。辯，匝也。食胾竟後，主人道客令食至飽，食殽得匝也。案特牲、少牢禮初食脊，次食脅，次食骼，後食肩，是辯於肩，故云「食肩則飽」也。賈氏公彥曰：一口謂之一飯。愚謂三飯，食三口也。殽之體骨非一，三飯先食殽，三飯既竟，主人乃食胾以道客，客既食胾，然後徧食殽之體骨也。食胾之前，固已食殽矣，特未辯耳。註謂「先食胾，後食殽」，非也。疏引公食註「賓三飯，以殽擩醬，食正饌」，似已以此註「先食胾」之説爲不然；然公食註「三飯，以殽擩醬，食正饌」之説，實亦非是。昏禮云：「皆食以湆、醬，皆祭舉食舉也。」先云「皆食以湆、醬」，而後云「皆祭舉食舉」，則是食湆、醬與食殽實爲二事，初非以殽擩醬而食也。公食禮「賓三飯，以湆、醬」，又云「賓卒食會飯，三飲，不以醬、湆」，而不言食殽、胾之詳。案大行人上公「食禮九舉」〔一〕，侯伯「七舉」，子男「五舉」，則卿大夫食禮當三舉，而公食禮不言舉數，蓋其禮節之詳必已別見於他經，而今不可考矣。然特牲禮尸舉肺、脊，三飯，次舉獸幹及魚，次羞庶羞四豆，次舉骼，次舉肩，少牢禮尸亦舉肺脊，三飯，次舉牢幹，次食胾，次舉魚，次舉獸肩，次舉

〔一〕「大行人」，原本作「大宗伯」，據周禮改。

骼，次舉肩，意公食禮亦必如此。此與客燕食之禮，雖其牲體不必皆備，然先食殽，三飯竟，乃食胾，既食胾，而後辯殽，其禮亦不異也。蓋食以牲體爲主，故食皆以是始終焉。庶羞卑，但於其中閒一食之耳。

主人未辯，客不虛口。

鄭氏曰：俟主人也。虛口，謂酳也。孔氏曰：主人恆讓客，不自先飽，故待主人辯，乃得爲酳也。酳，隱義云：「飯畢蕩口也。」案公食禮雖設酒優賓，不得用酳，但以漿漱口而已。此是私客，故用酒以酳，異於公食禮也。愚謂主人道客食胾，則亦道客食殽矣。乃云「主人未辯，客不虛口」者，蓋主人雖先食以道客，客既食殽，則主人又緩食以待客之先飽也。食畢飲酒謂之酳，酳，演也，所以演安其所食也。飲漿謂之漱，漱者，漱濯之意，食畢恐口有滓穢，故飲漿以滌蕩之也。蓋酒之味濃厚而漿清薄，故其爲義之異如此。虛口，卽漱也。祭祀，尸食畢而獻之謂之酳。士昏禮「合卺而酳」，樂記云「食三老、五更於大學，天子執爵而酳」，此皆用酒者也。食老、更之禮不可考，若士昏及特牲、少牢，則漿皆不設，公食禮兼設酒漿，而賓但飲漿。弟子職云「左酒右漿」，又云「先生已食，弟子乃徹，趨走進漱」，亦但飲漿而已。是則禮之重者，食畢用酒以酳而無漿，禮之輕者，兼設酒漿而食畢但飲漿也。士昏非重於公食，而用酒以酳者，所謂鬼神陰陽也。此燕食禮輕，用漿虛口，註以爲酳，非也。主人不先客辯殽，客不先主人虛口，賓主相敬之道然也。

卒食，客自前跪，徹飯齊以授相者。主人興，辭於客，然後客坐。釋文：卒，子恤反，後更不音者同。

齋，本又作「齊」，將兮反。相，息亮反。○此五句舊在「毋嚃炙」之下，張子曰：「此錯簡，當在前『客不虛口』之下。」以文義考之，良是，今從之。

鄭氏曰：謙也。自，從也。齊，醬屬也。相者，主人贊饌者。主人興辭，不聽親徹。愚謂客自前跪，謂當席前，向席而跪也。飯齊，主人所親饋，故客親徹之。公食大夫禮「卒食」，「賓北面坐，取粱與醬，以降」；「大夫相食」，「卒食，徹於西序端」。此但以授相者，亦燕食禮殺也。禮食食畢即出，此客復坐者，尚有後事故也。○自「凡進食之禮」至此，記大夫士燕食之禮。

侍食於長者，主人親饋，則拜而食；主人不親饋，則不拜而食。

鄭氏曰：勸長者食耳。雖賤，不得執食興辭，拜而已，示敬也。不拜者，以其禮於己不隆。愚謂不執食興辭者，此侍食耳，不在賓客之位故也。主人，即謂長者。長者之食，其子弟饋之，若長者敬己而爲之親饋，則己當拜而後食；若但其子弟並饋之，則不必拜也。疏以此爲侍從長者爲客之禮，非也。

共食不飽，共飯不澤手。鄭註：澤，或爲「擇」。

鄭氏曰：共食，謂共羹飯之大器也。不飽，謙也。澤，謂捼莎也。不澤手，爲汗下半反。手不絜也。禮，飯以手。孔氏曰：共食，謂同事聚居。非禮食則有同器食法，共食宜謙，不得厭飫爲飽也。共飯不澤手者，亦是共器盛飯。澤，謂光澤也。古禮，飯用手，澤手則汗生，與人共飯，不得臨食始捼莎手乃食，恐爲人穢也。

毋摶飯，毋放飯，毋流歠，釋文：摶，徒端反。歠，川悅反。○放飯之飯，註疏如字。朱子孟子集註讀爲扶晚反，今從之。

鄭氏曰：毋摶飯，爲欲致飽，不謙。放飯，去手餘飯於器中，人所穢。大歠，嫌欲疾。孔氏曰：取飯作摶，則易得多，是欲争飽，非謙也。去手餘飯於器中，人所穢也，當棄餘於篚，無篚棄於會。會，謂簋蓋也。朱子曰：放飯，大飯，謂食之放肆而無所節。流歠，長歠，飲之流行而不知止也。

毋咤食，毋齧骨，毋反魚肉，毋投與狗骨，毋固獲，釋文：咤，陟嫁反。齧，五結反。固獲，並如字，徐云：「鄭橫霸反。一音護。」

鄭氏曰：咤食，嫌薄之。齧骨，爲有聲響，不敬。反魚肉，爲已歷口，人所穢。投與狗骨，爲其賤飲食之物。固獲，爲其不廉也。欲專之曰固，争取曰獲。孔氏曰：咤食，謂以舌口中作聲，似嫌主人之食也。毋齧骨者，一則有聲，二則嫌主人食不足，以骨致飽，三則口脣可憎。毋反魚肉，謂與人同器，已齧殘，反還器中，爲人所穢。

毋揚飯，飯黍毋以箸，毋嚃羹，釋文：飯黍，扶晚反。箸，直慮反。嚃，他答反，一音吐計反，又音退。

鄭氏曰：亦嫌欲疾也。嚃，爲不嚼菜。孔氏曰：飯熱當待冷，若揚去熱氣，則爲貪快，傷廉也。飯黍無用箸，當用匕，故少牢云「廩人摡匕與敦」，註云：「匕，所以匕黍稷。」是也。羹不嚼菜，含而歠吞之，欲速而多，又有聲，不敬傷廉也。愚謂飯黍毋以箸者，黍雖黏，飯之猶用手而已，不用箸也。少牢禮「上佐食，爾上敦黍於筵上」，賈疏云：「飯黍毋以箸，古者飯食不用匙箸，就器中取之，故移之席上，以便尸食。」是也。飯黍以箸，亦由欲食之急，故不俟其涼，而以箸取之。孔疏謂「飯黍當用匕」，非是。少牢禮「概匕」，所用取黍稷於甑而實諸敦者，非飯時所用也。

毋絮羹，毋刺齒，毋歠醢。客絮羹，主人辭不能亨；客歠醢，主人辭以寠。釋文：刺，七亦反。亨，普彭反。寠，其禹反。

鄭氏曰：絮羹，爲其詳於味也。絮猶調也。刺齒，爲其弄口也。口容止。歠醢，亦爲詳於味也。歠者，嫌其味淡。主人辭不能亨，辭以寠，優賓也。孔氏曰：絮羹，謂就器中調和鹽梅，是嫌主人味惡也。刺齒，刺取齒間之留，爲弄口，不敬也。醢，肉醬也。醬宜鹹，客若歠之，是醬淡也。愚謂醢但用以擩物，無歠之之法，若歠之，是其味淡也。寠，言己貧，故不足於味也。

濡肉齒決，乾肉不齒決，毋嘬炙。釋文：濡音濡，字亦作「濡」。嘬，初怪反。○今按：乾音干。

鄭氏曰：決，斷也。乾肉堅，宜用手。嘬炙，爲其貪食甚也。嘬，謂一舉盡臠。特牲、少牢：「嚌之，加於俎。」孔氏曰：火灼曰炙。若食炙肉，先當以齒嚌而反置俎上。嘬者，不細齧之，一舉而併食之也。愚謂濡肉，胾炙之屬；乾肉，脯脩之屬。○自「共食不飽」至此，雜記飲食之法。

侍飲於長者，酒進則起，拜受於尊所。長者辭，少者反席而飲；長者舉未釂，少者不敢飲。

釋文：少，式召反，下皆同。釂，子妙反。

鄭氏曰：降席拜受，敬也。少者不敢飲，不敢先尊者。盡爵曰釂。愚謂此侍長者私飲之禮也。必拜受於尊所者，此蓋長者親酌而賜之，故於尊所拜受，不敢煩長者至己席前而授之也。私飲或在室中，其設尊蓋於北墉下與？玉藻：「君若賜之爵，則越席再拜稽首受，登席祭之，飲，卒爵而俟，君卒爵，然後授虛爵。」此「長者舉未釂，少者不敢飲」，與彼異者，君臣尊卑闊絶，侍君飲者無爲賓客之嫌，故先君卒爵，若爲君嘗酒然。侍長者而先飲，則嫌以賓客自居，故長者舉未釂，少者不敢飲，禮各有當也。○鄭氏曰：燕飲之禮鄉尊。孔氏曰：陳尊之所，貴賤不同。若諸侯燕禮、大射，設尊在東楹之西，尊面有鼻，鼻鄉君，示君專有此惠也。若鄉飲酒及卿大夫燕，則設尊於房户之間，東西列尊，尊面鄉南，酌者鄉北。時主人在阼西鄉，賓在户西牖前南鄉，使賓主得夾尊，示不敢專惠也。今云「拜受於尊所」，當是燕禮，而燕禮不云「拜受於尊所」，鄉飲酒亦無此語，疑是文不具耳。尊鄉長者，故往尊所，鄉長者而拜。愚謂侍飲於長者，謂長者私飲而少者侍之耳，固非臣侍君燕之禮，亦非大夫士燕飲之正。其設尊之所，於禮亦無文可言，而註乃云「燕飲之禮鄉尊」，其説殊不可曉。疏以「鄉尊」之言與玉藻言「唯君面尊」者合，遂以此爲燕禮，又以燕禮無「拜受於尊所」之文，而謂其文不具，不以經正註之失，而反以註疑經之闕，亦可怪矣。且記明言「長者」「少者」，安可以爲君臣燕飲之禮耶？又疏謂燕禮「酌者在尊東西面」，及「尊鼻鄉君」，亦皆非是。説見少儀。

長者賜，少者賤者不敢辭。

鄭氏曰：不敢亢禮也。賤者，僮僕之屬。呂氏大臨曰：辭讓之節，行於賓主之際而已，體不敵，則毋敢視賓客。

賜果於君前，其有核者懷其核。釋文：核，户革反。

鄭氏曰：嫌棄尊者物也。木實曰果。

御食於君，君賜餘，器之溉者不寫，其餘皆寫。釋文：溉，古愛反。

鄭氏曰：重汚辱君之器也。溉，謂陶梓之器。不溉，謂萑竹之器也。寫者，傳己器中乃食之也。勸侑曰御。　孔氏曰：御食非侍者，但是勸侑君食也。寫，謂倒傳之也。器可滌溉者，不畏汚則不須倒寫，其餘皆倒寫之。　愚謂御食與侍食不同：侍食者，侍君而食；御食者，但勸侑君食而已，故君食畢，或以餘賜之。若侍食，則食畢執飯齊以授從者，不待君賜，以其食本己所當得故也。

餕餘不祭，父不祭子，夫不祭妻。釋文：餕，子閏反。

朱子曰：餕餘之物，不可以祭先祖。如孔子君賜腥則非餕餘，熟之以祭先祖可也。賜食則或爲餕餘，故但正席先嘗而已，不可以祭先祖。雖父不以祭子，夫不以祭妻，不敢以鬼神之餘復以祭也。○戴氏溪曰：父不祭子，夫不祭妻，各使其子主之，明有尊也。此與餕餘不祭，義不相屬。　顧氏炎武曰：父不祭子，夫不祭妻，不但名分有所不當，而以尊臨卑，則死者之神亦必不安，故其當祭則有代之者。此謂平日四時之祭，若在喪，則祥禫之祭未嘗不行。○此節諸家之說不同。註疏解「祭」字爲「祭食」之祭，謂「食尊者之餘則祭之」，「若父得子餘，夫得妻餘，不須祭，以其卑故也」。　愚謂食之有祭，所以報先代始爲飲食之人，若用食餘以祭，則非所以爲敬。故玉藻「特牲三俎，祭肺，夕深衣，祭牢肉」，若日中而餕，則不祭也。雖尊者之餘，亦不可用以祭矣。且禮惟有卑餕尊者之餘，若父餕子餘，夫餕妻餘，尤禮之所未嘗有也。陳可大謂「食人之餘，及子進饌於父，妻進饌於夫，皆不必祭」。愚謂食人之餘不必祭，固已，若子進饌於父，妻進饌於夫，則恐未有不祭者，觀特牲、少牢禮尸於饌具皆祭之，可見也。朱子與戴氏、顧氏之說皆可通，但上言「御食於君」，下言「御同於長者」，故因而及於餕餘不祭之事，忽於其間言吉祭，未免不倫，又似朱子之說爲長也。

御同於長者，雖貳不辭，偶坐不辭。釋文：坐，才臥反，又如字。

鄭氏曰：謂侍食於長者，饌具與之同也。貳，謂重殽膳也。辭之，爲長者嫌。偶坐不辭，盛饌不爲己。孔氏曰：御，侍也。御同，謂侍食而與長者同饌也。貳，重也。雖重殽膳而不辭者，此饌本爲長者設耳，若辭之，則嫌當長者。偶，媲也。或爲彼客設饌，而召己媲偶共食，此饌本不爲己設，故不辭。一云：偶，二也。謂與他人並坐，主人設饌，己不假辭，以主人意不必在己也。愚謂此御同於長者，謂侍長者而與長者同饌，與上「御食於君」不同。貳，益也，謂食盡而又益之也。弟子職曰：「三飯二斗，左執虛豆，右執梜匕，周旋而貳，唯嗛之視。」侍長者同食，主人益長者之饌，並益己饌，則不必辭，若己辭之，則嫌長者不廉也。若與敵體之人偶坐同食，雖非長者，於貳饌亦不辭，以主人之意不專爲己也。

羹之有菜者用梜，其無菜者不用梜。釋文：梜，古協反，沈又音甲。字林作「筴」，云：「箸也。」

鄭氏曰：梜猶箸也。今人或謂箸爲梜提。孔氏曰：鉶羹有菜交横，非梜不可。無菜者，大羹湆也，直歠之而已。其有肉調者，犬羹兔羹之屬，或當用匕也。

爲天子削瓜者副之，巾以絺；爲國君者華之，巾以綌；爲大夫累之，士疐之，庶人齕之。釋文：爲，于僞反。副，普逼反。絺，勑宜反。華，胡瓜反。綌，去逆反。累，力果反，一音如字。疐音帝。齕，恨没反，徐胡切反。

鄭氏曰：副，析也。既削，又四析之，乃橫斷之，而巾覆焉。華，中裂之，不四析也。累，倮也，謂不巾覆也。疐之，不中裂，橫斷去疐而已。齕之，不橫斷。　孔氏曰：削，刊也。絺，細葛也。爲天子削瓜，先刊其皮而析爲四也。又橫切之，而細葛爲巾，覆上而進之也。華，中破也。綌，麤葛也。諸侯禮降，故破而不四析，亦橫斷之，巾用麤葛，覆而進之。爾雅云「瓜曰華之」，郭璞云：「食啖治擇之名。」大夫降於諸侯，直削而中裂橫斷而已，不巾覆也。疐，謂脱華處。士不中破，但去疐而橫斷，亦不覆也。庶人，府史之屬。齕，齧也，去疐而齕之。此削瓜等級不同，非謂平常之日，當謂公庭大會之時也。　愚謂疐，瓜之連蔓處也。

父母有疾，冠者不櫛，行不翔，言不惰，琴瑟不御，食肉不至變味，飲酒不至變貌，笑不至矧，怒不至詈。疾止復故。釋文：冠，如字，徐古亂反。惰，徒禾反，一音徒臥反。矧，本又作「哂」，失忍反，又詩忍反。詈，力智反。

鄭氏曰：不櫛、不翔，憂不爲容也。言不惰，憂不在私好。惰，不正之言。琴瑟不御，憂不在樂。不至變味、變貌，憂不在味。笑不至矧，怒不至詈，憂在心，難變也。齒本曰矧，大笑則見。復故，自若常也。　孔氏曰：猶許食肉，但不許變味耳。食少則味不變，多食則口味變也。　愚謂言之惰慢不正，無時而可，然朋儕相處，時或戲謔，亦人情所不免，所謂一張一弛之道也。惟父母有疾，則憂存於心，而出言益須謹重。故有同此一言，在平日言之，則爲談笑之常；在有憂出之，則有惰慢之失。猶祭統言齊則「防其邪物」，初非不齊之時可有邪物之干也。

有憂者側席而坐，有喪者專席而坐。

鄭氏曰：側猶特也。側席而坐，憂不在接人，不布他面席。專席而坐，降居處也。專猶單也。孔氏曰：案聘禮「公側受醴」，是側猶特也。專猶單也。吉時貴賤有重席之禮，若父母始喪，寢苫無席，卒哭後，芐翦不納，自齊衰以下，始喪而有席，並不重也。胡氏銓曰：側，不正也。漢王嘉、傅喜、魏徐弈傳皆云：「楚有子玉，則文公側席而坐。」王氏曰：專席，與郊特牲「君專席而酢」之專同。

水潦降，不獻魚鼈。

鄭氏曰：不饒多也。孔氏曰：水潦降，魚鼈難得，故鄭云「不饒多」。或云：水潦降下，魚鼈豐足，不饒益其多。愚謂水潦降，謂夏時也。襄十年左傳士匄、士偃請於荀罃曰：「水潦將降。」杜預曰：「向夏恐有久雨。」定四年春三月，荀寅曰：「水潦方降。」哀十五年夏，吳大宰嚭曰：「以水潦之不時。」月令季夏：「水潦盛昌。」古者三時取魚，惟夏不取，蓋以水蟲方孕，又水大則魚鼈難得故也。居山不以魚鼈爲禮，非其地也；水潦降，不獻魚鼈，非其時也。

獻鳥者佛其首，畜鳥者則弗佛也。釋文：拂，本又作「佛」，扶弗反。畜，許六反，徐況又反。

鄭氏曰：爲其喙害人也。佛，戾也。蓋爲小竹籠以冒之。畜，養也，養則馴。孔氏曰：王云：「佛，謂取首戾轉之。」鳥經人養，則不喙害人。愚謂獻鳥，若行賓客禽獸之類。少儀曰：「其禽加於一雙，則執一雙以將命。」鳥喙能傷人，故執以將命，必佛其首於翼下。鄭謂「用小竹籠冒之」，未知何據，豈因當時有此法而言之與？畜鳥弗佛者，無所事乎佛也。

獻車馬者執策綏，獻甲者執冑，獻杖者執末，獻民虜者操右袂，獻粟者執右契，獻米者操量鼓，獻孰食者操醬齊，獻田宅者操書致。釋文：契，苦計反。量音亮，又音良。齊，本又作「齏」，同子兮反。

鄭氏曰：凡操執者，謂手所舉以告者也。設其大者，舉其小者，便也。甲，鎧也。冑，兜鍪也。民虜，軍所獲也，操其右袂，制之。契，券要也，右爲尊。量鼓，量器名。孔氏曰：策是馬杖，綏是上車之繩。車馬不上於堂，但執策、綏呈之，則知有車馬。甲，鎧也。謂鎧爲甲者，言如龜鱉之有甲也。冑，兜鍪也。鎧大，兜鍪小，小者易舉，執以呈之。杖末拄地不净，故執以自嚮，以净頭授人。民虜，征伐所獲，獻之，以左手操囚之右袂，用右手以防其異心。粟，粱稻之屬。契，謂兩書一札，同而别之，右爲尊，以先書爲尊也。米，六米之等。量是斗斛之數，鼓是量器名也。隱義曰：「東海樂浪人呼容十二斛者爲鼓，以量米，故云量鼓。」獻米者執器以呈之。米云「量」，則粟亦量；粟云「契」，則米亦書。但米可即食，爲急，故言「量」；粟可久儲，爲緩，故云「書」。醬齊爲食之主，執主來，則食可知，若見芥醬，必獻魚膾之屬也。書致，謂圖書於板，丈尺委曲，書之而致之於尊者也。以上諸物可動，故不云致；田宅著土，故板圖書畫以致之，故言書，又言致也。然古者田宅悉爲官所賦，本不屬民，今此得獻田宅者，或有重勳，爲君上所賜，可爲己有，故得有獻。愚謂凡以物相授受而有上下者，皆以其上授人，惟有刃者不然。故獻杖執末，而以上端授人，非徒以杖末不净也。粟可久藏，主人或未即用，故書一券而中别之，留其左者，獻其右者，受獻者欲取粟則執券而合之。粟藏於倉，故獻其契；米操量鼓，則並米獻之，不必用契矣。鼓，量名，其容受之數未聞。疏謂「樂浪人呼容十二斛者爲鼓」，然器容十二斛則不可執以將命，非也。鏘鳴按：左傳昭二十九年「賦晉國一鼓鐵」，正義曰：「服虔云：『鼓，量名也。曲禮曰：「獻米者操量鼓。」取晉國一鼓鐵以鑄之。』但禮之將命，置重而執輕，鼓可操之以將命，卽豆區之類，非大器也。」是孔氏亦以隱義之說爲不然矣。獻田，如鄭歸祊田於魯，子產爲豐施歸州田於韓宣子。獻宅，如郈成子分宅以處右宰穀臣之妻子。古時此類固多有之，不必以田宅不得獻爲疑。

凡遺人弓者，張弓尚筋，弛弓尚角，右手執簫，左手承弣，尊卑垂帨。若主人拜，則客還辟辟拜。主人自受，由客之左，接下承弣，鄉與客並，然後受。釋文：遺，于季反。弛，本又作「施」，同式是反。弣音撫，徐音甫。帨，徐始鋭反。辟辟，上辟扶亦反，下辟音避。

鄭氏曰：尚筋、尚角，弓有往來體，皆欲令其下曲，隤然順也。遺人無時，已定體則張之，未定體則弛之。簫，弭頭也。謂之簫，簫，邪也。弣，把中。帨，佩巾也，磬折則佩垂。授受之儀，尊卑一。主人拜，拜受也。辟拜，謙不敢當。由，從也。從客之左，右客，尊之。接下，接客手下也。承弣，卻手則簫覆手與？鄉與客並，於堂上則俱南面，禮敵者並授。孔氏曰：此爲敵體，故稱遺也。弓之爲體，以木爲身，以角爲面，筋在外面，張時曲來向內。故遺人則使筋在上，弓身曲向其下，弛時反張向外，筋在曲內，角在曲外。今遺人角向其上，弓形亦曲向下也。弓人云「秋合三材，冬定體」，則合三材之時，可以獻人，故此註云「未定體則弛之」也。弓頭稍剡，差邪似簫，故謂爲簫，又謂爲鞘。執簫，謂客覆右手，執弓下頭也。弣，謂弓把也。地道貴右，主人推客居右，客覆右手，執弓下頭，又卻下左手，以承弓把，以授主人。知是執弓下頭者，下頭拄地不浄，故自執之，以上頭授人，示敬也。還辟，猶逡巡也。主人拜客既竟，從客左而受之，卻左手接客左手之下而承弣，又覆右手捉弓下頭。必知客主俱卻左手承弣，右手覆簫者，若主人用右手承弣，便是倒執弓也。朱子曰：賓主雖或一尊一卑，然皆當磬折垂帨也。愚謂簫在弓之兩頭，此所執者，其下頭也。弓當矢上有箭道，士喪記所謂撻。弓簫雖無上下之異，而以近撻者爲上。帨，佩巾也，磬折則帨垂。尊卑，如兩大夫相問遺，所遺者爲士，主人爲大夫，是賓主尊卑不同，而其儀皆以磬折垂帨爲度也。下篇云：「主佩倚則臣佩垂，主佩垂則臣佩委。」此謂君臣相授受之法。此雖尊卑不同，而非君臣，故賓主皆垂帨也。主人拜，拜受也。還辟辟拜，逡巡以避主人之拜也。由客之左者，主人之位恆在東，客南面而授之，則主人在其左也。接下承弣者，卻左手以接客之手下而承弓弣也。亦覆右手執簫，不言者，文省也。鄉與客並者，與客同面而並授也。賓主授受之禮，以訝受爲正，此乃並授者，以授弓禮輕也。客不拜送者，客乃使人，弓非己物故也。凡爲使者，於主人之拜受皆不答，於聘禮可以見之。孔氏謂「使者執弓不能拜」，非也。

進劍者左首，

鄭氏曰：左首尊也。孔氏曰：首，劍拊環也。春秋魯定公十年，叔孫之圉人欲殺公若，僞不解禮而授劍末，杜云：「以劍鋒末授之。」鋒是末，則環是首也。劍有匣，又有衣，少儀曰「劍則啓櫝，蓋襲之，加夫襓」，是也。左首者，主人在左，劍首爲尊，以尊處授主人也。對授亦左首，首尊，左亦尊，爲宜也。愚謂執劍左首，爲辟其刺刃故也。

進戈者前其鐏，後其刃，進矛戟者前其鐓。釋文：鐏，在困反，舊子困反。矛，本又作「鉾」，音謀。鐓，本又作「錞」，徒對反。

鄭氏曰：後刃，敬也。三兵鐏、鐓，雖在下猶爲首。鋭底曰鐏，取其鐏地；平底曰鐓，取其鐓地。孔氏曰：戈，鉤孑戟也，如戟而横安刃，但頭不向上爲鉤也。直刃長八寸，横刃長六寸，刃下接柄處長四寸，並廣二寸，用以鉤害人也。刃當頭而利，故不持向人，鐏在尾而鈍，向人爲敬。矛，如鋋而三廉。戟，今之戟也。古作戟，兩邊皆安横刃，長六寸，中刃長七寸半，横刃下接柄處又長四寸半，並廣寸半。鐓爲矛戟柄尾，平底如鐓。柄，下也。以平向人，敬也。亦應並授。不云左右而云「前」「後」者，互文也。若相對則前後也，若並授則左右也。愚謂戈之横刃曰胡，直刃曰援。戟三鋒：其横刃六寸，下向中矩者曰胡；其中刃長七寸五分，直前者曰刺；其横刃長七寸五分，枝出而磬折者曰援。戈之底鋭，謂之鐏；矛戟之底平，謂之鐓。鐏、鐓蓋皆以金飾之，詩云「厹矛鋈錞」，是也。三兵皆以其下授人者，避其刃也。凡有刺刃者，以授人則避刃。

進几杖者拂之。

鄭氏曰：尊者所憑依。拂去塵，敬也。愚謂士昏禮醴賓，「主人拂几，授校」，聘禮醴賓，「公升，側受几於序端，宰夫内拂几三，奉兩端以進，公東南鄉，外拂几三」，有司徹賓尸〔一〕，「主人西面，左手執几，縮之，以右袂推拂几三，二手横執几，進授尸於筵前」，此進几者必拂之也。

〔一〕「有司徹」，原本作「少牢禮」，據儀禮改。

效馬效羊者右牽之，效犬者左牽之。

鄭氏曰：用右手便。效，猶呈見也。犬齕齧人，右手當禁備之。孔氏曰：此亦是遺人，而言效，亦互文也。馬羊多力，人右手亦有力，故用右手牽掣之。犬好齕齧人，故左牽之，而右手防禦也。少儀：「獻犬則右牽之。」彼是田犬，畜犬不齧人，不須防，此是充食之犬，故防之。

執禽者左首，

鄭氏曰：左首尊。呂氏大臨曰：執禽者左首，謂贄也。禽摯，若卿執羔，大夫執雁，士執雉，庶人執鶩，工商執雞是也。士相見禮云：「摯，冬用雉，夏用腒，左頭奉之。」

飾羔雁者以繢。釋文：繢，胡對反。

鄭氏曰：繢，畫也。諸侯大夫以布，天子大夫以畫。孔氏曰：飾，覆也。畫布爲雲氣，以覆羔雁爲飾。士相見禮云「下大夫以雁，上大夫以羔，飾之以布」，並不言繢。此言繢者，彼是諸侯之卿大夫，卑，但用布，此天子卿大夫，尊，故畫之也。陸氏佃曰：案士相見禮「下大夫以雁，飾之以布」，言飾，則繢可知。愚謂天子諸侯之大夫無異贄，則亦未必有異飾，疑陸氏之說得之。

受珠玉者以掬，釋文：掬，九六反。兩手曰掬。

鄭氏曰：慎也。掬，手中。孔氏曰：置在手中，不用袂承之，恐墜落也。

受弓劍者以袂。

鄭氏曰：敬也。孔氏曰：不露手取之，用衣袂承接之，以爲敬也。愚謂此言受弓劍於尊者之法也。大射禮云：「大射正執弓，以袂順左右隈，上再下壹，左執弣，右執簫，以授公。」此授弓用袂，則受弓可知。

飲玉爵者弗揮。

鄭氏曰：爲其寶而脆。　孔氏曰：揮，振去餘也。　愚謂揮爵而去其餘瀝，易於失墜也。

凡以弓劍、苞苴、簞笥問人者，操以受命，如使之容。　釋文：苴，子餘反。簞音單。笥，思嗣反，字林先自反，沈息里反。使，色吏反，下並同。

鄭氏曰：問猶遺也。苞苴，裹魚肉，或以葦，或以茅。簞笥，盛飯食者。圓曰簞，方曰笥。　孔氏曰：苞者，以草苞裹魚肉之屬也。故尚書云：「厥苞橘柚。」苴者，以草藉器而貯物也。詩云：「野有死麕，白茅包之。」內則云：「炮取豚，編萑以苴之。」既夕禮云：「葦苞長三尺。」是裹魚肉用茅及葦也。簞圓笥方，俱是竹器，亦以葦爲之。問人，因問而有物遺之也。或自有事問人，或因彼有事而問之，悉有物將其意，自「弓」「劍」以下皆是也。使者操持諸物，進受尊者之命，先習其威儀進退，如至其所使國時之儀容。　呂氏大臨曰：苞苴，魚肉果食也。書曰「厥包橘柚」，易曰「包有魚」，詩曰「野有死麕，白茅包之」，是也。簞，論語「一簞食」是也。笥以盛衣服，書曰「惟衣裳在笥」，是也。○自「水潦降，不獻魚鼈」至此，論以物相獻遺及授受之法。

凡爲君使者，已受命，君言不宿於家。　釋文：爲，于僞反。

鄭氏曰：急君使也。言，謂有故所問也。　聘禮曰：「若有言，則以束帛，如饗禮。」　孔氏曰：受君言，宜急去，不敢留宿於家也。故聘禮「既受命，遂行，舍於郊」，是也。　愚謂君言卽君命也。註說非是。
此通言爲君出使之禮，不當專據有言者。

君言至，則主人出拜君言之辱。使者歸，則必拜送于門外。

鄭氏曰：敬君命也。此謂君問事於其臣也。　孔氏曰：出，出門拜迎君命也。辱者，言屈辱尊者之命來也。　愚謂出拜君言之辱，拜送於門外，皆於大門之外也。

若使人於君所，則必朝服而命之。使者反，則必下堂而受命。釋文：朝，直遥反。

鄭氏曰：此臣有所告請於其君。　孔氏曰：朝服命使，敬也。命使者朝服，則君言至亦朝服受之，互文也。不出門者，己使卑於君使也。　愚謂命使者亦下堂，受命亦朝服，文互相備也。士喪禮：「乃赴於君，主人西階東南面命赴者，拜送。」少儀曰：「凡膳告於君子，主人展之，以授使者於阼階之南，南面再拜稽首送。」是命使亦下堂明矣。受命時當北面，使者於阼階上致君命，而臣於阼階下中庭北面受之也。

博聞强識而讓，敦善行而不怠，謂之君子。釋文：識，如字，又式異反。行，下孟反，皇如字。

識，記也。　博聞强識以窮理，而居之以讓，則不自滿假，而所知日益精。敦善行以修身，而不至於怠，則日新不已，而其德日益進。斯可爲成德之君子矣。

君子不盡人之歡，不竭人之忠，以全交也。

鄭氏曰：歡，謂飲食。忠，謂衣服之物。　呂氏大臨曰：君子躬自厚而薄責於人。責人厚而莫之應，此交之所以難全也。歡，謂好於我。忠，謂盡心於我。好於我者，望之不深，則不至於倦而難繼也。「醻酒不舉三酌，油油而退」，是也。盡心於我者，不要其必力致，則不至於不能勉而絶也。「每有良朋，烝也無戎」，是也。愚謂歡以情之見於外者言，忠以意之主於中者言。盡人之歡，竭人之忠，則應之者難而交道苦矣，故君子戒之。

禮曰：「君子抱孫不抱子。」此言孫可以爲王父尸，子不可以爲父尸。

鄭氏曰：以孫與祖昭穆同。孔氏曰：凡稱「禮曰」者，皆舊禮語也。祭祀之禮必須尸，尸必以孫。今子孫行並幼弱，得抱孫爲尸，不得抱子爲尸。記者既引舊禮，又自解之云「此言孫可以爲王父尸，子不可以爲父尸」故也。曾子問曰：「孫幼則使人抱之，無孫則取於同姓可也。」是有抱孫之法也。○孔氏曰：天子至士皆有尸，宗廟之祭，皆用同姓之嫡。天子諸侯之祭，用卿大夫爲之。故旣醉註云：「天子以卿。」鄭箋云：「諸侯入爲天子卿大夫，故云公尸。」天子旣然，明諸侯亦爾。大夫士亦用同姓嫡者，鄭註特牲禮：「大夫士以孫之倫爲尸。」言倫，明非己孫。皇侃用崔靈恩義，以大夫用己孫爲尸，恐非也。若新喪虞祭之時，男女各立尸。故士虞禮云：「男，男尸。女，女尸。」至祔祭之後，止用男之一尸，以祔祭漸吉故也。凡吉祭止用一尸，故祭統云「設同几」，是也。天子祭天地、社稷、山川、四方、百物及七祀之屬，諸侯祭社稷、境内山川，及大夫祭五祀，皆有尸。外神之屬，不問同姓異姓，但卜吉則可爲尸。若祭勝國之社稷，則士師爲尸。異義：「公羊說：『祭天無尸。』左傳說：『晉祀夏郊，以董伯爲尸。』虞夏傳云：『舜入唐郊，以丹朱爲尸。』是祭天有尸也。」許愼引「魯郊祀曰『祝延帝尸』」，從左傳之說」也。程子曰：古人祭祀有尸，極有深意。喪人之魂魄既散，孝子求神而祭，無主則不依，無尸則不饗。魂氣必求其類而依之，人既與人相類，骨肉又爲一家之類，已與尸各已潔齊，至誠相通，以此求神，宜其饗之。後世不知此，直以尊卑之勢，遂不肯行耳。朱子曰：古人祭祀，無不用尸，非惟祭祖、禰，祭外神亦用尸。不知祭天地何如，想惟此不敢爲尸。杜佑謂「古人用尸，蓋上古樸陋之禮」。看來古人自有深意，非樸陋也。愚謂此言「孫可以爲王父尸」，曾子問曰「尸必以孫」，是則尸用己孫明矣。如祭父，則取兄弟之適子爲尸。故祭統云：「所使爲尸者，於祭者子行也。」士大夫所祭近，故無孫而取於同姓者；若天子諸侯祭其宗廟，則所取爲尸者，皆其所祭之祖之所出，又不必取於同姓矣。鄭氏謂「大夫士以孫之倫爲尸」，蓋兼容無孫者言之。孔氏乃據此而謂「尸不用己孫」，非徒棄經信傳，亦不善會鄭義矣。吉祭祭祖考而以妣配，止用男之一尸。若祔祭，則雜記云：「男子祔於王父則配，婦人祔於王母則不配。」祔後練、祥，又特祭新死者於寢，皆當男女別尸。至三年喪畢，新主入廟吉祭，然後止用男尸。孔疏謂「祔祭漸吉，止用男尸」，亦非是。周禮墓祭則冢人爲尸，祭勝國之社稷則士師爲尸。是祭外神皆有尸也。朱子謂「祭天地不敢用尸」，蓋以其至尊而不敢以人象之也。節服氏：「郊祀則裘、冕二人執戈送逆尸，從車。」執戈送逆尸者惟二人，則是惟配帝一尸而天無尸矣。晉語「祀夏郊，董伯爲尸」，韋昭云：「神不歆非類，董伯其姒姓乎？」虞夏傳云：「舜入唐郊，丹朱爲尸。」董伯與丹朱亦皆配帝之尸耳。許慎所引魯郊祀，蓋未足據也。

爲君尸者，大夫士見之則下之，君知所以爲尸者則自下之。尸必式，乘必以几。釋文：乘，繩證反。

鄭氏曰：下之，尊尸也。下，下車也。國君或時幼少，不能盡識羣臣，有以告者，乃下之。尸必式，禮之。乘必以几，尊者慎也。孔氏曰：此謂臣爲君尸，已被卜吉，君許用者也。古者致齊各於其家。散齊亦猶出在路，及至祭日之旦，俱來入廟，故羣臣得於路見君之尸，皆下車而敬之。散齊之時，君若在路見尸，亦自下車敬之。所以知是散齊者，君致齊不復出行，若祭日，君先入廟，後乃尸至也。言「知」，則初有不知，謂君年或幼少，不能並識羣臣，故於路或不識而臣告君，君乃下也。尸必式者，廟門之外，尸尊未伸，不敢亢禮，不可下車，故式爲敬，以答君式，謂俯下頭也。古者車箱長四尺四寸而三分，前一後二，横一木，下去車牀三尺三寸，謂之爲式。又於式上二尺二寸横一木，謂之爲較，較去車牀五尺五寸。若平常則憑較，若應爲敬，則落手下隱式，而頭得俯俛。後云「式視馬尾」，是也。愚謂特牲禮「前期三日筮尸」。少牢禮「前宿一日宿戒尸，明日朝筮尸」，鄭註云：「不前期三日筮尸，大夫下人君。」賈疏云：「天子諸侯前祭三日卜尸，得吉，又戒宿諸官，使之致齊。士卑，不嫌，得與人君同三日筮尸，但不得散齊七日耳。大夫尊，不敢與人君同，直散齊九日，前祭一日筮宿尸，並宿諸官致齊也。」是人君散齊之時，尸猶未卜，卜尸得吉，遂致齊，尸與人君大夫士皆不出矣。此云大夫士及君下尸者，蓋卜尸雖在祭前三日，而前期十日卜日之時，卽擬一人爲尸，至祭前三日又卜之，故散齊時人君及大夫士得見此將卜爲尸者而下車也。節服氏「郊祀則二人執戈送逆尸，從車」，人君之尸亦當有執戈者，若祭日入廟，君見尸，必無不知。云「君知所以爲尸者」，則是尸猶未卜，其威儀尚與羣臣無別，故君或不知，而待人告之也。車之在兩旁者曰較，其當人之前者曰式。較高五尺五寸，可一手憑之以爲安；式高三尺三寸，用兩手憑之以爲敬。疏言較與式高下之度，及平常憑較，敬則憑式，皆是也。而言較在式上，則非是。尸必式者，君及大夫士爲尸下，尸則俯而憑式以答其敬也。尸不下者，所以全尸之尊也。疏謂「不敢亢禮」，亦非也。尸於大夫士亦式，則非以不敢亢禮明矣。乘必以几者，謂乘車之時必履几以升也。士昏禮云：「婦乘以几。」蓋履几升車者，尊者及婦人之禮也。若天子則用石，隸僕「王行，洗乘石」，是也。疏謂「几在式上，以手據之」，亦非也。

齊者不樂不弔。釋文：齊，側皆反。樂音洛。○今按：樂當如字。

鄭氏曰：爲哀樂則失正，散其思也。　愚謂不樂，謂不聽樂也。致一謂之齊。不樂不弔，爲心志之感於哀樂而散也。

居喪之禮，毀瘠不形，視聽不衰，升降不由阼階，出入不當門隧。釋文：隧音遂。

鄭氏曰：形，骨見也。　孔氏曰：毀瘠，羸瘦也。形，骨露也。骨爲人身之主，故謂骨爲形也。居喪乃得羸瘠，不許骨露見也。阼階，主人之階也。孝子事死如事生，故在喪思慕，猶若父在，不忍從阼階上下也。若祔祭以後，則得升阼階。案士虞禮云：「卒哭稱哀子，祔祭稱孝子。」祔祭如饋食之禮，既同於吉，則孝子得升阼階也。雜記：「弔者入，主人升堂西面。」既言西面，則是升自阼階。此未葬得升阼階者，敬異國之賓也。　愚謂不形不衰，爲其廢喪事而將至於滅性也。門隧，門外當門之中道。既夕禮「甸人抗重出自道」，是也。卒哭以吉祭易喪祭，主人蓋當卽位於阼階與？既由阼階升降，則亦可由門隧出入矣。

居喪之禮，頭有創則沐，身有瘍則浴，有疾則飲酒食肉，疾止復初。不勝喪，乃比於不慈不孝。釋文：創，初良反，又初亮反。瘍音恙，本又作「痒」。勝音升。

鄭氏曰：勝，任也。　孔氏曰：不留身繼世，是不慈也。違親生時之意，是不孝也。　然本心實非爲不孝，故言比也。　愚謂言此者，所以見沐浴及飲酒食肉乃慮其不勝喪而爲之也。

五十不致毀；六十不毀；七十唯衰麻在身，飲酒食肉，處於內。釋文：衰，七雷反。

鄭氏曰：所以養衰老。　人五十始衰。　孔氏曰：致，極也。　五十始衰，居喪許毀，而不得極羸瘠也。六十轉衰，都不得毀也。　愚謂六十雖不毀，其居處飲食猶用居喪之禮。　至七十，但有喪服，而飲酒食肉，處於內，則不疏食，不居廬，爲其精力益衰故也。

生與來日，死與往日。鄭註：與，或爲「予」。

鄭氏曰：與猶數也。　生數來日，謂成服杖以死明日數也。　死數往日，謂殯斂以死日數也。　此士禮貶於大夫者，大夫以上皆以來日數。　士喪禮曰「死日而襲，厥明而小斂，又厥明大斂而殯」，則死三日，而更言「三日成服杖」，似異日矣。　喪大記曰：「士之喪，二日而殯，三日之朝，主人杖。」二者相推，其然明矣。　孔氏曰：大夫尊，成服及殯皆不數死日，則天子諸侯亦悉不數死日也。　愚謂王制曰：「天子七日而殯，七月而葬。　諸侯五日而殯，五月而葬。　大夫士三日而殯，三月而葬。」以春秋考之，天子諸侯之葬，其七月五月皆並數死月。　由葬以推殯，由天子諸侯以推大夫士，其數殯葬日月之法可見矣。則生與來日，死與往日者，固上下之達禮也。然喪大記云：「君之喪，五日既殯，授大夫世婦杖。」「大夫之喪，三日之朝，既殯而杖。」「士之喪，二日而殯，三日之朝杖。」士之二日而殯，並數死日爲三日，則君之五日而殯，並數死日爲六日，大夫之三日而殯，並數死日爲四日矣。其所以異者何也？蓋殯日之連數死日者，固制禮之本法然也。然襲與小斂、大斂，大夫士皆異日，諸侯必間一日，天子必間二日。而死有早晚之不同，如死在昏暮，頃刻之間不能遽畢襲事，則必至次日乃襲，而小斂、大斂皆當下移一日。士與君大夫皆當如此，但君大夫位尊而事舒，故喪大記言「五日而殯」，「三日而殯」，士位卑，故喪大記言「二日而殯」。蓋生與來日，死與往日，雖有一定之禮，而其中自有變通之宜，雖禮無明文，而以人情物理推之，必當出於此也。

知生者弔，知死者傷。知生而不知死，弔而不傷；知死而不知生，傷而不弔。釋文：傷，如字，舊式亮反。

鄭氏曰：人恩各施於所知也。弔、傷，皆致命辭也。雜記曰：「諸侯使人弔，辭曰：『寡君聞君之喪，寡君使某，如何不淑！』」此施於生者，傷辭未聞也。說者有弔辭云：「皇天降災，子遭罹之，如何不淑！」此施於死者，蓋本傷辭。辭畢退，皆哭。

弔喪弗能賻，不問其所費；問疾弗能遺，不問其所欲；見人弗能館，不問其所舍。釋文：賻音附。不問其所費，費，芳味反，一本作「有所費」。下句放此。遺，於季反。

鄭氏曰：皆爲傷恩也。見人，見行人。館，舍也。　王氏安石曰：辭口惠而實不至也。　愚謂問其所費，問其所用多寡之數及足否也。公羊傳曰：「錢財曰賻。」穀梁傳曰：「歸生者曰賻。」二說皆是也。含、襚、贈、賵，皆施於死者，惟賻則所以助生者之費。少儀：「臣爲君喪，致貨貝於君。」案含以玉，襚以衣，賵以束帛及馬，贈以束帛，則貨貝是賻物可知。是賻用錢貝也。

賜人者不曰「來取」，與人者不問其所欲。

鄭氏曰：與人不問其所欲，己物或時非其所欲，將不與也。王氏安石曰：爲人養廉也。呂氏大臨曰：賜人者使之來取，人之所難取也。與人者問所欲，人之所難言也。賜之而難取，與之而難言，非所以惠人之道也。陳氏澔曰：賜者君子，與者小人。愚謂君子多自好，故賜之不曰「來取」，所以養其廉。小人多苟得，故與之不問其所欲，所以節其貪。

禮記卷四

曲禮上第一之四

適墓不登壟，釋文：壟，力勇反。

鄭氏曰：爲其不敬。壟，冢也。墓，塋域。

助葬必執紼，釋文：紼音弗。

鄭氏曰：葬，喪之大事。紼，引車索。孔氏曰：繩屬棺曰紼，屬車曰引。助葬本非爲客，正是助事耳，故宜必執紼也。愚謂送葬在塗時，或有不執引而散行在後者，若柩車至墓，脱載除飾，以紼屬於柩而下之，助人之葬必宜執此紼也。

臨喪不笑，

鄭氏曰：臨喪宜有哀色。

揖人必違其位。

鄭氏曰：禮以變爲敬。

望柩不歌，入臨不翔。釋文：柩，求又反〔一〕。臨，如字，舊力鴆反。

〔一〕「求」，原本作「本」，據禮記注疏及經典釋文改。

鄭氏曰：哀傷之，無容樂。孔氏曰：臨人之喪，不得趨翔爲容也。愚謂不歌是不爲樂，不翔是不爲容。

當食不歎。

鄭氏曰：食或以樂，非歎所。陳氏澔曰：唯食忘憂，非歎所也。

鄰有喪，春不相；里有殯，不巷歌。釋文：春，束容反。相，息亮反。

鄭氏曰：助哀也。相，送杵聲。方氏慤曰：未祥之前，謂之有喪；未葬之前，謂之有殯。鄰言有喪，春不相，則有殯可知；於里言有殯，不巷歌，則有喪可知。春猶不相，則不巷歌可知；不巷歌，則容或相春矣。五家爲鄰，五鄰爲里。鄰近而里遠，鄰寡而里衆，故哀不能無輕重淺深之分焉。愚謂方氏之説皆是，惟云「里言有殯，不巷歌，則有喪可知」，尚未當。蓋里有殯，不巷歌，則既葬之後，歌或非所禁矣。鄰里之哀，非但輕重淺深之不同，而其久暫固有別矣。

適墓不歌，

鄭氏曰：非樂所。

哭日不歌。

鄭氏曰：哀未忘也。孔氏曰：論語云「子於是日哭，則不歌」，則弔日之朝亦得歌樂，但弔以還，其日晚不歌耳。愚謂哀樂之情不並行，孔謂「弔日之朝得歌樂」，未爲通論。如有服之親，將往哭之，未哭之前，豈容歌樂乎？但聞喪無定時，如日中方聞喪，則朝時歌樂，難以預禁。故論語云「子於是日哭，則不歌」，檀弓云「弔於人，是日不樂」，皆但據弔後言之。

送喪不由徑，送葬不辟塗潦。釋文：辟音避，本亦作「避」。

鄭氏曰：所哀在此。　愚謂喪，謂死於外而以尸若柩歸者，春秋「公之喪至自乾侯」，是也。於送喪言「不由徑」，於送葬言「不辟塗潦」，亦互文也。

臨喪則必有哀色，執紼不笑，臨樂不歎，介胄則有不可犯之色。故君子戒慎，不失色於人。

鄭氏曰：貌與事宜相配。　呂氏大臨曰：色必稱其服，情必稱其色，所謂不失色也。○自「適墓不登壟」至此，記吉凶威儀容止之事。

國君撫式，大夫下之；大夫撫式，士下之。釋文：下，遐嫁反，下同。

鄭氏曰：撫猶據也。據式小俛，崇敬也。乘車必正立。　孔氏曰：謂君臣俱行，君式則臣宜下車。言「大夫」，則士可知，若士爲大夫之臣，亦如大夫之於君也。　愚謂大夫士尊卑等級不同，故大夫撫式，則士下之，不必爲大夫之臣也。

禮不下庶人，

鄭氏曰：爲其遽於事，且不能備物。　孔氏曰：張逸云：「庶人非是都不行禮，但以其遽務不能備之，故不著於經文三百，威儀三千耳。其有事，則假士禮行之。」　愚謂庶人非無禮也，以昏則緇幣五兩，以喪則四寸之棺，五寸之椁，以葬則懸棺而窆，不爲雨止，以祭則無廟而薦於寢。此亦庶人之禮也，而曰「禮不下庶人」者，不爲庶人制禮也。制禮自士以上，士冠、士昏、士相見是也。庶人有事，假士禮以行之，而有所降殺焉。蓋以其質野則於節文或有所不能習，卑賤則於儀物或有所不能備也。

刑不上大夫。釋文：上，時掌反。

鄭氏曰：不與賢者犯法，其犯法則在八議輕重，不在刑書。孔氏曰：五刑三千之科條，不設大夫犯罪之目。所以然者，大夫必用有德，若逆設刑，則是君不知賢也。張逸云：「謂所犯之罪，不在夏三千、周二千五百之科，不使賢者犯法也，非謂都不刑其身也，其有罪則以八議議其輕重耳。」陳氏澔曰：不制大夫之刑，猶不制庶人之禮也。○漢書賈誼曰：「刑不上大夫，所以厲寵臣之節也。」「遇之有禮，故羣臣自憙；嬰以廉恥，故人矜節行。」

刑人不在君側。

鄭氏曰：爲其怨恨爲害也。春秋傳曰：「近刑人則輕死之道。」

兵車不式，武車綏旌，德車結旌。釋文：綏，耳崔反。

鄭氏曰：兵車不式，尚威武，不崇敬。綏旌，盡飾也。綏，謂舒垂之也。武車，亦兵車。結旌，不盡飾也。結，謂收斂之也。德車，乘車。孔氏曰：兵車，革路也。兵車尚武猛，宜無推讓，故不爲式敬。武車亦革路。取其建戈刃，卽云兵車；取其威猛，卽云武車也。旌，謂車上旗旛，尚威武，故舒旗旛之旒，以見爲美也。德車，謂玉路、金路、象路、木路，四路不用兵，故曰德車。德美在內，不尚赫奕，故纏結其旒，著於竿也。方氏慤曰：周官「道車載旞，斿車載旌」。此武車、德車並言「旌」，猶司常通謂「九旗」也。愚謂王之玉路建大常則不結旌，而使人維之，故節服氏「朝覲，六人維王之大常」。維之，亦結之之意也。左傳晉人「辛未治兵，建而不旆，壬申旆之」。旆與不旆，即綏旌結旌之事。是兵車亦有時結旌，但德車以結旌爲常耳。

史載筆，士載言。

鄭氏曰：謂從於會、同，各持其職以待事也。筆，謂書具之屬。言，謂會、同盟要之辭。孔氏曰：史謂國史，書録王事者。王若舉動，史必書之；王若行往，則史載書具而從之也。不言簡牘而云筆者，筆是書之主，則餘載可知。士，謂司盟之士。言，謂盟會之辭，舊事也。崔靈恩云：「必載盟會之辭者，或尋舊盟，或用舊會之禮，應須知之也。」愚謂史謂大史、内史之屬。周禮大史「大朝覲會同，以書協禮事」；「内史掌書王命」。士，大史、内史之士。周禮「大史，下大夫二人，上士四人」；「内史，中大夫一人，下大夫二人，上士四人，中士八人，下士十有六人」。君出則大史、内史載筆以從，以備紀載；其士又載舊時紀載之言，以備徵考也。

前有水則載青旌，前有塵埃則載鳴鳶，前有車騎則載飛鴻，前有士師則載虎皮，前有摯獸則載貔貅。釋文：載音戴，本亦作「戴」。騎，其寄反。貔，婢支反，徐扶夷反。貅，本亦作「貅」，許求反，又虛虯反。

○鄭註：士，或爲「仕」。○今按：「載」字，方氏、胡氏讀如字，亦通。

鄭氏曰：載，謂舉於旌首以警衆也。禮，君行師從，卿行旅從。前驅舉此，則士衆知所有。所舉各以類象。青，青雀，水鳥。鳶鳴則將風。鴻，取飛有行列也。士師，謂兵衆。虎，取其有威勇也。貔貅，亦摯獸也。書曰：「如虎如貔。」孔氏曰：軍行銜枚，若有非常，不能傳道，且人衆廣遠，難可周徧，故前有變異，則象類示之。左傳云「前茅慮無」，是也。青雀，水鳥，畫於旌上，軍行值水則舉示之，軍士望見，則知前必值水而防之也。鳶，鴟也。鴟鳴則風生，風生則塵埃起，前有塵埃，則畫鳶於旌首而載之。不直言鳶而云鳴者，鳶不鳴則風不生，故畫作開口如鳴時也。不言旌，從可知也。車騎，彼人之車騎也。鴻，鴻鴈。鴈飛有行列，與車騎相似，軍行見彼人車騎，則畫鴻於旌首而載之也。然古人不騎馬，經記正典無言騎者。今言騎，當是周末時禮。士師，兵衆。虎威猛，亦兵衆之象，若見兵衆，則舉虎皮於竿首也。摯獸猛而能擊，虎狼之屬。貔，一名白豹，虎類。爾雅曰：「貔，白狐也。」貔貅是一獸，亦有威猛，若前有猛獸，則舉此貔貅也。一云：與虎皮並畫作皮於旌。一云：並載其皮。方氏慤曰：載，謂建之於車而警衆於後也。愚謂既言車騎，又言士師，則士師謂徒兵也。

行，前朱雀而後玄武，左青龍而右白虎，招搖在上，急繕其怒。釋文：招搖，並如字。繕，依註音勁，吉政反。○朱雀，今本註疏作「朱鳥」，衛氏集説及石經作「朱雀」，與孔疏合，今從之。又按「繕」字，呂氏、陸氏、胡氏皆讀如字，義亦通。

鄭氏曰：以四獸爲軍陳，象天也。急猶堅也。繕讀曰勁。又畫招搖星於旌旗上，以起居堅勁，軍之威怒，象天帝也。招搖在北斗杓端〔一〕，主指者。孔氏曰：前明軍行逢值之禮，此明軍行象天文而作陳法也。前，南。後，北。左，東。右，西。朱雀、玄武、青龍、白虎，四方宿名。軍前宜捷，故用朱雀；軍後宜殿，故用玄武。玄武，龜也。龜有甲，能禦侮也。左爲陽，陽能發生，象龍變生也。右爲陰，陰沈

〔一〕禮記注疏「招搖」下有「星」字。

能殺，虎沈殺也。軍之左右，生殺變應如龍虎也。軍行畫此四獸於旌旗，以標前後左右之軍陳。招搖，北斗第七星。春秋運斗樞云：「北斗七星：一天樞，二璇，三機，四權，五衡，六開陽，七搖光。一至四爲魁，五至七爲標。」搖光，卽招搖也。北斗居四方宿之中，以斗末從十二月建而指之，則四方之宿不差。今軍行法之，亦作此北斗星，在軍中舉之於上，以指正四方，使四方之陳不差，故云「招搖在上」也。並作七星而獨云「招搖」者，舉指者爲主也。勁，利也。其怒，士卒之怒也。軍行，既張四宿於四方，標招搖於中上，象天之行，故軍旅士卒起居舉動，堅勁奮勇，如天帝之威怒也。鄭云「畫招搖星於旌旗上」，則四物皆畫可知矣。呂氏大臨曰：周官「司常掌九旗之物名」：所謂「交龍爲旂」，象青龍也；「熊虎爲旗」，象白虎也；「鳥隼爲旟」，象朱雀也；「龜蛇爲旐」，象玄武也。急，迫之也。繕，脩也。言作而致其怒也。陸氏佃曰：前朱雀，旟是也。後玄武，旐是也。左青龍，旂是也。右白虎，旗是也。招搖在上，大常是也。胡氏銓曰：招搖，蓋謂主兵者以四獸之旌招搖指揮耳。繕，完也。春秋傳云「征繕」，又云「繕甲兵」。鄭以繕爲勁，恐非。愚謂行謂軍行也。朱雀、玄武、青龍、白虎，皆畫之於旌，以表軍陳者：朱雀，鶉也。師曠禽經云：「赤鳳謂之鶉。」南方七宿，有朱雀之象，故前軍之旗畫爲朱鳥以象之。玄武，龜蛇也。北方七宿，有玄武之象，故後軍之旗畫爲玄武以象之。東方七宿，有青龍之象，故左軍之旗畫爲青龍以象之。西方七宿，有白虎之象，故右軍之旗畫爲白虎以象之。考工記曰：「龍旂九斿，以象大火也。鳥旟七斿，以象鶉火也。熊旗六斿，以象伐也。龜蛇四斿，以象營室也。」六月之詩曰：「織文鳥章，白旆央央。元戎十乘，以先啓行。」鳥章，鳥隼之章也，而以啓行，此前朱雀也。出車之詩曰：「我出我車，于彼牧矣。」又曰：「我出我車，于彼郊矣，建此旐矣。」在牧者爲前軍，則在郊者爲後軍，而建旐，此後玄武也。招搖，陸氏以爲大常，是也。左傳「三辰旂旗，昭其明也」，杜預云：「三辰，日月星也。」疏云：「九旗之物，日月爲常。」不云「畫星」，蓋大常之上又畫星也。穆天子傳稱「天子葬盛姬，建日月七星」。戰國策：「建九斿，從七星之旟，此天子之位也。」大常兼畫日月七星，此獨言「招搖」，取其居四旗之中，以指正四方也。胡氏解招搖爲指揮之義，義亦可通。史記孔子世家：「招搖市過之。」漢書郊祀歌：「體招搖，若永望。」上，謂車上。招搖在上，所謂綏旌也。謂四旗垂其旒縿，飛動於兵車之上，所以急振起其士卒之怒氣，此所以晉人旆而諸侯畏之也。

進退有度，左右有局，各司其局。

鄭氏曰：度，謂伐與步數。局，部分也。孔氏曰：牧誓云：「今日之事，不愆於六步七步，乃止齊焉。」「四伐五伐，乃止齊焉。」一擊一刺爲一伐。爾雅云「局，分也」，郭璞云：「謂部分也。」左右有局者，軍在左右，各有部分，不相濫也。愚謂此謂戰時之法也。軍之或進或退，各有度數。大司馬：「中軍以鼙令鼓，鼓人皆三鼓，司馬振鐸，羣吏作旗，車徒皆作。鼓行，鳴鐲，車徒皆行，及表乃止。三鼓，摝鐸，車徒皆坐。又三鼓，振鐸，作旗，車徒皆作。鼓進，鳴鐲，車驟，徒趨，及表乃止，坐作如初。乃鼓，車馳，徒走，及表乃止。鼓戒三闋，車三發，徒三刺，乃鼓退，鳴鐃且卻，及表乃止，坐作如初。」所謂「進退有度」是也。左傳：「欒書欲載厲公，欒鍼曰：『書退！離局，姦也。』」是軍之左右各有部分也。左右之帥各司其局，則部分明而進退亦聽之矣。○自「前有水」至此，記人君出師，車騎軍陳之法。

父之讎弗與共戴天，兄弟之讎不反兵，交遊之讎不同國。鄭註：交遊，或爲「朋友」。

鄭氏曰：父者子之天，殺己之天，與共戴天，非孝子也。行求殺之，乃止。不反兵，恆執殺之備。不同國，讎不吾避，則殺之。孔氏曰：父之讎弗與共戴天者，不可與共處於天下也。天在上，故曰戴。檀弓云：「父母之讎，寢苫枕干，不仕，弗與共天下也。遇諸市朝，不反兵而鬬。」並是不共天下也。而調人云「父之讎辟諸海外，則得與共戴天」者，謂孝子之心不許共讎人戴天，必殺之乃止；調人謂逢遇赦宥王法，辟諸海外，孝子雖欲往殺，力所不能也。兄弟謂親兄弟也。不反兵者，謂帶兵自隨，見即殺之也。檀弓云「父母之讎不反兵」，「兄弟之仇，仕不與共國」，而此云「兄弟不反兵」者，父母不反兵於普天之下，兄弟不共國，謂不同中國也。父母仇讎則不仕，不辟市朝，兄弟仇讎則猶仕而辟市朝也。而亦同不反兵，則同體重之也。而調人云「兄弟之讎，辟諸千里之外」者，亦謂會遇恩赦之法也。檀弓又云「銜君命而使，雖遇之不鬬」，雖同不反兵，與父母讎異也。交遊之讎不同國者，交遊，朋友也，爲朋友亦報仇。故前云「父母存，不許友以死」，則知父母沒，得爲朋友報也。不同國者，謂不共五等一國之中也。調人云「從父兄弟之讎不同國」，與此同。又調人云「主友之讎，視從父兄弟」，是主友亦同此與？調人皆謂會赦，故不同國，雖不同國，國外百里二百里則可，其兄弟仕不與共國，必須相去千里之外也。但從父兄弟及交遊、主友報讎之時，不自爲首。故檀弓云「從父兄弟之仇不爲魁，主人能，則執兵而陪其後」也。其君之讎，調人云「視父」。「師長之讎視兄弟」，則姑、姊妹、伯叔皆視兄弟。賈氏公彥曰：兄弟、從父兄弟等之讎，皆謂無子復無親於己者，故據己親疏爲遠近，若有子及有親於己者，則自從親爲斷。　愚謂殺人者死，人之父兄見殺，不治以士師之法，而使其子弟自復焉，何也？考之調人所謂「讎者」，則「過而殺傷人者」，乃司刺所謂「不識」「過失」「遺忘」，而法之所宥也。雖然，宥之者朝廷之法，而爲子弟者，不能以其父兄之過而見殺，而遂已焉。夫是以和之而使辟，不可，則與之瑞節而執之。若此者，皆無事乎復讎者也。讎之有事乎復者，蓋其和之而不聽，辟之而不可，執之而不能者。此非吏之有所徇，則勢之有所格也。於是孝子弟弟，迫於不得已之情，起而剚刃讎人之胸，先王亦原其情而聽之，不以爲法之所已宥而禁之也。雖然，徇乎人之情，而其端既開，將不可復止，故又爲之權之以理，而著爲令曰：「凡殺人而義者，令勿讎，讎之則死。」蓋法也，情也，理也，參校而歸於輕重之平，先王之權衡審矣，爲慮深矣。

四郊多壘，此卿大夫之辱也。地廣大，荒而不治，此亦士之辱也。釋文：壘，徐力軌反，又力水反。

鄭氏曰：卿大夫之辱，辱其謀人之國不能安。壘，軍壁也。數見侵伐則多壘。士之辱，辱其親民不能安。荒，穢也。　孔氏曰：「王城四面並有郊，近郊五十里，遠郊百里。諸侯之郊，里數隨地廣狹。卿大夫尊高任，當軍帥，若尸祿素餐，則寇戎充斥，數戰郊圻，故多壘爲卿大夫之辱。士爲君邑宰，勸課耕稼，若使地土廣大而荒廢，民散而流移，亦邑宰之恥辱也。云『亦』者，非但大夫之辱，亦是士之辱。」

臨祭不惰。

鄭氏曰：爲無神也。　孔氏曰：祭如在，怠惰則神不歆。

祭服敝則焚之，祭器敝則埋之，龜筴敝則埋之，牲死則埋之。

鄭氏曰：此皆不欲人褻之也。焚之，必已不用。埋之，不知神之所爲〔一〕。

凡祭於公者，必自徹其俎。

鄭氏曰：臣不敢煩君使也。大夫以下，或使人歸之。祭於公，助祭於君也。孔氏曰：此謂士助君祭也。若大夫以上，則君使人歸其俎。鄭因君以明臣，言大夫以下自祭其廟，則使人歸賓俎。故曾子問云「攝主不歸俎」，明正主則歸俎也。愚謂此疏有二義，前說乃經註之本義。史記孔子世家：「魯郊，不致膰俎於大夫。」是大夫助祭於君，當歸其俎。此「自徹其俎」者，謂士也。

卒哭乃諱。

鄭氏曰：敬鬼神之名也。諱，辟也。生者不相辟名。衛侯名惡，疏云：「昭七年，衛侯惡卒。穀梁傳云：『昭元年有衛齊惡，今衛侯惡，何謂君臣同名也？君子不奪人親之所名。』」大夫有名惡，君臣同名，春秋不非。孔氏曰：卒哭前，猶以生事之，則未諱。至卒哭後，服已受變，神靈遷廟，乃神事之，故諱之。愚謂周人以諱事神，卒哭之明日祔於廟，則以鬼神之禮事之，故諱辟於是乎始。

禮不諱嫌名，二名不偏諱。

鄭氏曰：爲其難避也。嫌名，謂音聲相近，若禹與雨，邱與區也。疏云：「禹與雨音同而義異，邱與區音異而義同。二者各有嫌疑。」愚謂「邱」「區」二字並音去求反，顏師古曰：「古語區、邱二字音不別。」疏說非是。偏，謂二名不一一諱也。孔子之母名徵在，言「在」不言「徵」，言「徵」不言「在」。

〔一〕禮記注疏「知」下有「鬼」字。

逮事父母則諱王父母，不逮事父母則不諱王父母。

鄭氏曰：逮，及也。謂幼孤不及識父母，恩不至於祖名，孝子聞名心瞿，諱之由心。此謂庶人。適士以上廟事祖，雖不逮事父母，猶諱祖。孔氏曰：庾云：「諱王父母之恩，正應由父。所以連言母者，婦事舅姑，同事父母，且配夫爲體，諱敬不殊，故幼無父而識母者則諱王父母也。」愚謂禮不下庶人，此謂士之禮也。凡諱之禮，惟及其有廟者而止，廟遷則諱避之所不及也。士惟一廟，適士雖二廟，其一乃別子爲祖者之廟，而王父母亦無廟，故皆不諱王父母。惟逮事父母者，父爲王父母諱，子從而諱之，雖父没，不忍變也。

君所無私諱，大夫之所有公諱。

鄭氏曰：君所無私諱，臣言於君前，不辟家諱，尊無二也。大夫之所有公諱，辟君諱也。孔氏曰：大夫之所有公諱者，謂於大夫之所，止得避公家之諱，不得避大夫諱。愚謂入門而問諱，在大夫所，自當爲大夫諱，但不得避己之私諱耳。疏説非是。然此亦謂士禮，若兩大夫相與言，則各得避己私諱，以其尊敵也。

詩書不諱，臨文不諱。

鄭氏曰：爲其失事正。孔氏曰：詩書，謂教學時也。臨文，謂執禮文行事時也。愚謂臨文，凡官府文書，國史紀載，皆是，非惟禮文而已。魯定公名宋，春秋不諱宋。

廟中不諱。

鄭氏曰：有事於高祖，則不諱曾祖以下，尊無二也。於下則諱上。孔氏曰：謂祝嘏辭說，有事於禰，則諱祖以上。

夫人之諱，雖質君之前，臣不諱也。

鄭氏曰：臣於夫人之家，恩遠也。質猶對也。

婦諱不出門。

鄭氏曰：婦親遠，於宮中言，辟之。田氏瓊曰：雜記：「母之諱，宮中諱；妻之諱，不舉諸其側。」此婦諱與母諱同者，雜記分尊卑，故詳言之，此大畧言之耳。陳氏澔曰：夫人之諱，婦諱，皆謂其家先世。門者，其所居之宮內也。愚謂婦諱謂婦人之所諱，母之諱，妻之諱，皆是也。母之諱，於己爲小功親，妻之諱，於己爲緦親，皆不在應諱之限。但以母尊而妻親，故不敢舉其諱於宮中，出宮則不諱矣。

大功、小功不諱。

孔氏曰：期親則爲諱。熊氏云：「大功亦諱，小功不諱。若小功與父同諱，則亦辟之。雜記：『王父母、兄弟、世父、叔父、姑、姊妹、子與父同諱。』父之世叔父及姑、姊妹皆小功，父爲諱，故己從父爲之諱。」愚謂記言「大功不諱」，而熊氏謂「大功亦諱」者，謂姑、姊妹降服大功也。然姑、姊妹本期親，降服大功，故諱；若本服大功，則不諱也。

入竟而問禁，入國而問俗，入門而問諱。釋文：竟音境。

鄭氏曰：皆爲敬主人也。禁，謂政教。俗，謂所常行與所惡也。國，城中也。孔氏曰：竟，界首也。

禁，謂國中政教所忌。國，國門內也。門，主人之門也。問諱以門爲節，主人出至大門外迎客，客入門，方應交接，故於門爲限也。○自「卒哭乃諱」至此，明諱避之法。

外事以剛日，內事以柔日。

鄭氏曰：順其出爲陽，居內爲陰。　孔氏曰：十日有五剛五柔：甲丙戊庚壬五奇爲剛，乙丁己辛癸五偶爲柔也。　愚謂外事謂祭外神，內事謂祭內神。下篇曰「踐阼臨祭祀，內事曰孝王某，外事曰嗣王某」，是也。田獵出兵，亦爲外事，故詩言「吉日維戊，既伯既禱」，「吉日庚午，既差我馬」，春秋「甲午治兵」，皆剛日也。冠、昏、喪、祭，亦爲內事，故士虞禮三虞皆用柔日。少牢禮曰：「日用丁巳。」春秋書葬皆柔日。祭天爲外事而用辛，卒哭爲內事而用剛日，自爲別義，不在此限也。

凡卜、筮日，旬之外曰遠某日，旬之內曰近某日。喪事先遠日，吉事先近日。

鄭氏曰：旬，十日也。先遠日，先近日者，孝子之心。喪事，葬與練、祥也。吉事，祭、祀、冠、取之屬也。　孔氏曰：旬之外曰遠某日者，案少牢禮今月下旬筮來月上旬，是旬之外日也。主人告筮者云：「欲用遠某日。」故少牢云：「日用丁巳，筮旬有一日。」吉，乃官戒。旬之內曰近某日者，案特牲禮云「不諏日」，註云：「士賤職褻，時至事暇，可以祭則筮其日。」是士於旬初卽筮旬內之日。主人告筮者云：「用近某日。」若天子諸侯，凡有雜祭，或用旬內，或用旬外，其辭皆與此同。案少牢、特牲皆云「來日丁亥」，不云「遠某日」「近某日」者，文不具也。喪事，謂葬與二祥。是奪哀之義，非孝子之所欲，但制不獲已，故卜從遠日而起，今月下旬先卜來月下旬；不吉，卜中旬；不吉，卜上旬。故宣八年左傳云：

「禮，卜葬先遠日，辟不懷也。」尊卑俱然。吉事，謂祭、祀、冠、昏之屬。少牢云：「若不吉，則及遠日，又筮日如初。」是先近日也。　愚謂上言「遠某日」「近某日」者，以旬之外内分遠近也。下言「遠日」「近日」者，以來月之下旬與上旬分遠近也。特牲禮「不吉則筮遠日」，少牢禮「筮旬有一日」，「不吉，則及遠日，又筮」，此皆以旬之外爲遠日者也。左傳「卜葬先遠日」，此以來月之下旬爲遠日者也。

曰：「爲日，假爾泰龜有常，假爾泰筮有常。」釋文：假，古雅反。

鄭氏曰：命龜、筮辭。龜、筮於吉凶有常。大事卜，小事筮。　愚謂爲日，言爲行事求吉日也。卜筮有占日、占事，上文言「外事剛日，内事柔日」，而此言命龜命筮之辭亦曰「爲日」，則皆主乎占日而言。若爲事而占，則當直舉所爲之事而命之也。假，借也。曰泰，尊之之辭。言假借爾泰龜、泰筮之靈以問於神也。有常，言其斷吉凶不差忒，可憑信也。○孔氏曰：凡卜、筮，大夫以上命龜有三，命筮有二。其一爲事命龜，涖卜之官，以主人卜事命卜史，是一也。卜史既得所卜之命，更序述涖卜所陳之辭，名曰述命，二也。卜人卽席，西面命龜，云「假爾泰龜有常」，三也。命筮二者：一爲事命筮，則主人以所爲之事命筮史，是一也。二則筮史得主人之命，遂述之，爲述命，是二也。士則命龜有二，命筮有一。士喪禮云「命筮人哀子某，爲其父筮宅」，「筮人許諾，不述命」，註云：「不述者，士禮畧。」是士命筮一也。士喪禮涖卜命曰「哀子某，卜葬其父，無有近悔，許諾，不述命」，乃云「卽席，西面坐，命龜」。既云「不述命」，是士命龜二也。知大夫命筮二者，以士命筮不述命，則知大夫以上述命也。故少牢云：「主人曰：『孝孫某，來日丁亥，用薦歲事於皇祖伯某。』」又云「史遂述命，曰『假爾泰筮有常，孝孫某，來日丁亥』」云云。是大夫命筮二，但冠卽席所命於述命之上也。知大夫命龜三者，以士喪禮涖卜爲事命龜；又有「卽席，西面命龜」，云「不述命」，明大夫有述命。故知大夫命龜三也。

卜、筮不過三，卜、筮不相襲。

鄭氏曰：求吉不過三。魯四卜郊，春秋譏之。孔氏曰：一卜不吉而凶，又卜，以至於三，三若不吉則止。若筮亦然。愚謂卜、筮不過三，言卜、筮不從者至於三則止，不可以更卜、筮也。春秋傳曰：「三卜，禮也；四卜，非禮也。」是也。襲，重也。卜、筮不相襲，言卜、筮既從者不可以更卜、筮也。書言「卜不襲吉」，是也。此二者，皆爲其瀆鬼神也。○張子曰：據儀禮惟有「筮遠日」之文，不云「三筮」。筮日之禮，止是二筮，先筮近日，後筮遠日，不從則直用下旬遠日。蓋亦足以致聽命鬼神之意，而祭則不可廢。愚謂張子之言最得禮意。先儒皆謂卜不吉則止不祭，非也。然特牲、少牢皆止二筮，而春秋書卜郊有三卜四卜者，傳曰：「三卜，禮也；四卜，非禮也。」然則二筮者大夫士之禮，而三卜者人君之禮與？士祭不諏日，不吉卽於筮日更筮，大夫則筮旬有一日，不吉則及遠日又筮，則人君之卜日亦宜有與大夫不同者矣。

龜爲卜，筴爲筮。卜、筮者，先聖王之所以使民信時日，敬鬼神，畏法令也；所以使民決嫌疑，定猶與也。故曰：疑而筮之，則弗非也；日而行事，則必踐之。釋文：與音預，本亦作「豫」。踐，依註音善，王如字。○鄭註：筴，或爲「蓍」。○今按：踐如字爲是。

鄭氏曰：弗非，無非之者。日，所卜、筮之吉日也。踐讀爲善，聲之誤也。王氏肅曰：踐，履也。卜得可行之日，必履而行之。孔氏曰：先聖王，伏羲以來聖人爲天子者也。時，四時及一日十二時也。日者，甲乙之屬。擇吉而祭祀，所以敬鬼神也。説文：「猶，獸名，玃屬。」與，亦獸名，象屬。此二獸皆進退多疑，人多疑者似之，故謂之猶與。吴氏澄曰：卜、筮之用有二：占日與占事也。用以占日，使民信時日；用以占事，使民決嫌疑。愚謂時謂四時。時不須占，以日繫於月，月繫於時，故兼言時日耳。古人卜、筮日，無占十二時者。孔兼十二時言之，非也。信時日者，卜、筮得吉日，則人無不信其善也。祭祀必擇日，是敬鬼神也。畏法令者，擇日而誓戒之，則人無敢不如期而赴事也。嫌疑者，是非之未決，卜、筮以決之；猶與者，行止之未定，卜、筮以定之。「信時日」三句，言占日；「決嫌疑」二句，言占事；「疑而筮之」二句，證上決嫌疑之意；「日而行事」二句，證上信時日之意。○自「外事以剛日」至此，明卜、筮之事。

君車將駕，則僕執策立於馬前；

鄭氏曰：監駕，且爲馬行。孔氏曰：僕，御車者也。周禮諸僕皆用大夫士。策，馬杖也。別有人牽馬駕車。僕知車事，故執策監駕；恐馬奔走，故立馬前。愚謂周禮馭夫「分公馬而駕治之」，趣馬「掌駕説之頒」，典路「大祭祀出路，贊駕説」，則駕車之事蓋趣馬頒之，馭夫主之，典路贊之與？

已駕，僕展軨效駕。釋文：軨，歷丁反，一音領。

孔氏曰：展，視也。舊解云：「軨，車闌也。」駕竟，僕從車軨左右四面視之，上至於闌也。盧氏云：「軨，轄頭轊也。」車行由轄。效，白也。白君道駕畢。戴氏震曰：説文：「軨，車轖間横木。」「轖，車籍交錯也。」楚辭「倚結軨兮長太息」，集註：「軨，軾下從横木。」按軨者，軾、較下從横木統名，卽考工記之「軹、轛」也。盧植「轄頭靼」之説，乃因漢時路車之轄施小旛，謂之飛軨，遂以解經，古無是名也。愚謂軨爲軾下從横之木，舊説以爲車闌，是也。鄭氏謂籢爲覆笭，笭卽軨也。展軨效駕，謂周視車闌之三面，而白君言已駕也。轊者，車之軸頭。轄者，以鐵爲之，所以關軸而制轂。此於展視固在所急，然周視車闌則轊、轄固在其内矣。陸氏釋文引盧氏説作「轄頭靼」，孔疏引之作「轄頭轊」，陸氏爲是。蓋靼施於轄端，故曰轄頭靼，若轊爲軸末，而轄關於轊内，言轊頭轄則可，言轄頭轊則非也。

奮衣由右上，取貳綏跪乘，釋文：上，時掌反，下「犬馬不上」同。乘，繩證反，下「除乘」、「君不乘奇車」、「乘路馬」皆同。

鄭氏曰：奮，振去塵也。貳，副也。跪乘，未敢立，敬也。孔氏曰：僕入白駕竟，先出就車，於車後振衣去塵，從右邊而升。必從右者，君位在左，故避君空位。貳，副也。綏，登車索。綏有二：一是正綏，擬君之升；一是副綏，擬僕右之升。故取貳綏而升也。跪乘者，君既未出，未敢依常而立，所以跪而乘之，爲敬也。然此是暫試，空左不嫌也。

執策分轡驅之，五步而立。

鄭氏曰：調試之。孔氏曰：轡，御馬索也。車一轅而四馬駕之，中兩馬夾轅者名服馬，兩邊名騑馬，亦曰驂馬。每一馬有兩轡，四馬八轡。驂馬内轡繫於軾前，餘六轡分置兩手，一手執杖，以三轡置空手中，以三轡置杖手中，故曰「執策分轡驅之」。驅，馬行也。五步而立者，僕跪而驅馬，得五步而僕倚立，待君出也。　愚謂驅馬不可跪。上云「跪乘」，謂未驅之前及既立之後也。立，駐車也。公食禮曰：「賓之乘車在大門外西方，北面立。」

君出就車，則僕並轡授綏，左右攘辟。釋文：並，必政反。攘，如羊反，又音讓。辟音避，徐扶亦反。本或作「避」字，非也。

鄭氏曰：並轡授綏者，車上僕所主。左右，謂羣臣陪位侍駕者。攘，卻也。或者攘，古「讓」字。孔氏曰：並轡授綏者，並六轡及策置一手中，餘一手取正綏授君令登。當右手並轡，左手授綏，回身向後，引君上也。左右攘辟者，車將行，故左右侍者悉遷卻以辟車，使不妨車行也。愚謂並轡授綏者，並轡、策於左手中，而以右手授綏引君升車也。蓋御車向前則君在僕之左，授綏向後則君升在僕之右，且右手引君有力也。攘，古「讓」字，荀子「盛揖攘之容」是也。

車驅而騶，至於大門，君撫僕之手，而顧命車右就車。門閭、溝渠必步。釋文：驅，起俱反，徐起遇反。騶，仕救反，又七須反，徐仕遘反。

鄭氏曰：車右，勇力之士備非常者，君行則陪乘，君式則下步行。孔氏曰：車驅而騶者，左右已辟，故驅車而進，則左右從者疾趨從車行也。至於大門，謂車行至外門時也。撫，按止也。車行由僕，君欲令駐車，故抑止僕手也。顧，回頭也。車右，勇力之士也。車行則有三人：君在左，僕人中央，勇士在右。初在門內，勇士從趨在車後，車行既至大門，方履險阻，恐有非常，故回顧命車右上車也。門閭、溝渠必步，是車右之禮也。溝，廣深四尺者。渠亦溝也。步，下車也。車若至門閭、溝渠，勇士必下車。所以然者，一則君子不誣十室，過門閭必式，君式則臣當下也。二則溝渠險阻，恐有傾覆，勇士須下扶持之也。僕不下車者，僕下則車無御也。　愚謂「騶」「趨」字通。荀子：「騶中韶、濩以養耳。」車驅而趨，謂車既驅而疾行也。周禮大馭：「凡馭路，行以肆夏，趨以采齊。」或曰：騶，如字。說文：「騶，御也。」蓋周官馭夫、僕夫、趣馬之屬掌駕馬者，車初行，恐馬或驚逸，故騶隨至大門也。門，國門；閭，巷門也。古者二十五家爲閭，同共一巷，巷首有門。○孔氏曰：兵車參乘之法，射者在左，御在中央，戈盾在右。若非兵車，則尊者在左。故曲禮「乘君之乘車，不敢曠左」，鄭註云：「君存，惡空其位。」若是元帥，則在中軍鼓下，御者在左，戈盾亦在右。成二年鞌之戰，郤克爲中軍將，時「流血及屨，未絕鼓音」。是將居鼓下。解張御郤克，解張云：「矢貫余手及肘，余折以御，左輪朱殷。」是御者在左，自然戈盾在右。若天子諸侯親將，亦居鼓下。故戎右云「贊王鼓」，成二年齊師圍龍，齊侯親鼓之，是也。若非元帥，則皆在左，御者在中。故成二年韓厥自其車左居中代御而逐齊侯，杜預云：「兵車自非元帥，御者皆在中。」檀弓疏。

凡僕人之禮，必授人綏。若僕者降等，則受，不然則否。若僕者降等，則撫僕之手，不然則自下拘之。釋文：拘，古侯反，又音俱。

鄭氏曰：撫，小止之，謙也。自下拘之，由僕手下取之也。僕與己同爵則不受。孔氏曰：凡僕人之禮，謂爲一切僕，非但爲君僕也。車上，僕所主，故爲人僕必授人綏也。僕者降等，謂士與大夫、大夫與卿御也。御者卑降，則主人不須謙，故受取綏也。不然則否，謂僕者敵體則不受其綏也。若僕者降等，則撫僕之手者，僕者雖卑，猶當撫止僕手，不聽其授，然後乃受也。不然則自下拘之者，不降等者既敵不受，而僕者必授，則主人不就僕手外取之，而卻手從僕手下，拘僕手裏上邊，示不用僕授也。

客車不入大門，婦人不立乘，犬馬不上於堂。

鄭氏曰：客車不入大門，謙也。婦人不立乘，異於男子。犬馬不上於堂，非贄幣也。孔氏曰：立，倚也。婦人質弱，不倚乘，異男子也。男子倚乘，婦人坐乘，所以異也。犬馬賤，不牽上堂。犬則執緤，馬則執靮。

故君子式黃髮，下卿位；入國不馳，入里必式。

鄭氏曰：發句言「故」，明此衆篇雜辭也。式黃髮，敬老也。下卿位，尊賢也。卿位，卿之朝位也。君出，過之而上車；入，未至而下車。入國不馳，愛人也，馳善蹦人也。入里必式，不誣十室。孔氏曰：此以下明雜敬禮也。君子，謂人君也。黃髮，老人也。卿位，路門之內，門東北面位。燕禮、大射「卿大夫門右，北面」，「公降阼階，南嚮，邇卿」，是也。尋常出入，出則過卿位而上車，入則未到卿位而下車。若迎賓客，則樂師註云：「登車於大寢西階之前，反降於阼階之前。」或下卿位是諸侯禮，樂師是天子禮。國中人多，若馳車，則蹦人，故不馳。論語云：「十室之邑，必有忠信如某者焉。」是不誣十室也。愚謂燕朝、治朝皆有卿位，人君日視朝於治朝，此「卿位」謂治朝之位也。樂師註謂「王有車出之事，登降於大寢之階前」，以考工記應門、路門皆取節於車者觀之，則人君之車皆於路門內登降信矣。下卿位者，蓋出則於路門外下車，入則於雉門內下車，過之而復登車與？

君命召，雖賤人，大夫士必自御之。釋文：御，依註音迓，五嫁反。

鄭氏曰：御當爲「迓」，迎也。君雖使賤人來，必自出迎之，尊君命也。春秋傳曰「跛者御跛者，眇者御眇者，皆迓」也。

介者不拜，爲其拜而蓌拜。釋文：爲，于僞反。蓌，子卧反，又側嫁反，挫也。沈祖嫁反，又子猥反。盧本作「蹲」。

孔氏曰：介，甲鎧也。朱子曰：蓌，猶言有所枝拄，不利屈伸也。愚謂拜者必跪，介者所以不拜者，爲其拜則枝拄其拜，故不拜也。○陳氏祥道曰：兵法：軍容不入國，國容不入軍。軍容入國則民法廢，國容入軍則民德弱。兵車不式，危事不齒，介者不拜，不以國容入軍也。

祥車曠左，乘君之乘車，不敢曠左，左必式。

鄭氏曰：曠左，空神位也。祥車，葬之乘車。不曠左，君存，惡空其位。孔氏曰：祥猶吉也。吉車爲平生所乘，葬時用爲魂車。曠，空也。車上尚左，空左，以擬神也。乘車，謂君之次路也。王有五路，王自乘一，餘四路皆從行。臣乘此車，不敢曠左，若曠左，則似祥車，故乘者自居左也。左必式者，雖處左，而不敢自安，故恆憑式。乘車君皆在左，若戎路，則君在中央，御者在左。愚謂載柩之車爲喪車，故謂生時所乘、用爲魂車者爲祥車。

僕御婦人，則進左手，後右手。御國君，則進右手，後左手而俯。

鄭氏曰：進左手，後右手，遠嫌也。進右手，後左手而俯，敬也。孔氏曰：僕在中央，婦人在左，僕御之時，進左手持轡，形微相背，遠嫌也。御國君，則進右手，後左手者，禮以相轡爲敬也。而俯者，既御不得恆式，故但俯俛而爲敬也。

國君不乘奇車。釋文：奇，居宜反。

鄭氏曰：出入必正。奇車，獵、衣之屬。孔氏曰：國君出入必正，不可乘奇邪不正之車。盧氏云：「不如法者之車也。」〔一〕隱義曰：「獵車之形，今之鉤車是也。衣車，如鼈而長，漢桓帝時禁臣下乘之。」

車上不廣欬，不妄指。釋文：欬，開代反。

鄭氏曰：不廣欬，爲若自矜。不妄指，爲惑衆。孔氏曰：車已高，若在上大欬，似自驕矜，又驚衆也。妄，虛也。在車上高，若無事，忽虛以手指麾於四方，並爲惑衆也。

立視五巂，式視馬尾，顧不過轂。釋文：巂，本又作「嶲」，惠圭反。○鄭注：巂，或爲「縈」。

鄭氏曰：立，平視也。巂猶規也，謂輪轉之度。式視馬尾，小俛。顧不過轂，爲掩在後。孔氏曰：巂、規聲相近。規是圜，故讀從規。車輪一周爲一規。乘車之輪，高六尺六寸，徑一圍三，總一規爲一丈九尺八寸，五規爲九丈九尺，六尺爲步，總爲十六步半。在車上所視，則前十六步半也。馬引車，其尾近在車闌前，憑式下頭時，不得遠矚，而瞻視馬尾。若轉頭，不得過轂，過轂則掩後人私也。論語云「車中不內顧」，是也。

國中以策彗卹勿驅，塵不出軌。釋文：彗音遂，徐雖醉反，又囚歲反。卹，蘇没反。勿音没。驅，如字，又羌遇

〔一〕「法」，禮記注疏作「御」。

反。○今按：註疏讀「郵勿」爲窣没爲句，吴氏郵、勿並如字，「郵」字「驅」字爲句。

鄭氏曰：入國不馳。彗，竹帚。郵勿，搔摩也。孔氏曰：入國不馳，故不用鞭策，但取竹帚帶葉者爲杖，形如埽帚，故曰「策彗」。郵勿者，以策微近馬體搔摩之，不欲令疾也。軌，車轍也。車行遲，故塵埃不飛揚出轍外也。朱子曰：策彗，疑謂策之彗，若今時鞭末韋帶耳。吴氏澄曰：彗郵，謂埽拂之。勿驅，謂勿以策策馬令疾行也。

國君下齊牛，式宗廟；大夫士下公門，式路馬。釋文：齊，側皆反。○下齊牛，式宗廟，當從周禮註作「下宗廟，式齊牛」。

鄭氏曰：自此下，皆廣敬也。路馬，君之馬。孔氏曰：齊右職云「凡有牲事，則前馬」，註云「王見牲則拱而式」，又引曲禮曰「國君下宗廟，式齊牛」，與此文異。熊氏云：「此文誤，當以周禮註爲正。」馬比門輕，故有下、式之異。方氏慤曰：齊牛，祭牲也。歲時齊戒而朝之，故謂之齊牛。愚謂國君至宗廟下車，敬祖考也。廣其敬，則於齊牛亦式之，爲其神之所享也。大夫士至公門下車，敬君也。廣其敬，則於路馬亦式之，爲其君之所乘也。

乘路馬，必朝服，載鞭策，不敢授綏，左必式。

鄭氏曰：載鞭策，不敢執也。愚謂乘路馬，謂以他車駕路馬而調習之也。必朝服者，敬路馬也。蓋御與左皆然。鞭，馬箠；策，馬杖。載之者，備而不敢用也。不敢授綏者，不以綏授居左者，辟御君之禮也。此二句言御者之法。左必式者，又言居左之法也。大夫士式路馬，御者不能式，居左者恆必式也。此與上乘路車，皆言「左必式」，則乘路車路馬者，御與左皆別人矣。

步路馬，必中道。以足蹙路馬芻有誅，齒路馬有誅。釋文：蹙，本又作「蹴」，采六反，又子六反。

鄭氏曰：齒，數年也〔一〕。誅，罰也。孔氏曰：步猶行也。牽行君馬，必在中道正路，爲敬也。芻，食馬草也。芻供君馬所食，若以足蹴踏之，則有責罰，論量君馬年數，亦被責罰，皆廣敬也。

〔一〕「數」，禮記注疏作「欲」。

禮記卷五

曲禮下第二之一

凡奉者當心，提者當帶。釋文：奉，本亦作「捧」，芳勇反。

鄭氏曰：高下之節。 孔氏曰：凡物有宜奉持之者，有宜提挈之者，各因其宜。奉之者，謂仰手當心，奉持其物。提之者，謂屈臂當帶，而挈其物。帶有二處：朝服之屬，其帶則高於心；深衣之類，其帶則下於脅。何以知然？玉藻說大帶云：「三分帶下，紳居二焉。」紳長三尺，而居帶下三分之二，則帶之下去地四尺五寸矣。人長八尺爲限，若帶下四尺五寸，則帶上所餘正三尺五寸，故知朝服等帶則高也。而深衣之帶，「下毋厭髀，上毋厭脅，當無骨者」，故知深衣之帶則下也。今云「提者當帶」，謂深衣之帶。且古人恆著深衣，此明尋常提奉，益可知也。 愚謂疏以此爲尋常提奉之法，是也。而謂深衣之帶與朝服等之帶高下不同，則未然。人長八尺，頭長一宜、一尺三寸三分寸之一，自肩以下六尺六寸三分寸之二，帶下四尺五寸，則肩之下二尺一寸三分寸之二，帶之所在也。衣之度二尺有二寸，帶正當其下際，則於束衣不固。故喪服記云：「衣帶下尺。」衣當帶下之處，別以一尺續之，然後可以束帶而固衣也。由此言之，朝祭之帶與深衣之帶，其高下並同，而不在心上亦明矣。

執天子之器則上衡，國君則平衡，大夫則綏之，士則提之。釋文：上，時掌反。綏，依註音妥，湯果反，又他回反。

鄭氏曰：上衡，謂高於心，彌敬也。此衡謂與心平。綏讀曰妥，妥之，謂下於心。孔氏曰：衡，平也。人之拱手，正當心平，故謂心爲衡。天子至尊，器不宜下，臣爲擎奉，皆高於心，彌敬也。凡衡有二處：若大夫衡視，則面爲衡，故鄭云「此衡謂與心平」也。國君降於天子，故其臣爲奉器，與心齊平也。爲士提之，又在綏之下，卽上「提者當帶」也。愚謂執猶奉也。上謂尋常奉物，故不分尊卑，皆與心齊；此謂行禮之時，爲其君執物，故分別尊卑以爲高下也。論語孔子執圭，「上如揖，不如授」，此國君平衡之法，當心者也。由是推之，則上衡高於心，綏之下於心，可見矣。士則提之者，謂當帶，與提物同也。○馬氏晞孟曰：古人以一威儀之肅慢爲吉凶之所召，以一執玉之俯仰爲禍福之所係，則夫見於奉持、操執、行走、屈伸之際者，其可忽乎！

凡執主器，執輕如不克。

鄭氏曰：重愼之也。主，君也。克，勝也。孔氏曰：主亦君也。禮，大夫稱主。今此言主，上通天子諸侯，下含大夫。尊者之器，不論輕重，其臣執之，唯宜重愼，器雖實輕，而執之猶如實重，如不勝之容也。故論語云孔子「執圭，鞠躬如也，如不勝」，聘禮曰「上介執玉如重」，是也。

執主器，操幣、圭、璧，則尚左手，行不舉足，車輪曳踵。釋文：操，七刀反。

鄭氏曰：重愼也。尚左手，尊左也。車輪，謂行不絕也。孔氏曰：圭璧，瑞玉也。尚，上也。謂執持君器及幣玉，則右手在下，左手在上。左尊，故云「尚左手」。曳，拽也。踵，腳後也。行時不舉足，但起前拽後，使踵如車輪曳地也。愚謂尚左者，謂以左手爲尊也。少儀云：「笏、書、脩、苞苴、弓、茵、席、枕、几、穎、杖、琴、瑟、戈有刃者櫝、筴、籥，其執之皆尚左手。」上篇言執弓遺人之法，右手執簫，左手承弣，此執弓尚左手之法也，則其餘可推矣。蓋凡物之有上下者，則以左手執其上端，右手執其下端，如弓之左執弣，右執簫；冠之右執項，左執前；衣之左執領，右執要，是也。其無上下者，則但以左手所執之處爲尊。其以之授人，則亦以左手之所執授之，若奉席如橋衡，鄭謂「橫奉之，左昂右低，如有首尾」，是也。凡執物皆然。若幣、圭、璧，則圭有上下，幣與璧無上下，而執之皆以左手爲尊也。

立則磬折垂佩。主佩倚則臣佩垂，主佩垂則臣佩委。釋文：折，之列反，一音逝。佩，步內反。本或作「珮」，非。倚，范於綺反，徐其綺反。

鄭氏曰：君臣俛仰之節。倚，謂附於身。小俛則垂，大俛則委於地。愚謂上文「行不舉足，車輪曳踵」，言行步之儀，此又言立而授受之儀也。磬折，謂身微僂，如磬之曲折也。磬折則佩垂於前。立則磬折垂佩者，謂非與君相授受者，則賓主之立皆以磬折垂佩爲度。上篇言「遺人弓者」，「尊卑垂帨」，是也。主，君也。佩倚者，身直則佩倚附於身也。此又言與君相授受之法。君佩或倚或垂者，物或重或輕，或受器於己臣，或受之於他國之聘賓，故有不必爲恭而佩倚者，有恭敬而佩垂者。臣則視君之身容以爲節，而皆視君加恭，所以尊君也。

執玉，其有藉者則裼，無藉者則襲。釋文：藉，在夜反。裼，星歷反。

劉氏彝曰：此謂朝聘時圭、璋、璧、琮、琥、璜，皆玉也。執琥、璜、璧、琮，則與帛錦繡黼同升，所謂「有藉」，有藉則裼。裼者，禮差輕，尚文也。執圭、璋則特達，所謂「無藉」，無藉則襲，襲者，禮方敬，尚質也。愚謂裼，露也。謂摺上衣之衽於內，而露其中衣也。襲，重也。謂舒其上衣之左衽，以重於右襟之下，而掩其中衣也。裼爲見美，襲爲充美，行禮以裼、襲爲文質之異。聘時崇敬，賓主皆襲，而其玉則圭、璋也，圭、璋則特達而無藉者也。聘禮「賓襲，執圭」，「公側襲，受玉於中堂與東楹之間」，是也。行享尚文，賓主皆裼，而其玉則璧、琮也，璧、琮則加於束帛而有藉者也。聘禮「公側授宰玉，裼，降立，擯者出請，賓裼，奉束帛加璧享」，是也。裼、襲因聘、享而分，不分玉之有藉、無藉而起，而玉有藉、無藉，聘、享時亦不同，故記會而言之。○鄭氏曰，藉，藻也。裼、襲，文質相變耳。有藻爲文，裼見美亦文；無藻爲質，襲充美亦質。圭、璋特而襲，璧、琮加束帛而裼，亦是也。孔氏曰：凡執玉之時，必有藻以承乎玉。鄭註覲禮云：「繅所以藉玉，以韋衣木，廣袤各如其玉之大小。」典瑞云：「王五采五就，公侯伯三采三就，子男二采二就。」又曰：「瑑圭、璋、璧、琮，繅皆二采一就。」是也。又有五采組繩以爲繫，無事則以繫玉，有事則垂爲飾。故聘禮記「皆玄纁，繫長尺絢組」，是也。是藻藉有二種：一者以韋衣木畫之，一者絢組垂之。玉藻説詳雜記下。今言「無」者，據垂之也。朱子曰：今言「無」者，據垂之也，與經文及所説上下文俱相反，疑「據」下脱一「不」字。愚謂疏云「據垂之」者，蓋謂以韋衣木之藉常在，不可以言「無藉」，今言「有藉」「無藉」者，據絢組繫可垂者而言之也。其垂藻之時則須裼，屈藻之時則須襲。案聘禮賓至主人廟門外，「賈人東面坐，啓櫝取圭，垂繅，不起而授上介」，註云：「不言裼、襲者，賤不裼。」明貴者垂藻當裼也。又云「上介不襲，執圭，屈繅，授賓」，註云：「上介不襲，以盛禮不在於己。」明屈繅合襲也。又云：「賓襲，執圭。」又云：「公襲，受玉。」於時圭皆屈藻，是屈藻之時皆襲，所謂「無藉者襲」也。又云：「賓裼，奉束帛加璧享。」是有藉者裼。凡享時，其玉皆無藻藉。故崔靈恩云：「初享，「享」字當作「聘」。圭、璋特，故有藻。其餘則束帛加璧，既有束帛，故無藻。」朱子曰：崔靈恩云「璧、琮既有束帛，則不須藻」，似亦牴牾。疑璧、琮雖有藻而屈之，特以加束帛，故從有藉之例而執者裼耳。○按此上申註前說。鄭云「圭、璋特而襲，璧、琮加束帛而裼」者，以經云「裼」「襲」者〔一〕，人之裼、襲，欲明玉亦有裼、襲。圭以馬，璋以皮，皮馬不上於堂，其上特有圭、璋，實物不可露見，必以物蒙覆之，故云襲。璧以帛，琮以錦，既有帛錦承玉，上惟用輕細之物蒙覆以裼之。此皇氏之說。熊氏以爲「圭、璋特」以下，明賓主各自爲裼、襲：朝時用圭、璋特，賓主俱襲；享時璧、琮加束帛，賓主俱裼。按此上皇氏、熊氏二說並申註後說。愚謂此條註有二義，而疏爲三說。垂藻爲有藉而賓主裼，屈藻爲無藉而賓主襲，此解註前說之義，一也。皇氏謂圭、璋特爲無藉，故用物蒙覆爲襲；璧、琮加束帛爲有藉，惟用輕細之物蒙覆爲裼。熊氏謂朝時圭、璋特，賓主俱襲；享用璧、琮加束帛，賓主俱裼。此並解註之後說，三也〔二〕。聘、享之玉，別無他物蒙覆，皇氏臆說無據，此不待辨而明者。至玉之垂藻、屈藻，則見於聘禮者甚詳：始受君命，賈人取圭垂繅以授宰，宰屈繅以授使者，使者垂繅以授上介，上介屈繅以授賓。既歸反命，使者執圭垂繅，上介執璋屈繅。然惟於上介授賓言「不襲」，而

〔一〕「者」，原本作「據」，據禮記注疏改。
〔二〕「三」，萬有文庫本作「二」。

其時圭則屈繅也。其餘皆不言裼、襲之變。然則圭之垂繅、屈繅，與人之裼、襲初不相因矣。禮於上介授賓言「不襲」，欲明襲者惟賓一人。上介雖將行聘禮，執圭猶不襲耳，非以屈繅之必襲而特見其不襲者也。故劉氏、陸氏惟取熊氏之說，而朱子亦以爲然。○凡衣，冬有裘，夏有絺、綌，春秋有禪絅、袍、繭。其上有中衣，中衣上有禮衣，若朝服皮弁服之屬是也。禮衣皆直領而對襟，其當胸左右各餘一寸以爲衽，衽恆摺於衣內，而露其中衣，謂之裼。若禮之尤重者，則舒其衽而掩於中衣，謂之襲。經記但言裼，無言裼衣者，而註疏乃以禮服內之衣指爲裼衣，實則裼衣卽中衣也。中衣之所用，與上服同，而別以華美之物爲之領緣，如諸侯則黼繡丹朱，大夫士雖不可考，亦要必視其上服之色爲華，故裼謂之見美。下文云：「天子視，不上於袷。」中衣與深衣同制，故有袷。古人以裼爲常，裼則露其中衣之袷，故視天子者據之以爲節。然則裼衣之卽中衣明矣。孔疏謂「裼衣上有襲衣，襲衣上有常著之服，皮弁之屬」，則裼衣上服之間多一襲衣矣。聘禮賈疏謂「冬有裘，裘上有裼衣，裼衣上有上服，皮弁祭服之等。夏有絺綌，春秋則袷褶，其上有中衣，中衣上有上服」。此不別言襲衣，視孔爲優，然不知裼衣卽中衣，而誤以爲冬夏之分，則亦未爲得也。○自篇首至此，皆明執物之儀。

國君不名卿老、世婦，大夫不名世臣、姪、娣，士不名家相、長妾。 釋文：姪，大節反，字林丈一反。娣，大計反。相，息亮反。長，丁丈反。

鄭氏曰：雖貴，於其國家猶有所尊也。卿老，上卿。世臣，父時老臣。孔氏曰：上卿貴，故曰卿老。世婦，謂兩媵，貴於諸妾也。姪是妻之兄女，娣是妻之妹，從妻來爲妾也。家相，謂助知家事者。長妾，謂妾之有子者。呂氏大臨曰：卿老、世臣、家相，皆貴臣也。世婦、姪、娣、長妾，皆貴妾也。愚謂上卿謂之卿老者，諸侯之卿自稱曰「寡君之老」也。諸侯娶一國，則二國往媵之。諸侯一娶九女：夫人與左右媵各有姪、娣。世婦，妾之貴者，謂二媵也。或曰：左氏每言以夫人之姪、娣爲繼室，夫人之姪、娣貴於左右媵也。世臣，父時舊臣也。大夫士娶，亦有姪、娣。左傳：「穆叔娶於莒，曰戴己，生文伯；其娣聲己，生惠叔。」又曰：「臧宣叔娶於鑄而死，繼室以其姪。」家相，臣之主家事者，所謂宰也。長妾，妾之長者。士昏禮曰：「雖無娣，媵先。」士娶或不必有姪、娣，故但推其年長者爲貴也。

君大夫之子，不敢自稱曰「余小子」。大夫士之子，不敢自稱曰「嗣子某」，不敢與世子同名。鄭註：世，或爲「大」。

鄭氏曰：君大夫之子，不敢自稱曰「余小子」，辟天子之子未除喪之名。君大夫，天子大夫有采地者[一]。大夫士之子，不敢自稱曰「嗣子某」，亦辟其君之子未除喪之名；不敢與世子同名，辟僭傚也。其先之生，則亦不改。愚謂余小子，天子在喪自稱之辭；嗣子某，諸侯在喪自稱之辭。下文云「諸侯在凶服曰適子孤」，與此稱「嗣子某」不同者，蓋「嗣子某」，在喪而稱於臣民之辭；「適子孤」，在喪而稱於諸侯之辭也。晉有小子侯，此諸侯在喪而僭天子之稱者。左傳趙襄子謂楚隆曰：「嗣子不廢舊業而敵之。」此大夫在喪而僭諸侯之稱者。世子，君之適子。諸侯世國，大夫不世家，故諸侯之子謂之世子。不敢與世子同名，尊儲貳也。

[一]「采」，禮記注疏作「土」。

君使士射，不能則辭以疾，言曰：「某有負薪之憂。」釋文：使音史。射，市夜反。則辭以疾，如字，本又作「有疾」。○鄭註：憂，或爲「疾」。

鄭氏曰：射所以觀德，惟有疾可以辭也。使士射，謂以備耦也。孔氏曰：射以觀德，士既升朝，必宜有德，不得云「不能」，但當自言「有疾」也。某，士名也。負，擔也。大樵曰薪。士祿代耕，而云「負薪」，亦謙辭也。憂，勞也。若直云疾，則似傲慢，故陳疾之所由，言已有擔樵之餘勞，故不堪射，明非假也。呂氏大臨曰：射者，男子之所有事也，不能射則幾於非男子矣。故士不能射，可以疾辭，而不可以不能辭也。孟敬子曰：「有采薪之憂，不能造朝。」采薪，猶負薪也。愚謂孟子集註云：「負薪之憂，言病不能負薪也。」義亦通。

侍於君子，不顧望而對，非禮也。

鄭氏曰：禮尚謙也。不顧望，若子路率爾而對。

君子行禮，不求變俗。祭祀之禮，居喪之服，哭泣之位，皆如其國之故，謹脩其法而審行之。

鄭氏曰：求，務也。不務變其故俗，重本也。謂去先祖之國，居新國〔一〕。其法，謂其先祖之制度，若夏、殷。孔氏曰：君子行禮，謂去先祖之國，居他國者也。雖居他國，猶宜重本，行故國法，不務變之從新也。祭祀之禮，即夏立尸，殷坐尸，周旅酬六尸，及先求陰陽，犧牲騂、黑之屬也。居喪之服者，殷雖尊貴，猶服傍親；周則以尊遞降。哭泣之位者，殷不重適，以班高處上；周貴正嗣，孫居其首。舉此

〔一〕「新」，禮記注疏作「他」。

三條，餘冠昏之禮，從可知也。愚謂祭祀之禮，居喪之服，哭泣之位，此三者，列國所行容有不同，非但爲夏、殷、周之殊制也。雖禮無明文可見，然以喪禮言之，如幕則或布或綃，袝則或合或離，拜則或稽顙而後拜，或拜而後稽顙。士喪禮沐稻，而喪大記則沐粱；士喪禮小斂陳衣於房中，南領西上，而喪大記則大夫士同西領北上；士喪禮大斂亦陳衣於房中，南領西上，而喪大記大夫士皆陳衣於序東，西領南上。蓋禮之大體不容或異，而其儀文曲折之間不能盡一。故冢宰八則，「六曰禮俗，以馭其民」。禮者其所同，俗者其所不盡同者也。謹脩之者，講習於平時；審行之者，致詳於臨事。

去國三世，爵祿有列於朝，出入有詔於國。若兄弟宗族猶存，則反告於宗後。釋文：朝，直遥反，下皆同。

鄭氏曰：三世，自祖至孫。踰久可以忘故俗，而猶不變者，爵祿有列於朝，謂君不絕其祖祀，復立其族。若臧紇奔邾，立臧爲矣。詔，告也。謂與卿大夫吉凶往來相赴告。宗後，宗子也。愚謂三世，言其遠也。爵祿有列於朝，謂其宗族尚有爲卿大夫者也。自此而往謂之出，自彼而至謂之入。出入有詔於國，謂與舊國以吉凶之事相赴告者也。以道去君而未絕者，爲舊君有服，則君之喪固赴之，而其死亦必赴於舊君矣。至於三世，則已遠，然爵祿尚有列於朝，則與其舊君猶以吉凶之事相赴告，蓋其義猶未絕也。兄弟宗族猶存，則僅存而已，而未必有列於朝矣。如是，則雖可以無詔於國，而要不可自絕於其宗也，故必反告於宗後。

去國三世，爵祿無列於朝，出入無詔於國。唯興之日，從新國之法。

鄭氏曰：出入無詔於國，以故國於已無恩。興，謂起爲卿大夫。愚謂去國三世，爵祿無列於朝，則出入無詔於國矣。然猶未可遽變其舊俗，唯起而爲卿大夫，然後可以從新國之法。蓋始爵者得自爲宗，既可以自別於其宗，則雖變其舊俗可矣。其有列有詔而興者亦當然。嫌無列無詔者或不待興而遽變舊俗，故特明之。○自「君子行禮」至此，論去國者行禮之事。

君子已孤不更名，已孤暴貴，不爲父作謚。釋文：爲，于僞反。

鄭氏曰：已孤不更名，亦重本。不爲父作謚，子事父，無貴賤。孔氏曰：暴貴，謂士庶起爲諸侯，非一等之位也。謚者，列平生德行，爲作美號。父賤無謚，今忽爲造之，似如鄙薄父賤，不宜爲貴人之父也。或舉武王爲難，鄭答趙商曰：「周道之基，隆於二王，功德由之，王迹興焉。凡爲人父，豈能賢乎！若夏禹、殷湯，則不然矣。」愚謂已孤不更名，重違其父也。君子不奪人親之所名，而況敢自奪乎！謚本於尊者所成，故天子之謚本之於天，諸侯之謚請之於王，子無謚其父之法也。武王庚戌柴望之後，然後三王皆稱王，蓋告於天而王之也。若私爲父立謚，在天子爲蔑天道，在諸侯爲亂王章，而亦非所以尊其父矣。

居喪，未葬讀喪禮，既葬讀祭禮，喪復常，讀樂章。

鄭氏曰：爲禮各於其時。孔氏曰：喪禮，謂朝夕奠及葬等事。祭禮，虞、卒哭、祔、小祥、大祥之禮。復常，大祥除服之後。樂章，樂書之篇章，謂詩也。禫而後吉祭，禫後宜讀之。愚謂凶事不豫習，故喪葬之禮，至居喪乃讀之。古人以弦誦爲常，除喪則反其所業也。

居喪不言樂，祭事不言凶，公庭不言婦女。

鄭氏曰：非其時也。　馬氏晞孟曰：小功之喪，議而不及樂，況大於此而可言樂乎！周官蜡氏「凡大祭祀」，「禁凶服」，祭義「郊之祭，喪者不敢哭」，又況祭祀可言凶乎！內言不出，外言不入，凡欲無相瀆而已，況公庭可言婦女乎！

振書、端書於君前有誅，倒筴、側龜於君前有誅。　釋文：倒，多老反。

鄭氏曰：臣不豫事，不敬也。振，去塵也，端，正也。倒，顛倒也。側，反側也。皆謂甫省視之。　孔氏曰：書，簿領也。文書、筴、龜不豫整理，今於君前始正之，皆有誅責也。　方氏愨曰：此非大過而皆有誅，蓋以羣臣之衆而奉一人，不可不謹也，抑所以防其漸與？

龜筴、几杖、席蓋、重素、袗絺綌，不入公門。　釋文：重，直龍反。

鄭氏曰：龜筴，嫌問國家吉凶。几杖，嫌自長老。席蓋，載喪車也。雜記曰：「士輤，葦席以爲屋，蒲席以爲裳帷。」重素，衣裳皆素，喪服也。袗，單也。孔子曰：「當暑袗絺綌，必表而出之。」　孔氏曰：龜筴，臣之龜筴也。　愚謂大夫七十而致事，若不得謝，則君賜之几杖，未受賜者，不得以几杖入朝也。席，坐席也。朝內卿大夫視事之室，蓋有君所常設之席，故不可持席以入，嫌其自表異也。蓋，以禦雨，亦以表尊。朝位在庭，雨則廢。持蓋，嫌其表尊也。鄭謂「席蓋爲喪車」，非也。果爾，則當言車，不當但舉其席蓋也。素，白色繒也。重素，素冠、素衣、素裳，司服所謂「素服」，遭災變之所服也。絺綌，褻衣，其上宜有中衣與禮衣焉，所謂「必表而出之」也，袗絺綌則不敬矣。

苞屨、扱衽、厭冠，不入公門。釋文：苞，白表反。扱，初洽反。厭，於涉反。○鄭註：苞，或爲「菲」。

鄭氏曰：此皆凶服也。苞，藨也。齊衰藨蒯之菲也。問喪曰：「親始死，扱上衽，喪冠厭伏。」孔氏曰：苞屨，謂藨蒯之草爲屨，杖齊衰之屨也。故喪服「杖齊衰」章云：「疏屨者，藨蒯之菲也。」此云「苞屨」。不入公門，服問云「唯公門有稅齊衰」，註云：「不杖齊衰也。於公門有免齊衰，則大功有免絰也。」如鄭此言，五服入公門與否，各有差降。熊氏云：「父之喪，唯扱上衽不入公門，冠絰、衰屨皆得入也。杖齊衰則屨不得入；不杖齊衰，衰又不得入；其大功，絰又不得入；其小功以下，冠又不得入。此厭冠者，謂小功以下之冠，故云『不入公門』。凡喪冠皆厭，大功以上，厭冠宜得入公門也。」愚謂未殯之前，主人非君命不出大門，而云「扱衽不入公門」者，謂臣有死於公宮，若叔弓於禘祭涖事而卒者，則其子不以扱衽入也。三年之喪，雖權制，亦必卒哭乃服金革之事，未卒哭以前，無以冠絰、衰麤入公門之禮。苞屨不入公門，葢謂爲妻杖期之服。若爲母杖期，卒哭變服之前，亦無入公門之禮也。厭，伏也。喪冠謂之厭冠者，以其無武而其狀卑伏也。雜記曰「委武玄縞而後蕤」，是喪至大祥，冠始有武也。服問曰「雖朝於君無免絰，唯公門有稅齊衰」，則齊衰之喪入公門者，自身以下之服悉變之，惟其在首者自若也。厭冠不入，則必並首絰去之矣，其爲大功以下者與？

書方、衰、凶器，不以告不入公門。

鄭氏曰：此謂喪在內，不得不入，當先告君耳。方，版也。士喪禮下篇曰：「書賵於方，若九、若七、若五。」凶器，明器也。孔氏曰：書，謂條録送死者物件數目，如今死人移書也。百字以上用方版書之，故曰書方。　愚謂此謂有死於宮中而君所不主其喪者，故此諸事須告君乃入也。

公事不私議。

鄭氏曰：嫌若姦也。　愚謂此所以杜專擅之端。　冉有與季氏議政於私室，孔子非之。

君子將營宮室，宗廟爲先，廄庫爲次，居室爲後。

鄭氏曰：重先祖及國之用。　愚謂君子，謂諸侯也。廄，養馬者。庫，藏財物者。宗廟所以奉先祖，故爲先。　廄庫所以資國用，故爲次。　居室所以安身，故爲後。　緜之詩曰：「縮版以載，作廟翼翼。」此宗廟爲先也。　又曰：「乃立皋門，皋門有伉。」天子之皋門，於諸侯爲庫門，此廄庫爲次也。　又曰：「乃立應門，應門將將。」王之正門曰應門，其内乃爲寢室，是居室爲後也。

凡家造，祭器爲先，犧賦爲次，養器爲後。　釋文：造，才早反。　一本作「凡家造器」，「器」衍字。　養，羊尚反，一如字。

鄭氏曰：大夫稱家。　謂家始造事。　犧賦，以賦出牲。　孔氏曰：祭器爲先者，尊崇祖、禰也。　犧賦爲次者，諸侯大夫少牢，此云「犧」，謂牛，卽是天子之大夫。　祭祀賦斂邑民供出牲牢，故曰「犧賦」。　養器，供養人之飲食器也。　自贍爲私，宜後造。　諸侯言「宗廟」，大夫言「祭器」，諸侯言「廄庫」「居室」，大夫言「犧賦」「養器」，互言也。　愚謂月令季冬「命大史次諸侯之列，賦之犧牲，以共皇天、上帝、社稷之饗；命同姓之邦，共寢廟之芻豢；命宰歷卿大夫至於庶民土田之數，而賦犧牲，以共山林、名川之祀」。大夫有采地，其祭祀之犧牲亦令民供之，故曰「犧賦」。　士祭以特牲，大夫祭以少牢，此言犧賦，則用大宰矣。左傳鄭子張「黜官，薄祭，祭以特羊，殷以少牢」。然則大夫之殷祭，固以大牢與？殷祭者，謂有大事省於其君，干祫及其高祖也。

無田禄者不設祭器，有田禄者先爲祭服。

鄭氏曰：祭器可假，服宜自有。　孔氏曰：大夫及士有田禄者乃得造器，猶不具，唯天子大夫四命以上者得備具。若諸侯大夫，非四命，無田禄，則不得造。故禮運云：「大夫聲樂皆具，祭器不假，非禮也。」有田禄者雖得造器，而先爲祭服，後爲祭器，緣人形參差，衣服有大小，而祭器之品，量同官同，可以暫假也。　愚謂田禄者，大夫士各有采地，無采地者，其禄亦皆出於公田之所入，疏以田禄專爲采地，非也。王制：「大夫士有田則祭，無田則薦。」若必采地乃謂之有田，則士之得祭者寡矣。孟子曰「士之失位，猶諸侯之失國家也」，「惟士無田則亦不祭」。是知凡仕者卽爲有田，不必待賜采地也。不設祭器者，無田禄則力不能設祭器，且薦之需器少，可以假而有也。

君子雖貧，不粥祭器；雖寒，不衣祭服；爲宮室，不斬於丘木。釋文：粥音育。衣，於既反。

鄭氏曰：廣敬鬼神也。粥，賣也。丘，壟也。

大夫士去國，祭器不踰竟，大夫寓祭器於大夫，士寓祭器於士。釋文：去國，祭器不踰竟，音境，下同。一本作「大夫士去國」。下「去國，踰竟」亦然。

鄭氏曰：此用君禄所作，取以出竟，恐辱親也。寓，寄也。與得用者言寄，覬己復還〔一〕。　孔氏曰：物

〔一〕「復」，禮記注疏作「後」。

不被用，則生蟲蠹，故寓於同官，令彼得用，不致敗壞，冀還復用，　大夫士皆然也。　愚謂此寓祭器有三義：一使人得資其用，二令器不朽蠹，三已還得復取之也。

大夫士去國，踰竟，爲壇位，鄉國而哭，素衣、素裳、素冠，徹緣，鞮屨、素簚，乘髦馬，不蚤鬋，不祭食，不說人以無罪，婦人不當御，三月而復服。釋文：壇，徐音善。鄉，息亮反。緣，悦絹反。鞮，都兮反，又徒兮反。簚，本又作「幭」，莫歷反。髦音毛。蚤，依註讀爪。鬋，子淺反。○鄭註：簚，或爲「幕」。

鄭氏曰：言以喪禮自處也。臣無君，猶無天也。壇位，除地爲位也。徹猶去也。鞮屨，無絢之菲也。簚，覆笭也。髦馬，不鬄落也。蚤讀爲爪。鬋，鬋鬢也。不自說於人以無罪，嫌惡其君也。御，接見也。三月一時，天氣變，可以遂去也。孔氏曰：此大夫士三諫不從，出在竟上。大夫則待放，三年聽於君命，若予環則還，予玦則去；若士則不待放，臨去皆行此禮也。壇者，除地而爲壇也〔一〕。去父母之邦，有桑梓之戀，故爲壇位，鄉國而哭。衣、裳、冠皆素，爲凶飾也。緣，中衣緣也。素服裏亦有中衣，若吉時，中衣用采緣，此既凶喪，故徹緣而純素。屨以絢爲飾。士冠禮云「玄端、黑屨〔二〕，青絢博寸」，鄭云：「絢之言拘也。」古屨以物繫之爲行戒，故用繒一寸，屈之爲絢，著屨頭，以受穿貫，今凶，故無絢也。素，白狗皮也。簚，車覆闌也。禮，人君羔幦虎犆，大夫鹿幦豹犆。今此喪禮，故用白狗皮也。既夕禮云「主人乘惡車，白狗幦」，是也。吉則翦剔馬毛爲飾，凶則無飾，不翦而乘之。蚤，治

〔一〕「而」，原本作「不」，據禮記注疏改。
〔二〕「端」，原本作「冠」，據儀禮士冠禮改。

手足爪也。鬋，剔治鬚髮也。吉則治鬋爲飾，凶故不鬋也。不祭食者，食盛饌則祭食之先，喪凶，故不祭也。不説人以無罪者，善則稱君，過則稱己，今雖放逐，猶不得向人説己無罪也。吉時，婦人以次侍御，今喪禮自貶，故不也。自貶三月，然後事事反還如吉禮而遂去也。三月爲一時，天氣一變，則人情亦宜易也。呂氏大臨曰：大夫士去國，喪其位也。大夫士喪位，猶諸侯之失國家，去其墳墓，捐其宗廟，無禄以祭，故必以喪禮處之。馬氏晞孟曰：士虞禮曰「既祔則沐、浴、櫛、搔、翦」，則不蚤、翦者未祔之禮也。愚謂踰竟乃行此禮者，未踰竟猶冀君之反之也。壇與墠通，除地也。位，張帷爲哭位也。左傳魯公孫歸生奔齊，墠帷復命於介，鄉國而哭者，哀離其父母之邦也。素，白繒也。衣裳及冠，皆以白繒爲之。周禮司服「大札、大荒、大烖，素服」，謂此服也。緣，中衣之緣。徹之者，爲采色之華美也。鞮屨，革履也。士冠禮曰：「白屨柎之以魁。」鞮屨蓋不柎者，故以其質名之。素簚者，白狗皮爲簚，而素繒緣之也。王之喪車，木車犬䄙疏飾，素車犬䄙素飾。是犬簚有不用素緣者，故言其緣以別之。盛饌則祭，不祭食，則疏食菜羹而已。○王氏安石曰：孔氏云「大夫三年待放竟上」，「士不待放」，恐無此禮。孔子屢仕屢去，豈常行待放之禮乎？或者古之大夫有得罪被放於竟上三年而後聽其去者乎？故季孫請囚於費以待察，春秋有放大夫之文，蓋緣此禮也。又三諫不從則去，亦不可必以爲常，要之，三諫不從而不能去，則苟禄者也。如孔子去國，乃未嘗一諫也。且待放得環則還，是以待放要君耳。三諫不從，以爲不合則可以去，雖有庶幾其君或改之心，如孟子三宿然後出晝可也，何待三年？愚謂大夫待放之説，出於公羊，然春秋二百四十年間，大夫之去國者多矣，未聞有待放三年而後去者。孔子去魯，曰「遲遲吾行也」。孟子去齊，三宿而後出晝。以道去君者，宜無如孔孟，亦未聞其待放三年而後去者也。孟子之告齊宣王曰：「諫行言聽，膏澤下於民。有故而去，則君使人導之出疆；去三年不反，然後收其田里。」古之去國者，其君臣相與有禮，不過如此，則其去固不俟三年，而必無待放竟上，賜環則還，賜玦則去之事矣。

大夫士見於國君，君若勞之，則還辟再拜稽首；君若迎拜，則還辟不敢答拜。釋文：勞，力報反。辟，婢亦反。

大夫士見於國君，及下文「大夫見於國君」，「士見於大夫」，皆謂大夫士私行出疆，或去己國而適他國，而見於其君與其大夫者也。左傳：「楚公子棄疾如晉，過鄭，鄭伯勞諸柤，辭不敢見；固請見之，見如見王。」此雖奉命出聘，而其見鄭伯非君命，亦當用此禮也。勞之，謂慰其道路之勤勞也。還辟者，逡巡不敢當也。再拜稽首者，答君之意也。迎拜者，迎之而拜其辱也。還辟不敢答拜者，不敢亢賓主之禮也。公食大夫禮「公迎賓再拜，賓亦再拜稽首」者，聘賓奉主君之命，與此私自見國君者不同也。言「君若勞之」，「君若迎拜」，則君蓋有不勞之、不迎拜者矣，亦以其私見國君，故禮之隆殺無定也。○鄭氏曰：勞之，謂見君，既拜矣，而後見勞也。聘禮曰：「君勞使者及介，君皆答拜。」迎拜，謂君迎而先拜之。聘禮曰：「大夫入門再拜，君拜其辱。」案聘禮云：「大夫納賓，賓入門左，公再拜。」此註云「大夫入門再拜」，蓋文有誤脫。孔氏曰：此謂大夫士出聘他國之禮。聘禮行聘、享及私覿訖，賓出，主君送至大門內，主君問聘君、問大夫竟，乃云「公勞賓，賓再拜稽首；勞介，介再拜稽首」，卽此大夫出聘他國，君勞之是也。迎拜，謂聘賓初至主國大門外，主君迎而拜之。案聘禮：「主君迎賓於大門內。」此疏云「大門外」，蓋亦傳寫之誤。愚謂註言君勞使、介，此聘禮反命而君勞之之事也。疏言君勞賓、介，此聘禮私覿之後，賓出至大門內，而主君勞之之事也。是勞之而再拜稽首，於己國及他國之君皆有此禮矣。然君於其臣不迎拜，此云「君若迎拜」，則非見己君。聘禮主君迎拜，乃一定之禮，此云「君若迎拜」，則固有不迎拜者矣。且聘禮乃爲君奉使，不可云「見於國君」，以是知此所言乃私見之禮，而非聘禮也。

大夫士相見，雖貴賤不敵，主人敬客則先拜客，客敬主人則先拜主人。

鄭氏曰：尊賢也。　愚謂士相見禮主人皆先拜客，而此乃有客先拜主人者，以下文「同國始相見」觀之，則此謂尋常相見，而非始相見者也。始相見者，主人必先拜辱，非始相見則無拜辱之禮，故惟所敬者則先拜之。特牲禮主人宿尸，尸出門左，「主人再拜，尸答拜」。少牢禮「宿尸，主人再拜稽首」，「尸拜，許諾」。此時主人來在尸家而先拜尸，卽客先拜主人之事也。

凡非弔喪，非見國君，無不答拜者。釋文：見，賢遍反，下「大夫見」「士見」同。

鄭氏曰：禮尚往來，喪賓不答拜，不自賓客也。國君見士，不答其拜，士賤。孔氏曰：凡拜而不答拜者，惟有弔喪與士見己君耳。弔賓爲助執喪事，非行賓主之禮，故主人雖拜，己不答也。士見己君，君尊不答。聘禮「士介四人」，君皆答拜者，以其爲他國之士故也。

大夫見於國君，國君拜其辱；士見於大夫，大夫拜其辱；同國始相見，主人拜其辱。

鄭氏曰：自外來而拜，拜見也；自內來而拜，拜辱也。　愚謂此皆謂始相見者也。見於國君、見於大夫之說，已見於上。拜其辱者，拜其自屈辱至此，即上文云「君若迎拜」，是也。君於己臣不拜辱。士相見禮曰：「大夫士則奠贄再拜，君答壹拜。」同國始相見，謂士自相見，或士見於大夫也。於此言「同國」，則上言「見於國君」「見於大夫」爲異國明矣。○「大夫見於國君」四句，疏亦以聘禮言之。然大夫奉命出聘，既不可謂「見於國君」，且士見於大夫，大夫拜其辱，聘禮初無其事。賓問卿，大夫出迎於大門外，再拜，大夫與賓相與行禮，而士不與焉。至衆介私面，則入門奠幣再拜，而大夫不迎拜，然則其非聘禮又可知也。

君於士，不答拜也；非其臣則答拜之。大夫於其臣，雖賤，必答拜之。

鄭氏曰：非其臣則答拜，不臣人之臣。大夫於臣必答拜，辟正君。孔氏曰：君於己士不答拜。然聘禮云「聘使還，士介四人，君旅答拜」者，敬其奉使而還。士相見禮「士見國君，君答拜」者，以其初爲士，敬之也。

男女相答拜也。釋文：一本作「不相答拜」，皇云：「後人加不字耳。」

鄭氏曰：嫌遠別，不相答拜，以明之。○自「大夫士見於國君」至此，明尊卑相拜之法。

國君春田不圍澤，大夫不掩羣，士不取麛卵。釋文：麛音迷。

鄭氏曰：生乳之時，重傷其類。孔氏曰：國君，諸侯也。春時萬物產孕，不欲多傷殺，故不合圍繞取也。羣，謂禽獸共聚也。羣聚則多，不可掩取之。麛是鹿子，凡獸子亦得通名。卵，鳥卵也。春方乳長，故不得取也。方氏愨曰：圍澤掩羣，四時之田所同禁，特以春言之者，孕乳之時尤在所禁故也。

馬氏晞孟曰：王制「天子不合圍，諸侯不掩羣」，諸侯會王田獵之禮也。國君不圍澤，大夫不掩羣，諸侯在國田獵之禮也。

歲凶，年穀不登，君膳不祭肺，馬不食穀，馳道不除，祭事不縣；大夫不食粱；士飲酒不樂。

釋文：縣音玄，下同。○今按：樂，舊如字，亦通，當音洛。

鄭氏曰：登，成也。君、大夫、士皆爲歲凶自貶損，憂民也。禮食殺牲則祭先，有虞氏以首，夏后氏以心，殷人以肝，周人以肺。不祭肺，則不殺也。天子食日少牢，朔月大牢；諸侯食日特牲，朔月少牢。除，治也。不治道，爲妨民取蔬食也。縣，樂器，鐘磬之屬。粱，加食也。不樂，去琴瑟。孔氏曰：此一節明凶荒人君憂民自貶退禮也。歲凶，水旱災害也。鄭註太史職：「中數曰歲，朔數曰年。」釋者曰：「年是據有氣之初，歲是舉年中之稱。」今謂歲既凶荒，而年中穀稼不登也。膳，美食名。盛食必祭，周人重肺，故食先祭肺，歲凶饑，故不祭肺，則不殺牲也。年豐則馬食穀，今凶年，故不食也。馳道，如今御路，君馳走車馬之處。不除，謂不治其草萊也。凶年，人應各採蔬食，若使民治道，則廢取蔬食，故不治也。凶年雖祭而不作樂，樂有縣鐘磬，因曰縣也。大夫食黍稷，以粱爲加，故凶年去之。士平常飲酒奏樂，今凶年，猶許飲酒，但不奏樂也。「君膳不祭肺」以下，及「士飲酒不樂」，各舉一邊而言，其實互而相通：君尊，舉大者而言；大夫士卑，舉小者言耳。愚謂周禮膳夫「大荒則不舉」，即不祭肺也。食以黍稷爲正，以稻粱爲加，故公食大夫禮設正饌後乃設稻粱。不食粱者，去其加也。飲酒，謂與賓客燕也。士與賓客燕，得以樂樂賓，投壺禮言「又重以樂」是也。此於周禮大司徒「荒政」爲「弛力」「眚禮」「蕃樂」之事，而廩人所謂「食不能人二鬴，則詔王殺邦用」者，皆自貶以憂民，節費以足食也。

君無故玉不去身，大夫無故不徹縣，士無故不徹琴瑟。

鄭氏曰：憂樂不相干也。故，謂災、患、喪、病。孔氏曰：玉謂佩也。徹亦去也。自士以上皆有玉佩，言君無故不去玉，則知下通於士也。言士不去琴瑟，亦上通於君，但玉以比德爲重，故於君明之。又大夫言縣，士言琴瑟，亦互言耳。但縣勝，故大夫言之。愚謂琴瑟之樂通乎上下，若大夫士樂縣，則惟賜樂者乃有之，左傳「魏絳始有金石之樂」是也。賜樂出於特典，而不以爲常禮，雖大夫亦不必皆有縣，故特牲、少牢禮無樂。若公事得用樂者，則不係乎賜否，故鄉飲、鄉射禮皆有樂。小胥「大夫判縣，士特縣」，據已賜樂及公事用樂者言之也。但大夫位尊，賜樂者多，故言「無故不徹縣」；士卑，賜樂者少，故但言「琴瑟」也。

士有獻於國君，他日，君問之曰：「安取彼？」再拜稽首而后對。

鄭氏曰：再拜稽首，起敬也。呂氏大臨曰：君臣上下之交，不問於貴賤，故雖士亦有獻於君，所以達臣子之誠心，而不可卻也。愚謂他日君乃問之者，獻時不親見君也。安取彼者，士祿薄，故問其物之所從來，恐其致之之難，而有所不安，亦體羣臣之意也。

大夫私行出疆，必請；反必有獻。士私行出疆，必請；反必告。君勞之則拜，問其行，拜而后對。

鄭氏曰：必請者，臣不敢自專也。私行，謂以己事也。士言告者，不必有其獻也，告反而已。勞則拜，拜而后對，亦起敬也。問行，謂道中無恙及所經過也。　愚謂「君勞之」以下，大夫士之禮皆然。○或曰：爲人臣者無外交，而乃有私行出疆者何也？曰：所謂外交者，謂若衞孫林父善晉大夫，晉范鞅私於季孫意如，自相交結，以行其私者耳。若慶、弔、昏、娶之禮通於他邦者，輕則遣使，重則自行，固禮之所未嘗禁也。蘧伯玉使人於孔子，孔子問人於他邦，則束脩之問出竟矣。雜記有赴於他國君大夫之禮，則赴弔之使出竟矣。春秋，季友如陳葬原仲。士昏禮「若異邦，則贈丈夫送者以束錦」，是大夫士有娶於異邦者。昏禮必親迎，此則又以情與禮之重而自行者也。先王之於臣子，待之以忠信，恤之以情誼，而爲之臣者，亦莫不盡忠以事其上。至於姻戚、朋友之好，或有在他國而與之往來者，乃人情之所不可已。且與所以忠其君者未嘗相妨，豈必欲一切禁絕而後爲忠於己哉！然則春秋之譏祭伯，何也？曰：人臣私行出疆，必其事之不可已者，可已而不已，則非靖共之義矣，此祭伯之所以見譏與？

國君去其國，止之曰：「奈何去社稷也！」大夫曰：「奈何去宗廟也！」士曰：「奈何去墳墓也！」

鄭氏曰：皆臣民殷勤之言。　愚謂國君亦有宗廟、墳墓，而獨言社稷者，重其所受於天子也。於大夫言宗廟，於士言墳墓，互言之也。

國君死社稷，大夫死衆，士死制。

鄭氏曰：死社稷，死其所受於天子。春秋傳曰：「國滅，君死之，正也。」死衆、死制，死其所受於君。衆，謂軍師。制，謂君教令所使爲之。孔氏曰：熊氏云：「上云國君去社稷，此云死社稷。上云大夫去宗廟，士去墳墓，此不云大夫死宗廟，士死墳墓者，宗廟、墳墓，己私有之，爲臣事君，不可爲己私事死，祇得死君之師衆與君教令。」愚謂國君守社稷者也，故社稷亡則死之；大夫爲君帥師衆者也，故師衆亡則死之；士爲君守法制者也，故法制見奪則死之。子玉敗於城濮而死，子反敗於鄢陵而死，可謂能死衆矣。齊大史書崔杼之弒，虞人違景公之召，可謂能死制矣。

君天下曰「天子」，朝諸侯，分職授政任功，曰「予一人」。釋文：分，方云反，徐扶問反。予，依字音羊汝反。鄭云「余、予古今字」，則同音餘。

鄭氏曰：皆擯者辭也。天下，謂外及四海也。今漢於蠻夷稱「天子」，於王侯稱「皇帝」。覲禮曰：「伯父實來，余一人嘉之。」「余」「予」古今字。愚謂君天下曰「天子」，謂君天下者，天下之人稱之曰「天子」，猶君一國者，國中之人稱之曰「君」也。孟子曰「天子一位」，又曰「君一位」，是也。春秋：「天子使召伯來錫公命。」是天子之稱非但施於蠻夷矣。職，六官之職也。所治之事謂之政，所著之效謂之功。分職授政任功，謂分六官之職，而授之以政，任之以功也。朝諸侯者，臨外臣之事；分職授政任功者，治內臣之事。予一人，天子自稱及擯者之辭，謙言己亦人中之一人耳，猶諸侯之稱孤、寡也。

踐阼，臨祭祀，內事曰「孝王某」，外事曰「嗣王某」。

鄭氏曰：皆祝辭也。唯宗廟稱孝，天地、社稷祭之郊內，而曰「嗣王」，不敢同外內。孔氏曰：踐，履也。胙，主人階也。天子祭祀升胙階。吴氏澄曰：宗廟所祭者，一家之親，内神也，故曰内事。郊社、山、川之屬，天下一國之神，皆外神也，故曰外事。鄭氏以祭於郊内者爲内事，祭於郊外者爲外事，非也。

臨諸侯，畛於鬼神，曰「有天王某甫」。 釋文：畛，之忍反。○鄭註：畛，或爲「祇」。

鄭氏曰：畛，致也。祝告致於鬼神辭也。某甫，且字也。疏云：甫者，丈夫美稱。云「且字」者，未斥其人，且以美稱配成其字。後凡鄭註言「且字」者放此。不名者，不親往也。周禮大會同，過山川，則大祝用事焉。鬼神，謂百辟卿士也。孔氏曰：天子行過諸侯之國，則止於諸侯之廟，而使大祝告鬼神。呂氏大臨曰：畛，猶畦畛之相接，與「交際」之際同義。愚謂鬼神，謂諸侯國内山川及先代諸侯之有功德者。稱字而不稱名者，以其神卑，且告祭禮簡故也。

崩，曰「天王崩」；復，曰「天子復」矣。

鄭氏曰：天王崩，史書策辭。天子復，始死時呼魂辭也。不呼名，臣不名君也。諸侯呼字。孔氏曰：自天墜下曰崩，王者死，如從天墜下，故曰崩也。復，招魂復魄也。人命終畢，精氣離形，臣子罔極之至，猶望復生，故使人升屋，北面，招呼死者之魂，令還復身中，故曰復也。若漫招呼，則無的指，故男子呼名，婦人呼字，令魂識知其名字而還。王者不呼名字者，一則臣子不可名君，二則普天率土，王者一人而已，故呼「天子復」，則王者必知呼己而反也。以例而言，則王后死亦呼「王后復」也。

告喪，曰「天王登假」。 釋文：假音遐。

鄭氏曰：告，赴也。登，升也。胡氏銓曰：遐，遠也。竹書紀年帝王皆曰陟。陟亦登也。吳氏澄曰：尊之，不敢言其死，但言其升陟於遐遠之處，猶言其登天也。

措之廟，立之主，曰「帝」。

鄭氏曰：同之天神。春秋傳曰：「凡君，卒哭而祔，祔而作主。」孔氏曰：措，置也。王葬後，卒哭竟而祔，置於廟，立主，使神依之也。主用木，方尺，或曰尺二寸。鄭云：「周以栗。漢主前方後圓〔一〕。」五經異義云：「主狀正方，穿中央，達四方。天子長尺二寸，諸侯一尺。」天神曰帝，今號此主，同之天神，故題稱帝，若文帝、武帝之類也。崔靈恩云：「古者帝王生死同稱。今云『立主曰帝』，蓋是爲記時有主入廟稱帝之義，記者録以爲法。」呂氏大臨曰：鬼神莫尊於帝，以帝名之，言其德足以配天也。然考之禮經，未見有以帝名者，惟易言「帝乙」，亦不知其何帝。獨史記載夏、殷之王皆以帝名，疑夏、殷人祔廟稱帝。遷据世本，當有所考。至周人有謚，始不名帝。愚謂竹書紀年夏天子皆稱帝，左傳曰「昔帝夷羿」，亦當夏時。國語：「帝甲亂商，七世而殞。」周則未聞有是稱也。然則立主稱帝，爲夏、殷之禮無疑矣。○孔氏曰：卒哭明日而立主，至小祥作栗主，乃埋桑主於祖廟門左埋重處。大夫士亦卒哭而祔。左傳唯據人君有主者言之，故云「凡君」，鄭註祭法云「大夫士無主」也。又檀弓云「重，主道也」，鄭註引公羊傳云「虞主用桑，練主用栗」，則似虞已有主。而左傳云：「祔而作主。」二傳不同者，說公羊者，朝葬，日中則作虞主。若鄭君以二傳之文雖異，其意則同，皆是虞祭總了，然後作主。

〔一〕「漢主」，禮記注疏作「漢書」。

以作主去虞實近，故公羊上係之虞，謂之虞主；又作主爲祔所須，故左氏據祔而言。異義云：「古春秋左氏説，既虞，然後祔死者於先死者。祔而作主，謂桑主也。期年，然後作栗主。」鄭君不駁，明同許意，故註檀弓云：「重，既虞而埋之，乃後作主。」是總行虞祭竟，乃埋重作主耳。下檀弓云「虞而立尸，有几筵」，鄭以爲人君之禮。明虞惟立尸，未有主也。趙氏汸曰：檀弓曰：「重，主道也。殷主綴重焉，周主重徹焉。」雜記曰：「重，既虞而埋之。」蓋虞爲喪祭，祔爲吉祭，喪祭用重，吉祭用主。重，既虞則埋之者，喪祭有終也。將埋重，必預作主，重與主不並立者，神依於一也。以此主之作，猶是虞日，故謂之虞主；以吉祭自祔始，故曰「祔而作主」。鄭氏通二傳爲一，已得之。使有朝葬，日中作虞主之禮，則何氏必援以爲説。是蓋公羊學者妄言之耳。愚謂鄭氏謂「大夫士無主」，先儒多疑之。然士虞、特牲、少牢皆不言有主。如大夫士有主，則既葬之後，作之於何時？設之於何日？饋食之時，出之於何時？設之於何所？皆經之所必不得而畧者。而今皆無之，則其爲無主可知也。或謂「無主則神無所依」，是不然。祭統云：「鋪筵，設同几，爲依神也。」大夫士雖無主，而士虞禮「祝布席于室中東面右几」，特牲禮「祝筵几于室中東面」，少牢禮「司宮筵于奥，祝設几于筵上右之」，則神固不患於無所依矣。始死，未有筵几，故立重；既葬，埋重，則以筵几依神。但天子諸侯禮隆，既有筵几，更有主耳。然葬還，重不入廟門，既虞乃作主，則天子諸侯虞、卒哭之祭，亦但以筵几依神也。左傳「孔悝反祏」，大夫有主，乃亂世僭禮，不可據也。

天子未除喪，曰「予小子」。生名之，死亦名之。

鄭氏曰：予小子，謙，未敢稱一人。春秋傳曰：「以諸侯之踰年即位，亦知天子之踰年即位；以天子三年然後稱王，亦知諸侯於其封內三年稱子。」吴氏澄曰：春秋景王崩，悼王未踰年，入於王城，不稱天王而稱王猛，所謂「生名之」也；死不稱天王崩，而曰王子猛卒，所謂「死亦名之」也。愚謂在喪曰「予小子」，除喪曰「予一人」，此天子自稱之辭也。顧命曰「眇眇予末小子」〔一〕，在喪之辭也。成王之詩曰「閔予小子」，初免喪，未欲遽稱予一人，謙辭也。若史册所書，則踰年曰「王」，以春秋於魯君踰年皆書「公即位」，知天子踰年亦書「王」也。若臣民稱之，則雖未踰年，已曰「王」，以左傳於未踰年之君皆稱公，知天子未踰年，其臣民已稱曰「王」也。周襄王以魯文公八年崩，而春秋於九年書「毛伯來求金」〔二〕，不稱王使。公羊傳遂有「三年稱王」之説，不知毛伯至魯，在文九年之春，其出使實在文八年之冬，頃王立未踰年也。未踰年，所以不稱天王者，以其未即位，未成君也。人君踰年而即位，即位則天子曰「天王」，諸侯曰「公」，不復名矣，不待除喪也。春秋昭二十四年「天王居於狄泉」是也。○自「君天下曰天子」至此，明天子稱謂之事。

天子有后，有夫人，有世婦，有嬪，有妻，有妾。釋文：嬪音頻。

鄭氏曰：妻，八十一御妻，周禮謂之「女御」，以其御序於王之燕寢。妾，賤者。孔氏曰：爲治之法，刑於寡妻，始於家邦，終於四海，故天子立官，先從后妃爲始。后，後也，言其後於天子。按下「天子之妃

〔一〕「顧命」，原本作「康王之誥」，據尚書改。
〔二〕「九」，原本作「十」，據春秋文九年經改。

曰后」，註云：「后之言後。」彼疏引白虎通訓后爲君，義優於鄭。夫，扶也，言其扶持於王。婦，服也，言其進而服事君子，以其猶貴，故以「世」言之。嬪者，婦人之美稱，可賓敬也。凡后妃以下，以次序而上御於王。鄭註周禮云：「凡御見之法，月與后妃其象也。卑者宜先，尊者宜後。女御八十一人，當九夕；世婦二十七人，當三夕；九嬪九人，當一夕；三夫人當一夕；后當一夕。十五日而徧。望後反之。孔子云：『日者天之明，月者地之理。陰陽契制，故月上屬爲天，使婦從夫，放月紀。』」此孝經援神契文。　愚謂此言天子之內官也。周禮天官有九嬪以下，而無三夫人，然酒正有「后致飲於賓客之禮」，漿人有「夫人致飲於賓客之禮」，則后之下有夫人明矣。內官列職自九嬪以下而不及三夫人，猶外官列職自六卿以下而不及三公也。周禮「九嬪」在「世婦」上，此在「世婦」下者，從文便耳。其次第則當依周禮。妻，即周禮之「女御」。謂之妻者，蓋諸侯之妃曰夫人，尊與三夫人同也；大夫之妃曰世婦，尊與世婦同也；士之妃直曰妻，而其尊視女御。故女御亦謂之御妻，諸侯則謂之諸妻。喪大記「君之喪，夫人、世婦、諸妻疏食水飲」，是也。夫人之尊視三公，嬪視孤卿，世婦視大夫，妻視士，其賤而無爵命者曰妾，故不列於周禮。左傳鄭文公有賤妾曰燕姞。晉語「鄭伯嘉來納女工妾三十人」〔一〕，韋昭註：「妾，給使者。」又鄭語「府之童妾未既齔而遭之」，皆是也。○鄭氏所言御見之法，本於孝經援神契，先儒多疑之。然易曰「貫魚，以宮人寵」，周禮九嬪「各帥其屬，而以時御敍於王所」，內則「妾未老，必與五日之御」，則人君後宮進御有序，經典有明文，非惟緯書言之矣。　諸侯之御以五日而徧，則天子之御以十

〔一〕「來」，原本作「造」，據國語晉語七改。

五日而徧，亦其差宜然也。此蓋所以防私寵，杜專妬，泯怨曠，廣嗣續，乃先王正家之一端，豈可以其出於緯書而概非之乎？昏義「天子立一后、三夫人、九嬪、二十七世婦、八十一御妻」，而天官於世婦、女御不言其數。春官「世婦，每宮卿二人」，王有六宮，則十二人，此以三夫人、九嬪充之者也；「下大夫四人」，則爲二十四人，此以世婦充之者也；「中士八人」，則爲四十八人，此以女御充之者也。則世婦、女御固有不必備乎二十七與八十一之數者矣。此天官之所以不言其數與？

天子建天官，先六大，曰大宰、大宗、大史、大祝、大士、大卜，典司六典。

鄭氏曰：典，法也。此蓋殷時制也。周則大宰爲天官；大宗曰宗伯，爲春官，大史以下屬焉。大士，以神仕者。

呂氏大臨曰：殷人尊神，率民以事神，先鬼而後禮。大宗以下，皆事鬼神、奉天時之官，故總謂之天官。

陳氏澔曰：六者所掌重於他職，故曰先。愚謂自此以下至「五官致貢曰享」，言天子之外官也。周官無大士，鄭氏以大史以下皆春官之屬，故以「以神仕者」當之。然大宰、大宗皆六卿，大史、大祝、大卜皆大夫，而以神仕者特中、下士，恐未可並列而爲六大。蓋此所言非周制，不必以周官之名强求其合也。古者以治天道之官爲重，故少昊紀官，首爲曆正，而堯典一篇，獨詳羲、和之命。此言天子建官，先以六大，自大宗以下，皆爲事鬼神、治曆數之職，蓋猶有古之遺意焉。

天子之五官，曰司徒、司馬、司空、司士、司寇，典司五衆。

鄭氏曰：衆，謂羣臣也。此亦殷時制也。周則司士屬司馬，大宰、司徒、宗伯、司馬、司寇、司空爲六官。

吴氏華曰：郯子言少昊官名，曰祝鳩氏，司徒也；鵙鳩氏，司馬也；鳲鳩氏，司空也；爽鳩氏，司寇也；鶻鳩氏，司事也。與曲禮五官同。　愚謂吳氏之説是也。「士」「事」字通。詩「勿士行枚」，「陟降厥士」，義皆爲事。司士，卽司事也。古者掌水土與掌百工之官爲一，故虞有司空，又有共工。司事掌百工之事，卽舜時共工之職也。五衆，謂五官之屬也。○孔氏曰：案甘誓及鄭註，三王同有六卿。又鄭註大傳夏書云「所謂六卿者，后稷、司徒、秩宗、司馬、作士、共工也」，而不説殷家六卿之名。此記所言，上非夏法，下異周典，鄭唯指爲殷禮也。天官以下，殷家六卿：大宰、司徒、司馬、司空、司士、司寇是也。但周家六卿，放天地四時。而殷以大宰爲一卿，以象天時；司徒以下五卿，法於地事。天官六官，法天之六氣；地官五官，法地之五行也。　愚謂舜所命者九官，而甘誓云「乃召六卿」，則三代同置六卿明矣。此篇所言，與周禮不同，鄭氏以爲殷制，然不見六卿之名。孔氏謂大宰合五官爲六卿，或當然也。至其所言法象天地之説，亦第以意推説，別無他據。今姑存其説，以俟考焉。

天子之六府，曰司土、司木、司水、司草、司器、司貨，典司六職。

鄭氏曰：六府，主藏六物之税者。此亦殷時制也。周則皆屬司徒。司土，土均也；司木，山虞也；司水，川衡也；司草，稻人也；司器，角人也；司貨，丱人也。　呂氏大臨曰：農以耕事貢九穀，則司土受之；山虞以山事貢木材，則司木受之；澤虞以澤事貢水物，則司水受之；圃以樹事貢薪、芻、疏材，則司草受之；工以飭材事貢器物，則司器受之；商以市事貢貨賄，則司貨受之。周官司土則倉人、廩人之職，司木則山虞、林衡之職，司水則澤虞、川衡之職，司草則委人之職，司器、司貨則玉府、內府之職。所入者，乃農、圃、虞、衡、工、商之民所貢，故曰典司六職。　愚謂均人掌地税之政令，稻人掌稼下地及除草萊，皆不可以言府。器貨之爲物甚多，而以角人、丱人二職當之，可乎？呂氏之說，稍爲該括，然亦未有以見其必然也。

天子之六工，曰土工、金工、石工、木工、獸工、草工，典制六材。

鄭氏曰：此亦殷時制也。周則皆屬司空。土工，陶、旊也；金工，築、冶、鳧、㮚、段、桃也；石工，玉人、磬人也；木工，輪、輿、弓、廬、匠、車、梓也；獸工，函、鮑、韗、韋、裘也。惟草工職亡，蓋謂作萑、葦之器。○陳氏祥道曰：大宰以下，理天道者也；司徒以下，理人道者也；司士以下，職地物者也；土工以下，飭地材者也。

五官致貢曰享。釋文：享，許兩反，舊許亮反。後皆放此，不復重出。

鄭氏曰：貢，功也。享，獻也。致其歲終之功於王，謂之獻。周禮大宰：「歲終，則令百官府各正其治，受其會，聽其致事，而詔王廢置。」孔氏曰：五官則上「天子五官」，「司徒」以下。大宰總攝羣職，總受五官之貢，故不入其數。愚謂不言六府、六工者，六府、六工卽五官之屬也，言五官則六府、六工在其中矣。

五官之長曰伯，是職方。其擯於天子也，曰「天子之吏」。天子同姓謂之「伯父」，異姓謂之「伯舅」。自稱於諸侯曰「天子之老」，於外曰「公」，於其國曰「君」。釋文：長，丁丈反，後皆同。擯，本又作「儐」，必刃反。天子謂之伯父，本或有「同姓」二字。○鄭註：是，或爲「氏」。

鄭氏曰：五官之長謂爲三公者，周禮「九命作伯」。職，主也。是伯分主東西者。春秋傳曰：「自陝以東，周公主之；自陝以西，召公主之；一相處乎內。」天子之吏，擯者辭也。春秋傳曰「王命委之三吏」，謂三公也。稱之以「父」與「舅」，親親之辭也〔一〕。外，自其私土之外。孔氏曰：三公加一命爲二伯。伯，長也，爲內外官之長。擯，謂天子接賓之人也。愚謂擯於天子，謂介傳辭以告於天子之擯，擯者受之，以告於天子也。凡擯、介亦通名，其所稱之辭亦同也。三公內臣，而有擯於天子者，蓋王大合諸侯，二伯率當方諸侯以見於天子，則有擯、介以傳辭也。天子之老，亦擯者辭也。於外曰公，謂其國外之人稱之曰公，以其本爵，若春秋書周公、召公是也。於其國曰君，謂其臣民稱之也。○五官之長曰伯，是職方，則二伯惟三公爲之，外諸侯無爲二伯者，雖齊桓、晉文亦爲當州之伯而已。左傳昭十一年叔向曰：「單子爲王官伯。」二伯謂之王官。伯，所謂「五官之長曰伯」也。左傳僖元年：「凡侯伯，分災、救患、討罪，禮也。」僖二十八年：「王命晉侯爲侯伯。」州伯謂之侯伯，所謂「九州之長，於外曰侯」也。

九州之長，入天子之國曰「牧」。天子同姓，謂之「叔父」，異姓謂之「叔舅」。於外曰「侯」，於其國曰「君」。釋文：牧，「牧養」之牧，徐音目。

鄭氏曰：每一州之中，天子選諸侯之賢者以爲之牧也。周禮曰：「乃施典於邦國而建其牧。」牧尊於大國之君，而謂之叔父，辟二伯也。亦以此爲尊。禮，或損之而益，謂此類也。外，自其國之外。九州之中曰侯者，本爵也。孔氏曰：天子於每州之中，選取賢侯一人，加一命爲牧。牧，養也，言其養一州

〔一〕「親親」，原本作「親之」，據禮記注疏改。

之人。周禮「八命作牧」是也。伯不云「入天子國」者，伯不出，故不言入耳。愚謂入天子之國曰「牧」，亦擯者辭也。牧在外亦謂之伯。王制「二百一十國以爲州，八州八伯」，是也。其入天子之國則曰「牧」，辟二伯之稱也。覲禮：「大國曰伯父、伯舅，小國曰叔父、叔舅。」牧尊於大國，而曰叔父、叔舅者，蓋亦辟二伯，而因以別異於大國之不爲牧者。鄭氏謂「禮有損之而益」，是也。左傳僖二十八年，王稱晉文公爲叔父，以州牧之稱稱之也。昭九年，稱晉侯爲伯父，以大國之稱稱之也。於外曰侯者，亦依其本爵稱之，若春秋書晉侯、齊侯是也。不言擯於諸侯之辭者，文不具也。玉藻：「伯曰『天子之力臣』。」此其擯於諸侯之辭與？

其在東夷、北狄、西戎、南蠻，雖大曰「子」，於內自稱曰「不穀」，於外自稱曰「王老」。

鄭氏曰：謂九州之外長也。天子亦選其諸侯之賢者以爲之子，子猶牧也。入天子之國曰「子」，天子亦謂之「子」，雖有侯伯之地，本爵亦無過子，是以同名曰「子」。不穀，與民言之謙稱。穀，善也。曰「王老」，威遠國也。外，亦其戎、狄之中。孔氏曰卑不得稱爲牧，又不得謂爲父、舅。其本爵子者，今朝天子，擯辭曰「子」。若本爵是男，亦謂爲「子」，亦尊異故也。不云「入天子國」及「擯」者，畧可知也。愚謂夷、狄、戎、蠻，此謂中國之外，蠻、鎮、蕃三服之諸侯。爾雅「九夷、八狄、七戎、六蠻，謂之四海」，是也。每方亦選賢者以爲之長，雖有大國益地至侯伯，而其爵不過子。其入天子之國，亦即其本爵稱之，而無牧伯之號，蓋以其遠而畧之也。於外自稱，謂於其所長諸侯之中，擯者所稱之辭也。王老，言天子長老之臣，尊大之號也。入王國不得稱牧，所以抑之，以別於中夏之侯伯。在外自稱曰王老，又所以尊之，以鎮服其戎、狄之族類。鄭氏謂「威遠國」，是也。

庶方小侯，入天子之國曰「某人」，於外曰「子」，自稱曰「孤」。

鄭氏曰：謂戎、狄子男君也。男者於外亦曰「男」，舉尊言之。孔氏曰：庶，衆也。小侯，謂四夷之君，非爲牧者也。以其賤，故曰「衆方」也。若入王國，自稱曰「某人」，若牟人、介人是也。六服之內，但舉伯之與牧，不顯其餘諸侯。九州之外，既舉大國之子，又舉其餘小國者，以六服諸侯，下文別更具顯，故於此畧之。於外曰「子」，此君在其本國外四夷之中，自稱依其本爵，若男亦稱男也。若與其臣民言，則曰「孤」。孤者，特立無德能也。愚謂自稱曰「孤」，自稱於臣民及諸侯皆然。○自「天子有后」至此，記天子立官並諸侯稱謂之事。

禮記卷六

曲禮下第二之二

天子當依而立，諸侯北面而見天子，曰覲。天子當宁而立，諸公東面，諸侯西面，曰朝。釋文：依，本文作「扆」，於豈反。見，賢遍反，下文除「相見」皆同。宁，徐珍呂反，又音儲。

孔氏曰：依，狀如屏風，以絳爲質，高八尺，東西當户牖之間，繡爲斧文，亦曰斧依。故覲禮云「天子設斧依於户牖之間」，鄭註：「如今綈素屏風，有繡斧文，所以示威也。」爾雅云：「牖户之間謂之扆。」天子當依而立，是於秋受覲禮也。天子衮冕在廟，當依前南面而立，不迎賓。諸侯入廟門右，坐奠圭玉而再拜。所以奠圭玉者，卑見於尊，奠贄不授也。擯者命升西階親授，諸侯於是坐取圭玉升堂，王受玉，是當依而立之時也。王既受玉，諸侯降階，並北面再拜稽首。擯者延之，使升成拜，是北面曰覲。所以同北面者，覲遇秋冬陰殺之時，其氣質斂，故並於一處受之，不布散也。當宁而立，此爲春夏受朝時也。宁者，爾雅云「門屏之間謂之宁」，郭註云：「人君視朝，所宁立處。」天子受朝於路門外之朝，於門外宁立，以待諸侯，故云「當宁而立」也。王既立宁，諸侯次第而進，諸公在西、諸侯在東而朝王。春朝陽生之時，其氣文舒而布散，故分於兩處受也。地道尊右，故諸公在西也。愚謂覲者，諸侯秋見天子之名；朝者，諸侯春見天子之名。依設於廟，宁在治朝，則覲禮在廟，朝禮在朝也。覲禮諸侯受次於廟門外，「同姓西面，北上；異姓東面，北上」。至入廟北面而覲，則無東上西上之文，是諸侯雖同受次於廟門外，但一一入覲，不同時旅見也。朝禮諸公東面，諸侯西面，則旅見矣。大宗伯「春見曰朝，夏見曰宗，秋見曰覲，冬見曰遇」，則四時之朝禮異也。鄭氏謂「夏宗依朝，冬遇依覲」。今儀禮惟存覲禮，朝、遇、宗皆亡。大約朝禮和，覲禮嚴；朝禮文，覲禮質；朝禮盛，覲禮簡。周制，六服諸侯分年朝王。大行人「侯服歲一見」，「甸服二歲一見」，「男服三歲一見」，「采服四歲一見」，「衞服五歲一見」，「要服六歲一見」，是也。每歲當朝之諸侯，雖同在一服之内，然道里不能無遠近，又或有疾病事故，其至不能無後。先王則因其至之時以爲之禮：春則用朝禮，夏則宗，秋則覲，冬則遇。蓋放天時之温肅，以畧爲行禮之别，而又因以勉諸侯，使疾於朝而不敢怠也。○鄭氏曰：春朝，受摯於朝，受享於廟，生氣，文也。秋覲，一受之於廟，殺氣，質也。朝者位於内朝而序進，覲者位於廟門外而序入。

孔氏曰：崔氏云：「諸侯春夏來朝，各乘其命車，至臯門外陳介。天子車在大門内，設擯、介傳辭訖，則乘車出大門外下車。若並朝時，王但迎公，諸侯以下隨之而入，更不别迎。入至廟門，天子服朝服，立於路門之外，諸侯更易朝服，執摯入應門而行禮。」若熊氏之説，朝無迎法，惟享有迎諸侯之禮。賈氏公彦曰：覲禮，天子不下堂而見諸侯，春秋受摯在朝，亦無迎法。至朝後行三享在廟，天子出迎。

愚謂儀禮覲禮受摯、受享皆在廟，此云「當依而立」，與儀禮合。至朝禮，此云「當宁而立」，則在朝也。大行人言「廟中將幣三享」，則在廟也。故鄭氏謂「受摯於朝，受享於廟」，欲以兩通其説。然司儀言諸侯相朝，廟中將幣，兼該朝、享，不應大行人之「廟中將幣」乃專指受享也。且受摯之禮重於受享，何以大行人言受享而反畧受摯耶？且禮以廟受爲隆，何以受享於廟而受摯反在朝耶？覲禮王不迎諸侯，而大行人有王迎諸侯，賓主朝位之法，先儒以爲春夏之朝異於秋冬者也。然如崔氏之說，則王先迎賓而後行朝禮；如熊氏、賈氏之說，則先行朝禮然後講賓主之禮，迎入廟而受享。禮經散逸，先儒各以意說，今姑並録以俟考焉。○此言諸侯見天子之禮也。

諸侯未及期相見曰遇，相見於郤地曰會。諸侯使大夫問於諸侯曰聘，約信曰誓，涖牲曰盟。

釋文：郤，丘逆反。盟音明，徐亡幸反。

鄭氏曰：及，至也。郤，間也。涖，臨也。坎用牲，臨而讀其盟書。聘禮今存，遇、會、誓、盟禮亡。誓之辭，尚書見有六篇。孔氏曰：約信曰誓者，以其不能自和好，故用言辭相約束以爲信也。盟者，殺牲歃血，誓於神也。天下太平之時，則諸侯不得擅相與盟。惟天子巡守至方岳之下，會畢，然後乃與諸侯相盟，同好惡，獎王室，以昭事神、訓民、事君。凡國有疑，則盟詛其不言者。後至於五霸之道卑於三王，有事而會，不協而盟。盟之爲法：先鑿地爲方坎，殺牲於坎上，割牲左耳，盛以珠槃，又取血盛以玉敦，用血爲盟。書成，乃歃血而讀書。知坎血加書者，案僖二十五年左傳云「坎血加書」，又襄二十六年左傳云「歃用牲加書」，是也。知用耳者，戎右職云：「贊牛耳。」知用左者，以馘者用左耳故也。知珠槃、玉敦者，戎右職云：「以玉敦辟盟。」又玉府云：「則共珠槃、玉敦。」知口歃血者，隱七年左傳「陳五父及鄭伯盟，歃如忘」，又襄九年云「新與楚盟，口血未乾」，是也。呂氏大臨曰：會、遇、聘、問、誓、盟，皆諸侯之禮也。會禮詳而遇禮畧：期而相見曰會，日有期，地有所也。郤地，竟上之地也。時緩則禮宜詳也。不期而相見曰遇，日無期，地無所也。時遽則禮宜畧也。公羊傳齊景公之唁魯昭公，「以人爲菑，以幦爲席，以鞍爲几，以遇禮相見」。遇禮非皆然也，其畧有如此者。愚謂以言語相要結謂之誓，殺牲用書而臨之以神謂之盟。春秋有「胥命」，殆所謂「約信曰誓」與？此一節言諸侯相見之禮也。

諸侯見天子，曰「臣某侯某」。其與民言，自稱曰「寡人」。釋文：自謂，一本作「自稱」。

臣某侯某，謂擯於天子之辭也。上言某者，其國也；下言某者，其名也。侯者，謂其爵爲侯者也。若伯、子、男，亦各因而稱之。玉藻曰：「諸侯於天子，曰『某土之守臣某』。」蓋當曰「某土之守臣某侯某」。此不曰「某土之守」，玉藻不曰「某侯」，皆文畧耳。其爲州牧，則曰「某土之牧臣某侯某」；四夷之長，則曰「某屏之臣某子某」。自稱曰「寡人」，謙言寡德之人也。

其在凶服，曰「適子孤」。釋文：適音的。

鄭氏曰：凶服，謂未除喪。孔氏曰：適子孤，擯者告賓之辭。雜記云：「相者告曰：『孤某須矣。』」彼文不云「適子」，此不云名，皆文不具也。稱「孤」、稱名，皆謂父死未葬之前也。故雜記云「孤某須矣」，下云「既葬，蒲席」，明孤某是未葬也。愚謂適子孤，諸侯未除喪稱於諸侯之辭。左傳晉平公既葬，諸侯之大夫欲見新君，叔向辭曰：「孤斬然在衰絰之中。」是既葬之稱猶然也。

臨祭祀，內事曰「孝子某侯某」，外事曰「曾孫某侯某」。

鄭氏曰：稱國者，遠辟天子。　愚謂此皆祝辭所稱也。曰「孝子」者，謂祭禰廟也。曾，重也。曰「曾孫」者，言己乃始祖之重孫，上本其得國之始而言。武成曰「惟有道曾孫周王發」，是也。此雖爲祭外神之稱，其實內事自曾祖以上亦曰「曾孫」，言於所祭者爲重孫也。郊特牲曰「稱曾孫某，謂國家也」，是也。若祭祖則曰「孝孫」。

死曰「薨」，復曰「某甫復矣」。

鄭氏曰：曰「薨」，亦史書策辭。某甫，且字。　孔氏曰：若告於諸侯，則辭當謙退，故雜記云「赴於諸侯，曰『寡君不祿』」。天子復曰「天子」，諸侯不可云「諸侯復」，故呼其字，言「某甫」。　呂氏大臨曰：復稱字，與大夫士異，臣不名君也。不稱爵，與天子異，有所降也。

既葬見天子，曰類見，言謚曰類。

鄭氏曰：既葬見天子，代父受國也。類猶象也。執皮、帛，象諸侯之禮見也。言謚者，序其行及謚所宜，使大夫行，象聘問之禮也。其禮並亡。　孔氏曰：準春秋之義，諸侯薨而嗣子卽位，凡有三時：一是始喪卽適子之位；二是踰年正月卽一國正君臣之位；三是除喪而見於天子，天子命之嗣，列爲諸侯之位。是三年除喪之後乃見，而今云「既葬」者，謂天子巡守至竟，故得見天子。未葬未正君位，雖巡守亦不見也。言謚，謂將葬，就君請謚也。未葬之前，親使人請之於天子，若檀弓云「其子戍請謚於君」是也。曰類，言類相聘而行此禮也。　愚謂凡禮之象正禮而行者皆曰類，故祭禮有類，朝、聘之禮亦有類。類見，象諸侯見於天子之禮也。言謚曰類，象諸侯使大夫聘於天子之禮也。蓋未受王命，不敢自居於諸侯之禮，故其朝、聘於天子皆曰類，言依於諸侯之禮而爲之爾。○陳氏祥道曰：在喪朝王，其禮蓋下於先君。以皮、帛繼子男，以周禮典命推之可知也。其服蓋吉服，特不免絰而已，以書之顧命「天子麻冕」，及記之服問推之可知也。愚謂麻不加於采，陳氏謂「類見用吉服而不免絰」，恐未必然。諸侯始見於王，與諸臣在國見君，禮自不同，未可以見於君無免絰之禮決之也。

諸侯使人使於諸侯，使者自稱曰「寡君之老」。釋文：使於、使者，並色吏反。

鄭氏曰：繫於君以爲尊也。此謂諸侯之卿。愚謂此謂擯於諸侯之辭也。天子之三公，繫於天子言之，曰「天子之老」，諸侯之卿，繫於其君言之，曰「寡君之老」，皆所以表其尊。○自「諸侯見天子」至此，明諸侯及其臣稱謂之法。

天子穆穆，諸侯皇皇，大夫濟濟，士蹌蹌，庶人僬僬。釋文：濟，子禮反。蹌，本又作「鶬」，或作「鏘」，同士良反。僬，子妙反。

鄭氏曰：皆行容止之貌也。聘禮曰：「賓入門皇。」又曰：「皇且行。」又曰：「衆介北面鏘焉。」凡行容，尊者體盤，卑者體蹙。孔氏曰：天子尊貴，故穆穆，威儀多也。諸侯皇皇，莊盛不及穆穆也。大夫濟濟，徐行有節，不得莊盛也。士蹌蹌，容貌舒揚，不得濟濟也。僬僬，卑盡之貌。庶人卑賤，都無容儀，並自直行而已。愚謂穆穆，深遠貌；皇皇，顯盛貌；濟濟，齊一貌；蹌蹌，舒揚貌；僬僬，急促貌。皇皇之易見，不如穆穆之難窮；濟濟之斂飭，不如皇皇之輝光；蹌蹌之軒舉，不如濟濟之安詳。士相見禮曰：「庶人見於君，不爲容，進退走。」僬僬，卽不爲容是也。

天子之妃曰后，諸侯曰夫人，大夫曰孺人，士曰婦人，庶人曰妻。

鄭氏曰：后之言後也。夫之言扶，孺之言屬，婦之言服，妻之言齊。　孔氏曰：妃，邦君之合配。　王諸侯以下，通有妃稱，故特牲、少牢禮大夫士之禮皆曰「某妃配某氏」，尊卑通稱也。　白虎通曰：「后，君也。明配至尊，爲海內小君。　故配王言之，而曰后也。」　夫人之名，惟諸侯得稱。　論語云「邦君之妻，邦人稱之曰君夫人」，是也。　爾雅曰：「孺，屬也。」與人爲親屬。　婦之言服，服事其夫也。　妻之言齊也。　庶人賤，無別稱，判合齊體而已。　○呂氏大臨曰：喪大記大夫曰世婦，士曰妻，未聞有孺人、婦人之號，或古有之。　考之經傳，未之有也。

公、侯有夫人，有世婦，有妻，有妾。

鄭氏曰：貶於天子。　無后與嬪，去上、中。　孔氏曰：獨言「公侯」，舉其上者，餘從可知也。　既下於天子，不得立后，故但得以一人正者爲夫人。　有世婦者，謂夫人之姪、娣，故公侯之夫人無子，立姪、娣子也。　左氏以夫人姪、娣貴於二媵，則此世婦謂夫人姪、娣，其數二人。　有妻者，謂二媵及姪、娣也，凡六人。　有妾者，謂九女之外，別有其妾。　上文天子八十一御妻之外更有妾，故知此妾不在九女之數也。　愚謂諸侯之適妻曰夫人，其尊與天子之夫人同也。　其次妻曰世婦，與天子之世婦同也。　又其次曰妻，喪大記謂之「諸妻」，與天子之御妻同也。　其賤者曰妾。　諸侯一娶九女，娶一國則二國往媵之，以姪、娣從。　公羊家之説，謂左右媵貴於諸妾，則世婦當爲二媵，而其餘爲妻也。　左氏家之説，謂夫人之姪、娣貴於二媵，則世婦當爲夫人之姪、娣，而其餘爲妻也。

夫人自稱於天子曰「老婦」，自稱於諸侯曰「寡小君」，自稱於其君曰「小童」。自世婦以下，自稱曰「婢子」。子於父母則自名也。釋文：童，本或作「僮」。

鄭氏曰：自稱於天子，謂畿內諸侯之夫人助祭，若時事見。自稱於諸侯，謂饗來朝諸侯之時。小童，若云未成人也。婢之言卑也。於其君稱此，以接見體敵，嫌其當。孔氏曰：此夫人，謂畿內諸侯之妻也。助祭，若獻繭之屬，得接見天子，故得自稱言老而服事也。畿外諸侯夫人，無見天子之禮。小童，未成人之稱，自謙言無知也。婢之爲言卑。晉懷嬴曰「寡君使婢子侍執巾櫛」，是也。愚謂外命婦助祭獻繭，皆無擯於天子之事。夫人自稱於天子，此謂王之姑、姊妹或姑、姊妹之女嫁於諸侯，或歸寧，或使大夫寧於王，或王有喪而使人來弔，則有辭以接於天子也。註疏專指爲畿內諸侯夫人，非是。婦者，對舅姑之稱。臣子一例，故夫人於天子，與其自稱於舅姑者同也。諸侯，謂他邦之君也。諸侯相朝，夫人有郊勞、致饔之禮，而諸侯之内宗出嫁者，於其國又當有弔問之事，故有擯於諸侯之辭。臣子稱其君爲君，故稱其夫人曰「小君」。曰「寡」，亦謙辭。婢子，爲世婦自稱之辭，而左傳秦穆公夫人自稱曰「婢子」，蓋自貶而從世婦之稱也。老婦、寡小君，擯者辭也；小童、婢子，蓋言而自稱之辭。子於父母則自名者，言天子諸侯之女嫁爲諸侯夫人，則於其父母稱名，不用「老婦」「寡小君」之稱也。論語曰：「邦君之妻，君稱之曰夫人，夫人自稱曰小童，邦人稱之曰君夫人。稱諸異邦曰寡小君，異邦人稱之亦曰君夫人。」

列國之大夫，入天子之國曰「某士」，自稱曰「陪臣某」，於外曰「子」，於其國曰「寡君之老」。

使者自稱曰「某」。釋文：使自稱，色吏反，本或作「使者自稱」。

鄭氏曰：亦謂諸侯之卿也。三命以下，於天子爲士。曰「某士」者，如晉韓起聘於周，擯者曰「晉士起」。陪，重也。子，有德之稱。魯春秋曰：「齊高子來盟。」孔氏曰：陪，重也。某，名也。其君已爲王臣，己今又爲君之臣，故對王曰「重臣」也。若襄二十一年晉欒盈辭於行人曰「天子陪臣盈」，是也。使者自稱曰「某」，某亦謂其名也。此卿出使他國，與其君言則稱名，敬異國之君也。愚謂某士者，擯者之辭也，某者，其國也。陪臣某者，言而自稱之辭也，某者其名也。某士亦當配名稱之，文畧耳。於外曰「子」，謂他國之人稱之也。於其國曰「寡君之老」，謂其國中之人與他國人言，稱此卿爲「寡君之老」也。

天子不言出，諸侯不生名，君子不親惡。諸侯失地，名；滅同姓，名。

鄭氏曰：天子之言出，諸侯之生名，皆有大惡，君子所遠，出、名以絕之。春秋傳曰「天王出居於鄭」，「衞侯朔入於衞」，是也。孔氏曰：天子不言出者，天子以天下爲家，策書不得言出，祇得稱居。諸侯不生名者，諸侯南面之尊，名者質賤之稱，諸侯稱爵不稱名。君子不親此惡人，若孔子書經，見天子大惡，書「出」以絕之；諸侯大惡，書名以絕之。案僖二十四年「天王出居於鄭」，公羊云：「王者無外，此其言出何？不能乎母也。」春秋莊六年「衞侯朔入於衞」，公羊云：「朔何以名？絕。曷爲絕之？犯命也。」謂犯王命。此鄭註皆用公羊義也。春秋莊十年「荊敗蔡師於莘，以蔡侯獻舞歸」，公羊云：「何以名？絕。曷爲絕之？獲也。」此失地名也。僖二十五年「衞侯燬滅邢」，公羊云：「何以名？絕。曷爲絶之？滅同姓也。」此滅同姓名也。○胡氏銓曰：春秋晉滅虞、虢，齊滅紀，楚滅夔，皆滅同姓而不名，則衞侯燬之名，非因滅同姓。朱子曰：諸侯滅國，未嘗書名，經文只隔「夏四月癸酉」，便書「衞侯燬卒」，疑傳寫之誤。愚謂作記者是傳公羊之學，故其言如此，然其義未必皆確。胡氏、朱子之所疑者，亦足以發其墨守也。

爲人臣之禮，不顯諫，三諫而不聽則逃之。

鄭氏曰：不顯諫，爲奪美也。顯，明也。謂明言其君之惡，不幾微。逃，去也。君臣有義則合，無義則離。孔氏曰：莊二十四年：「曹羈出奔陳。」公羊傳云：「戎將侵曹，曹羈諫曰：『戎衆以無義，君請勿自敵也。』曹伯曰：『不可。』三諫不聽，遂去之。」何休云：「諫有五：一曰諷諫，二曰順諫，三曰直諫，四曰爭諫，五曰戇諫。」凡諫，諷諫爲上，戇諫爲下。事君雖當諫爭，亦當依微，納進善言，不得顯言君惡，以奪君之美也。君臣有義則合，若三諫不聽，則待放而去也。愚謂此亦據公羊傳爲言，君臣以義合，諫不行，言不聽，則不可以尸位而苟禄也。然事有大小，勢有緩急，誼有疎戚，位有尊卑，任有輕重，故爲人臣者，或從容而諷議，或倉卒而奔告，或不諫而遂行，或至死而不去，要權乎義之所宜，而行其心之所安，未可以一律論也。

子之事親也，三諫而不聽，則號泣而隨之。釋文：號，户刀反。

鄭氏曰：至親無去，志在感動之。

君有疾飲藥，臣先嘗之；親有疾飲藥，子先嘗之。醫不三世，不服其藥。

鄭氏曰：嘗，度其所堪。醫不三世，不服其藥，愼物齊也。孔氏曰：三世，謂其父子相承至三世也。又說云：三世者，一曰黃帝針灸，二曰神農本草，三曰素女脈訣，又云夫子脈訣。鄭謂「愼物齊」，則非謂針灸、本草、脈訣也。愚謂醫者之用藥也，其效可以愈病，其誤足以殺人，故君父飲藥，臣子必嘗度其可否而進之。醫不三世，則於其業或未必精，故不服其藥。臣子於君父之身，無所不致其謹，而於疾則尤所宜愼者也。

儗人必於其倫。 釋文：儗，魚起反。

鄭氏曰：儗猶比也。倫猶類也。比大夫當於大夫，比士當於士，不以其類，則有所褻。方氏慤曰：禹、稷、顏回，位不同矣，孔子俱以爲賢，爲其道之倫而儗之也。夷、惠、伊尹，迹不同矣，孟子俱以爲聖，爲其心之倫而儗之也。子夏以有若似孔子，儗之以貌，而不知聖賢之德不倫也。公孫丑以管仲比孟子，儗之以位，而不知王霸之業不同也。愚謂「倫」字，鄭氏以位言，方氏以道德言，兼之乃備。

問天子之年，對曰：「聞之，始服衣若干尺矣。」問國君之年，長，曰「能從宗廟、社稷之事矣」；幼，曰「未能從宗廟、社稷之事也」。問大夫之子，長，曰「能御矣」；幼，曰「未能御也」。問士之子，長，曰「能典謁矣」；幼，曰「未能典謁也」。問庶人之子，長，曰「能負薪矣」；幼，曰「未能負薪也」。 釋文：長，丁丈反。

鄭氏曰：天子既不敢言年，又不敢斥至尊所能。國君以下，皆言其能，則長幼可知。御猶主也。書曰：「越乃御事。」謂主事者。謁，請也。謂能擯贊出入，以事請告也。禮：「四十強而仕，五十服官政。」疏云：鄭引此者，明大夫士所以不問其身而問其子。　孔氏曰：古者謂數爲若干，故儀禮數射云「若干純」。若，如也。干，求也。言事本不定，常如此求之也。天子諸侯，繼世象賢，其年不定，故問其年。大夫五十乃爵，故不問其年而問其子。人君十五而生子，是十五以上爲長，十五以下爲幼。大夫子卑，長幼當以二十爲限也。　呂氏大臨曰：少儀問國君之子，長，則曰「能從社稷之事」，能執干戈以衛社稷，則成人以上也；幼，則曰「能御、未能御」，能御則成童以上，未能御則未成童也。此章以能御、未能御爲大夫之子長幼，蓋射御之學無貴賤之異也。少儀問大夫之子，長則曰「能從樂人之事」；幼則曰「能正、未能正於樂人」。蓋男子十三學樂，誦詩舞勺，成童舞象。十三以上，是能正於樂人；未十三，則未能也。二十舞大夏，則樂人之事備，故曰「能從樂人之事」也。此章言御不言樂者，樂、舞、射、御，皆在所學，少儀以國君之子言「御」，故於大夫之子言「樂人之事」，文互見也。　陳氏澔曰：若，如也，未定之辭。數始於一，而成於十，「干」字從一從十，故言若干。謂或如一，或如十，凡數之未定者皆可言。顏註食貨志云：「干，箇也。謂當如此箇數。」意亦近之。　愚謂凡問人之長幼，皆不斥言其年者，敬也。古人於年之長幼，多以尺度言之。周禮鄉大夫「國中自七尺以至六十，野自六尺以及六十有五，皆征之」，孟子言「五尺之童」，是也。於天子不敢論其能否，又不敢斥言其身之長短，故言其服衣之度以見之也。人生十年曰幼。長謂已冠，幼謂未冠也。御，御車也。成童而學射、御。典，主也。謁，告也。士有隸子弟，恆使之典謁告之事。孔子使童子將命，或者疑之，則典謁乃冠者之事也。負薪者，庶人之所有事也。典謁卑於御，負薪卑於典謁。

問國君之富，數地以對，山澤之所出。問大夫之富，曰「有宰食力，祭器、衣服不假」。問士之富，以車數對。問庶人之富，數畜以對。釋文：數地，色主反，下「數畜」同。畜，許六反。

鄭氏曰：皆在其所制以多少對。宰，邑士也。食力，謂民之賦稅。孔氏曰：地，土地廣狹也，山澤所出，魚鹽、蜃蛤、金銀、錫石之屬也。有宰，明有采地。食力，謂食下民賦稅之力也。衣服，祭服也。祭器、衣服不假，謂四命大夫也。三命大夫，祭器造而不備。畜，謂雞豚之屬。閭師云「凡民不畜者祭無牲，不耕者祭無盛，不樹者無椁，不蠶者不帛，不績者不衰」，故以畜數對。不問天子者，率土之物莫非王有，天下共見，不須問也。愚謂士已得造祭器，故曰「大夫士去國，祭器不踰竟」。然惟四命之孤乃得備，故大宗伯「四命受器」。大夫之祭器，視孤則為少，視士則為備。禮運言大夫祭器不假為非禮，對孤言之也；此言「祭器、衣服不假」，對士言之也。士喪記士有乘車、道車、槀車，以車數對，謂其富足以備此車也。庶人受田有定制，而畜牧多寡不同，故數畜以明其富。○先王祿以馭富，故有國君之祿，則有國君之富；有大夫士之祿，則有大夫士之富；庶人無祿，而有百畝之田，則有庶人之富。其財足以供其用，其用足以行其禮，其禮足以稱其位，是以上下各安其分，而無有餘不足之患。後世馭富之柄失，諸侯王或乘牛車，而齊民田連阡陌，於是貧富相耀，而兼併爭奪之患紛然不可止矣。

天子祭天地，祭四方，祭山川，祭五祀，歲徧。釋文：徧音遍。本亦作「遍」，下同。

天子一歲祭天有九：冬至祭天，正祭也；孟春祈穀，孟夏大雩，季秋大享，祈報之祭也；立春祭青帝，立夏祭赤帝，季夏祭黃帝，立秋祭白帝，立冬祭黑帝，迎氣之祭也。冬至及祈穀、大雩，祭於南郊圜丘，大享於明堂，所祭皆上帝也。周禮大宗伯「以禋祀祀昊天上帝」，詩序「春夏祈穀於上帝」，孝經曰「宗祀文王於明堂，以配上帝」，是也。迎氣於四郊，所祭者五帝也。周禮小宗伯「兆五帝於四郊」，是也。凡言上帝，與五帝別。周禮掌次：「王旅上帝，則張氈案，設皇邸，祀五帝則張大次、小次。」又司服：「王之吉服，祀昊天上帝則服大裘而冕，祀五帝亦如之。」此可以見之矣。南郊以后稷配，明堂以文王配，迎氣以五人帝配。祭地，謂夏至祭地於北郊方澤也。其祈報告祭則祭社，社通於諸侯大夫，而北郊非天子不得祭也。四方，謂五嶽、四鎮、四瀆之神，各因其方而祭之者也。周禮大宗伯「以玉作六器，以禮天地四方」，公羊傳曰「天子有方望之事，無所不通」，是也。山川，謂嶽瀆之外小山川也。大宗伯：「以貍沈祭山林、川澤。」小宗伯：「兆山川、丘陵、墳衍，各因其方。」祭法曰：「山林、川谷、丘陵，能出雲爲風雨，見怪物，皆曰神。有天下者事百神。」五祀，謂春祭戶，夏祭竈，季夏祭中霤，秋祭門，冬祭行也。歲徧者，謂一歲中祭此諸神皆徧也。○楊氏復曰：天帝，一也。以一字言，則祀天饗帝之類；以二字言，則格於皇天、殷薦上帝之類；以四字言，則惟皇上帝、皇天上帝之類；以氣之所主言，則隨方而立名，如青帝、赤帝、黃帝、白帝、黑帝之類。其實，則一天也。康成分爲六天，又皆以星象名之，謂「昊天上帝者，北辰也；五帝者，大微宮五帝坐也」。夫在天成象，在地成形，草木非地，則星象非天，況又附以緯書，如「北辰耀魄寶」之類，尤爲不經。是以王肅羣儒引經傳以排之。然肅以五帝爲五人帝，則非也。夫有天地則有四時、五行，有四時、五行則有五帝。帝者，氣之主也，易所謂「帝出乎震」是也。果以五人帝爲五帝，則五人帝之前其無司四時者乎？天猶性也，帝猶心也。五帝猶仁義禮智信之心隨感而應者也，其實一天也。　愚謂凡言方者，皆謂地祇，兆之各以其方者也。而所指各不同，有指四望言之者，此記是也。典瑞「兩圭有邸以旅四望」，「璋邸射以祀山川」，大司樂「舞大磬以祀四望」，「舞大夏以祭山川」，皆言「四望」於「山川」之上，與此言「四方」於「山川」之上一也。有指五行之神言之者，詩「以祀以方」，大司馬仲秋「獮田致禽以祀方」，是也。說詳月令。有指山林、川澤、丘陵、墳衍言之者，小宗伯「兆山川、丘陵、墳衍，各因其方」，祭法「四坎壇祭四方」，是也。有指蜡祭言之者，郊特牲「八蜡以記四方」，大宗伯「以疈辜祭四方百物」，舞師「教羽舞，帥而舞四方之祭」，是也。鄭氏以此四方爲五官之神，五官之神即五行之神也。此雖亦謂之方，然以下「諸侯方祀」觀之，則其義不可通。蓋五行爲功於人，於四方非有所偏主，非如嶽瀆之有定在也。天子諸侯之國，並當兼祀，若如鄭氏之說，則諸侯之方祀，東諸侯專祀木神，西諸侯專祀金神矣，其可通乎？

諸侯方祀，祭山川，祭五祀，歲徧。大夫祭五祀，歲徧。士祭其先。

方祀，謂祭四望之在其方者，若魯祭泰山，晉祭河，是也。山川，境內小山川也。大夫士皆得祭五祀及其先，於大夫言「五祀」，士言「祭其先」，亦互見之也。○朱子曰：一家之主，則一家之鬼神屬焉。諸侯守一國，則一國之鬼神屬焉。天子君天下，則天下之鬼神屬焉。

凡祭，有其廢之，莫敢舉也；有其舉之，莫敢廢也。非其所祭而祭之，名曰淫祀。淫祀無福。

已廢而舉之則瀆，若魯立武宮、煬宮，是也。宜舉而廢之則怠，王制「山川神祇有不舉者爲不敬」，是也。非所祭而祭之，謂非所當祭之鬼而祭之也。淫，過也。或其神不在祀典，如宋襄公祭次睢之社，或越分而祭，如魯季氏之旅泰山，皆淫祀也。淫祀本以求福，不知淫昏之鬼不能福人，而非禮之祭，明神不歆也。

天子以犧牛，諸侯以肥牛，大夫以索牛，士以羊豕。釋文：索，所百反。

鄭氏曰：犧，純毛也。肥，養於滌也。索，求得而用之。孔氏曰：案國語觀射父云：「大者牛羊，必在滌三月；小者犬豕，不過十日。」此大夫索牛，士羊豕，既不在滌三月，當十日以上。愚謂犧，毛色純也。周禮牧人：「凡時祭之牲，必用牷物。」肥，繫於牢而芻之三月也。天子言犧，諸侯言肥，亦互文耳。祭義曰「君召牛，納而視之，擇其毛而卜之」，則諸侯之牛未必不犧也。索，簡擇也。襄公二年左傳：「萊人賂齊侯以索馬牛皆百匹。」大夫不得用肥牛，但臨時簡擇其好者也。大夫以索牛，士以羊豕，疏以爲天子之大夫士，蓋據少牢禮諸侯之大夫不得用大牢，特牲禮諸侯之士不得用羊豕也。然左傳鄭子張「黜官薄祭，祭以特羊，殷以少牢」，則諸侯大夫殷祭當以大牢，而士殷祭當以羊豕矣。

支子不祭，祭必告于宗子。

鄭氏曰：祭必告于宗子，不敢自專。謂宗子有故，支子當攝而祭者也。五宗皆然。孔氏曰：支子，庶子也。祖、禰廟在適子之家，而庶子賤，不敢輒祭之也。若宗子有疾，不堪當祭，則庶子代攝可也，猶應告於宗子然後祭。

凡祭宗廟之禮，牛曰一元大武，豕曰剛鬣，豚曰腯肥，羊曰柔毛，雞曰翰音，犬曰羹獻，雉曰疏趾，兔曰明視；脯曰尹祭，稾魚曰商祭，鮮魚曰脡祭；水曰清滌，酒曰清酌，黍曰薌合，粱曰薌萁，稷曰明粢，稻曰嘉蔬，韭曰豐本，鹽曰鹹鹺；玉曰嘉玉，幣曰量幣。釋文：大武，如字，一音泰。腯，徒忽反，本亦作「豚」。稾，苦老反。鮮音仙。脡，他頂反，徐唐頂反。薌音香。合，如字，或音閤。「萁」字又作「箕」，同音姬，王音期。稷曰明粢，粢音咨，一本作「明粱」。古本無此句。疏，本又作「蔬」，色魚反。鹹，本又作「醎」，音咸。鹺，才何反。量音亮，又音良。○疏云：隋秘書監王劭勘晉、宋古本，皆無「稷曰明粢」一句，立八疑、十二證，以爲無此句爲是。今尚書云「黍稷非馨」，詩云「我黍與與，我稷翼翼，爲酒爲食，以享以祀」。黍稷是五穀之主，粢盛之貴，黍既別有異號，稷何因獨無美名？爾雅又以粢爲稷，此曰「稷曰明粢」，正與爾雅相合。又士虞禮云「明粢、溲酒」，鄭註：「或曰『明粢』當爲『明視』」，謂兔腊也。今文曰『明粢』，粢，稷也，皆非其次也。」由曲禮有「明粢」之文，故鄭註儀禮云「非其次」。王劭既背爾雅之說，又不見鄭玄之言，苟信錯書，妄生異同，改亂經籍，深可哀哉！○按豚曰腯肥，鄭引春秋傳作「腯」，則此本作「豚肥」，傳寫誤耳。

鄭氏曰：號牲物者，異於人用也。元，頭也。武，迹也。腯當作「豚」。亦肥也。春秋傳作「腯」。腯，充貌也。翰猶長也。羹獻，食人之餘也。尹，正也。商猶量也。脡，直也。萁，辭也。嘉，善也。稻，菰蔬之屬也。豐，茂也。大鹹曰鹺，今河東云。幣，帛也。孔氏曰：牛肥則腳迹痕大，豕肥則毛鬣剛。腯，充滿貌也。羊肥則毛細而柔弱，雞肥則鳴聲長。人將所食羹餘與犬，犬食之肥，肥則可獻於鬼神。、雉肥則兩足開張，趾相去疏，兔肥則目開而視明。自牛至兔，凡有八物，惟牛云一頭，而豕以下不云數者，皆從其所用而言數也。雞雉爲膳及腊，則不數。尹，正也。割裁方正可祭。稾，乾也。乾魚商度燥溼得中而祭之。脡，直也。魚鮮則煮熟脡直，若餒則敗碎不直。水，玄酒也。清滌，言其清潔也。酒，三酒也。酌，斟酌也。清酌，言清澈可斟酌也。穀秫者曰黍，秫既軟而相合，氣息又香，故曰薌合。粱，白粱黃粱也。稷，粟也。明，白也。爾雅云：「粢，稷也。」此等諸號，若一祭並有，則舉其大者牲、牢、酒、齊而言，故少牢禮稱「敢用柔毛、剛鬣，嘉薦普淖」，是也。或唯有雞犬，或唯魚兔及水酒韭鹽之祭，則各舉其美號，故此經備載其名。　陳氏祥道曰：粱曰薌其者，非獨米之芳烈，其其稉亦有香氣也。　愚謂爾雅「肉謂之羹」，儀禮云「羹定」，左傳云「未嘗君之羹」。犬肥則肉美而可獻，故曰羹獻。黍與稷，皆今之小米。黍之性黏，故曰薌合；稷之色白，故曰明粢。明，潔白也。其，莖也。漢書曰：「落而爲其。」粱之莖獨高大於他穀，今俗謂之高粱，以其氣息香而莖高大，故曰薌萁。量幣者，言幣之長短廣狹合制度也。　內宰註引逸巡守禮云：「制幣丈八尺，純四䊷。」酒曰清酌，而士虞記曰「溲酒」，所傳異也。

天子死曰「崩」，諸侯曰「薨」，大夫曰「卒」，士曰「不祿」，庶人曰「死」。

鄭氏曰：異死名者，爲人褻其無知，若猶不同然也。　自上顛壞曰崩。薨，顛壞之聲。卒，終也。不祿，不終其祿。死之言澌也，精神澌盡也。　孔氏曰：崩者，墜壞之名，譬若天形墜壓然，則四海必覩。王者登遐，率土咸知，故曰崩。薨者，崩之餘聲也。諸侯卑，死，不得效崩之形，但如崩後餘聲，劣於形壓也。卒，畢竟也。大夫是有德之位，畢了生平，故曰卒。士祿以代耕，而今遂死，是不終其祿。死者，澌也。澌是消盡無餘之目，庶人極賤，生無令譽，死絕餘芳，精氣一去，身名俱盡，故曰死。

在牀曰尸，在棺曰柩。

鄭氏曰：尸，陳也，言形體在也。柩之言究也。孔氏曰：死未殯斂，陳列在牀，故曰尸。白虎通云「失氣亡神，形體獨陳」，是也。柩，究也。三日不生，斂之於柩，死事究竟於此。

羽鳥曰降，四足曰漬。釋文：降，户江反，又音絳。漬，辭賜反。

鄭氏曰：異於人也。降，落也。漬，謂相瀸污而死。孔氏曰：羽鳥，飛翔之物，降落是死也。牛馬之屬，若一箇死，則其餘更相染漬而死。

死寇曰兵。

鄭氏曰：異於凡人，當饗祿其後。孔氏曰：兵者，器仗之名。呂氏大臨曰：兵者，死於寇難之稱。有兵死而可褒者，如童汪踦能執干戈以衛社稷，勇於死難者也。有兵死而可貶者，如家人「凡死於兵者，不入兆域」是也。愚謂死寇曰兵，言其爲器仗所傷而死，異於疾病而死者也。此但以爲死之異名，至饗祿其後與否，則自當論其事之何如，未可一概言也。

祭王父曰「皇祖考」，王母曰「皇祖妣」；父曰「皇考」，母曰「皇妣」；夫曰「皇辟」。釋文：辟，婢亦反，徐扶亦反。

鄭氏曰：更設稱號，尊神異於人也。皇，君也。考，成也。言其德行之成也。妣之言媲也，媲於考也。

辟，法也，妻所取法也。孔氏曰：王父，祖父也。王母，祖母也。夫是妻所取法，如君。

生曰父，曰母，曰妻；死曰考，曰妣，曰嬪。

鄭氏曰：嬪，婦人有法度者之稱也。周禮九嬪：「掌婦學之法，教九御，婦德、婦言、婦容、婦功。」孔氏曰：此生死異稱，出爾雅文。若通而言之，亦通也。尚書云「大傷厥考心」，又云「聰聽祖考之彝訓」，倉頡篇云「考妣延年」，書云「嬪于虞」，詩云「曰嬪于京」，周禮九嬪之官，並非生死異稱矣。

壽考曰卒，短折曰不祿。

鄭氏曰：謂有德行，任爲大夫士而不爲者，老而死，從大夫之稱；少而死，從士之稱。愚謂前云「大夫曰卒，士曰不祿」，而復言此者，記異聞，博異語也。○自「天子死曰崩」至此，記死者稱謂不同之事。

天子視，不上於袷，不下於帶。國君綏視，大夫衡視，士視五步。釋文：上，時掌反，下同。袷音劫。綏，依註音妥，他果反。

鄭氏曰：袷，交領也。天子至尊，臣視之，目不過此。視國君彌高。綏讀爲妥。妥視，謂上於袷視。大夫又彌高。衡，平也。平視，謂視面也。士視，得旁游目五步之中。視大夫以上，上下游目，不得旁。孔氏曰：執器以心爲平，故心下爲妥。此視以面爲平，故妥下於面，則上於袷也。愚謂此臣視君尊卑之差也。天子視，謂視天子也。袷，中衣之交領也。古人以裼爲常，裼則露中衣之交領，故視天子者，據之以爲節。視士者得游目旁視五步之內，而高下則與大夫同也。

凡視，上於面則敖，下於帶則憂，傾則姦。釋文：敖，五報反。○鄭註：傾，或爲「側」。

鄭氏曰：敖則仰，憂則低。辟頭旁視，心不正也。孔氏曰：此解所以視有節限之義也。視人過高，則是敖慢。定十五年：「邾子執玉高，其容仰。」高、仰，驕也。若視過下，則似有憂。定十五年：「魯公受玉卑，其容俯。」卑、俯，替也。又昭十一年「會於厥慭」，「單子視不登帶」，是也。傾，欹側也。視欹側，則似有姦惡之意也。愚謂士相見禮曰：「若不言，立則視足，坐則視膝。」然則不下於帶，蓋言時之視容則然。

君命，大夫與士肄，在官言官，在府言府，在庫言庫，在朝言朝。釋文：「君命」絕句。肄，本又作「肆」，同以二反。

鄭氏曰：肄，習也。君有命，大夫則與士展習其事，謂欲有所發爲也。官，謂版圖文書之處。府，謂寶藏貨賄之處。庫，謂車馬兵甲之處。朝，謂君臣謀政事之處。唯君命所在，就展習之也。愚謂官，謂百官府治事之處。玉藻云「在官不俟屨」，是也。君命有所爲，則大夫士必先肄習其事，而隨其所在，相與謀議。蓋慮無後時，思不出位，然後所治無不精，而所謀無不審也。

朝言不及犬馬。

鄭氏曰：非公議也。

輟朝而顧，不有異事，必有異慮。故輟朝而顧，君子謂之固。

鄭氏曰：輟，止也。輟朝而顧，心不正，志不在君也。固，謂不達於禮。呂氏大臨曰：非所治者皆異事，非所謀者皆異慮，二者非姦則野也，故君子謂之固。固，野陋也。君子不逆人以姦也。

在朝言禮，問禮，對以禮。

鄭氏曰：於朝廷言，無所不用禮。　愚謂在朝當言禮，故或問或對，皆當以禮也。　或曰：在朝當言禮，凡問禮者當對以禮。　亦通。

大饗不問卜，不饒富。

大饗，王饗諸侯也。　大司樂「大饗不入牲，其他皆如祭祀」，則大饗之禮樂畧與祭祀相倣。　祭祀必卜日，嫌大饗亦然，故特言其不卜，由饗人與事神者不同也。　左傳：「臣卜其晝，未卜其夜。」彼是以臣饗君，故特卜以重其事，非常禮也。　富，備也。　禮數有常，既備矣，而更饒益之，則非禮矣。　左傳「饗以訓恭儉」，郊特牲「大饗尚腶脩而已矣」，則其不饒富可知也。○鄭氏曰：祭五帝於明堂，莫適卜也。陳氏祥道曰：明堂之饗帝，宗廟之饗先王，王饗諸侯，兩君相見，皆謂之大饗。大饗不問卜，饗賓之禮也。周官大宰祀五帝，祀大神示，享先王，皆前期十日而卜日。　又大宗伯：「凡祀大神，享大鬼，祭大示，帥執事而卜日。」春秋書「卜牛」，記曰「君召牛，納而視之，擇其毛而卜之」，又曰「明王事天地之神明，無非卜、筮之用」，則祭祀無不用卜矣。　愚謂明堂祭上帝，非祭五帝也。

凡摯，天子鬯，諸侯圭，卿羔，大夫鴈，士雉，庶人之摯匹，童子委摯而退。　釋文：摯音至，徐之二反。本又作「贄」，同。匹，依註作「鶩」，音木。

鄭氏曰：摯之言至也。天子無客禮，以鬯爲摯者，所以唯用告神爲至也。　童子委摯而退，不與成人爲禮也。　說者以匹爲「鶩」。　孔氏曰：鬯者，釀黑秬黍爲酒，其氣芬芳調暢，故因謂爲鬯也。　天子無客禮，必用鬯爲摯者，天子弔臨適諸侯，必舍其祖廟，以鬯禮於廟神，以表天子之至也。諸侯圭者，謂公、侯、伯用圭，子、男用璧，以朝王及相朝聘。此唯云「圭」，不云「璧」者，畧可知也。卿羔者，鄭註宗伯云：「羔，小羊，取其羣而不失類也。」白虎通云：「羔，取其羣而不黨。」周禮云：「公之孤以皮、帛。」大夫雁者，鄭註宗伯云：「雁，取其候時而行。」白虎通云：「雁，取飛有行列也。」士雉者，鄭註宗伯云：「雉，取其守介而死，不失節也。」白虎通云：「雉，取其不可誘之以食，撓之以威，死不可畜也。」士摯，冬雉、夏腒。羔、雁生執，雉則死持，亦取見危致命也。匹，鶩也。野鴨曰鳧，家鴨曰鶩。鶩不能飛騰，如庶人但守耕稼而已，故鄭註宗伯云：「鶩，取其不飛遷。」童子見先生，或尋朋友，不敢與成人相授受，但奠委其摯於地而退。童子之贄，悉用束脩，論語「自行束脩以上」，是也。凡用牲爲摯，主人皆食之，故司士云：「掌擯士者膳其摯。」呂氏大臨曰：摯用禽者，所以致其養也。故膳夫之職，以摯見者，受而膳之。司士：「掌擯士膳其摯。」愚謂摯之言致也，見於尊者，親致之以爲敬也。天子無客禮，無所用摯，而祭祀之初，以鬱鬯降神，有似用摯之義，故以此配而言焉。諸侯摯用玉者，所以章德也。大宗伯：「公執桓圭，侯執信圭，伯執躬圭，子執穀璧，男執蒲璧。」此言圭而不及璧者，文畧也。卿大夫士摯用禽者，蓋見於尊者，以此致孝養之意，而畧以其大小爲尊卑之差。大宗伯又有「孤執皮、帛」，「工商執雞」，此不言者，亦文畧也。皮、帛者，用麛之皮而飾之以帛也。士相見禮「上大夫相見以羔」，「左頭如麛執之」，孤之摯見於此矣。麛重不可執，故執其皮，亦猶雉不可生執而用死之意也。雉無飾，羔雁飾之以布，麛之皮飾之以帛，尊者彌文也。凡以客禮者授摯，以臣禮者奠摯。童子於先生，不敢自居於賓客，故其摯亦奠之，蓋事師之敬與事君同也。

野外軍中無摯，以纓、拾、矢可也。

鄭氏曰：非爲禮之處，用時物相禮而已。纓，馬繁纓也。拾，謂射韝。孔氏曰：軍在野無物，故用此爲摯可也。不直云「軍中」而云「野外」者，若軍在都邑，則宜依舊禮也。此舉一隅耳，觸類而長之，則若士地無正幣，則時物皆可也。

婦人之摯，椇、榛、脯、脩、棗、栗。釋文：椇，俱羽反。榛，側巾反，字林仕巾反。古本又作「亲」，音壯巾反。

鄭氏曰：婦人無外事，見以羞物也。椇，榛，木名。椇，枳也，有實，今邳、郯之東食之。榛，實似栗而小。孔氏曰：婦人無外事，惟初嫁見舅姑用此六物爲摯也。椇，即今之白石李也，形如珊瑚，味甜美。脯，搏肉無骨而曝之。脩，取肉鍛治而加薑桂，乾之如脯。所以用此六物者：椇訓法也；榛訓至也；脯，始也；脩，治也；棗，早也；栗，肅也。婦人有法，始至，修身早起肅敬也。婦見舅以棗、栗，見姑以腶、脩，其椇、榛所用無文。愚謂椇、榛六物蓋皆饋食之籩實也。說見郊特牲。婦人用此爲摯，亦以致共養之意也。蓋羔 雁之屬動物，陽也，故男子用之；椇、榛、棗、栗植物，陰也，故婦人用之。腶、脯雖出於牲體，然析而乾之，則其視全物亦有動静之異矣，故以此配椇、榛、棗、栗，而皆爲婦人之摯焉。士昏禮婦見舅用棗、栗，見姑用腶、脩，而無椇、榛，左傳女摯不過榛、栗、腶、脩，而無椇與棗，蓋椇、榛、棗、栗四者隨其人其地之所有而用之，以配腶、脩也。○周禮王於以摯見者皆膳之，男摯用禽，女摯用棗、栗等物。蓋皆以可食之物致於尊者，以爲共養，而卿、大夫、士則以大小爲尊卑之别，男女則以動静爲陰陽之分。制禮之意，不過如此。先儒謂皆有所取以爲義，未免於鑿矣。

納女於天子，曰「備百姓」；於國君，曰「備酒漿」；於大夫，曰「備埽灑」。釋文：灑，所買反，又山寄反。

鄭氏曰：納女，猶致女也。壻不親迎，則女之家遣人致之，此其辭也。姓之言生也。天子，皇后以下百二十人，廣子姓也。酒漿、埽灑，賤婦人之職。呂氏大臨曰：不敢以伉儷自期，備妾媵之數而已，自卑之辭也。古者因生以賜姓，凡賜姓者，皆天子之別子，故納女於天子，謂之「備百姓」。周官酒人、漿人有女酒三十人，女漿十有五人。呂公納女於高祖，曰「願爲箕帚妾」，古之遺語也。愚謂士昏禮問名，主人對辭曰：「吾子有命，且以備數而擇之。」若天子，則曰「以備百姓之數而擇之」，國君則曰「備酒漿之數」，大夫則曰「備埽灑之數」也。

禮記卷七

檀弓上第三之一　別録屬通論。

鄭氏曰：名曰檀弓者，以其善於禮，故著姓名以顯之。檀，姓；弓，名。今山陽有檀氏。孔氏曰：檀弓作在六國時，仲梁子是六國人，此篇載仲梁子，故知也。愚謂此篇蓋七十子之弟子所作，篇首記檀弓事，故以檀弓名篇，非因其善禮著之也。篇中多言喪事，可以證士喪禮之所未備，而天子諸侯之禮，亦畧有考焉。然其中多傳聞失實之言，亦不可以不知。

公儀仲子之喪，檀弓免焉。仲子舍其孫而立其子，檀弓曰：「何居？我未之前聞也。」趨而就子服伯子於門右，曰：「仲子舍其孫而立其子，何也？」伯子曰：「仲子亦猶行古之道也。昔者文王舍伯邑考而立武王，微子舍其孫腯而立衍也。夫仲子亦猶行古之道也。」子游問諸孔子，孔子曰：「否！立孫。」釋文：公儀，氏；仲子，字。魯之同姓也，其名未聞。免音問。舍音捨。居音姬，下同。腯，徐本作「遁」，徒本反，又徒遜反。

鄭氏曰：檀弓故爲非禮以譏仲子也。禮，朋友皆在他邦，乃袒免。仲子所立非也。公儀蓋魯同姓。周禮，適子死，立適孫爲後。居，讀爲姬姓之姬，齊魯之間語助也。前猶故也。檀弓去賓位，就主人兄弟之賢者而問之。子服伯子，蓋仲孫蔑之玄孫子服景伯。蔑，魯大夫。伯子爲親者諱耳，立子非也。文王立武王，權也。微子適子死，立其弟衍，殷禮也。孔子曰「立孫」，據周禮。孔氏曰：魯相公儀休。此有子服伯子，是魯人。春秋有公鳥、公若、公儀，同稱公，故知公儀仲子魯同姓也。愚謂免者，鄭註士喪禮，謂「以布廣一寸，從項中而前交於額上，又卻向後而繞於髻」也。喪禮，既小斂，自齊衰以下皆免，無服而免者，惟同姓五世及朋友皆在他邦者耳。檀弓於仲子，乃不當免者，未知其所以免之意。鄭氏謂檀弓以仲子廢適立庶，故爲非禮之服以非之，蓋以子游之弔司寇惠子者推之。然記文上言「檀弓免焉」，下言「仲子舍孫立子」，則似檀弓既弔方見仲子立子而怪之，註説亦未知是否也。舍其孫而立其子者，仲子適子死，舍適孫而立庶子也。禮，適子死，立適孫爲後，所以重正統也。門右，門內之東，卿大夫弔位之所在。士喪禮「卿大夫在主人之南」，是也。檀弓，魯之士，其弔位在西方東面，見仲子之子爲喪主而拜賓，怪其非禮，故趨就伯子而問之。伯邑考早死無後，武王自當立耳。微子適子死，立其弟衍者，殷法也。伯子不欲斥言仲子之非，遷就而爲之説，非夫子正言以質之，則人孰知夫禮之當立孫哉！○孔氏曰：小斂之前，主人有事在西階下；小斂之後，主人位在阼階下西面。檀弓之來，當在小斂之前，初於西階下行襚弔，而主人未覺，後乃趨向門右問伯子焉。必知小斂前者，以仲子初喪即正適、庶之位故也。未小斂而著免者，故爲非禮之弔，亦異常也。然則子游之弔惠子，是小斂後也，故著衰而在門東。愚謂疏説非也。小斂前無免法，檀弓非當免之人而免，即足以示譏矣，不待小斂前著免也。士之弔位，自在門西東面，不以小斂前後而異也。若謂仲子初喪卽正適、庶之位，故知檀弓弔在小斂前，則司寇惠子亦初喪卽正適、庶者也，何害於子游於旣小斂而行譏弔乎？

事親有隱而無犯，左右就養無方，服勤至死，致喪三年。事君有犯而無隱，左右就養有方，服勤至死，方喪三年。事師無犯無隱，左右就養無方，服勤至死，心喪三年。釋文：左右，徐上音佐，下音佑。今並如字。養，以尚反。

鄭氏曰：隱，謂不稱揚其過失也。無犯，不犯顏而諫。左右，謂扶持之。方，常也。子則然，無常人。勤，勞辱之事也。致喪，戚容稱其服也。就養有方，不可侵官也。方喪，資於事父也。心喪，戚容如喪父而無服也。事親以恩爲制，事君以義爲制，事師以恩義之間爲制。孔氏曰：親有尋常之過，故無犯；若有大惡，亦當犯顏。故孝經曰：「父有爭子，則身不陷於不義。」朱子曰：事親者致喪三年，情之至，義之盡者也。事師者心喪三年，其哀如父母而無服，情之至而義有不得盡者也。事君者方喪三年，其服如父母，而情有親疏，此義之至而情或有不至於其盡者也。方氏慤曰：君、親與師，相須而成我之身，喪之雖各不同，所以盡三年之隆一也。愚謂幾諫謂之隱，直諫謂之犯。父子主恩，犯則恐其責善而傷於恩，故有幾諫而無犯顏。君臣主義，隱則恐其阿諛而傷於義，故必勿欺也而犯之。師者道之所在，有教則率，有疑則問，無所謂隱，亦無所謂犯也。就養者，近就而奉養之也。左右無方，言或左或右而無定所也。致，極也。致喪，謂極其哀戚，以在喪也。曾子曰：「人未有自致者也，必也親喪乎！」

季武子成寢，杜氏之葬在西階之下，請合葬焉，許之。入宮而不敢哭。武子曰：「合葬，非古也，自周公以來，未之有改也。吾許其大而不許其細。何居？」命之哭。釋文：葬，徐才浪反，又如字。合，如字，徐音閤。後「合葬」皆同。

鄭氏曰：季武子，魯公子季友之曾孫季孫夙。言『合葬非古』者，自見夷人冢墓以爲寢，欲文過。愚謂言合葬非古，以見不必合葬，解己所以夷墓之意，又言周公以來有合葬之禮，解己今日許之之意，皆文過之辭也。然古者葬於國北，季武子成寢必在國中，而乃有杜氏之墓，亦事之未必然者。

子上之母死而不喪，門人問諸子思曰：「昔者子之先君子喪出母乎？」曰：「然。」「子之不使白也喪之，何也？」子思曰：「昔者吾先君子無所失道，道隆則從而隆，道污則從而污，伋則安能！爲伋也妻者，是爲白也母；不爲伋也妻者，是不爲白也母。」故孔氏之不喪出母，自子思始也。釋文：喪，如字，徐悉浪反。下放此。污音烏。○今按：污當音洿，烏瓜反。

鄭氏曰：子上，孔子曾孫，子思伋之子，名白，其母出。禮爲出母期，父卒，爲父後者不服耳。污猶殺也。有隆有殺，進退如禮。伋則安能，自予不能及。孔氏不喪出母，自子思始，非之。孔氏曰：案喪服「齊衰杖期」章：「出妻之子爲母。」又云：「出妻之子爲父後者，則爲出母無服。」傳云：「與尊者爲一體，不敢服其私親。」是也。子思既在，則子上爲出母有服，故門人見其不服，疑而問之。子之先君子，謂孔子也。愚謂隆，高也。污讀爲洿，下也。道之隆、污，謂禮之隆、殺。妻當出則出之，是禮宜污而污也。出母當服，則使其子服之，是禮宜隆而隆也。言隨時隆、殺以合理者，惟聖人能之，而己則不能也。蓋伯魚之母出而在父室者也，子上之母出而已嫁者也。喪服惟有母嫁而從者之服，而無母嫁不從者之服，則出母之嫁者，其無服可知矣。子思於門人之問，不欲斥言，而但爲遜辭以答之，忠厚之道也。然其言「不爲伋也妻，則不爲白也母」，則固有微示其意者。蓋妻出而未嫁，猶有可反之義；出而嫁，則彼此皆絕矣。以其義絕於其夫也，故曰「不爲伋也妻」；以其義并絕於其子也，故曰「不爲白也母」。不然，以天屬之恩，而於禮之宜，爲服者强奪之而使不服，豈所以處其子哉！記者不察其實，遂謂「孔氏不喪出母，自子思始」，其亦誤矣。

孔子曰：「拜而后稽顙，頹乎其順也；稽顙而后拜，頎乎其至也。三年之喪，吾從其至者。」

釋文：顙，素黨反。頹，徒回反。頎音懇。

鄭氏曰：拜而后稽顙，此殷之喪拜也。頹，順也。先拜賓，順於事也。稽顙而后拜，此周之喪拜也。頎，至也。先觸地無容，哀之至。重者尚哀戚，自期如殷可。孔氏曰：拜者，主人拜賓。稽顙者，觸地無容也。頹然，不逆之意也。拜是爲賓，稽顙爲己，先賓後己，頹然而順序也。頎，惻隱貌也。先觸地無容，後乃拜賓，是爲親痛深貌，惻隱之至也。知二者是殷、周之喪拜者，以孔子所論每以二代相對。故下檀弓云「殷人既封而弔，周人反哭而弔，殷已慤，吾從周」，又云「殷朝而殯於祖，周朝而遂葬」，皆以殷、周相對，故知此亦殷、周相對也。殷之喪拜，自斬衰以下，緦麻以上，皆拜而后稽顙，殷尚質故也。周則杖期以上皆先稽顙而后拜，不杖期以下乃作殷之喪拜。愚謂拜者，以首加手而拜也。稽顙者，觸地無容也。蓋拜所以禮賓，稽顙所以致哀。故先拜者於禮爲順，而先稽顙者於情爲至，蓋當時喪拜有此二法，而孔子欲從其至者。鄭、孔以二者爲殷、周喪拜之異，非也。士喪禮、雜記每言「拜稽顙」，皆據周禮也，則拜而后稽顙非專爲殷法明矣。○周禮大祝「辨九拜」：一曰稽首，先拱兩手至地，加首於手，又引首至地，稽留而後起也。二曰頓首，如稽首之爲，但以首叩地而不稽留也。三曰空首，加首於手，首不至地，故曰空首。四曰振動，謂長跪而不拜手者。蓋凡人有所敬則竦身而跪，以致其變動之意，若秦王於范雎，跪而請教是也。五曰吉拜，如頓首爲之，而尚右手者也。六曰凶拜，卽拜而後稽顙，稽顙而後拜是也。拜而後稽顙者，亦如稽首之爲。但稽首尚左手，稽顙尚右手；稽首以首平至於地，稽顙但引其顙以觸地也。若稽顙而後拜，則先以顙觸地，而後以首加手，爲空首之拜也。七曰奇拜，謂一拜也。八曰褒拜，謂再拜也。凡稽首皆再拜，稽顙皆一拜，頓首、空首則或一拜，或再拜，各視其輕重而爲之。九曰肅拜，跪引手而下之也。吉拜以稽首爲至重，頓首次之，空首爲輕。稽首者，臣拜君之法。故左傳孟武伯曰：「非天子，寡君無所稽首。」自敵以上用頓首，尊者答卑者之拜則空首。若振動，則因事爲之，非常禮也。喪拜以凶拜爲重，吉拜爲輕。凶拜惟施於三年，自期以下皆吉拜耳。婦人吉事皆肅拜，凶拜則稽顙爲重，手拜爲輕。手拜，卽空首也。但婦人之肅拜，施於吉事則尚右手，稽顙空首，施於喪事則尚左手，與男子相反耳。肅拜惟婦人有之，男子則或肅而已，不肅拜也。立而下手曰肅，跪而下手曰肅拜。介胄之士不拜，而郤至三肅使者，故知但肅者不名肅拜也。凡拜皆跪，凡再拜者，皆跪而一拜，興而又跪一拜。婦人有俠拜，無再拜。

孔子既得合葬於防，曰：「吾聞之，古也墓而不墳。今丘也，東西南北之人也，不可以弗識也。」於是封之，崇四尺。孔子先反，門人後，雨甚至，孔子問焉，曰：「爾來何遲也？」曰：「防墓崩」。孔子不應。三，孔子泫然流涕曰：「吾聞之，古不修墓。」釋文：墳，扶云反。識，式志反，又如字。應，「應對」之應。三，息暫反。又如字。泫，胡犬反。涕音體。

鄭氏曰：言既得者，少孤不知其墓。墓，謂兆域，今之封塋也。古，謂殷時也。土之高者曰墳。東西南北，言居無常處也。築土曰封〔一〕。封之，周禮也。周禮曰：「以爵等爲丘封之度。」崇，高也。高四尺，蓋周之士制。先反，當修虞事。後，待封也。門人言所以遲者，防墓崩，修之而來。孔子不應者，以其非禮也。修猶治也。陳氏澔曰：孔子父墓在防，母卒，奉以合葬。識，記也。爲墳所以爲記識，一則恐人不知而誤犯，一則恐己或忘其處而難尋也。愚謂古不修墓，蓋亦喪事即遠之意。喪服四制曰：「苴衰不補，墳墓不培，示民有終也。」言此者，自傷其不能謹之於始，以致違禮而脩墓也。

孔子哭子路於中庭，有人弔者，而夫子拜之。既哭，進使者而問故。使者曰：「醢之矣！」遂命覆醢。釋文：使，色吏反。醢音海。覆，芳服反。

鄭氏曰：寢中庭也。與哭師同，親之也。拜弔者，爲之主也。使者，自衛來赴者。故，謂死之意狀。醢之者，示欲啖食以怖衆。覆，棄之，不忍食。王氏安石曰：孔子哭子路，與哭師同，或者哭弟子之禮當如師，猶服之有報乎？陳氏澔曰：覆醢者，傷子路之死而不忍食其似也。愚謂子路死於衛孔悝之難，事見左傳。哭於中庭，於中庭南面而哭也。不於阼階下者，別於兄弟之喪也。凡於異姓之

〔一〕「築」，禮記注疏作「聚」。

喪而哭之於寢者，其位皆如此，故鄭氏謂「與哭師同」。陸氏、吳氏謂「哭以師友之間」，非也。

曾子曰：「朋友之墓，有宿草而不哭焉。」

鄭氏曰：宿草，謂陳根也。爲師心喪三年，於朋友期可。孔氏曰：期而猶哭者，非謂立哭位以終期年，謂於一歲之内，聞朋友之喪或過朋友之墓則哭，期外則不哭也。

子思曰：「喪三日而殯，凡附於身者，必誠必信，勿之有悔焉耳矣。三月而葬，凡附於棺者，必誠必信，勿之有悔焉耳矣。喪三年以爲極，亡則弗之忘矣。故君子有終身之憂，而無一朝之患。故忌日不樂。」釋文：極亡，並如字。極，徐紀力反。王以「極」字絶句，亡作「忘」，向下讀。孫依鄭作「亡」，而如王分句。樂如字，又音洛。○今按「極」字句絶，亡當如字，屬下讀，孫氏得之。

鄭氏曰：附於身，謂衣衾。附於棺，謂明器之屬。有終身之憂，念其親。無一朝之患，毁不滅性。忌日，謂死日。言忌日不用舉吉事。愚謂殯，謂斂尸於棺而塗之也。言「三日」「三月」者，謂其時足以治其殯葬之事也。誠者，盡其心而無所苟；信者，當於禮而無所違。蓋送死大事，人子之心之所能自盡者，惟在此時，苟有幾微之失，將有悔之而無可悔者矣。喪三年以爲極者，送死有已，復生有節也。亡，猶「反而亡焉」之亡，亡則弗之忘者，言親雖亡，而子之心則不能忘也。春霜秋露，悽愴怵惕，如將見之，故有終身之憂；不敢以父母之遺體行殆，故無一朝之患。此皆由不忘親，故能如此。忌日不樂，亦終身不忘親之一端也。

孔子少孤，不知其墓，殯於五父之衢。人之見之者，皆以爲葬也。其慎也，蓋殯也。問於郰曼父之母，然後得合葬於防。釋文：父音甫。愼，依註作「引」，羊刃反。郰，側留反，又作「鄹」。曼音萬。

鄭氏曰：孔子之父，與顏氏野合而生孔子，顏氏恥而不告，孔子亦爲隱焉。殯於家，則見者無由怪己。殯於五父之衢，欲發問端也。五父，衢名，蓋郰曼父之鄰。愼，當爲「引」，禮家讀然，聲之誤也。殯引，飾棺以輤；葬引，飾棺以柳翣。孔子是時以殯引，不以葬引。○陳氏澔曰：孔子少孤，及顏氏死，孔子成立久矣。聖人，人倫之至也。豈有終母之世，不尋求父葬之地？且母死而殯於衢，必無室廬而死於道路者不得已之爲耳，聖人禮法之宗主，而忍爲之乎？此經雜出諸子所記，其間不可據以爲實者多矣。愚謂野合者，謂不備禮而婚耳，未足深恥也。且野合與葬地，事不相涉，恥野合而諱葬地，豈人情哉！孔子成立時，當時送葬之人必多有在者，即顏氏不告，豈不可訪問而得之？既殯之後，孝子廬於中門之外，朝夕不離殯宮，其愼之如此。若殯於五父之衢，則與棄於道路何異？此記所言，蓋事理之所必無者。

鄰有喪，舂不相；里有殯，不巷歌。釋文：相，息亮反。

說見曲禮上。

喪冠不緌。釋文：緌，本又作「綏」，同耳佳反。

鄭氏曰：去飾。愚謂冠纓結於頤下，而垂其餘以爲飾，謂之緌。喪冠不緌，去飾也。五服之冠悉然。雜記曰「委武玄縞而后蕤」，則大祥冠乃有緌。

有虞氏瓦棺，夏后氏堲周，殷人棺槨，周人牆置翣。釋文：即，本又作「堲」，同子栗反，又音稷。何云：

冶土爲甎，四周於棺。」翣，所甲反。

鄭氏曰：瓦棺，始不用薪也。火熟曰堲，燒土冶以周於棺也。或謂之土周，由是也。弟子職曰：「右手折堲。」椁，大也。言椁大於棺也。牆，柳也〔一〕。凡此言後王之。彌文〔二〕。孔氏曰：古之葬者，厚衣之以薪，葬之中野，有虞氏造瓦棺，始不用薪。然虞氏瓦棺，則未有椁也。夏后瓦棺之外加堲周，殷則梓棺以替瓦棺，又以木爲椁，以替堲周，周人更於椁傍置柳、置翣扇，是後王之制以漸加文也。喪大記註云「在旁曰帷，在上曰荒，帷荒所以衣柳」，則是以帷荒之内木材爲柳。其實帷荒及木材等總名爲柳，故縫人註云「柳之言聚，諸飾之所聚」也。是帷荒總名爲柳。愚謂棺外之材，蓋以柳木爲之，故謂之柳，因又以爲柳衣之總名也。以其在棺外，若牆圍然，故又謂之牆。古時喪制質畧，至後世而漸備，爲之棺椁而無使土親膚，爲之牆、翣而使人勿惡，凡以盡人子之心，而非徒爲觀美而已。

周人以殷人之棺椁葬長殤，以夏后氏之堲周葬中殤、下殤，以有虞氏之瓦棺葬無服之殤。

釋文：長殤，竹丈反，下式羊反。十六至十九爲長殤，十二至十五爲中殤，八歲至十一爲下殤，七歲已下爲無服之殤，生未三月不爲殤。

鄭氏曰：畧未成人。愚謂周人以夏后氏之堲周葬中殤下殤，謂内有瓦棺而外又有堲周也；以有虞氏之瓦棺葬無服之殤，則但用瓦棺而已。周人葬殤如此，則周以前殤與成人，其葬蓋未甚别與？喪服

〔一〕禮記注疏「柳」下有「衣」字。

〔二〕「彌」，禮記注疏作「制」。

小記曰：「男子冠而不爲殤，女子笄而不爲殤。」

夏后氏尚黑，大事斂用昏，戎事乘驪，牲用玄。殷人尚白，大事斂用日中，戎事乘翰，牲用白。周人尚赤，大事斂用日出，戎事乘騵，牲用騂。釋文：斂，力驗反。驪，力知反，徐郎志反。翰，字又作「鶾」，胡旦反，又音寒。騵音原。騂，悉營反，徐呼營反。

鄭氏曰：夏后氏以建寅之月爲正，物生色黑。昏時亦黑。此大事，謂喪事也。戎，兵也。馬黑色曰驪。殷以建丑之月爲正，物牙色白。日中時亦白。翰，馬白色也。易曰：「白馬翰如。」周以建子之月爲正，物萌色赤。日出時亦赤。騵，騮馬白腹。騂，赤類。愚謂三代所尚之色不同者，蓋欲各爲一代之制，以示其不相襲禮也。此於所乘特言「戎事」，則非戎事所乘固有不盡然者矣。明堂位曰：「夏后氏駱馬黑鬣，殷人白馬黑首，周人黃馬蕃鬣。」

穆公之母卒，使人問於曾子曰：「如之何？」對曰：「申也聞諸申之父曰：『哭泣之哀，齊、斬之情，饘粥之食，自天子達。布幕，衛也；縿幕，魯也。』」釋文：「齊音咨，本亦作「齋」。「齋衰」之字，後皆放此。饘，本又作「飦」，之然反。粥，之六反，徐又音育。幕，本又作「冪」，音莫。縿音綃，徐又音蕭。○鄭註：幕，或爲「幦」。

鄭氏曰：穆公，魯哀公之曾孫。曾子，曾參之子，名申。子喪父母，尊卑同。幕，所以覆棺上也。縿，縑也，讀如綃。衛，諸侯禮；魯，天子禮。兩言之者，僭已久矣。孔氏曰：有聲之哭，無聲之泣，並爲哀然，故曰「哭泣之哀」。齊是爲母，斬是爲父，父母情同，故云「齊斬之情」。厚曰饘，希曰粥，朝夕食米一溢，孝子以此爲食，故曰「饘粥之食」。父母之喪，貴賤不殊，故曰「自天子達」。幕者，謂覆棺者也。下文云「加斧於椁上」，鄭云：「以刺繡於縿幕，加椁以覆棺，已乃屋其上盡塗之。」是繡幕以覆棺椁也。衞是諸侯之禮，以布爲幕；魯是天子之禮，以綃爲幕。案周禮幕人「掌帷、幕、帟、綬」，註云：「在旁曰帷，在上曰幕，皆以布爲之。」今謂天子用縿幕，衹謂襯棺幕，在畢塗之内者也。愚謂凡殯皆帷之，有在旁之帷，則當有在上之幕矣。註以爲覆棺之幕，非是。下文言「加斧於椁上」，蓋卽喪大記、士喪禮所謂「夷衾」，非幕也。衞以布爲幕，魯以縿爲幕，蓋當時禮俗之不同。言此者，以見禮文之小，國俗或有少異，正以深明夫上之所言，乃其大體之必不可得而變者耳。

晉獻公將殺其世子申生，公子重耳謂之曰：「子蓋言子之志於公乎？」世子曰：「不可。君安驪姬，是我傷公之心也。」曰：「然則蓋行乎？」世子曰：「不可。君謂我欲弒君也。天下豈有無父之國哉！吾何行如之？」釋文：重，直龍反。蓋，依註音盍。驪，本又作「麗」，亦作「孋」，同力知反。弒，本又作「煞」，音試。徐云「字又作嗣」，音亦同。

鄭氏曰：欲殺申生，信驪姬之譖。蓋，皆當爲「盍」，何不也。志，意也。重耳欲使言見譖之意。重耳，申生異母弟，後立爲文公。傷公之心者，言其意則驪姬必誅也。驪姬，晉獻公伐驪戎所獲女也。申生之母蚤卒，驪姬嬖焉。何行如之，言人有父，則皆惡欲弒父者。孔氏曰：案僖四年左傳云：「姬謂大子曰：『君夢齊姜，必速祭之！』大子祭於曲沃，歸胙於公。公獵，姬寘諸宮六日，毒而獻之。公祭之地，地墳；與犬，犬斃；與小臣，小臣亦斃。姬泣曰：『賊由大子。』」又晉語云：「姬寘鴆於酒，寘堇於肉。」是驪姬譖申生之事也。重耳欲使言見譖之意者，左傳云：「或謂大子曰：『子辭，君必辨焉。』」杜預云：「以六日之狀自理。」謂毒酒經宿輒敗，何以經六日其酒尚好？明臨至加毒也。大子謂我若自理，驪姬必誅。姬死之後，公無與共樂，故云「傷公之心」。愚謂何行如之者，言負弑君之名，無以自立於天下也。

使人辭於狐突曰：「申生有罪，不念伯氏之言也，以至于死。申生不敢愛其死。雖然，吾君老矣，子少，國家多難，伯氏不出而圖吾君。伯氏苟出而圖吾君，申生受賜而死。」再拜稽首乃卒。是以爲共世子也。釋文：少，詩召反。難，乃旦反。共音恭，本亦作「恭」。

鄭氏曰：辭猶告也。狐突，申生之傅，舅犯之父也。前此者，獻公使申生伐東山皐落氏，狐突謂申生，欲使之行。今言此者，謝之也。伯氏，狐突別氏。子，驪姬之子奚齊。圖，謀也。不出爲君謀國家之政，自皐落氏反後，狐突懼，乃稱疾。申生既告狐突，乃雉經。言行如此，可以爲恭，於孝則未之有。

孔氏曰：案春秋云「晉侯殺其世子申生」，父不義也。孝子不陷親於不義，而申生不能自理，陷親有殺子之惡，雖心存孝，而於理終非，故不曰孝，但謚爲恭，以其順父事而已。謚法：「敬順事上曰恭。」

愚謂申生但知父命之宜從，而不知其身之可愛，可謂人之所難能矣。然爲人子者，以全君親、安宗社爲大，而不以阿意曲從爲孝。申生苟能入見獻公，自白見譖之狀，萬一獻公感悟，則君全骨肉之恩，國泯争亂之禍，其所全者大矣。乃以恐傷公之心而不敢自白，以姑息愛其親而昧於大義，卒使獻公受大惡之名而晉國大亂數世，蓋由其天資仁厚而見理不明也。

魯人有朝祥而莫歌者，子路笑之。孔子曰：「由！爾責於人，終無已夫！三年之喪，亦已久矣夫！」子路出，夫子曰：「又多乎哉！踰月則其善也。」釋文：莫音暮。已夫，音扶，絕句。本或作「已矣夫」。

鄭氏曰：子路笑之，笑其爲樂速。孔子爲時如此，人行三年喪者希，抑子路以善彼。孔氏曰：祥，謂二十五月。大祥歌哭不同日，故仲由笑之。案喪服四制：「祥之日，鼓素琴。」不譏彈琴而譏歌者，下註云：「琴以手，歌以氣。」手在外而遠，氣在內而近也。愚謂大祥者，喪再期而殷祭之名也。祥，吉也。喪一期而除要絰，故其祭謂之小祥；再期而除衰杖，故其祭謂之大祥。祥之日，鼓素琴，未可歌也。故魯人朝祥莫歌，而子路笑之。夫子欲寬其責者，乃所以深慨夫時人之不能爲三年喪耳，非以魯人爲得禮而許之也。又恐門人不喻其意，故於子路出而正言以明之。

魯莊公及宋人戰于乘丘，縣賁父御，卜國爲右。馬驚敗績，公隊，佐車授綏，公曰：「末之卜也。」縣賁父曰：「他日不敗績，而今敗績，是無勇也。」遂死之。圉人浴馬，有流矢在白肉。公曰：「非其罪也。」遂誄之。士之有誄，自此始也。釋文：乘，繩證反。縣音玄，卷內皆同。賁音奔。父音甫，人名字皆同。馬驚敗，一本無「驚」字。隊，直類反。綏，息佳反。誄，力軌反。

鄭氏曰：縣、卜，皆氏也。凡車右，勇力者爲之。馬驚奔失列，佐車授綏乘公。戎車之貳曰佐。縣賁父言公他日戰，其御馬未嘗驚奔。二人遂赴敵而死。圉人，掌養馬者。白肉，股裏肉也。公言流矢中馬，非御與右之罪，遂誄其赴敵之功以爲謚。孔氏曰：乘丘，魯地。莊公十年夏六月：「敗宋師于乘丘。」周禮「戎僕掌倅車之政」，「道僕掌貳車之政」，「田僕掌佐車之政」，則戎車之貳曰倅。此云佐者，周禮相對爲異，散言則同稱佐車也。朱子曰：誄者，哀死而述其行之辭。愚謂末之卜，言未嘗卜也。凡戰，於御、右必卜之。左傳「晉卜右，慶鄭吉」，「鄭卜御，宛射犬吉」，是也。時公子偃自雩門竊出，公遂從之，故於御、右不及卜而遽用之。公言此者，蓋欲以寬二人之責，而賁父恥其無勇，遂赴敵而死。據記文，則死者但賁父耳，註乃言二人俱死，豈以御、右同乘，則當同死與？周禮小史「卿大夫之喪，賜謚讀誄」，則誄爲謚而設。賁父，士也，不當有謚，莊公以其捐軀赴敵，雖無謚而特爲之誄，故士之有誄自此始。○註疏以末之卜爲責卜、國，非也。果爾則當舉其名，不當稱其姓也。又謂「誄其赴敵之功以爲謚」，亦非也。果爾，則當言「士之有謚自此始」，不當言「士之有誄自此始」也。

曾子寢疾，病，樂正子春坐於牀下，曾元、曾申坐於足，童子隅坐而執燭。童子曰：「華而睆，大夫之簀與？」子春曰：「止！」曾子聞之，瞿然曰：「呼！」曰：「華而睆，大夫之簀與？」曾子曰：「然。斯季孫之賜也。我未之能易也，元起易簀！」曾元曰：「夫子之病革矣，不可以變。幸而至於旦，請敬易之。」曾子曰：「爾之愛我也不如彼。君子之愛人也以德，細人之愛人也以姑息。吾何求哉？吾得正而斃焉，斯已矣。」舉扶而易之，反席未安而沒。

釋文：睆，華板反，明貌。孫炎云：「睆，漆也。」徐又音刮。簀音責。與音餘。瞿，紀具反。呼音虛，吹氣聲也。一音況于反。革，紀力反，徐又音極。○鄭註：睆，或爲「刮」。

鄭氏曰：病，謂疾困也。子春，曾參弟子。元、申，曾參之子。隅坐，不與成人並也。華，畫也。簀，謂牀第也。說者以睆爲刮節目，字或爲「刮」。子春曰「止」，以病困不可動也。呼，虛憊之聲。未之能易，已病故也。革，急也。變，動也。息猶安也。姑息，言苟容取安也。斃，仆也。言曾子病雖困，猶勤於禮。孔氏曰：爾雅釋器云：「簀謂之第。」陳氏澔曰：華者，采飾之美好；睆者，節目之平瑩。愚謂張子謂簀在上顯露，必簟席之屬。然簀之爲第，見於爾雅，疑牀之簀連著於桄，故并桄亦謂之簀也。大夫之簀，言此簀華美，乃大夫之所用，曾子未嘗爲大夫，則不當寢之，言此以諷之也。子春止之，而童子又言者，以其言未達於曾子也。以德，謂成己之德。姑息，言苟且以取安也。○程子曰：曾子易簀，要須如此乃安。人不能如此者，只爲不見實理。實見得是，實見得非，必不肯安於此。朱子曰：季孫之賜，曾子之受，皆爲非禮。或者因仍習俗，嘗有其事，未能正耳。但及其疾病不可以變之時，一聞人言，而必舉扶以易之，則非大賢不能矣。此是切要處，只在毫釐頃刻之間。又曰：易簀結纓，未須論優劣，但看古人謹於禮法，不以死生之變易其所守，便使人有行一不義、殺一不辜而得天下不爲之心。此是緊要處。

始死，充充如有窮；既殯，瞿瞿如有求而弗得；既葬，皇皇如有望而弗至。練而慨然，祥而廓然。釋文：慨，苦愛反。廓，苦郭反。

鄭氏曰：皆憂悼在心之貌。孔氏曰：事盡理屈爲窮。親始死，孝子匍匐而哭，心形充屈，如急行道極，無所復去，窮急之容也。殯後，心形稍緩。瞿瞿，眼目速瞻之貌，如有所失而求覓之不得然。既葬，又漸緩。皇皇，猶栖栖也。親歸草土，孝子栖栖皇皇，無所依託，如望彼人來而不至也。至小祥，但慨歎日月若馳之速，至大祥而寥廓，情意不樂而已。

邾婁復之以矢，蓋自戰於升陘始也。魯婦人之髽而弔也，自敗於臺鮐始也。釋文：邾音朱。婁，力俱反，或如字。邾人呼邾聲曰婁，故曰邾婁。公羊傳與此記同，左氏、穀梁但作「邾」。陘音形。髽，側瓜反。臺音胡。鮐音台。

鄭氏曰：戰於升陘，魯僖二十二年秋也。時師雖勝，死傷亦甚，無衣可以招魂也。敗於臺鮐，魯襄四年秋也。臺當爲「壺」，字之誤也。春秋傳作「狐駘」。時家家有喪，髽而相弔。去纚而紒曰髽。孔氏曰：必用矢者，時邾人志在勝敵，矢是心之所好，故用所好以招魂，冀其復反。若因兵而死，身首斷絕不生者，應無復法；若身首不殊，因傷致死，復有可生之理者，則用矢招魂。去纚而紒曰髽，案士冠禮「纚廣終幅，長六尺」，所以韜髮。今以凶事故去之，但露紒而已。愚謂雜記曰：「大夫士行而死於道，則升其乘車之左轂，以其綏復。」復於軍中者，其禮蓋亦如此。時邾師死傷者多，不能皆以綏復，而矢乃軍中之所用，故推用綏之義而用之。而其後邾人之復皆以矢，蓋雖死於家者亦然矣。髽者，去韜髮之纚而露髻也。小斂之後，五服婦人皆髽；既成服，則唯齊斬婦人有之。時魯人家家有喪，故婦人髽而相弔，而其後遂以此爲弔禮之常，蓋雖無喪者亦然矣。此記二國變禮之由。○鄭氏曰：婦人弔服，大夫之妻錫衰，士之妻其疑衰與？皆吉笄無首素總。疏云：吉笄無首素總，大戴禮文。愚謂喪服傳曰：「大夫弔於命婦錫衰，命婦弔於大夫亦錫衰。」是大夫命婦自相弔，服錫衰，其弔於士，亦疑衰耳。

南宮縚之妻之姑之喪，夫子誨之髽，曰：「爾毋從從爾！爾毋扈扈爾！蓋榛以爲笄，長尺而總八寸。」釋文：縚，吐刀反。毋音無。從音總，一音崇，又仕江反。扈音户。榛，側巾反。又士鄰反。長，直亮反。凡度長短曰長，皆同此音。

鄭氏曰：南宮縚，孟僖子之子南宮閱也，字子容。其妻，孔子兄女。從從，謂大高。扈扈，謂大廣。總，束髮垂爲飾。齊衰之總八寸。孔氏曰：束髮垂餘之總八寸，惡笄，或用櫛，或用榛，故喪服有櫛笄。故夫子稱「蓋」以疑之。賈氏公彦曰：「斬衰總六寸。」南宮縚之妻，爲姑總八寸，以下雖無文，大功當與齊衰同八寸，小功緦麻同一尺，吉總當尺二寸，斬衰箭笄長尺。南宮縚之妻，爲姑榛笄亦一尺，則大功以下不容更差降，故五服略爲一節，皆一尺而已。愚謂世本「仲孫貜生南宮縚」，故鄭註以此南宮縚卽孟僖子之子仲孫閱。然孔子生於襄公二十二年，孔子之兄，孔子未生時已卒，則其女必稍長於孔子。而仲孫閱生於昭公十一年，至其可昏之年，孔子兄女蓋年逾四十矣，必無相爲夫婦之理。閱與其兄何忌同事孔子，然家語弟子解、史記弟子列傳並無何忌，不應獨載閱。是孔子所妻，家語、史記廁諸弟子之列者，必非閱也。

孟獻子禫，縣而不樂，比御而不入。夫子曰：「獻子加於人一等矣。」釋文：禫，大感反。比，必利反。

鄭氏曰：孟獻子，魯大夫仲孫蔑。可以御婦人矣，尚不復寢。加，踰也。又士虞禮註曰：「禫，祭名也，與大祥間一月。自喪至此，凡二十七月。禫之言澹澹然，平安意也。」孔氏曰：禫祭暫縣省樂而不恒作，至二十八月乃作樂。又依禮，禫後吉祭，乃復寢也。時人禫後卽作樂，未至吉祭而復寢。獻子既禫，暫縣省樂而不恒作，比可以御婦人而不入寢，雖於禮是常，而特異餘人，故夫子善之。其祥、禫之月，先儒不同。王肅以二十五月大祥，其月爲禫，二十六月作樂。以下云「祥而縞，是月禫，徙月樂」，又「魯人朝祥而莫歌」，孔子云「踰月則善」，是皆祥之後作樂也。又三年問云「三年之喪，二十五月而畢」，又士虞禮「中月而禫」，是祥月之中，與尚書「文王中身享國」，謂身之中間同。又文公二年冬「公子遂如齊納幣」，僖公之喪，至此二十六月，左氏云：「納幣，禮也。」故王肅以爲二十五月禫除喪畢。鄭以爲二十七月禫者，以雜記云「父在，爲母爲妻十三月大祥，十五月禫」。爲母爲妻，尚祥、禫異月，豈容三年之喪祥、禫同月？喪服小記云「妾祔於妾祖姑，亡則中一以上而祔」，又學記云「中年考校」，皆以中爲間，謂間隔一年，故以「中月而禫」爲間隔一月。下云「祥而縞，是月禫，徙月樂」，謂大祥者縞冠，是月禫謂是禫月而禫，二者各自爲義。文公納幣，公羊猶譏其喪娶。其「魯人朝祥莫歌」，及喪服四制云「祥之日，鼓素琴」，及「夫子五日彈琴而不成聲，十日成笙歌」，并此獻子禫縣之屬，皆據省樂忘哀，非正樂也。其八音之樂，工人所奏，必待二十八月。三年問：「三年之喪，二十五月而畢。」據喪事終，除衰去杖，餘哀未盡，更延兩月，非喪之正也。曲禮「喪事先遠日」，則大祥當在下旬，禫祭又在祥後，何得云「中月卽禫」？又禫後何以容吉祭？戴德喪服變除禮「二十五月大祥，二十七月而禫」，故鄭依而用焉。愚謂祥、禫之月，鄭、王二說各有據依，而先儒多是王氏，朱子亦以爲然。然魯人朝祥莫歌，孔子謂「踰月則善」，而孔子既祥十日而成笙歌，祥後十日已爲踰月，則孔氏據喪事先遠日，謂祥在下旬者，確不可易，而祥、禫之不得同月亦可見矣。祥後所以有禫者，正以大祥雖除衰杖，而餘哀未忘，未忍一旦卽吉，故再延餘服，以伸其未盡之哀，以再期爲正服，而以二月爲餘哀，此變除之漸而制禮之意也。若祥、屨吉祭同在一月，則祥後禫前不過數日，初無哀之可延，而一月之間頻行變除，亦覺其急遽而無節矣。「父在，爲母爲妻十一月而練，十三月而祥，十五月而禫」，祥、禫相去二月，此正準三年祥、禫相去之月數而制之者，又何疑於三年之禫哉！

孔子既祥，五日彈琴而不成聲，十日而成笙歌。

鄭氏曰：不成聲，哀未忘也。十日則踰月且異旬也。五日彈琴，十日笙歌，除由外也。琴以手，笙歌以氣。孔氏曰：祥是凶事用遠日，故十日得踰月，若其卜遠不吉，則用近日。雖祥後十日，未得成笙歌，以其未踰月也。

有子蓋既祥而絲屨、組纓。釋文：屨音句。組音祖。

鄭氏曰：譏其早也。既祥，白屨無絇，疏云：變除禮文。縞冠、素紕。有子，孔子弟子有若。孔氏曰：蓋是疑辭，傳聞未審，故云「蓋」。案士冠禮「冬皮屨，夏用葛」，無云「絲屨」者。此云「絲屨」，以絲爲絇、繶、純之屬，有子蓋亦白屨以素絲爲繶、純也。縞冠素紕，當用素爲纓，未用組，今用素組爲纓，故譏之。玉藻云：「玄冠綦組纓。」知此非綦組纓者，若用綦組爲纓，則當以玄色爲冠。若既祥玄冠，失禮之甚，不應直譏組纓也。

死而不弔者三：畏、厭、溺。釋文：厭，于甲反。溺，奴狄反。

鄭氏曰：畏，謂人或時以非罪攻己，不能有以説之死之者。孔子畏於匡。厭，行止危險之下。溺，謂不乘橋船。三者不弔，以其輕身忘孝也。愚謂畏，謂被迫脅而恐懼自裁者；厭，謂覆厭而死者；溺，謂川游而死者。琴張欲弔宗魯，孔子止之，君子之於所弔不敢苟如此。三者之死，皆非正命，故不弔。觀於此，則君子之所以守其身者可知矣。

子路有姊之喪，可以除之矣，而弗除也。孔子曰：「何弗除也？」子路曰：「吾寡兄弟而弗忍也。」孔子曰：「先王制禮。行道之人皆弗忍也。」子路聞之，遂除之。釋文：弗除，如字，徐治慮反。

鄭氏曰：行道，謂行仁義。孔氏曰：庾蔚云：「子路緣姑、姊妹無主後，猶可得反服，推己寡兄弟，亦有申其本服之理，故於降制已遠而猶不除，非在室之姊欲申服過期也。」愚謂喪服爲姑、姊妹在室期，適人則大功，子路之姊，蓋已適人者。可以除之，謂既踰大功之限也。子路以己既寡兄弟，而女子子適人者爲昆弟之爲父後者期，故欲緣報服之義，伸其本服也。孔子言服行道義之人，皆有不忍其親之意，然而不得不除者，則以先王制禮，而不敢過焉耳。然論語稱子路爲季路，則非無兄弟，或雖有兄而早卒與？

大公封於營丘，比及五世，皆反葬於周。君子曰：「樂，樂其所自生。禮，不忘其本。」古之人有言曰：「狐死正丘首，仁也。」釋文：大音泰。樂樂，並音岳，一讀下五教反，又音洛。首，手又反。

鄭氏曰：齊大公受封，留爲大師，死葬於周，子孫生焉，不忍離也。五世之後，乃葬於齊，齊曰營丘。君子言反葬似禮樂之義。仁，恩也。孔氏曰：案五世反葬者，五世之外則親盡也。觀經及註，則大公之外爲五世。案世本：「大公望生丁公伋，伋生乙公得，得生瘠公慈母，慈母生哀公不臣。」案齊世家，哀公荒淫，被紀侯譖之周，周夷王烹哀公，亦葬周也。哀公是大公玄孫，哀公死，弟胡公靖立，靖死，獻公山立，山死，弟武公壽立。若以相生爲五世，則武公以上皆反葬於周；若以爲君五世，則獻公以上反葬周。樂，樂其所自生者，謂先王制樂，愛樂己之王業所自生，若舜愛樂其能紹堯之德，樂名大韶；禹愛樂其治水廣大中國，樂名大夏也。禮，不忘其本者，謂先王制禮，其王業本由質而興，則制禮尚質；王業由文而興，則制禮尚文也。禮樂皆是重本，今反葬於周，亦是重本，故引禮樂以美之。又引古之人遺言云「狐死正其首而嚮丘」。丘是狐窟穴根本之處，死時猶嚮此丘，是有仁恩之心，今五世反葬，亦有仁恩之心也。顧氏炎武曰：太公就封於齊，復入爲太師，薨而葬於周，事未可知，使其有之，亦古人因薨而葬不擇地之常爾。記以首丘喻之，亦已謬矣。乃云「比及五世，皆反葬於周」。夫齊之去周二千餘里，而使其已化之骨跋履山川，觸冒寒暑，自東徂西，以葬於封守之外，於死者爲不仁。古之葬者，祖於庭，塴於墓，反哭其寢，故曰「葬日虞，弗忍一日離」也。使齊之孤重趼送葬，曠月淹時，不獲遵五月之制，速反而虞，於生者爲不孝。且也，入周之境而不見天子則不度，離其喪次而以衰絰見則不祥，若其孤不行而使卿攝之則不恭，勞民傷財則不惠，此數者無一而可。禹葬會稽，其後王不從，而殽之南陵，有夏后皐之墓，豈古人不達禮樂之義哉！體魄則降，知氣在上，故古之事其先人，於廟而不於墓，聖人所以知幽明之故也。然則太公無五世反葬之事明矣。愚謂五世，蓋謂太公至其玄孫哀公也。周禮雖有族葬之法，然古之天子諸侯皆卽其所國而葬，不必皆從其祖宗也。文王葬豐，武王葬鎬，亦可見矣。太公爲周太師，丁公爲虎賁氏，蓋仕於王朝而死，而因葬焉者也。哀公則被烹死於周，而因葬焉者也。乙公、癟公無可考，使果葬周，亦必其死於周耳。若死於其國，豈有越數千里而以柩往葬者？謂五世反葬爲不忘本，實附會之說爾。又案皇覽，呂尚冢在臨淄城南十里，與記所言不合，史記田和亦謚太公，豈皇覽所言者乃和之家，而誤以爲尚與？

伯魚之母死，期而猶哭。夫子聞之，曰：「誰與哭者？」門人曰：「鯉也。」夫子曰：「嘻！其甚也！」伯魚聞之，遂除之。釋文：期音基。與音餘。嘻，許其反，又於其反。

鄭氏曰：伯魚，孔子子也，名鯉。猶，尚也。嘻，悲恨之聲。孔氏曰：悲恨之聲者，謂非責伯魚也。時伯魚母出，父在，爲出母亦應十三月祥，十五月禫。言期而猶哭，則是祥後禫前。祥外無哭，於時伯魚在外哭，故夫子怪其甚也。或曰：爲出母無禫，期後全不合哭。愚謂父在爲母十一月而練，十三月而祥，十五月而禫。出母雖服杖期，而虞、祔、練、祥之祭皆不在己家，直於十三月而除之，無所謂練、祥、禫之祭，亦無所謂練、祥、禫之服也。此時伯魚服已除，但以哀尚未忘，猶有思憶之哭，故夫子怪之。除之者，謂不復哭耳，非除服也。若服猶未除，夫子應怪其服，不應聞其哭方怪之也。○或謂伯魚之母死，期而猶哭，夫子以爲甚，遂除之。此自父在爲母之制當然，疏以爲出母者非。今按祥而外無哭者，禫而內無哭者，父在，爲母十三月而祥，十五月而禫，則祥後禫前內應猶哭，夫子何以怪其甚？疏說未可非也。

舜葬於蒼梧之野，蓋三妃未之從也。季武子曰：「周公蓋祔。」釋文：祔音父。

鄭氏曰：舜征有苗而死，因留葬焉。蒼梧，於周南越之地，今爲郡。祔，謂合葬。孔氏曰：三妃，帝王世紀云：「長妃娥皇，無子；次妃女英，生商均；次妃癸比，生二女，宵明、燭光。」是也。愚謂記者引舜事以證古無合葬之禮，又引季武子之言以明合葬之所自始也。○或問：舜卒於鳴條，而竹書紀年有「南巡不反」，禮記有「葬於蒼梧」之說，何也？朱子曰：孟子所言，必有依據，二書駁雜，恐難盡信。然無他考驗，則亦論而闕之可也。

曾子之喪，浴於爨室。釋文：爨，七亂反。

鄭氏曰：見曾元之辭易簀，矯之以謙儉也。禮，浴於適室。孔氏曰：曾子達禮之人，應須浴於正寢，今乃浴於爨室，明知意有所爲，故知因曾元之辭易簀而矯之也。愚謂凡死皆於適室，因卽其中霤而浴焉。此上下之達，卽不知禮者，亦不聞有改焉者也。曾子欲教其子，正當示之以禮，豈有使之以非禮治其喪耶？以「易簀」章觀之，則曾子之卒在於正寢明矣。乃移尸而浴於爨室，又移尸而反於正寢，以斂且殯焉，既違喪事卽遠之義，又將使新死者內外遷徙，杌隉不安，必非人子之所忍出也。若時有君命之弔，賓客之襚，就爨室而行禮，則褻而不敬；就正室而行禮，則尸與主人皆在他所。此皆禮之所必不可者，此所記必傳聞之誤。○此篇記曾子行禮之失者二：浴於爨室，襲裘而弔，是也。言禮之失者二：弔於負夏，小斂之奠在西方，是也。此章與「負夏」章，決不可信。若襲裘而弔，與小斂之奠在西方，乃禮文之小失，固無害於曾子之賢。然以曾子問一篇觀之，其於禮文曲折之間，無不精究而明辨之，恐亦不當如此篇之所言也。

大功廢業。或曰：大功誦可也。

鄭氏曰：許其口習故也。愚謂業謂弦誦之業也。誦可也者，謂可以誦詩，而不可以操琴瑟也。蓋大功之喪，有降服，有正服，有義服，其情不能無隆殺，故或弦誦並廢，或不廢誦。說者各據其一偏而言之，故不同。曲禮曰：「喪復常，讀樂章。」然則父母之喪，除喪乃得業也。

子張病，召申祥而語之曰：「君子曰終，小人曰死。吾今日其庶幾乎！」釋文：語，魚據反。

鄭氏曰：申祥，子張子。太史公傳曰：「子張，姓顓孫。」今曰「申祥」，周秦之聲，二者相近，未知孰是。死之言澌也。事卒爲終，消盡爲澌。愚謂天之生人，氣以成形，而理具焉。惟君子全而受之，全而歸之，有始有卒，故曰終；小人不能全其所賦之理，則但見其身形之澌滅而已，故曰死。吾今日其庶幾者，言未至今日，猶不敢自信其不爲小人。蓋深明夫全受全歸之不易，以示申祥，使知爲善之不可以一日而怠也。與曾子啟手足以示門人同意。

曾子曰：「始死之奠，其餘閣也與！」釋文：奠，田練反。閣音各。與音餘。

鄭氏曰：不容改新。閣，庋藏食物。朱子曰：自葬以前，皆謂之奠，其禮甚簡。蓋哀不能文，而於新死者亦未忍遽以鬼神之禮事之也。愚謂鬼神依於飲食，始死即設奠，所以依神也。士喪禮「脯、醢、醴酒，升自阼階，奠於尸東」，是也。餘閣者，用閣上所餘脯、醢以奠，一則以仍其生前之食而不忍遽易，一則以用於倉卒之頃而不及別具也。

禮記卷八

檀弓上第三之二

曾子曰：「小功不爲位也者，是委巷之禮也。子思之哭嫂也爲位，婦人倡踊。申祥之哭言思也亦然。」釋文：倡，昌尚反。踊音勇。

鄭氏曰：位，謂以親疏敍列哭也。委巷，謂街里委曲所爲，譏之也。子思哭嫂爲位，善之也。禮，嫂叔無服。婦人倡踊，有服者，娣、姒婦小功。倡，先也。說者云：言思，子游之子，申祥妻之昆弟，亦無服。過此以往，獨哭不爲位。　愚謂哭而爲位者，以親疏敍列爲位，以親者一人爲主，在阼階下西面，而疏者以次而南，如士喪禮主人在阼階下，衆主人及卿大夫皆在其南，是也。若不爲位，則爲主者一人南面，而弔者北面，後言「曾子北面而弔」，小記「哭朋友者於門外之右南面」，是也。委，曲也。哭有服者必爲位，時有哭小功不爲位者，曾子非之，言此乃委巷小人之禮，而非君子之所行也。奔喪云：「無服而爲位者惟嫂叔。」此謂在外聞喪而己爲之主者。子思哭嫂在家，嫂叔無服，而娣姒婦相爲小功，故使婦人爲主而倡踊。妻之兄弟無服，而妻爲之期若大功，故申祥於言思亦爲位而哭，而使其妻爲主而倡踊也。凡踊以婦人居間，此皆使婦人倡踊者，以其爲爲位之禮之所自起也。嫂之喪，子爲之期，妻之兄弟，子爲之緦。今乃不使子爲主而使婦人者，蓋以未有子，或幼而未能爲主耳。記禮者因曾子譏小功不爲位，故引子思、申祥之事，以證哭必爲位之事。○孔叢子，孔氏九世皆一子相承，此云「子思哭嫂」，孔疏謂「兄早卒，故得有嫂」。今案孔子弟子原憲、燕伋皆字子思，此所稱子思，或爲異人，未可知也。

古者冠縮縫，今也衡縫。故喪冠之反吉，非古也。釋文：縮，所六反。縫音逢，又扶用反。衡，依註音橫。

鄭氏曰：縮，從也。今禮制，讀衡爲橫。今冠橫縫，以其辟積多。孔氏曰：古者，自殷以上。縮，直也。殷以上質，吉凶冠皆直縫，辟積襵少，故一一前後直縫之。今，周也。衡，橫也。周吉冠多辟積，不復一一直縫，但多作襵而并橫縫之；若喪冠，猶疏辟而直縫。是喪冠與吉冠相反。時人因謂古亦喪冠與吉冠反，故記者釋之。

曾子謂子思曰：「伋！吾執親之喪也，水漿不入於口者七日。」子思曰：「先王之制禮也，過之者，俯而就之；不至焉者，跂而及之。故君子之執親之喪也，水漿不入於口者三日，杖而后能起。」釋文：漿，子良反。跂，丘豉反。

鄭氏曰：曾子言此，以疾時禮之不如。子思爲曾子言難繼，以禮抑之。愚謂此曾子自言其居喪之過禮，而子思就其意而申之，以明中制也。

曾子曰：「小功不稅，則是遠兄弟終無服也，而可乎？」釋文：稅，徐他外反。

鄭氏曰：小功不稅，據禮而言也。日月已過，乃聞喪而服，曰稅。大功以上然。小功輕，不服。遠兄弟，言相離遠者，聞之恒晚。而可平者，以己恩怪之。孔氏曰：此據正服小功也。喪服小記云：「降而在緦、小功者則稅之。」鄭義限內聞喪則追全服，王肅謂但服殘日。若如王義，限內止少一日，乃始聞喪，若其成服，服未得成即除也，何名追服？其義非也。愚謂兄弟，謂族親也。喪服從祖祖父母、從祖父母、從祖兄弟爲三小功。先王之制服，以其實不以其文，故有其服必有其情，非虛加之而已。小功恩輕，若日月已過而服之，則哀微而不足以稱乎其服矣。曾子篤於恩，故疑不稅之非，然先王之於禮，則以人之可以通行者制之也。

伯高之喪，孔氏之使者未至，冉子攝束帛、乘馬而將之。孔子曰：「異哉！徒使我不誠於伯高。」釋文：使，色吏反。乘，繩證反。四馬曰乘。

鄭氏曰：伯高死時在衛，未知何國人。使，謂賻賵者。冉子，孔子弟子冉有。攝猶貸也。禮所以副忠信也，忠信而無禮，何傳乎？孔氏曰：代弔非孔子本意，是虛有弔禮。若遣人重弔，彌爲不可，故曰「徒使我不誠於伯高」。

伯高死於衛，赴於孔子。孔子曰：「吾惡乎哭諸？兄弟，吾哭諸廟；父之友，吾哭諸廟門之外；師，吾哭諸寢；朋友，吾哭諸寢門之外；所知，吾哭諸野。於野則已疏，於寢則已重。夫由賜也見我，吾哭諸賜氏。」遂命子貢爲之主，曰：「爲爾哭也來者，拜之；知伯高而來者，勿拜也。」釋文：惡音烏。夫，舊音扶，皇如字，謂丈夫，即伯高也。見，如字，皇賢遍反。爲爾來者，爲，于僞反。一本作「爲爾哭也來者」。

鄭氏曰：赴，告也。凡有舊恩者，則使人告之。吾惡乎哭諸，以其交會尚新也。哭兄弟於廟，父之友於廟門外，別親疏也。哭師於寢，朋友於寢門外，所知於野，別輕重也。已猶大也。哭諸賜氏，哭於子貢寢門之外，本於恩也。命子貢爲主，明恩所由也。知伯高者勿拜，異於正主。孔氏曰：凡喪之正主，則知生知死而來，悉拜之。今與伯高相知來者不拜，故鄭云「異於正主」。愚謂惡乎哭者，以其恩在深淺之間，疑之也。哭兄弟、父友於廟者，恩本於祖父也。或於廟，或於廟門之外者，別親疏也。哭師友於寢者，恩成於己也。或於寢，或於寢門之外者，別輕重也。哭所知於野者，恩淺也。於寢則已重，於野則已疎者，不可遽同於師友，而又不可泛等於所知也。命子貢爲之主者，使居寢門外南面之位而拜賓也。知伯高而來則勿拜者，異於有服之親也。哭有服者而爲主，則知生知死而來者皆拜之。○疏以哭兄弟於廟、哭師於寢爲殷法，非也。左傳「凡諸侯之喪，異姓臨於外，同姓於宗廟，同宗於祖廟，同族於禰廟」，則哭兄弟於廟者，固周禮然矣。奔喪「師哭諸廟門之外」，與此異者，葢恩由父者哭諸廟，恩由己者哭諸寢。孔子少孤，事師不由於父，故哭師於寢。

曾子曰：「喪有疾，食肉飲酒，必有草木之滋焉」，以爲薑桂之謂也。

鄭氏曰：增以香味，爲其疾不嗜食也。以爲薑桂之謂，爲記者正曾子所謂。草木滋者，謂薑桂也。

子夏喪其子而喪其明。曾子弔之曰：「吾聞之也，朋友喪明則哭之。」曾子哭，子夏亦哭，曰：「天乎！予之無罪也！」曾子怒曰：「商！女何無罪也？吾與女事夫子於洙、泗之間，退而老於西河之上，使西河之民疑女於夫子，爾罪一也。喪爾親，使民未有聞焉，爾罪二也。

喪爾子，喪爾明，爾罪三也。而曰女何無罪與？」子夏投其杖而拜曰：「吾過矣！吾過矣！吾離羣而索居亦已久矣。」釋文：而喪，息浪反。下「喪明」「喪爾明」同。女音汝。洙音殊。泗音四。罪與，與音餘。離音詈。索，悉各反。

鄭氏曰：明，目精。洙、泗，魯水名。西河，龍門至華陰之地。罪一，言其不稱師也。罪二，言居親喪無異稱。罪三，言隆於妻子。再言「吾過矣」，謝之，且服罪也。羣，謂同門朋友也。索猶散也。孔氏曰：疑女於夫子者，既不稱其師，自爲談說辨慧，聰睿絕異於人，使西河之人疑女道德與夫子相似。

愚謂子夏自言離羣散居，無朋友切磋之益，故至於有過而不自知。○張子曰：子夏喪明，必是初喪親時尚强壯，其喪子，血氣漸衰，故喪明。然曾子之責安得辭也？愚謂此記所言，有無不可知。然曾子之盡言以規過，子夏之聞義而遽服，此則非賢者不能，而學者之所當取法也。

夫晝居於內，問其疾可也；夜居於外，弔之可也。是故君子非有大故，不宿於外；非致齊也，非疾也，不晝夜居於內。釋文：齊，側皆反。

鄭氏曰：晝居於內，似有疾；夜居於外，似有喪。內，謂正寢之中。愚謂內外，謂正寢室之內外也。大故，謂有喪。喪既小斂，主人之位恆在阼階下；既殯，廬於中門之外；致齊與疾，恆在正寢室中。大故，卽喪也。孟子「今也不幸，至於大故」，是也。君子晝必處外，夜必處內，所以順陰陽動靜之宜，以爲興居之節，故事業得其序，身體得其養。苟反其常，則雖不必果有喪疾，而固可以問其疾，弔其喪矣，可不謹哉！

高子臯之執親之喪也，泣血三年，未嘗見齒，君子以爲難。釋文：見，賢遍反。

鄭氏曰：子臯，孔子弟子，名柴。泣血，言泣無聲，如血出。未嘗見齒，言笑之微。君子以爲難，言人不能然。

凡人大笑則露齒本，中笑則齒露，微笑則不見齒。孔氏曰：涕淚必因悲聲而出，若血出，則不由聲。今子臯悲無聲，其涕亦出，故云「泣血」。

衰，與其不當物也，寧無衰。齊衰不以邊坐，大功不以服勤。釋文：衰，七雷反。後五服之衰皆放此，不復音。當，丁浪反。

鄭氏曰：寧無衰，惡其亂禮也。不當物，謂精麤、廣狹不應法制。邊，偏倚也。不以邊坐、服勤，爲褻喪服。孔氏曰：齊衰言不邊坐，則大功可也。大功不服勤，則齊衰固不可，而小功可也。愚謂衰，謂五服之衰。物，謂升數之多寡，鍛治之功沽。衰之物不同，所以别恩誼之親疏，不可得而亂也。無衰而禮自若，不當物，則亂於喪紀而禮亡矣。邊坐，謂坐不中席也。不以邊坐，不以服勤，皆所以致其嚴敬，蓋敬所以攝哀，而褻則或忘也。

孔子之衛，遇舊館人之喪，入而哭之哀，出，使子貢說驂而賻之。子貢曰：「於門人之喪，未有所說驂，說驂於舊館，無乃已重乎？」夫子曰：「予鄉者入而哭之，遇於一哀而出涕。予惡夫涕之無從也，小子行之！」釋文：稅，本又作「說」，同他活反，徐又始鋭反。驂，七南反。鄉，本又作「嚮」，許亮反。出涕，出如字，徐尺遂反，涕音體。惡，烏路反。夫音扶。

鄭氏曰：館人，前日君所使舍己。賻，助喪用。騑馬曰驂。子貢言說驂大重，比於門人，恩爲偏頗。

遇，見也。孔子言舊館人恩雖輕，我入哭，見主人爲我盡一哀，是以厚恩待我，我爲出涕。恩厚，宜有重施。客行無他物可以易之者，使遂以往。孔氏曰：說驂於舊館，惜車於顏淵者，顏淵之死，必當有物與之，顏路無厭，故卻之耳。輔氏廣曰：義之所可，則說驂以贈館人而不吝；義所不可，則顏路請車而不從。於此可見聖人處事之權衡。愚謂館人猶舍人，舊時館舍之人也。凡賻，以錢財爲常，其重者乃用車馬。館人誼疏，故子貢以說驂爲重而怪之。一與壹同。遇於一哀，言己入弔時，遇主人之專一而致其哀也。蓋主人之於弔賓恩深者，其哀恆切，今主人爲孔子而致哀，是以厚恩待孔子也。孔子感之而爲之出涕，是又以厚恩答之也。情必資物以表之，若無以賻之，則疑於情之不足，而鄉者之涕幾於虛僞而無所自出矣。說驂以賻者，客行無他物可賻故也。○孔氏曰：孔子得有驂馬者，案王度記：「天子駕六馬，諸侯四，大夫三，士二。」古毛詩云：「天子至大夫皆駕四。」孔子既爲大夫，若依王度記，則有一驂馬；若依毛詩說，則有二驂馬也。愚謂詩大明詠武王而曰「駟騵彭彭」，車攻詠宣王而曰「四牡龐龐」，此天子駕四也。采菽言「載驂載駟」，此諸侯駕四也。節南山言「四牡項領」，此大夫駕四也。惟士則駕二，故士喪禮下篇「公賵玄纁束、馬兩」。又家語昭公與孔子一乘車、兩馬；時孔子未爲大夫也。書言「朽索馭六馬」，詩言「良馬五之」、「良馬六之」，不過極言其多耳，非實有一乘駕六馬之法也。王度記之言不可據。

孔子在衛，有送葬者，而夫子觀之，曰：「善哉爲喪乎！足以爲法矣。小子識之！」子貢曰：「夫子何善爾也？」曰：「其往也如慕，其反也如疑。」子貢曰：「豈若速反而虞乎？」子曰：

「小子識之！我未之能行也。」釋文：識，式志反，又音式。

鄭氏曰：慕，謂小兒隨父母啼呼。疑者，哀親之在彼，如不欲還然。哀戚，本也；祭祀，末也。　愚謂其往也如慕者，孝子以親往葬於墓，欲從之而不能，如嬰兒之思慕其親而啼泣也。其反也如疑者，既葬，迎精而反，不知神之來否，故遲疑而不欲遽還也。虞，祭名。葬反日中而虞。子貢恐反遲則虞祭或違於禮，而不知祭祀者禮之文，而哀戚者乃禮之本也。夫子言己未能行，自抑以深善之。

顏淵之喪，饋祥肉，孔子出受之；入，彈琴而後食之。釋文：饋，其位反。

鄭氏曰：彈琴，以散哀也。　愚謂夫子爲顏子、子路皆如喪子而無服，而其於顏子之死，哀痛尤深，蓋心喪之如長子，自祥以前皆廢樂也。父母之喪，三年不爲樂，而祥之日鼓素琴。夫子爲顏子心喪廢樂，故彈琴而後食祥肉，蓋以此爲釋心喪之節也。

孔子與門人立，拱而尚右，二三子亦皆尚右。孔子曰：「二三子之嗜學也，我則有姊之喪故也。」二三子皆尚左。釋文：拱，恭勇反。嗜，市志反。

鄭氏曰：二三子亦皆尚右，傚孔子也。嗜，貪也。尚左，復正也。喪尚右，右，陰也；吉尚左，左，陽也。

愚謂凡拜，男尚左手，左，陽也。其拱亦然。凶事則尚右手，反吉也。婦人則吉事尚右，凶事尚左。

孔子蚤作，負手曳杖，消搖於門，歌曰：「泰山其頹乎！梁木其壞乎！哲人其萎乎！」既歌而入，當戶而坐。子貢聞之，曰：「泰山其頹，則吾將安仰？梁木其壞，哲人其萎，則吾將安放？夫子殆將病也！」釋文：蚤音早。抴，羊世反，亦作「曳」。消搖，本又作「逍遥」。頹，徒回反。委，本又作

「萎」，同紆危反。放，方兩反。○謝氏枋得云：劉尚書美家藏禮記，「梁木其壞」下有「則吾將安仗」五字。今按：注疏並不解此句，殆後人所增耳。

鄭氏曰：作，起也。負手曳杖，消搖於門，欲人之怪己。泰山，衆山所仰。梁木，衆木所放。哲人，亦衆人所仰放也。萎，病也。詩曰：「無木不萎。」孔氏曰：杖以扶身，恆在前而用，今反手卻後曳之，示不復杖也。夫子禮度自守，貌恆矜莊，今乃消搖放散，以自寬縱，皆示若不能以禮自持，並將死之意狀。放，依也。愚謂門，謂寢門也。當户而坐，鄉明也。君子之居恆當户。夫子自知其病而將死，故其見於歌者如此，而子貢聞而知其意也。

遂趨而入。夫子曰：「賜！爾來何遲也？夏后氏殯於東階之上，則猶在阼也。殷人殯於兩楹之間，則與賓主夾之也。周人殯於西階之上，則猶賓之也。而丘也，殷人也。予疇昔之夜，夢坐奠於兩楹之間。夫明王不興，而天下其孰能宗予？予殆將死也！」蓋寢疾七日而没。釋文：阼，才故反。夾，本又作「俠」，古洽反。

鄭氏曰：孔子夢坐兩楹之間而見饋食。言奠者，以爲凶象。疇，發聲也。昔猶前也。孰，誰也。宗，尊也。兩楹之間，南面鄉明，人君聽治正坐之處。今無明王，誰能用我以爲人君乎？是我殷家奠殯之象，以此自知將死。明聖人知命。陳氏澔曰：孔子其先宋人，成湯之後，故自謂殷人。孔子以殷人而享殷禮，故自知將死。由今觀之，萬世王祀，亦其應矣。愚謂東階，主人之階也。夏人以新死未異於生，故殯於東階之上，則猶在主人之位也。西階，賓客之階也。周人以死者與生不同，而鬼神之位在西，故殯於西階之上，則猶在賓客之處也。兩楹之間，謂户牖之間，南面之位，其東西直兩楹之中間也。堂上之位，以此爲最尊。殷人以鬼神應居尊位，故殯於兩楹之間，而賓主之位夾其兩旁也。奠，定也。坐奠，猶言安坐也。人君每日視朝於治朝，退適路寢聽政，則其正坐在兩楹之間。大夫雖有私朝，其聽政不敢南面，避人君也。夫子自言夢坐安於兩楹之間，而明王不興，天下無尊我以爲君者，則非南面聽治之象，而必爲殷家喪殯之兆矣，故以此自卜其將死也。鄭氏謂奠爲饋奠，非也。士喪禮大斂，奠在室。是殯所無設奠之法也。又士喪禮小斂卒斂，「男女奉尸，俠于堂」，而小斂奠設於尸東。若奠爲喪奠，則夫子何不言小斂俠尸，而乃以殷家之殯爲言乎？況人君於路寢聽政，其飲食初不在此，尤不得以奠爲饋食也。○吳氏澄曰：聖人德容，至死不變。今負手曳杖，逍遥於門，周旋中禮者似不如是。聖人樂天知命，視死生如晝夜，豈自爲歌辭以悲其死？且以「哲人」爲稱，泰山、梁木爲比，自稱若是？聖人清明在躬，志氣如神，生死固所自知，又豈待占夢而知將死？蓋是周末七十子以後之人將以尊聖人，而不知適以卑之也。愚謂夫子自知其將死而見之於歌，非所謂「自悲其死」也。夫子嘗自言「天生德於予」，又曰「斯文在兹」，則泰山、梁木之擬亦無足疑。占夢而知其將死，是卽志氣如神之效。若謂生死固所自知，而無待於夢，則夫子豈管輅、郭璞之流耶？惟負手曳杖，非周旋中禮之容，誠有如吳氏所言者，其或記者之失與？

孔子之喪，門人疑所服。子貢曰：「昔者夫子之喪顔淵，若喪子而無服。喪子路亦然。請喪夫子若喪父而無服。」

鄭氏曰：無服，不爲衰，弔服加麻，心喪三年。　孔氏曰：依禮，喪師無服。門人以夫子聖人，與凡師不同，故疑所服。知爲師弔服加麻者，案喪服：「朋友麻。」下云：「孔子之喪，二三子皆絰而出；羣居則絰，出則否。」是弟子相爲與爲夫子同，但絰出與不出有異，則喪師與朋友同也。爲師及朋友，皆既葬除之。　程子曰：師不立服，不可立也，當以情之厚薄，事之大小處之。如顏、閔於孔子，其成己之功，與君父並；其次各有淺深，稱其情而已。下至曲藝，莫不有師，豈可一概制服。　愚謂喪服記云：「朋友麻。」蓋弔服以葛爲絰，朋友則用麻爲之也。　服問「公爲卿大夫錫衰以居」，「大夫相爲亦然」。錫衰，大夫相弔之服也。大夫相爲，亦朋友之義，而用其弔服以居，則謂爲朋友弔服加麻者信矣。士之弔服，素冠而疑衰、素裳。弔服之絰，在五服之外，當又小於緦麻之絰，其亦以五分去一爲之差與？舊說謂朋友相爲服緦之絰帶，無所據也。

孔子之喪，公西赤爲志焉。飾棺牆，置翣設披，周也。設崇，殷也。綢練設旐，夏也。釋文：置，知吏反。披，彼義反。綢，吐刀反，徐直留反。旐，直小反。

鄭氏曰：公西赤，孔子弟子，字子華。志，謂章識。牆，柳衣。牆之障柩，猶垣牆障家。翣，以布衣木，如襵與？披，柩行夾引棺者。崇崇牙〔一〕，旌旗飾也。綢練，以練綢旌之杠。此旌，葬乘車所建也。旌之旐，緇布廣充幅，長尋，曰旐。爾雅說旌旗曰：「素錦綢杠。」夫子雖殷人，兼用三王之禮，尊之。　孔氏曰：孔子之葬，公西赤以飾棺榮夫子，故爲盛禮，備三王之法，以章明志識焉。於是以素爲褚，褚外

〔一〕「崇」字原本不重，據禮記注疏補。

加牆，車邊置翣，恐柩車傾虧，而以繩左右維持之，此皆周之法也。其送葬，乘車所建旌旗，刻繒爲崇牙之飾，此則殷法。又韜盛旌旗之竿以素錦，於杠首設長尋之旐，此則夏禮也。尊崇夫子，故兼用三代之飾也。鄭註障柩之牆，卽柳也。外旁帷荒，中央材木，總而言之，皆謂之爲柳。縫人註云：「柳，聚也，諸飾所聚也。」翣，以木爲筐，廣三尺，高二尺四寸，方兩角高，衣以白布，畫雲氣，柄長五尺，如扇，漢謂扇爲⿰衤翣也。知此旌乘車所建者，案既夕禮陳車門內右北面，「乘車載旜」，「道車載朝服，槀車載蓑笠」，故知此旌乘車所建也。夫子用三代之禮不爲僭者，用其大夫之禮耳。愚謂葬之有飾，所以表識人之爵行，故謂之志。孔子之喪，使公西赤爲志者，以其習於禮樂之事也。崇，崇牙也。樂虡有崇牙，以縣鐘磬之紘，此則刻於旗杠之首，以注旄者與？○孔氏曰：案既夕，士禮有二旌：一是銘旌，初死，書名於上，曰「某氏某之柩」，葬則入壙；二是乘車之旌。則既夕禮「乘車載旜」，亦在柩前，至柩入壙，乃斂乘車所載之旌，載於柩車而還，言送形而往，迎精而反也。其大夫諸侯則無文。其天子亦有銘旌，司常云：「共銘旌。」又云：「建廞車之旌。」廞，謂興作之，則明器之車也。其旌卽明器之旌，至壙，從明器納之壙中。又士禮既有乘車載旜，則天子亦當有乘車載大常，至壙亦載之而歸，但禮文不具耳。是天子三旌也。熊氏以爲大夫以上有遣車，卽有廞旌，亦有三旌也。愚謂士惟一旗，故乘車載旜。若天子有五路，葬時皆用爲魂車，則每路各建其旗，又遣車九乘，車各有旌，并銘旌當有十五旌也。若諸侯，則同姓自金路以下，又遣車七乘，并銘旌爲十二旌；異姓自象路以下，并遣車之旌及銘旌爲十一旌也。

子張之喪，公明儀爲志焉。褚幕丹質，蟻結於四隅，殷士也。釋文：褚，張呂反。幕音莫。蟻，魚綺反，又作「蛾」。

鄭氏曰：以丹布幕爲褚，葬覆棺，不牆不翣。畫褚之四角，其文如蟻行往來相交錯。蟻，蚍蜉也。殷之蟻結，似今蛇文畫。子張學於孔子，傚殷禮。孔氏曰：公明儀，是子張弟子。褚，謂覆棺之物，大夫以上，其形似幄，士則無褚。今公明儀尊敬其師，故特爲褚，但似幕形，而以丹質之布爲之，又於褚之四角畫蚍蜉之形，交結往來，不牆不翣，用殷禮也。夫子聖人，弟子尊之，兼用三代之禮。今公明儀雖尊其師，祇用殷禮而已。愚謂周禮，人君大夫士之葬皆有牆、翣，上章云「飾棺牆，置翣，周也」，是也。其自大夫以上，又有褚，其形如幄，上下四周，以素錦爲之。今公明儀於子張之葬，不置牆、翣，但用丹布爲褚，覆於棺上而不四周，而畫蚍蜉於褚之四角，此乃殷之士禮，故曰「殷士也」。然則殷自大夫以上，其褚蓋亦四周而用錦帛之屬與？孔子兼習三代之禮，而七十子之徒亦學焉，故公明儀用殷禮以葬其師，蓋亦崇儉尚質之意與？

子夏問於孔子曰：「居父母之仇，如之何？」夫子曰：「寢苫枕干，不仕，弗與共天下也。遇諸市朝，不反兵而鬭。」曰：「請問居昆弟之仇如之何？」曰：「仕弗與共國，銜君命而使，雖遇之不鬭。」曰：「請問居從父、昆弟之仇如之何？」曰：「不爲魁，主人能，則執兵而陪其後。」釋文：苫，始占反。枕，之鴆反。朝，直遥反。使，色吏反。從，如字，徐才用反。陪，步回反。

鄭氏曰：居父母之仇，雖除喪，居處猶若喪也。干，盾也。弗與共天下，不可以並生也。不反兵，言雖適市朝，不釋兵也。昆弟之仇，銜君命不鬬，爲負而廢君命也。魁猶首也。天文北斗，魁爲首，杓爲末。執兵陪其後，爲其負，當成之。孔氏曰：不反兵而鬬者，恆執殺之備，雖在市朝，不待反還取兵，卽當鬬也。然朝在公門之內，兵器不入公門，此得持兵入朝者，案閽人「掌中門之禁」，但兵器不得入中門耳。其大詢衆庶，在臯門內，案大詢衆庶在臯門外，說見玉藻。則得入也。且朝文既廣，設朝或在野外，或在縣、鄙、鄉、遂，但有公事之處，皆謂之朝。兵者，亦謂佩刀以上，不必要是矛戟。上曲禮云「兄弟之讎不反兵」，此云「父母之仇不反兵」者，父母、昆弟之仇皆不反兵。曲禮「昆弟之讎不反兵」，謂非公事或不仕者，故恆執殺之備；此文「昆弟之仇」，據身仕爲君命出使，遇之不鬬，故不得云「不反兵」也。二文相互乃足。愚謂寢苫者，恆以喪禮自處也。枕干者，報仇之器不離於身也。不仕者，父仇未報，故無心於仕宦，且爲有君事則於報仇或妨也。弗與共天下，卽不與共戴天之意。遇諸市朝，不反兵而鬬者，兵器不離身，遇之卽鬬，不待反而取兵也。昆弟有仇，猶可以仕，但不與仇人同國耳。銜君命則遇之不鬬，不以私仇廢公事也。若非銜君命，亦不反兵而鬬矣。周禮「朋友之讎視從父兄弟」，曲禮言「朋友之讎不同國」，此言從父、兄弟之讎不爲魁者，曲禮據死者無子，無親於己者；此自有主人，故但助之而已。

孔子之喪，二三子皆絰而出；羣居則絰，出則否。釋文：絰，大結反。

鄭氏曰：尊師也。出，謂有所之適。羣，謂七十二弟子相爲朋友服。愚謂服問：「公爲卿大夫錫衰以居，出亦如之；大夫相爲亦然。」司服緦衰、錫衰、疑衰，「其首服皆弁絰」。公爲卿大夫及大夫相爲皆錫衰，則亦當有絰。是弔服加絰者，出與居皆服之，朋友相爲亦宜然。今七十子相爲，出乃不服者，蓋以孔子之喪既絰而出，故於朋友之服微殺之，以示其不敢同於師之意，蓋酌乎禮之宜而變之也。

易墓，非古也。釋文：易，以豉反。

鄭氏曰：易，謂芟治草木，不易者丘陵也。　孔氏曰：墓，謂冢旁之地。不易者，使有草木如丘陵然。　愚謂墓以藏體魄，無所事於易也。卽古不修墓之意。

子路曰：「吾聞諸夫子：喪禮，與其哀不足而禮有餘也，不若禮不足而哀有餘也。祭禮，與其敬不足而禮有餘也，不若禮不足而敬有餘也。」

鄭氏曰：喪主哀。祭主敬。　孔氏曰：喪禮有餘，謂明器衣衾之屬多也。祭禮有餘，謂俎豆牲牢之屬多也。　陳氏澔曰：有其禮，無其財，則禮或有所不足，哀敬則可自盡也。此夫子反本之論，亦寧戚寧儉之意。　愚謂禮有餘，謂財物之繁多，儀節之詳盡也。喪、祭之禮，固有一定，然第務於禮而哀敬不足以稱之，則見爲有餘矣。此於禮之末雖舉，而其本則有所未盡也。若哀敬有餘而於儀物或有所未盡，此雖未足以言備禮，而其本則已得矣。行禮固以本末兼盡者爲至，若就其偏者而較其得失，則又以得其本者爲貴也。

曾子弔於負夏，主人既祖塡池，推柩而反之，降婦人而后行禮。從者曰：「禮與？」曾子曰：「夫祖者且也。且胡爲其不可以反宿也？」釋文：塡池，依註音奠徹，盧、王並如字。推，昌隹反，又吐回反。柩，其久反。從，才用反，下同。與音餘。夫音扶，下同。

鄭氏曰：負夏，衞地。祖，謂移柩車去載處爲行始也。填池，當爲「奠徹」，謂徹遣奠，設祖奠。推柩而反，榮曾子弔，欲更始也。禮，既祖而婦人降，今既反柩，婦人辟之，復升堂矣。柩無反而反之，而又降婦人，蓋欲矜賓於此婦人，皆非也。且，未定之辭。孔氏曰：案既夕禮啟殯之後，柩遷於祖，升自西階，正柩於兩楹間。鄭註云「是時柩北首」，設奠於柩西。此奠，謂啟殯之奠也。質明徹去啓奠，乃設遷祖之奠於柩西，至日側乃卻下棺，載於階間降下。遷祖之奠，設於柩車西。時柩猶北首，乃飾棺設披屬引，徹去遷祖之奠，還柩鄉外而爲行始，謂之祖。婦人降，卽位於階間，乃設祖奠。至厥明，徹祖奠，設遣奠，然後徹之，苞牲取下體，遂行。此是啟殯之後至柩車出之節也。曾子之弔，在祖之明日徹祖奠、設遺奠之時，主人榮曾子之來，乃徹遺奠，更設祖奠。又推柩鄉北，又遣婦人升堂，至明旦，婦人從堂更降，而後行遺車禮。遺車，疑當作「遣奠」。愚謂此章之義難曉，而註疏之説如此。然既設遣奠，則葬日也。葬日必卜，而弔事俄頃可畢，豈必還柩反宿，以違其素卜之期乎？疑所謂「既祖」者，謂葬前一夕，還車爲行始之後，而非祖之明日也。奠謂祖奠，徹之者，因推柩而辟之也。降婦人者，婦人辟推柩，故升堂，柩既反而復降，立於兩階間之東也。行禮，曾子行弔禮也。必降婦人而後行禮者，以既祖之後，婦人之位本在堂下，非爲欲矜賓於婦人也。柩反而曰「反宿」者，曾子既弔之後，主人不欲頻動柩車，至明日乃始還車鄉外而行遣奠也。

從者又問諸子游曰：「禮與？」子游曰：「飯於牖下，小斂於户内，大斂於阼，殯於客位，祖於庭，葬於墓，所以卽遠也。故喪事有進而無退。」曾子聞之曰：「多矣乎！予出祖者。」釋文：飯，煩晚反。牖，羊久反。斂，力驗反。禮家凡「大斂」「小斂」之字皆同，不重出。

飯，以米、貝實尸口中也。小斂大斂，皆以衣斂尸，衣少曰小斂，衣多曰大斂。殯，斂於棺而塗之也。周人殯於西階之上。即，就也。從者疑曾子之言，故又問諸子游，而子游告之如此，則反柩非禮明矣。多猶勝也。言子游所言出祖之事勝於己也。○下篇云「君於大夫將葬，弔於宮，命引之，三步則止」，則柩於將葬，雖君弔不爲反也。此乃爲曾子而反柩，殊爲可疑。且反柩之失，曾子豈有不知？註疏謂曾子心知其非，而給說以答從者，則尤非曾子之所出也。然則此事蓋亦傳聞而失其實者與？

曾子襲裘而弔，子游裼裘而弔。曾子指子游而示人曰：「夫夫也，爲習於禮者，如之何其裼裘而弔也？」主人既小斂，袒、括髮，子游趨而出，襲裘、帶、絰而入。曾子曰：「我過矣！我過矣！夫夫是也。」釋文：裼，星歷反。夫夫，上音扶，下如字。一讀並如字。袒，徒旱反。括，古活反。

夫夫，猶言是人也。袒，袒衣而露其臂也。括髮，去纚而約其髮以麻也。始死，主人笄、纚、深衣，至小斂，乃袒、括髮，始變服也。帶、絰，服弔服之葛帶、絰也。出而帶、絰者，死者之寢門外，蓋張次以爲弔者之所止息，而其絰、帶亦饌焉，故出而取服之也。凡弔者，主人未變，則吉服，羔裘、玄冠，緇衣、素裳，又裼而露其中衣；主人既變，則襲而加絰、帶，其冠與衣猶是也；主人既成服，則服弔衰。○喪服記：「朋友麻。」奔喪：「無服而爲位者惟嫂叔，及婦人降而無服者麻。」此二者之麻，皆弔服也。而特言麻，可以見凡弔絰之非麻矣。喪服記「公子爲其母練冠麻」，「爲其妻縓冠，葛絰、帶」，以麻對葛而言，可以見喪服記「朋友麻」及奔喪所言之「麻」，皆對葛而言麻矣。士虞禮：「祝免，澡葛絰、帶。」祝乃公有司，其所服固弔服也，而葛絰、帶則弔服之絰、帶，於此可見矣。士爲朋友麻，若弔於未成服，則亦葛絰、帶，蓋未成服則弔者猶玄冠，麻不加於采也。又註謂子游「所弔者朋友」，疏謂「弔服惟有絰，朋友乃加帶」，非也。子游所弔，不言其爲何人，安知其爲朋友乎？喪大記「弔者加武，帶、絰」，則凡弔者皆帶、絰備有，不獨朋友矣。

子夏既除喪而見，予之琴，和之而不和，彈之而不成聲，作而曰：「哀未忘也，先王制禮而弗敢過也。」子張既除喪而見，予之琴，和之而和，彈之而成聲，作而曰：「先王制禮，不敢不至焉。」釋文：見，賢遍反。予，羊汝反。和音禾，或胡卧反。忘音亡。

除喪，既祥也。和，調弦也。子夏哀未盡而能自節，子張哀已盡而能自勉，所謂俯而就之，跂而及之也。○孔氏曰：案家語及詩傳皆言子夏喪畢，夫子與琴，援琴而弦，衎衎而樂；閔子騫喪畢，夫子與琴，援琴而弦，切切而哀，與此不同。子夏居喪無異聞，而閔子騫至孝，當以家語及詩傳爲正。愚謂子張務外，而子夏誠篤，則其居親之喪，其哀之至與不至，固當異矣。曾子謂子夏喪親未有聞，特謂未聞其喪明耳，未可據此而疑其喪親之不能盡哀也。此與家語、詩傳所言，未知孰是。

司寇惠子之喪，子游爲之麻衰，牡麻絰。文子辭曰：「子辱與彌牟之弟游，又辱爲之服，敢辭。」子游曰：「禮也。」文子退，反哭。子游趨而就諸臣之位。文子又辭曰：「子辱與彌牟之弟游，又辱爲之服，又辱臨其喪，敢辭。」子游曰：「固以請。」文子退，扶適子南面而立，曰：「子辱與彌牟之弟游，又辱爲之服，又辱臨其喪，虎也敢不復位！」子游趨而就客位。釋文：

彌，亡卑反。牟，莫侯反。爲之，於僞反。適，丁歷反。

鄭氏曰：司寇惠子，衛將軍文子彌牟之弟惠叔蘭也，生虎者。惠子廢適立庶，子游爲之重服以譏之。麻衰，以吉服之布爲衰。子游名習禮，子游曰「禮」，文子亦以爲當然，未覺其所譏。趨而就諸臣之位，深譏之。大夫之家臣，位在賓後。虎，適子名。文子覺所譏，親扶而辭，敬子游也。南面而立，則諸臣位在門內北面明矣。愚謂麻衰用吉布十五升爲弔服，而又以爲胸前之衰也。士弔服疑衰，麻衰視疑衰爲輕。朋友麻，其非朋友，弔服用葛絰而已。子游以惠子廢適立庶，故特爲輕衰重絰以譏之。文子言子游但與其弟游而已。其恩未至於朋友，而乃爲服朋友之麻絰，故以其重而辭之。反哭者，反其位而哭也。子游於司寇氏，爲異國之士，位在西方東面。士喪禮「士西方東面」，是也。大夫諸臣之位，蓋門東北面東上與？趨而就諸臣之位，變位以深譏之。復位，謂復其爲喪主之位也。趨而就客位者，所譏已行，而復其正也。

將軍文子之喪，既除喪而后越人來弔，主人深衣、練冠，待于廟，垂涕洟。子游觀之曰：「將軍文氏之子，其庶幾乎！亡於禮者之禮也。其動也中。」釋文：涕，他計反。洟音夷。自目曰涕，自鼻曰洟。亡音無。中，竹仲反。

鄭氏曰：主人，文子之子簡子瑕也。深衣、練冠，凶服變也。待于廟，受弔不迎賓也。中，中禮之變。愚謂除喪，蓋禫除吉祭之後，新主已遷於廟，故就廟而受弔也。深衣，十五升布，連衣裳爲之，其服在吉凶之間。練冠，小祥之冠也。時文氏喪服已除，吉服又不可以受弔。聘禮：「遭喪，大夫練冠長衣以受。」彼凶中受吉禮，此吉中受凶禮，故放其服而畧變焉。祥而外無哭者，禫而內無哭者，故但垂涕洟以致其哀而已。庶幾，近也，言其近於禮也。蓋除喪受弔，乃禮之所未有，文子之子處禮之變，酌乎情文之宜而行之，而能不失乎禮意，故子游善之。案士喪禮：「君使人弔、禭，主人迎於寢門外。」若異國君之使，其敬之當與己君之使同。此主人待于廟不迎者，蓋弔者非越君之命與？

幼名，冠字，五十以伯仲，死謚，周道也。釋文：冠，古亂反。

孔氏曰：名以名質，生若無名，不可分別，故生三月而加名。二十有爲人父之道，朋友等類不可復呼其名，故冠而加字。五十者，艾轉尊，又捨其二十之字，直以伯仲別之，至死而加謚。凡此皆周道也。然則自殷以前，爲字不在冠時，伯仲不當五十，以殷尚質，不諱名故也。又殷以上有生號，仍爲死後之稱，更無別謚，周則死後別立謚。案士冠禮二十已有「伯某甫，仲、叔、季」，此云「五十以伯仲」者，二十之時雖云「伯仲」，皆配「某甫」而言，五十直稱「伯仲」耳。禮緯含文嘉云：「質家稱仲，文家稱叔。」上曲禮疏引含文嘉與此同，據白虎通「稱」當作「積」。蓋伯、仲、叔、季之稱惟四，其昆弟多者，質家則積於仲，文家則積於叔也。周代是文，故有管叔、蔡叔、霍叔、康叔等，末者稱聃季也。賈氏公彥曰：檀弓「五十以伯仲，周道也」，是稱伯仲之時，兼字而言，若孔子稱尼甫，至五十去「甫」配「仲」，而稱之曰仲尼是也。愚謂五十以伯仲，賈、孔之說不同，蓋賈氏爲是。冠時字之，雖已曰「伯某甫」，「仲、叔、季」惟所當，而其後稱之則但曰「某甫」，至五十而後稱曰「伯某」也。特牲禮稱其祖曰「皇祖某甫」，少牢禮則曰「皇祖伯某」，是「伯某」之稱尊於「某甫」可知。

經也者，實也。

鄭氏曰：所以表哀戚。陳氏澔曰：麻在首在要皆曰絰。絰之言實，明孝子有忠實之心也。敖氏繼公曰：凡喪服衰裳冠帶之屬，皆因吉服而易之，惟首絰則不然。蓋古者未有喪服之時，但加此絰以表哀戚，後世聖人因而不去，且異其大小之制以爲輕重云。

掘中霤而浴，毀竈以綴足，及葬，毀宗躐行，出于大門，殷道也。學者行之。釋文：掘，求月反，又求勿反。霤，力救反。綴，竹劣反，又竹衛反。躐，良輒反。

鄭氏曰：明不復有事於此。周人浴不掘中霤，葬不毀宗躐行。毀宗，毀廟門之西而出，行神之位在廟門之外。學於孔子者行之，傚殷禮。孔氏曰：中霤，室中也。死而掘室中之地作坎，一則言此室於死者無用，二則以牀架坎上，尸於牀上浴，令水入坎中也。毀竈綴足者，一則示死者無復飲食之事，二則恐死人冷彊，足辟戾不可著屨，故用毀竈之甓，連綴其足令直，可著屨也。宗，廟也。殷人殯於廟，至葬，毀廟門西邊牆而出於大門，一則明此廟於死者無事，二則行神之位在廟門西邊，當所毀宗之外。若生時出行，則爲壇告行神，車躐壇上而出，使道中安穩，今柩行毀宗而出，仍得躐此行壇，如生時也。殷道，謂殷禮也。周浴用盤承浴汁，不掘中霤；綴足用燕几，不毀竈；殯於正寢，至葬而朝廟，從正門出，不毀宗也。愚謂坊記曰：「浴於中霤。」是周人浴亦在中霤，但不掘耳。

子柳之母死，子碩請具。子柳曰：「何以哉？」子碩曰：「請粥庶弟之母。」子柳曰：「如之何其粥人之母以葬其母也？不可。」既葬，子碩欲以賻布之餘具祭器。子柳曰：「不可。吾聞之也，君子不家於喪。請班諸兄弟之貧者。」釋文：鬻，本又作「粥」，音育。

鄭氏曰：子柳，魯叔仲皮之子，子碩兄。具，謂葬之器用。何以，言無其財。粥，謂嫁之也。妾賤，取之曰買。不粥人之母以葬其母，忠恕也。古者謂錢爲泉、布，所以通布貨財。不家於喪，惡因死者以爲利。班諸兄弟之貧者，以分死者所矜也。陳氏澔曰：欲粥庶母以治喪，則乏財可知，而「不家於喪」之言，確然不易，古人之安貧守禮如此。愚謂子柳，孔子弟子顏幸，下篇所稱顏柳是也。子碩，子柳之弟。具，謂葬之器用，明器、柳、翣之屬也。何以者，言貧無以爲葬具，欲稱家之有無，而從其儉也。君子愛其親以及人之親，粥人母以葬其母，非仁也。家於喪，謂因喪以爲利，非義也。賻布，所以送死，兄弟之貧者，亦死者之所矜，故以賻布之餘班之，緣死者之意以廣其恩也。

君子曰：「謀人之軍師，敗則死之；謀人之邦邑，危則亡之。」

一萬二千五百人爲軍，二千五百人爲師。大夫死衆。謀人之軍師而至於敗，則喪師辱國，而其義不可以獨生矣。春秋晉、楚之大夫若成得臣、荀林父等，皆以軍敗請死，蓋此義也。亡，去國也。大夫去國，離宗廟，去邦族，其禍等於失國，其哀放於居喪。謀人之邦邑，危則亡之，以見危人之國者，亦不敢自保其家，亦國亡與亡之義也。陳氏祥道曰：思其敗之死，則無輕軍師；思其危之亡，則無輕邦邑。

公叔文子升於瑕丘，蘧伯玉從。文子曰：「樂哉斯丘也！死則我欲葬焉。」蘧伯玉曰：「吾子樂之，則瑗請前。」釋文：蘧，本又作「璩」，其魚反。從，才用反，又如字。樂音洛，下同。一讀下樂五教反。瑗，于卷反，又於顧反。

鄭氏曰：二子，衛大夫。公叔文子，獻公之孫，名拔。瑗，伯玉名。則瑗請前，刺其欲害人良田。愚謂伯玉以文子欲奪人之地以爲葬地，故言吾子若樂此，則瑗請前行以去，示不欲聞其謀也。觀於此，則公明賈謂公叔文子「時然後言」，「義然後取」，豈其然乎？

弁人有其母死而孺子泣者，孔子曰：「哀則哀矣，而難爲繼也。夫禮，爲可傳也，爲可繼也，故哭踊有節。」釋文：弁，皮彥反。孺，而註反。傳，直專反。

鄭氏曰：孺子泣，言聲無節。難繼，失禮中也。孔氏曰：雜記：「曾申問於曾子曰：『哭父母有常聲乎？』曰：『中路嬰兒失其母，何常聲之有？』」與此違者，曾子所言是始死之時，悲哀志懣，未可爲節；此所言在襲、斂之後，可以禮制，故哭踊有節也。

叔孫武叔之母死，既小斂，舉者出戶，句。出戶袒，且投其冠，括髮。子游曰：「知禮。」

鄭氏曰：叔孫武叔，公子牙之六世孫，名州仇，毀仲尼者。出戶，乃變服，失哀節。冠，素委貌。愚謂上云「出戶」者，舉尸者出戶也；下云「出戶」者，武叔出戶也。始死笄、纚，至小斂乃加素冠，蓋殯斂者喪之大節，故不敢以不冠臨之。笄、纚者所以爲變，冠者所以爲敬也。士喪禮小斂卒斂，馮尸之後，主人至東房，袒、括髮，乃反於室，而男女奉尸以俠於堂，今武叔袒、括髮於舉尸出戶之後，失禮一也。尸既出戶，乃出戶而袒，則主人不與於奉尸，失禮二也。袒、括髮既後，故不復至東房，遂於出戶爲之，失禮三也。言投其冠，括髮，以見其悤遽失節之甚。子游曰「知禮」者，反言以譏之也。○雜記：

「小斂環絰，君大夫士一也。」鄭氏云：「環絰，一股而環之。小斂時，士素委貌，大夫素爵弁而加此絰。」曾子問疏引崔氏説，謂小斂前，大夫士皆素冠；小斂括髮後，士加素冠，大夫加素弁。今以武叔投冠觀之，可以見小斂前之有冠，又可以見大夫士小斂之同素冠也。喪大記言「人君大斂，子弁絰，卽位于序端」。雜記云：「大夫與殯亦弁絰。」與殯弁絰，則已喪可知，可以見大夫以上喪服之有弁，又可以見大夫以上至大斂乃弁絰，而未大斂以前猶素冠也。至雜記所言「小斂環絰」，及喪大記所言大斂之弁絰，皆謂大鬲之苴絰，而註疏乃以弔服之環絰、弁絰混之，則誤甚矣。説各見本篇。

扶君，卜人師扶右，射人師扶左。君薨以是舉。釋文：卜，依註音僕。師，長也，謂大僕也。本或無「師」字者，誤也。前儒如字，卜人及醫師也。

鄭氏曰：謂君疾時也。卜當爲「僕」，聲之誤也。僕人、射人，皆平生時贊正君服位者。君薨以是舉，不忍變也。周禮射人：「大喪，與僕人遷尸。」顧氏炎武曰：此所謂「男子不死於婦人之手」也。三代之世，侍御、僕從，罔非正人，綴衣、虎賁，皆爲吉士，與漢高之獨枕一宦者卧異矣。愚謂周書王會解「卜人」，王氏應麟補注引太平御覽謂「卜人卽濮人」，蓋「卜」「僕」「濮」古字皆通用也。大射禮：「僕人正徒相大師，僕人師相小師。」正者其長，而師者其貳也。此於僕人、射人皆言師者，言不但以其正而并以其師也。君薨以是舉，謂始死遷尸於牖下也。襲、斂遷尸，皆喪祝之屬，而始死以僕人、射人者，未復之先猶未忍遽變於生也。

從母之夫，舅之妻，二夫人相爲服，君子未之言也。或曰：同爨緦。釋文：從，才用反。夫人，音扶。

爲，于僞反。緦音思。

張子曰：甥自幼居從母之家或舅之家，孤稚恩養，直如父母，不可無服，所以爲此服也。非是從母之夫與舅之妻相對，乃甥爲二人者服也。吴氏澄曰：禮爲從母小功，而從母之夫則無服；爲舅緦，而舅之妻則無服。時有妻之姊妹之子依從母家同居者，又有夫之甥依舅家同居者，故一爲從母之夫服，一爲舅之妻服。二夫人，謂妻之姊妹之子與從母之夫也，夫之甥與舅之妻也。此二人者相爲服，禮之所無，故曰「君子未之言也」。又記或人之言，以爲有同居而食之恩，則雖禮之所無，而可以義起此服也。愚謂上不言妻之姊妹之子，下不言夫之甥，避文繁也。若以從母之夫、舅之妻相爲服而言，則當云「妻之兄弟之妻，夫之姊妹之夫」，不當從其甥立文也。且此二人者若相與同爨，則瀆亂無別甚矣，其可訓乎？○朱子曰：先王制禮，父族四，故由父而上，爲族曾祖父緦，姑之子，姊妹之子，女子子之子，皆由父而推之也。母族三，母之父，母之母，母之兄弟，恩止於舅，故從母之夫、舅之妻皆不爲服，推不去故也。妻族二，妻之父，妻之母。乍看時似乎亂雜無紀，子細看則皆有義存焉。愚謂母黨妻黨之服，皆從服也。從妻而服者，視妻降三等，妻爲父母期，夫從服緦。自餘妻之所爲大功者，降三等則無服矣。從母而服者，視母降二等：外祖父母，母爲之服期，己從服小功；舅及舅之子，母爲之大功，子從服緦。惟從母，母服大功，子從服小功，僅降一等。喪服傳所謂「以名加」者也。自餘母所爲小功者，降二等則無服矣。母爲世叔父母服大功，己降二等，應服緦，而不服者，蓋至親以期斷，世叔父母之服乃加服也。而外親既遠，據本服而遞降之，則亦無服矣。從母之夫，母之所不服也，舅之妻，母爲之報服小功者也，二者皆無可從者也。

喪事欲其縱縱爾，吉事欲其折折爾。故喪事雖遽不陵節，吉事雖止不怠。故騷騷爾則野，鼎鼎爾則小人，君子蓋猶猶爾。釋文：縱，依註音摠。折，大兮反。騷，素刀反。

鄭氏曰：縱，讀爲「總領」之總。縱縱，趨事貌。折折，安舒貌。詩云：「好人提提。」陵，躐也。止，立俟事時也。怠，惰也。騷騷，謂大疾。鼎鼎，謂大舒。猶猶，舒疾之中。愚謂喪事固欲其疾，然不可以過於急而陵節，陵節則不足於禮之文而野矣。吉事固欲其舒，然不可以過於緩而怠，怠則不足於敬之實而小人矣。得舒疾之中者，惟君子能之，由其內盡乎哀敬之實，而外適乎節文之宜也。

喪具，君子恥具。一日二日而可爲也者，君子弗爲也。

鄭氏曰：喪具，棺衣之屬。恥具，辟不懷也。一日二日可爲，謂絞、紟、衾、冒。孔氏曰：喪事，棺則預造，衣亦漸制，但不一時頓具。故王制云「六十歲制，七十時制，八十月制，九十日修，惟絞、紟、衾、冒死而後制」，是也。陳氏澔曰：嫌不以久生期其親也。

喪服，兄弟之子猶子也，蓋引而進之也；嫂叔之無服也，蓋推而遠之也；姑、姊妹之薄也，蓋有受我而厚之者也。釋文：遠，于萬反。

鄭氏曰：或引或推，重親遠嫌〔一〕。姑、姊妹之薄，欲其一心於厚之者。姑、姊妹嫁，大功。夫爲妻，期。孔氏曰：喪服是儀禮正經，記者録喪服中三事釋之：兄弟之子期，姑、姊妹出適大功，皆喪服經

〔一〕「嫌」，禮記注疏作「別」。

文；嫂叔無服，喪服傳文。愚謂兄弟之子爲世叔父期，而世叔父乃旁尊，不足以加尊，故如其爲己之服以報之。猶子，謂與己子同也。兄弟一體，服其子同於己子。引而進之，所以篤親親之恩也。妻爲夫之昆弟、姊妹，皆應從服者也。然爲夫姊妹服小功，而姊妹亦報服；至夫之昆弟，則不從夫而服，夫之昆弟亦不報。推而遠之，所以厚男女之別也。姑、姊妹之薄，謂姑、姊妹之適人者，由期而降爲大功也。受我而厚之，謂其夫受姑、姊妹於我，爲之服齊衰、杖期，與父在爲母同。情篤於夫家，則恩殺於本宗，此姑、姊妹之所以出而降也。○吴氏澄曰：人有嫂之喪者，其父母爲之服大功小功，其妻爲之服小功，其子爲之服齊衰、不杖期，豈有己身立於父母妻子之間而獨同於無服之人哉？雖曰無服，當弔服加麻，不飲酒，不食肉，不處内，如弟子爲師，父在爲母之例。俟父母妻子之服既除，然後吉服。推而遠之，文雖殺而情未嘗不隆也。愚謂喪服記曰「朋友麻」，鄭氏謂「弔服加麻」。奔喪禮云「無服而爲位者，惟嫂叔及婦人降而無服者麻」，則嫂叔相爲弔服加麻，禮有明據矣。嫂叔雖不制服，而哭則爲位，又弔服加麻，則固非恝然同於無服之人也。然吴氏謂「俟父母妻子之服除而後吉服」，則父母妻子之爲嫂或期或大功或小功，將以何爲之斷限乎？且若從其重者，則爲昆弟服期，而欲嫂叔相爲心喪，亦皆俟其子之期服除而後復常，則情雖甚厚，而揆諸制服之義，亦已失其差矣。凡弔服加麻者，既葬除之。竊謂嫂叔相爲弔服加麻，心喪三月，卒哭而除，視娣、姒婦之相爲小功者而差降焉，此固先王之禮也。若魏徵謂「長年之嫂，遇孩童之叔，劬勞鞠育，情若所生」，又有不可以常禮概者。故韓愈少鞠於嫂，爲之服期，此亦禮之以義起者也。

食於有喪者之側，未嘗飽也。應氏曰：「食」字上，疑脫「孔子」二字。

朱子曰：哀有喪，不能飽也。

曾子與客立於門側，其徒趨而出。曾子曰：「爾將何之？」曰：「吾父死，將出哭於巷。」曰：「反哭於爾次！」曾子北面而弔焉。

鄭氏曰：徒，謂客之旅。將出哭於巷者，以爲不可發凶於人之館。次，舍也。禮館人使專之，若其自有然。愚謂徒，曾子之徒也。聘禮：「聘君若薨於後，入境則遂也。赴者未至，則哭於巷。」時曾子之徒蓋亦以赴者未至，故欲出哭於巷，曾子令反於其舍者，以其徒在曾子之家，與聘賓在主國之禮異也。士喪禮弔賓西面於主人、衆主人之南，此乃北面而弔焉，蓋弔於不爲位者之禮也。奔喪禮曰「聞喪不得奔喪」，「乃爲位」。若聞喪卽奔，則不爲位矣。哭而不爲位，則哭者南面，弔者北面。

禮記卷九

檀弓上第三之三

孔子曰：「之死而致死之，不仁而不可爲也；之死而致生之，不知而不可爲也。是故竹不成用，瓦不成味，木不成斲，琴瑟張而不平，竽笙備而不和，有鐘磬而無簨虡。其曰明器，神明之也。」釋文：知音智。味，依註音沬，亡曷反。斲，陟角反。和，胡卧反。簨，息允反。虡音巨。

鄭氏曰：成，善也。竹不可善用，謂邊無縢。味當作「沬」。不和，無宮商之調。無簨虡，不縣之也。橫曰簨，植曰虡。神明之，言神明死者也。神明者非人所知，故其器如此。孔氏曰：沬，黑光也。瓦不成沬，謂瓦器無光澤也。劉氏曰：之，往也。謂以禮往送於死者也。往於死者，而極以死者之禮待之，是無愛親之心，故爲不仁；往於死者，而極以生者之禮待之，是無燭理之明，故爲不智。先王爲明器以送死者，竹器則無縢緣而不成其用；瓦器則麤質而不成其黑光之沬；木器則樸而不成其彫斲之文；琴瑟雖張弦而不平，不可彈也；竽笙雖備具而不和，不可吹也；雖有鐘磬而無縣挂之簨虡，不可擊也。所謂備物而不可用也。備物則不致死，不可用則不致生，其謂之明器者，蓋以神明之道待之也。

有子問於曾子曰：「問喪於夫子乎？」曰：「聞之矣：喪欲速貧，死欲速朽。」有子曰：「是非君子之言也。」曾子曰：「參也聞諸夫子也。」有子又曰：「是非君子之言也。」曾子曰：「參也與子游聞之。」有子曰：「然。然則夫子有爲言之也？」曾子以斯言告於子游。子游曰：「甚哉！有子之言似夫子也。昔者夫子居於宋，見桓司馬自爲石椁，三年而不成。夫子曰：『若是其靡也！死不如速朽之愈也。』死之欲速朽，爲桓司馬言之也。南宮敬叔反，必載寶而朝。夫子曰：『若是其貨也！喪不如速貧之愈也。』喪之欲速貧，爲敬叔言之也。」曾子以子游之言告於有子。有子曰：「然。吾固曰非夫子之言也。」曾子曰：「子何以知之？」有子曰：「夫子制於中都，四寸之棺，五寸之椁，以斯知不欲速朽也。昔者夫子失魯司寇，將之荆，蓋先之以子夏，又申之以冉有，以斯知不欲速貧也。」釋文：問喪，問或作「聞」，喪，息浪反。有爲，于僞反，下「爲桓司馬」「爲敬叔」並同。朝，直遥反。

鄭氏曰：有子，孔子弟子有若也。夫子卒後問此，庶有異聞也。喪，謂仕失位也。魯昭公孫于齊，曰：「喪人其何稱？」是非君子之言者，貧、朽非人之所欲也。桓司馬，宋向戌之孫，名魋。靡，侈也。敬叔，孟僖子之子仲孫閱〔一〕，蓋嘗失位去魯，得反，載其寶來朝於君。中都，魯邑名也。孔子嘗爲之宰，爲民作制。孔子由中都宰爲司空，由司空爲司寇。將之荆，將應聘於楚。先之以子夏，申之以冉有，言汲汲於仕得禄也。孔氏曰：崔靈恩云：「夫子爲司空，爲小司空也。從小司空爲小司寇。」崔

〔一〕禮記注疏「孟」上有「魯」字。

所以知然者，魯有孟、叔、季三卿爲司徒、司馬、司空，又有臧氏爲司寇，故知孔子爲小司寇也。孔子失司寇，在定公十四年，之楚，在哀六年，其間年月甚遠。且失司寇之後，嚮宋不嚮楚，而云「失魯司寇，將之荆」者，則哀公六年之荆亦是失司寇之後，非謂失司寇之年卽之荆也。陳氏澔曰：將適楚，而使二子繼往者，將以觀楚之可仕與否。愚謂問喪，問失位而所以處之之道也。孔子之將仕於楚，爲道也，非爲禄也，而以此爲喪不欲速貧，何也？蓋聖人雖不爲禄而仕，而仕者未嘗不得禄。孟子曰「惟士無田，則亦不祭」，「士之失位也，猶諸侯之失國家也」，是故「三月無君則弔」。君子雖不狥利而苟禄，而亦豈以矯語貧賤爲高乎？

陳莊子死，赴於魯，魯人欲勿哭，繆公召縣子而問焉。縣子曰：「古之大夫，束脩之問不出竟，雖欲哭之，安得而哭之？今之大夫，交政於中國，雖欲勿哭，焉得而勿哭？且臣聞之：哭有二道：有愛而哭之，有畏而哭之。」公曰：「然。然則如之何而可？」縣子曰：「請哭諸異姓之廟。」於是與哭諸縣氏。釋文：繆音木。竟音境。焉，於虔反。

鄭氏曰：君無哭鄰國大夫之禮。陳莊子，齊大夫陳恆之孫，名伯。愚謂雜記有大夫士赴於他國君之禮，而莊子之赴，魯人欲勿哭，蓋諸侯於他國臣之赴，但遣使弔之，而不親哭，爲其分卑而恩疏也。縣子名瑣。縣子知禮，故繆公召而問之。脩，脯也。十脡爲束。束脩微禮，尚不出境，言其無外交也。交政於中國者，言政在大夫，專盟會征伐之事，以交接於諸侯也。愛而哭之者，出於情；畏而哭之者，迫於勢。齊强魯弱，而陳氏專政於齊，則其喪固不容於不哭矣。左傳魯爲異姓諸侯臨於外，杜預謂「於城外向其國」。此哭於異姓之廟者，別於哭諸侯之禮也。哭諸縣氏者，因其禮之所自起也，與孔子哭伯高於賜氏之義同。

仲憲言於曾子曰：「夏后氏用明器，示民無知也。殷人用祭器，示民有知也。周人兼用之，示民疑也。」曾子曰：「其不然乎！其不然乎！夫明器，鬼器也。祭器，人器也。夫古之人胡爲而死其親乎？」

鄭氏曰：仲憲，孔子弟子原憲。示民無知，所謂「致死之」。示民有知，所謂「致生之」。示民疑，言使民疑於無知與有知。仲憲之言，三者皆非。孔氏曰原憲言夏后氏用明器送亡者，以不堪用之器送之，表示其無知也。殷人用祭祀之器送亡者，以有用之器送之，表示其有知也。周世兼用夏、殷之器，示民疑惑於有知無知之間也。曾子言三代送死之器不同者，非爲有知與無知，質文異也。夏代文，言鬼與人異，故純用鬼器送之。殷代質，言鬼雖與人異，恭敬應同，故用恭敬之器送之。周家極文，言亡者亦應鬼事，亦應敬事，故兼用二器。然周惟大夫以上兼用耳，士惟用鬼器，不用人器也。古，謂夏時也。言古人雖質，何容死其親乎？若是無知，則是死之義也。憲言三事皆非，而曾子獨譏無知者，譏一則餘從可知也。

公叔木有同母異父之昆弟死，問於子游。子游曰：「其大功乎！」狄儀有同母異父之昆弟死，問於子夏。子夏曰：「我未之前聞也。魯人則爲之齊衰。」狄儀行齊衰。今之齊衰，狄儀之問也。

釋文：木，式樹反，又音朱，徐之樹反。

鄭氏曰：木當爲「朱」，春秋作「戌」，衛公叔文子之子。　愚謂齊衰者，以昆弟之服服之也。大功者，視昆弟降一等而服之也。然昆弟之名，從同父而生，一本之親也。同母異父昆弟，一爲繼父之子，一爲因母前所生之子。此雖名爲昆弟，實非昆弟也。絶族無施服，母嫁而從者，爲之杖期，而其父母則不服，則必不從而服其子矣。繼父有子，則爲不同居繼父僅爲之齊衰三月，則必不爲其子服齊衰、大功矣。必不得已，援同爨緦之義服之，視齊衰三月者而差降焉，其亦可已。若不從母者，則其所生之子乃路人也，何服之有？狄儀不可考。公叔木，衛之大夫，必不從母而嫁。且爲父後者，出母且不服，又何異父同母兄弟之服乎？魯爲秉禮之國，二子學於聖人，而其繆於禮乃如此，殊不可解也。

子思之母死於衛，柳若謂子思曰：「子，聖人之後也。四方於子乎觀禮，子蓋慎諸！」子思曰：「吾何慎哉！吾聞之：有其禮，無其財，君子弗行也；有其禮，有其財，無其時，君子弗行也。吾何慎哉！」釋文蓋無音。今按當音盍，何不也。

子思之母，嫁母也。嫁母無服，故柳若戒以不可不慎。而子思自言其時之不得行禮者以答之，蓋禮所不得爲，則雖欲慎之，而無可慎也，故曰「吾何慎哉」。○漢石渠議：問：「父卒母嫁，何服？」蕭太傅曰：「當服周。爲父後則不服。」韋玄成曰：「父没則母無出義。王者不爲無義制服，故不服也。」宣帝詔曰：「婦人不養舅姑，不奉祭祀，不下慈子，是自絶也，故聖人不爲制服。玄成議是也。」　愚謂喪服「杖期」章「父卒繼母嫁，從爲之服」，而不言母嫁不從者之服，則不服也。出母服，嫁母不服，何也？蓋出母者，見絶於父，不得已而去者也，命之反則反矣，猶未自絶於其夫與其子也。嫁母者，父未嘗絶之，而彼乃自絶於其夫，且自絶於其子，則其與出母之不得已而去者不同矣。惟其夫死子幼，無大功之親，不得已挾其子以適人，則其情既可原，而又有撫養之恩焉，然後爲之服，然猶止於杖期，不得以父没爲母齊衰三年之服服之也。喪服於母嫁而從者之服，特言「繼母」，蓋但言「母」則嫌繼母嫁而從者之猶不服耳，非謂因母嫁而從者之服又有加於此也。母嫁而從者爲之杖期，則嫁而不從者必不亦爲之杖期矣。降此，則或爲旁親遞降之服，或爲正尊親遠之服，又皆非所以服其母也。先儒欲以出母之服例諸嫁母，誤矣。

縣子瑣曰：「吾聞之，古者不降，上下各以其親。滕伯文爲孟虎齊衰，其叔父也；爲孟皮齊衰，其叔父也。」釋文：瑣，息果反，依字作「璅」。爲，于僞反。

鄭氏曰：古，謂殷時也。上不降遠，下不降卑。伯文，殷時滕君也，爵爲伯，名文。孔氏曰：周禮以貴降賤，以適降庶，惟不降正耳。殷世以上，雖貴，不降賤也。上，謂旁親族：曾祖從祖及伯叔之班。下，謂從子、從孫之流。彼雖賤，不以己尊降之，各隨本屬之輕重而服之。虎，是滕伯文叔父。孟皮，是滕伯兄弟之子，滕伯是皮之叔父。滕伯上爲叔父，下爲兄弟之子，皆著齊衰，是上不降遠，下不降卑也。朱子曰：夏、殷而上，大概只是親親長長之意。到周來，又添出許多貴貴底禮數，如始封之君不臣諸父、昆弟；封君之子不臣諸父而臣昆弟；期之喪，天子諸侯絶，大夫降。然諸侯大夫尊同，則亦不絶不降；姊妹嫁諸侯者，則亦不絶不降。此皆天下之大經，前世所未備，到周公搜剔出來，立爲定制，更不可易。

后木曰：「喪，吾聞諸縣子曰：『夫喪，不可不深長思也。買棺外内易。』我死則亦然。」釋文：易，以豉反。

鄭氏曰：后木，魯孝公子惠伯鞏之後。買棺，孝子之事，非所託。　孔氏曰：案世本：「孝公生惠伯革，其後爲厚氏。」世本云「革」，此云「鞏」，世本云「厚」，此云「后」，其字異耳。惠伯之子孫，無名木者，故鄭直云「其後」。縣子言孝子居喪，不可不深思長慮，故買棺之時，當令精好，斲削外内，使之平易。后木述之，以語其子，言我死亦當如縣子之言，買棺外内易也。此是孝子所爲之事，非是父母豫所屬託，譏后木也。　愚謂王制言「六十歲制」，則棺固不俟死而後具矣。據此，則有死而後買棺者，豈謂貧而不能預具者與？

曾子曰：「尸未設飾，故帷堂，小斂而徹帷。」仲梁子曰：「夫婦方亂，故帷堂，小斂而徹帷。」

鄭氏曰：斂者動摇尸，帷堂，恐人褻之〔一〕。言「方亂」，非也。仲梁子，魯人。　愚謂仲梁子，疑即韓非書所謂「仲梁氏之儒」者。　帷堂有二時：一則將襲帷堂，既小斂而徹帷；一則將大斂帷堂，既斂而徹帷。　此據襲、斂時帷堂而言也。　設飾，謂襲、斂也。　襲、斂必動摇尸，恐人褻之，故帷堂。　夫婦方亂，謂男女同在尸側，未分堂上堂下之位也。　然男女奉尸俠於堂，主人主婦馮尸，在小斂徹帷之後，則帷堂之不爲夫婦方亂明矣。

小斂之奠，子游曰：「於東方。」曾子曰：「於西方。斂斯席矣。」小斂之奠在西方，魯禮之末

〔一〕「恐」，禮記注疏作「爲」。

失也。

鄭氏曰：曾子以俗說非。又大斂奠於堂，（疏云：當云「奠於室」。此後人傳寫之誤。）乃有席。愚謂士喪禮小斂「奠於尸東」。尸南首，尸東，尸之右也。凡奠於尸者，必於其右，象生人以右手食也。曾子謂在西方，非也。小斂奠無席，是時尸在牀，牀本有席故也。至大斂，尸已在柩，而設奠在室，然後設席。言小斂有席，亦非也。末猶後也。魯末禮失，曾子見當時所行，以爲禮本如此，故記者言此以正之。

縣子曰：「綌衰、繐裳，非古也。」釋文：綌衰，上去逆反，下七回反。繐音歲。布細而疎曰繐。

鄭氏曰：非時尚輕涼慢禮。愚謂綌，麤葛也。繐，縷如小功而成布四升半者，諸侯之大夫爲天子用之爲齊。周末喪服不依五服升數，但以輕細爲貴，故以綌爲衰，以繐爲裳，非禮也。

子蒲卒，哭者呼滅。子臯曰：「若是野哉！」哭者改之。

鄭氏曰：滅，蓋子蒲名。野哉，非之也。唯復呼名。子臯，孔子弟子高柴。孔氏曰：野，不達禮也。唯復呼名，冀其聞名而反。哭則敬鬼神，不復呼其名。愚謂此哭者蓋子蒲之尊屬，非子蒲之子哭其父呼滅也。

杜橋之母之喪，宮中無相，以爲沽也。釋文：相，息亮反。沽音古。

鄭氏曰：沽猶畧也。孔氏曰禮，孝子喪親悲迷，禮節事儀皆須人相導。杜橋母死，不立相，故時人謂其於禮爲麤畧。

夫子曰：「始死，羔裘、玄冠者，易之而已。」羔裘、玄冠，夫子不以弔。釋文：易音亦，徐以豉反。

喪大記「疾病」，「男女改服」，謂改其養疾之玄端而深衣也。問喪云「親始死」，「扱上衽」，但言扱上衽，而不言改衣，則前此已深衣，而至此特扱其衽明矣。此始死乃有羔裘、玄冠者，謂疏親不與於養，至死而方以吉服至者也。易之者，改而素冠、深衣也。羔裘、玄冠，吉服也。弔於未成服之前者皆吉服，以主人尚未喪服也；主人既成服，則不以吉服弔矣。羔裘不以弔，則弔衰皆襲麑裘也。

子游問喪具。夫子曰：「稱家之有亡。」子游曰：「有亡惡乎齊？」夫子曰：「有，毋過禮。苟亡矣，斂首足形，還葬，縣棺而封，人豈有非之者哉？」釋文：稱，尺證反。亡，皇如字，一音無。惡音烏。齊，才細反，又如字。毋音無。還音旋。縣音玄。封，依註作「窆」，彼驗反，徐又甫鄧反。

鄭氏曰：惡乎齊，問豐省之比。還之言便也。言已斂卽葬，不待三月。縣棺而封，不設碑綍，不備禮。封當爲「窆」，下棺也。春秋傳作「堋」。（疏云：左傳昭十二年「鄭簡公卒，將爲葬除」，「司墓之室有當道者，毀之則朝而堋，弗毀則日中而堋」，杜註云：「堋，下棺也。」）孔氏曰：縣棺而窆，謂但手縣棺而下之，同於庶人。愚謂稱，隨也，亡，無也。齊，謂厚薄之劑量也。毋過禮者，不可以富而踰禮厚葬也。斂，藏也。斂首足形，謂衣衾足以藏形體而已，襲不必三稱，小斂不必十九稱，大斂不必三十稱也。還葬，斂畢卽葬，不待三月也。士葬雖無碑，而用綍以引棺，使人卻行而下之。縣棺而窆者，謂不用綍而卻行下棺，但以繩縣棺而下之，庶人之禮也。此所言，謂甚亡者之禮然也。其餘則亦各視其禮之所當爲，極其力之所能爲者，具之而已，力之所不能及者，人固不之責也。蓋君子雖不以天下儉其親，然無財不可以爲悅，苟必期於備禮，則將有取之以非義，如粥庶母以葬母者矣，亦豈所以安其親哉！

司士賁告於子游曰：「請襲於牀。」子游曰：「諾。」縣子聞之，曰：「汰哉叔氏！專以禮許人。」

釋文：賁音奔。汰，本又作「大」，音泰。

鄭氏曰：請襲於牀，時失之也。禮唯始死廢牀。當言「禮然」，言「諾」，非也。叔氏，子游字。孔氏曰：案喪大記始死廢牀，至遷尸及襲，皆在於牀。當時失禮，襲在於地，故司士賁告子游。汰，自矜大也。叔氏，子游別字也。凡諮禮事，當據禮以答之，子游不據禮以答，而專輒許諾之，如似禮出於己然，是自矜大，故縣子聞而譏之。愚謂司士，夏官之屬。賁蓋以官爲氏者。

宋襄公葬其夫人，醯醢百甕。曾子曰：「既曰明器矣，而又實之。」

鄭氏曰：言名之爲明器，而與祭器皆實之，是亂鬼器與人器。孔氏曰：案春秋，宋襄公卒在僖公二十三年，至文公十六年，猶有襄夫人在。此云「宋襄公葬其夫人」者，蓋初取夫人。曾子不譏其器之多，但譏其實爲非，蓋明器當虛，而與祭器皆實，是亂鬼器與人器也。士無祭器，則亦實明器，故既夕禮云「甕三：醯、醢、屑」，又云「甒二：醴、酒」也。若大夫諸侯兼用鬼器、人器，則空鬼而實人。夏后氏專用鬼器，則分半以實之；殷人專用人器，則分半以虛之。

孟獻子之喪，司徒旅歸四布。夫子曰：「可也。」

鄭氏曰：獻子，魯大夫仲孫蔑。旅，下士也。司徒使下士歸四方之賻布。時人皆貪，善其能廉。愚謂周禮宰夫：「諸大夫之喪，使其旅帥有司而治之。」宰夫在天子爲冢宰之考，諸侯以司徒兼冢宰，則宰夫屬於司徒。其治大夫之喪者，乃司徒之旅也，故主爲孟氏歸四布。四布，謂四方之賻布。歸之者，以喪用之餘還其人也。可也者，善其不家於喪。○司徒，皇氏以爲國之司徒，熊氏以爲家臣之司徒。左傳昭二十五年〔二〕，叔孫有司馬鬷戾。既有司馬，則亦有司徒。但此司徒有旅，則疑國之司徒耳。孔氏以司徒爲家臣司徒敬子。又謂魯司徒爲季氏，季氏無謚敬子者，以此駁皇氏之說。案記但言司徒，初不言司徒敬子，而疏說如此，殊不可解也。

讀賵，曾子曰：「非古也，是再告也。」

鄭氏曰：祖而讀賵，賓致命將行，主人之史又讀之，所以存録之。　愚謂以車馬送死者曰賵。讀賵，謂書賵物於方，將行，主人之史當柩東前束讀之也。然致賵之賓奉幣嚮殯將命，是已告於死者矣，至將行而又讀之，故曾子以爲再告。古，謂殷時也。殷禮不讀賵，至周禮始有之，而曾子譏其禮之繁也。

成子高寢疾，慶遺入，請曰：「子之病革矣，如至乎大病，則如之何？」子高曰：「吾聞之也：生有益於人，死不害於人。吾縱生無益於人，吾可以死害於人乎哉！我死，則擇不食之地而葬我焉。」釋文：遺，于季反，又如字。革，紀力反。

鄭氏曰：成子高，齊大夫國成伯高父也。遺，慶封之族。革，急也。不食，謂不墾耕。　愚謂大病，謂死也。子高之爲人，薄葬尚儉，蓋近於墨氏之意。然以視夫樂瑕丘而欲葬，爲石槨而三年者，不亦賢乎！

子夏問諸夫子曰：「居君之母與妻之喪，居處、言語、飲食衎爾。」釋文：衎，苦旦反。○陳氏曰：「喪」

〔二〕「五」，原本作「四」，據左傳改。

下當有「如之何，子曰」字。

鄭氏曰：衎爾，自得貌。爲小君喪，惻隱不能至。　陳氏澔曰：君母君妻，皆服齊衰，不杖期，然恩義則淺矣，故居其喪如此。衎爾，和適之貌。

賓客至，無所館。夫子曰：「生於我乎館，死於我乎殯。」

論語曰：「朋友死，無所歸，於我殯。」蓋生而無所館則館之，死而無所歸則殯之。聘禮：「賓入竟而死，遂焉，主人爲之具而殯。」客死於館，而使之就而殯焉，館人之禮然也。

國子高曰：「葬也者，藏也。藏也者，欲人之弗得見也。是故衣足以飾身，棺周於衣，椁周於棺，土周於椁，反壤樹之哉！」釋文：壤，而丈反。

鄭氏曰：國子高，成子高也。成，謚也。子高意在於儉，非周禮。　孔氏曰：子高之意，以人死可惡，故備衣衾棺椁，欲其深邃，不使人知，不當更封壤種樹以標之。意在於儉，非周禮之法。　愚謂衣足以飾身，言僅足以飾身，使勿露而已，不必多也。棺周於衣，椁周於棺，言僅足以周其外而已，不必大也。周禮典瑞斂尸用圭、璋、璧、琮之屬，朱子謂「周公要是未思量耳。」蓋椎埋發冢之事，周公時尚未有之，宜其慮未及此也。莊子言「儒以詩禮發冢」，而子高之言如此，亦若有預防及此者，豈陵冢發掘之禍當時已有其端與？

孔子之喪，有自燕來觀者，舍於子夏氏。子夏曰：「聖人之葬人與？人之葬聖人也，子何觀焉？」釋文：燕，烏田反。○案「與」字，鄭注訓爲及，如字，讀下屬爲句，故釋文無音。王肅讀平聲，屬上句，今從之。

王氏肅曰：若聖人之葬人與？則人庶有異聞。若人之葬聖人，與凡人何異，而子何觀之？陳氏澔曰：延陵季子葬其子，夫子尚往觀之，孔子之葬，燕人來觀，亦其宜也。子夏以爲聖人葬人，則事皆合禮；人葬聖人，則未必皆合於禮也。蓋謙辭。

昔者夫子言之曰：「『吾見封之若堂者矣，見若坊者矣，見若覆夏屋者矣，見若斧者矣。從若斧者焉。』馬鬣封之謂也。今一日而三斬板，而已封，尚行夫子之志乎哉！」釋文：坊音防。鬣，力輒反。

鄭氏曰：封，築土爲壟。堂形四方而高。坊形旁殺平上而長。覆，謂茨瓦也。夏屋，今之門廡也，其形旁廣而卑。斧形旁殺，刃上而長。孔子以爲刃上難登，狹又易爲功，故從若斧者。馬鬣封，俗間名。板，蓋廣二尺，長六尺。斬板，謂斬其縮也，三斬止之。旁殺，蓋高四尺，其廣袤未聞也。賈氏公彥曰：案匠人「夏后氏世室」，殷人重屋，四阿」，鄭云：「四阿，四注。」殷人始爲四注，則夏后氏屋但兩下爲之，故兩下屋名爲夏屋。漢時門廡爲兩下之形，故鄭舉漢法爲況。孔氏曰：子夏言夫子欲從若斧者，恐燕人不識，故舉俗稱馬鬣封以語之。馬騣鬣之上，其肉薄，封形似之。三斬板者，築墳之法，側板於兩邊，用繩約板令立，内土板中築之，土與板平，則斬斷所約板繩而更置。三徧如此，則墳成，而已止其封也。板廣二尺，三板斜殺，惟高四尺耳。其東西之廣，南北之袤，則未聞也。孫毓云：「孔子墓，魯城北門外西，墳四方，前高後下，形似卧斧，高八九尺，全無馬鬣封之形〔一〕，不止於三

〔一〕「全」，禮記注疏作「今」。

板。」孫據當時所見，其墳或後人增益，不與原葬墳同。

婦人不葛帶。

敖氏繼公曰：婦人，指五服之親言也。間傳云：「男子重首，婦人重帶〔一〕。」婦人質，故於其所重者有除無變。其三年者，至小祥而除之；齊衰期以至小功，則皆終喪而除之；其緦麻者，卒哭既退而除之。愚謂帶，要絰也。凡絰，男子重首，婦人重要。喪至卒哭，而變麻服葛，男子首絰、要絰皆變之，婦人則變首絰而要絰不變。蓋婦人質，於所重者有除無變也。五服皆然。注疏惟據齊斬婦人言之，非也。此言「婦人不葛帶」，少儀云「葛絰而麻帶」，士虞記婦人說首絰，不說帶，皆非專爲齊斬婦人言也。婦人雖不葛帶，而其受服之絰，大小與初喪之帶同，卒哭之帶必去其故帶五分之一，乃得與其絰爲大小之差也。

有薦新，如朔奠。

鄭氏曰：重新物，爲之盛饌〔二〕。又士喪禮註曰：「薦新，薦五穀若時果物新出者。」孔氏曰：大夫以上，朔望大奠。若士，但朔而不望。敖氏繼公曰：新，謂穀之新熟者也。春秋傳云「不食新矣」，少儀云「未嘗不食新」，皆指五穀而言。愚謂薦新，以五穀爲主而兼及他物，若月令「以雛嘗黍，羞以含桃」是也。殯後朝夕奠，醴、酒、脯、醢而已。朔奠視大斂，士則特牲三鼎；其禮盛，象生人朔食則盛

〔一〕「帶」，原本作「腰」，據禮記間傳改。

〔二〕「盛饌」，禮記注疏作「殷奠」。

饌也。若薦新穀於殯宮，其禮與朔奠同也。

既葬，各以其服除。

鄭氏曰：卒哭當變，衰麻者變之，或有除者，不視主人。 愚謂既葬各以其服除者，謂既葬卒哭，則緦麻除服，小功以上亦皆除其重服而受以輕服也。

池視重霤。釋文：重，直容反。

鄭氏曰：池，如屋之有承霤也。承霤以木爲之，用行水，亦宮之飾也。柳，宮象也。以竹爲池，衣以青布，縣銅魚焉。今宮中有承霤，云以銅爲之。 孔氏曰：池，柳車之池也。在車覆鼈甲之下，織竹爲之，形如籠，衣以青布，以承鼈甲，名之爲池。 重霤者，屋承霤也。以木爲之，屋霤入此木中，又從木中而霤於地，故謂爲重霤。天子四注，四面爲重霤；諸侯四注，去後餘三；大夫惟前後二；士惟一，在前。柳車象宮室，池象重霤，方面之數，各視生時重霤。

君卽位而爲椑，歲一漆之，藏焉。釋文：椑，蒲歷反，徐房益反。

鄭氏曰：歲一漆之，若未成然。藏焉，虛之不合[一]。 孔氏曰：君，諸侯也。言諸侯，則王可知。椑，杝棺親尸者，漆之堅强，甓甓然也。人君無論少長，體尊備物，故卽位而造此棺，每年一漆，示如未成也。惟云漆杝，則知不漆他棺外屬等。 藏焉，棺中不欲空虛，如急有待也，故藏物於其中。

復，楔齒、綴足、飯、設飾、帷堂並作。釋文：楔，悉節反。綴，竹劣反，又音竹衛反。飯，煩晚反。

[一]「合」，原本作「令」，據禮記注疏改。

復，招魂也。楔齒，以角柶拄死者之口，使含時不閉也。綴足，以燕几綴死者之足，令著屨不辟戾也。飯，以米、貝實死者口中也。設飾，謂襲也。帷堂，張帷於堂上也。作，起也。並作者，謂以上諸事一時並起也。案士喪禮復後而楔齒、綴足，乃帷堂，又沐浴，乃含而襲。此以復，楔齒、綴足、飯、設飾、帷堂爲次者，蓋含、襲雖在帷堂、沐浴之後，而陳襲事于房中，實貝于笄，實米于筐，饌于西序下，皆在沐浴之前，故以「飯、設飾」繼「楔齒、綴足」言之；「帷堂」雖在飯含前，而徹帷則在小斂之後，故退在下以見意。

父兄命赴者。

孝子喪親，悲痛迷亂，故凡赴告之人，皆父兄爲命之。惟赴於君則親命，敬君也。士喪禮「乃赴於君，主人西階東，南面，命赴者，拜送」，是也。

君復於小寢、大寢、小祖、大祖、庫門、四郊。

鄭氏曰：尊者求之備，亦他日所嘗有事。賈氏公彥曰：尊者求之備，故凡嘗所有事之處皆復焉。卿大夫以下復，自門以內，廟及寢而已。婦人無外事，自王后以下，復處亦自門以內，廟及寢而已。愚謂小寢，燕寢也。大寢，正寢也。天子小寢五，正寢一；諸侯小寢二，正寢一。小祖，四親廟。大祖，大廟也。庫門，諸侯之外門也。始於小寢，而終於四郊，自內以及外也。周禮夏采「掌以冕服復於大廟，以乘車建綏復於四郊」，隸僕「復於小寢、大寢」，祭僕「復於小廟」。諸侯復於庫門，則天子皋門亦當復矣，其亦夏采爲之與？

喪不剥奠也與？祭肉也與？釋文：剥，邦角反。與音餘。

鄭氏曰：剥猶倮也。有牲肉則巾之，爲其久設，塵埃加也。脯、醢之奠不巾。孔氏曰：剥猶倮露也。喪奠脯、醢不設巾，可得倮露。與，語辭。謂喪不倮露奠者，爲有牲肉也。案士喪禮，小斂，陳一鼎，既「奠於尸東」，「祝受巾，巾之」。是有牲肉則巾之也。士喪禮又云始死，「脯、醢、醴、酒」，「奠於尸東」，無巾。又殯後朝夕奠，「脯、醢、醴、酒」，「如初設，不巾。」是脯、醢、醴、酒不巾也。案既夕禮朝廟之奠巾之，此亦脯、醢之奠巾之者，以其在堂，恐塵埃。此脯、醢之奠不巾者，據室内也。愚謂有牲肉則牲肉與醴酒皆巾之，以其禮盛也。無牲肉而但有脯、醢，則脯、醢與醴、酒皆不巾，以其禮畧也。

既殯，旬而布材與明器。

鄭氏曰：木工宜乾腊，且豫成。材，椁材也。孔氏曰：布，班也。殯後十日而班布告，下見椁材及明器之材。或云：布其木，預暴乾之。士喪禮筮宅，吉，「左還椁」，「獻明器之材於殯門外」，是也。

朝奠日出，夕奠逮日。

喪既殯以後，未葬以前，每日朝夕設奠於殯宫。逮，及也。逮日，及日之未入也。朝夕奠，以象生人之朝夕食。生人日已出而朝食，日未入而夕食，故奠之時亦放之。

父母之喪，哭無時，使必知其反也。

鄭氏曰：謂既練。或時爲君服金革之事，反必有祭。孔氏曰：哭無時有三種：一是未殯之前，哭不絶聲；二是殯後，除朝夕哭之外，廬中思憶則哭；三是小祥之後，哀至則哭，或一日二日，而無朝夕之時也。此云「哭無時」，謂小祥之後也。使，謂君使之也。既小祥，可爲君使。禮運云「三年之喪期不使」，公羊傳亦期不使。期內不使，則期外可使也。反，還也。爲使還家，必當設祭告親，令知其反，亦出必告、反必面之義也。

練，練衣黃裏、縓緣，葛要絰，繩屨無絇，角瑱，鹿裘衡、長、袪。袪，裼之可也。釋文：縓，元絹反。緣，悅絹反。要絰，一遥反，下大結反。絇，其俱反。瑱，吐練反。衡，依註作「横」，華彭反。下「衡三」同。袪，起魚反，一音邱據反。

鄭氏曰：小祥練冠、練中衣，以黃爲內，縓爲飾。黃之色卑於纁。縓，纁之類，明外除。瑱，充耳也，吉時以玉。人君有瑱。衡當爲「横」，字之誤也。袪，謂褎緣袂口也。練而爲裘，横廣之，又長之，又爲袪，則先時狹短無袪可知。吉時麛裘。孔氏曰：練，小祥也。小祥而著練冠、練中衣，故曰練也。練衣者，練爲中衣。黃裏者，黃爲中衣裏也。正服不可變，中衣非正服，但承衰而已，故小祥而爲之黃袷裏也。縓爲淺絳色，緣，謂中衣領及褎緣也。裏用黃而領、緣用縓者，領、緣外也。明其外除，故飾見外也。葛要絰者，小祥，男子去首絰，惟餘要絰也。繩屨者，謂父喪菅屨，卒哭受齊衰蒯藨屨，至小祥受大功繩麻屨也。絇，屨頭飾也，吉有喪無。瑱，充耳，人君吉時用玉爲之，初喪亦無，至小祥微飾，以角爲之。冬時衣裏有裘，吉時貴賤有異，喪時則同用大鹿皮爲之，鹿皮白色，與喪相宜也。衡，横也。袪，褎緣口也。小祥之前，裘狹而短，袂又無袪，至小祥稍飾，則更易作横廣大者，又長之，又設其袪也。愚謂小祥謂之練者，始練大功布爲冠也。喪冠不練，故喪服傳「冠六升，鍛而勿灰。」爲父小祥，冠八升，爲母冠九升，皆加灰練之。以其祭言之，曰小祥；以其冠言之，曰練。練衣者，練大功布爲中衣也。爲父小祥，衰七升，爲母衰八升，皆不練。其中衣升數與衰同，而加灰練之，又染爲黄爲之裏，以其在内可差飾也。縓，淺絳色。爾雅：「一染謂之縓。」緣，中衣之緣也。喪服傳曰：「帶緣各視其冠。」練中衣之緣，亦用其冠之布爲之，而染爲縓色。蓋吉時中衣之緣，皆以采色爲之，始喪無采，至是而漸飾也。中衣與深衣同制，然深衣禪，而練中衣有裏，則吉服中衣有裏可知。葛要絰者，卒哭，變麻服葛，至練，除首絰而要絰猶在也。繩屨，大功之屨也。斬衰始喪菅屨，卒哭受以不杖齊衰之疏屨，既練受以大功繩麻屨。爲母始喪藨屨，卒哭受以大功繩麻屨，至練而無變也。絇，屨頭飾也。喪屨無絇，去飾也。瑱，吉時人君以玉，大夫士以石之似玉者。初喪去瑱，練，貴賤同用角爲之，貶於吉也。褎之袂口，以他物飾之，詩言「羔褎豹袪」，是也。前此雖已有褎，而短狹無袪，至練而横廣之，又長之，又飾其袪也。裼者，袒上服之衽而露其中衣也。袪，裼之可也者，裼爲見美，吉時以裼爲常，有爲焉則襲；喪事以襲爲常，有爲焉則袒。小祥褎既有袪，差向文飾，則雖裼而露其中衣亦可也。

有殯，聞遠兄弟之喪，雖緦必往；非兄弟，雖鄰不往。

鄭氏曰：兄弟必往，親骨肉也。雖鄰不往，疏無親也。愚謂遠兄弟，謂不同居者也。三年之喪不以弔，惟兄弟之喪，雖緦必往，蓋以己爲之有服而往哭之，非弔也。雜記曰：「三年之喪，雖功衰不弔。」「如有服而將往哭之，則服其服而往。」

所識，其兄弟不同居者皆弔。

皇氏曰：此別更起文，不連有殯之事。愚謂所識，謂所知識也。知生者弔，故所識之人，其兄弟之不同居者死，皆往而弔之。

天子之棺四重，水、兕革棺被之，其厚三寸，杝棺一，梓棺二。四者皆周。釋文：重，直龍反。被，皮寄反。厚，胡豆反。度厚薄曰厚，皆同此音。杝，羊支反。

鄭氏曰：天子之棺四重，尚深邃也。杝棺，所謂椑棺也。爾雅曰：「椵，杝。」梓棺二，所謂屬與大棺。周，帀也。凡棺，用能溼之物。　愚謂天子之棺四重者，一物爲一重，四物則四重也。此與數席之重數同。水、兕革棺，蓋以木爲幹，以水牛、兕牛之皮爲之表裏，合之而其厚三寸也。被之者，言其最在內而被體也。二牛之皮，堅而耐溼，故用之以爲親身之棺。杝棺，卽椑也，以杝木爲之。梓棺，謂屬與大棺，皆以梓木爲之。四者皆周，言其皆并有底、蓋也。上言「四重」，而下言「四者」，此一物爲一重明矣。喪大記曰：「君大棺八寸，屬六寸，椑四寸；上大夫大棺八寸，屬六寸；下大夫棺六寸，屬四寸；士棺六寸。」是大棺皆以二寸爲差。天子大棺宜一尺，併屬六寸，椑四寸，水、兕革棺三寸，凡厚二尺三寸也。

棺束縮二衡三，衽每束一。釋文：衽，而審反，又而鴆反。○鄭註：衽，或作「漆」，或作「髹」。

鄭氏曰：衡，亦當爲「横」。衽，今小要。　愚謂古棺無釘，用皮束之。縮，縱也。縱者二，以固棺之首、尾與底、蓋之材也。横者三，以固棺之兩旁與底、蓋之材也。衽，小要也。其形兩頭廣，中央小，似深衣之衽，故名焉。鑿棺身與蓋合際處作坎，內小要其中以連之。衽與束相值，每束之處用一衽，亦縮二横三也。此謂天子棺制也。諸侯亦然。喪大記：「君三衽三束，大夫士二衽二束。」

柏椁以端長六尺。

鄭氏曰：以端，題湊也，其方蓋一尺。孔氏曰：天子椁用柏，諸侯松，大夫柏，士雜木。鄭註方相職云：「天子椁柏，黃腸爲裏，而表以石焉。」端猶頭也。積柏材作椁，並葺材頭也。椁材並從下壘至上，始爲題湊。湊，嚮也。言木之頭相嚮而作四阿也。長六尺者，每段長六尺而方一尺。知方一尺者，以庶人四寸之棺，五寸之椁，椁厚於棺一寸。案喪大記「君大棺八寸」，則天子之大棺或當九寸。愚謂諸侯與上大夫大棺八寸，大夫士六寸，庶人四寸，每以二寸爲差，則天子大棺一尺也。以椁厚於棺一寸差之，則棺六寸者椁七寸，棺八寸者椁九寸，棺一尺者椁尺有一寸與？

天子之哭諸侯也，爵弁絰，紂衣。或曰：使有司哭之，爲之不以樂食。釋文：紂，本又作「緇」，又作「純」，同側其反。爲，于僞反。

鄭氏曰：服士之祭服以哭之，明爲變也。或曰使有司哭之，非也。哀戚之事，不可虛爲之。不以樂食，蓋謂殯、斂之間。愚謂哭諸侯，謂遙哭之也。爵弁，以爵色韋爲之。紂與緇同，黑色帛也。爵弁、紂衣，即周禮司服所謂「韋弁服」也。絰，弔服之葛絰也。爵弁、紂衣而加絰，蓋天子弔於未成服之服，故哭諸侯亦用之。士弔於未成服之前，朝服加絰，諸侯大夫皮弁加絰，天子爵弁服加絰，禮之差也。司服：「王爲諸侯緦衰。」此謂巡守所至，遇有諸侯之喪，或諸侯來朝，薨於王國，而弔之於成服之後者。若薨於其國，赴於王而哭之，則聞喪卽哭，故用未成服之弔服也。哀戚之事，非可代爲之者，或言使有司哭之，非也。大宗伯「朝、覲、會、同，則爲上相，王哭諸侯亦如之」，則非使人代哭明矣。内宗「大喪序哭者，哭諸侯亦如之」，外宗「大喪叙内外朝莫哭者，哭諸侯亦如之」，則諸侯與王有服者又當爲位而哭之也。爲之不以樂食，此又記者之言也。大司樂「諸侯薨，令去樂」，「大臣死，令弛縣」。弛縣者久，而去樂者暫，蓋諸侯雖尊，然其爲人衆，而其情亦視内臣爲稍疏，故其降殺如此。王爲公卿，當如諸侯之爲卿大夫，比卒哭，不擧樂。其爲諸侯，蓋比殯不擧樂與？諸侯之喪，赴告之及於王，必在既殯之後，蓋卽以聞喪之日斷爲之限與？○陳氏祥道曰：士之服止於爵弁，而荀卿云「士韋弁」，孔安國曰「雀，韋弁也」，則爵弁卽韋弁耳。古文「弁」字象形，其制上銳，如合手然，韋其質，爵其色也。敖氏繼公曰：考經傳物色之言「爵」者，惟爵韠、爵韋耳。若布與絲，則不聞以爵名，豈爵弁果以韋爲之與？愚謂司服云：「凡兵事，韋弁服。」詩云：「韎韐有奭，以作六師。」是韋弁服配韎韐。士冠禮爵弁亦配韎韐，是爵弁卽韋弁明矣。國之大事，在祀與戎，韋弁之尊，次於冕，故軍事服之。士不得服冕，則以此爲上服，而服之以助祭焉。

天子之殯也，菆塗龍輴以椁，加斧于椁上，畢塗屋，天子之禮也。釋文：菆，才官反。輴，敕倫反。

鄭氏曰：菆木以周龍楯如椁而塗之。天子殯以輴車，畫轅爲龍。斧謂之黼，白黑文也。以刺繡於繆幕上，加椁以覆棺，已乃屋其上，盡塗之。孔氏曰：菆，叢也。用木菆棺而四面塗之，故云「菆塗」也。龍輴者，殯時用輴車載柩，而畫轅爲龍也。以椁者，亦題湊菆木，象椁之形也。斧，謂繡覆棺之衣爲斧文也。先菆四面爲椁，使上與棺齊，而上猶開，以棺衣從椁上入覆於棺，故云「加斧於椁上」也。畢塗屋者，畢，盡也，斧覆既竟，又四注爲屋，覆上而下，四面盡塗之也。愚謂菆塗龍楯以椁者，天子之殯，以龍輴載柩，其外菆木四周，象葬時之椁然也。加斧於椁上，謂用夷衾以覆棺，其上畫爲斧文也。喪大記曰「君錦冒黼殺，大夫玄冒黼殺，士緇冒赬殺」，「自小斂以往用夷衾，夷衾質殺之，裁猶冒也。」是君之夷衾畫黼也。既夕禮「幠用夷衾」，賈疏云「夷衾本擬覆棺，故斂不用」，則殯時用夷衾覆棺明矣。畢塗屋者，菆木與棺齊，以夷衾從椁上入覆於棺，乃以木題湊而盡塗之。屋者，言其題湊之狀中高而四下，象屋之形也。左傳宋葬文公，「椁有四阿」，言其僭天子也。天子椁有四阿，其菆塗象椁，亦爲四阿可知。

唯天子之喪，有別姓而哭。釋文：別，彼列反。

鄭氏曰：使諸侯同姓、異姓、庶姓相從而爲哭位，別於朝、覲來時。朝、覲爵同同位。愚謂別姓而哭，謂分別同姓、異姓之諸侯而爲哭位也。喪大記：「既正尸，子坐於東方，卿、大夫、父、兄、子姓立於東方，有司、庶士哭於堂下，北面，夫人坐於西方，內命婦、姑、姊、妹、子姓立於西方，外命婦率外宗哭於堂上，北面。」士喪禮：「主人入，坐於牀東，衆主人在其後，西面，婦人俠牀，東面，親者在室，衆婦人户外北面，衆兄弟堂下北面。」此未小斂以前之哭位也。又士喪禮：「朝夕哭，婦人卽位於堂，南上，哭；丈夫卽位於門外，西面北上；外兄弟在其南，南上；賓繼之，北上，門東北面西上，門西北面東上，西方東面北上。主人卽位，辟門；婦人拊心，不哭；主人拜賓，旁三，右還，入門哭；婦人踊；主人堂下直東序西面，兄弟皆卽位，如外位；卿大夫在主人之南；諸公門東，少進；他國之異爵者門西，少進。」門外之西方東面者，士也。士在門外，在西方東面，則在門內亦然，不言者，從可知也。此雖朝夕哭位，其實自小斂以後已然。諸侯朝夕哭位雖不可考，然未小斂以前，諸侯哭位與士禮大畧不殊，則朝夕哭位亦然。其異者，士禮門東之位，在諸侯當爲寄公之位；士禮門西之位，在諸侯當爲鄰國弔賓之位；士禮丈夫、外兄弟、卿、大夫各不相統，而諸侯則諸臣西面立，位皆北上，而統於君耳。是自諸侯以下，皆無別姓而哭之法也。天子之喪，公卿大夫之位宜亦與諸侯以下無異。此之別姓而哭，惟諸侯之位，則同姓者在門東，異姓者在門西，而皆東上也。

魯哀公誄孔丘曰：「天不遺耆老，莫相予位焉。嗚呼哀哉！尼父！」釋文：「相，息亮反。父音甫。」

稱孔丘者，君臣之辭也。耆老，謂孔子。相，助也。言孔子死而無助我之位者，傷之之辭也。尼父，孔子之字也。孔子無謚而爲誄，誄之不必有謚，於此見矣。按左傳哀公誄孔子曰：「旻天不弔，不慭遺一老，俾屏予一人以在位，煢煢余在疚。嗚呼哀哉！尼父！無自律。」子贛曰：「生不能用，死而誄之，非禮也。稱一人，非名也。」與此所載不同。大約檀弓所載，與左氏不同者，皆當以左氏爲確。

國亡大縣邑，公、卿、大夫、士皆厭冠，哭於大廟三日，君不舉。或曰：君舉而哭於后土。釋文：縣，「郡縣」之縣。厭，于葉反。大音泰。

鄭氏曰：軍敗失地，以喪歸也。厭冠，今喪冠，其服未聞。后土，社也。愚謂縣，邑之大者。左傳：「克敵者，上大夫受縣，下大夫受郡。」公，四命之孤也。厭冠，蓋卽素冠，其制厭伏，與喪冠同也。其服則素服。周禮大司馬「師不功則厭而奉主車」，下篇云「軍有憂則素服哭於軍門之外」，則此厭冠當素服明矣。殺牲盛食曰舉。軍敗失地，以喪禮處之，故羣臣皆厭冠，哭於大廟三日，君又爲之三日不舉也。必哭於大廟者，以土地人民受之先祖故也。后土，社也。或言君舉而自往社中哭之，以社主土故也。應氏鏞曰：曰舉者，非也。

孔子惡野哭者。釋文：惡，烏路反。

鄭氏曰：爲其變衆。周禮銜枚氏：「掌禁嘂呼歎嗚於國中者，行歌哭於國中之道者。」張子曰：有服者之喪，不哭於家而哭於野，是惡凶事也。所知當哭於野，又若奔喪者，安得不哭於道？

未仕者不敢稅人，如稅人，則以父兄之命。釋文：稅，始鋭反。

鄭氏曰：不專家財也。稅，謂遺於人。陳氏澔曰：未仕者，身未尊顯，故内則不可專家財，外則不可私恩惠。或有情義之所不得已而當遺者，則稱父兄之命而行之。愚謂稅，謂以財物助人喪事，卽所謂賻也。

士備入而后朝夕踊。

鄭氏曰：備，盡也。國君之喪，嫌主人哭，入則踊。孔氏曰：國君之喪，羣臣朝夕卽位哭踊，踊須相視爲節。嗣君雖先入卽位哭，必待諸臣皆入列位，乃俱踊也。士卑，最後，故舉士入爲畢。愚謂士喪禮朝夕哭，主人「入門哭，婦人踊；主人堂下直東序西面；兄弟皆卽位，如外位；卿大夫在主人之南；諸公門東，少進；他國之異爵者門西，少進；敵則先拜他國之賓。凡異爵者拜諸其位，徹者盥於門外，燭先入，升自阼階，丈夫踊。」是主人待衆賓畢入乃拜賓，拜賓畢乃踊也。嫌人君尊，或不待羣臣畢入而踊，故明之。

祥而縞。

鄭氏曰：縞冠素紕也。　孔氏曰：祥，大祥也。縞，縞冠也，大祥日著之。

是月禫，徙月樂。

鄭氏曰：言禫明月可以用樂。　孔氏曰：鄭志曰：「既禫，徙月而樂作，禮之正也。孔子五日彈琴，自省樂，哀未忘耳，踰月可以歌，皆自祥踰月所爲也。既禫始得備樂，而在心猶未能歡，徙月之樂極歡也，哀殺有漸，是以樂亦隨之也。」〇愚謂祥之日鼓素琴，而尚未可歌也，踰月而可以笙歌，而尚未備縣也；禫而縣，而猶未作也，踰月而金石之樂作矣。此除喪作樂之漸也。

君於士，有賜帟。釋文：帟音亦。

鄭氏曰：帟，幕之小者，所以承塵，賜之則張於殯上。大夫以上，幕人職供焉。　愚謂周禮幕人：「掌帷、幕、幄、帟、綬之事。」掌次：「凡喪，王則張帟三重，諸侯再重，孤卿大夫不重。」是大夫以上皆有帟，幕人自以其職共之。士本無帟，君所加恩，則有賜之以帟者也。

禮記卷十

檀弓下第四之一

君之適長殤，車三乘；公之庶長殤，車一乘；大夫之適長殤，車一乘。釋文：適，丁歷反，下「適室」同。長，丁丈反，下同。乘，繩證反。

鄭氏曰：皆下成人也。自上而下，降殺以兩：成人遣車五乘，長殤三乘，下殤一乘。尊卑以此差之。庶子言公，卑遠之。大功之殤，中從上。　愚謂凡遣車無直言車者，此車謂生時所乘，葬時用爲魂車者也。士喪禮薦車三乘：「乘車載皮弁服，道車載朝服，槀車載蓑笠。」左傳齊葬莊公，「下車七乘」，説者謂齊舊用上公禮，車九乘，故以七乘爲貶。以此差而上下之，則天子十二乘，諸侯七乘，大夫五乘。君之適子降於君，車宜五乘；殤降於成人，故三乘；庶殤降於適殤，故一乘。大夫適子降於大夫，車宜三乘；殤降於成人，故一乘也。上篇云「周人以殷人之棺槨葬長殤，以夏后氏之堲周葬中殤、下殤」，則送死之物，中殤下殤爲一等，君之適中、下殤，車皆一乘也。然葬必有魂車，自一乘以下，不容復降，則公之庶中、下殤，大夫之庶殤，士之殤，皆一乘與？

公之喪，諸達官之長杖。

有位於朝者曰達官。達官之長，謂大夫也。達官爲君皆杖，而曰「諸達官之長杖」者，謂以杖即位也。喪大記曰君之喪，「大夫寢門之外杖，寢門之内輯之。」特輯之而已，則得以杖即位矣。此達官之長杖也。喪服傳曰公、卿、大夫之喪〔一〕，「衆臣杖，不以即位」，則諸侯之士杖，不以即位可知。此達官而非長，則不杖也。○註謂「有官職而不達於君，則不服斬」，非也。既有官職，豈有不服斬者？疏謂「不達於君，爲府、史之屬」，亦非也。府、史之屬，特庶人在官者耳，其爲君齊衰三月而已，安得與公卿、大夫論其杖不杖之差乎？

君於大夫，將葬，弔於宮，及出，命引之，三步則止。如是者三，君退。朝亦如之，哀次亦如之。釋文：朝，直遥反。

宮，柩所朝之廟也。將葬，弔於宮，謂葬日柩將行，而君弔之也。出，謂柩出廟門也。命引之者，命人執引以引柩車也。弔於葬者必執引，君尊，故使人引之，以致其意。每引三步，三引則九步也。禮成於三。朝，謂葬前一日，柩朝廟之時也。次，孝子居喪之所次，舍廬、堊室之處也。士喪禮「主人揖，就次，」是也。哀次者，柩至次，則孝子哭踊以致其哀，士喪禮「乃行，踊無算」，是也。君之來時不一，或當柩朝廟之時，或當柩已出宮至喪次之時，皆如弔於宮之禮，命引之者三也。○鄭氏謂「宮爲殯宮」，非也。士喪禮啓殯即遷於祖，固無可行弔禮之節；而柩至祖廟，設奠薦車之後，乃云「質明滅燭」，則啓殯時尚昧爽，君之弔必不能遽及乎此時而來也。又鄭氏謂引之爲「以義奪孝子」，亦非也。

〔一〕「卿」，原本作「士」，據文義並參儀禮喪服傳改。

君使人引車，特以致其執紼助葬之意，非有他義也。又鄭氏以次爲大門外接賓客之處，亦非是。說見曾子問。

五十無車者，不越疆而弔人。

鄭氏曰：氣力始衰。　愚謂老者不以筋力爲禮，故不越疆而弔人。

季武子寢疾，蟜固不說齊衰而入見，曰：「斯道也，將亡矣。士唯公門說齊衰。」武子曰：「不亦善乎！君子表微。」及其喪也，曾點倚其門而歌。釋文：蟜，居表反。說，他活反，本亦作「稅」，徐又音申鋭反。見，賢遍反。倚，于綺反，徐其綺反。

鄭氏曰：季武子，魯大夫季孫夙也，世爲上卿，强且專政，國人事之如君。蟜固能守禮，不畏之，矯失俗也。道猶禮也。武子無如之何，佯若善之。表，明也。倚門而歌，明己不與也。點字晳，曾參父。　愚謂蟜固不以强臣之勢奪其所守，而又自言其故，以正君臣之分，其所以矯諂畏、警僭竊者深矣。微，小也。言禮之微小者，唯君子能表明之。稅齊衰於私門，非失禮之小，而武子之言如此，亦自文之辭也。武子雖恨蟜固，而其所據者乃先王之禮，故不能以爲非而反以爲善。於此見禮之可以守身而無畏於强暴也。及武子卒，而曾點倚其門而歌，蓋亦以示其不畏季氏之意，故記者因蟜固之事而併記之。然歌於有喪者之門，則非禮矣。○萬氏斯大曰：季武子卒，在魯昭公七年，孔子方十七歲。四子侍坐，點齒在子路下，子路少孔子九歲，時方八歲，曾點當益幼矣，倚門而歌，必無是事。

大夫弔，當事而至則辭焉。

鄭氏曰：辭，告也。擯者以主人有事告也。主人無事，則爲大夫出。孔氏曰：始喪，哀戚甚，小斂以前，不爲大夫出也。正當小斂之節，大夫來弔，則辭之以有事。斂畢當踊之時，絶踊而拜之；或大夫正當斂後踊時而來，則亦絶踊拜之。故雜記云：「當袒，大夫至，雖踊，絶踊而拜之。」若士來弔，雖當斂，不告以有事，事畢踊後，然後拜之。愚謂大夫尊，來弔，當卽拜之，若當事未得拜，則宜告之以其故也。主人雖未拜，弔者皆入卽位矣。故上篇「子游裼裘而弔」，「主人既小斂，袒括髮，子游趨而出，襲裘帶絰而入。」是知主人雖有事未得拜賓，弔者已先入也。喪大記云「士於大夫，不當斂則出」，則不當事，雖未小斂，固爲大夫出矣。士喪禮「唯君命出」，謂未襲以前也。

弔於人，是日不樂。釋文：樂音岳，又音洛。

鄭氏曰：君子哀樂不同日。子於是日哭，則不歌。

婦人不越疆而弔人。

婦人無境外之事也。惟三年之喪，則越疆而弔。

行弔之日，不飲酒食肉焉。

鄭氏曰：以全哀也。

弔於葬者必執引，若從柩，及壙，皆執紼。釋文：引音允。壙，苦晃反，又音曠，後同。

鄭氏曰：示助之以力。車曰引，柩曰紼。從柩，贏者。孔氏曰：引，柩車索也。引者，長遠之名，車行遠也。紼，引棺索也。紼是撥舉之義，棺惟撥舉，不長遠也。弔葬本爲助執事，故必助引柩車。

及，至也。凡執引用人，貴賤有數，若其數足，則餘人不得遥行，皆散而從柩。至壙下棺窆時，則不限人數，皆悉執紼，示助力也。愚謂引、紼一物也。在塗時屬於柩車，謂之引；載時及至壙，説載除飾皆屬於棺，謂之紼。王制疏云：「停住之時，指其繒體，則謂之紼；若在塗，人挽而行之，則謂之引。」是也。此疏以紼爲撥舉，乃據「孺子䵣」章註爲説，非確義也。又既夕禮「屬引」，鄭註云：「在軸輴曰紼。」在軸輴，謂朝廟時也。朝廟時，柩雖行而不遠，故亦不謂之引而謂之紼也。

喪，公弔之，必有拜者，雖朋友、州里、舍人可也。弔曰：「寡君承事。」主人曰「臨」。釋文：臨，如字，徐力鴆反。

此謂在他國而死者也。公弔之，謂所死國之君弔之也。拜，謂爲主以拜賓也。州里，謂死者同州里之人，今同在他國者。舍人，謂死者今在他國所館舍之人也。死於他國者，其親屬或不從行，則朋友及州里之人同在此國者，或又無朋友、州里，則此國所館舍之人，皆可爲主而拜君也。喪有無後，無無主，則死於異國者，雖非公弔，固必有拜賓者矣。嫌君尊，其禮或異，故以明之。承，助也，弔以助主人之喪事也。曰「寡君」者，稱於異國臣之辭也。曰「臨」者，尊君之辭，蓋曰君辱臨某之喪。

君遇柩於路，必使人弔之。

鄭氏曰：君於臣民有父母之恩。愚謂大夫士之喪，必赴於君，君當弔於其家。若未仕之士，及庶人之喪，赴告不及於君，君不能悉弔也。若遇其柩於路，必使人弔之，所以廣仁恩也。

大夫之喪，庶子不受弔。

鄭氏曰：不以賤者爲有爵者主。　孔氏曰：不受弔，謂不爲主人也。適子爲主，受弔拜賓。若適子或有他故不在，則庶子不敢受弔，明己卑避適也。言「大夫庶子不受弔」，則士之庶子得受弔也。

妻之昆弟爲父後者死，哭之適室，子爲主，袒、免、哭、踊。夫入門右，使人立于門外，告來者，狎則入哭。父在，哭於妻之室；非爲父後者，哭諸異室。釋文：免音問。使，色吏反，又如字。

鄭氏曰：哭之適室，以其正也。狎，相習知者。哭於妻之室，不以私喪干尊。　孔氏曰：適室，正寢也。禮，女子子適人者，爲昆弟之爲父後者不降，故姊妹之夫爲之哭於適室之中庭。子，己子也。甥服舅緦，故命己子爲主受弔拜賓也。袒、免、哭、踊者，冠尊，不居肉袒之上，故凡哭哀則踊，踊必先袒，袒必去冠而加免也。使人立於門外告來者，以門內有哭則鄉里聞之必來相弔，故主人使人出門外告語來弔者，述所哭之人也。狎則入哭者，若弔人與此亡者相識狎習，當進入共哭也。父在，哭於妻之室者，此夫若父在，則適室由父，故但於妻室之前而哭之，亦子爲主也。案奔喪禮「妻之黨哭諸寢」，此哭於適室及異室者，寢是大名，雖適室及妻室、異室，總皆曰寢。愚謂此亦爲位而哭者也。子爲主者，妻之兄弟無服，而子爲舅服緦，故使之爲主而拜賓。袒、免、哭、踊者，哭有服之親之禮然也。爲主者在中庭西面，夫入門而右，亦西面，在其子之少南。凡哭而爲位者，哭者與主人必同面，而以親疏爲叙列也。申祥之哭言思，婦人倡踊。此哭妻之兄弟，婦人亦當在阼階上之位，但子既爲主，則其子倡踊矣。子爲主者，常禮也，無子乃使婦人倡踊耳。使人立於門外告來者，謂人有聞哭而來者，則告以所爲哭之人，蓋凡哭人者之禮皆然。狎則入哭，謂所親狎之人則當入而弔哭也。父在，哭於妻之室，此謂父子同宮者也。若父子異宮，雖父在亦哭諸適室也。異室，側室也。非爲父後者降於適子，故哭諸側室。○鄭氏謂「夫入門右，北面」，孔氏云：「鄭知此北面者，子既爲主，在阼階下西面，父若又西面，便似二主也。又曾子問云衛靈公弔季康子，『魯哀公爲主，康子立於門右，北面』，辟主人之位，故知此當北面，辟主人之位也。」愚謂士喪禮主人、衆主人、衆賓皆西面，初不以二主爲嫌，何以此父與子同西面則嫌二主乎？君弔於臣，主人之位皆在門右北面，故季康子於衛靈公之弔亦然，初不以辟主人之位也。鄭氏謂「夫入門右，北面」，蓋據「曾子北面而弔」之文，孔疏所言，殊失鄭義。但鄭註本非曾子北面而弔，乃弔於不爲位者之禮，非可以例此也。

有殯，聞遠兄弟之喪，哭于側室；無側室，哭于門內之右。同國則往哭之。

鄭氏曰：哭於側室，嫌哭殯也。哭於門內之右，近南者爲之變位。同國則往哭之，喪無外事。孔氏曰：「遠兄弟之喪，謂異國也。內則云：『庶人無側室。』尋常爲主，當在阼階東，西面，今稱門內之右，是非常哭之處，繼門而近於南也。鄭云『近南』，則猶西面，但近南耳。同國則往哭，異國則否者，以其已有喪，不得嚮他國也。」愚謂上篇言「有殯，聞遠兄弟之喪，雖緦必往」，以不同居而謂之遠也。此云「有殯，聞遠兄弟之喪，哭于側室」，以不同國而謂之遠也。側室，室在寢室之旁側者也。兄弟哭於廟，此不於廟者，喪自未啓以前，於廟皆無事焉，不宜忽以哭輕喪而至也。門內，殯宮之門內也。哭于門內之右，謂在中庭之少南而西面，所以別於哭殯之位也。不哭於寢門之外者，以其爲內親也。雜記曰：「有殯，聞外喪，哭之他室，入奠。卒奠出，改服卽位，如始卽位之禮。」

子張死，曾子有母之喪，齊衰而往哭之。或曰：「齊衰不以弔。」曾子曰：「我弔也與哉！」釋文：與音餘。

哭與弔不同：弔者所以慰人之戚，哭者所以自致其哀。上篇云：「有殯，聞遠兄弟之喪，雖緦必往。」雜記云「三年之喪，雖功衰，不弔」，「如有服而將往哭之，則服其服而往。」孔子於門人猶父子，則曾子於子張猶兄弟，故援有殯哭兄弟之義而往哭之，非弔也。爲朋友弔服加麻，而曾子齊衰而往，不服其服者，蓋兄弟骨肉也，其恩由父而推，故可以釋服而服其服；朋友，異姓也，其恩由己而成，則不可以釋服而服其服矣。哭之者，情之所不可已；不服其服者，禮之所不容過也。

有若之喪，悼公弔焉，子游擯由左。

鄭氏曰：悼公，魯哀公之子。擯，相侑喪禮者。喪禮廢亡，時人以爲此儀當如詔辭而皆由右，是善子游正之。孔氏曰：少儀「詔辭自右」，鄭云：「爲君出命也。」案立者尊右，己傳君之詔辭，詔辭爲尊，則宜處右。若喪事，則惟賓、主居右，而己自居左。當時禮廢，言相喪亦如傳君詔辭，己自居右，子游知禮，故正之。

齊穀王姬之喪，魯莊公爲之大功。或曰：由魯嫁，故爲之服姊妹之服。或曰：外祖母也，故爲之服。釋文：穀音告，又古毒反。爲，于僞反。

鄭氏曰：穀當爲「告」，聲之誤也。王姬，周女，齊襄公之夫人。春秋周女由魯嫁，卒，服之如內女服姊妹，是也。天子爲之無服，嫁於王者之後乃服之。莊公，齊襄公女弟文姜之子，當爲舅之妻，非外祖母。外祖母又小功也。孔氏曰：莊元年「秋，築王姬之館於外」，下書「王姬歸於齊」，是由魯嫁也。莊十一年，王女共姬爲齊桓公夫人。知此王姬非齊桓公夫人者，以桓公夫人經無「卒」文，是不告於魯。莊二年書「王姬卒」，是襄公夫人。此言「齊告王姬之喪」，故知是襄公夫人。王姬是莊公舅妻，不得爲外祖母；假令爲外祖母，正合小功，不服大功。此或人之言有二，非也。○趙氏汸曰：齊告王姬之喪，魯莊公爲之服大功，此禮所未有，魯人以我主其昏，欲以說齊耳。公爲之服姑、姊妹之服，故書「卒」，同內女。後齊桓王姬亦魯主之，而卒不書，可見主昏修服之非禮，而桓公不可以非禮說，故弗爲也。

晉獻公之喪，秦穆公使人弔公子重耳，且曰：「寡人聞之，亡國恆於斯，得國恆於斯。雖吾子儼然在憂服之中，喪亦不可久也，時亦不可失也。孺子其圖之！」釋文：重，直龍反。儼，魚檢反，本亦作「儼」。喪，息浪反。

晉獻公名詭諸，秦穆公名任好。公子重耳，獻公子，後立爲文公。文公爲驪姬所譖，出亡在狄，而獻公薨，穆公使人就弔之。且曰者，致弔辭之後，復言此也。斯，謂喪代之際也。喪，失位也。穆公欲納文公，故勸其因喪代之際以圖反國。

以告舅犯。舅犯曰：「孺子其辭焉！喪人無寶，仁親以爲寶。父死之謂何？又因以爲利，而天下其孰能說之？孺子其辭焉！」公子重耳對客曰：「君惠弔亡臣重耳，身喪父死，不得與於哭泣之哀，以爲君憂。父死之謂何？或敢有他志，以辱君義。」稽顙而不拜，哭而起，起而不私。釋文：與音預。

舅犯，文公舅狐偃，字子犯。　仁親，仁愛其親也。　言爲人子者當以愛親爲寶，若因父死以求反國，則是利父之死，非人子愛親之心矣。　舅犯勸文公辭秦使，而文公從其言也。　稽顙而不拜，但自致其哀而不拜賓，蓋庶子在外受弔之禮也。　適子受弔，則拜稽顙。　起而不私，與使者無私言也。

子顯以致命於穆公。穆公曰：「仁夫公子重耳！夫稽顙而不拜，則未爲後也，故不成拜。哭而起，則愛父也；起而不私，則遠利也。」釋文：顯，依註音韅，呼遍反，徐苦見反。　夫音符。　遠，于萬反。

鄭氏曰：使者，公子縶也。　盧氏云：「古者名、字相配，顯當作『韅』。」　愚謂未爲後者，文公不受穆公之命，故不敢以喪主之禮自居也。　文公譎而不正，非能誠於愛親者，然當時晉人與之，秦伯助之，有可以得國之勢，而不欲因喪以圖利，則居然仁者之心，其視惠公之重賂以求入者，相去遠矣，此所以卒能反國而霸諸侯與？

帷殯，非古也，自敬姜之哭穆伯始也。

鄭氏曰：穆伯，魯大夫，季悼子之子公甫靖也。　敬姜，穆伯妻，文伯歜之母也。　禮：「朝夕哭，不帷。」

孔氏曰：孝子思念其親，故朝夕哭時褰徹其帷。　敬姜少寡辟嫌，故朝夕哭不復徹帷，表夫之遠色也。

案春秋文十五年「公孫敖之喪」，「聲己不視，帷堂而哭。」公孫敖亦是穆伯，此不云「聲己之哭穆伯始」者，聲己哭在堂下，是帷堂，非帷殯也。　愚謂婦人無堂下哭位，聲己之哭亦當在堂上，但聲己怨恨穆伯而帷堂，人不取法；自敬姜行此，人以爲知禮而慕效之，故言帷殯自敬姜始。

喪禮，哀戚之至也。節哀，順變也，君子念始之者也。

鄭氏曰：始猶生也。念父母生我，不欲傷其性。孔氏曰：凡人或有禍災，雖或悲哀，未是至極，惟遭父母喪禮，是哀戚之至極也。既是至極，恐其傷性，故辟踊有節算，裁節其哀也。所以節哀者，欲順孝子悲哀，使之漸變也。愚謂下文所言，自復至於虞、祔，皆歷據喪禮而釋其義，而此節則總釋喪禮之義也。大宗伯「以凶禮哀邦國之憂」，其目有五，而惟喪禮爲哀戚之至，蓋人之哀戚莫甚於哀其父母之死也。節哀者，謂始死哭不絕聲，既殯則有朝夕與無時之哭，卒哭有朝夕哭，練不復朝夕哭，但有思憶無時之哭，祥而外無哭，禫而內無哭，所以節限其哀也。順變者，謂順其哀之隆、殺而漸變之而輕也。蓋人之於其父母也，至死不窮，若不爲之節限，必將至於滅性矣。君子念父母生我之心必不欲其如此，是以雖至哀而必爲之節也。

復，盡愛之道也，有禱祠之心焉。望反諸幽，求諸鬼神之道也。北面，求諸幽之義也。釋文：禱，丁老反，一音丁報反。

鄭氏曰：復，謂招魂。望求諸幽，鬼神處幽暗，望其從鬼神所來。禮，復者升屋北面。愚謂盡愛之道，謂盡愛親之道也。禱祠，禱於神，以祈親之生，士喪禮疾病，「行禱五祀」，是也。復，亦所以求親之生，故曰「有禱祠之心」。人子於親之將死，至情迫切，所以求其生者無所不至，故復與禱爲事不同，而其爲心一也。復者北面，北者，幽陰之方也。人死則有鬼神之道，鬼神處於幽陰，故望其方而求之也。

拜稽顙，哀戚之至隱也。稽顙，隱之甚也。

鄭氏曰：隱，痛也。稽顙，觸地無容。　愚謂拜所以禮賓，稽顙所以致哀，故二者皆爲至痛，而稽顙之痛爲尤甚。

飯用米、貝，弗忍虛也。不以食道，用美焉爾。釋文：飯，扶晚反。

鄭氏曰：尊之也。食道褻，米、貝美。　孔氏曰：飯用米、貝，不忍虛其口也。飯食，人所造作，爲褻。米、貝，天性自然，爲美。　案喪大記：「君沐粱，大夫沐稷，士沐粱。」飯用沐米。士用粱，謂天子之士。諸侯之士用稻，士喪禮「稻米一豆，實於筐」，是也。以次差之，天子當沐黍，是天子飯用黍也。周禮典瑞云「大喪，共飯玉、含玉」，鄭註云：「含玉如璧形而小。」是天子含用璧。雜記云：「含者執璧將命。」是諸侯亦含以璧也。卿大夫無文。　案成十七年公孫嬰齊夢贈瓊瑰，註云「食珠玉，含象」，則卿大夫蓋用珠也。士喪禮用貝三，依雜記則大夫當五，諸侯七，天子九。　愚謂米所以飯，貝所以含，通而言之，則米、貝皆謂之飯，故曰「飯用米、貝」，「飯用沐米」。喪大記「士沐粱」，士喪禮沐稻，蓋列國士宜不一，而士或不能備有，故隨所有而用之，非必天子諸侯之士之異也。弗忍虛者，所以爲愛。不以食道者，又所以爲敬也。詩毛傳云：「瓊瑰，石而次玉。」又左傳哀十一年：「齊陳子命其徒具含玉。」是大夫含亦用玉也。雜記自天子至士皆用貝，是大夫以上兼用貝、玉，士則惟用貝也。

銘，明旌也。以死者爲不可別已，故以其旗識之。愛之，斯録之矣；敬之，斯盡其道焉耳。

釋文：別，彼列反。本或無「已」字。識，式志反，皇如字。

鄭氏曰：明旌，神明之旌。不可別，形貌不見。孔氏曰：案士喪禮：「爲銘，各以其物。」又司常云「大喪，共銘旌」，註云：「王則大常。」案司常云「王建大常，諸侯建旂，孤卿建旜，大夫士建物」，則銘旌亦然。士喪禮士長三尺，大夫五尺，諸侯七尺，天子九尺。若不命之士，則士喪禮云「以緇，長半幅」，長一尺，「赬末，長終幅」，長二尺，總長三尺。愚謂錄之，謂識其名而存錄之也。盡其道，謂其采章尺度必視其爵位而爲之也。愛之，故不敢忘；敬之，故不敢苟。此二句申言銘旌之義。註疏以重與奠言，非也。

重，主道也。殷主綴重焉，周主重徹焉。釋文：重，直龍反。綴，竹劣反，又竹衛反。

鄭氏曰：始死未作主，以重主其神也。重，既虞而埋之，乃後作主。春秋傳曰：「虞主用桑，練主用栗。」綴猶聯也。殷人作主，而聯其重縣諸廟也，去顯考，乃埋之。（按鄭據祭法，以高祖爲顯考，說見本篇。）周人作主，徹重埋之。孔氏曰：案士喪禮士有重無主，而此云「重，主道」者，此據天子諸侯有主者言之。始死作重，猶若木主。主者，吉祭所以依神；在喪，重亦所以依神。故曰「重，主道也。」殷人始殯，置重於廟庭，作虞主訖，則綴重縣於新死者之廟。死者世世遞遷，其重常在，至去離顯考，乃埋其重及主，以其既遷無廟也。周人作主，則埋其重於門外之道左也。○孔氏曰：遷廟早晚，左氏以爲三年喪畢乃遷廟，故僖三十三年左氏傳云「烝、嘗、禘於廟」；杜、服皆以爲三年禘祭乃遷此廟。鄭則以爲練時則因禘而遷廟主，傳霖曰：因禘，當依疏作「不禘」。鏘鳴按：先生校毛本，改「不」爲「因」。故鄭註士虞禮「以其班祔」之下云：「練而遷廟。」鄭必謂以練者，以文二年「作僖公主」，穀梁傳云：「於練焉壞廟，壞廟之道，易檐可也，改塗可也。」范寧云：「親過高祖則毀其廟，以次而遷。將納新神，故示有所加。」是鄭之所據。　朱子曰：吉凶之禮，其變有漸，故始死全用事生之禮，既卒哭祔廟，然後神之。然猶未盡變，故主復於寢，至三年而遷於廟也。其遷廟一節，鄭氏用穀梁「練而遷廟」之說，杜氏用賈逵、服虔之説，則以三年爲斷。其間同異得失，雖未有考，然穀梁但言「壞舊廟」，不言「遷新主」，則安知其非練而遷舊主，至三年而納新主耶？又曰：大戴禮諸侯遷廟篇云「君及從者皆玄服」，則是三年大祥之後，既除喪而後遷矣。其辭但告遷而不言祔，則是既祔之後，主復於寢，而至此方遷於廟矣。如穀梁云「易檐」「改塗」，禮志云「更釁其廟」，則是必先遷高祖於太廟夾室，然後可以壞釁其故廟，而納祖考之主；又俟遷祖考於新廟，然後可以壞釁其故廟，而納新祔之主矣。如左氏云「特祀於寢」，而國語有「日祭」之文，則是主復寢後猶日上食矣。（愚謂既葬猶朝夕哭，不奠，士喪禮有明文，國語「日祭」，自謂未葬之奠耳。）但穀梁所謂「練而壞廟」，乃在三年之内，似恐大速。禮志所謂「釁廟而移」，故主乃不俟其廟之虚而遽壞之，恐非人情。　愚謂大戴禮遷廟篇首言「成廟，將遷之新廟」，而其祝辭曰：「孝嗣侯某，敢以嘉幣告於皇考某侯：成廟將徙。敢告。」此謂三年喪畢，以新死者之主遷之於廟也。穀梁傳云「練而壞廟」，此謂既練之後，遷其親盡者之主也。蓋既祔之後，主還於寢，新主練、祥之祭皆於寢，而宗廟則復行時祭，左傳所謂「特祀於主，烝、嘗、禘於廟」也。至練，距大祥尚一年，姑以諸侯之禮言之：中間宗廟有三祫祭或二祫祭，如有二祫，則於第一祫祭畢而遷高祖之主於大祖之夾室，於是高祖之廟虚，而可以改塗、易檐而修之矣。第二次祫祭畢而遷祖之主於高祖廟，於是祖之廟虚，而可以改塗易檐而修之矣，至喪畢而納新主於祖之廟焉。若天子三昭三穆，而練、祥相距，中容三祫，其遞遷之法亦如此。遷廟禮但言新主之入廟，而不言舊主之去廟，則舊主固已先遷矣。以是知練後因祫祭而遷舊廟，穀梁之說確然可據，不容復致疑於其間。而喪中於宗廟非竟不祭，左氏所謂「烝、嘗、禘於廟」，及「晉葬悼公」，「烝於曲沃」者，未可以其出於春秋之亂世而非之也。

奠以素器，以生者有哀素之心也。唯祭祀之禮，主人自盡焉爾，豈知神之所饗，亦以主人有齊敬之心也！釋文：齊，側皆反。

鄭氏曰：哀素，言哀痛無飾也。凡物無飾曰素。哀則以素，敬則以飾，禮由人心而已。愚謂祭則有尸，有尸則有飲食之禮。葬前不立尸，直以饌具奠置於地而已，故曰奠。祭祀之禮，謂既葬之後，虞、祔、練、祥皆立尸而行祭禮也。奠用素俎、瓦敦、毼豆、無縢之籩，皆素器也。至虞而籩、豆、俎、敦之屬皆用吉祭之器矣。蓋奠主哀，故器無飾；祭主敬，故器有飾。自盡，謂自盡其敬神之心，而不敢用初喪之素器也。豈知神之所饗，必於此有飾之器乎？亦以主人自盡其齊敬之心耳。

辟踊，哀之至也。有算，爲之節文也。釋文：辟，婢亦反。

鄭氏曰：算，數也。孔氏曰：撫心爲辟，跳躍爲踊。孝子喪親，哀慕至懣，男踊女辟，是哀痛之至極。若不節限，恐傷其性，故辟踊有算，爲準節文章。準節之數，其事非一。每一踊三跳，三踊九跳，爲一節。士三踊，大夫五踊，諸侯七踊，天子九踊，故云「爲之節文」。愚謂有算之義有二：一是每踊三者三爲一節；一是天子至士，多少有差。故疏云「準節之數，其事非一」也。

袒、括髮，變也。愠，哀之變也。去飾，去美也。袒、括髮，去飾之甚也。有所袒，有所襲，哀之節也。釋文：愠，庾、皇紆粉反，又紆運反，徐又音鬱。去，羌呂反。

孔氏曰：袒衣、括髮者，是孝子形貌之變；悲哀、愠恚者，是孝子哀情之變也。去其吉時服飾者，是去其華美也；去飾雖有多途，而袒、括髮爲去飾之最甚也。孝子悲哀，理應常袒，何以有所袒，有所襲？蓋哀甚則袒，哀輕則襲，哀之節限也。愚謂袒、括髮者，飾之變於外也；愠者，情之變於中也。上以二者並言，而下乃專以袒、括髮言之者，以哀情之變，其事易明，不煩申釋也。

弁絰葛而葬，與神交之道也，有敬心焉。周人弁而葬，殷人冔而葬。釋文：冔，況甫反。

鄭氏曰：接神之道，不可以純凶。天子諸侯變服而葬，既虞卒哭，乃服受服也。踰時則哀久而敬生，敬則服有飾。大夫士三月而葬，未踰時。愚謂弁，爵弁也。士冠記云：「周弁、殷冔、夏收。」此三者，皆士之祭冠也。下文云「周人弁而葬，殷人冔而葬」，以弁與冔並言，其爲爵弁明矣。弁絰葛，謂爵弁而加葛絰，即前所謂「爵弁，絰紂衣」之服也。士喪禮葬不變服，弁絰葛而葬，人君之禮也。與神交之道者，始死，全用事生之禮，將葬而漸神之，故變服而葬，以交於神明者不可以不敬也。蓋大夫士之父，全乎父者也，其尊近，致其哀而已；天子諸侯之父，兼乎君者也，其尊遠，故至葬則哀久而敬生，而不敢以凶服接之。觀於書之顧命，則天子在喪，有用吉服以行事者，而曾子問世子生，告殯，大祝、大宰、大宗皆冕服，皆此義也。既葬反，喪服而反哭。

歠主人、主婦、室老，爲其病也，君命食之也。釋文：歠，徐昌悅反，一音常悅反。爲，于僞反。食音嗣。

鄭氏曰：尊者奪人易也。歠，歠粥也。　愚謂此謂大夫之喪也。歠，謂未殯前歠粥也。主人主婦，死者之子與妻；室老，其貴臣也。三人者，爲大夫未殯，皆不食，而有時歠粥者，蓋君爲其困病，故命食之以粥，以尊者之命奪其情也。問喪云：「鄰里爲之糜粥以飲食之。」蓋士無君命，故鄰里爲飲食之也。

反哭升堂，反諸其所作也。主婦入於室，反諸其所養也。釋文：養，羊尚反。

鄭氏曰：堂，親所行禮之處。室，親所饋食之處。　孔氏曰：謂葬訖反哭於廟，所以升堂者，反復於親所行禮之處，謂生平祭、祀、冠、昏在於堂也。主婦反哭，所以入於室者，反復於親所饋食供養之處。此皆謂在廟也。故既夕禮主人「反哭，入，升自西階，東面」，「主婦入於室」，下始云「遂適殯宮」，故知初反哭在廟也。　愚謂反哭者，葬時柩從廟而去，既葬，則反於廟而哭，以致其哀也。反諸其所作者，反於死者平時祭、祀、冠、昏所行禮之處，而哀親之不復行禮於是也。反諸其所養者，反於死者平時行饋食祭禮之處，而哀親之不復饋養於是也。

反哭之弔也，哀之至也。反而亡焉，失之矣，於是爲甚。

士喪禮反哭：「賓升自西階，弔曰：『如之何！』主人拜稽顙。」問喪曰：「入門而弗見也，上堂又弗見也，入室又弗見也。亡矣喪矣！不可復見已矣！故哭泣辟踊，盡哀而止矣。」故弔無不哀，而反哭爲尤甚。

殷既封而弔，周反哭而弔。孔子曰：「殷已慤，吾從周。」釋文：封，依註音窆，彼驗反，下同。慤，本又作

「殼」，苦角反。

鄭氏曰：封當爲「窆」。窆，下棺也。慤者，得哀之始，未見其甚。陳氏澔曰：殷之禮，窆畢，賓就墓所弔主人；周禮則俟主人反哭而後弔。孔子謂殷禮大質慤者，蓋親之在土，固爲可哀，不若求親於平生所居止之所而不得，其哀爲尤甚，故弔於墓者，不如弔於家者之情文爲兼盡也。愚謂慤，與七介以相見也。不然則「已慤」之慤同，言其質有餘而文不足也。蓋葬事甫畢即行弔禮，則於禮節悤遽而無從容之意，故曰「已慤」。不若反哭而弔，則反而亡焉，既足以深致其哀，而於禮節亦不至於迫蹙而無序也。

葬於北方，北首，三代之達禮也，之幽之故也。釋文：首，手又反。

鄭氏曰：北方，國北也。孔氏曰：言葬於國北及北首者，鬼神尚幽闇，往詣幽冥故也。殯時仍南首者，孝子猶若其生，不忍以神待之。

既封，主人贈，而祝宿虞尸。

鄭氏曰：贈，以幣送死者於壙也。於主人贈，祝先歸。孔氏曰：既封，謂葬既下棺也。主人贈，而祝宿虞尸者，謂主人以幣贈死者於壙之時，祝先歸宿戒虞尸。案既夕禮主人「贈用制幣、玄纁、束帛」。又士虞禮記云：「男，男尸；女，女尸。」是虞有尸也。愚謂虞，安也。葬反而祭於殯宮，以安神也。虞始有尸，蓋親之形體既藏，孝子之心無所繫，故立尸以象死者而事之。宿，進也。進之使於祭時而來也。主人贈而祝宿虞尸者，言祝之反而宿尸，以主人之贈爲節也。

既反哭，主人與有司視虞牲。有司以几筵舍奠於墓左，反，日中而虞。釋文：舍音釋。

鄭氏曰：視虞牲，謂日中將虞，省其牲也。舍奠墓左，以父母形體在此，禮其神也。周禮冢人：「凡祭墓爲尸。」　孔氏曰：几，依神也。筵，坐神席也。舍，釋也。奠，置也。墓道向南，以東爲左，有司以几筵及祭饌置於墓左，禮地神也。　愚謂視牲之有司，與主人偕反者也；舍奠之有司，則於主人之反，畱於墓而舍奠者也。主人歸而反哭視牲，則舍奠之有司亦可以反矣，於是而行虞祭也。蓋虞祭以釋奠者之反爲節也。主人贈而祝宿虞尸，有司反，日中而虞，所謂喪事雖遽，不凌節者，於此可以見之。日中而虞，往葬而歸，非日中不足以蒇事也。其或墓地稍遠，則虞之過乎日中者固當有之矣。

葬日虞，弗忍一日離也。是日也，以虞易奠。釋文：離，力智反。

虞以安神，葬日卽虞，不忍一日離親之神也。葬前無尸，奠置於地，至虞，始立尸以行祭禮，故曰「以虞易奠。」雜記云「士三虞，大夫五，諸侯七」，則天子當九虞也。虞皆用柔日。假如士三虞，丁日葬而虞，則己日再虞，辛日三虞。士虞記云「三虞卒哭，他用剛日」，「曰『哀薦成事』。」先儒以「他用剛日」兼蒙「三虞卒哭」言之，故謂後一虞改用剛日。此不然也。此篇及曾子問、雜記皆云「卒哭成事」，士虞記「他用剛日」，「哀薦成事」之文，專屬於卒哭。卒哭，他用剛日，則知三虞皆用柔日矣。

卒哭曰「成事」。是日也，以吉祭易喪祭，明日祔于祖父。釋文：易，以豉反，徐音亦。祔音附。

鄭氏曰：虞，喪祭也。既虞之後，卒哭而祭，其辭蓋曰「哀薦成事」，成祭事也。祭以吉爲成。　愚謂卒哭亦祭名。卒，止也。前此朝夕哭於殯宮，至是則止殯宮爲位之哭，惟朝夕哭於次而已，故曰「卒哭」，而因以爲其祭之名也。雜記：「士三月而葬，三月而卒哭；大夫三月而葬，五月而卒哭；諸侯五月而葬，七月而卒哭。」以此差之，則天子七月而葬，九月而卒哭也。大夫以上，虞與卒哭異月，士虞與卒哭同月，則以末虞之明日卒哭。虞皆用柔日，而卒哭改用剛日，以死者之神將自殯宮而往祔於廟。用剛日者，取其變動之義，故不用内事以柔日之例也。曰「成事」，謂祝辭所稱。士虞記「卒哭」，「曰『哀薦成事』」，是也。士虞禮主人即位於西階，亨於門西，牲升左胖進柢，魚進鬐，皆喪祭之禮也。至卒哭而改用吉祭之禮，故曰「以吉祭易喪祭」。凡言吉祭，有二：一是喪中卒哭之祭，此言「以吉祭易喪祭」，曾子問「其吉祭特牲」，是也。一是喪畢吉祭，士虞記「是月也吉祭，猶未配」，大戴遷廟禮「乃擇日而吉祭焉」，是也。祔，卒哭明日祭之名。祔猶附也，就死者祖父之廟而祭死者，使其神附屬於祖父也。必於祖父者，祔必以其昭穆也。既祔而反於寢。左傳曰：「凡君薨，卒哭而祔，祔而作主，特祀於主，烝、嘗、禘於廟。」特祀，謂祥、禫也。喪畢，遇三時祫祭，則因祫而遷新主於廟。大夫士無祫祭，則亦因吉祭而遷新主也。

其變而之吉祭也，比至於祔，必於是日也接，不忍一日末有所歸也。釋文：比，必利反。

吳氏澄曰：卒哭之末有餞禮，送神適祖廟矣。翼早，急宜就祖廟迎奉其神。若用虞祭之例，相隔一日而始祔祭，則卒哭後、祔祭前，此一日親之神無所依歸，孝子不忍，故祔必與卒哭相接也。愚謂變，改也。之，往也。變而之吉祭，由喪祭變而至吉祭也。是日，卒哭之日也。接，連也。必於是日也接，謂祔用卒哭之明日，必於是卒哭之日相接連，不忍親之神一日無所依歸也。鄭氏曰：日有所用接之，虞禮所謂「他用剛日」也。孔氏曰：變，謂變常禮。所以有變者，或時有迫促，或事有忌諱，未及葬期，死而即葬者。喪服小記云：「赴葬者赴虞，三月而後卒哭。」彼據士禮而言。速葬速虞而後，卒哭之前，其日尚賒，不可無祭，謂之爲變。既虞，比至於祔，必於是日也接，謂於是三虞卒哭之間，剛日而連接其祭。所以必用剛日接之者，孝子不忍使親每一日之間無所依歸。愚謂此所言，初未有以見其爲變禮之意。且大夫以上，虞與卒哭皆間一月，中間未聞別有他祭，則士之赴虞而未卒哭者，中間亦不當有祭也。

殷練而祔，周卒哭而祔。孔子善殷。

鄭氏曰：期而神之，人情也。愚謂殷練而祔，於練祭之明日而祔也。周卒哭而祔，於卒哭之明日而祔也。祔畢，主皆還於寢，至三年喪畢，而後祭於廟，則殷、周之所同也。

君臨臣喪，以巫、祝、桃、茢、執戈，惡之也，所以異於生也。喪有死之道焉，先王之所難言也。釋文：茢音列，徐音例。杜預云：「黍穰也。」鄭註周禮云：「苕帚。」惡，烏路反。難，乃旦反。

鄭氏曰：桃，鬼所惡。茢，萑苕，可埽不祥。爲有凶邪之氣也。生人則無凶邪。愚謂臨喪用巫、祝者，亦與神交之道也。桃、茢二物，蓋使巫、祝執之。王弔則巫、祝並前。周禮男巫「王弔，則與祝前」，喪祝「王弔，則與巫前」，是也。諸侯則至廟門而巫止，祝代之，降於天子也。小臣二人執戈先，君之常儀也。臨生者但有執戈，臨死者則加以巫、祝、桃、茢者，人死，斯惡之矣，所以與臨生者之禮異也。死，澌滅也。難言，不忍言也。君於大夫士之喪，於殯斂必往焉，臨其尸而撫之，其於君臣之恩誼至矣。然必用巫、祝、桃、茢者，蓋以死有澌滅之道，先王之所不忍言，故必有所恃，以袪其疑畏，正所以使其得盡弔哭之情也。○鄭氏曰：君聞大夫之喪，去樂卒事而往，未襲也。其已襲，則止巫，去桃、茢。孔氏曰：案喪大記「大夫之喪，將大斂」，君往，「巫止于門外」，「祝先入」。士喪禮大斂而往，「巫止于廟門外，祝代之，小臣二人執戈先，二人後」。此皆大斂之時。小斂及殯無文，明與大斂同，直言「巫止」，無「桃、茢」之文。喪大記雖記諸侯禮，明天子亦然，故鄭云「已襲，則止巫，去桃、茢」也。此經所云，謂天子禮。故鄭註士喪禮引「檀弓云『君臨臣喪，以巫、祝、桃、茢、執戈』，天子禮也。諸侯則使祝代巫執茢居前，下天子也」。知此文據天子禮也。鄭註士喪禮云「諸侯使祝代巫執茢」，亦謂未襲以前也。若已襲之後，茢亦去之，與天子同。是天子臨臣之喪，巫、祝、桃、茢、執戈，三者並具；諸侯臨臣喪，未襲之前，巫止，祝執茢，小臣執戈。若既襲之後、斂殯以來，天子諸侯同，並巫止，祝代之，無桃、茢。愚謂喪大記：「君於卿大夫，大斂焉，爲之賜，則小斂焉。」左傳隱五年：「衆仲卒，公不與小斂，故不書日。」〔一〕是君於卿大夫恩意之厚者，至於與其小斂焉而止爾，未聞有未襲而往者。衛獻公於柳莊之卒，不稅祭服而往，乃因其相從於患難而然，非可據爲常典也。鄭氏以士喪禮、喪大記皆不言「巫」「茢」，故以此爲未襲之禮。然士喪禮、喪大記皆謂大斂而往者，故無桃、茢，此有桃、茢者，蓋君於卿大夫爲之賜而小斂者也，謂爲未襲，非也。諸侯至廟門而巫止，則未至廟門時亦巫、祝、桃、茢並有矣，亦不必專以此所言爲天子之禮也。

〔一〕引文見於左隱元年傳，「衆仲」作「衆父」。

喪之朝也，順死者之孝心也。其哀離其室也，故至於祖、考之廟而后行。殷朝而殯於祖，周朝而遂葬。釋文：朝，直遥反。

喪之朝，謂將葬，以柩朝廟也。爲人子之禮，出必告，反必面。柩之朝廟，象生人之出必告親，順死者之孝心而爲之也。又以死者之心必以離其室爲哀，故至於祖、考之廟而後行，以致其徘徊而不忍遽去之意，朝廟又兼有此義也。殷人以死則爲神，鬼神以遠於人爲尊，故朝而遂殯於祖廟。周人以死者之心不欲遽離其寢處之所，故至葬而後朝廟。○崇精問：「葬母亦朝廟否？」焦氏曰：「内豎職王后之喪，朝廟則爲之蹕。是母喪亦朝廟明也。婦未廟見，則不朝廟。」愚謂孔疏言天子諸侯之葬，每一日朝一廟，非也。士喪記有二廟者，朝祖畢即朝禰，不待明日。是不以一日限朝一廟矣。天子諸侯之喪，祝斂羣廟之主而藏之大廟，尤無事偏歷羣廟而朝之也。○自「喪禮，哀戚之至也」以下至此，凡十六條。第一條總言喪禮，其下十五條，似皆據喪禮之成文而釋其義。然證以士喪禮，多不合。如「歠主人、主婦、室老，爲其病也」，及「君臨臣喪，以巫、祝、桃、茢、執戈」，則當爲大夫之禮無疑。至「弁絰葛而葬」，則注疏以爲人君之禮。又注疏謂人君方有主，則「重，主道也」一條，因重言主，亦當爲人君之禮矣。然此十六條文體相似，又首以「喪禮」發其端，而以下逐節釋之，似其所據者乃儀禮之一篇，不當錯有諸侯大夫之禮，則豈變服而葬，虞而作主，大夫以上皆然與？今於前文已用舊説釋之，謹復獻其疑於此，以俟學者更考焉。

孔子謂「爲明器者知喪道矣，備物而不可用也」。哀哉！死者而用生者之器也，不殆於用殉乎哉！釋文：殉，辭俊反。

鄭氏曰：殆，幾也。殺人以衛死者曰殉。用其器者，漸幾於用人。愚謂此善夏之用明器，非殷之用祭器也。備物，既以致其事死如事生之意；不可用，又以見送死者之異於人。此用明器者之所爲知喪道也。「哀哉」以下，記者之言也。祭器，生人之器也。用其器，則近於用其人，此用祭器之所以可哀也。

「其曰明器，神明之也。」塗車、芻靈，自古有之，明器之道也。孔子謂「爲芻靈者善」，謂「爲俑者不仁」，不殆於用人乎哉！釋文：俑音勇。

鄭氏曰：神明之，神明死者，異於生人。芻靈，束茅爲人馬。謂之靈者，神之類。俑，偶人也，有面目機發，似於生人。孔子是古而非周。愚謂此又譏周末爲俑之非也。其曰明器，神明之者，言以神明之道待之，而異於生人也。此二句，孔子之言，記者引之，以起下文所論之事也。塗車、芻靈，皆送葬之物也。塗車卽遣車，以采色塗飾之，以象金玉。芻靈，束草爲遣車上御右之屬，及爲駕車之馬。冢人云：「言鸞車象人。」又校人：「飾遣車之馬，及葬，埋之。」鄭云「言埋之，則是馬塗車之芻靈」，是也。芻靈不能運動，亦猶明器之備物而不可用也。俑，木偶人也。偶，寓也。以其寄寓人形於木，故曰偶。俑，踊也。以其有機發而能跳踊，故謂之俑。由芻靈而爲俑，蓋周末之禮然也。孔子以其象人而用之，故謂爲不仁。

穆公問於子思曰：「爲舊君反服，古與？」子思曰：「古之君子，進人以禮，退人以禮，故有舊君反服之禮也。今之君子，進人若將加諸膝，退人若將隊諸淵，毋爲戎首，不亦善乎！又何反服之禮之有？」釋文：爲舊君，于僞反，下「爲君」「爲使人」皆同。與音餘。隊，本又作「墜」，直媿反。

喪服「齊衰三月」章，爲舊君凡三條：第一條，仕焉而已者爲舊君；第二條，大夫去國者，其妻、長子爲舊君；第三條，大夫爲舊君。傳曰：「何大夫之謂乎？言其以道去君而未絕也。」穆公所問，蓋謂大夫以道去國而服其舊君者，乃喪服第三條之義也。退人以禮，卽以道去君之謂也。進人若將加諸膝，退人若將隊諸淵，則君不以道遇其臣，臣亦不以道去其君，而其去而卽絕也不待言矣。戎首，兵戎之首也。此與孟子告齊宣王之言相似。○鄭氏引喪服「仕焉而已者」解此，非也。穆公以舊君反服爲問，而子思之所以答之者如此，則知當時之服此服者，蓋已寡矣。若仕焉而已者爲舊君之服與庶人爲國君同，庶人爲國君齊衰三月，未聞有服不服之異，豈仕焉而已者反得不服乎？

悼公之喪，季昭子問於孟敬子曰：「爲君何食？」敬子曰：「食粥，天下之達禮也。吾三臣者之不能居公室也，四方莫不聞矣。勉而爲瘠，則吾能，毋乃使人疑夫不以情居瘠者乎哉！我則食食。」釋文：夫音扶。食食，上如字，下音嗣。

鄭氏曰：昭子，康子之曾孫，名强。敬子，武伯之子，名捷。敬子言鄉國皆知吾等不能居公室以臣禮事君也。三臣，仲孫、叔孫、季孫也。存時不盡忠，喪又不盡禮，非也。愚謂不以情居瘠，言虛爲哀瘠之貌，而無哀戚之實心也。爲君斬衰三年，始死，三日不食，既殯食粥，至練乃食食。三臣不能居公室，其罪大矣；沒又不以禮喪之，則其罪又加甚焉。敬子之言，麤倍如此，曾子所以有「出辭氣，斯遠鄙倍」之戒歟？

衛司徒敬子死，子夏弔焉，主人未小斂，絰而往。子游弔焉，主人既小斂，子游出絰，反哭。子夏曰：「聞之也與？」曰：「聞諸夫子：主人未改服，則不絰。」

鄭氏曰：司徒，官氏，公子許之後。　愚謂改服者，主人既小斂，始服未成服之麻也。凡弔者之服，隨主人而變：主人改服，則弔者加絰帶；主人成服，則弔者服弔衰。

曾子曰：「晏子可謂知禮也已，恭敬之有焉。」

鄭氏曰：禮者，敬而已矣。　愚謂禮以恭敬爲本，晏子能恭敬，故曾子許其知禮。

有子曰：「晏子一狐裘三十年，遣車一乘，及墓而反。國君七个，遣車七乘；大夫五个，遣車五乘。晏子焉知禮？」釋文：遣，棄戰反。乘，繩證反。焉，于虔反。○舊本及石經有子並作「有若」。按孔疏：「有子，孔子弟子有若。」是記文本作「有子」，傳寫誤耳。今正之。

鄭氏曰：言其太儉逼下，非之。及墓而反，言其既窆而歸，不畱賓客有事也。遣車之差，大夫五，諸侯七，則天子九。諸侯不以命數，喪禮畧也。个，謂所包遣奠牲體之數也。雜記曰：「遣車視牢具。」賈氏公彥曰：大夫三牲九體，折分爲二十五，苞五个。諸侯苞七个。天子大牢，加以馬牲，則十二體，分爲八十一个，九苞，苞九个。　愚謂遣車載所包遣奠之牲體而葬之者也。葬時，柩車將行，設遣奠。既奠，取牲體包之，載以遣車，使人持以如墓，置於椁之四隅。一乘，言其少也。及墓而反者，藏器少，故葬速而卽反也。凡牲體一段謂之一个。特牲禮「佐食盛肵俎，俎釋三个」，少儀「大牢以左肩、臂、臑折九个」，是也。國君七个，大夫五个，謂每包所有之个數也。士喪禮云「苞二」，鄭氏云：「所以裹羊豕之肉者。」又云「苞牲取下體」，鄭云：「前脛折取臂、臑，後脛折取骼。」士包三个。士遣奠二牲，每牲取三體，分爲二包，每包有三个，則皆全體也。士無遣車，每苞用一人持之以如墓。諸侯遣奠大牢，每牲取三體，折分爲四十九个，分爲七包，每包七个，包用一車載之，故遣車七乘。大夫遣奠亦大牢，每牲取三體，折分爲二十五个，分爲五包，每包五个，亦包用一車載之，故遣車五乘。若天子遣奠，兼用馬牲，亦每牲取三體，折分爲八十一段，分爲九包，每包九个，包用一車載之，則遣車九乘也。

有子言晏子儉不中禮，不足爲知禮也。○鄭氏曰：人臣賜車馬者，乃有遣車。孔氏曰：案既夕禮「苞牲取下體」，鄭註：「前脛折取臂、臑，後脛折取骼。」是一牲取三體。士少牢二牲，則六體，分爲三个，一个有二體。大夫以上，皆大牢三牲，凡九體。大夫分九體爲十五段，三段爲一包，凡五包；諸侯分爲二十一段，凡七包；天子分爲二十七段，凡九包。愚謂士喪禮無遣車，賤而禮畧耳。鄭謂「賜車馬者乃有遣車」，則爲大夫者未必皆有車馬之賜也。士包三个，國君七个，大夫五个，皆謂所包之牲體之數也。孔疏乃謂「士二牲六體，分爲三个，一个有二體」，其語殊不可曉。又謂大夫諸侯每包皆三段，又與記所言五个、七个者不合。詳其語意，似以一个爲一包也。然士喪禮言「苞二」，而鄭氏云「苞三个」，則是个乃在包之中者，而个非苞也。儀禮賈疏得之。

曾子曰：「國無道，君子恥盈禮焉。國奢則示之以儉，國儉則示之以禮。」

鄭氏曰：時齊方奢，矯之是也。愚謂曾子言晏子所以爲此者，所以矯當時之失，無害爲知禮也。蓋曾子以晏子恭敬爲知禮者，以禮之本而言也。有子以晏子大儉爲不知禮者，以禮之文而言也。孔子曰：「奢則不孫，儉則固，與其不孫也寧固。」又曰：「晏平仲祀其先人，豚肩不掩豆，賢大夫也，而難爲下矣。」蓋儉固可以救奢之失，亦未爲得禮之中也。二子各就其一偏之見言之，故其於晏子或予之大過，或抑之大甚，惟聖人之言爲得其平。

國昭子之母死，問於子張曰：「葬及墓，男子、婦人安位？」子張曰：「司徒敬子之喪，夫子相，男子西鄉，婦人東鄉。」曰：「噫！毋！」曰：「我喪也斯沾，爾專之：賓爲賓焉，主爲主焉。」婦人從男子皆西鄉。釋文：相，息亮反。鄉，許亮反。噫，本又作「意」，同于其反。毋音無。斯音賜。沾，依註音覘，敕廉反。

鄭氏曰：國昭子，齊大夫。東鄉、西鄉，夾羨道爲位也。夫子，孔子也。噫，不寤之聲。毋，禁止之辭。斯，盡也。沾，讀曰覘，視也。昭子自謂齊之大家，有事人盡視之，欲人觀之，法其所爲。陳氏澔曰：昭子葬其母，以子張相禮，故問之。葬時男子皆西鄉，婦人皆東鄉，禮也。昭子自以齊之顯家，今行喪禮，人必盡來覘視，當有所更改以示人，故使子張專主其事，使主自爲主，賓自爲賓。於是昭子家婦人從男子皆西鄉，則女賓從男賓皆東鄉可知矣。愚謂葬時男子皆西鄉，婦人皆東鄉，所以爲男女之列也。以親者近壙，而男賓在衆主人之南，女賓在衆婦人之南，又所以爲親疏之序也。今昭子使主自爲主，賓自爲賓，既無男女之別，又紊親疏之序，失禮甚矣。

穆伯之喪，敬姜晝哭；文伯之喪，晝夜哭。孔子曰：「知禮矣。」

鄭氏曰：喪夫不夜哭，嫌私情勝也。

文伯之喪，敬姜據其牀而不哭，曰：「昔者吾有斯子也，吾以將爲賢人也，吾未嘗以就公室。今及其死也，朋友諸臣未有出涕者，而内人皆行哭失聲。斯子也，必多曠於禮矣夫！」釋文：夫音扶。本亦有無「夫」字者。

鄭氏曰：以爲賢人，蓋見其有才藝也。未嘗就公室，言未嘗與到公室觀其行也。季氏，魯之宗卿，敬姜有會見之禮。内人，妻妾也。孔氏曰：曠，猶疏薄也。疏薄於賓客朋友之禮，故未有感戀出涕者。

季康子之母死，陳褻衣。敬姜曰：「婦人不飾不敢見舅姑。將有四方之賓來，褻衣何爲陳於斯？」命徹之。

鄭氏曰：褻衣非上服，陳之，將以斂。四方之賓，嚴於舅姑。敬姜，康子從祖母。愚謂喪大記君小斂用複衣，大斂用褶衣。複衣、褶衣，即袍、褶之屬，皆褻衣也。君斂用褻衣，則大夫可知。而敬姜命去褻衣者，蓋婦人之褻衣雖用以斂而不陳，季氏但欲以多陳衣爲榮，并陳褻衣，故敬姜非之。

有子與子游立，見孺子慕者。有子謂子游曰：「予壹不知夫喪之踊也，予欲去之久矣。情在於斯，其是也夫！」釋文：去，羌呂反。

壹，專也。言予專不知夫喪之何以有踊，久欲去之。今觀於孺子之慕，而知孝子之情即在於斯，其是爲人之真情也夫，何必爲踊乎！蓋喪之踊有節，孺子之慕則率其號慕迫切之情而不自知者。有子以爲喪致乎哀而已，而不必爲之節文也。

子游曰：「禮有微情者，有以故興物者，有直情而徑行者，戎狄之道也。禮道則不然。微，殺也。微情，謂哭踊之節，變除之漸，所以使之殺其情而不至於過哀也。故，謂有爲爲之也。物，謂衰、絰之屬也。以故興物，若荀卿言「斬衰、菅屨，杖而啜粥者，志不在於酒食，所以使之覩物思哀，而不至於怠而忘之也」。有子之意，在於徑情直行，不知禮之節有定，而人之情不可齊也。或哀毁以傷生，或朝死而夕忘。苟使人率其情以行，則賢者無以俯而就，且至於滅性；不肖者無以企而及，必相率而至於悖死忘親矣。

人喜則斯陶，陶斯咏，咏斯猶，猶斯舞，舞斯慍，慍斯戚，戚斯歎，歎斯辟，辟斯踊矣。品節斯，斯之謂禮。釋文：猶，依註作「摇」，音遥。慍斯戚，紆運反。此喜怒哀樂相對。本或於此句上有「舞斯慍」一句并注，皆衍文。辟，婢亦反。○孔疏云：如鄭此禮本云「舞斯慍」者，凡有九句。首末各四，正明哀樂相對；中間「舞斯慍」一句，是哀樂相生。而鄭諸本亦有無「舞斯慍」一句者，取義不同。鄭又一本云「舞斯蹈，蹈斯慍」，凡十句，當是後人所加耳。盧禮本亦有「舞斯慍」一句。王禮本又長，云「人喜則斯循，循斯陶」，與盧、鄭不同，亦當新足耳。

鄭氏曰：咏，謳也。猶當爲「摇」，聲之誤也。摇，謂身動摇也。秦人猶、摇聲相近。辟，拊心。踊，躍也。愚謂喜者，外境順心而喜也。陶者，喜心鼓盪於内而欲發也。咏者，喜發於外而爲咏歌也。咏歌不已，則至於身體動摇；動摇不已，則至於起舞也。慍，怒意也。樂極則哀，故舞而遂至於慍也。慍怒不已，則至於悲戚；悲戚不已，則發爲歎息；歎息不已，則至於拊心；拊心不已，則起而跳踊。蓋哀樂之情，其由微而至著者若此。然情不可以徑行，故先王因人情而立制，爲之品而使之有等級，爲之節而使之有裁限，故情得其所止而不過，是乃所謂禮也。此節言哀樂，各四句，一一相對：喜與愠對，哀樂之初感也。陶與戚對，哀樂之盛於中也。咏與歎對，哀樂之發於聲音也。摇與辟對，舞與踊對，哀樂之動於四體也。獨「舞斯愠」一句在其中間，言哀樂循環相生之意，詳文義，似不當著此。孔疏謂鄭他本或無此句，或本係衍文，如陸氏之説與？

人死，斯惡之矣；無能也，斯倍之矣。是故制絞、衾，設蔞、翣，爲使人勿惡也。始死，脯、醢之奠，將行，遣而行之，既葬而食之，未有見其饗之者也。自上世以來，未之有舍也，爲使人勿倍也。故子之所刺於禮者，亦非禮之訾也。」釋文：惡，烏路反。倍音佩。絞，户交反。蔞音柳。食音嗣。舍音捨。訾，似斯反。

鄭氏曰：絞、衾，尸之飾。蔞、翣，棺之牆飾。周禮蔞作「柳」。將行，將葬也。葬有遣奠。食，反虞之祭。舍猶廢也。訾，病也。愚謂士虞禮曰「特豕饋食」，所謂「既葬而食之」也。上言先王因哀樂之情而品節之，所謂「禮有微情」者也。此言先王因死者之易於倍棄，而制爲喪葬之飾、奠祭之禮，而使人得以盡其事死如生之情，又因以故興物之意而廣言之，所以見禮之不使人直情而徑行者，皆有深意存焉。故有子之所刺，不足爲禮之疵病也。此二句通結二節之義。

吴侵陳，斬祀殺厲。師還出竟，陳大宰嚭使於師，夫差謂行人儀曰：「是夫也多言。盍嘗問焉？師必有名，人之稱斯師也者，則謂之何？」大宰嚭曰：「古之侵伐者，不斬祀，不殺厲，不獲二毛。今斯師也，殺厲與？其不謂之殺厲之師與？」曰：「反爾地，歸爾子，則謂之何？」曰：「君王討敝邑之罪，又矜而赦之，師與有無名乎？」釋文：還音旋。竟音境。大音泰。嚭，普彼反。使，色吏反。夫差，上音扶，下初佳反。與音餘。○洪氏邁曰：嚭乃夫差之宰，陳遣使者，止用行人，則儀乃陳人也。記禮者簡冊錯互，當云「陳行人儀使於師，夫差使大宰嚭問之」。愚謂此章言「行人儀者一」，言「大宰嚭」者二。上言「大宰嚭使於師，夫差謂行人儀」，可言簡冊錯互。至下文又言「大宰嚭」，則非簡冊錯互矣。蓋嚭實吳人，儀實陳人，洪氏之說得之。然其所以互易者，則由記者傳聞之誤耳。

鄭氏曰：吳侵陳，以魯哀公元年。祀，神位有屋樹者。厲，疫病。大宰、行人，官名也。夫差，吳子光之子。嘗，試也。獲，謂係虜之。二毛，鬢髮斑白。止言「殺厲」，重人也。欲微切之，故其言似若不審然。子，謂所獲民臣。師與，有無名乎，又微勸之。終其意。吳、楚僭號稱王。吳氏澄曰：夫差內行惡事，而外欲得善名，故使問行人以衆人稱此師之名。名以殺厲之師者，欲吳人恥其名之惡而改悔也。吳大宰果有反地歸子之言，則陳行人因其好名之心而誘勸之也。

顏丁善居喪：始死，皇皇焉如有求而弗得；及殯，望望焉如有從而弗及；既葬，慨焉如不及其反而息。

鄭氏曰：顏丁，魯人。從，隨也。慨，憊貌。孔氏曰：皇皇，猶彷徨。上篇云「始死，充充如有窮」，謂形貌窮屈，亦彷徨有求而不得之心，彼此各舉其一也。上篇云「既殯，如有求而不得」，據外貌所求也；此云「始死，如有求而不得」，據內心所求也。既葬，如不及其反而息者，上殯後從而不及，似有可及之理，既葬慨然如不及，謂不復可及，所以文異也。上篇云「既葬，皇皇如有望而不至」，此云「既葬，如不及」，亦同也。此「始死皇皇」，是皇皇之甚，故如有求而不得；上篇云「既葬皇皇」，是輕，故云「望而不至」也。此既葬則止，不說練、祥，故既葬則慨然；上檀弓更說練、祥，故云「練而慨然，祥而廓然。」　愚謂慨然如不及其反而息者，既葬迎精而反，如親之精氣不及與之偕反，而止息以待之，所謂「其反也如疑」也。此言居喪哀悼之心，自始死至既葬，其因時而變者如此，與上篇「始死，充充如有窮」一章，辭雖所指不同，其大歸則一而已。

子張問曰：「書云『高宗三年不言，言乃讙』，有諸？」仲尼曰：「胡爲其不然也！古者天子崩，王世子聽於冢宰三年。」釋文：讙音歡。○今按：書無逸作「言乃雍」。

鄭氏曰：時人君無行三年之喪禮者，子張問有此與？怪之也。讙，喜悦也。冢宰，天官卿，貳王事者，三年之喪，使之聽朝。　胡氏曰：三年之喪，自天子達於庶人，子張非不知也。蓋以爲人君三年不言，則臣下無所禀令，禍亂或從而生耳。夫子告以聽於冢宰，則禍亂非所憂矣。

知悼子卒，未葬。平公飲酒，師曠、李調侍，鼓鐘。杜蕢自外來，聞鐘聲，曰：「安在？」曰：「在寢。」杜蕢入寢，歷階而升，酌曰：「曠飲斯！」又酌曰：「調飲斯！」又酌，堂上北面坐飲之，降，趨而出。釋文：知音智。李調，如字，左傳作「外嬖嬖叔」。蕢，苦怪反。飲，於鴆反。下「飲曠」「飲調」「飲寡人」皆同。

鄭氏曰：悼子，晉大夫荀盈，魯昭九年卒。飲酒，與羣臣燕。平公，晉侯彪。侍，與君飲也。燕禮記曰：「請旅侍臣。」鼓鐘，樂作也。燕禮賓入門，奏肆夏，既獻而樂闋。獻君亦如之。曰「安在」，怪之也。杜蕢，或作「屠蒯」。三酌皆罰。愚謂飲酒，私燕也。鄭氏引燕禮解此，非也。燕禮當立賓主，卿大夫士庶子皆與，此惟師曠、李調二人獨侍，而杜蕢聞鐘聲乃知，非燕禮之正明矣。鼓，擊也。人君飲食皆奏樂。杜蕢，左傳作「屠蒯」。寢，路寢也。歷階，卽栗階，謂升階不聚足也。

平公呼而進之，曰：「蕢！曩者爾心或開予，是以不與爾言。爾飲曠何也？」曰：「子、卯不樂。知悼子在堂，斯其爲子、卯也大矣。曠也，大師也，不以詔，是以飲之也。」「爾飲調何也？」曰：「調也，君之褻臣也，爲一飲一食，忘君之疾，是以飲之也。」「爾飲何也？」曰：「蕢也，宰夫也，非刀匕是共，又敢與知防，是以飲之也。」釋文：樂，如字。爲，于僞反。匕，必李反。共音供。與音預。防音房，又扶放反。

鄭氏曰：開，謂諫爭，有所發起。紂以甲子死，桀以乙卯亡，王者謂之疾日，不以舉樂爲吉事，所以自戒懼。大臣喪重於疾日。雜記曰：「君爲卿大夫，比葬不食肉，比卒哭不舉樂。」詔，告也。大師典奏樂。褻，嬖也。近臣亦當規君。防，禁放溢。愚謂平公見蕢三舉罰爵，意其必有以開發之，故不與之言。蕢不言卽出者，以公之必將怪而問之也。在堂，謂殯於堂上西序也。與知防，預知防閑諫爭之事也。蕢言平公飲酒非禮，二子當言而不言，己不當言而言，所以皆罰之，蓋用此以諷公也。

平公曰：「寡人亦有過焉。酌而飲寡人！」杜蕢洗而揚觶。公謂侍者曰：「如我死，則必毋廢斯爵也。」至于今，既畢獻，斯揚觶，謂之杜舉。釋文：觶，之豉反，字林音支。

鄭氏曰：「平公聞義則服。揚觶，舉爵於君也。揚，舉也。毋廢斯爵，欲後世以爲戒。謂之杜舉，因杜蕢以爲名也。　愚謂平公自知其過，故命爵而自飲，又命毋廢斯爵，以爲後世戒也。畢獻，謂燕禮獻賓、獻君、獻卿、大夫、士、庶子皆畢也。平公飲酒，私燕也。自平公命毋廢斯爵，於是晉國正燕之禮，於畢獻之後，特舉觶於君，謂之杜舉，言此爵自杜蕢始也。○鄭氏以燕禮大夫媵觶於公爲揚觶，非也。燕禮揚觶，由來久矣，豈自杜蕢始乎？

禮記卷十一

檀弓下第四之二

公叔文子卒，其子戍請謚於君，曰：「日月有時，將葬矣，請所以易其名者。」君曰：「昔者衛國凶饑，夫子爲粥與國之餓者，是不亦惠乎！昔者衛國有難，夫子以其死衛寡人，不亦貞乎！夫子聽衛國之政，修其班制，以與四鄰交，衛國之社稷不辱，不亦文乎！故謂夫子貞惠文子。」釋文：難，乃旦反。

鄭氏曰：謚者，行之迹。有時，猶言有數也。大夫士三月而葬。君，靈公也。難，謂魯昭公二十年「盜殺衛侯之兄縶」也。時齊豹作亂，公如死鳥。班制，謂尊卑之差。後不言貞惠者，文足以兼之。方氏慤曰：脩其班制，以與四鄰交，非博聞者不能，故曰文。班，言上下之序；制，言多寡之節。愚謂謚起於周公，皆取其行之至大者一字以爲謚，所謂「節以壹惠」也。至戰國時，周有威烈王、愼靚王，秦有惠文、莊襄等王，而二謚始此。然據檀弓，則趙武在春秋時已有獻文之稱，而公孫拔謚至三字，尤古今所未有也。左傳叙齊豹作亂事甚詳，當時從公者爲公南楚、析朱鉏諸人，平亂者爲北宮喜。衛侯賜喜謚貞子，朱鉏謚成子，初不言拔有衛君之事，豈後人因喜及朱鉏賜謚事而誤以爲拔歟？

石駘仲卒，無適子，有庶子六人，卜所以爲後者，曰：「沐浴佩玉則兆」。五人者皆沐浴佩玉。石祁子曰：「孰有執親之喪而沐浴佩玉者乎？」不沐浴佩玉。石祁子兆，衞人以龜爲有知也。釋文：駘，大來反。

鄭氏曰：石駘仲，衞大夫石碏之族。庶子六人，莫適立也。石祁子不沐浴佩玉，心正且知禮。愚謂左傳言立子之法：「年鈞以德，德鈞以卜。」駘仲庶子六人，未必皆同年，蓋既皆庶子，故不論長幼，直以卜決之，蓋駘仲之遺命也。兆，謂得吉兆。沐浴佩玉則兆，掌卜者謂之之辭。石祁子不沐浴佩玉，守禮而不惑於禍福也。以龜爲有知者，所卜得其人也。

陳子車死於衞，其妻與其家大夫謀以殉葬，定而后陳子亢至。以告曰：「夫子疾，莫養於下，請以殉葬。」子亢曰：「以殉葬，非禮也。雖然，則彼疾當養者孰若妻與宰？得已，則吾欲已；不得已，則吾欲以二子者之爲之也。」於是弗果用。釋文：亢音剛，又苦浪反。養，羊尚反。

鄭氏曰：子車，齊大夫。子亢，子車弟，孔子弟子。下，地下也。子亢度諫之不能止，以斯言拒之。已猶止也。孔氏曰：論語：「陳亢問於伯魚」。與伯魚相問，故知孔子弟子。又昭二十六年左傳「齊師圍成」，「魯師及齊師戰於炊鼻」，「魯人將擊子車，子車射之，殪」，故知是齊大夫。愚謂家大夫，即宰也。子亢度二人不可以理爭，故言欲以二人爲殉，所以使其懼而自止。

子路曰：「傷哉貧也！生無以爲養，死無以爲禮也。」孔子曰：「啜菽飲水，盡其歡，斯之謂孝。斂首足形，還葬而無槨，稱其財，斯之謂禮。」釋文：啜，昌劣反。叔，或作「菽」，音同，大豆也。王云，

「歠豆而食曰啜菽。」斂，力檢反。還音旋。稱，尺證反。

鄭氏曰：還猶疾也。謂不及其日月。孔氏曰：啜菽，以菽爲粥而常啜之。愚謂食有黍稷之屬，今但啜菽而已，食之貧也。飲有漿醴之屬，今但飲水而已，飲之貧也。養而能盡其歡，則先意承志，雖薄而無害於孝；葬而能稱其財，則必誠必信，雖儉而無歉於禮。夫所謂孝與禮者，亦務乎其本而已。不然，雖日用三牲，備飾牆、翣，奚當焉？

衛獻公出奔，反於衛，及郊，將班邑於從者而后入。柳莊曰：「如皆守社稷，則孰執羈靮而從？如皆從，則孰守社稷？君反其國而有私也，毋乃不可乎？」弗果班。釋文：從，才用反。靮，丁歷反。

鄭氏曰：獻公以魯襄十四年出奔齊，二十六年復歸於衛。靮，紖也。莊言從、守若一，有私則生怨。愚謂反國而偏賞從者，則居者之心懼矣。莊諫公以弗班，所以安反側之心。甯武子宛、濮之盟曰「行者無保其力，居者無懼其罪」，正此意也。獻公行事，備見於左傳，蓋無道之君也。然觀於此，則猶聽用忠言，其所以被出而卒能反國者，蓋亦有由與？

衛有大史曰柳莊，寢疾。公曰：「若疾革，雖當祭必告。」公再拜稽首請於尸曰：「有臣柳莊也者，非寡人之臣，社稷之臣也。聞之死，請往。」不釋服而往，遂以襚之，與之邑裘氏與縣潘氏，書而納諸棺曰：「世世萬子孫毋變也。」釋文：革，本又作「亟」，居力反。縣音玄。潘，普干反。○今按：縣如字。

革，急也。不釋服而往，蓋使人攝祭以終事也。柳莊之事，不見於左傳，觀其諫勿班邑，固亦可以爲賢矣。然喪大記：「君於卿大夫，大斂焉，爲之賜，小斂焉。」莊方祭而卒，祭畢而往，猶在小斂之前，今乃輟祭而往，則非禮矣。侯伯祭服鷩冕，而以襚其臣，其紊亂王章，與曲縣繁纓之賜何異？裘氏，邑名。潘氏，縣名。書，謂書之於券。書券而納之於棺，所以要言於死者，亦非禮也。陳氏澔曰：此雖有尊賢之心，然棄祭祀而不終，以諸侯命服而襚大夫，書封邑之券而納諸棺，皆非禮矣。

陳乾昔寢疾，屬其兄弟而命其子尊己曰：「如我死，則必大爲我棺，使吾二婢子夾我。」陳乾昔死，其子曰：「以殉葬，非禮也，況又同棺乎！」弗果殺。釋文：乾音干。屬，之玉反。

鄭氏曰：婢子，妾也。善尊己不陷父於不義。

仲遂卒于垂，壬午猶繹，萬入去籥。仲尼曰：「非禮也。卿卒不繹。」釋文：去，羌呂反。

仲遂卒于垂，壬午猶繹，萬入去籥，此春秋宣八年經文也。仲遂，魯大夫東門襄仲也。垂，齊地。繹，祭之明日又祭也。猶者，可已而不已之辭也。萬者，文、武二舞之總名。籥，文舞也。舞以武舞爲重，文舞爲輕，祭統「舞莫重于武宿夜」，是也。萬入去籥，言文武二舞皆入，去文舞而獨用武舞，蓋但去其輕者，以示殺樂之意，而其重者猶不去也。卿卒不繹者，繹祭輕於正祭，而公卿，君之股肱，故卿卒則不繹。今宣公既不廢繹，於樂又但去其輕者，則其無恩於大臣甚矣。宣公立，於仲遂生則賜氏以重其寵，没則不廢繹以薄其恩，蓋但以權勢爲重輕，而實未嘗有手足腹心之誼也。然則人臣之欲擅權以固寵者，其亦可以鑒矣。○夏小正、公羊傳皆以萬爲武舞，東萊吕氏以爲文、武二舞之總名，朱子從呂氏之説。今以經傳考之，詩簡兮言「公庭萬舞」，而下言「執籥」「秉翟」，此萬爲文舞也。左傳楚公子元爲宫振萬，文夫人曰：「先君以是舞也，習戎備也。」此萬爲武舞也。惟萬兼文武，故或用其文，或用其武，而皆謂之萬也。文舞爲大夏，武舞爲大武，舞以大武爲重，萬入去籥，蓋但去其輕者而已。公羊傳謂「去其有聲者，廢其無聲者」，非也。正樂四節，合舞之前，有升歌、下管、間歌，皆有聲者也。但曰「萬入去籥」，則於前三節皆不去矣，則去籥之意豈以其有聲耶？

季康子之母死，公輸若方小。斂，般請以機封，將從之。公肩假曰：「不可。夫魯有初：公室視豐碑，三家視桓楹。釋文：般音班。封，彼驗反。

鄭氏曰：公輸若，匠師。方小，言年尚幼。斂，下棺於椁也。般，若之族，多技巧者，見若掌斂事而年尚幼，請代之，而欲嘗其技巧。初，謂故事。言「公室視豐碑」者，時僭天子也。豐碑，斲大木爲之，形如石碑，於椁前後四角樹之，穿中，於間爲鹿盧，下棺以綍繞。天子六綍四碑，前後各重鹿盧也。三家視桓楹，時僭諸侯，諸侯下天子也。桓楹，斲之，形如大楹。四植謂之桓。諸侯四綍二碑，碑如桓矣。大夫二綍二碑，士二綍無碑。孔氏曰：豐碑，斲大木爲碑，於椁之前後及兩旁樹之，穿鑿去碑中之木使空，於空中著鹿盧，以綍之一頭繫棺緘，以一頭繫鹿盧，人各背碑負綍，聽鼓聲，以漸卻行而下之。知前後重鹿盧者，以棺之入椁，南北竪長，用力深也。凡天子之葬，掘地爲方壙，漢書謂之「方中」。方中之内，先累椁於南畔爲羨道，謂之隧。以蜃車載柩至壙，説而載以龍輴，從羨道而入，至方中，乃屬綍於棺之緘，從上下棺入椁中，於此時用碑綍也。桓楹不似碑形，故云「如大楹」，通而言之，亦謂之碑。喪大記云諸侯大夫二碑，是也。桓，卽今之橋旁表柱也。諸侯二碑，兩柱爲一碑而施鹿盧。大夫亦二碑，但柱形不得麤大，所以異於諸侯也。愚謂公肩假亦魯人。史記孔子弟子有公肩定。豐碑，天子下棺所用，而魯君用之，故曰「視豐碑」。桓楹，諸侯下棺所用，而三家用之，故曰「視桓楹」。此皆僭禮，而假以爲故事者，僭竊已久故也。案天子諸侯之葬，以輴車先從羨道入壙，柩車至壙側，說載除飾，用碑繂下棺輴上。觀繂之屬於棺緘，而不屬於輴，亦可見矣。遂師註「蜃車至壙乃說，更載以龍輴」，謂在壙中載之，非載以入壙也。既夕禮疏謂「葬用輁軸者，先以輁軸從羨道入，乃加茵於其上，乃下棺於其中」，最爲明析。孔疏謂「蜃車至壙，說而載以龍輴，從羨道入」，非也。

般！爾以人之母嘗巧，則豈不得以？句。其毋以嘗巧者乎，則病者乎？噫！」弗果從。釋文：其毋，音無。

鄭氏曰：僭於禮，有似作技巧，非也。以與「已」字本同。噫，不寤之聲。孔氏曰：嘗，試也。言般以人母試己巧，誰有强逼於女？豈不得休已？其無以人母嘗巧，則於女豈有病乎？假既告般爲是言，乃更噫而傷歎，於是衆人遂止，不果從般之言。

戰于郎，公叔禺人遇負杖入保者息，曰：「使之雖病也，任之雖重也，君子不能爲謀也，士弗能死也，不可。我則既言矣。」與其鄰重汪踦往，皆死焉。魯人欲勿殤重汪踦，問於仲尼。仲尼曰：「能執干戈以衞社稷，雖欲勿殤也，不亦可乎！」釋文：禺音遇，又音務。弗能，弗亦作「不」。重，依註音童。踦，魚綺反。○鄭註：鄰，或爲「談」。

鄭氏曰：郎，魯近邑也。哀十一年「齊國書帥師伐我」，是也。遇，見也。見走辟齊師，將入保，罷倦，加其杖頸上，兩手掖之休息者。保，縣邑小城。禺人，昭公之子，春秋傳曰「公叔務人」。使之病，謂時繇役。任之重，謂時賦稅。君子，謂卿大夫也。魯政既惡，復無謀臣，士又不能死難，禺人恥之，欲敵齊師，踐其言。鄰，里也。重，皆當爲「童」。童，未冠者之稱，姓汪名踦，春秋傳曰「童汪錡」。魯人見其死君事，有士行，欲以成人之喪治之。孔子善之。言魯人者，死君事，國爲斂葬。愚謂禺人言魯既無善政，大夫士又不能盡忠，故無以禦寇而安民。不可者，非之之辭。禺人是士，既非當時士不能死，故赴敵而死，以踐其言也。魯人以汪踦能死國，故欲以成人禮治其喪。孔子善之者，以其變禮而得宜也。

子路去魯，謂顏淵曰：「何以贈我？」曰：「吾聞之也：去國則哭于墓而后行，反其國不哭，展墓而入。」謂子路曰：「何以處我？」子路曰：「吾聞之也：過墓則式，過祀則下。」

鄭氏曰：「贈，送也。哭，哀去也。展，省視之。處，安也。去國，無君事，主於孝。居者主於敬。孔氏曰：有君事去國，則不得哭墓。故上曲禮云：「已受命，君言不宿於家。」過墓，謂他家墳壟。祀，謂神位有屋樹者。愚謂由不忘墳墓之心推之，則必思不虧其體，不辱其先；由敬於墓祀者推之，則必思無慢於人，無惡於人。而所以修身而免患者，皆在是矣。

工尹商陽與陳棄疾追吳師，及之。陳棄疾謂工尹商陽曰：「王事也，子手弓而可。」手弓。「子射諸！」射之，斃一人，韔弓。又及，謂之，又斃二人。每斃一人，揜其目。止其御曰：「朝不坐，燕不與，殺三人，亦足以反命矣。」孔子曰：「殺人之中，又有禮焉。」釋文：射，食亦反。斃，本亦作「弊」，婢世反。韔，勑亮反。又及，本或作「又及一人」，又「一人」後人妄加耳。朝，直遥反。與音預。○鄭註：陳，或作「陵」。

鄭氏曰：工尹，楚官名。棄疾，楚公子棄疾也。以魯昭八年帥師滅陳，縣之，楚人善之，因號焉。至十二年，楚子狩于州來，使蕩侯、潘子、司馬督、囂尹午、陵尹喜圍徐以懼吳。於時有吳師。棄疾謂商陽仁，不忍殺人，以王事勸之。斃，仆也。韔，韜也。韔弓，不忍復射也。揜其目，不忍視之也。朝、燕於寢，大夫坐於上，士立於下，然則商陽與御皆士也。兵車參乘，射者在左，戈盾在右，御在中央。

孔氏曰：案左氏傳「戎昭果毅」，「獲則取之」。商陽行仁，而孔子善之者，傳之所言，謂彼勍敵決戰，此是吳師既走，而不逐奔，故以爲有禮也。愚謂手弓，謂以手執弓也。子手弓而可，棄疾謂商陽可執弓以射也。手弓者，商陽從棄疾之言而執弓也。子射諸者，商陽既執弓，棄疾又使之射也。謂之，棄疾又謂商陽如前也。凡朝位立於庭，三朝並無坐法。此云「朝不坐」，似大夫以上得坐者，蓋君既視朝，退適路寢聽政，卿大夫入與君圖事，則升路寢之堂，孔子「攝齊升堂」，是也。此時君或與之從容謀議，則命之坐矣。士不得特見圖事，故云「朝不坐」。燕禮大夫坐於堂上，士立於堂下，不得與於堂上之坐，故云「燕不與」。亦足以反命者，言位卑禮薄，不必以多殺爲功也。蓋敗北之師，本易窮追，商陽於此，乃能存愛人之心，而不以邀功爲念，亦可謂安制矜節者矣。若勁敵在前，乃以禮遇微薄，不欲致力。則是不忠之大者，豈得謂之有禮哉！

諸侯伐秦，曹桓公卒于會。諸侯請含，使之襲。釋文：桓，依註音宣。含，胡闇反。

鄭氏曰：魯成十三年「曹伯廬卒于師」，是也。廬謚宣，言桓，聲之誤也。諸侯請含者，朋友有相啖食之道。使之襲，非也。襲，賤者之事。愚謂士喪禮主人親含，襲、斂則皆商祝爲之。周禮大宰「贊贈玉、含玉」，註云「助王爲之」，則諸侯之喪，亦必其子親含而上卿贊也。喪大記云：「君之喪，大祝是斂，衆祝佐之。」諸侯無相爲含、襲之禮，而襲之事尤卑於含，諸侯請爲曹伯含，已爲非禮，而又使之襲，則益甚矣。然以楚之强，使魯襄公襚而終以取辱，曹之弱小，何能得此於諸侯？使襲之事，恐未可信。

襄公朝于荆，康王卒，荆人曰：「必請襲。」魯人曰：「非禮也。」荆人强之，巫先拂柩。荆人悔之。釋文：强，其丈反。

鄭氏曰：康王，楚子昭也。楚言荆者，州言之。荆人請襲者，欲使襄公衣之。巫、祝拂柩，君臨臣喪之禮。愚謂荆者楚之本號，猶晉之本號爲唐，鄒之本號爲邾也。左傳襄公二十九年：「公在楚。楚人使公親襚。公患之，穆叔曰：『祓殯而襚，則布幣也。』乃使巫以桃、茢先拂殯。楚人弗禁，既而悔之。」卽此事也。但傳言請「襚」，此言「請襲」；傳言「拂殯」，此言「拂柩」。案左傳襄公以二十八年冬如楚，及漢，聞康王卒。而楚人使公襚，傳於二十九年正月言之。禮，死日卽襲，殯則大夫士三日，諸侯五日。計此時康王之殯必已久矣。是傳言「使襚」及「拂殯」者是，而記言「請襲」及「拂柩」者非也。諸侯有遺使相襚之禮，使者委衣於殯東。今荆人欲公親致襚衣於柩前，蓋臣於君致襚之禮如此。荆人使魯君親禭，所以卑魯也；魯君雖從其親禭，而使巫先拂殯，用君臨臣喪之禮，又所以卑荆也。出爾反爾，豈不信哉！然當時楚適無知禮者而不之禁，設有知禮之臣，於魯君入禭之時，而止巫於門外，則其禮將有不得行矣。然則拂殯之事，亦倖耳。

滕成公之喪，使子叔敬叔弔，進書，子服惠伯爲介。及郊，爲懿伯之忌不入。惠伯曰：「政也，不可以叔父之私不將公事。」遂入。

鄭氏曰：滕成公之喪，魯昭三年。子叔敬叔，魯宣公弟叔肸之曾孫叔弓也。進書，奉君弔書。惠伯，慶父玄孫之子，名椒。介，副也。郊，滕之近郊也。懿伯，惠伯之叔父。劉氏敞曰：忌，只是忌日。懿伯是敬叔從祖，適及滕郊而遇此日，故欲緩至次日乃入。故惠伯以禮曉之。愚謂左傳云：「叔弓如滕，葬成公。」是二子乃送葬之使也。書，謂書方賵物之目也。叔弓爲正使，故云進此賵物之書。忌，劉氏以爲忌日，是也，而其說有未盡者。敬叔於懿伯，乃絶族者，不當避其忌日。敬叔之欲不入，體惠伯之情也。懿伯爲惠伯之叔父，禮，自期以上皆諱，爲之諱者，則又當爲之忌也。忌日不用，蓋心有所動於彼，則哀有不得專於此也。然以私忌而稽君命，則非禮，此禮之又當變通者也。此一事於敬叔見其有和衷之雅，於惠伯見其明公私之義，可謂各盡其道矣。○鄭氏謂敬叔有怨於懿伯，恐惠伯報怨而不入。疏云：「敬叔殺懿伯，恐惠伯殺己，故難惠伯，不敢入也。」愚謂懿伯、敬叔皆魯之大夫，若果相殺，其事何不見於春秋之經、傳？且敬叔果難惠伯，當辭之於受命之日，不當避之於至滕之時，其說不近人情。惟左傳杜氏註云：「叔弓禮椒，欲爲避仇。」而疏申其說，則謂「懿伯爲人所殺」，敬叔欲惠伯報仇」，與杜氏之意亦微異。大約皆傍緣鄭氏之説而畧變之，皆穿鑿無稽之談耳。且以忌爲忌日，則「爲懿伯之忌」句辭義已足，若如鄭、杜之説，則立文太簡，指不分明，使後人讀之而不得其説，必不然也。○孔氏曰：檢勘世本，敬叔是桓公七世孫，惠伯是桓公六世孫，則敬叔呼惠伯爲叔父，呼懿伯爲從祖。註云「敬叔以懿伯爲叔父」，誤也。愚謂叔父自惠伯指懿伯而言。鄭氏云「懿伯，惠伯之叔父」，是矣，而其下乃又出此，殊不可曉，不獨其所言「昭穆」之誤也。

哀公使人弔蕢尚，遇諸道，辟於路，畫宮而受弔焉。曾子曰：「蕢尚不如杞梁之妻之知禮也。齊莊公襲莒于奪，杞梁死焉。其妻迎其柩於路而哭之哀。莊公使人弔之。對曰：『君之臣不免於罪，則將肆諸市朝，而妻妾執。君之臣免於罪，則有先人之敝廬在，君無所辱命。』」釋文：辟音避，又婢亦反。畫音獲。奪，徒外反。肆，殺三日陳尸，音四。朝，直遥反。○鄭註：奪，或爲「兑」。

鄭氏曰：哀公，魯君。畫宮，畫地爲宮室之位。行弔禮於野，非也。魯襄二十三年：「齊侯襲莒。」春秋傳曰：「杞殖、華還載甲夜入且于之隧。」[一]隧、奪聲相近。梁即殖也。肆，陳尸也，大夫以上於朝，士於市。無所辱命，辭不受命也。春秋傳曰：「齊侯弔諸其室。」陳氏澔曰：辟讀爲闢，謂闢除道路。愚謂君遇柩於路，必使人弔之。而此以在路受弔爲非禮者，蓋無位之士及庶民之喪，赴告不及於君，君不能悉弔也，惟遇其柩於路，則必使人弔之；若有位之士死，訃於君，則君當弔於其家。喪大記：「君於士，既殯而往，爲之賜，大斂焉。」故蕢尚在道受弔，而曾子譏之。齊莊公與魯哀公雖皆弔臣於

[一]「殖」，原本作「植」，據禮記注疏及左襄二十三年傳改。

道，然杞梁戰死，莊公急於行弔，而不及俟其至家，哀公於蕢尚，則怠於禮而不弔，至葬時柩出在道，乃弔之，事同而情則異也。又士喪禮君大斂而至葬，「公賵玄纁束，馬兩」，「至邦門，使宰夫贈玄纁束。」今哀公於蕢尚，弔之既緩，又不親行，且至葬乃弔，則賵、贈皆闕可知。此不獨蕢尚之不知禮，而哀公之無恩於其臣亦可見矣。

孺子𪏆之喪，哀公欲設撥，問於有若。有若曰：「其可也。君之三臣猶設之。」顏柳曰：「天子龍輴而椁幬，諸侯輴而設幬，爲榆沈，故設撥。三臣者廢輴而設撥，竊禮之不中者也，而君何學焉？」釋文：𪏆，吐孫反。撥，半末反。輴，勑倫反。幬，大報反。沈，本又作「瀋」，同昌審反。中，竹仲反，又如字。學，如字。或音户教反，非。

鄭氏曰：𪏆，魯哀公之少子。撥，可撥引輴車，所謂紼。三臣，仲孫、叔孫、季孫也。輴，殯車也。天子畫轅爲龍。幬，覆也。殯以椁覆棺而塗之，所謂「菆塗龍輴以椁」也。諸侯輴不畫龍。榆沈，以水澆榆白皮之汁，有急以播地，於引輴車滑。廢，去也。三臣於禮去輴，今有紼，是用輴，僭禮也。殯禮大夫菆置西序，士掘肂見衽。顏柳止其學非禮也。孔氏曰：喪大記：「大夫二綍二碑」。是大夫有綍，綍卽紼也。又既夕禮注：「大夫以上始有四周，謂之輴。」與此不同者，大夫以柩朝廟時用輴綍，殯時用輁軸，不得用輴紼，此文據殯時也。陸氏佃曰：榆性堅忍，然性沈難轉，亦所載沈也。故設撥以撥輪。」吴氏澄曰：榆爲輴車之輪轂，木性本重，所載又重，爲難轉移，故設撥以撥其輪。愚謂天子諸侯殯，以輴車載棺，而遂用以殯；大夫士以輁軸升棺，而殯則去之。士喪禮不言升棺用紼，而王制言「越紼行事」，則用輴以殯者固有紼矣。蓋輴車以楡木爲輪轂，其質沈重，則自下而升階也難，故使人居旁以紼撥舉之，以助其行。若輁軸輕，則無所事此矣。顏柳，孔子弟子顏幸，字子柳。不中，謂不合法式。撥爲輴車而設，三家設撥爲僭禮，無輴而設撥，則僭禮而不中矣。有若言三家僭禮，以微止哀公，顏柳以其言微婉，恐哀公不喻其意，故又正言以止之。

悼公之母死，哀公爲之齊衰。有若曰：「爲妾齊衰，禮與？」公曰：「吾得已乎哉！魯人以妻我。」釋文：爲，于僞反，下「弗爲服」同。與音餘。

鄭氏曰：妾之貴者，爲之緦耳。哀公爲妾齊衰，有若譏而問之。魯人以妻我者，言魯人皆名之爲我妻。重服嬖妾，文過，非也。愚謂爲之齊衰，以妻之服服之也。士爲貴妾緦，大夫以上爲妾無服。左傳公子荆之母嬖，欲以爲夫人。此又爲其妾服妻之服，哀公不辨於適、妾之分如此。此孔子所以有大昏之對歟？

季子皐葬其妻，犯人之禾。申祥以告，曰：「請庚之。」子皐曰：「孟氏不以是罪予，朋友不以是棄予，以吾爲邑長於斯也。買道而葬，後難繼也。」釋文：長，丁丈反。

鄭氏曰：季子皐，孔子弟子高柴，孟氏之成邑宰，或氏季。犯，躐也。庚，償也。愚謂子皐不從申祥之言者，蓋以爲上有體〔一〕，不欲行小惠以悦民爾。鄭氏以爲恃寵虐民，非也。

仕而未有禄者，君有饋焉曰獻，使焉曰「寡君」。違而君薨，弗爲服也。釋文：餽，本又作「饋」，其

〔一〕「體」，萬有文庫本作「禮」。

位反。使，色吏反。

鄭氏曰：違，去也。弗爲服，以其恩輕也。愚謂位定然後祿之，仕而未有祿，謂初適他國而未有定位，若孟子在齊是也。君有饋，謂有饋於此臣也。君不曰賜而曰獻，君使焉，不曰君而曰「寡君」，去國而君薨，則不爲反服，蓋君不敢以純臣待之，而已亦不以純臣之義自處也。左傳陳成子謂荀寅曰：「將以子之命告寡君」。時荀寅在齊，而成子與之言稱「寡君」，正與此合。

虞而立尸，有几筵。

孔氏曰：未葬之前，殯宮雖有脯醢之奠，不立几筵；大斂奠但有席，亦無几也。此席素席，故前云「奠以素器」。其下室之內有吉几筵，今葬畢虞祭，有素几筵。筵雖大斂時已有，虞祭更立几與筵相配。故士虞禮云「祝免，澡葛絰帶，布席於室中，右几」，是也。此謂士大夫禮。若天子諸侯，則葬前有几。故周禮司几筵云「喪事素几」，鄭註云：「謂殯奠時。」天子既爾，諸侯亦然。愚謂此下言「宰夫以木鐸命於宮」，「自寢門至于庫門」，則諸侯之禮也。然則此虞有几筵，亦據諸侯之禮言之。周禮司几筵「凡喪事，設葦席，右素几」，與士虞禮同。設几而右，則已神之。蓋亦虞祭之几筵爾。是天子喪奠亦無几也。喪奠無几，以下室之奠有几筵也。虞雖有几筵，而下室之吉几筵尚設，以虞之几筵乃素器也。至卒哭，以吉祭易喪祭，則殯宮設吉几筵，而下室不復設几筵矣。

卒哭而諱，生事畢而鬼事始已。既卒哭，宰夫執木鐸以命于宮曰：「舍故而諱新。」自寢門至于庫門。釋文：舍音捨。

鄭氏曰：諱，謂避其名。生事畢而鬼事始，謂不復饋食於下室，而鬼神祭之。已，辭也。故，謂高祖之父當遷者也。自寢門至于庫門，百官所在。庫門，宮外門。愚謂周人以諱事神，卒哭而諱者，爲明日將祔，而廟祭之禮自此始，始以鬼神之道事之，故曰「生事畢而鬼事始」也。宰夫，於天子，天官之考也，諸侯其上士歟？周禮宰夫：「大喪小喪，掌小官之戒令。」木鐸，鐸以木爲舌，奮之以宣政教者也。故，謂高祖之父當遷者。廟遷則不諱其名，恩有所殺也。新，謂新死當祔者也。自寢門至于庫門者，諸侯之喪，其爲廬堊室，自寢門之外，至庫門之內，皆有之，故徧以告之也。

二名不偏諱。夫子之母名徵在，言在不稱徵，言徵不稱在。

鄭氏曰：稱，舉也。雜記曰：「妻之諱，不舉諸其側。」

軍有憂，則素服哭於庫門之外，赴車不載櫜韔。 釋文：櫜音羔。韔，本亦作「韔」，敕亮反。

鄭氏曰：憂，謂爲敵所敗也。素服者，縞冠也。赴，謂還告於國，以告喪之辭言之也。櫜，甲衣。韔，弓衣。兵不戢，示當報也。方氏慤曰：素服哭於庫門之外，以喪禮處之。愚謂周禮大宗伯「以凶禮哀邦國之憂」，其列有五：曰「死亡」，曰「凶札」，曰「禍烖」，曰「圍敗」，曰「寇亂」。此五者，同爲凶禮，其服皆素服。玉藻：「年不順成，則天子素衣，乘素車。」又曰：「年不順成，君衣布，搢本。」周禮司服「大札、大荒、大烖素服」，檀弓「軍有憂，則素服哭於庫門之外」，春秋傳「秦師敗于殽，秦伯素服郊迎」，蓋皆以喪禮處之也。素服，謂素衣、素冠、素裳也。檀弓「國亡大縣邑，公卿大夫士皆厭冠哭於大廟」，大司馬「師不功，則厭而奉主車」，則素冠皆厭伏如喪冠之制也。軍敗固當報，然亦當視其事之何如。若非有讎恥之當雪，而忿兵不已，此秦穆彭衙之役，春秋之所不取也。

有焚其先人之室，則三日哭。故曰：「新宮火，亦三日哭。」

鄭氏曰：焚其先人之室，謂火燒其宗廟。哭者，哀精神之有虧傷。火，人火之也。新宮火，在魯成三年。孔氏曰：左傳云：「人火曰火，天火曰災。」新宮者，魯宣公廟。陸氏佃曰：春秋書「新宮災」，諱火耳。災非人之所能爲也。陳氏澔曰：哭者，哀祖宗神靈之無所託也。

孔子過泰山側，有婦人哭於墓者而哀。夫子式而聽之，使子路問之曰：「子之哭也，壹似重有憂者。」而曰：「然。昔者吾舅死於虎，吾夫又死焉，今吾子又死焉！」夫子曰：「何爲不去也？」曰：「無苛政。」夫子曰：「小子識之！苛政猛於虎也。」釋文：重，直用反。苛音何，本亦作「荷」。識，申志反，又如字。

鄭氏曰：而，乃也。夫之父曰舅。方氏慤曰：虎之害，人可逃；而苛政之害，人無可逃。此所以寧受虎之累傷，而不忍舍其政之無苛也。

魯人有周豐也者，哀公執摯請見之，而曰「不可」。公曰：「我其已夫！」使人問焉，曰：「有虞氏未施信於民，而民信之；夏后氏未施敬於民，而民敬之。何施而得斯於民也？」對曰：「墟墓之間，未施哀於民而民哀；社稷宗廟之中，未施敬於民而民敬。殷人作誓而民始畔，周人作會而民始疑。苟無禮義、忠信、誠慤之心以涖之，雖固結之，民其不解乎！」釋文：夫音符。虛，本亦作「墟」，同起魚反。解，佳買反，舊胡買反。

鄭氏曰：摯，禽摯也。諸侯而用禽摯，降尊就卑之義，下賢也。豐曰「不可」者，辭君以尊見卑。士禮，先生異爵者，請見之則辭。已，止也，重强變賢也。時公與三家始有惡〔一〕，懼將不安。豐言民見悲哀之處則悲哀，見莊敬之處則莊敬，非必有使之者。墟，廢滅無後之地。會，謂盟也。盟誓所以結衆以信，其後外恃衆而信不由中，則民畔疑之。愚謂民履可哀之地則自哀，履可敬之地則自敬，其所以感之者真也。虞、夏之所以能使民敬信者，亦有其可敬可信之實而已。殷人作誓，周人作會，德不足而以敬信强其民，而民反疑畔矣。解，離散也。時哀公與三桓有惡，君臣之間相疑相侮，故其問豐如此。豐言此者，欲公反求諸己，積誠意以感人，而毋徒恃乎言辭約誓之末也。○孔氏曰：案尚書夏啟作甘誓，左傳夏啟有塗山之會，又禹會塗山。此言殷、周者，據身無誠信，徒作盟誓，而民始疑畔者耳，非謂殷、周始有誓會也。馬氏晞孟曰：殷、周盛時，以禮義道其民，而又有誓以致其戒，有盟會以聽其政，大司徒「以誓教恤則民不怠」，司盟「盟萬民犯命者」，是也。其民始於不敢欺，而終於不忍欺，誓會之助於教，豈小補哉！及其末也，無德教而徒恃誓會，故民始疑畔。不修其本而一之於末，民其不解乎！

喪不慮居，毁不危身。喪不慮居，爲無廟也。毁不危身，爲無後也。釋文：爲，于僞反。

慮居，謂謀居處之安也。無廟，謂新主未入於廟也。蓋喪畢雖將復寢，然未吉祭以前，主未入廟，則不當預謀其所處之安也。危身，謂滅性也。二者雖有賢不肖之殊，而其害於孝則一也。○鄭氏云「慮

〔一〕「三家」，禮記注疏作「三桓」。

居，謂賣宅舍以奉喪」，非也。古人田宅皆受之於官，安得賣之以奉喪乎？

延陵季子適齊，於其反也，其長子死，葬於嬴、博之間。孔子曰：「延陵季子，吳之習於禮者也。」往而觀其葬焉。其坎深不至於泉，其斂以時服，既葬而封，廣輪揜坎，其高可隱也。既封，左袒，右還其封且號者三，曰：「骨肉歸復于土，命也！若魂氣則無不之也，無不之也。」而遂行。孔子曰：「延陵季子之於禮也，其合矣乎！」

釋文：長，丁丈反，下「官長」同。深，式鴆反。廣，古曠反。揜，本又作「掩」，於檢反。隱，於刃反。號，戶高反。○右還其封且號者三，八字爲一句。

鄭氏曰：季子名札，魯昭公二十七年「吳公子札聘於上國」，是也。季子讓國，居延陵，因號焉。嬴、博，齊地，今泰山縣是也。孔子往而觀其葬者，往弔之也。坎深不至於泉，以生恕死。斂以時服，斂以行時之服，不改制節也。輪，從也。隱，據也。封可手據，謂高四尺所。廣輪揜坎，其高可隱，亦節也。還，圍也。號，哭且言也。孔氏曰：襄二十九年、昭二十七年，季子皆出聘。襄二十九年，孔子纔九歲，此云「孔子往觀其葬」，故知爲昭二十七年。愚謂水經註：「奉高縣北有吳季札子墓，在汶水南曲中。」坎，壙也。深不至泉者，足以藏棺椁而已，不過深也。封，加土也。橫曰廣，直曰輪。廣輪纔足揜坎，不過大也。人俯而可以手憑，不過高也。袒，袒衣而露其臂也。凡禮事，吉凶皆左袒。士喪禮飯尸，「主人出，南面，左袒」，是已。還，遶也。右還者，季子在墓道東，西面，又轉而南行，又轉而北行而遶之也。右遶其封且號者三，謂還繞其封且號哭者凡三匝而止，以將還吳而與之訣也。言骨肉歸復于土，乃始終之命，無可如何，以慼其尸柩之不能還吳。言魂氣無不之，以冀其精氣之隨己而歸，亦送形而往、迎精而反之意也。季子在塗葬其子，其視常禮，蓋有所殺矣，故孔子善其合禮而不質言，正以見其能隨時斟酌而得乎禮意也。此篇所言，如將軍文氏之受弔，汪踦之勿殤，季子之葬其子，皆變禮而得正者。所謂「禮從宜」者，於此可以見之。

邾婁考公之喪，徐君使容居來弔、含，曰：「寡君使容居坐含，進侯玉，其使容居以含。」有司曰：「諸侯之來辱敝邑者，易則易，于則于，易、于雜者，未之有也。」釋文：易，以豉反。○鄭註：考，或爲「定」。

鄭氏曰：考公，隱公益之曾孫。弔、含，弔且含也。時徐僭稱王，自比天子。易，謂臣禮。于，謂君禮。容居以臣欲行君禮，徐自比天子，以大夫敵諸侯，有司拒之。顧氏炎武曰：註「考公，隱公益之曾孫」，按隱公當魯哀公之時，傳至曾孫考公，其去春秋已遠。而魯昭公三十年，吳滅徐，徐子章禹奔楚，沈尹戌帥師救徐，弗及，遂城夷，使徐子居之，是已失國而爲寓公，其尚能行王禮於隣國乎？定公在魯文、宣之時，作「定」爲是。愚謂容居，徐使者之名也。雜記諸侯相含，使者致命曰「寡君使某含」。今容居不用此辭，而曰「使容居坐含，進侯玉」，蓋天子遣使致含於諸侯之辭也，故邾之有司以其非禮而辭之。易，謂簡畧。于，謂廣大。易則易者，謂大夫來弔，位卑而簡易，則行簡易之禮。于則于者，謂諸侯來弔，位尊而廣大，則行廣大之禮也。容居，列國之臣，今乃自比天子之大夫，以敵諸侯，是易、于之禮雜也。徐入春秋爲小國，僖二年始見經，旋以從齊爲楚所伐。其後依倚吳、楚之間，非敢僭擬天子者，蓋其先世曾強大僭竊，後世相習而不知其非耳。○鄭氏謂「君行則親含，大夫歸含」，非也。諸侯於鄰國之喪皆遣使，無自弔、含之禮。曹宣公卒於師，諸侯請含，因在會偶爲之耳，非常典也。孔疏謂「親致璧於柩及殯上，謂之親含；若但致命，以璧授主人，謂之不親含」，亦非也。鄰國弔、含之使，其至必在襲、斂之後，疏見註「親含」之說不可通，故爲此說以曲護之。然雜記致含惟有委諸殯東南隅之禮，無所謂親含不親含之別也。容居之見辭於邾人，以其辭之僭擬天子，非以其親含也。視下文言「無所不用斯言」，則當時之所爭者可見矣。

容居對曰：「容居聞之：事君不敢忘其君，亦不敢遺其祖。昔我先君駒王，西討濟於河，無所不用斯言也。容居，魯人也，不敢忘其祖。」

鄭氏曰：駒王，徐先君僭號，容居其子孫也。濟，渡也。言西討渡於河，廣大其國。魯，魯鈍也〔一〕。言魯鈍者，欲自明不妄。愚謂無所不用斯言者，謂無所不用此天子致命於諸侯之辭也。

子思之母死於衛，赴於子思，子思哭於廟。門人至，曰：「庶氏之母死，何爲哭於孔氏之廟乎？」子思曰：「吾過矣！吾過矣！」遂哭於他室。

鄭氏曰：子思之母，嫁母也，姓庶氏。嫁母與廟絶族。方氏慤曰：他室，異室也。愚謂子思之母嫁庶氏，非姓庶氏也。爲嫁母無服，蓋當中心喪十五月歟？

天子崩，三日，祝先服；五日，官長服；七日，國中男女服；三月，天下服。

〔一〕「魯」字原本不重，據禮記注疏補。

鄭氏曰：祝佐含、斂，先服〔一〕。官長，大夫士。國中男女，庶人。天下服，諸侯之大夫也。孔氏曰：祝，大祝、商祝也。服，服杖也。杖是喪服之數，故呼爲服。祝佐含、斂，先病，故先杖。若子，亦三日而杖也。官長服，亦服杖也，服在祝後，故五日也。國中男女者，謂畿内民及庶人在官者，服謂齊衰三月而除之。必待七日者，天子七日而殯，殯後嗣王成服，故民得成服也。三月天下服者，謂諸侯之大夫爲王繐衰，既葬而除之也。近者亦不待三月，今據遠者爲言耳。然四條皆云「服」，可以知其或杖服或衰服？案喪大記云：「君之喪，三日，子夫人杖；五日既殯，授大夫世婦杖。」又喪服四制云「三日授子杖，五日授大夫杖，七日授士杖」，則知今云「三日」「五日」是服杖明矣。其七日及三月者，唯服而已，無杖。愚謂五日官長杖，官長，達官之長，謂卿大夫也。若士，則七日而杖，喪服四制「七日授士杖」是也。若諸侯之喪，則士與大夫同以五日而杖，以諸侯五日成服，無不杖者也。此及喪大記皆不言士者，文畧也。

虞人致百祀之木，可以爲棺椁者斬之。不至者，廢其祀，刎其人。釋文：刎，勿粉反，徐亡粉反。

鄭氏曰：虞人，掌山澤之官。百祀者，畿内百縣之祀也。孔氏曰：百祀，畿内諸臣采地之祀也。言百者，舉其全數也。既殯旬而布材，故虞人斬百祀之木可以爲周棺之椁者送之。必取祀木者，賀瑒云：「君者德著幽顯，存則人神均其慶，没則靈祇等其哀也。」吴氏澄曰：廢其祀，刎其人，蓋設此辭以令之，以見王喪尤重於神祀，如誓師而曰「無敢不供，女則有大刑」，是也。愚謂爲椁必斬百祀之木者，

〔一〕「服」，禮記注疏作「病」。

蓋社木神之所憑，常時不伐，以其歲久而高大也。

齊大饑，黔敖爲食於路，以待餓者而食之。有餓者蒙袂輯屨，貿貿然來，黔敖左奉食，右執飲，曰：「嗟，來食！」揚其目而視之，曰：「予唯不食嗟來之食，以至於斯也。」從而謝焉。終不食而死。曾子聞之，曰：「微與！其嗟也可去，其謝也可食。」釋文：饑，本又作「飢」，同。黔，其廉反，徐渠嚴反。而食、奉食，同音嗣。貿，徐亡救反，又音茂，一音牟。奉，芳勇反。與音餘。

鄭氏曰：蒙袂，不欲人見也。輯，斂也。斂屨，力憊不能屨也。貿貿，目不明之貌。嗟來食，雖閔而呼食之，非敬辭也。從猶就也。微猶無也。無與，止其狂狷之辭。陳氏澔曰：微與，猶言細故末節。謂嗟來之言雖不敬，然亦非大過，故其嗟雖可去，其謝則可食矣。吳氏澄曰：曾子之言，得中之道。餓者之操，賢者之過也。

邾婁定公之時，有弑其父者，有司以告。公瞿然失席曰：「是寡人之罪也。」曰：「寡人嘗學斷斯獄矣：臣弑君，凡在官者，殺無赦。子弑父，凡在宮者，殺無赦。殺其人，壞其室，洿其宮而豬焉。」蓋君踰月而后舉爵。釋文：殺，本又作「弑」，同式志反。瞿，本又作「懼」，紀具反。斷，丁亂反。殺其，如字。壞音怪。洿音烏。豬音誅。

鄭氏曰：定公，貜且也，魯文公十四年卽位。民之無禮，不教之罪。弑父弑君，其罪無赦，諸臣子孫皆得殺之。壞其室，洿其宮，明其大逆，不欲人復處之。豬，都也，南方謂都爲豬。踰月舉爵，自貶損也。孔氏曰：臣之弑君，凡在官之人，無問貴賤，皆得殺此弑君之人。子之弑父，凡在宮者，無問尊皋，皆得殺此弒父之人也。

晉獻文子成室，晉大夫發焉。張老曰：「美哉輪焉！美哉奐焉！歌於斯，哭於斯，聚國族於斯。」文子曰：「武也得歌於斯，哭於斯，聚國族於斯，是全要領以從先大夫於九京也。」北面再拜稽首。君子謂之善頌、善禱。釋文：奐音喚，本亦作「煥」。要，一遥反。京音原。

鄭氏曰：文子，趙武也。作室成，晉君獻之，謂賀也。諸大夫皆發禮以往。輪，輪囷，言高大。奐，言衆多。心識其奢也。祭祀、死喪、燕會於此足矣。言此者，欲防其後復爲。全要領者，免於刑誅也。晉卿大夫之墓地在九原，京蓋字之誤，當爲「原」。善頌，謂張老之言。善禱，謂文子之言。禱，求也。

孔氏曰：輪，謂輪囷高大。奐，謂奐爛衆多。既高又多文飾，故重美之。領，頸也。古者罪重要斬，罪輕頸刑。愚謂獻文蓋二謚也。歌，謂祭祀作樂。哭，謂居喪哭泣。聚國族，謂與國中僚友及宗族聚會飲食也。頌者，稱人之美。禱者，祈己之福。張老因頌寓規，故爲善頌；文子聞義則服，故爲善禱。

仲尼之畜狗死，使子貢埋之，曰：「吾聞之也：敝帷不棄，爲埋馬也；敝蓋不棄，爲埋狗也。丘也貧，無蓋，於其封也，亦予之席，毋使其首陷焉。」路馬死，埋之以帷。釋文：畜，許六反，又許又反。貢，本亦作「贛」，音同。爲，于僞反。封，彼劍反，出注。

鄭氏曰：畜狗，馴守。封當爲「窆」。陷，謂没於土。路馬，君所乘者。其他狗馬不能以帷蓋。方氏慤曰：魯昭公乘馬塹而死，以帷裹之。愚謂埋之以帷，則不以其敝者也。記者因孔子之事，而并及埋路馬之法。蓋犬馬皆有力於人，故其死而埋之也，猶有恩焉。而或帷或蓋，或敝或不敝，大小輕重之差亦寓乎其間矣。

季孫之母死，哀公弔焉。曾子與子貢弔焉，閽人爲君在，弗內也。曾子與子貢入於其廄而脩容焉。子貢先入，閽人曰：「鄉者已告矣。」曾子後入，閽人辟之。涉內霤，卿大夫皆辟位，公降一等而揖之。君子言之曰：「盡飾之道，斯其行者遠矣。」釋文：內音納。鄉，許亮反。辟音避。

○今按：辟之，辟當音闢，婢亦反。

閽人，掌門者。不內二子者，君弔，方與主人哭踊之時，於禮不得內弔賓也。入於廄而脩容者，敬君而更自整攝也。鄉者已告者，君行弔禮畢，已告於擯者而內之也。辟之，爲之辟也。周禮閽人「凡命夫命婦之出入，則爲之辟」，則弔賓入而辟之者，閽人之職然也。內霤，大門之內霤水處也。喪大記：「君於外命婦，既加蓋而後至。」哀公弔時，即位於阼，主人在中庭北面。既哭拜稽顙成踊，主人乃就西階東北面視殯。若卿大夫，則斂時升堂視斂，既斂而復東方西面之位。二子，士也，其位在西方東面，時二子以君在阼而就之，故既入門，折而東行，又折而北行。於其北行而及內霤也，卿大夫在西面之位皆辟之，二子進而就君，君降一等揖之，乃退就己之弔位也。當時之君子，以二子脩容而君大夫敬之，故有盡飾行遠之說。然不知二子之所以見敬者，以君大夫素知其賢，而非一時脩容之故也。

陽門之介夫死，司城子罕入而哭之哀。晉人之覘宋者反報於晉侯曰：「陽門之介夫死，而子罕哭之哀，而民說，殆不可伐也。」孔子聞之曰：「善哉覘國乎！詩云：『凡民有喪，扶服救之。』雖微晉而已，天下其孰能當之？」釋文：説音悦。扶服，並如字。又上音蒲，下音蒲北反。本又作「匍匐」，音同。

鄭氏曰：陽門，宋國門名。介夫，甲衞士。宋以武公諱司空爲司城。子罕，戴公子樂甫術之後樂喜也。覘，闚視也。微猶非也。孔子善其知微。愚謂覘者以子罕能得人心，故知其不可伐。孔子善之者，以其能卽小以知大也。子罕能哀一介夫之喪，則其平日之恩澤及於民者必深矣，非獨晉而已，雖天下有更强於晉者，亦無能當之。守國者不在於甲兵之利，山谿之險，而在人心之和，於此可見矣。然按左傳襄公九年：「宋災，樂喜爲司城以爲政。」是時晉、宋方睦，晉安得有伐宋之謀？記言恐誤。

魯莊公之喪，既葬，而絰不入庫門。士大夫既卒哭，麻不入。

鄭氏曰：時子般弒，慶父作亂，閔公不敢居喪，葬已，吉服而反，正君臣，欲以防遏之，微弱之至。羣臣畢虞卒哭，亦除喪也。吴氏澄曰：莊公薨，歷十一月始葬。時閔公幼弱，莊夫人外淫，慶父謀篡立，不君生君，因亦不天死君，故不令閔公服父喪三年。至閔二年五月，距莊公之薨二十二月，遽行吉禘。後年八月，慶父弒閔公矣。愚謂如鄭氏之説，則是莊公之喪，閔公既葬卽除，羣臣既卒哭卽除，則是喪不至期，其爲短喪也甚矣。魯爲秉禮之國，雖國家多故，豈有服其君父不至期者？且莊公以二十二月吉禘，春秋尚書以譏之，若果以期喪服先君，則其失禮視吉禘爲尤甚，春秋何反不書？且果如鄭氏之説，則記於閔公當云「既葬而除」，不當但云「絰不入」，於羣臣當云「卒哭而除」，不當但云「麻不入」也。云「絰不入」，則猶有帶矣；云「麻不入」，則猶有葛矣。按春秋閔公二年：「夏五月乙酉，吉禘於莊公。」吉禘者，禫除踰月，新主遷於廟而行吉祭也。杜預謂「莊公別立廟而吉禘」，胡氏謂「行禘祭於寢」，皆非是。喪以二十五月大祥，二十七月而禫，踰月始吉祭。莊公之喪，以二十二月吉禘，視常禮短六月，是其祥、禫之期有不能如禮者。春秋書吉禘之速，則其喪制之短固可見矣。然謂服期而除，則恐不然。疑閔公既以十一月除首絰，遂以二十一月除要絰衰杖，至二十二月禫祭既畢，而遂行吉祭與？至莊公之喪，所以不能如禮者，鄭氏謂閔公急「正君臣」，吴氏謂慶父「不天死君」，則是時閔公幼弱，而慶父專政，吴氏之説爲得其情。又按鄭氏喪服「斬衰」章註云：「斬衰不書受月者，天子、諸侯、卿、大夫、士虞、卒哭異數。」又「齊衰三年」章註云：「齊衰不書受月者，亦天子、諸侯、卿、大夫、士虞、卒哭異數。」又「大功」章註云：「凡天子、諸侯、卿、大夫既虞，士卒哭，而受服。」今以莊公之喪觀之，其葬也以十一月，其吉禘也以二十二月，而喪主以既葬便除首絰，可謂不如禮之甚者。然而羣臣變麻服葛，猶必以卒哭，則諸侯受服亦以卒哭，於此可見，而天子亦當無異禮矣。所以喪服於斬衰、齊衰之喪不言受服者，蓋自大功以下，卒哭受服，喪畢而除，卒哭以後，更無他服，而齊、斬之服，卒哭受服以後，有練、祥、禫變除之節，專言卒哭受服則不該，兼言練、祥、禫之服則文繁，此齊、斬之喪之所以不書受服也。

孔子之故人曰原壤，其母死，夫子助之沐椁。原壤登木曰：「久矣予之不託於音也。」歌曰：「貍首之斑然，執女手之卷然。」夫子爲弗聞也者而過之。從者曰：「子未可以已乎？」夫子曰：「丘聞之：親者毋失其爲親也，故者毋失其爲故也。」釋文：女，如字，徐音汝。卷音權，本又作「拳」。

從，才用反。

鄭氏曰：沐，治也。木，椁材也。託，寄也。謂叩木以作音。孔氏曰：貍首之斑然，言斲椁材，文采似貍之首。執女手之卷然，言孔子手執斧斤，如女子之手，卷卷然而柔弱。劉氏曰：貍首之斑，言木文之華。女手之卷，言沐椁之滑膩。吳氏澄曰：此舊歌辭而壤歌之耳，非壤自作此歌也。愚謂歌辭之義不可知，然壤歌此，必有疑義，劉氏之說爲近是。已，絶也。從者以壤無禮已甚，欲夫子絶之。夫子以爲親故之人雖有過失，未可遽失其爲親故，隱惡以全交也。○或問朱子：「原壤登木而歌，夫子爲弗聞而過之，及其夷俟，則以杖叩脛，莫大過否？」曰：「如壤之歌，乃是大惡，若要理會，不可但已，只得且休。至其夷俟，不可不教誨，故直責之，復叩其脛，自當如此。若如今說，則是不要管他，卻非朋友之道矣。」愚謂原壤母死而歌，與子桑户死，孟子反、琴張臨喪而歌相類，蓋當時爲老氏之學者多如此。然壤之心實非忘哀也，特以爲哀痛在心而禮有所不必拘耳，故夫子原其心而畧其跡，而姑以是全其交也。若朝死夕忘，曾鳥獸之不若者，聖人豈容之哉？

趙文子與叔譽觀乎九原。文子曰：「死者如可作也，吾誰與歸？」

鄭氏曰：叔譽，叔向也，晉羊舌大夫之孫，名肸。作，起也。愚謂吾誰與歸，言吾將以誰爲賢而歸之也。

叔譽曰：「其陽處父乎？」文子曰：「行并植於晉國，不沒其身，其知不足稱也。」釋文：父音甫。行，舊下孟反，皇如字。并，必正反。植，直吏反，又時力反。知音智。○鄭註：植，或爲「特」。

鄭氏曰：陽處父，襄公之大傅。并猶專也。謂剛而專己，爲狐射姑所殺。沒，終也。愚謂并者，兼攬衆權，植者，獨立己意。處父以此招衆怒而殺其身，是無保身之知，不足爲賢也。

「其舅犯乎？」文子曰：「見利不顧其君，其仁不足稱也。

鄭氏曰：謂久與文公辟難，至將反國，無安君之心，及河授璧，詐請亡，要君以利是也。愚謂舅犯圖利其身，而不顧君位之未定，是無愛君之仁，不足爲賢也。

我則隨武子乎！利其君，不忘其身；謀其身，不遺其友。」晉人謂文子知人。

鄭氏曰：武子，士會也，食邑於隨、范，字季。愚謂有愛君之仁而不忘其身則知，有謀身之知而不遺其友則仁，故文子以爲賢而歸之。謂文子知人者，所論賢否得其當也。〇孔氏曰：文七年士會與先蔑俱迎公子雍，「在秦三年，不見先蔑。」及士會還晉，遂不見先蔑而歸。是遺其友，而云「不遺」者，彼謂共先蔑俱迎公子雍，懼其同罪，禍及於己，故不見之，非無故相遺也。愚謂晉趙盾使先蔑迎公子雍，蔑蓋與於立雍之謀者，故晉立靈公而先蔑奔秦。士會非與謀立雍，可以不必出奔，而從蔑奔秦，所謂「不遺其友」也。至其在秦不見先蔑，所以明其無相私黨之心，既以自明，而亦所以全蔑，亦不得爲遺其友也。

文子其中退然如不勝衣，其言吶吶然如不出諸其口。所舉於晉國，管庫之士七十有餘家，生不交利，死不屬其子焉。釋文：追然，音退，本亦作「退」。勝音升。吶，如悅反，徐奴劣反。屬音燭。〇鄭註：退，或爲「妥」。

鄭氏曰：中，身也。鄉射記曰：「弓二寸以爲侯中。」退，柔和貌。吶吶，舒小貌。管，鍵也。庫，物所藏。管庫之士，府史以下，官長所置也。舉之於君，以爲大夫士。生不交利，廉也。死不屬其子，潔也。陳氏澔曰：雖有舉用之恩於人，而生則不與之交利，將死，亦不以其子屬之，廉潔之至。愚謂趙文子之爲人，亦可謂賢者，然以宮室之侈，肆夏之僭，見譏於世。蓋其天姿雖美，而未嘗學問，生僭侈之世，相習成風，而不自知其非也。

叔仲皮學子柳。叔仲皮死，其妻魯人也，衣衰而繆絰。叔仲衍以告，請繐衰而環絰，曰：「昔者吾喪姑、姊妹亦如斯，末吾禁也。」退，使其妻繐衰而環絰。釋文：學，户教反。衣衰，依註衣作「齋」，音咨。繆，依註讀曰樛，居虯反。喪，如字。○鄭註：衍，或爲「皮」。

鄭氏曰：叔仲皮，魯叔孫氏之族。學，教也。子柳，仲皮之子。衣當爲「齋」，壞字也。繆，當爲「不樛垂」之樛。齊衰、繆絰，士妻爲舅姑之服也。言其妻雖魯鈍，其於禮勝學。叔仲衍以告，告子柳，言此非也。衍蓋皮之弟。繐衰，小功之縷而四升半之衰。時婦人好輕細而多服此者，衍既不知禮之本，子柳亦以爲然，而請於衍，使其妻服之。姑、姊妹在室齊衰，與婦爲舅姑同。愚謂樛，結也。樛絰，以繩一條，自額向後而交結於項也。環絰，爲之如環，以加於首也。舊説謂環絰一股，非也。繩必兩股而後能固結，凡絰皆然，一股者，不可以爲絰也。喪服傳曰：「長殤九月，纓絰；中殤七月，不纓絰。」又喪服「大功」章曰：「牡麻、纓絰。」絰之有纓者止於大功九月，則自小功以下絰皆不纓矣。不纓者，其環絰歟？樛之，故垂其餘以爲纓；爲之如環，故無纓。則樛絰者，大功以上之絰；環絰者，小功以下之經也。舊説謂環絰專用於弔服，亦非也。此爲舅環絰，其大小疑亦如齊衰之絰，但爲之如環而不樛耳。總衰四升有半，與齊衰之升數略相似，而其縷輕細，環絰無纓，亦視樛絰爲差善，故當時多服之。叔仲衍習見當時所服，反以齊衰、樛絰爲非，子柳亦以衍之言爲然，而請改之。姑、姊妹在室齊衰，與婦爲舅姑同。子柳言己昔服姑、姊妹亦如斯，無有禁止我者，以見其可服也。於是退使其妻總衰而環絰，言衍與子柳之不知禮。

成人有其兄死而不爲衰者，聞子皐將爲成宰，遂爲衰。成人曰：「蠶則績而蟹有匡，范則冠而蟬有緌，兄則死而子皐爲之衰。」釋文：成，本或作「郕」，音承。

鄭氏曰：蚩兄死者，言其衰之不爲兄死，如蟹有匡，蟬有緌，不爲蠶之績，范之冠也。范，蜂也。蟬，蜩也。緌，謂蟬喙長在腹下。孔氏曰：成人不爲兄服，聞子皐至孝，來爲成宰，必當治不孝之人，故懼而制服。蟹，背殼似匡。范，蜂也。蜂頭上有物似冠也。蟬喙長在腹下，似冠之緌。蠶則須匡以貯絲，而今無匡，蟹背有匡，匡自著蟹，非爲蠶設。蜂冠無緌，而蟬口有緌，緌自著蟬，非爲蜂設。亦如成人兄死，初不作衰，而後畏子皐，方爲制服，服是子皐爲之，非爲兄施，亦猶蟹匡蟬緌，各不關於蠶蜂也。應氏鏞曰：此謡雖以戲夫民之爲服者不出於誠心，實以喜子皐之孝足以感不友不悌之俗。故周公之告康叔，以克敬典爲急，而分正東郊，必以孝友之君陳。風化之機，不在多也。

樂定子春之母死，五日而不食，曰：「吾悔之。自吾母而不得吾情，吾惡乎用吾情。」釋文：惡音烏。

鄭氏曰：子春，曾子弟子。惡乎，猶於何也。孔氏曰：禮不食三日。子春悔不以實情，勉强至五日。言自吾母死而不得吾實情，更於何處用吾之實情乎？愚謂曾子居喪，水漿不入口者七日，子春學於曾子者也，故其喪母也，五日而不食，皆賢者之過也。然曾子則出乎至情，而非有所勉强，子春則勉强以求過禮，而情或有所不逮矣，故以不用其情爲悔也。

歲旱，穆公召縣子而問然，曰：「天久不雨，吾欲暴尪而奚若？」曰：「天則不雨，而暴人之疾子，虐，毋乃不可與！」釋文：縣音懸。繆音穆。雨，于付反。暴，步卜反。尪，烏光反。暴人之疾子，一讀以「子」字向下。與音餘。○鄭註：凡穆，或作「繆」。

鄭氏曰：然之言焉也。尪者面鄉天，覬天哀而雨之。錮疾，人之所哀，暴之是虐。杜氏預曰：尪者，病瘠之人，其面鄉上。

「然則吾欲暴巫而奚若？」曰：「天則不雨，而望之愚婦人，於以求之，毋乃已疏乎！」

鄭氏曰：已猶甚也。巫主接神，亦覬天哀而雨之。春秋傳説巫曰：「在女曰巫，在男曰覡。」周禮女巫：「旱暵則舞雩。」孔氏曰：天道遠，人道近。天則不雨，而望於愚鄙之婦人，欲暴之以求雨，甚疏遠於道理矣。按楚語「民之精爽不攜貳者」，始得爲巫，而云「愚婦人」者，據末世之巫，非復是精爽不攜貳者也。

「徙市則奚若？」曰：「天子崩，巷市七日；諸侯薨，巷市三日。爲之徙市，不亦可乎！」釋文：爲，于僞反。可，或作「善」。

鄭氏曰：徙市者，庶人之喪禮。今徙市是憂戚於旱，若喪。孔氏曰：天子諸侯之喪，庶人憂戚，無復求覓財利，要有必須之物不得不求，故於邑里之内而爲巷市。陳氏澔曰：徙市，以居喪之禮自責也。縣子以其求諸己而不求諸人，故可其說。然僖公以大旱欲焚巫、尪，聞臧文仲之言而止，縣子不能舉其說以對穆公，而謂徙市爲可，則亦疏矣。

孔子曰：「衛人之祔也離之。魯人之祔也合之，善夫！」釋文：夫音扶。

鄭氏曰：祔，合葬也。離之，有以間其椁中。善夫，善魯人也。祔葬當合。孔氏曰：衛人離之者，象生時男女須隔居處。魯人合之者，言死異於生，不須復隔，「穀則異室，死則同穴」，故善魯之祔也。愚謂離之者，穿爲二壙，夫婦之棺椁各藏一壙也。合之者，穿一壙，而以夫婦之棺椁合藏於其中也。離之則乖祔之義，故孔子善魯。

禮記卷十二

王制第五之一 別録屬制度。

鄭氏曰：名王制者，以其記先王班爵、授禄、祭祀、養老之法度。孔氏曰：王制之作，蓋在秦漢之際。下文云「正聽之」，鄭云「漢有正平丞〔一〕，秦所置」，又有「古者以周尺，今以周尺」之語，則知是周亡之後也。秦昭王亡周，故鄭答臨碩云：「孟子當赧王之時，王制之作，又在其後。」盧植云：「漢孝文皇帝令博士諸生作王制。」愚謂史記言漢文帝「令博士刺六經作王制，謀議封禪巡守事」，則此篇作於漢時明矣。其中言封建、授田、巡守、朝覲、喪祭、田獵、學校、刑政，皆王者之大經大法，然獨封禪不見於篇中，豈二戴之所删去與？漢人採輯古制，蓋將自爲一代之典，其所採以周制爲主，而亦或雜有前代之法，又有其所自爲損益，不純用古法者。鄭氏見其與周禮不盡合，悉目爲夏、殷之制，誤矣。

王者之制禄爵，公、侯、伯、子、男，凡五等。諸侯之上大夫卿、下大夫、上士、中士、下士，凡五等。釋文：王者，如字，徐于況反。

鄭氏曰：禄，所受食也。爵，秩次也。愚謂王者之制禄爵，此一句爲下文之綱領。此節所言，制爵之

〔一〕「丞」，原本作「承」，據王制之三「正聽之」句鄭注改。

法也。自「天子之田」以下，至「小國之君十卿祿」，制祿之法也。爵定而後祿之輕重隨之，故先言爵而後言祿也。上五等，爵之通於天下者，不及天子者，尊王也。下五等，爵之施於一國者，不及君者，尊君也。上大夫卿者，言上大夫卽卿也。周禮大夫與士皆有上、中、下，此上大夫以下惟有下大夫者，蓋在王國則三等之士殊命，而中、下大夫同命，在侯國則三等之士命雖同，而祿則異，中、下大夫命既同而祿亦同，故士區爲三等，而大夫則以中從下而止爲二等也。此制祿爵之說，本取諸孟子，而稍有與孟子不同者，則漢人所欲斟酌而變通之者也。

天子之田方千里，公侯田方百里，伯七十里，子男五十里。不能五十里者，不合於天子，附於諸侯，曰附庸。

鄭氏曰：不合，謂不朝會也。小城曰附庸。附庸者，以國事附於大國，未能以其名通也。愚謂田猶地也。方千里者，縱横皆千里也。凡言方者，不必正方。積方百里者百，則爲方千里；積方十里者百，則爲方百里；積方十里者四十九，則爲方七十里；積方十里者二十五，則爲方五十里也。庸與墉同，城也。附墉不成國，不能自通於天子，而附屬於諸侯也。下文云「天子大夫之田視子男，元士視附庸」，「諸侯大夫之祿倍上士」，則天子大夫之地亦當倍元士。以此推之，則子男之地倍附庸，而附庸半子男之地，蓋爲地方二十五里，又方一里者二十五也。天子之地百倍於公侯，此卽君十卿祿之法，而又十之者也。公侯之地倍伯，伯之地倍子男，子男倍附庸，此卽大夫與上中下士之祿遞相倍之法也。蓋一則取其形勢之足以相維，一則取其貢賦之足以相給也。○朱子語類：直卿問：「封國之制，孟子所言如何與周制不合？」曰：「先儒以孟子所言是夏、殷制，周禮是成王時制。陳君舉言封疆方五百里，以周遺言，其徑止一百五十里。如此則男國止似一耆長，如何建國？職方氏所載千里四公，千里六侯之類，極分明。」直卿因問：「武成『分土惟三』，與孟子所言似合。」曰：「武成是初得天下，事勢未定，且大概建立規模。孟子未見周禮，不可以此破司徒職封國之制。」愚謂孟子王制言五等封地，以百里、七十里、五十里爲三等，武成亦言「分土惟三」，此自唐、虞、夏、商以迄於周初之舊制也。周禮大司徒：「公之地方五百里，其食者半；侯之地方四百里，其食者三之一；伯之地方三百里，其食者三之一；子之地方二百里，其食者四之一；男之地方百里，其食者四之一。」此周公所立之法也。孟子王制所言，除山川附庸而計之者也，故曰「名山大澤不以封」。周禮所言，兼山川附庸而計之者也，故魯頌言「大啓爾宇」，「錫之山川，土田附庸」。以魯頌及左傳觀之，晉、宋、齊、魯諸國土地甚廣，必皆不止百里，而子產言周制列尊貢重，亦與大司徒公「食者半」，侯伯「食者三之一」，子男「食者四之一」相合。然孟子之告北宮錡、慎子，及子產答晉人言「大國一同」，皆以舊制爲言者，蓋周公雖立爲此法，然必諸侯之有廢滅削奪者，然後可以其地增封，齊既封而蒲姑氏滅以益齊，魯既封而奄滅以益魯。不然，則雖欲益封，而勢有不可得而行者，故或仍其舊而未能益，或益之而未能及乎其數，其能如大司徒之所言者寡矣。鄭氏不察乎此，而以爲周公實已增封，則鑿爲「斥大九州」之說，欲言周公「斥大九州」，則又鑿爲「殷承夏末，封疆僅方三千里」之說，而展轉而益其謬矣。

天子之三公之田視公侯，天子之卿視伯，天子之大夫視子男，天子之元士視附庸。

視，比也。元士，上士也。周禮載師：「以家邑之田任稍地，以小都之田任縣地，以大都之田任畺地。」大都，公之田也。小都，卿之田也。家邑，大夫與元士之田也。公之田倍卿，卿之田倍大夫，大夫之田倍元士，中士下士不必皆有田。以公卿以下遞相倍之法推之，其受祿之差亦可得而見矣。○大國之卿四大夫祿，而天子之卿僅倍大夫，何也？蓋侯國大夫之祿本少，故大國之卿必四之而乃足；天子大夫之田已優，故卿第倍之而有餘。此言卿大夫元士受地，皆視孟子而遞降一等，則漢人之所欲變而通之者也。○胡氏渭曰：天子之大夫，雖曰縣內諸侯，而實無五等之號。視公侯，視伯，視子男，視猶比也，謂其祿秩與之等而已。春秋所書王臣來接於我者，如南季、榮叔之類，先儒以季、叔爲字無異説矣，惟公、伯、子與五等之號相混：祭公、州公、周公亦皆以爲天子之三公，獨子、伯之説互異。其曰「伯」者，公羊以爲天子之大夫，穀梁以爲寰內之諸侯，是亦以伯爲五十之字也。至杜預注左傳，於祭伯、凡伯、單伯皆曰「伯爵」，而伯於是乎始爲爵矣。其曰「子」者，公羊、穀梁無説，杜於蘇子云「周卿士」，於單子云「王官伯」，於尹子云「王卿士」，是亦與公、穀無異。而又於「尹子，王卿士」下云「子爵」，成十七年「單子」註云「單伯稱子，蓋降稱」，則復以子爲爵矣。學者多宗杜氏，遂謂周畿內有伯、子之爵。至宋趙鵬飛據黎錞之説，以伯與叔、季皆爲字，人以其晚出而疑之。余考穀梁范註，於凡伯、渠伯糾、單伯、毛伯，皆以伯爲字，不以爲爵。范去杜未遠，已不從其説，奚待黎錞乎？王臣稱子，自文十年蘇子始。子者，男子之美稱，蓋文、宣以後尊王卿士之稱，非五等之子也。天子之公、卿、大夫、元士，祿視外諸侯，而無五等之封，虞及商、周未之或改也。

制農田百畝，百畝之分，上農夫食九人，其次食八人，其次食七人，其次食六人，下農夫食五人。庶人在官者，其祿以是爲差也。釋文：分，扶問反。食音嗣，徐音自。差，初佳反，徐初宜反。○鄭註：分，或爲「糞」。

制者，言自庶人在官，上迄於君，其頒祿之制也。先言農田者，以其爲祿之所自準而起也。所食多者，地美而力勤也。所食寡者，地惡而功寡也。庶人在官，府、史、胥、徒之屬也。其祿以是爲差者，以是農夫所食之多寡爲等級也。周禮疏謂「下士視上農夫，食九人」，則府食八人，史食七人，胥食六人，徒食五人是也。○小司徒授地爲三等，以所耕之肥瘠爲差者也。王制之所食有五等，以所收之多寡爲差者也。其所以不同者何也？蓋上地百畝，必可任者三人乃能耕之；中地百畝，必可任者二家五人乃能耕之；下地百畝，必可任者二人乃能耕之。其或受上地而家過乎七人，受中地下地而家過乎六人五人者，則擇其餘夫之長者而授以二十五畝之田；其人口減損者，亦但退其餘夫之田。如此則田固不必歲更，而多寡無不均矣。故雖家有不止七人者，而上地止以家七人爲斷也。一家之中，除老幼者一人，其餘男女各半，約家五人，乃有可任者二人。故雖有夫有婦，而未至於五人，則亦但助其家長以耕，而受餘夫之田焉。故雖家有不及五人者，而下地必以家五人爲率也。其糞多而力勤，則受上地者可食九人，中地可食八人，下地可食七人，視其七人、六人、五人者而恆歲餘二人之食焉，所謂「耕三年則有一年之食」也。若人功不至，則上地、中地、下地適足以食乎七人、六人、五人而止。此所以授地有三等而所食者五等也。庶人在官者之祿，以四等爲差，而其家之人數，則不可以五人、六人、七人、八人爲限。至下士之祿視上農夫，而又有圭田五十畝，雖視庶人在官者爲稍優，然其吉凶禮俗之費，又非庶人在官者之所可例。是皆將不免於不足之患，是以又有士田、官田之授。漢書食貨志云：「士、工、商受田，五口乃當農夫一人。」度庶人在官者之受田，其法亦如是歟？庶人在官者之祿，當以賈氏之說爲確。蓋自徒以至下士，遞加以一人之食；自下士以至大夫，遞加以一倍之祿，卿之祿視大夫，則倍之、三之、四之，君之祿視卿，則十之，制祿之差然也。至府、史、胥、徒之有賢否勤惰，則馭吏之法在，非制祿之所及也。

諸侯之下士視上農夫，祿足以代其耕也。中士倍下士，上士倍中士，下大夫倍上士。卿四大夫祿，君十卿祿。次國之卿，三大夫祿，君十卿祿。小國之卿，倍大夫祿，君十卿祿。

徐氏曰：下士田百畝，中士二百畝，上士四百畝，大夫八百畝。大國卿三千二百畝，君三萬二千畝；次國卿二千四百畝，君二萬四千畝；小國卿一千六百畝，君一萬六千畝。朱子曰：君以下所食之祿，皆助法之公田，藉庶人之力以耕而收其租。士之無田與庶人在官者，則但受祿於官，如田之入而已。又曰：君十卿祿，君所私用。若貢賦、賓客、朝聘、祭享，別有公儲。愚謂大夫田八百畝，以不易、一易、再易通率之，爲十六井之公田，一邱之地也。小國卿二邱，次國卿三邱，大國卿四邱，則一成之地也。君卿之祿厚，故三等之國，視地之大小而區殺之。大夫以下祿薄，不可復殺，故三等之國同也。○此言諸侯卿大夫之祿止於如此，而又有所謂百乘之家者何也？蓋有千乘之國，乃有百乘之家。斯制也，蓋起於周公擴大諸侯之後，而亦惟魯、衞、齊、晉諸大國已益封土者乃能有之與？

次國之上卿，位當大國之中，中當其下，下當其上大夫。小國之上卿，位當大國之下卿，中當其上大夫，下當其下大夫。

鄭氏曰：此諸侯使卿大夫頫、聘並會之序也。孔氏曰：同是卿，則小國卿在大國卿下；大國是大夫，小國是卿，則卿在大夫上。知者，以卿執羔，大夫執鴈，卿希冕，大夫玄冕，卿不得在大夫下也。愚謂大國，公也；次國，侯伯也；小國，子男也。蓋制祿則侯上而從公，同爲百里，故公侯皆爲大國；制爵則侯下而從伯，同爲七命，故侯伯並爲次國。上大夫，謂下大夫之上者，大射禮所謂「小卿」是也。此一節又申言制爵之事也。

其有中士下士者，數各居其上之三分。

徐氏師曾曰：此當在「上士二十七人」之下，錯簡在此。愚謂註疏以此節爲命士出會之禮，謂「次國之上士當大國之中，中當其下，小國之上士當大國之下」，於文義既不分曉，且上節止言「下大夫」，未及上士，不當遽以中士下士爲言也。徐氏之說爲是。中士下士，謂其屬於三卿之下者也。數各居其上之三分者，謂三卿之下，中士下士各三倍其上士之數也。三卿而上士二十七人，每卿九人，則中士下士每卿二十七人也。

凡四海之內九州，州方千里，州建百里之國三十，七十里之國六十，五十里之國百有二十，凡二百一十國。名山、大澤不以封，其餘以爲附庸、間田。八州，州二百一十國。釋文：間音閑。

鄭氏曰：名山、大澤不以封者，與民共財，不得障管，亦賦稅之而已。愚謂此言畿外八州，每州之內所封之國數也。然立法如此，至其行之，須有變通。蓋州有廣狹，山川形勢有迂曲，不必皆整如棋局，亦不必每州封國必取足於此數而不可增減也。名山、大澤不以封，一則恐其專財利而不與民同，一則恐其據險阻而易於負固也。周禮夏官有山師、川師，賈疏云：「名山、大澤不以封，故天子設官以專掌之。」又立政云：「夷、微、盧烝，三亳阪尹。」阪險之地立尹，蓋卽主山、澤之險阻者與？畿外之閒田，天子亦當遣吏治之，三亳等之尹，其卽主治閒田者與？○朱子曰：封國之制，只是漢儒立下一箇算法。九州之地，冀州極闊，河東、河北皆屬焉。雍州亦闊，陝西五路皆屬焉。若青、兗、徐、豫，則疆界有不足者矣。設如夏時封建之國，至商革命，必削其多者以與少者，則彼未必服，或以生亂。又如周襄王以原田與晉文〔一〕，其民不服，至於伐之。蓋世守其地，未肯遽從他人。若封王子弟，須有空地方可封。左氏載齊地「蒲姑氏因之，而後大公因之。」若武王不得蒲姑之地，卽大公亦未有安放處。○自此以下，至「曰采，曰流」，承前言封國之法，申言制祿之事也。

天子之縣內，方百里之國九，七十里之國二十有一，五十里之國六十有三，凡九十三國。

名山、大澤不以盼，其餘以祿士，以爲閒田。釋文：盼音班。

孔氏曰：名山、大澤不以盼，亦爲與民共財，不障管也。畿外諸侯有封建之義，故云「不以封」，畿內之臣不世位，有盼賜之義，故云「不以盼」。愚謂此言畿內所封之國數也。畿內之國，在稍、縣、都三等

〔一〕萬有文庫本無「田」字。

之地，言「縣內」者，舉其中以該內外也。百里之國，三公之田也。七十里之國，卿之田也。五十里之國，大夫之田也。公卿人少而國多者，容有以功德而世國者也。大夫人多而國少者，容有不受田而但賦之祿者也。元士受地視附庸，此不言者，於祿士中包之也。畿內之閒田，周禮「公邑」之地也。○鄭氏謂三等之國，「兼以待封王之子弟」。然王子弟之賢者，未嘗不爲公卿大夫，則卽受公、卿、大夫之地，不必更受地也。其不能爲公、卿、大夫者，雖亦必有田以養之，而恩或從其殺矣。

凡九州千七百七十三國，天子之元士、諸侯之附庸不與。釋文：與音預。

此總言畿外畿內所封之國數也。○鄭氏謂夏時萬國，地方七千里，夏末減少，「殷湯因之，更制中國，方三千里之地界，亦分爲九州，而建此千七百七十三國。至周公復唐、虞之舊域，要服之內方七千里。」此不經之說也。禹會諸侯於塗山，執玉帛者萬國，雖左傳魯大夫之言，實不可據。天子巡守，朝於方岳者，不過當方諸侯，未有舉天下之諸侯而盡朝於是者也。鄭推萬國之數，地方七千里乃能容之，而在畿內者四百，然禹貢五服，不過五千里耳。且王畿方千里，封方五十里之國四百，而地已適盡，而天子將安所容乎？胡朏明云：「古言中國者，禹貢甸、侯、綏三千里之地也。所謂四夷者，要、荒二千里之地。所謂四海者，九州之外，東夷、西戎、南蠻、北狄，王者之所不治是也。」此言極爲分明。王制九州之地，方千里者九，合爲方三千里，此據中國言之，禹貢甸、侯、綏三服之地也。千里之外，曰采，曰流，則并數要、荒而爲方五千里，禹所謂「弼成五服，至于五千」者也。東方曰夷，南方曰蠻，西方曰戎，北方曰狄，則極乎四海言之，禹所謂「外薄四海，咸建五長」，又在方五千里之外者也。周制王畿千里，當禹貢之甸服；畿外分爲九服，每面二百五十里，兩面合爲方五百里，每以二服當禹貢之一服。其多於禹貢者，藩服每面二百五十里，而以衞服内爲中國，周官言「六年五服一朝」是也。以蠻服爲要服，大行人言「要服六歲一見」，周官言「六服羣辟」是也。以夷、鎮、蕃三服爲荒服，大行人言「九州之外謂之蕃國，世一見」，是也。至於通道「九夷、八蠻」，則爲四海之地，而禹所咸建五長者也。殷制不可考。國語云：「邦内甸服，邦外侯服，侯、衞賓服，夷、蠻要服，戎、翟荒服。」又云「賓服者享，荒服者王」，與商頌言「來享、王」者合，疑此乃殷制也。賓服分侯、衞，要服分蠻、夷，荒服分戎、翟，此則分五服爲九服之漸，與商頌言「邦畿千里」，「肇域彼四海」，則四海之内爲五服之地，方五千里，與夏時無以異矣。

天子百里之内以共官，千里之内以爲御。釋文：共音恭。

畿内之地百同，百里之内四同，千里之内九十六同。共官，以共百官無采地者之禄。爲御，以給天子之用。周禮大府：「關市之賦以待王之膳服，邦中之賦以待賓客，四郊之賦以待稍、秣，家稍之賦以待匪頒〔一〕，邦甸之賦以待工事，邦縣之賦以待幣帛，邦都之賦以待祭祀，山澤之賦以待喪紀，幣餘之賦以待賜予。」匪頒則共官者也，其餘則爲御者也。共官者非必取於百里以内，而百里以内之所入與共官之數相當也。爲御者非必取於千里以内，而千里以内之所入與爲御之數相當也。

千里之外設方伯。五國以爲屬，屬有長；十國以爲連，連有帥；三十國以爲卒，卒有正；二

〔一〕「稍」，周禮大府作「削」。

百一十國以爲州，州有伯。八州八伯，五十六正，百六十八帥，三百三十六長。八伯各以其屬屬於天子之老二人，分天下以爲左右，曰二伯。釋文：帥，色類反。卒，子忽反。

鄭氏曰：屬、連、卒、州，猶聚也。伯、帥、正，亦長也。凡長皆因賢侯爲之。老，謂上公。周禮曰：「九命作伯。」春秋傳曰：「自陝以東，周公主之；自陝以西，召公主之。」陳氏祥道曰：上文千八百國，分其土也。此繼以方伯、連帥，合其人也。古者什五之法，於州、鄉則聯其民，於師田則聯其徒，於宿衛則聯其官，故能以中國爲一人而無內患；爲屬、連、卒、州以聯其國，爲長、帥、正、伯以聯其人，故能以天下爲一家而無外虞。伯皆稱牧者，自內言之，則屈於二伯，故稱牧。曲禮「九州之長，入天子之國曰牧」，是也。自外言之，則伸於諸侯，故稱伯，王制謂「方伯之國」是也。愚謂管仲言「大公賜履，東至於海，西至於河，南至於穆陵，北至於無棣」，此周時東伯所主之地也。河謂西河雍、冀二州之界，西至於河，所謂自陝以東也。元和郡縣志云：「麻城縣有穆陵關，荆州之北境也。」「無棣，今滄州之鹽山縣，周幽州地也。」是東伯所主者，幽、青、兗、豫，而其南當盡揚州，但以對楚言，故舉楚北之穆陵耳。西伯所主，自陝以西，有雍州之地，而北則連并、冀，南則得荆州，正與東伯各主天下之半。朱子疑陝西只是關中雍州之地，蓋未詳考耳。

千里之內曰甸，千里之外曰采，曰流。

鄭氏曰：甸，服治田，出穀稅。采，九州之內地，取其美物，以當穀稅。流，謂九州之外，夷狄流移，或貢或否。禹貢荒服之外，「三百里蠻，二百里流。」方氏愨曰：千里之外，莫近於侯服，而采又侯服之最近者；莫遠於荒服，而流又荒服之最遠者。舉此則要、綏之服在其中。愚謂此據禹貢之法言之也。千里之内曰甸，即禹貢之「五百里甸服」也。禹貢據一面言之，故曰「五百里」；此據兩面言之，故曰「千里」。甸，田也。千里之内，其田賦入於天子，故謂之甸。千里之外曰采，曰流，此禹貢侯、綏、要、荒四服之地也。采即禹貢之「侯服百里采」，言但采取美物以貢天子，而不共其田賦也。流即禹貢之荒服「二百里流」，言其爲流放人之地，大學言「放流之，屏諸四夷，不與同中國」，左傳言「投諸四裔，以禦螭魅」，是也。自采以及流，則畿外四服之地悉在其内矣。上言九州之地，僅爲方三千里，此又言甸服千里之外，極乎荒服之流而止，而其地不盡於九州也。

天子三公，九卿，二十七大夫，八十一元士。

九卿，三孤與六卿也。此蓋漢初未見周禮，徒聞九卿之名，而不知三孤之無職事，故欲於九卿之下，各置大夫三人，元士九人。其所以必皆三倍之者，亦以九卿之數三倍於公，故放而遞倍之也。此大夫元士，惟謂其屬於九卿者。若周禮大宰之下，小宰中大夫二人，宰夫下大夫四人，上士八人者，非謂天子大夫元士之數止於此也。鄭氏以此爲夏制，非也。明堂位曰「夏后氏官百」，以職而計之也。此公、卿、大夫、元士之數，以人而計者也。周官三百六十，而其人數則多矣。夏官百，殷二百，必非一職止一人爲之。若夏天子止有官百人，豈足以理天下之事耶？○自此以下至「下大夫一命」，言設官之法與其命數之異，又申言制爵之事也。

大國三卿，皆命於天子，下大夫五人，上士二十七人。次國三卿，二卿命於天子，一卿命於其君，下大夫五人，上士二十七人。小國二卿，皆命於其君，下大夫五人，上士二十七人。

鄭氏曰：命於天子者，天子選用之，如今詔書除吏矣。小國亦三卿，一卿命於天子，二卿命於其君，此文似誤脱耳，或者欲見畿内之國二卿與？　孔氏曰：三卿，立司徒，兼冢宰之事；立司馬，兼宗伯之事；立司空，兼司寇之事。故左傳云：「季孫爲司徒，叔孫爲司馬，孟孫爲司空。」五大夫，謂司徒下置小卿二人，小宰、小司徒也；司空下亦置二小卿，小司寇、小司空也；司馬事省，惟置一小卿，小司馬也。小國亦三卿，此言「二卿」，誤也。案前云小國有上中下三卿，位當大國之下大夫，若無三卿，何上中下之有乎？　愚謂命於天子者，謂天子加以爵命，若周定王以黻冕命晉士會爲大傅是也。魯有夏父弗忌爲宗伯，則下大夫當有小宗伯而無小宰，而小宰之事，小司徒兼之也。此五大夫、二十七元士，亦惟謂其屬於三卿者。周禮大宰職所謂「設其參，傅其伍，陳其殷」，非謂一國之大夫上士止於此也。大射禮：「小卿賓西，東上，大夫繼而東上，若有東面者則北上。」小卿乃下大夫之上，即此「下大夫五人」是也。而又有繼而東上之大夫，又有東面北上之大夫，則大夫之不止於五明矣。次國，亦謂侯伯也。左傳齊管仲曰：「有天子之二守國、高在。」此侯伯之國二卿命於天子也。小國亦三卿，一卿命於天子，二卿命於其君。故前文云：「小國之上卿，當大國之下，中當其上大夫，下當其下大夫。」此惟言「小國二卿，皆命於其君」，不言「一卿命於天子」者，文省也。○上文「其有中士下士者，數各居其上之三分」，宜承此下。

天子使其大夫爲三監，監於方伯之國，國三人。釋文：監，古暫反。監於，古銜反。

鄭氏曰：使佐方伯領諸侯。　愚謂方伯之國設三監，經傳皆無其事，而惟見於此篇，豈其聞周初有三監監殷之事，故欲放而設之與？三監之說，見於書序及漢書地理志。　蓋武王既滅殷，殷之畿內千里，分其地以封武庚、管、蔡等。班固及尚書孔傳以武庚、管、蔡爲三監，鄭康成以管、蔡、霍三叔爲三監。監即諸侯也。　書云「王啓監，厥亂爲民」，周禮大宰職「立其監」，是也。　殷之監不止於三，曰「三監」者，據其爲亂者三人也。　仁山金氏云：「凡封於殷者，皆監殷者也。其後獨管、蔡、霍三人叛，故曰三監。其實武庚亦監也。」此言是也。　後世失其說，謂三監乃監於武庚之國者，而漢人遂欲於方伯之國皆設三監，亦異於先王之制矣。　既使爲方伯，而又立爲三監以窺伺其動靜，牽制其手足，此乃末世猜防之術，曾謂先王之世而有是乎？

天子之縣內諸侯，祿也；外諸侯，嗣也。

縣內諸侯，謂天子之公、卿、大夫，受地視公侯以下也。　祿者，言予之地以爲祿，居其位乃食其地，而不得以國傳世也。　外諸侯嗣者，　畿外諸侯得繼世而立也。○內諸侯雖不世，然其有功德者亦得世之，若周、召、單、劉之屬是也。　凡祭亦畿內國，而富辰與列國並數，此畿內亦有世國之明證，但其所制之田，以爲公卿之祿者，則不世耳。　周禮司裘：「王大射則共虎侯、熊侯、豹侯，諸侯則共熊侯、豹侯，卿大夫則共麋侯。」諸子掌諸侯、卿、大夫、士庶子之卒。　此篇言「羣后之子、卿大夫之適子皆入學」，鄭云：「羣后，三公及諸侯。」卿大夫之上有諸侯，則諸侯與卿大夫有別矣。　蓋總而言之，則天子之卿大夫皆內諸侯也；別而言之，則世國者爲諸侯，不世國而居其位者爲卿大夫也。　卿大夫之田，以爲之禄，王無所取焉。若予之國而使之世者，則有所貢於王，司勳「凡賞地，參之一食」，是也。左傳子産曰：「卑而貢重者，甸服也。」畿外之國，男之地方百里，而王食其四之一；畿内之國，自方百里以下，而王乃食其參之一，故曰重。若諸侯入爲卿大夫，則又加賜之田，司勳所謂「加田無國征」，是也。蓋不如是則諸侯之爲卿大夫者，反不如其不爲諸侯之卿大夫得以全食其田之入矣。○疏謂「公卿之子，父死得食其父禄」，此蓋狃於世禄之説而失其義也。先王之世，仕者之子孫皆教之，教之而成材則官之。父子爵同者無論已，如父爲卿而子爲大夫，則食大夫之禄而不必食卿之禄矣；父爲大夫而子爲士，則食士之禄而不必食大夫之禄矣。其不可用，則雖不得仕，亦必有禄以養之，而其恩之隆殺，澤之久近，亦必有其節焉，初非遂食其父之禄，使得傳之無窮也。夫然，故地不虞其不給，而恩不患其無等也。

制：三公一命卷，若有加，則賜也，不過九命；次國之君不過七命；小國之君不過五命。釋文：卷音衮，古本反。

鄭氏曰：卷，俗讀也，其通則曰衮。愚謂制，謂命數之制也。卷與衮同。衮冕，九章之服也。三公八命，服鷩冕，加一命則爲上公而服衮冕。若有加則賜者，謂衮冕之外，更加餘服，則出於王之特賜，而非常制也。虞書曰：「予欲觀古人之象，日、月、星辰、山、龍、華蟲作繪，藻、火、粉米、宗彝、黼、黻絺繡〔一〕，以五采彰施於五色，作服。」此王之服十二章也。公之服自衮冕以下，今於衮冕之外更有加

〔一〕尚書益稷「宗彝」在「藻、火」上。

賜，則其爲兼畫星辰者與？加賜於命服之外，所謂褒衣者也。不過九命者，言服雖加而命則止於九也。次國之君不過七命，小國之君不過五命者，侯伯服鷩冕，子男服毳冕，亦或有加賜之服，若詩言「韓侯入覲」，而王錫以玄衮是也。然服雖加而命亦不加，故曰「不過七命」，「不過五命」。於内臣言「三公」而不言卿大夫，舉上以見下也；於外臣言「次國」「小國」而不言大國，舉下以見上也。○周禮司服「孤之服希冕以下」，「卿大夫玄冕以下」，「士爵弁以下」，皆據諸侯之臣言之，而不及天子之公、卿、大夫、士，蓋以典命有「衣服各如命數」之文，與司服可互參耳。三公一命卷，則三公之未加命者服鷩冕矣。三公八命而服鷩冕，則孤卿六命而服毳冕，大夫四命而服希冕，上士三命而服玄冕，中士再命、下士一命而並服爵弁也。禮無八章、六章、四章之服，故天子公卿大夫之服皆視其命而遞降一等。若其自祭之服，則爵弁者玄端，玄冕者朝服，希冕者爵弁，而毳冕以上皆玄冕與？

大國之卿不過三命，下卿再命；小國之卿與下大夫一命。

周禮公、侯、伯之「卿三命，其大夫再命」，「子男之卿再命，其大夫一命。」左傳「晉侯以三命命先且居將中軍，以再命命先茅之縣賞胥臣」，「以一命命郤缺爲卿」。魯叔孫穆子爲卿，止於再命；季平子、叔孫昭子初以再命爲卿，及伐莒克之，更受三命。是公、侯、伯之卿以三命爲極，而其初升者或惟再命及一命也。子男之卿以再命爲極，而其初升者或惟一命也。此蓋先王慎重爵賞之意。言「大國之卿」而不言次國者，次國與大國同也。不言小國上卿再命者，以大國之「下卿」互明之也。不言大國之下大夫再命者，以小國之「下大夫」互明之也。

凡官民材，必先論之，論辨然後使之，任事然後爵之，位定然後祿之。此因上文言設官，而因言入官之法也。官民材，謂庶民之材者，出於鄉學而官之者也。論，謂考論之。周禮鄉大夫「三年大比，則考其德行道藝，而興賢者能者」，是也。辨，明也。使，謂試之以事也，任事，謂試之而堪其事也。爵，定其位次也。初入仕者，必先試之以事，若後世試守之法，視其才之果可用也，而後加爵祿。故虞書言「明試以功」，而後「車服以庸」，所以慎名器而杜僥倖也。

爵人於朝，與士共之；刑人於市，與衆棄之。是故公家不畜刑人，大夫弗養士。遇之塗，弗與言也。屏之四方，唯其所之，不及以政，示弗故生也。釋文：畜，許六反。涂音徒，本又作「塗」。屏，必政反。○政，舊如字，今音征。石經示作「亦」。

鄭氏曰：必共之者，所以審慎之也。屏，猶放去也。已施刑則放之棄之，役賦不及，亦不授之以田，困乏又無賙餼也。愚謂此承上「官民材」而言爵人，又因爵人而并及刑人。爵人於朝，謂士也。若大夫以上，則命之於廟。刑人於市，亦謂士庶人也。若大夫則於朝。與士共、與衆棄者，天命天討，皆非君之所得私也。公家不畜刑人，大夫弗養士，弗與言者，以其爲刑餘凶惡之人，賤而遠之也。屏之四方者，虞書云「五流有宅，五宅三居」，是也。孔傳云：「大罪四裔，次九州之外，次千里之外。」四裔，即荒服之二百里流；九州之外，即要服之二百里蔡；千里之外，謂罪人所居千里之外，非王畿千里之外也。唯其所之者，既至流放之所，則任其所之適，不爲之授田里也。周禮掌戮：「墨者使守門，劓者使守關，宮者使守內，刖者使守囿，髡者使守積。」蓋擇其材之稍可用者用之，其餘則屏之也。不及以政，不及以征役之事也。所以待刑人如此者，以示不欲使其生，故外之於王化，所謂「棄之」也。

諸侯之於天子也，比年一小聘，三年一大聘，五年一朝。釋文：朝，直遥反。

鄭氏曰：比年，每年也。小聘使大夫，大聘使卿，朝則君自行。然此大聘與朝，晉文霸時所制也。愚謂周禮大宗伯：「時聘曰問，殷頫曰視。」此諸侯聘於王之法。時聘曰問，謂王室有事，則使大夫問之。殷頫曰視，謂十二年王有故不巡守，則衆使大夫視之。是不以比年、三年爲常期也。大行人「侯服歲一見」，「甸服二歲一見」，「男服三歲一見」，「采服四歲一見」，「衞服五歲一見」，「要服六歲一見」。是諸侯之朝於天子，以六歲而徧，而不以五年也。此記所言，非周制明矣。鄭氏以此大聘與朝爲晉文霸制，蓋據左傳子大叔之言。然以書考之，則五年一朝與下言「五年一巡守」，實虞、夏之制也。舜典言「五年一巡守，羣后四朝」。虞、夏五服，甸服爲王畿，其餘四服，分四年而朝：一年侯服朝，二年綏服朝，三年要服朝，四年荒服朝，五年王巡守。明年，侯服又朝，又如上而周，則每服朝王相距各五年矣。比年一小聘，三年一大聘，則聘義以爲天子制諸侯之法，蓋即大行人所謂「諸侯之邦交，歲相問，殷相聘」者，而漢人欲以其禮施之天子也。

天子五年一巡守。釋文：守，手又反，本又作「狩」。

鄭氏曰：天子以四海爲家，時一巡省之。五年者，虞、夏之制，周則十二歲一巡守。呂氏祖謙曰：巡守之禮，乃維持政治，攝服人心之道。大抵人心久則易散，政治久則必缺，一次巡守，又提攝整頓一次，此新新不已之意。楊氏時曰：虞舜之世，其事簡，其民寡，其巡守也，兵衞少，征求輕，故行之五歲不爲數。成周之世，其事煩，其人衆，其於巡守也，兵衛多，供億繁，故行之十二年不爲疏。

歲二月，東巡守，至于岱宗，柴而望祀山川，覲諸侯，問百年者就見之。釋文：柴，仕佳反，依字作「祡」。

歲，謂當巡守之歲也。二月，據其至方岳之月也。下放此。岱宗，東嶽也。岱爲四嶽之首，故曰宗，宗者尊也。柴，燔柴祭天也。王者一歲祭天有九，巡守在外則於常祀不能親舉，故將出既有類祭，而每至方岳之下又舉其禮。王者之事天，猶子之事父母，不敢瀆，亦不敢曠也。望祀山川，望祭東方之山川也。覲諸侯者，覲見當方之諸侯也。諸侯朝王，四時禮異，至朝於方岳，則一以覲禮行之，故其名皆曰覲也。百年之人，所閱天下之義理多矣，就而見之，亦欲以訪問政治之得失，非徒敬老之文已也。○周禮四時常朝之外，有「時見曰會，殷見曰同。」時見，謂非巡守之歲，王因時事而出，於所有事之地而大合諸侯，若成王岐陽之蒐，康王酆宫之朝，穆王塗山之會，宣王東都之苗，是也。殷見，謂王巡守至方岳之下而大合諸侯，大行人言「王巡守殷國」，是也。會、同之名，對則別，散則通，蓋其所爲雖異，而其禮則同也。周禮言「巡守」者甚少，而言「會」「同」者甚多，有車輦馬牛衆庶之作，有革路、士庶子之從，有任器之載，有糧食委積之供，所舍有梐枑、藩盾之設，所居有賣儥之事，出則有宜造，歸則有舍奠，所過有山川之祀，所至有禱祠之祭，則會、同之卽巡守明矣。若王十二年或有故不巡守，諸侯或使人聘王，或親朝於王，王於諸侯來朝者，於國外爲壇而命之，周禮所謂「大朝、覲」是也。司儀「王大合諸侯，則令爲壇三成」，覲禮之末有諸侯覲於天子之禮，皆謂此也。周禮每以「大朝、覲」

「會、同」並言，葢大朝、覲之禮卽放會、同而爲之者，則會、同之禮亦可見矣。

命大師陳詩，以觀民風；命市納賈，以觀民之所好惡，志淫好辟；命典禮考時、月，定日，同律、禮、樂、制度、衣服，正之。

釋文：大音泰。賈音嫁。好，呼報反。惡，烏路反。辟，匹亦反。

鄭氏曰：陳詩，謂采其詩而視之。市，典市者。賈，謂物貴賤厚薄也。質則用物貴，淫則侈物貴，民之志淫邪，則其所好者不正。愚謂大師掌教六詩，命大師陳風者，命諸侯大師之官各陳其所采國中之風謠。何休公羊註云「男年六十、女年五十無子者，官衣食之，使之民間求詩，鄉移於邑，邑移於國，國以聞於天子」，是也。市，謂司市之官。命市納賈者，命諸侯司市之官各納其市賈之貴賤也。詩有貞淫、美刺，市賈有貴賤、質侈，觀之，所以見風俗之美惡，好尚之邪正。典，主也。典禮，謂大史，下云「大史典禮」，是也。此謂天子之大史，從王而出者也。周禮大史職云：「大會、同、朝、覲，以書協禮事。」時，謂四時。月，謂月之大小。日，謂日之甲乙。律，十二律。禮，五禮。樂，六樂。制度，城郭宮室車旗之屬。大史掌邦之六典、八法、八則，正歲年以序事。訂其得失謂之考，齊其參差謂之定，一其乖異謂之同，凡此皆所以正其不正也。

山川神祇有不舉者爲不敬，不敬者君削以地；宗廟有不順者爲不孝，不孝者君絀以爵；變禮易樂者爲不從，不從者君流；革制度衣服者爲畔，畔者君討；有功德於民者，加地進律。

鄭氏曰：不順者，謂若逆昭穆。孔氏曰：山川是外神，故云「不舉」。不舉，不敬也。山川在國境，故削以地。宗廟是內神，故云「不順」。不順，不孝也。宗廟可以表明爵等，故絀以爵。禮樂雖大事，而非切要，故以爲不從，君惟流放。制度衣服，政治之急，故以爲畔，君須誅討。此四罪，先輕後重。律，法也，謂法度，即大行人上公九命，「繅藉九寸，冕服九章，建常九斿」之等是也。馬氏晞孟曰：進律者，若子男以五爲節，則進之以七；侯伯以七爲節，則進之以九也。

五月，南巡守，至于南嶽，如東巡守之禮。八月，西巡守，至于西嶽，如南巡守之禮。十有一月，北巡守，至于北嶽，如西巡守之禮。歸假于祖、禰，用特。釋文：假音格。禰，乃禮反。

鄭氏曰：假，至也。特，特牛也。祖下及禰皆一牛。愚謂歸至於祖、禰之廟而告至也。先告於大廟，而反齊車之主，然後歷告羣廟，至禰而畢。

天子將出，類乎上帝，宜乎社，造乎禰。諸侯將出，宜乎社，造乎禰。釋文：禷音類。造，七報反。

鄭氏曰：類、宜、造，皆祭名，其禮亡。孔氏曰：將出，謂巡守初出時也。類乎上帝，謂祭告天也。宜乎社者，巡行方事誅殺封割，應載社主，令誅伐得宜也。社主於地又爲陰，而誅罰亦陰，故於社。書云「弗用命，戮于社」，是也。造乎禰者，造，至也，謂至父、祖之廟也。此出應歷至七廟，前云「歸格祖、禰」，明出亦告祖、禰。今惟云禰者，白虎通云：「辭從卑，不敢留尊者之命，至禰，不嫌不至祖也。」皇氏申之云：「行必有主，無則主命載于齊車。今告出，先從卑起，然後至祖，仍取遷主則行。若前至祖，後至禰，是留尊者之命，爲不敬也。若還，則先祖後禰，先應反主祖廟故也。然出告天地、祖、禰，還惟告廟，不告天地者，白虎通云：『天道無內外，故不復告也。』」諸侯將出，謂朝王及自相朝、盟會、征伐之事也。不得告天，故從社始，亦載社主也。造乎禰，亦告祖及載主也。陳氏祥道曰：類、造之禮，其詳不可得聞，要之劣於正祭與旅也。觀祀天、旅上帝，而大宗伯掌之，類、造上帝，小宗伯、肆師掌之，則禮之隆殺著矣。愚謂凡禮之類正禮而爲之者，謂之類。類乎上帝，就南郊而告天，類郊祭之正禮而爲之也。宜，求行事得宜也。疏專言「誅殺」，非是。天子將出爲巡守，則諸侯將出爲朝、會，疏兼言「征伐」，亦非是。

天子無事與諸侯相見曰朝，考禮、正刑、一德，以尊于天子。

無事，謂無寇戎死喪之事也。朝，謂四時之常朝也。諸侯來朝，而以所行之禮、所用之刑、所脩之德考之，以訂其是非，正之以防其偏枉，一之以範其乖違，所以尊事天子也，孟子所謂「諸侯朝於天子曰述職」，是也。蓋諸侯各治其國，政治有得失，職事有脩廢，故巡守則自天子而下察乎侯國，朝、覲則自諸侯而上質於王朝，此先王所以整飭天下之具，而禮樂征伐之權之所以出於一也。

天子賜諸侯樂，則以柷將之；賜伯子男樂，則以鼗將之。釋文：柷，昌六反。鼗音桃。

鄭氏曰：將，謂執以致命。柷、鼗，皆所以節樂者。孔氏曰：凡與人之物，置其大者於地，執其小者以致命於人。按漢禮器制度，柷狀如漆筩，中有椎，將作樂，先擊之。鼗如小鼓，長柄，旁有耳，摇之使自擊。柷節一曲之始，其事寬，故以將諸侯之命。鼗節一唱之終，其事狹，故以將伯子男之命。愚謂書言「合止柷、敔」，詩言「鞉、磬、柷、圉」，皆天子之樂也。大射諸侯禮言「鼗倚於頌磬，西紘」，而不見有柷，是樂之重者乃有柷，故以將諸侯之樂；其輕者但有鼗，故以將伯子男之樂與？諸侯來朝，其有功德者，天子必有以賜之，故此下三節皆言賜予諸侯之事。

諸侯賜弓矢，然後征；賜鈇鉞，然後殺；賜圭瓚，然後爲鬯。未賜圭瓚，則資鬯於天子。釋文：鈇，方於反，又音斧。圭，字又作「珪」。說文：「珪，古字。」圭，今字。瓚，才旦反。

鄭氏曰：得其器，乃敢爲其事。圭瓚，鬯爵也。孔氏曰：賜弓矢，謂八命作牧者。賜鈇鉞，賜圭瓚，皆謂上公九命者。晉文雖受弓矢，不受鈇鉞，不得專殺，故執衛侯臨之於京師，若未賜圭瓚，則用璋瓚，故周禮小宗伯註云：「天子圭瓚，諸侯璋瓚。」按玉人職「大璋、中璋、邊璋」，「黃金勺，青金外，朱中，鼻寸，衡四寸」，鄭註云：「鼻，勺流也。凡流皆爲龍口。三璋之勺，形如圭瓚。」又典瑞註：「瓚槃大五升，口徑八寸，下有槃，口徑一尺。」又明堂位註云：「以大圭爲柄。」玉人註又云：「有流前注。」此是圭瓚之形也。釀秬黍爲酒，和以鬱金之草，謂之鬱鬯。不以鬱和，直謂之鬯。既不得鬯，則用薰。故王度記云：「天子以鬯，諸侯以薰。」愚謂天子在軍乃用斧鉞，故詩言「武王載旆，有虔秉鉞」，書言「武王左杖黃鉞」。諸侯非受賜者，不得用也。周宣王賜召穆公以圭瓚、秬鬯，平王賜晉文侯、襄王賜晉文公皆有弓矢而無鈇鉞，有秬鬯而無圭瓚，蓋文侯、文公皆命爲侯伯者也，召穆公則天子之三公，加命爲上公者也。孔疏謂「賜弓矢者爲八命之牧，賜鈇鉞、圭瓚者爲九命之上公」，是也。又謂「賜鈇鉞，然後鄰國臣弑君、子弑父者得而誅之」，則非是。賜鈇鉞然後殺，謂有罪當殺，而非亂賊，若衛成公者耳。若臣子弑其君父，人人得而誅之，不待賜鈇鉞也。未賜圭瓚，不得爲鬯，故資鬯於天子，謂待天子賜以秬鬯而用之，若晉文侯、文公是也。諸侯之未賜秬鬯者，其灌未知何所用，王度記之言，未可據也。

天子命之教，然後爲學。小學在公宮南之左，大學在郊。天子曰辟廱，諸侯曰頖宮。釋文：辟音璧。頖音半。

鄭氏曰：學，所以教士之宮。尚書傳曰：「百里之國，二十里之郊；七十里之國，九里之郊；五十里之國，三里之郊。」王氏安石曰：天下不可一日無教，是諸侯未有不命之教者，所謂命之教，然後爲學者，何也？曰：教不可不資之天子，資之天子，道德所以一也。愚謂小學在公宮南之左，此世子與國子所入之小學，周禮師氏「居虎門之左，司王朝」，「凡國之貴遊子弟學焉」，是也。大學在郊，卽頖宮也。廱，澤也。詩毛傳云：「水旋丘如璧曰辟廱。」鄭云：「築土廱水之外，圓如璧，四方來觀者均也。」頖，詩魯頌作「泮」，鄭云：「泮之言半也。半水者，蓋東西門以南通水，北無也。」辟廱、頖宮，天子諸侯大學之異名也。鄭此註云：「辟，明也。廱，和也。所以明和天下。頖之言頒也，所以頒政教也。」蓋鄭注禮記時未見毛詩傳，當以毛傳及鄭箋詩之說爲確。朱子詩集傳亦用毛傳、鄭箋之說。水經注曰：「泮宮，在高門直北道西，宮中有臺，高八十尺。臺南水東西一百步，南北六十步；臺西水南北四百步，東西六十步。臺池咸結石爲之。詩所謂『思樂泮水』者。」此魯泮宮之制。其臺東亦當有水，蓋久而堙塞耳。○天子諸侯皆有國學、鄉學，而國學、鄉學又各有大小。鄉學以閭之塾，州、黨之序爲小，以鄉之虞庠爲大；國學以在公宮南之左者爲小，以辟廱、頖宮爲大。胄子之入小學者，皆於國之小學，其入大學，則在辟廱、頖宮。士庶之子入小學者，皆於閭之塾，而遞升於州、黨之序，其入大學，則於鄉之庠。其俊異者，乃升於國學而教之，下文所謂「俊造」是也。○自「諸侯之於天子」至此，明朝覲巡守之事。

天子將出征，類乎上帝，宜乎社，造乎禰，禡於所征之地，受命於祖，受成於學。釋文：禡，馬伯反，又音百。

鄭氏曰：禡，師祭也，爲兵禱。其禮亦亡。受命於祖，告祖也。受成於學，定兵謀也。惠謂禡，周禮肆師作「貉」，鄭註云：「祭造軍法者。其神蓋蚩尤，或曰黃帝。」受命於祖，告於大祖之廟而卜之也。受成於學，在大學之中定其謀也。卜吉然後定謀，謀定然後行類、宜、造之祭，而奉社主與遷廟主以行也。

出征執有罪，反，釋奠于學，以訊馘告。釋文：訊，本又作「誶」，音信。馘，古獲反。○鄭註：馘，或爲「國」。

釋奠，設薦饌而酌奠，不迎尸也。訊，所生獲當訊問者。馘，殺之而割取其左耳者。出師之時，受成於學，故有功而反，則釋奠於先聖先師而告之以克敵之事也。凡告祭輕者釋幣，重者釋奠。聘禮使者歸，「乃至于禰，筵几于室，薦脯、醢，觴酒陳，席于阼，薦脯醢，三獻」。此大夫釋奠之禮也。天子諸侯釋奠，則有牲牢，則有舞。曾子問曰：「凡告用牲幣，反亦如之。」文王世子曰：「凡釋奠者，必有合也。」合，謂合樂也。孔氏曰：周禮宗伯：「師還，獻愷於祖。」〔一〕司馬職云：「愷樂獻于社。」此記不云「祖」及「社」，周禮不云「獻愷於學」，皆文不具也。○自「天子將出征」至此，明天子出師祭告之禮。

天子諸侯無事，則歲三田：一爲乾豆，二爲賓客，三爲充君之庖。釋文：乾音干。

〔一〕周禮宗伯無「師還，獻愷於祖」之文，唯大祝云「軍還，獻於社」。

孔氏曰：乾豆，乾之以爲豆實。豆非脯而云乾者，謂作醢及臡，先乾其肉，是上殺者也。二爲賓客，中殺者也。三爲充君之庖，下殺者也。范甯云：「上殺中心，死速；次殺射髀骼，死差遲；下殺中腸污泡，死最遲。」又車攻傳云：「自左膘而射之，達于右腢，爲上殺；射右耳本次之；射左髀，達于右䯚，爲下殺。」是有三等之殺。先宗廟，次賓客，尊神敬賓之義。愚謂周禮大司馬及左傳臧僖伯諫隱公，皆言「春蒐、夏苗、秋獮、冬狩」，是天子諸侯皆歲四田。杜氏云：「蒐，擇取不孕者。苗，爲苗除害也。獮，殺也。以殺爲名，順秋氣也。狩，圍守也。冬物畢成，獲則取之，無所擇也。」此則四時之田之所以名也。此言天子諸侯歲三田，與周禮、左傳不合，惟公羊傳云：「春曰苗，秋曰蒐，冬曰狩。」「諸侯曷爲必狩？一曰乾豆，二曰賓客，三曰充君之庖。」則此記之言之所自出也。蓋漢初周禮未出，而左傳傳者尚少，作是篇者本爲公羊之學，故其爲說如此。

無事而不田曰不敬，田不以禮曰暴天物。

鄭氏曰：不敬者，簡祭祀，畧賓客。孔氏曰：田不以禮，殺傷過多，是暴害天之所生之物。以禮田者，則下文「天子不合圍」至「不覆巢」皆是也。

天子不合圍，諸侯不掩羣。天子殺則下大綏，諸侯殺則下小綏，大夫殺則止佐車。佐車止，則百姓田獵。 釋文：合，如字，徐音閤。揜音掩，本又作「掩」。綏，依註音緌，耳佳反。

鄭氏曰：不合圍，不掩羣，爲盡物也。綏當爲「緌」。下，謂弊之。佐車，驅逆之車。孔氏曰：天子四時田獵皆得圍，但圍而不合。若諸侯，惟春田不得圍，其夏秋冬三時得圍，圍亦不合，故下曲禮云：

「國君春田不圍澤。」諸侯不掩羣者，是畿內諸侯爲天子大夫，故下曲禮云：「大夫不掩羣。」下，謂獘仆於地也。初殺時則抗之，已殺獵止則獘之。故詩傳云：「天子發抗大綏，諸侯發抗小綏。」大司馬云「設驅逆之車」，註云：驅，驅出禽獸。逆，逆要不得令走。」大夫殺則止佐車，則天子諸侯殺未止佐車也。大司馬又云「夏車獘」，注云：「驅獸之車止。」但夏時佐車止，百姓未得田獵，此云「佐車止，則百姓田獵」，謂冬獵之時，佐車止則百姓田獵。以此推之，則天子殺，然後諸侯殺，諸侯殺，然後大夫殺。故詩傳云「天子發，然後諸侯發，諸侯發，然後大夫士發」，是也。愚謂不合圍，謂圍其三面而不合，易所謂「王用三驅，失前禽」，是也。大綏，天子田獵所建之旌，染旄爲黑色，注之竿首而無旒縿，以其垂旄綏綏然，故謂之綏。明堂位「夏后氏之綏」，是也。以其可以指麾，故又謂之大麾。周禮巾車木路，「建大麾，以田」，是也。小綏，諸侯田獵所建之旌，制如大綏而稍小者也。

獺祭魚，然後虞人入澤梁；豺祭獸，然後田獵；鳩化爲鷹，然後設罻羅；草木零落，然後入山林。昆蟲未蟄，不以火田，不麛、不卵，不殺胎，不殀夭，不覆巢。釋文：獺，徐他達反，又他瞎反。罻音尉，一音鬱。零，本又作「苓」，音同。麛，本又作「麑」，同音迷。妖夭，上於表反，下烏老反。

鄭氏曰：取物必順時候也。梁，絶水取魚者。昆，明也。明蟲者，得陽而生，得陰而藏。不麛、不卵，不殺胎，不殀夭者，重傷未成物也。殀，斷殺也。少長曰夭。覆，敗也。孔氏曰：月令正月：「獺祭魚。」孝經緯云「獸蟄伏，獺祭魚」，則十月中也。是獺一歲再祭魚。此獺祭魚，然後虞人入澤梁，謂十月時。月令九月：「豺乃祭獸。」夏小正十月「豺祭獸」，則是九月末十月初也。然後田獵，百姓可以田獵也。月令二月「鷹化爲鳩」，則八月鳩化爲鷹。説文云：「罻，捕鳥網也。」爾雅云：「鳥罟謂之羅。」月令季秋：「草木黄落。」其零落芟折則在十月，此時官民總取材木。若依時取者，則山虞云「仲冬斬陽木，仲夏斬陰木」，不在零落之時。昆蟲未蟄，謂未十月時。十月則得火田，司馬職云春「火獘」。從十月以後至仲春，皆得火田也。不麛不卵之等，春時特甚，其實四時皆然。愚謂獺祭魚未必有二時，月令、孝經緯各據所聞言之耳。月令季冬「命漁師始漁」，國語里革云「古者大寒降，土蟄發，水虞於是乎講罛、罶」，則虞人入澤梁在冬時，此獺祭魚自當謂十月也。周禮鼈人「秋獻龜魚」，乃魚之伏於土中，簎而得之者，非網罟之所取也。司裘：「仲秋獻良裘，王乃行羽物。」羅氏「仲春羅春鳥」，「行羽物」，鄭氏云：「仲春鷹化爲鳩，仲秋鳩化爲鷹，順其始殺與其將止，而大班羽物」，則自仲秋迄乎仲春皆得羅鳥也。○自「天子諸侯無事，歲三田」至此，明田獵之禮。

禮記卷十三

王制第五之二

冢宰制國用，必於歲之杪。五穀皆入，然後制國用。用地小大，視年之豐耗。以三十年之通制國用，量入以爲出。釋文：杪，亡小反。量音諒。

冢宰制國用，周禮大宰「以九式均節財用」是也。杪，末也。歲末五穀皆入，然後多寡有數，而國用可制也。用地小大者，王畿千里，自公卿大夫采地之外，除山陵、沈斥、林麓、城郭、邑居之不爲田者，其餘以再易、一易、不易通計之，而據其出賦之實地也。然地之小大有定，歲之豐凶無常，故必以二者相參而制之。以三十年之通制國用者，預度三十年之所入，以歲之豐凶通融相較，而酌用其中數，以制爲國用也。量入以爲出者，量每年所入之中數，以制爲所出之數，而常留其四分之一焉，則三十年之通，得有十年之蓄，而無患於不足矣。孔氏曰：崔氏云：「三十年之間，大約有閏月十三，足爲一年，故惟有九年之蓄。」王肅以爲二十七年有九年之蓄，而言三十者，舉成數也。兩義皆通，未知孰是。

祭用數之仂。釋文：仂音勒，又音力。

鄭氏曰：筭今年一歲經用之數，用其什一。孔氏曰：仂是分散之名，故考工記云：「石有時而泐。」考工記又云「以其圍之防捎其藪」，彼注：「防，謂三分之一。」此云「什一」者，以民稅一歲十一，則國祭所用亦什一也。

喪三年不祭，唯祭天地社稷，爲越紼而行事。

鄭氏曰：祭天地社稷，不敢以卑廢尊。越猶躐也。紼，輴車索。　孔氏曰：未葬之前，屬紼於輴，以備火災。今既祭天地社稷，須越躐此紼而往祭所，故云「越紼」。　呂氏大臨曰：人事之重，莫重於哀死，故祭雖至重，亦有所不行。蓋祭而誠至則忘哀，祭而誠不至，則不如不祭之爲愈。　范氏伯崇曰：鄭氏解「唯祭天地社稷」云：「不以卑廢尊也。」此說非是。天子諸侯之喪，惟不祭宗廟爾，郊、社、五祀，皆不廢也。天地可言尊於宗廟，社稷、五祀不尊於宗廟也。但內事用情，故宗廟雖尊，而有所不行；外事由文，故社稷、五祀，不可廢其祭。　曾子問疏謂「外神不可以己私喪，久廢其祭」，其說優於鄭氏矣。內事用情，以子孫哀戚之情，推祖考之心，知其必有所不安於此。而子孫之於祖宗，至敬無文，又不可使人攝事，必也親祭。當哀不可以臨祭，又不可以釋哀而吉服，狥情而廢禮，亦明矣。外事由文者，有國家者，百神是主，天子之於天地，諸侯之於社稷，大夫之於五祀，皆禮文之不可已者，非若子孫之於祖考，不得以私喪久廢其祭，而其祭也，必以吉服吉禮，故不得已隨其輕重而使人攝焉，期於無廢其文而已。　愚謂喪三年不祭，不親祭也。　曾子問曰：「君薨，五祀之祭不行，既殯而祭。」五祀卑尚祭，則餘神可知。　此舉其尊者言之，故云「唯祭天地社稷」，其實外神皆祭也。　言「唯」者，對宗廟尚未祭言之，非對其餘外神也。　既祔之後，宗廟亦祭。　左傳云：「凡君薨，卒哭而祔，祔而作主。　特祀於主，烝、嘗、禘於廟。」又左傳晉葬悼公，「改服脩官，烝於曲沃。」而遷廟之禮，亦必因練後祫祭也。凡在喪而祭者，皆使人攝之，而其禮皆有所殺焉。周禮量人：「凡宰祭，與鬱人受斝，歷而皆飲之。」晉既烝於曲沃，而是冬穆叔言「寡君未禘祀」〔一〕，此使人攝祭宗廟之證也。曾子問所言「既殯而祭」，五祀有降殺之法。大宗伯「以饋食享先王」，鄭氏謂「始禘自饋食始」，則在喪而祭宗廟者，雖人君但用饋食之禮與？

喪用三年之仂。

鄭氏曰：喪，大事，用三歲之什一。 愚謂喪禮繁多，自始死含、襚，以迄於祥、禫除喪，其所用總爲三歲之仂也。

喪祭，用不足曰暴，有餘曰浩。祭，豐年不奢，凶年不儉。

鄭氏曰：暴猶耗也。浩猶饒也。不奢不儉，常用數之仂。 愚謂不足，謂財匱而用不給，由於用之無度，而物力傷殘也，故曰暴。有餘，謂財多而用不盡，由其用之有節，而儲蓄豐羨也，故曰浩。以三十年之通數，而祭常用其仂，故豐年不奢，留其有餘於凶也；凶年不儉，資其不足於豐也。此制用豐凶相補之法也。然凶歲祭事不縣，祀以下牲，則豐固不奢，而凶則未嘗不儉矣，而曰「凶年不儉」，何也？蓋祭有大祀、中祀、小祀，凶年於小祀或殺，而大祀則未嘗有所儉也。國用不止於喪祭，而喪祭之事爲大，且其費爲繁，故此上四節，特以喪祭明制用之法。

〔一〕「穆叔言」，原本作「叔言」，據左襄十六年傳改。

國無九年之蓄曰不足，無六年之蓄曰急，無三年之蓄曰國非其國也。三年耕，必有一年之食；九年耕，必有三年之食。以三十年之通，雖有凶旱水溢，民無菜色，然後天子食，日舉以樂。

九年之蓄者，三十年之通所用之餘財也。三十年而有九年之蓄者，乃制用之常法也。少於此，謂之不足；又少焉，而無六年之蓄，則曰急；又少焉，而無三年之蓄，則無以待意外之變，而國非其國矣。然非獨國家之所蓄者如此，其在民者，亦必三年耕，則有一年之餘食；九年耕，則有三年之餘食。以三十年之通，則國與民皆有九年之蓄，其藏富於民者既足，以爲凶年之備，而國有餘儲，又可以行蠲免，賙贍阨，故雖有凶旱水溢，而民無食菜之饑色也。如此，然後天子之食，每日一舉，而侑之以樂，不然，則有所不安於是也。舉，謂殺牲盛饌以食也。周禮膳夫：「王日一舉，鼎十有二，物皆有俎，以樂侑食。」應氏鏞曰：此非謂旱乾水溢亦不廢樂也，謂既有三十年通制之規模，雖凶災而民不病，則常時可以日舉樂耳。若夫偶值凶年，則雖有備，而亦豈敢用樂乎？○自「冢宰制國用」至此，明制國用之法。

天子七日而殯，七月而葬；諸侯五日而殯，五月而葬；大夫、士、庶人三日而殯，三月而葬。

鄭氏曰：尊者舒，卑者速。春秋傳曰：「天子七月而葬，同軌畢至；諸侯五月，同盟至；大夫三月，同位至；士踰月，外姻至。」孔氏曰：天子諸侯，位既尊重，送終禮物多，許其申遂，故日月緩。大夫士禮數既卑，送終物少，又職惟促遽，義許奪情，故日月促。又孔氏左傳疏曰：天子七月，諸侯五月者，死月葬月皆通數之也。文八年八月「天王崩」，九年二月「葬襄王」，是天子之七月也。成十八年八月「公薨於路寢」，十二月「葬我君成公」，是諸侯之五月也。諸侯五月而葬，自是正禮，不假發傳，而「葬成公」之下，傳特言「書順」者，欲以包舉公之得失：於莊見亂故而緩，於僖見無故而緩，於成見順禮。傳發三者，則其餘皆可知也。士踰月，通死月亦三月也。士與大夫不異，而別設文者，以大夫與士名位既異，變文以示等差，其實月數同也。愚謂葬月連數死月，則殯日數死日可知。五日而殯者，死後間一日而小斂，又間一日而殯也。七日而殯者，死後間二日而小斂，又間二日而殯也。餘說已見曲禮上。

三年之喪，自天子達。

三年之喪爲父，父没爲母，爲祖父後者，爲祖父母，爲長子，雖天子諸侯之尊，不絶不降也。自期以下，諸侯絶，大夫降。

庶人縣封，葬不爲雨止，不封不樹。 釋文：縣封，上音玄，下音窆，彼念反。爲，于僞反。○不封，封如字。

鄭氏曰：封當爲「窆」。縣窆者，至卑不得引綍下棺。雖雨猶葬，以其禮儀少。封，謂聚土爲墳。不封之，不樹之，又爲至卑無飾也。周禮曰「以爵等爲丘封之度與其樹數」，則士以上乃得封樹。愚謂庶人葬不爲雨止，則自士以上皆爲雨止矣。春秋葬敬嬴及定公，皆雨不克葬，明日乃葬，左氏以爲禮，穀梁以爲非禮。徐邈引士喪禮「稾車載蓑笠」，謂「人君之張設當周備」，非也。稾車載蓑笠，乃以死者之物載之魂車，非以備生人之用者也。曾子問「諸侯旅見天子」，「雨則廢」，況於葬乎？柩車重大，天子執綍者千人，諸侯五百人，大夫三百人，若冒雨而行，其危甚矣。惟庶人卑賤，儀物既少，而執綍之人，送葬之賓，不可以久稽，其不爲雨止，蓋不得已焉爾。自大夫士以上，儀物既多，而其助葬者，天子諸侯則皆其臣子，大夫士亦皆私臣、公有司之屬，而無患於不供，何有冒雨而倉卒成禮，且疑於以其親痁患乎？

喪不貳事，自天子達於庶人。

王氏安石曰：「喪不貳事」，當連「自天子達於庶人」爲句。三年不貳事，欲其一於喪事也。金革無辟，上使之，非也，或權制也。愚謂舊以「喪不貳事」屬上「庶人」一節，非也。君薨，百官總己以聽冢宰三年，則天子諸侯固不貳事矣。父母之喪，三年不從政，則大夫士亦不貳事矣，非獨庶人也。其人君既卒哭而從王事，大夫士既練而從君事者，乃權制也。

喪從死者，祭從生者。

鄭氏曰：從死者，謂衣衾棺椁。孔氏曰：盧植云：「從生者，謂除服後吉祭。若喪祭，仍從死者之爵。故小記云：『士祔於大夫則易牲。』又云：『其妻爲大夫而卒，而後其夫不爲大夫，而祔於其妻，則不易牲。』又雜記云：『上大夫之虞也少牢，卒哭成事、祔皆大牢。下大夫之虞也特牲，卒哭成事、祔皆少牢。』」愚謂盧氏以祭爲吉祭，是也。鄭氏以爲喪祭，顯與小記雜記相違。孔疏既引盧氏之說，而又謂「子孫無官爵者，用死者之禮，生者有爵，則從生者之法」，欲以曲伸註說。果爾，則父爲大夫，子爲士，喪祭用士禮，父爲大夫，子爲庶人，喪祭反用大夫禮矣，而可乎？

支子不祭。

說已見曲禮下。

天子七廟，三昭三穆，與大祖之廟而七。諸侯五廟，二昭二穆，與大祖之廟而五。大夫三廟，一昭一穆，與大祖之廟而三。士一廟。庶人祭於寢。釋文：昭，常遥反。凡言昭穆，放此。

三昭三穆，四親廟與高祖之父、高祖之祖也。二昭二穆，自高祖以下也。大祖，皆謂始受封之君也。一昭一穆，祖及禰也。大祖，別子始爵者也。大夫有大祖廟，謂大宗子爲大夫者，若非大宗子，則無大祖，而以曾祖備三廟也。士，謂三等之士也。若適士，則立二廟，曾子問疏云「大宗子爲士，得立祖、禰二廟」，是也。庶人不得立廟，其奉先之處謂之寢。爾雅曰：「室有東西廂曰廟，無東西廂有室曰寢〔一〕。」○劉歆曰：德厚者流光，德薄者流卑，故自上以下，降殺以兩。天子七廟者，其正法可常數者也。宗不在此數中，苟有功德則宗之，不可預爲設數。故殷大甲爲大宗，大戊爲中宗，武丁爲高宗，周公爲無逸之戒，舉殷三宗以勸成王。繇是言之，宗無數也。然則所以勸帝者之功德博矣。

朱子曰：以諸侯之廟言之，周禮「建國之神位，左宗廟」，則五廟皆在公宮之東南矣。其制則孫毓以爲外爲都宮，大祖在北，二昭二穆以次而南，是也。蓋大祖之廟，始封之君居之；昭之北廟，二世之君居之；穆之北廟，三世之君居之；昭之南廟，四世之君居之；穆之南廟，五世之君居之。廟皆南向，各有門堂寢室，而牆宇四周焉。大祖之廟，百世不遷，自餘四廟，則六世之後，每易一世而一遷。其遷之也，新主祔於其班之南廟，南廟之主遷於北廟，北廟親盡，則遷於大廟之夾室。凡廟主在本

〔一〕「室」，原本作「堂」，據爾雅釋宮改。

廟之中皆東向，及其祫於大廟之室中，則惟大祖東向自如，而爲最尊之位。羣昭之入乎此者，皆列於北墉下而南向；羣穆之入乎此者，皆列於南牖下而北向。南向者，取其向明，故謂之昭；北向者，取其深遠，故謂之穆。蓋羣廟之列，則左爲昭，右爲穆；祫祭之位，則北爲昭而南爲穆也。昭常爲昭，穆常爲穆。蓋二世祧則四世遷昭之北廟，六世祔昭之南廟；三世祧則五世遷穆之北廟，七世祔穆之南廟。昭者祔則穆者不遷，穆者祔則昭者不遷，此所以祔必以班，尸必以孫，而子孫之列亦以爲序。若武王謂文王爲穆考，成王稱武王爲昭考，則自其始祔已然。而春秋傳以管、蔡、郕、霍爲文之昭，邘、晉、應、韓爲武之穆，則雖其既遠而猶不易也。宗廟但以左右爲昭穆，而不以昭穆爲尊卑。故五廟同爲都宮，則昭常在左，穆常在右，而外有以不失其序；一世自爲一廟，則昭不見穆，穆不見昭，而內有以各全其尊。必大祫而會於一室，然後序其尊卑之次，則凡已毀未毀之主，又畢陳而無所易，唯四時之祫，則高祖有時而在穆，其禮未有考焉。意或如此，則高之上無昭，而特設位於祖之西；禰之下無穆，而特設位於曾之東也與？然則天子之廟制若何？曰：唐之文祖，虞之神宗，商之七世三宗，其詳今不可考。獨周制猶有可言，而漢儒之說已有不同矣。謂后稷始封，文武受命而王，故三廟不毀，與親廟四而七者，諸儒之說也。謂三昭三穆與大祖而七，文武爲宗，不在數中者，劉歆之說也。雖其數之不同，然其位置遷次，宜亦與諸侯之廟無甚異者。但如諸儒之說，則武王初有天下之時，后稷爲大祖，而祖紺居昭之北廟，大王居穆之北廟，王季居昭之南廟，文王居穆之南廟，猶爲五廟而已。至成王時，則祖紺祧，王季遷而武王祔；至康王時，則大王祧，文王遷而成王祔；至昭王時，則王季祧，武王遷而康王祔。自此以上，亦皆且爲五廟，而祧者藏於大祖之廟。至穆王時，則文王親盡從祧，而以有功當宗，故別立一廟於西北，而謂之文世室，於是成王遷，昭王祔而爲六廟矣。至共王時，則武王親盡從祧，而以有功當宗，故別立一廟於東北，而謂之武世室，於是康王遷，穆王祔而爲七廟矣。自是之後，則穆之祧者藏於文世室，昭之祧者藏於武世室，而不復藏於大廟矣。如劉歆之說，周自武王克商，卽增立二廟於二昭二穆之上，以祀高圉、亞圉如前，遞遷至懿王，而始立文世室於三穆之上，至孝王而始立武世室於三昭之上，此爲少不同耳。前代說者，多是劉歆，愚亦意其或然也。大夫三廟，則視諸侯而殺其二；然其大祖昭穆之位猶諸侯也。適士二廟，則視大夫而殺其一，官師一廟，則視大夫而殺其二，然其門、堂、寢、室之制猶大夫也。曰：廟之降殺以兩，而其制不降，何也？曰：降也，天子之山節、藻棁，複廟、重檐，諸侯有不得爲者矣。諸侯之黝堊、斲礱，大夫有不得爲者矣。大夫之倉楹、斲桷，士又不得爲矣。（傅霖曰：廟制參明堂位、穀梁傳。）獨門堂寢室之合，然後可名爲宮，則其制有不得而殺耳。蓋由命士以上，父子皆異宮，生異宮而死不異廟，則有不得盡其事生事存之心者，是以不得而降也。愚謂天子七廟，鄭氏與王肅爲二說：鄭謂文武在七廟之中，卽韋玄成諸儒之說也；王謂文武在七廟之外，卽劉歆之說也。周禮作於周公時，有守祧八人，姜嫄之外，已有七廟，而其後以文武受命，親盡不祧，則不止於七廟矣。魯周公廟爲大廟，魯公廟爲世室。至成六年立武宮，至定元年立煬宮，而桓、僖之廟至哀公時尚未毀，并四親廟而爲十廟。此雖魯之僭禮，然必周有此禮，而後魯僭之。苟天子之廟止於七，魯人雖僭，必不踰周制而過之矣。蓋報本追遠之意，極乎始祖而止，而王者更及乎始祖之所自出；親廟盡於服制之所及，極乎高祖而止，而王者更及乎高祖之父與祖。蓋德厚流光，自當如此。如鄭氏之說，則三代之初，止祭五世，與諸侯同，既非降殺以兩之義，且功德之祖，其多少不可知。今七廟必以有功德者備數，而功德之祖又必以二廟限之，倘有功德者不止於二廟，既無以處之，倘不及二廟，則七廟且不備矣，而可乎？○大夫止於三廟，士止於一廟，而程子謂「高祖有服，不可不祭」，朱子謂「最得祭祀之本意」。蓋以服制言之，同高祖者爲四緦麻，出於高祖者有服，則高祖必無不祭，況曾、玄之受重於高、曾者，當爲之服斬，除喪之後，可使不獲享一日之烝、嘗乎？以宗法言之，則自繼禰以上，至於繼高祖爲四小宗，皆族人之所宗也。族人之所以宗之者，以其主高祖以下之祭也。尊祖故敬宗，祖遷於上，宗易於下，宗未易，則祖未遷矣。高、曾之必有祭，又何疑乎？然則其祭也如之何？曰：就祖、禰之廟而祭之也。鄭引逸中霤禮：「祭五祀皆於廟。」廟以奉先，而可以祭外神，則廟主於祖、禰，而以之祭高、曾，又何不可之有？然則何以別於諸侯之祭五世者也？曰：諸侯三時皆祫，大夫士雖祭高、曾，然犆而不祫，則亦何患其上僭乎？

天子諸侯宗廟之祭，春曰礿，夏曰禘，秋曰嘗，冬曰烝。釋文：礿，餘若反。

鄭氏曰：此蓋夏、殷之祭名，周則改之：春曰祠，夏曰禴。詩小雅曰：「禴、祠、烝、嘗，于公先王。」此周四時祭宗廟之名也。孔氏曰：皇氏云：「礿，薄也。春物未成，祭品鮮薄也。禘者，次第也[一]。夏時

[一]「次」字原本無，據禮記注疏補。

物雖未成，宜依時次第而進之。」嘗者，白虎通云：「新穀熟而嘗之。」烝者，衆也。冬時物成者衆。孫炎云：「烝，進也，進品物也。」愚謂周以天子有大禘之祭，故改春夏祭名以辟之，而諸侯祭名仍舊，故魯春秋書「魯禘」，皆時祭也。

天子祭天地，諸侯祭社稷，大夫祭五祀。

鄭氏曰：社稷，后土及田正之神。賈氏公彥曰：鄭依孝經緯：社者，五土之總神。句龍爲后土之官，有功於民，死配社而食。稷是原隰之神，宜五穀。五穀不可遍舉，稷者五穀之長，立稷以表。神名棄，爲堯時稷官，主稼穡之事，有功於民，死配稷而食，名爲田正也。愚謂社祭五土之總神，以后土配食；稷祭原隰之神，以后稷配食。大司徒「辨五地之物生」：「曰山林」，「曰川澤」，「曰丘陵」，「曰墳衍」，「曰原隰」。小宗伯「祭山川、丘陵、墳衍，各因其方」，而不言「原隰」，蓋原隰之神卽稷也。五土皆生物以養人，而原隰宜五穀，其養人之功尤大，故其位獨配社而建於路門外之左，於五土爲獨尊也。

天子祭天下名山大川，五嶽視三公，四瀆視諸侯。諸侯祭名山大川之在其地者。天子諸侯祭因國之在其地而無主後者。

鄭氏曰：視，視其牲器之數。祭名山大川在其地，若魯人祭泰山，晉人祭河是也。因國之在其地而無主後，謂所因之國，先王先公有功德宜享世祀，今絶無後，爲之祭主者。愚謂視，謂用其獻數，及其俎、簋、籩、豆之數也。上公九獻，侯伯七獻。地祇不灌，而以瘞埋降神，則視上公者七獻，視諸侯者五獻，以其無二灌故也。周禮職方氏「九州」皆有山鎮，有川澤，有浸。爾雅：「梁山，晉望也。」左傳：

「江、漢、睢、漳，楚之望也。」則名山大川不止於嶽瀆，嶽瀆乃其尤鉅者爾。顧氏炎武曰：天子諸侯祭因國之在地而無主後者，左傳子産對叔向曰：「遷閼伯於商丘，主辰，商人是因；遷實沈於大夏，主參，唐人是因。」齊晏子對景公曰：「昔爽鳩氏始居此地，季萴因之，有逢伯陵因之，蒲姑氏因之。」是也。愚謂因國之先王先公不必皆祭，必其有功德而無主後者乃祭之爾。相土封商丘因閼伯故國，故祀辰星，是祭因國先公之事也。

天子犆礿，祫禘，祫嘗，祫烝。釋文：犆音特。祫音洽。

犆，特也。春物未成，其禮不盛，特祭一廟，或祖或禰，而不合食也。祫，合也。夏秋冬物多禮盛，則升羣廟之主而合食於大廟也。○鄭氏曰：天子諸侯之喪畢，合先君之主於祖廟而祭之，謂之祫。後因以爲常。天子先祫而後時祭，諸侯先時祭而後祫。凡祫之歲，春一礿而已。周改夏曰礿，以禘爲殷祭。魯禮三年喪畢而祫於太祖，明年春，禘於羣廟。自是之後，五年而再殷祭，一禘一祫也。林氏之奇曰：禘、祫之説，先儒聚訟久矣。論年之先後，則鄭康成、高堂隆謂先三而後二，徐邈謂先二而後三；辨祭之大小，則鄭康成謂祫大於禘，王肅謂禘大於祫，賈逵、劉歆謂一祭二名，禮無差降。矛盾相攻，卒無定論。鄭氏之説曰：「魯禮三年喪畢而祫於太祖，明年禘於羣廟。自是以後，五年而再殷祭，一禘一祫。」爲之説者曰：「僖公薨，文公卽位，二年秋八月，『大事於大廟』。大事，大祫也。是喪畢祫於太祖也。明年春禘，雖無正文，約僖八年、宣八年皆有禘可知。蓋以文公二年祫，則知僖、宣二年亦皆有祫。僖、宣二年有祫，則明年是三年春禘，六年秋祫。是三年祫，八年禘，并前爲五年禘也。」不知春秋時諸侯僭亂，魯之祭祀，皆妄舉也。春秋常事不書，其書者皆亂常悖禮之事。僖公以三十三年冬十二月薨，至文公二年，喪制未畢，未可以祫而祫，一惡也。躋僖公，二惡也。經無「三年禘」文，何以知之？徒約僖公、宣公八年皆有禘而云，愈繆矣。況宣公八年，經書「有事於太廟」，則是常祭也，而以爲禘何耶？禘、祫之文不詳，所可知者，禘尊而祫卑矣。禘者，推始祖所自出之君而追祀之。此天子之禮，魯用之，僭也。若祫，則天子諸侯皆有之。至年數之久近，祭時之先後，則經無所據，學者當闕其疑。　楊氏復曰：祫祭有二：曾子問曰「祫祭於祖，則迎四廟之主」，王制曰「天子祫禘，祫嘗，祫烝」，此時祭之祫也。公羊傳曰「毀廟之主，陳于太祖，未毀廟之主皆升，合食于太祖」，此大祫也。漢儒混禘、祫而并言之。馬融言「歲祫及壇、墠，禘及郊、宗、石室」。鄭康成謂「祫則毀主、未毀主合食於太廟，禘則太王、王季以上遷主祭於后稷之廟，文武以下，穆之遷主祭於文王之廟，昭之遷主祭於武王之廟」。何休謂「祫祭不及功臣，而禘則功臣皆祭。」至禘、祫年月，經無其文，惟公羊傳言「五年而再殷祭」，大祫也。三年一祫，五年再祫，猶天道三年一閏，五年再閏也，於禘祭何與？漢儒乃據此以證禘、祫相因之說。鄭康成則曰：「三年而祫，五年而禘。」徐邈則曰：「禘、祫相去各三十月。」夫既混祫於禘，皆以爲合食於太祖，則禘、祫無別矣。不知禘者禘其祖之所自出，而以其祖配，不兼羣廟之主，則禘與祫異。大祫兼羣廟之主，則自太祖以下皆合食於太祖，又何壇、墠與郊、宗、石室之分乎？又何太王、王季合食於后稷，文武以下各祭於文武二祧之分乎？祫祭則功臣皆與，司勳謂「祭於大烝」是也。誰謂祫祭功臣不與乎？　愚謂禘有大小，祫亦有大小。禘之大者，惟天子得行之，大傳曰「不王不禘，禘者，禘其祖之所自出，而以其祖配之」，是也。其小者爲夏祭，天子則祫禘，諸侯則一犆一祫者也。大祫則天子諸侯皆有之，公羊傳曰「大事者，大祫也」，「毁廟之主陳于太祖，未毁廟之主皆升，合食于太祖，五年而再殷祭」，是也。其小者，則三時之祭，升羣廟之主合食於太廟，而不及毁廟者也。王制於禘則言夏祭，而未及大禘；於祫則言三時之祫，而未及大祫。鄭氏乃以祫爲大祫，謂「夏、殷每歲三時皆大祫」，誤矣。祫者，合祭之名。三時之祫，合羣廟之主而祭於太廟，大祫，合羣廟及遷廟之主而祭於太廟，所祭有多寡，而其爲合祭則一也。且礿、禘、烝、嘗者，祭名之異也。曰犆曰祫者，祭禮之別也。犆礿者，謂以犆祭而爲礿也。祫禘、祫嘗、祫烝者，謂以祫祭而爲禘、嘗、烝也。天子則言祫於禘、嘗、烝之上，諸侯則言祫於禘、嘗、烝之下，記者文便，非有義例也。鄭氏乃以礿、禘、嘗、烝皆爲特祭之名，離祫於禘、嘗、烝而二之，謂「天子言祫於上者，先祫而後時祭，諸侯言祫於下者，先時祭而後祫」，則尤繆之甚者。祭不欲數，一時之間，既爲祫祭，又爲犆祭，豈其煩瀆若此？「祫禘、祫嘗、祫烝」之文，與「犆礿」一例，若謂祫禘爲祫而又禘，亦可謂犆礿爲犆而又礿乎？無論其他，於文義亦自不通矣。至其據魯禮以推周禮之失，則林氏之説固已詳矣。蓋春秋所書「魯禘」，皆夏祭之禘也。鄭氏不知大禘不及羣廟，又不知春秋「魯禘」皆時祭，而非大祭，而據以推禘、祫之歲月，此其所以誤也。魯之禘見於經者二：閔二年「吉禘於莊公」；僖八年「禘於太廟」，是也。經不言禘而傳以爲禘者二：昭十五年「有事於武宮」，傳曰「禘於武宮」，定八年「從祀先公」，傳曰「禘於僖公」，是也。經所不書而見於傳者一：昭二十五年傳「禘於襄公」，是也。經、傳皆不言禘，而以時推之，可以知其爲禘者一：宣八年夏六月「有事於大廟」，是也。大禘，祭始祖之所自出於太廟，而閔二年、昭十五年、二十五年、定八年之禘，止祭羣廟，此時祭之犆禘，非大禘也。禘大於祫，經於文二年大祫，書「大事」。僖八年「禘於大廟」，宣八年「有事於大廟」，皆不言「大」，此時祭之祫禘，非大禘也。且僖八年「禘致夫人」，始以哀姜祔廟也。祫禘，莊公與焉，故得祔哀姜；大禘不及羣廟，則禘致夫人之非大禘，尤可見矣。春秋於嘗、烝皆不書所祭之廟，禘必書所祭之廟者，嘗、烝皆祫，必於太廟可知；禘有犆有祫，故必別而書之。於太廟者，祫禘也；於羣廟者，犆禘也。禮運曰「魯之郊禘，非禮也」，則天子大禘之禮，魯蓋僭用之矣。然不見於春秋之所書，春秋常祭不書，因事乃書也。春秋所書「魯禘」皆時祭而非大祭，則鄭所據以推禘、祫之歲月者，其說可不攻而破也。〇大禘大祫之說，先儒聚訟，其所論大約有四：一曰二祭之大小，二曰所祭之多寡，三曰祭之年，四曰祭之月。然以大傳、公羊傳及周禮司勳之所言考之，則禘大祫小：禘止於天子，祫逮於諸侯；禘惟祭始祖所出之帝，而以始祖配之，祫祭則合祭羣主，而并及於功臣。其義本自明白。自鄭氏誤以大傳之禘爲祭感生帝，於是郊之說謬，而禘之說亦晦；禘之說晦，而祫之說亦混。至趙伯循始正之，而朱子據之以釋論語，自是禘、祫之大小，與其所祭之祖，皆坦然而無疑義矣。若其祭之年月，則祫祭五年再行，公羊所謂「五年而再殷祭」也。張純謂「禘以夏四月，祫以冬十月」，此雖於經、傳無明文，然禘本夏祭，而大禘因其名，則禘必於夏行之可知也。司勳「有功者祭於大烝」，烝祭謂之大烝，則天子之大祫因冬烝行之也。祭統言「大嘗、禘」，又曰「莫重於嘗、禘」，中庸言「禘、嘗之義」，以嘗配禘，而又謂之「大嘗」，此所謂「嘗必大祫之祭」也。是諸侯之大祫因秋嘗行之也。諸侯大祫不於烝而於嘗，辟天子之禮也。大禘大祫皆因時祭之月：大禘以夏，大祫，天子以冬，諸侯以秋。遇大祭之月，則時祭不復舉，祭不欲數故也。惟大禘之年不可考，然以祫祭五年再行推之，亦必不每歲行之可知矣。

諸侯礿則不禘，禘則不嘗，嘗則不烝，烝則不礿。

鄭氏曰：虞、夏之制，諸侯歲朝，廢一時祭。孔氏曰：南方諸侯夏來朝，闕夏禘；西方諸侯秋來朝，廢嘗；北方諸侯冬來朝，廢烝；東方諸侯春來朝，廢礿。愚謂一歲四祭，上下之達禮也。若諸侯降於天子止三祭，豈大夫士又降於諸侯乎？作是篇者，本傳公羊春秋之學，見春秋但書「禘、嘗、烝」而無春祭，故謂諸侯歲廢一時之祭，而明堂位於魯祭亦但言「夏礿、秋嘗、冬烝」，皆讀春秋而誤者也。春秋所書「魯祭」，皆譏也。常祭得禮則不書，非本無春祭也。舜典言「羣后四朝」，謂四服分四年來朝，虞、夏諸侯非歲朝也。周禮量人：「凡宰祭，與鬱人受斝歷而皆飲之。」量人與鬱人飲斝歷，此必宗廟之祭有鬱鬯之灌者也。天子之祭，可使冢宰攝祭，則諸侯朝覲亦必使上卿攝祭，何以遂廢一時之祭乎？

諸侯礿犆，禘一犆一祫，嘗祫，烝祫。

禘一犆一祫，謂一歲犆祭，一歲祫祭，所以降於天子也。若大夫士四時皆犆，又遠降於諸侯矣。

天子社稷皆大牢，諸侯社稷皆少牢。釋文：大音泰。少，詩照反。

天子之社所祭者，畿內之地祇也。諸侯之社所祭者，國內之地祇也。所載有廣狹，故其禮有尊卑。若天下之地祇，則北郊之祭主之。

大夫士宗廟之祭，有田則祭，無田則薦。

鄭氏曰：有田者既祭，又薦新。祭以首時，薦以仲月。士薦牲用特豚，大夫以上用羔，所謂「羔豚而祭，百官皆足」。孔氏曰：月令天子祭廟，又有薦新，故月令四月「以彘嘗麥，先薦寢廟」。又士喪禮：「有薦新，如朔奠。」大斂小斂以特牲，而云「薦新」，是有田者既祭又薦新也。士祭用特牲，薦宜貶降，不用成牲，故用特豚。大夫祭用少牢，薦則用羔也。愚謂無田，謂失位而無田祿也。薦猶獻也。大戴禮天圓篇云：「無祿者稷饋，稷饋者無尸，無尸者厭也。」蓋祭有黍稷，而薦則惟饋稷，祭有尸，而薦則無尸，大畧如聘禮使者反，釋奠之禮而已。○鄭氏云「祭以首時，薦以仲月」，孔疏引晏子春秋云：「自天子至士，皆祭以首時。」然周禮仲夏苗田，獻禽以享礿，仲冬狩田，獻禽以享烝，則人君祭以仲月矣。孔氏謂「周禮四仲祭，因田獵而獻禽，非正祭」，非也。鄭豐卷將祭，請田，子產不許，曰：「唯君用鮮。」魯人獵較，而孔子先簿正祭器。是人君四時之田皆以爲祭，非徒因田獻禽也。大夫士必助君祭，乃可自祭家廟。人君卜祭，或用仲月之下旬，則大夫士之祭有至於季月者矣。

庶人春薦韭，夏薦麥，秋薦黍，冬薦稻。韭以卵，麥以魚，黍以豚，稻以鴈。

鄭氏曰：庶人無常牲，取與新物相宜而已。愚謂春穀未成而韭可食，故詩言「四之日其蚤，獻羔祭韭」。麥夏熟，黍秋熟，稻冬熟。春物未成而卵易得，故韭以卵。春祭名礿，庶人春薦，亦視三時爲薄，其時然也。夏不取魚鱉，此魚謂乾魚也。周禮庖人「夏行腒鱐」，「冬行鱻羽」，鄭云：「腒鱐，暵熱而乾。魚鴈，水落而性定。」鱐即乾魚，羽即鴈也。故麥以魚，稻以鴈。庖人又云「春行羔豚」，「秋行犢麛」，鄭云：「羔豚，物生而肥。犢麛，物成而充。」蓋羔豚、犢麛於春秋時皆充肥，但庶人不得用犢麛，故黍以豚。

祭天地之牛角繭栗，宗廟之牛角握，賓客之牛角尺。釋文：繭，字又作「蠒」，公典反。

鄭氏曰：握，謂長不出膚。　愚謂繭栗，謂牛角初出，若蠶繭、栗實然也。　祭天地之牲用犢，貴誠之意也。　宗廟卑於天地，故牛角握。　賓客又卑於宗廟，故牛角尺。　此禮之以小爲貴者。

諸侯無故不殺牛，大夫無故不殺羊，士無故不殺犬豕，庶人無故不食珍。

鄭氏曰：故，謂祭饗。　愚謂諸侯朔食止少牢，故無故不殺牛。　大夫朔食止特牲，故無故不殺羊。　士朔食止特豚，故無故不殺犬豕。　珍之物未詳。　膳夫云「王珍用八物」，鄭氏以內則淳熬、淳母等當之，未知是否。　八十常珍，珍爲養老之物，大夫士老者得食之，但未至八十則不得常食，若庶人則無故不得食也。　珍非祭祀享燕所用，而曰「無故不食珍」者，蓋見養於學則有珍物，文王世子「適饌省醴，養老之珍具」，是也。　非是則不得食，故曰「無故不食珍」。

庶羞不踰牲，燕衣不踰祭服，寢不踰廟。釋文：燕，伊見反。

鄭氏曰：祭以羊，則不用牛肉爲羞。　葉氏夢得曰：庶羞常薦而踰牲，嫌於備物；燕衣常用而踰祭服，嫌於事神；寢所常安而踰廟，嫌於享親。　故禮皆不與。　愚謂註義固善，然以下二句例之，則其義當從葉氏。　庶羞，謂生人常食之羞饌。　牲，祭牲也。　諸侯祭以大牢，而無故不殺牛，大夫祭以少牢，而無故不殺羊，即所謂「庶羞不踰牲」也。　此三者皆言薄於自奉而厚於事先也。　○自「天子七日而殯」

至此，明天子以下喪葬祭祀之法。

古者公田藉而不稅，

鄭氏曰：藉之言借也。借民力治公田，美惡取於此，不稅民之所自治也。孔氏曰：一井之中，凡有九夫，中央一夫以爲公田，借八家之力以治公田，美惡取於此，而不稅民之私田。愚謂此約公羊傳之文。公羊傳曰：「初稅畝，何以書？譏。何譏爾？譏始履畝而稅也。」「古者什一而藉」。蓋自稅畝之法行則藉而復稅矣。○自此以下至「墓地不請」，皆陳古者之制也。

市廛而不稅，

鄭氏曰：廛，市物邸舍也。稅其舍，不稅其物。市，貿易之所也。

關譏而不征，

鄭氏曰：關，界上之門。譏，譏異服，識異言。征亦稅也。賈氏公彥曰：王畿千里，王城在中，面有五百里。界首面置三關，則十二關。愚謂左傳「介偪之關」疏云：「國之正法，竟界之上乃有關。齊於竟內更置關，不與常禮同。」是關惟界上有之。譏而不征，謂譏察異言異服之人而不稅其貨物之往來者也。

林、麓、川、澤以時入而不禁，

鄭氏曰：麓，山足也。孔氏曰：穀梁傳：「林屬於山爲麓。」鄭注大司徒云：「竹木曰林，注瀆曰川，水鍾曰澤。」愚謂以時入者，「草木零落，然後入山林」；「獺祭魚，然後虞人入澤梁」是也。不禁者，與民共財，不障禁也。○孟子曰：「市，廛而不征，法而不廛。關，譏而不征。」又曰：「文王之治岐也，關市譏而不征，澤梁無禁。」然考之周禮司市云：「凶、荒、札、喪，則市無征而作布。」司關云「司貨賄之出入者，掌其治禁，與其征廛，凡貨不出於關者，舉其貨，罰其人」，則關市有征。山虞「物爲之厲，而爲之守禁」，澤虞「掌國澤之政令，爲之厲禁」，則林麓川澤有禁。大宰「九賦」：「七曰關市之賦，八曰山澤之賦。」〔一〕大府「關市之賦以待王之膳服」，「山澤之賦以待喪紀」。與孟子不同。蓋周禮所言者，常法也；文王治岐之政，行於商紂苛虐之時，所以救一時之急也。朱子云：關市譏而不征，乃文王治岐時事，周禮乃成周大備之時，隨時制宜，所以不同也。戰國民困已甚，故孟子亦欲以此法行之。作記者本未見周禮，其所言即本之孟子，而鄭氏以爲殷法，非也。

夫圭田無征，

百畝爲夫。圭，潔也。士虞記云：「孝子某圭爲而哀薦之。」圭田在田祿之外，所以奉祭祀也。孟子曰：「卿以下必有圭田，圭田五十畝。」井田之法，九夫爲井，以中一夫爲公田，八家耕之，而君取其一夫之入。若圭田，則九夫之中，其一夫爲圭田者，入於有圭田者之家，而國家不復征之也。蓋自周末稅畝之法行，圭田之所收既入於卿大夫之家，而國家又履畝而使八家出什一之稅，故陳古制如此。

用民之力，歲不過三日，

孔氏曰：用民之力，謂使民治城郭道渠。周禮均人云：「豐年，旬用三日；中年，旬用二日；無年，旬用

〔一〕「九賦」，原本作「九職」，「七」原本作「八」，「八」原本作「九」，並據周禮太宰改。

一日。」年歲不同，雖豐不得過三日也。

田里不粥，墓地不請。釋文：粥音育，後皆同。

鄭氏曰：皆受於公，民不得私也。粥，賣也。請，求也。周禮註曰：里，邑居也。○穀梁傳曰：「古者公田爲居，井竈葱韭皆取焉。」班固云：「以公田二十畝爲廬舍。」趙氏孟子註云：「公田二十畝，八家分之，得二畝半，以爲廬舍。城邑之居亦二畝半，廬則各在其田中，而邑則聚居也。」而彭山季氏非之，謂「公田中去二十畝，止存八十畝，則制祿之時，當割別井二十畝，以足百畝之數，失先王正經界之意。而又以邑處農民，亦有不便。遠郊之外，必使遠棄田疇，徙入國邑，人誰樂之？所謂廬者，蓋就田中苫小茅舍，以爲息勞守畝之所，不占公田二畝半，而適當其中。農民所居，必是平原，另以五畝爲一處，取於便農功而已。」其說似是而實非也。邑者，人之所聚處，猶今之村落然，小則十室，大則千室，或有城，或無城，自近郊以至於五百里之縣，隨處有之。遠郊之人，則有遠郊之邑，曷嘗使之棄田疇而徙於國中哉？詩言「中田有廬」。說文云：「廬，寄也。春夏居，秋冬去。」月令孟夏「令民勉作，毋休於都」，則民自四之日舉趾，以至於秋成，皆處於廬，且桑麻樹焉，果蓏植焉，車牛息焉，田器藏焉，禾稼納焉。若苫小茅舍，豈足以容哉？且如季氏之說，所謂「苫小茅舍」者，亦不能不取於公田，雖不占二畝半，亦何能無妨於經界乎？蓋計地之法有虛數，有實數。孟子言「耕者九一」，此於公田中并廬舍計之之虛數也。又言「貢、助、徹皆什一」，此於公田除廬舍計之之實數也。計虛數則公田爲百畝，圭田爲五十畝；計實數則百畝者止爲八十畝，五十畝者止爲四十畝，初未嘗割他井以足之也。

○自「古者藉而不税」至此，歷陳古制，蓋將言司空度地居民之事，而以此發其端也。

司空執度，度地居民，山川沮澤，時四時，量地遠近，興事任力。凡使民，任老者之事，食壯者之食。釋文：度度，上如字，下大洛反。沮，將慮反。任，而鴆反。食壯，音嗣，又如字。○舊以「司空執度度地」爲句，「居民」下屬，今以「司空執度」爲句，「度地居民」爲句。

鄭氏曰：司空，冬官卿，掌邦事者。度，丈尺也。山川沮澤，時四時，觀寒煖燥溼。沮，謂萊沛。量地遠近，制邑井之處。事，謂築邑、廬、宿、市也。任老者之事，食壯者之食，寬其力，饒其食。孔氏曰：司空執丈尺之度，以居處於民，觀山川高下之宜，沮澤浸潤之處，又當以時候此四時，知其寒煖。愚謂山川有陰陽向背之宜，沮澤有水泉灌溉之利，候四時以驗其氣候寒煖之異，量遠近以定其廬、井、邑、居之處，此皆度地之事也。度地既定，然後興役事，任民力，而築爲城郭宮室以居之。任老者之事，寬其功程，食壯者之食，優其廩給，此又承「興事任力」，而言其寬恤之政也。

凡居民材，必因天地寒煖燥溼。廣谷大川異制，民生其間者異俗，剛柔、輕重、遲速異齊，五味異和，器械異制，衣服異宜。脩其教，不易其俗；齊其政，不易其宜。釋文：齊，才細反。和，胡卧反，下「和味」同。

材，謂材質。寒煖者天之爲，燥溼者地之爲，居民者必各因天地寒煖燥溼之異，視民材質之所宜而居之也。廣谷大川異制者，廣川大谷，風氣間隔，形勢懸殊，背陽者寒，向陽者煖，居高者燥，居下者溼，若各自爲制度然。民生其間者異俗者，所生之地不同，而俗因之而異，卽下文「異齊」「異和」「異制」

「異宜」是也。剛、輕、速，質之屬乎陽者也；柔、重、遲，質之屬乎陰者也。齊，分量也。異味者，謂酸、苦、辛、鹹各有偏嗜，故其調和不同。若下文言「不火食」、「不粒食」，則異和之甚者也。器，謂用器。械，謂兵器。異制，若輪人「行山者欲侔」，「行澤者欲杼」，車人「堅地利直庛，柔地利句庛」，及「燕無函，秦無廬，胡無弓車」之類。衣服異宜者，地寒則宜裘，地煖則宜葛。下文言「被髮文身」「衣羽毛」之等，則異宜之甚者也。教，謂七教，所以正民德。政，謂八政，所以厚民生。不易其俗，不易其宜者，俗各有所宜，互言之也。居之因其材，治之隨其俗，此聖人之政教，所以不强民而民樂從。大司徒「因此五物者民之常，而施十有二教焉」，亦此義也。

中國戎夷，五方之民，皆有性也，不可推移。釋文：推，吐雷反。

鄭氏曰：地氣使之然也。　愚謂中國，謂綏服以內方三千里之地也。戎，七戎。夷，九夷也。爾雅曰：「九夷八蠻，七戎六狄，謂之四海。」五方，謂中國與夷、蠻、戎、狄也。不言蠻狄者，文畧也。內舉中國，外舉四海，不及要荒者，舉其俗之尤異者言之也。性，質也。各有性，若北方剛勁，南方柔弱是也。此一節申上「剛柔、輕重、遲速異齊」之義也。

東方曰夷，被髮文身，有不火食者矣。南方曰蠻，雕題交趾，有不火食者矣。西方曰戎，被髮衣皮，有不粒食者矣。北方曰狄，衣羽毛穴居，有不粒食者矣。中國、夷、蠻、戎、狄，皆有安居、和味、宜服、利用、備器。釋文：被，皮義反。雕，本又作「彫」。衣，於既反。

鄭氏曰：交趾，足相鄉，浴則同川，卧則僢。不火食，地氣煖，不爲害。不粒食，地氣寒，少五穀。其事雖異，各自足。孔氏曰：文身，謂以丹青文飾其身。漢書地理志云越俗「斷髮文身，以避蛟龍之害」。故刻其肌，以丹青涅之。以東方南方俱近於海，故俱文身雕刻也。題，額也。謂以丹青雕刻其額。趾，足也。蠻卧時頭嚮外，而足嚮內相交，故曰「交趾」。西方無絲麻，惟食禽獸，故衣皮；氣寒少五穀，故不粒食。東北方多鳥，故衣羽；正北多羊，故衣毛；凝寒至盛，林木又少，故穴居。中國與夷、蠻、戎、狄各有所安之居，所和之味，所宜之服，所利之用，所備之器，其事雖異，各自充足也。風俗通云：「夷者，觝也。東方人好生，萬物觝觸地而出。」「蠻者，慢也。君臣同川而浴，極爲簡慢。」「戎者，兇也。斬伐殺生，不得其中」。「狄者，辟也。其行邪辟。」范氏桂海虞衡志曰：「交趾」與「雕題」並言，則其人形必小異。交州記云：「交趾之人，出南定縣，足節無骨，身有毛，卧者更扶始得起。」山海經亦言「交脛國人交脛」，郭璞云：「脛腳曲戾相交。」故謂之交趾。今安南地乃漢、唐郡縣，其人百骸與華無異。或傳安南有播流山，環數百里皆如鐵圍，不可攀躋。中有土田，惟一竅可入，而常自窒之。人物詭怪，不與外通。疑此是古交趾地。愚謂交趾之說，註疏殊不明。范氏以爲其形必有異，是也。然交趾地甚廣，而欲以一山當之，可乎？蓋古時交趾之人，其足趾必與華不同，故以此爲名。其後漸染華風，與中國通婚嫁，故形體遂變。此乃事理之常，不足怪也。用，器用也。器，戎器也。此一節申上「五味異和」三句之義也。

五方之民，言語不通，嗜欲不同。達其志，通其欲：東方曰寄，南方曰象，西方曰狄鞮，北方曰譯。釋文：鞮，丁兮反。

鄭氏曰：皆俗間之名，依其事類耳。鞮之言知也。今冀部有言「狄鞮」者。孔氏曰：五方水土各異，故言語不通；好惡殊別，故嗜欲不同。帝王立此傳語之人，曉達五方之志，通達五方之欲。寄，謂傳寄外內言語。象，謂放象外內之言。鞮，知也。言傳通夷狄之語，與中國相知。譯，陳也。謂陳說外內之言。愚謂此四者，周禮總謂之「象胥」，故鄭氏以此爲俗間之名。周禮有鞮鞻氏，掌四夷之舞。狄鞮蓋亦以其服名之與？

凡居民，量地以制邑，度地以居民，地、邑、民居，必參相得也。無曠土，無游民，食節事時，民咸安其居，樂事勸功，尊君親上，然後興學。釋文：度，大洛反。參，七南反。樂音洛。

量地以制邑者，地之形勢，廣狹不同，地廣者，制其邑居宜大；地狹者，制其邑居宜小也。度地以居民者，地廣則可耕之田多，其居民宜多；地狹則可耕之田少，其居民宜寡也。民多則邑宜大，民少則邑宜小。地也，邑也，民居也，三者大小衆寡必皆相稱，則民足以耕其地而無曠土，地足以任其民而無游民。限之以禮制，故食有其節；使之以農隙，故事得其時。如此，則民皆有以自遂其生，而得以安居而樂業。是以民氣和樂，興於禮義，而尊君親上之心油然而生也。於是乃興學校以教之。蓋自「司空度地」至此，皆言居四民、授田里之事，所以養民也。養民之道備，而後可以施教，故下文承此而詳言立學之事。

司徒脩六禮以節民性，明七教以興民德；齊八政以防淫，一道德以同俗；養耆老以致孝，恤孤獨以逮不足；上賢以崇德，簡不肖以絀惡。釋文：防，本又作「坊」，音同。

鄭氏曰：司徒，地官卿，掌邦教者。逮，及也。簡，差擇也。徐氏師曾曰：此承上章「興學」而言。司徒掌六鄉之政教，以民氣質之性有過、不及也，於是脩六禮以節之，使賢者俯而就，不肖者企而及焉。以人倫之德由物欲而薄也，於是明七教以興之，感發其良心，鼓舞其德行焉。恐其溺於欲，則齊八政以防之，使知禁戒，而不敢放肆。恐其入於邪，則一道德以同之，使學術歸一，而不敢異向。教法之詳如此，而其所以爲教，皆以身先之：老吾老以爲孝，又合鄉之耆老而養之，推致吾心之孝，使之興孝也。幼吾幼以爲慈，又合鄉之孤獨而恤之，逮及人之不足，而使之不倍也。身教既至，又恐資稟有厚薄，觀感有淺深，不可無勸懲，故率教者上升之，以崇其德，所以示勸也；叛教者簡去之，以絀其惡，所以示懲也。詳見下文。

命鄉簡不帥教者以告，耆老皆朝于庠，元日習射上功，習鄉上齒。大司徒帥國之俊士與執事焉。釋文：帥音率。朝，直遥反。與音預。

鄭氏曰：帥，循也。不帥教，謂敖很不孝弟者。司徒使鄉簡擇以告者，鄉屬司徒也。耆老，致仕及鄉中老賢者。朝猶會也。皆朝于庠，將習禮以化之，使之觀焉。此庠，謂鄉學也。鄉，謂飲酒也。鄉禮春秋射，國蜡而飲酒養老。孔氏曰：司徒命鄉中耆老皆聚會於鄉學之庠，乃擇善日，爲不帥教之人習鄉射之禮，中者在上，故曰「尚功」；又習鄉飲酒之禮，老者居上，故曰「上齒」。欲使不帥教之人觀其上功，自勵爲功；觀其上齒，則知尊長敬老。大司徒帥領國之英俊之士，與執其事，使俊士與之以爲榮，惡者慕之而自勵。愚謂習射、習鄉，蓋用州長習射，黨正正齒位之禮。然州長習射以春秋，而在州之序，黨正正齒位以蜡祭，而在黨之序。此則爲不帥教者特舉之，而皆在鄉學。又司徒帥國之俊士皆與焉，皆異於尋常習射、飲酒之禮者也。國之俊士，由鄉學而升於國學者，今還使執事於鄉學之中也。蓋範之以進退揖讓之儀，閑之以志正體直之德，示之以長幼之節，黜之以俊髦之榮，所以誘掖而激勸之者至矣。

不變，命國之右鄉簡不帥教者移之左，命國之左鄉簡不帥教者移之右，如初禮。不變，移之郊，如初禮。不變，移之遂，如初禮。不變，屏之遠方，終身不齒。

鄭氏曰：中年考校而又不變，使轉徙其居，覬其見新人，有所化也。亦復習禮於鄉學，使之觀焉。郊，鄉界之外者也，稍出遠之。後中年，又爲之習禮於郊學。遠郊之外曰遂，遂大夫掌之。又中年，復移之使居遂，又爲習禮於遂之學。遠方，九州之外。齒猶録也。陳氏澔曰：左右對移，易其藏修游息之所，新其師友講習之功，庶幾其化也。愚謂左鄉右鄉者，王有六鄉，國之左右各有三鄉也。移左移右，欲新其耳目以化之也。如初禮，如初之習射、習鄉之禮也。郊，謂郊内六鄉之餘地。蓋六鄉之地在郊，然郊内之地四同，非六鄉所能盡，故其在鄉界之外者，亦如六遂之有公邑，設吏治民而立學焉。小司徒「大比六鄉四郊之吏」，言六鄉而又言四郊，即與此郊一也。遠郊之外曰遂，遂大夫掌之。上云「簡不帥教者」，謂初入學時也。初不變，謂三年考校時；再不變，謂五年考校時；三不變，謂七年考校時；四不變，謂九年考校時。蓋至此而不變，則其人爲終不可化矣，然後屏之遠方，終身不齒。遠方，謂要荒也。此鄉學絀惡之法也。

命鄉論秀士，升之司徒，曰選士。司徒論選士之秀者而升之學，曰俊士。升於司徒者不征於鄉，升於學者不征於司徒，曰造士。釋文：選，宣練反。造，才早反，下造皆同。

鄭氏曰：升於司徒，移名於司徒也。秀士，鄉大夫所考，有德行道藝者。學，大學。不征，不給其繇役。造，成也。孔氏曰：升於司徒，謂錄名進在司徒，其身猶在鄉學。升於學，謂身升於大學。非惟升名而已。愚謂俊，美也。千人謂之俊。選士、俊士，皆鄉大夫所賓之賢者能者也。升於司徒，此留於鄉學而將即官之者也。升於學，此才之可以大就，升於國學而復教之者也。選士不征於鄉，而免於一鄉之繇役；俊士不征於司徒，而免於一國之繇役。蓋選士、俊士二者，皆謂之造士，謂其學業有成，故免其繇役以優異之。鄉大夫征役之所舍者有六，而賢者能者與焉，是也。此鄉學崇德之法也。

樂正崇四術，立四教，順先王詩、書、禮、樂以造士。春秋教以禮、樂，冬夏教以詩、書。王大子，王子，羣后之大子，卿、大夫、元士之適子，國之俊選，皆造焉。凡入學以齒。釋文：適，丁歷反。

鄭氏曰：樂正，樂官之長，掌國子之教。崇，高也。高尚其術以作教也。幼者教之於小學，長者教之於大學。尚書傳曰：「年十五始入小學，十八入大學。」春夏，陽也。詩、樂者聲，聲亦陽也。秋冬，陰也。書、禮者事，事亦陰也。互言之者，皆以其術相成。王子，王之庶子也。羣后，公及諸侯。皆造焉，皆以四術成之。入學以齒，皆以長幼受學，不用尊卑。孔氏曰：術是道路之名。詩、書、禮、樂，是先王之道路。春秋教以禮、樂，則秋教禮，春教樂；冬夏教以詩、書，則冬教書，夏教詩。文王世子云

「秋學禮，冬讀書」，與此同。若云「春夏教以樂、詩，秋冬教以書、禮」，則是春夏但教樂、詩，不教禮、書；秋冬但教禮、書，不教樂、詩。今交互言之，明四術不可暫時而闕，但視其陰陽以爲偏主耳。長幼受學，雖王大子亦然。故文王世子云：「將君我，而與我齒讓，何也？」是其事也。愚謂大樂正於周禮爲大司樂，大司樂掌成均之政，乃大學教人之事也。以其爲人所共由，則曰「四術」；以其爲教於學，則曰「四教」。俊選，即俊士也。俊士由選士而升，故謂之俊選。○孔子曰：「成於樂。」大學之教，以樂爲終，故虞以典樂教胄子，周以司樂掌成均。唐、虞時，詩、書未興，禮亦未備，故舜命夔以教胄，但言和聲作樂之事。至周，以詩、書、禮、樂並列爲四教，然大司樂之職但言教樂之事，而他未有及焉。以文王世子考之，則教樂者爲大樂正、小樂正、胥之屬，教詩者爲大師，教禮爲執禮者，教書爲典書者，而總其教者，大司成也。蓋大司樂之職曰「掌成均之法，以治建國之學政，而合國之子弟焉。凡有道者、有德者，使教焉，死則以爲樂祖，祭于瞽宗。以樂德教國子」，「以樂語教國子」，「以樂舞教國子」。是大司樂所掌者，乃國學之政。至於教人，則惟樂舞乃其專職，而教詩者爲其屬之大師，而別使公卿之有道德者入教於學，以總其事，所謂大司成也。又別使他官之習於書、禮者以各司其教，所謂執禮、典書者也。大司成與執禮、典書之人，無定人，無專職，但有道德而精於其業者則充之，故其職掌不見於周官也。大司成以道德爲師，而使掌其政令之煩，則非所以尊師而重道。而四術之教，惟樂爲尤深，其聲容舞蹈，審音識微，非專其業者不能精，而亦非一人所能盡，故使樂官之長率其屬以掌學政，而專司教樂之事焉。此先王設官之精意也。詩、書、禮、樂，鄉學國學皆以此爲教，但教於國學者爲尤備耳。

將出學，小胥、大胥、小樂正簡不帥教者，以告于大樂正，大樂正以告于王，王命三公、九卿、大夫、元士皆入學。不變，王親視學。不變，王三日不舉，屏之遠方，西方曰棘，東方曰寄，終身不齒。釋文：胥，息餘反，又息呂反。屏，必郢反。棘，依注音僰，又作「僰」，蒲北反。○棘，周氏如字。

此國學紬惡之法也。大胥、小胥，大樂正之屬。小樂正於周禮爲樂師，大樂正之貳也。樂師掌國學之政，大胥掌學士之版，小胥掌學士之徵令。鄭氏曰：出學，謂九年大成，學止也。此所簡者，謂王大子，王子，羣后之大子，卿、大夫、元士之適子。王命公卿以下入學，亦謂使習禮以化之。不變，王又親爲之臨視，重棄賢者子孫。不舉，去食樂，重棄人也。棘，當作「僰」。僰之言偪，使之偪寄於夷戎。方氏慤曰：賤者至於四不變然後屏之，貴者至於二不變遂屏之者，陳氏謂「先王以衆庶之家爲易治，世祿之家爲難化。以其易治也，故鄉、遂之所考常在三年大比之時；以其難化也，故國子之出學常在九年大成之後。以三年之近而考焉，故必四不變而後屏之；以九年之遠而簡焉，則雖二不變，屏之可也」。周氏諝曰：棘，急也。示其雖屏之，欲急於悔過。寄者，寓也。示其雖屏之，特寓於此耳。愚謂遠方，亦謂要荒也。棘之義未詳。鄭氏、周氏之說，未知孰是。前言「屏之遠方」，不云「棘」「寄」，與此文詳畧互見耳。陳氏謂世族之親與庶人疏賤者異，非也。不言南北者，文畧也。鄭氏云「不屏於南北者，爲其太遠」，孔氏云「漢書地理志『南北萬三千里，東西九千里』」，亦非也。三代時百粤未開，南北不遠於東西也。

大樂正論造士之秀者，以告于王，而升諸司馬，曰進士。

鄭氏曰：升諸司馬，移名於司馬。司馬，夏官卿，掌邦政者。進士，可進受爵祿也。愚謂此國學崇德之事也。造士，謂國子及庶民之俊士。前云「秀士」，謂秀出於鄉學之中者也。造士之秀，謂秀出於國學之中者也。司馬之屬，有司士掌羣臣之版，以德詔爵，以功詔祿。升諸司馬，移名於司馬而將官之也。進士，言其可進於王朝也。

司馬辨論官材，論進士之賢者，以告於王，而定其論。論定然後官之，任官然後爵之，位定然後祿之。釋文：任，而金反。

鄭氏曰：辨其論，官其材，觀其所長。定其論，各署其所長。官之，使之試守。爵之，命之。孔氏曰：大樂正論造士之秀者，以告於王，王以樂正所論之狀授與司馬，司馬得此所論之狀，更辨論之，觀其材能高下，堪任何官，故曰「官材」。司馬又論進士之賢者，以告於王，而正定其論，各署其所長：若長於禮者，署擬於禮官；長於樂者，署擬於樂官。官之，試之以所能之官也。愚謂自「論定後官」以下，其義與前「官民材」同。但官民材則用爲鄉、遂之官，此論進士之賢者，則用爲王朝之官也。○劉氏敞曰：古者鄉學教庶人，國學教國子。鄉學所升曰選士，不過用爲鄉、遂之吏，而選用之權在司徒；國學所升曰進士，則命爲朝廷之官，而爵祿之權在司馬。此鄉學國學教選之異，所以爲世家、編户之別也。然庶人之仕進亦有二途：可爲選士者，司徒試用之，一也；升於國學，則論選之法與國子同，二也。愚謂前云「官民材」，此鄉人之出於鄉學而官之者也。此論進士之賢者，則國子與鄉所升之俊士，出於國學而官之者也。蓋鄉之賢能，鄉大夫考而興之，上其名於司徒，固可由此而入仕矣。其有材質秀異，而不安於小成者，則司徒論而升之於學，至九年學成，乃升於司馬而官之。其出於鄉而即官之者，雖仕進稍速，而不過爲民材之秀者，止爲鄉、遂之吏；升於國學而後官之者，雖仕進稍緩，然選用之法與國子等，而公卿大夫或亦出乎其間矣。○自「司徒脩六禮」以下至此，言教民之事。

大夫廢其事，終身不仕，死以士禮葬之。

鄭氏曰：以不任大夫也。孔氏曰：致仕而退，死得以大夫禮葬。吳氏澄曰：此因上文「任官而後爵之」之言，因及不任其官則黜爵之事。

有發，則命大司徒教士以車甲。

鄭氏曰：有發，謂有軍師發卒。教士以車甲，教以乘兵車衣甲之儀。方氏慤曰：司徒掌教，司馬掌政，是分職而辨之也。造士則司馬辨論官材，有發則司徒教士以車甲，是聯事而通之也。

凡執技論力，適四方，贏股肱，決射御。釋文：技，其綺反，本或作「伎」。贏，本又作「臝」，力果反。

此因上「教士以車甲」而因言執技論力之事也。執技論力，若虎賁氏之虎士是也。以其無道德而惟論勇力，故有事則使之之適四方，贏露股肱，決射御之勝負。蓋雖不得與俊、造同科，亦國家器使之所不遺也。

凡執技以事上者，祝、史、射、御、醫、卜及百工。凡執技以事上者，不貳事，不移官，出鄉不與士齒；仕於家者，出鄉不與士齒。

鄭氏曰：不貳事，不移官，欲專其事，亦爲不德。出鄉不與士齒，賤也。於其鄉中則齒，親親也。愚謂此又因上言「執技論力」而備陳執技之人也。執技之人凡七：祝一，史二，射三，御四，醫五，卜六，百工七。射、御，上文已見，而重言之者，因五者而並列之也。此皆謂執技之賤人，非周禮大祝、大史、射人、大馭、醫師、大卜等之官也。不貳事者，欲其專精於所業。不移官者，不欲强試之以其所不能。齒，謂列年齒爲坐次也。出鄉不與士齒者，德成而上，藝成而下，在鄉黨宗族之中，有不以貴賤計者；若出鄉，則不得與士齒，賤之也。陪臣亦賤，故亦出鄉不與士齒，因其類而并言之也。○自「司馬辨論官材」至此，明官人之事。

禮記卷十四

王制第五之三

司寇正刑明辟，以聽獄訟，必三刺。有旨無簡不聽，附從輕，赦從重。釋文：辟，婢亦反。刺，七智反。

鄭氏曰：司寇，秋官卿，掌刑者。辟，罪也。三刺，以求民情，斷其獄訟之中：一曰訊羣臣，二曰訊羣吏，三曰訊萬民。簡，誠也。有其意，無其誠者，不論以爲罪。附，施刑也。附從輕，求出之，使從輕。赦從重，雖是罪可重，猶赦之。孔氏曰：司寇正刑明辟者，謂當正定刑書，明斷罪法，使刑不差二，法不傾邪，以聽天下獄訟。刑法宜慎，不可專制，故必須三刺，以求民情。刺，殺也，謂欲殺犯罪之人，三問之也。三刺雖以殺爲本，其被刑不殺者，亦當問之。求民情既得其所犯之罪，雖有旨意，無誠實之狀，則不聽之，不論以爲罪也。附從輕者，謂施刑之時，此人所犯之罪在可輕可重之間，則當求其可輕之罪而附之，則「罪疑惟輕」是也。赦從重者，謂所犯之罪本非故爲，而入重罪，今放赦之時，從重罪之上而赦之，謂其意輕故也。書云「眚災肆赦」，是也。愚謂刺，殺也。春秋：「公子買戍衞，不卒戍，刺之。」附從輕者，謂罪之疑於輕重者，則從其輕罪而附之也。赦從重者，謂罪之當赦者，雖重猶赦之也。或曰：二句止是一事，謂罪可輕可重則從輕罪而附之，從重罪而赦之也。其義亦通。

凡制五刑，必卽天論，郵罰麗於事。釋文：論音倫。郵音尤。○鄭註：卽，或爲「則」。論，或爲「倫」。○今按：論如字。

鄭氏曰：制，斷也。卽，就也。必卽天論，言與天意合。郵，過也。麗，附也。過人、罰人，當各附於其事，不可假他以喜怒。孔氏曰：制五刑之時，必就上天之意，論議輕重。郵，謂斷人罪過，罰，謂責罰其身，皆依附於所犯之事，不可離其本事，別假他事以爲喜怒。愚謂天者，理而已矣。五刑皆天討，故其出入輕重，必就天理以論之，而不可與以私意也。五刑不簡，正於五罰，五罰不服，正於五過。郵罰雖輕於五刑，亦必附於事，以求當其實罪也。

凡聽五刑之訟，必原父子之親，立君臣之義，以權之；意論輕重之序，慎測淺深之量，以別之；悉其聰明，致其忠愛，以盡之。疑獄，氾與衆共之，衆疑赦之。必察小大之比以成之。

釋文：量，徐音亮。別，彼列反。氾，本又作「汎」，孚劍反。比，必利反。

鄭氏曰：權，平也。意，思念也。淺深，謂俱有罪，本心有善惡。盡，盡其情。小大，猶輕重。已行故事曰比。愚謂意論，若書言「要囚，服念五六日，至於旬時，丕蔽要囚」也。父子有親，君臣有義，人倫之大者也。原之者，所以本其不得已之情；立之者，所以嚴其不可犯之分。事之輕重，各有次序，意論之，以審其上下之服；情之淺深，各有分量，慎測之，以辨其故、過之分。權乎父子君臣者，衷之於倫常，以觀之於其大；別乎輕重淺深者，察之於情事，以析之於其微也。悉其聰明，則所謂忠愛者，不至於過厚而失之愚；致其忠愛，則所謂聽明者，不至於過察而傷於刻。如是，則本末兼該，明恕交盡，而所聽之訟亦庶乎能盡其情矣。氾，廣也。獄疑則廣詢之於衆，衆疑則赦之，呂刑所謂「五刑之疑有赦，五罰之疑有赦」也。小大，謂輕重也。比，附也，呂刑所謂「上下比罪」是也。成猶定也，即下文所謂「獄之成」也。此謂罪之無疑者，其或輕或重，必察其所當附之罪，以定其獄也。

成獄辭，史以獄成告於正，正聽之。正以獄成告于大司寇，大司寇聽之棘木之下。大司寇以獄之成告於王，王命三公參聽之。三公以獄之成告於王，王三又，然後制刑。釋文：又，義作「宥」。

鄭氏曰：史，司寇吏也。正，於周鄉、師之屬。周禮鄉、師之屬，「辨其獄訟，異其死刑之罪而要之職聽於朝，司寇聽之」。朝，王之外朝也。左九棘，孤、卿、大夫位焉。右九棘，公、侯、伯、子、男位焉。面三槐，三公位焉。王命三公參聽之，王使三公復與司寇及正共平之，重刑也。周禮：「王欲免之，乃命公會其期。」又，當作「宥」，寬也。一宥曰不識，再宥曰過失，三宥曰遺忘。孔氏曰：成獄辭，謂獄吏初責聚罪人之辭，已成定也。按周禮鄉師屬地官，不掌獄訟，而云「鄉、師」者，鄉謂鄉士也，師謂士師也。云「之屬」者，謂遂士、縣士、方士之屬。周禮鄉士掌六鄉之獄，「若欲免之，則王會其期」；遂士掌六遂之獄，「若欲免之，則王命三公會其期」；縣士掌野獄，「若欲免之，則王命六卿會其期」。經云「王命三公」，舉中以見上下，則六鄉，王自會之；縣野，六卿會之。愚謂王三又，然後制刑，王命以三事宥之，其不在三事，然後斷其刑也。

凡作刑罰，輕無赦。

鄭氏曰：法雖輕，不赦之，爲人易犯。　孔氏曰：此非疑獄，故雖輕不赦，若輕者輒赦，則犯者衆也。故書云：「刑故無小。」

刑者侀也。侀者成也。一成而不可變，故君子盡心焉。釋文：侀音刑。

孔氏曰：刑是刑罰，侀是侀體。訓刑罰爲侀體，言刑罰加人侀體也。侀體是人成就形貌，形貌一成之後，若以刀鋸鑿之，斷者不可續，死者不可生，故云「不可變」。君子盡心以聽刑，則上云「悉其聰明，致其忠愛」是也。　陳氏祥道曰：無赦，則民不至於犯罪；盡心，則吏不至於濫刑。有無赦之法以禁於未然之前，有盡心之法以應於已然之後，此民之所以畏罪而親上也。

析言破律，亂名改作，執左道以亂政，殺。釋文：亂名，如字，王肅作「循名」。

鄭氏曰：析言破律，巧賣法令者也。亂名改作，謂變易官與物之名，更造法度。左道，若巫蠱及俗禁。　孔氏曰：左道，謂邪道。地道尊右，右爲貴，故正道爲右，不正道爲左。愚謂言，如「史載言」之言，謂國家之舊典故事也。律，法令也。析、破，謂以巧説分散，破壞其義也。名，如「黃帝正名百物」之名。名所以指實，亂名則失實矣。改作，變易法度也。左道，若楊、墨、申、韓之類。五者，皆足以亂政也。

作淫聲、異服、奇技、奇器以疑衆，殺。

鄭氏曰：淫聲，鄭、衛之屬也。異服，若聚鷸冠、瓊弁也。奇技、奇器，若公輸般請以機窆。

行僞而堅，言僞而辯，學非而博，順非而澤，以疑衆，殺。釋文：行，下孟反。

鄭氏曰：皆謂虛華捷給無誠者也。　愚謂行詐僞之事而守之堅固，則持之而難變；爲詐僞之言而辭理明辨，則攻之而難破；習學非違之書而見聞廣博，則可以謏聞動衆；順從非違之事而文飾光澤，則足以拒諫飾非。此心術之邪，學術之偏，而其才又足以濟其姦者，後世若宋之王安石蓋如此。

假於鬼神、時日、卜筮以疑衆，殺。

鄭氏曰：今時持喪葬、築蓋、嫁取、卜數文書，使民倍禮違制。　孔氏曰：謂妄陳邪術，恐懼於人；假託吉凶，以求財利。　馬氏晞孟曰：卜、筮者，先王所以使民信時日，畏法令，而不以正告則謂之假。

此四誅者，不以聽。

鄭氏曰：爲其爲害大而辭不可明。　愚謂四誅，謂上所言「亂政」者一，「疑衆」者三。聽，卽上文「正聽之」，「司寇聽之」，「三公聽之」，是也。不以聽者，爲其罪大而情必出於故，故誅之不疑，而不復聽也。

凡執禁以齊衆，不赦過。

鄭氏曰：亦爲人將易犯。　愚謂周禮士師：「掌五禁之法以左右刑罰：一曰宮禁，二曰官禁，三曰國禁，四曰野禁，五曰軍禁。」下文「關市之禁」，蓋舉國禁畧言之也。過，謂過誤。刑於過者有赦，而禁不赦過者，蓋刑之所懲者重，禁之所治者輕，故不論其過、故而期於必行，然後約束嚴而人不敢輕犯也。

有圭璧、金璋不粥於市；命服、命車不粥於市；宗廟之器不粥於市；犧牲不粥於市；戎器不

粥於市；

孔氏曰：此皆尊貴之物，非民所宜有，防民之僭僞也。金璋，卽考工記金飾璋也。皇氏以爲用金爲印章。按定本「璋」字從玉，圭璧之類。且周時稱印曰璽，未有稱章，皇氏之義非也。愚謂金飾璋者，考工記大璋、中璋、邊璋之屬，皆「黃金勺，青金外」是也。戎器，矛戟之屬。周禮縣師「若將有軍旅、會同、田役之戒，則受法於司馬，以作其衆庶及馬牛車輦，會其車人之卒伍，使皆備旗鼓兵器，以帥而至」，則兵車、戎器乃民間所有，此云「戎器不粥於市」，又云「兵車不中度，不粥於市」，則是兵車民間所具，司馬法所謂「甸出長轂一乘」，而兵器則由官給而藏之民與？

用器不中度，不粥於市；兵車不中度，不粥於市；布帛精麤不中數，幅廣狹不中量，不粥於市；姦色亂正色，不粥於市；釋文：中，丁仲反，下皆同。

鄭氏曰：凡以其不可用也。用器，弓矢、耒耜、飲食器也。度，丈尺也。數，升數多少。孔氏曰：此經之物，其合法度則得粥之，不合法度者不得粥也。布帛精麤者，若朝服之布十五升，斬衰三升，齊衰四升之類。廣狹者，布廣二尺二寸，帛則未聞。鄭註周禮引逸巡守禮：「幅廣四⿰犭只。」八寸爲⿰犭只，鄭謂「四當爲三」，則帛廣二尺四寸。愚謂姦色，不正之色，若紅紫之屬也。

錦文、珠玉成器不粥於市；衣服飲食不粥於市；

鄭氏曰：不示民以奢與貪也。成，善也。孔氏曰：前經言「圭璧、金璋」，是貴者之器，非民所宜有。此「錦文、珠玉」等是華麗之物，富人合有，但不得聚之過多，故不粥於市。此「衣服飲食」與「錦文、珠玉」連文，據華美者不得粥之，若尋常飲食則得粥之。錦文衣服等不粥，不示民以奢；飲食不粥，不示民以貪。

五穀不時，果實未孰，不粥於市；

鄭氏曰：物未成，不利人。

木不中伐，不粥於市；禽獸魚鱉不中殺，不粥於市。

鄭氏曰：伐之非時，不中用。周禮：「仲冬斬陽木，仲夏斬陰木。」殺之非時，不中用。周禮：「春獻鱉、蜃。」　愚謂木不中伐，謂小而未成材；不中殺，亦謂小也。毛詩傳言「田獵之禮，不成禽不獻」。先王之制，魚不滿尺市，不得粥人，不得食」。○陳氏澔曰：此所禁凡十有四事，皆所以齊其衆而使風俗之同也。

關執禁以譏，禁異服，識異言。

司關「掌貨賄之出入」，「以聯門市」，故執上之所禁，以譏察其違禁者。又於身著異服者則禁之，於口爲異言者則辨識之，防姦僞，察非違也。　劉氏曰：衣服易見，故直曰「禁」；語言難知，故必曰「識」。

○自「司寇正刑明辟」至此，明刑禁之法。

大史典禮，執簡記，奉諱惡，天子齊戒受諫。　釋文：惡，烏路反。齊，側皆反，本亦作「齋」，下皆同。

鄭氏曰：簡記，策書也。諱，先王名。惡，忌日，若子、卯。　孔氏曰：大史之官，典掌禮事，執此簡記策書，奉其諱惡之事。奉，進也。諱，謂先王之名。禮運「天子適諸侯，必以禮籍入」，鄭註云：「謂大史執簡記，奉諱惡。」是亦諱諸侯之祖父也。惡，謂忌日及子、卯，亦兼謂餘事。故誦訓云「掌道方慝，以詔辟忌」，鄭註云「方慝，四方言語所惡」，是也。 愚謂簡記，簡策所記也。惡，若日月食，四鎮五嶽崩，大傀異烖，大札、大凶、大烖，大臣死，諸侯薨，國之大憂之類，皆是也。左傳襄二十八年裨竈曰：「歲棄其次，而旅於明年之次，以害鳥帑，周、楚惡之。」昭七年：「晉侯問於士文伯曰：『誰當日食？』對曰『魯、衞惡之。』」諱惡之事，書在簡記，故大史於歲終之時，執此簡記，奉一歲中諱惡之事，以告於天子，使天子於諱而辟之，於所惡而戒懼脩省，王則齊戒以受大史之所諫也。 蓋上文言制田里，興學校，舉賢才，明法禁，則爲治之道備矣，故此下二節遂言歲終受成之事也。

司會以歲之成質於天子，冢宰齊戒受質。大樂正、大司寇、市，三官以其成從質於天子，大司徒、大司馬、大司空齊戒受質。百官各以其成質於三官，大司徒、大司馬、大司空以百官之成質於天子，百官齊戒受質。然後休老勞農，成歲事，制國用。釋文：會，古外反。勞，力報反。

鄭氏曰：司會，冢宰之屬。成，計要也。質，平也，平其計要。冢宰齊戒受質，贊王受之也。大樂正，於周宗伯之屬。市，司市也，於周司徒之屬。從，從於司會也。百官，大司徒三官之屬也。百官齊戒受質，受平報也。 孔氏曰：司會總主羣官治要，故以一歲治要之成質於天子，謂奏上文簿，聽天子平斷之。 冢宰貳王治事，故齊戒贊王受羣官所平之事，謂共王論定也。以周法言之，司會總主羣官簿書，則司徒、司馬、司空簿書亦司會掌之，所以司徒、司馬、司空各質於天子，不由司會。唯大樂正、大司寇、市三官從司會質於天子者，以三官當司事少，徑從司會以質於王；司徒、司馬、司空總主萬民，其事既大，雖司會進其治要，仍須各受質屬官，親自質於天子也。百官齊戒受質者，天子平斷報下，百官齊戒受天子所平之要也。愚謂周禮歲終，六官之長各攷其屬，司會總主百官之歲會，小宰贊冢宰受而攷焉。大樂正、市，於周禮則大宗伯、大司徒之屬，今乃不致於其長而徑達於司會。大司寇，六卿之一，而與大樂正、市並列春官。不見其長，而但言「大樂正」，皆與周禮不合。此蓋漢初未見周禮及古文尚書周官之篇，但聞周制以冢宰、司會考羣吏之治，又見今文尚書牧誓、立政皆止有司徒、司馬、司空三卿，故欲立爲制如此。其言大樂正、大司寇、市，則以上文言興學聽刑，及市之所禁而特舉之也。休老勞農，謂於蜡祭而行正齒位之禮，以休老人，勞農夫也。成歲事，謂聽歲終所致之事而行廢置也。周禮大宰：「歲終，令百官府各正其治，受其會。」凡周禮言「正歲」「歲終」者，皆夏正也。又上文云「冢宰制國用，必於歲之杪」，然則蜡祭飲酒在夏正十二月明矣。

凡養老：

孔氏曰：皇氏云：「人君養老，有四種：一是養三老、五更，二是死國難者父祖，三是致仕之老，四是引户校年，養庶人之老。」熊氏云「天子視學之年養老，一歲有七」，謂四時皆養老。故鄭此註「凡飲養陽氣，凡食養陰氣，陽用春夏，陰用秋冬」，是四時凡四。按文王世子云「凡大合樂，必遂養老」，註云：「大合樂，謂春入學，舍菜，合舞；秋頒學，合聲。」通前爲六。又季春大合樂，天子視學亦養老，是總爲七也。陳氏祥道曰：天子之於老，所養三：國老也，庶老也，死政者之老也。歲養之也三：仲春也，季春也，仲秋也。文王世子云「大合樂，必遂養老」，鄭謂「春合舞，秋合聲」，此養老於仲春仲秋者也。月令季春之末「大合樂，天子親往視之」，亦必養老，此養老於季春者也。若夫簡不帥教，出征受成，以訊馘告，凡天子入學，莫不養老，此又不在歲養之數者也。三老、五更，乃羣老之尤者，致仕之老固在其閒，皇氏離而二之，誤矣。月令無冬夏養老之文，周禮、禮記特言「春饗」「秋食」而已，熊氏謂「歲養有七」，亦誤矣。愚謂陳氏駁皇氏、熊氏之説是也。而其言入學必養老，則本孔疏之説，其實文王世子止言「大合樂，必遂養老」，無視學必養老之文。大合樂必養老，則非大合樂，雖視學，固未必養老矣。又周禮大胥止言「春合舞，秋合聲」，若季春「大合樂」，惟見於月令，則周法未必有此。然則先王養老惟仲春仲秋二時而已。○自此以下至「九十者其家不從政」，申言養耆老以致孝之事。

有虞氏以燕禮，

孔氏曰：崔氏云：「燕者，殽烝於俎，行一獻之禮，坐而飲酒，以至於醉。虞氏帝道宏大，故養老以燕禮。」凡正饗食在廟，燕則於寢。燕禮則折俎，其牲用狗。謂爲燕者，毛詩傳云：「燕，安也。」其禮最輕，升堂行一獻禮畢，而脱屨升堂，坐飲以至醉也。儀禮猶有諸侯燕禮一篇。然凡燕禮有二：一是燕同姓，二是燕異姓。若燕同姓，則夜飲；其於異姓，讓之則止。故詩湛露鄭箋云：「夜飲之禮，同姓則成之；其庶姓，讓之則止。」此燕致仕之老，宜用正燕之禮；老人不合夜飲，當用異姓之燕禮。愚謂老人宜安坐，故養老始用燕禮。燕禮一篇，乃諸侯燕其羣臣之禮，而兼及於燕四方之賓。若天子燕諸侯與其臣子，及諸侯自相燕，其禮皆不可見。然湛露天子燕諸侯云：「厭厭夜飲，不醉無歸。」燕禮云：「宵則庶子執燭於阼階上。」是異姓亦有夜飲之禮。但燕異姓則公在阼階上，燕同姓則公與父兄齒。以燕禮養老，固當用燕異姓之燕禮，疏以夜飲不夜飲爲言，則非也。

夏后氏以饗禮，

孔氏曰：崔氏云：「饗則體薦而不食，爵盈而不飲，依尊卑而爲獻數。夏既受禪於虞，是三王之首，貴尚於禮，故養老以饗禮，相養敬也。」皇氏曰：「凡饗有四種：一是諸侯來朝，天子饗之，周禮大行人職云『上公饗禮九獻』，是也。其牲則體薦，體薦則房烝。故左傳云：『饗有體薦。』國語云：『王公立飫，則有房烝。』飫即饗也。立而成禮謂之飫，其禮亦有飯食。故舂人云『凡饗食，共其食米』，鄭云『饗有食米，則饗禮兼燕與食』，是也。二是王親戚及諸侯之臣來聘，王饗之，禮亦有飯食及酒，其酌數亦當依命，其牲則折俎，亦曰殽烝。故國語云：『親戚宴饗，則有殽烝。』謂以燕禮而饗則有之。左傳定王饗士會，用折俎。以國語及左傳，知王親戚及諸侯之臣來聘，皆折俎饗也。其饗朝廷之臣，亦當然也。三是四裔之使來，王不親饗，但以牲全體委與之。故國語云『坐諸門外而體委與之』，是也。若其君來，則與中國子男同，故小行人職掌小賓小客，所陳牲牢，當不異也。四是饗宿衛及耆老孤子，則以醉爲度。故酒正云『凡饗士庶子，饗耆老孤子，皆無酌數』，是也。饗致仕之老，宜用正饗之禮。其饗死事之老，不必有德。又老人不宜久立，當用折俎之饗也。」愚謂賓客飲食之禮有三：曰饗也，食也，燕也。食禮專於質，燕禮專乎文，饗則兼飲食，備質文，其禮爲最重。夏后氏以燕禮輕，故易之以饗。饗禮雖亡不可考，宗廟之祭謂之大饗，賓客之重禮亦謂之大饗，蓋其禮大畧相似：始而灌，次朝踐，次饋食，食畢而酳，而以尊卑爲獻數。內宰職「大祭祀，后祼、獻，則贊，瑤爵亦如之」，鄭云：「酳尸，后亞獻，爵以瑤爲飾。」内宰又云：「凡賓客之祼、獻、瑤爵，皆贊。」是賓客之饗亦有灌、有獻、有酳矣。大行人上公「饗禮九獻」，侯伯「七獻」，子男「五獻」，此自灌至酳之獻數也。國語「王公立飫，則有房烝」，此朝踐薦腥之禮也。舂人「凡饗食，共其食米」，饗禮有米，此饋食之禮也。籩人「掌四籩之實」，「凡祭祀，共其籩薦羞之實，喪事及賓客之事，共其薦籩、羞籩」，醢人「掌四豆之實」，「凡祭祀，共薦羞之豆實，賓客喪紀亦如之」，是饗禮有朝踐之豆籩，有饋食之豆籩，有加豆加籩，有羞豆羞籩，皆與祭祀同。但祭祀尸坐，饗禮則立而成禮，國語云「王公立飫」，左傳云「設机而不倚」，是也。又有因饗而行射禮者，司服所謂「饗射則鷩冕」是也。若折俎之饗，則參用燕禮而行之。左傳晉侯享季武子，范宣子賦黍苗，武子興，再拜稽首，則坐而飲酒矣。但燕禮牲用狗，惟一獻，而享禮之牲牢、獻數，則以爵命之尊卑爲差耳。

殷人以食禮，釋文：食音嗣，下文「食之」並同。

孔氏曰：食禮者，有飯有殽，雖設酒而不飲。其禮以食爲主，故曰食。崔氏云：「殷人質素，威儀簡少，故養老以食禮。」食禮亦有二種：一是禮食，大行人諸公「食禮九舉」，及公食大夫禮是也。二是燕食，謂臣下自與賓客旦夕共食。按鄭註曲禮「酒漿處右」云：「此大夫士與賓客燕食之禮。」食致仕之老，當用正食；死事之老，當用燕食。愚謂公食大夫禮，則諸侯食來聘大夫之禮，而兼及於大夫之自相食。至於天子食諸侯與諸侯相食之禮，則亦皆不可得而見矣。公食禮無樂，而周禮樂師「饗食諸侯，序其樂」，鍾師「凡祭祀享食，奏燕樂」，公食禮無舉數，而大行人上公「食禮九舉」，侯伯「七舉」，子男

「五舉」，則王之食諸侯與諸侯之自相食，固與公食禮不同。至養老之享食，則天子袒而割牲，冕而總干，又有與享食之常禮不同者矣。

周人修而兼用之。

鄭氏曰：備陰陽也。凡飲養陽氣，凡食養陰氣，陽用春夏，陰用秋冬。愚謂周人極文，故修上三禮而兼用，謂春則或用饗，或用燕，秋則用食也。

五十養於鄉，六十養於國，七十養於學，達於諸侯；八十拜君命，一坐再至，瞽亦如之；九十使人受。

養於鄉，養於國，謂引戶校年，而行糜粥飲食以養之也。養於學，謂於學而以燕、享、食之禮養之也。五十者，一鄉引年則及之；六十者，一國引年則及之；七十者，學中行養老之禮則及之。拜君命，謂君有所賜而拜受之也。凡拜君命者，必再拜稽首：坐而一拜，興而又坐一拜。八十者，一坐而以首再至於地，殺其禮以優之也。瞽者無目，故亦如之。九十者，於君命不親受，彌優之也。○養老之法，有以燕、享、食之禮養之於學者，「有虞氏養國老於上庠，養庶老於下庠」之等是也。有致物於其家以養之者，「八十月告存，九十日有秩」，及月令仲秋「行糜粥飲食」，是也。有免其征役以養之者，「五十不與力征，六十不與服戎」，「八十者一子不從政，九十者其家不從政」，是也。有共給之終其身者，司門「以其財養死政之老」，遺人「門關之委積以養老孤」，是也。

五十異粻，六十宿肉，七十貳膳，八十常珍，九十飲食不離寢，膳飲從於遊可也。釋文：粻，陟良反。離，力智反。

粻，糧也。異粻者，少壯疏食，五十者別食精鑿也。宿肉者，六十非肉不飽，恆宿備之，以供其求也。膳，善食也。七十者不惟宿肉，又有美善之食以副貳之也。八十者不惟貳膳，又得常食珍物也。遊，行也。九十年益高，隨其所居所行而膳飲不離焉，則所以養之者益至矣。

六十歲制，七十時制，八十月制，九十日脩。唯絞、紟、衾、冒死而后制。釋文：絞，户交反。紟，其鴆反。冒，忘報反。

鄭氏曰：絞、紟、衾、冒，一日二日而可爲者。孔氏曰：歲制，謂棺也，不易成，故歲制。此謂大夫以下，人君卽位爲椑，不待六十也。時制，衣物難得者。月制，衣物易得者。愚謂歲制者，謂送死之具，於每歲有所制也。時制，於每時有所制也。月制，於每月有所制也。六十已衰，始制爲送死之具；至七十八十，而所制彌備；至九十，又於所制者日脩也。絞，大小斂既斂，所以收束衣服爲堅急者。紟，單被也，大斂用之。衾，大小斂之衾也。冒，既襲，所以韜尸者。

五十始衰，六十非肉不飽，七十非帛不煖，八十非人不煖，九十雖得人不煖矣。

五十始衰，故養老者自五十以上。

五十杖於家，六十杖於鄉，七十杖於國，八十杖於朝，九十者，天子欲有問焉，則就其室，以珍從。釋文：從，才用反，又如字。

陳氏祥道曰：大夫七十而賜之杖，此五十而杖者，蓋杖於家及鄉、國者不必待賜，杖於朝則非賜不可也。　愚謂大夫七十而致事，八十杖於朝，此常法也。若七十不聽致事，則必賜之几杖，七十亦得杖於朝，祭義「七十杖於朝」是也。大詢衆庶之朝，庶人之老或與焉，其八十者或亦得杖與〔一〕？

七十不俟朝，八十月告存，九十日有秩。

孔氏曰：此謂大夫士年老而聽致事者。不俟朝者，朝君之時，入門至朝位，君出揖之卽退，不待朝事畢也。告，問也。八十者，君每月使人致膳，告問存否。秩，常也。九十老極，君日使人以常膳致之。愚謂致仕而朝君者，論語「吉月必朝服而朝」，是也。不俟朝，固以優老，亦以其不與於朝政故也。若八十，則雖未致仕不俟朝，有朝政則使人就而問焉，祭義「八十不俟朝，有問則就之」，是也。

五十不從力政，六十不與服戎，七十不與賓客之事，八十齊喪之事弗及也。　釋文：與音預。○政音征。

力征，謂田與追胥之役，祭義「五十不爲甸徒」是也。周禮鄉大夫國中六十免征，野六十五免征，田與追胥免之獨早者，以其爲竭作之役也。蓋凡起徒役，毋過家一人，役其子則免其父，竭作則父子皆行，故於五十卽免之。然五十之人，如其子未能受役，於非竭作之役猶不免供役也。六十免役，則不與服戎，不問其子之長幼而皆爲役之所不及矣。八十不齊，謂不祭也。不喪者，七十惟衰麻爲喪，八十并衰麻不服也。鄭氏曰：八十不祭，子代之祭，是謂宗子不孤。孔氏曰：七十之時，祭祀猶親爲之，其視濯溉則子孫，至八十，祭亦不爲。

〔一〕「與」，萬有文庫作「焉」。

五十而爵，六十不親學，七十致政，唯衰麻爲喪。

鄭氏曰：不親學，不能備弟子禮。 愚謂爵，謂命爲大夫。 爲大夫者不必皆五十，其假祖廟而命之則必待五十也。 親學，謂至學受業。 六十筋力已衰，則不能親學；德業已成，則不必親學。 惟衰麻爲喪者，備喪之服，而不必其飲食居處之如禮也，曲禮謂「飲酒食肉，處於內」是也。

有虞氏養國老於上庠，養庶老於下庠；夏后氏養國老於東序，養庶老於西序；殷人養國老於右學，養庶老於左學；周人養國老於東膠，養庶老於虞庠。 虞庠在國之西郊。 鄭註：膠，或作「絿」。

上庠、下庠、東序、西序、右學、左學，皆在國之大學也。 此歷言四代之學，而獨曰「虞庠在國之西郊」，則其餘皆在國矣。 孟子夏之鄉學名校，殷之鄉學名序，則夏之東序、西序，殷之右學、左學，皆大學而非鄉學矣。 蓋古者天子皆不止於一學，以周立四學推之可知也。 上庠、西序、右學皆在西，下庠、東序、左學皆在東。 虞、殷以西爲尊，夏人以東爲尊。 周之東膠，大學也；虞庠，鄉學也。 四郊皆有庠，而養庶老獨於西郊之庠，亦取其與殷禮相變與？ 虞、夏、殷養國老、庶老皆於國學，周養國老於國學，養庶老於鄉學者，周代文，故辨於貴賤之禮也。

有虞氏𦏲而祭，深衣而養老；夏后氏收而祭，燕衣而養老；殷人冔而祭，縞衣而養老；周人冕而祭，玄衣而養老。 釋文：𦏲音皇，本又作「皇」。 冔，況甫反。 縞，古老反，又古報反。

陸氏佃曰：燕衣，燕居之衣，玄端是也。 據「卒食玄端以居」。 縞衣，朝衣也。 據「朝服之以縞，自季康子始也」。玄衣，冕也。據「食三老五更於大學，天子冕而總干」。養老，夏后氏以燕服，殷人以朝服，周人以祭服，後王彌文也。愚謂此主言養老，而乃言祭之冠者，蓋四代養老皆以祭之冠，而衣則或異也。樂記「食三老、五更於大學，天子冕而總干」，司服「享射則鷩冕」，則周人養老以冕，即虞、夏、殷可推矣。皇、收、冔者，虞、夏、殷士助祭於君之冠也。虞、夏、殷祭亦用冕，孔子言「禹美黻、冕」，大甲言「伊尹以冕服奉嗣王歸於亳」，是也。此獨舉士之祭冠者，謂其所用以養老之冠也。深衣者，十五升白布連衣裳爲之，而純以采者也。有虞氏以皇爲士之祭冠，用此配深衣，而服之以養老也。燕衣，燕居之服，玄端服也。縞衣者，皮弁服之衣，天子之朝服也。玄衣者，六冕之服皆玄，祭服也。虞、夏、殷以士之祭冠養老，而夏之燕衣則尊於虞之深衣，殷之縞衣則尊於夏之燕衣，至周冕而玄衣，則其禮益隆矣。然周人養老兼用饗、食、燕三禮，此玄衣養老，謂饗食之禮也。若以燕禮養老，則天子皮弁服，諸侯朝服。凡朝、燕同服，天子諸侯一也。○鄭氏曰：皇，冕屬也，畫羽飾之。凡冕屬，其服皆玄上纁下，虞十二章，周九章，夏、殷未聞。凡養老之服，皆其時與羣臣燕之服：有虞氏質，深衣而已；夏而改之，尚黑而黑衣裳；殷尚白而縞衣裳；周則兼用之，玄衣素裳，其冠則牟追、章甫、委貌也。愚謂皇、收、冔之制未詳，鄭謂「畫羽飾之」，蓋以周禮皇舞之義推之，未知是否。至四代養老之服，則陸氏之說爲是，而鄭氏之說誤甚。四代養老，惟有虞氏用燕禮，宜用燕服，若用饗禮，則饗之服，用食禮則食之服，而鄭氏謂「養老之服皆與羣臣燕之服」，其誤一也。縞衣之冠，殷制不可考，若以周制言之，則當用皮弁，而鄭氏以爲章甫，其誤二也。周天子養老，冕而總干，而鄭氏以爲服諸侯之朝服，、其誤三也。又其言「虞服十二章，周服九章」者，亦非是，說詳郊特牲。

凡三王養老，皆引年。

鄭氏曰：已而引户校年，當行復除也。老人衆多，非賢者不可皆養。愚謂未七十不得養於學，而七十者亦不能皆養之於學也。故必引户校年，而行糜粥飲食之賜，然後所養無不徧。而其尤老者，則又當復除其家，如下文所言也。

八十者，一子不從政；九十者，其家不從政；廢疾非人不養者，一人不從政。父母之喪，三年不從政；齊衰、大功之喪，三月不從政；將徙於諸侯，三月不從政；自諸侯來徙家，期不從政。釋文：期音基。

周氏諝曰：將徙不從政，所以寬之；始來不從政，所以安之也。愚謂此言復除老者之法，「廢疾」以下，又因不從政而類言之也。廢疾，謂廢於人事，若瞽者之類是也。三年不從政，除喪而後從政也。三月不從政，既葬而後從政也。將徙於諸侯，謂將徙於他國也，三月不從政，以其當爲行計也。自諸侯來徙家，謂自他國始來，家於此也，期不從政，以其未有業次也。荀子大畧篇：「從諸侯來，與新有昏，期不使。」

少而無父者謂之孤，老而無子者謂之獨，老而無妻者謂之矜，老而無夫者謂之寡。此四者，天民之窮而無告者也，皆有常餼。釋文：少，詩照反。矜，本又作「鰥」，同古頑反。

鰥，魚名，魚目不閉。無妻之人，愁悒不能寐，目恆鰥鰥然，故曰鰥。天民者，民皆天之所生也。皆有常餼，謂四者之民，皆常有廩餼以給之，以其不能自養故也。孟子謂「文王發政施仁」，必先鰥寡孤獨，是也。此言恤孤獨以逮不足之事。

瘖、聾、跛躃、斷者、侏儒、百工，各以其器食之。釋文：瘖，於金反。跛，彼我反。躄，必亦反。侏音朱。

孔氏曰：瘖，謂口不能言。聾，謂耳不聞聲。跛躃，謂足不能行。斷者，謂肢節斷絶。侏儒，謂容貌短小。此等既非老無告，不可特與常餼，然既有病，又不可不養，故各以器能供官役使，以廩餼食之。晉語文公問八疾，胥臣對曰：「戚施直鎛，籧篨蒙璆，侏儒扶盧，矇瞍修聲，聾聵司火，其童昏、嚚瘖、僬僥，官師所不材，以實裔土。」是各以其器食之。外傳不云「跛躄」，此不云「籧篨」「戚施」，設文不具；外傳瘖與僬僥「以實裔土」，此瘖「以其器食之」者，古今法異也。愚謂養疾民亦恤孤獨之類，因上文而并及之；百工非疾民而並言之者，因以器食之，其事同也。

道路，男子由右，婦人由左，車從中央。

鄭氏曰：道中三塗，遠別也。萬氏斯大曰：塗之從者，以西爲右，以東爲左；横者，以南爲右，以北爲左。左右有一定，而往來皆由之。

父之齒隨行，兄之齒鴈行，朋友不相踰。

父之齒，年長以倍者也。兄之齒，十年以長者也。朋友不相踰，雖有少長，肩隨而已。

輕任并，重任分，斑白不提挈。釋文：并，必性反。本又作「倂」。契，本亦作「挈」，苦結反。○石經「斑白」下有「者」字。

任，謂負擔也。斑白，老人頭半白黑者。二人並行，各有負擔，而年有少長，若輕則并與少者，若重而一人不能獨任，則分之，而以其重者與少，輕者與長也。至斑白之老，則不以其任行乎道路，雖提挈之輕，猶不及之，則重者可知矣。此上三節，言道路同行之禮。蓋上之於民，既富而教，而又養耆老、恤孤獨以化之，則民皆知謹於禮，而敬事其父兄，其見於道路之間者，乃其一端也。孟子言「謹庠序之教，申之以孝弟之義，頒白者不負戴於道路」，亦此意也。

君子耆老不徒行，庶人耆老不徒食。

六十曰耆。君子，大夫士也。徒，空也。不徒行，出必乘車也。不徒食，食必宿肉也。此因上文言行道之禮而及於君子耆老不徒行，又因君子耆老不徒行而并及於庶人耆老不徒食，皆緣類及之也。

大夫祭器不假；祭器未成，不造燕器。

祭器不假，說見曲禮。祭器未成，不造燕器，急奉先也。此節與上文不相屬，陳氏謂當在「寢不踰廟」之下，愚意其直爲他篇之脫簡耳。

方一里者，爲田九百畝；方十里者，爲方一里者百，爲田九萬畝；方百里者，爲方十里者百，爲田九十億畝；

鄭氏曰：一里，方三百步。億，今十萬。孔氏曰：尹文子云：「百姓千品，萬官億醜，皆以數相十。」此謂小億也。毛詩傳云：「數萬至萬曰億。」此大億也。愚謂此言一國之內爲田之大數也。舉百里之國，而七十里、五十里之國亦可放此推之矣。自此以至篇終，皆所以申釋前文，而且以補其所未備也。

方千里者，爲方百里者百，爲田九萬億畝。

鄭氏曰：萬億，今萬萬也。　孔氏曰：計千里之方爲方百里者百，一箇百里之方既爲九十億畝，則十箇百里之方爲九百億畝，百箇百里之方爲九千億畝。　今乃云「九萬億畝」，與數不同者，若以億言之，當云「九千億畝」；若以萬言之，當云「九萬萬畝」。　此經上下，或萬或億，字相交涉，遂誤爲「萬億」。鄭不顯言，故云此經「萬億」者，即今之「萬萬」。　愚謂此言一州之内爲田之大數也。

自恆山至於南河，千里而近；自南河至於江，千里而近；自江至於衡山，千里而遥；自東河至於東海，千里而遥；自東河至於西河，千里而近；自西河至於流沙，千里而遥。　西不盡流沙，南不盡衡山，東不盡東海，北不盡恆山，凡四海之内，斷長補短，方三千里，爲田八十萬億一萬億畝。　釋文：斷音短。

應氏鏞曰：海獨言東海者，東海在中國封域之内，而西南北則夷徼之外，疆理有不及也。　南以江與衡山爲限，百越猶未盡開也。　河獨舉東西南者，河流縈帶而周遶，雖流沙亦與河接也。　當先王盛時，東西南北，各有不盡，蓋聽四夷居之。　故外薄四海，至於五千里者，此區域之大數而疆理之略者也。　四海之内，方三千里，此民田之大數而疆理之詳者也。　觀於曰「内」曰「外」二字，而治之詳畧可見矣。

胡氏渭曰：禹河自華陰折而東行，至大伾，所行不滿千里，故曰「千里而近」。　若漢河則東過大伾山，南至白馬縣之長壽津，始折而北行，西去宿胥口又一百五十里，則爲千里而遥矣。　孔氏曰：爲田八十萬億一萬億畝，以一州方千里，九州方三千里，三三如九，爲方千里者九。　一箇千里有九萬億畝，九箇千里九九八十一，故有八十一萬億畝。但記文詳具，故於「八十」整數之下云「萬億」，又云「一萬億」也。以前文誤爲「萬億」，此因前文之誤，更以「萬億」言之。愚謂恆山在今真定府曲陽縣西北，極三十七度。南河、東河、西河皆主冀州言之。禹河自華陰東折，歷底柱、析城、王屋、孟津、洛汭而至大伾，爲南河，在冀州之南，冀州與豫州之界也。南河所行，其最南者在今蒲州府永濟縣界中，極三十四度六分。與恆山南北相距爲二度四分，約爲六百里，故曰「千里而近」。江自會漢水，至揚州入海，其所行最北者在今鎮江府北，極三十二度三分。與南河南北相距爲二度五分，約爲六百二十五里，故亦曰「千里而近」。衡山在今衡州府衡山縣，極二十七度二分。與江南北相距爲五度一分，約爲一千二百七十五里，故曰「千里而遙」。東海，青、徐、揚之海也。青州之成山斗入海中，若據成山東海計之，其地太遠，而徐州濱海，古爲淮夷所居，揚州則又雜以百粵，記云「東海」，蓋據今青、沂等府所濱之海也。東二度二三分。禹河自大伾北折，至大陸，又北至九河，爲東河，在冀州之東，冀州與兖州之界也。今河自孟津以東，久失故道，以記文參考今地圖，其最西者在今大名府濬縣界中，西二度。與東海東西相距約四度三分，爲一千七十餘里，故曰「千里而遙」。河自龍門南流至華陰，爲西河，在冀州之西，冀州與雍州之界也。其所行最東者，在今絳州河津縣界中，西五度八分。與東河東西相距三度八分，爲九百五十里，故曰「千里而近」。流沙，漢志以爲居延澤，在今嘉峪關外，曰索科鄂模，西十七度左右。與西河東西相距爲十一度三分，爲二千八百二十五里，故曰「千里而遙」。顔師古謂「流沙在燉煌」，薛氏季宣云「流沙，大磧也，在沙州西八十里」，皆指今哈密東南之大沙海爲流沙，其地太遠，恐非記之所據也。自恆山至衡山約十度，爲二千五百里，自東海至流沙約一十九度三分有餘，爲四千八百餘里，東西贏而南北縮，而其地皆有所不盡，故斷長補短，爲方三千里也。方三千里之地，當爲田八萬一千億畝，承上文之誤，則當云「八十一萬億畝」，而云「八十萬億一萬億畝」，記文之繁也。○鄭氏曰：自恆山至南河，冀州域。自南河至江，豫州域。自江至衡山，荆州域。自東河至東海，徐州域。自東河至西河，亦冀州域。自西河至流沙，雍州域。愚謂記言九州之内方三千里，九州皆在其中，鄭氏據禹貢五州地域分之，非記者本意。且東河與兗界，不與徐界，而荆州北以荆山爲界，尚在江北五六百里也。○禹貢之九州爲冀、兗、青、徐、揚、荆、豫、梁、雍，爾雅九州爲冀、豫、雝、荆、揚、兗、徐、幽、營，周禮職方之九州爲揚、荆、豫、青、兗、雍、幽、冀、并，而每州封域亦各不同。説者以爾雅爲殷制。王制言「九州」而不言州名，又不言其封域，未知用何代之制。前云「千里之内曰甸，千里之外曰采，曰流」，用禹貢之法，則九州亦當與禹貢同。禹貢之嵎夷、黑水，職方之醫巫閭，皆爲要荒之地，而在九州之内，此九州之大界也。王制「九州，州方千里」，合爲方三千里，此九州爲中國者之實數也。九州在内者皆狹，在外者皆廣。以禹貢言之，如兗、徐、豫三州皆不過千里，若冀、青、揚、荆、梁、雍則不止於千里，而冀、梁、雍尤爲遼闊。蓋此六州皆外包要荒之地，若除去要荒，止計綏服之内，則九州之地長短相補，大約每州皆千里而已。○此總記九州之内爲田之大數也。

方百里者，爲田九十億畝，山陵、林麓、川澤、溝瀆、城郭、宮室、塗巷三分去一，其餘六十億畝。

此言方百里之國爲田之實數也。方百里者如此，則小而方七十里、方五十里，大而方千里、方三千里，其三分去一之法，皆可以此準之矣。

古者以周尺八尺爲步，今以周尺六尺四寸爲步。古者百畝，當今東田百四十六畝三十步；古者百里，當今百二十一里六十步四尺二寸二分。

古者，謂周以前也。今，記者據當時漢法言之也。東田，東方之田也。漢初儒者皆齊、魯人，自據其地言之，故曰東。田步百爲畮，三百步爲一里，方里而井。古者百畝，當今東田百四十六畝三十步，蓋漢初時如此，至景帝改以二百四十步爲畝，則大於古之畝矣。鄭氏曰：周尺之數，未詳聞也。按禮制，周猶以十寸爲尺，蓋六國時多變亂法度，或言周尺八寸，則步更爲八八六十四寸。以此計之，古者百畝，當今百五十六畝二十五步；古者百里，當今百二十五里。孔氏曰：古者八寸爲尺，以周尺八尺爲步，則一步有六十四寸。今以周尺六尺四寸爲步，則一步有五十二寸，是今步比古步，每步剩出一十二寸。以此計之，古者百畝，當今東田百五十二畝七十一步有餘。古之百里，當今百二十三里一百一十五步二十寸，與此經皆不相應。經文錯亂，不可用也。又曰：玉人職云：「鎮圭尺有二寸。」又云：「桓圭九寸。」是周猶以十寸爲尺。今經云「以周尺六尺四寸爲步」，乃是六十四寸，則謂周八寸爲尺也。鄭卽以周尺十寸爲尺，八尺爲步，則步八十寸。鄭又以今尺八寸爲尺，八尺爲步，則今步少於古步一十六寸也。是古之四步剩出今之一步，古之四十步爲今五十步，古一畝之田長百步，得爲今田一百二十五步。方百畝之田，從北鄕南，每畝剩二十五步，總爲二千五百步，從東鄕西，每畝剩二十五步，亦總爲二千五百步，相併爲五千步，總爲五十畝。又西南一角，南北長二十五步，應南畔所剩之數，東西亦長二十五步，應西畔所剩之數，計方二十五步。開方乘之，總積得六百二十五步，六百步則爲六畝，餘有二十五步。故鄭云「古者百畝，當今百五十六畝二十五步」也。又古者四步，剩今一步，則古者四里，剩今一里。是古者八十里，爲今百里，百里之外，猶有古之二十里，爲今之二十五里，故鄭云：「古者百里，當今百二十五里。」陳氏澔曰：疏義所算亦誤。古者八寸爲尺，以周尺八尺爲步；則一步只六尺四寸。今以周尺六尺四寸爲步，則一步有五尺一寸二分，是今步比古步，每步剩出一尺二寸八分。愚謂此疏本爲二說：其前說，以八尺之步與六尺四寸之步皆爲八寸之尺，則八尺爲步，止六十四寸，六尺四寸爲步，止五十一寸二分也。其後說，以八尺之步與六尺四寸之步皆爲十寸之尺，則八尺爲步，有八十寸，六尺四寸爲步，有六十四寸也。觀經文及鄭註之意，則後說爲是。蓋古者以周尺八尺爲步，此本十寸之尺，而後人誤謂周尺止八寸，用此制步，則八寸爲尺，八尺爲步，以十寸之尺約之，止有六尺四寸矣。今疏之前說，既以八尺之步，於八十寸之中去其十六寸，而爲六尺四寸，又以六尺四寸之步，於六十四寸之中去其十二寸八分，而爲五尺一寸二分，與經、註之意皆不合。陳氏第據前說而辨其所算五十二寸之失，則亦未爲甚晰也。管子及司馬法皆云：「六尺爲步。」考工記車人爲耒，「自其庇緣其外，以至于首，以弦其內，六尺有六寸，與步相中也」，少於古時二尺矣。是周步六尺。又記特言「周尺」，則古尺、周尺疑亦不同。孟子曰：「夏后氏五十而貢，殷人七十而助，周人百畝而徹。」蓋三代皆以步百爲畝，而步之大小不同，夏大於殷，殷大於周。而尺度又有不同，故夏之五十畝當殷之七十畝，殷之七十畝當周之百畝，但其詳不可盡考耳。古時百畝，當漢初百五十六畝有餘，不啻多三分之一，則夏、殷、周田數之參差，其義又何疑哉？○自「方一里者」至此，詳言田數，因前言「天子之田」「公侯之田」而詳釋之也。

方千里者，爲方百里者百，封方百里者三十國，其餘方百里者七十。又封方七十里者六十，爲方百里者二十九，方十里者四十，其餘方百里者四十，方十里者六十。又封方五十里者百二十，爲方百里者三十，其餘方百里者十，方十里者六十。名山大澤不以封。其餘以爲附庸閒田。諸侯之有功者，取於閒田以禄之。其有削地者，歸之閒田。釋文：閒音閑，下同。

此申釋畿外八州建國之法也。諸侯之有功者，取於閒田以禄之，有功德於民而加地者也。其有削地者，歸之閒田，山川神祇有不舉者爲不敬，君削以地者也。

天子之縣內，方千里者，爲方百里者百，封方百里者九，其餘方百里者九十一。又封方七十里者二十一，爲方百里者十，方十里者二十九，其餘方百里者八十，方十里者七十一。又封方五十里者六十三，爲方百里者十五，方十里者七十五，其餘方百里者六十四，方十里者九十六。

此申釋縣內封國之法也。

諸侯之下士，禄食九人，中士食十八人，上士食三十六人，下大夫食七十二人，卿食二百八十八人，君食二千八百八十人。次國之卿，食二百一十六人，君食二千一百六十人。小國之卿，食百四十四人，君食千四百四十人。次國之卿命於其君者，如小國之卿。釋文：食音嗣，又如字。

此申釋諸侯以下制祿之法也。

天子之大夫爲三監，監於諸侯之國者，其祿視諸侯之卿，其爵視次國之君，其祿取之於方伯之地。方伯爲朝天子，皆有湯沐之邑於天子之縣內，視元士。釋文：爲朝，爲，于僞反。

此言三監之祿與方伯湯沐之邑，又以補前文之所未備也。鄭氏曰：湯沐之邑，給齊戒自潔清之用，浴用湯，沐用潘。許氏愼曰：公羊說，諸侯朝天子，天子之郊皆有朝宿之邑，從泰山之下皆有湯沐之邑。左氏說，諸侯有功德於王室，京師有朝宿之邑，泰山有湯沐之邑。魯，周公之後，鄭，宣王母弟，皆有湯沐邑，其餘則否。愼謹按：京師之地，皆有朝宿邑，周千八百諸侯，盡京師地不能容之，不合事理之宜。愚謂方伯湯沐之邑在天子之縣內者，卽左氏、公羊所謂「朝宿之邑」也。左氏、公羊以在京師者爲朝宿之邑，在泰山下者爲湯沐之邑，其實京師及泰山下之邑，皆爲朝王而居宿，皆所以齊戒自潔清也。方伯有湯沐邑，則非方伯不得有也。魯爲方伯，故有許田。衞亦嘗爲方伯，故左傳云：「取於有閻之土，以供王職；取於相土之東都，以會王之東蒐。」有閻之土，京師湯沐之邑也；相土之東都，泰山下湯沐之邑也。鄭非方伯，而有泰山之祊，則以懿親，特賜也。

諸侯世子世國，大夫不世爵。使以德，爵以功。未賜爵，視天子之元士，以君其國。諸侯之大夫不世爵、祿。

此申言內諸侯祿、外諸侯嗣之制，而且以補其未備之義也。諸侯，謂畿外諸侯。大夫，謂天子之公卿大夫也。使以德者，有德則使之爲大夫，而不能必其子之亦有德，此大夫之所以不世爵也。爵以功者，有功，故爵之爲諸侯，而有功之賞宜及於其子孫，此諸侯之所以世國也。諸侯除喪，以士服見天子，天子命之，乃用諸侯之禮。未賜爵，謂諸侯初嗣位，未見天子而受命也。視天子之元士，謂其車服之制也。言此者，以明諸侯雖得世爵，而未嘗不待天子之命之也。天子之大夫不世爵，而祿則有世者；諸侯之大夫，爵、祿皆不世也。○孔氏曰：諸侯大夫有大功德，亦得世祿，故隱八年：「官有世功，則有官族，邑亦如之。」愚謂諸侯大夫不世爵、祿，此亦本於公羊傳「春秋譏世卿」之說。其實先王時，諸侯大夫未嘗無世爵、祿者，所謂「世臣與國同休戚」，乃人君之所恃以立國。故滕行世祿，孟子善之。而喪服有「大夫爲昆姊之長殤」，未冠已爲大夫，必其高勳大族，世爲大夫者矣。蓋爵可世而官不可世。司徒、司馬、司空之屬謂之官，卿、大夫、士謂之爵。泰誓數殷紂之罪，齊桓公五禁，皆言「世官」而不言世爵。世官，謂若魯季氏爲司徒，叔孫氏爲司馬，孟孫氏爲司空，宋樂氏爲司城以聽政，鄭罕氏之爲冢宰以當國，世居是官而不易者也。

六禮：冠、昏、喪、祭、鄉、相見。釋文：冠，古亂反。

李氏格非曰：冠、昏、鄉，嘉禮也。喪，凶禮。祭，吉禮也。相見，賓禮也。周官宗伯掌禮之在上者，則有軍禮，而冠、昏、鄉其禮同，故五禮。此言禮之在民者，則無軍禮，而冠、昏、鄉其事異，故六禮。愚謂禮之在國者其別多，故總之以五禮，而冠、昏、鄉皆屬於嘉禮；禮之在民者其別少，故分之爲六禮，而冠、昏、鄉各爲一禮。○此下三節，詳六禮、七教、八政之目也。

七教：父子、兄弟、夫婦、君臣、長幼、朋友、賓客。釋文：長，丁丈反。

父子有親，君臣有義，夫婦有別，長幼有序，朋友有信，謂之五教，書所謂「敬敷五教」是也。然旁親皆謂之長幼，而兄弟則其情尤親，故分兄弟於長幼而爲二。賓客卽朋友之類，然同志者乃謂之朋友，而賓客則所該者廣，故分賓客於朋友而爲二。此七教之所由名也。

八政：飲食、衣服、事爲、異別、度、量、數、制。

項氏安世曰：事爲者，冢宰之九職，司徒之十二事，考工之六職，皆司徒所頒以任民者也。愚謂異別，卽上飲食、衣服、事爲三者而事各不同者，若五方異俗，四民異業，貴賤異禮之類。度，丈尺也。量，斗斛也。數，百十也。制，布帛幅廣狹與其長短也。言「異別」於四者之上，以飲食、衣服、事爲有異，而度、量、數、制不容異也。

禮記卷十五

月令第六之一 別録屬明堂陰陽記。

鄭氏曰：名曰月令者，以其紀十二月政之所行也。本呂氏春秋十二月紀之首章，禮家好事抄合之，其中官名、時、事，多不合周法。孔氏曰：周無大尉，秦官有之。此云「乃命大尉」，是官名不合周法。秦以十月建亥爲歲首，月令云「爲來歲受朔日」，卽是九月爲歲終，十月爲受朔，此是時不合周法。周有六冕郊天，迎氣則用大裘，乘玉輅，建大常日月之章，而月令服飾車旗並依時色，此是事不合周法也。案不韋死十五年，秦并天下，然後以十月爲正。又秦并天下立郡，何得云「諸侯」？秦好兵殺害，毒被天下，何能布德施惠，春不興兵？鄭必謂不韋作者，以呂氏春秋十二月紀正與此同。且不韋集諸儒所作，爲一代大典，亦採擇善言，遵立舊章，但秦自不能依行耳。又秦爲水位，其來已久，秦文公獲黑龍，以爲水瑞，何怪未平天下前以十月爲歲首乎？陳氏祥道曰：天人之道雖殊，而象類之理則一。聖人將有行，將有爲，仰觀日月、星辰、霜露之變，俯察蟲魚、草木、鳥獸之化，不先時而起，不後時而縮，以之授民時而無不順，因物性而無不適。此堯典若昊天以授民事，周官「正歲年以序事」之意。愚謂是篇雖祖述先王之遺，其中多雜秦制，又博採戰國雜家之説，不可盡以三代之制通之。

然其上察天時，下授民事，有唐、虞欽若之遺意。馬融輩以爲周公所作者固非，而柳子厚以爲瞽史之語者亦過也。

孟春之月，日在營室，昏參中，旦尾中。釋文：參，所林反。

孔氏曰：孟春者，夏正建寅之月也。秦以十月爲歲首，此不用秦正而用夏正者，以夏數得天，周雖建子，其祭祀田獵亦用夏正也。　愚謂營室者，北方玄武之第六宿，而娵訾之次也。天有二十八宿，分爲三百六十五度四分度之一，(今法爲三百六十度。)日行一歲而周，每歷二氣而行三十度有餘，積二十四氣而爲一歲。明時者因以日二氣之所行爲一次，凡爲十二次。星紀者，丑之次；玄枵者，子之次；娵訾者，亥之次；降婁者，戌之次；大梁者，酉之次；實沈者，申之次；鶉首者，未之次；鶉火者，午之次；鶉尾者，巳之次；壽星者，辰之次；大火者，卯之次；析木者，寅之次。蓋古之明時者上推十一月朔夜半冬至爲元，以爲日月五星運行之所自始。此時日躔在北方子位，而其次則爲玄枵，故以玄枵爲子，而其餘亦皆因其所在而配以十二支之名，自後雖運行無常，而其名不易焉。日在營室者，謂是月日之所行，躔於亥宮營室之星也。案漢三統書，正月節，日在危十六度；正月中，日在營室十四度。日道東行，恒星西轉，約六十餘年而差一度，明時家所謂「歲差」也。漢三統書雖作於劉歆，實即落下閎太初書。自太初元年上距不韋時，一百三十餘年，歲差二度。三統書立春日在危十六度，則秦時立春日在營室初度也。中者，星之見於南方午位者也。日道雖有發斂，而正南之位，東西去日出入之度必皆當其中，故星之見於此者謂之中星。明時者必測中星之所在，據其距日出入之度，加入晨昏刻之所行，以求日行之真躔也。星無時不有中者，以昏時初見，旦時將没，而東西去日爲近，易於推算，故候中星者必以昏星、旦星爲主，而尤以昏時爲要，其實昏後旦前亦未嘗不候之以相參驗也。參者，西方白虎之第七星；尾者，東方蒼龍之第六星也。案三統書，立春昏畢十度中，則立春後七日參星昏中。秦時立春當昏畢十二度中，立春後五日參星昏中也。又按後漢書律志立春昏畢五度中，旦尾七度中。後漢律志中星與三統書中星率相距五度，與秦時中星當相距七度，則秦時立春旦尾十四度中也。王者敬授人時，必測日月星辰之運，而尤以測日行爲主。測中星者，亦所以測日也。故月令於每月首言日躔，而繼以昏旦之中星。此定時成歲之本，而政教民事之所由以起者也。陳氏大猷曰：中星者，所以正四時日行之所在。古玉衡之器，以玉爲管，横設之，以二端對南北極。自南北面望之〔一〕，則北極正對管之北端；自北南面望之〔二〕，則昏時某星正值管之南端。在南正午之地，故謂之中星。蓋大陽所在，星輝隱伏，不知所行在何處，惟從中星推之。晝考諸日景，夜考諸中星，則七政之運行皆可得而推矣。〇鄭氏云：「孟春之月者，日月會於娵訾，而斗建寅之辰也。」蓋日日行一度，月日行十三度十九分度之七，至二十九日有餘，則追及於日而與之會〔三〕，謂之合朔。日每行一次之中，必與月一會，所謂「日月所會謂之辰」也。然朔日有定，而節氣先後不同，則合朔所在不可定指爲何宮何宿。以正月言之，如立春在朔日以前，日月固會於亥宮矣。如在二日以後，則合朔乃在前宮

〔一〕〔二〕「面」，萬有文庫本作「而」。

〔三〕「追」，萬有文庫本作「進」。

玄枵之次，故記不言辰而但言日也。斗建寅，謂斗柄初昏指於東方寅位也。漢時冬至日在建星，斗柄指子，則季冬指丑，孟春指寅。故漢志云：「斗建下爲十二辰，視其建而知其次。」而鄭氏註月令及周禮大師，亦皆以斗建配十二月。然十二月之名久矣，而古今歲差不同。堯時日短星昴，則冬至初昏，斗柄指丑，季冬指寅，孟春指卯。今時憲書立春日在女，則斗柄指丑矣。且日有永短，卽以漢時孟春初昏斗柄指寅，而立春後晝刻漸多，斗見漸晚，至夏至午月，斗柄初昏已指未、申間矣。沈存中云：「正月寅，二月卯，謂之建。」其說謂「斗杓所建，不必用此說。」緣斗建有歲差，春爲寅卯辰，夏爲巳午未，理自當然，不須因斗建也。其說是也。故今於鄭氏以日月之會及斗建言十二月者，皆無取焉。

○孔氏曰：立春之時，日在危十六度，月半，日在營室十四度。營室號娵訾，但星次西流，日行東轉，東西相逆。月初之時，則日在星分之初，月半在星分之半，月終在星分之終。十二月，日之所在，或舉月初，或舉月末，皆據其大畧，不與律數齊同。昏參中，依三統書，立春後六日，參星初度，昏得中也。但二十八宿星體有廣狹，相去有遠近。或月節月中之日，昏明之時，前星已過於午，後星未至正南。及星有明暗，見有早晚，明者昏早見而旦晚沒，暗者昏晚見而旦早沒。所以昏明中星，不可正依律法，皆大略而言。但一月之內有中者，卽得載之。愚謂孔氏不計歲差，直以漢時之日躔中星爲月令之日躔中星，其說非是。又月令日躔皆舉月，初無舉月半月終者。以漢志考之，皆合。孔氏謂「舉其大畧，不正與律齊同」者，亦非是。至昏旦中星，則以孔氏所引漢三統書考之，合者少而不合者多。其合者皆舉月初，其不合者乃皆在漢時中星之西，至有相距六七度及十餘度者，殊不可曉。星體固有明暗，然既云「一月之內有中者卽得載之」，則月初星暗可舉月中，月中星暗可舉月末，不當舉已過之星以爲中。宿度相距，雖或微遠，然一月三十度，是月應中之星，必無不當是次者也。今乃在三十度之外，何耶？今於每月中星，悉據三統書推之，而於月令之所以不合者姑闕其疑。

其日甲乙，

高氏誘曰：甲乙，木日也。漢書律志曰：出甲於甲，奮軋於乙。鄭氏曰：春時萬物皆解孚甲，自乙軋而出。愚謂日以十干循環爲名，十干分屬五行，而甲乙爲木，故日之值甲乙者屬於春。○鄭氏謂「日之行，春，東從青道，發生萬物，因以甲乙爲名」；「夏，南從赤道，長育萬物，因以丙丁爲名」；「四時之間，從黃道，萬物茂盛，因以戊己爲名」；「秋，西從白道，成熟萬物，因以庚辛爲名」；「冬，北從黑道，閉藏萬物，因以壬癸爲名」。此謬之甚者。記之所謂日，謂積十二時而成者也。此雖本以在天之日行而得名，然所指自殊，安得以在天日行解之？且日行但有黃道，而無青赤白黑；黃道出入於赤道，但有南北而無東西。若謂因日躔之所在，按四方之宿以名日道，則春行西陸，宜曰白道，秋行東陸，宜曰青道，而又反之，何也？鄭氏所言，本河圖帝覽嬉之謬說，孔疏雖曲爲之解，而亦已明言其乖違，今故删去之，而但節存其十干之說云。

其帝大皞，其神句芒，釋文：大音太，後文「大簇」「大史」「大寢」「大廟」「大尉」皆同。皞，亦作「昊」，胡老反。句，古侯反。

鄭氏曰：此蒼精之君，木官之臣，自古以來著德立功者也。大皞，宓戲氏。句芒，少昊氏之子，曰重，爲木官。孔氏曰：皞皞，廣大之貌。東方元氣盛大，故東方之帝謂之大皞。句芒者，木初生之時，句屈而有芒角，故主木之官云句芒。愚謂天以四時五行化生萬物，其氣之所主謂之帝，易所謂「帝出乎震」也。春之帝曰大皞，夏曰炎帝，秋曰少皞，冬曰顓頊，中央曰黄帝，周禮所謂「五帝」也。有帝而復有神者，蓋四時之氣運於天，而五行之質麗乎地，自其氣之各有所主則爲五帝，自其質之各有所司則爲五神，故周禮五帝爲天神，而五祀爲地祇也。大皞在天，木德之帝，伏戲氏乘木德而王，其號亦曰大皞，祭木帝則以配食焉。句芒在地，木行之神，重爲木正，而其官亦曰句芒，祭木神則以配食焉。鄭據緯書，以靈威仰等爲五帝，故不得不以大皞等爲人帝；既以大皞等爲人帝，則不得不以句芒等爲人官。漢書云：「大皞乘震執規而司春，炎帝乘離執衡而司夏，黄帝乘坤執繩而司下土，少昊乘兑執矩而司秋，顓頊乘坎執權而司冬。」此豈人帝之謂乎？國語云：「虢公夢神人，面白毛，虎爪，執鉞立於西阿。」史嚚以爲蓐收，天之刑神也。此豈人官之謂乎？○周禮小宗伯：「掌建國之神位，右社稷，左宗廟。兆五帝于四郊，四望、四類亦如之。兆山川、邱陵、墳衍，各因其方。」社者，五祀之土神，而四類所記者，木火金水之神也。五行土爲主，而其位在中，故兆於路門外之右。而四行分兆於四郊：木神於東，火神於南，金神於西，水神於北，各因其類，故謂之四類。稷者，五土原隰之神。五土原隰爲尊，其位亦在中，故亦兆於路門外之右，與社相配。而四土分兆於四方：川澤宜鱗物於東，邱陵宜羽物於南，山林宜毛物於西，墳衍宜介物於北。詩言「以社以方」。周禮大司馬春田「獻禽以祭社」，夏田「獻禽以享礿」，秋田「致禽以祀方」，冬田「獻禽以享烝」。方卽四行、四土之神，兆之各因其方者也。國以宗廟社稷爲主，故春秋之田以祭社稷爲主，冬夏之田以祭宗廟爲主。春言社，秋言方，互舉以相備。蓋祭社者必祭方，祭方者亦必祭社，皆春祈而秋報也。左傳、大宗伯皆言「社稷」，又言「五祀」，蓋以社稷相配，五祀亦相配，故重言之，非社外又有五祀之土神也。鄭氏不知社與四類即五祀，而以四類爲日月星辰。夫小宗伯以「四望、四類」並言，正與大宗伯敘地祇之祭言「五祀、五嶽」者合，若日月星辰，豈當錯序於「四望」「山川」之間乎？

其蟲鱗，

馬氏晞孟曰：蒼龍，木屬也。其類爲鱗，故春則其蟲鱗。吳氏澄曰：東方角、亢、氐、房、心、尾、箕七宿，有龍之象，故凡動物之有鱗者屬木。愚謂鱗蟲水處而游，得陽之少者也，故屬春。○鄭氏解四時之蟲：「蟲鱗，謂象物孚甲將解。蟲羽，謂象物從風鼓翼。蟲倮，謂象物露見不隱。蟲毛，謂象物應涼氣而備寒。蟲介，謂象物閉藏地中。」其説尤穿鑿無義理，今不取。

其音角，

鄭氏曰：音，謂樂器之聲也。三分羽，益一以生角，角數六十四。屬木者，以其清濁中，民象也。春氣和，則角聲調。凡聲尊卑，取象五行，數多者濁，數少者清，大不過宮，細不過羽。漢書律志曰：角，觸也，物觸地而出，戴芒角也。愚謂其音角者，五音分配五行，而角爲木，故屬春。史記云：「九九八十一以爲宮。」蓋黃鐘爲宮，其長九寸，寸爲九分，故宮數八十一。此黃鐘實積之數也。黃鐘下生林鐘爲徵，林鐘六寸，故徵數五十四。林鐘上生大簇爲商，大簇八寸，故商數七十二。大簇下生南吕爲羽，南呂五寸三分寸之一，故羽數四十八。南呂上生姑洗爲角，姑洗七寸九分寸之一，故角數六十四。蓋十二律雖旋相爲宮，而黃鐘爲十二律之本。黃鐘一均，相生而爲五音，乃十二均之始，故五音之數，獨據此以言之。五音於四時雖各有分屬，然作樂則必以宮聲爲尊，而從律成文，亦未嘗偏有所主。孔疏謂「春調樂，以角爲主，」非也。

律中大蔟。釋文：中，丁仲反，後放此。蔟，七豆反。

鄭氏曰：律，候氣之管，以銅爲之。中猶應也。孟春氣至，則大蔟之律應。應，謂吹灰也。大蔟者，林鐘之所生，三分益一，律長八寸。凡律空圍九分。周語曰：「大蔟所以金奏，贊陽出滯。」漢書律志曰：「三分林鐘益一，上生大蔟。蔟，奏也，言陽氣大，奏地而達物也。位於寅，在正月。孔氏曰：上從「其日甲乙」，下終「其祀户」，皆總主一春三月之事。此「律中大蔟」，唯主正月之氣，宜與「東風解凍」相連，必在此者，角是春時之音，律審春時之氣，音氣相須，故角、律同處，言正月之時，候氣之管，中於大蔟之律。中猶應也。蔡邕云：「以法爲室三重，户閉，塗釁必周密，布緹縵室中，以木爲案。每律各一案，内庳外高，從其方位，加律其上，以葭灰實其端。其月氣至，則灰飛而管通。」如蔡所云，則是爲十二律布室内，十二辰以候月氣。正月候氣飛灰，應於大蔟之管，又計大蔟律數倍，而更半鑄之，爲大蔟之鐘。是大蔟之鐘元生於大蔟之律。蔡氏以爲先有鐘，後有律，言「律中此大蔟之鐘」，非也。蔡氏元定曰：雨水則大蔟八寸。沈氏括曰：候氣之法，隋書志論之甚詳。其法先治一室，令地極平，乃埋律琯，皆使上齊，入地則有淺深。冬至陽氣距地面九寸而止，唯黃鐘一琯達之，故黃鐘爲之應。正月陽氣距地面八寸而止，自大蔟以上皆達，黃鐘、大呂先已虛，故唯大蔟一律飛灰。地有疎密，則不能無差忒，故先以木案隔之，然後實土案上，以水平其槩，然後埋律其下。愚謂漢書律志云：「黃帝使泠綸取竹嶰谷，以爲黃鐘之宮。制十二筩以聽鳳之鳴，比黃鐘之宮，而皆可以生之。」是古律以竹爲之。鄭氏謂「用銅」，據漢時言之耳。朱子謂「十二律之名必有深義。國語、漢志所言，支離附會，不必深究」。愚謂非獨十二律，雖十干、五音之義亦然，今亦姑存其說而已。每月有三十日，孟春律中大蔟者，謂中氣至之一日也。後放此。

其數八，

八者，木之成數也。天一地二，天三地四，天五地六，天七地八，天九地十，此天地之數也。一與六合，二與七合，三與八合，四與九合，五與十合。故天一生水，地六成之；地二生火，天七成之；天三生木，地八成之；地四生金，天九成之；天五生土，地十成之。蓋木火土金水者，五行運行之次序也；水火木金土者，五行生成之次序也。四時皆以成數言者，木火金水既成而後功用著也。

其味酸，其臭羶，釋文：羶，失然反。

鄭氏曰：酸、羶，木之臭味也，凡物之酸、羶者皆屬焉。孔氏曰：通於鼻者謂之臭，在口者謂之味。馬氏晞孟曰：味生於形，臭生於氣。曲直作酸，故其味酸；物以木化，則其氣爲羶。愚謂呂氏春秋「草食者羶」，註云「草食，食草木，若麞鹿之屬」，則木之臭羶可知。

其祀户，祭先脾。

户者，廟室之户，五祀之一也。鄭氏曰：春，陽氣出，祀之於户，内陽也。祀之先祭脾者，春爲陽中，於藏值脾，脾爲尊。凡祭五祀於廟，用特牲，有主有尸，皆先設席于奧。祀户之禮，南面設主于户内之西，乃制脾及腎爲俎，奠于主北。又設盛于俎西，祭黍稷，祭肉，祭醴，皆三。祭肉，脾一，腎再。既祭，徹之，更陳鼎俎，設饌于筵前。迎尸略如祭宗廟之儀。疏云：「凡祭五祀於廟」以下，皆中霤禮文，後同。孔氏曰：户是人之出入，户則有神。祭户之時，脾腎俱有，先用脾以祭之者，以春爲陽中，於藏值脾。脾既春時最尊，故先祭之。牲位南首，肺最在前而當夏，腎最在後而當冬。從冬稍前而當春，從腎稍前而當脾，故春位當脾。從肺稍却而當心，故中央主心，從心稍却而當肝，故秋位主肝。此等直據牲之五藏所在，而當春夏秋冬之位耳。此「特牲」，謂特牛，故小司徒「小祭祀，奉牛牲」。若諸侯或亦當然，其大夫當特羊也。愚謂春祀户，夏祀竈，中央祀中霤，秋祀門，冬祀行，此所謂五祀也。五祀皆宫内之神。門、户者，人之所出入也；竈者，人所藉以養也；行者，人之所往來也；中霤者，人所居以安其身也。此五者，皆有神以主之，其於人最爲切近而不可離，故以此列爲五祀，而其禮通乎上下也。春秋者，陽陰出内之交，故祀門、户。户奇，陽也，且春時主出，出從内始，故祀户。門偶，陰也，且秋時主内，内從外始，故祀門。祭五祀必皆於廟者，蓋祀之於人所居之處則恐其褻，故祀之於廟也。祭，謂祭之於地也。祭先脾者，言所祭牲之五藏以脾爲先也。脾屬土，春木勝土，祭其所勝也。夏后氏祭心，殷祭肝，周祭肺，凡祭皆然。秦制或與三代不同，亦當專尚一藏。而祭五祀則所祭不同者，此謂祭初降神之時，尸尚未入，而祝爲祭之，若士虞禮祝祭黍稷及膚於苴者；若尸入祭牲體，則當祭其所尚之藏也。鄭氏所言「祭肉、祭醴」以上，祭初降神之禮也；「徹饌，更陳鼎俎」以下，正祭之禮也。五祀，地示也。大宗伯祭地示，以血祭、貍沈、疈辜降神，五祀降神不用此法者，以其神卑也。其正祭之禮，尸入而飯，既飯而酳，蓋其禮三獻，與特牲、少牢祭禮畧同。鄭氏謂「如祭宗廟之禮」，謂大夫士祭宗廟之禮，非天子諸侯祭宗廟之禮也。孔疏謂祭五祀用特牛，蓋據天子禮言之，以王之小祭祀皆用牛也。詩言「取羝以軷」，是諸侯五祀用特羊，則大夫士用特豕與？祭五祀於每月言之，則不限何月，如祀户則春三月皆可祀也。抑或以先後爲尊卑之別與？

東風解凍，蟄蟲始振，魚上冰，獺祭魚，鴻雁來。 釋文：上，時掌反。○鴻雁來，呂氏春秋作「候雁北」。

鄭註： 今月令「鴻」皆爲「候」。

鄭氏曰：皆記時候也。振，動也。夏小正「正月啟蟄」，「魚陟負冰」。漢始以驚蟄爲正月中。此時魚肥美，獺將食之，先以祭也。鴈自南方來，將北反其居。高氏誘曰：東風釋凍，冰泮釋也〔一〕。魚，鯉鮒之屬，應陽而動，上負冰。獺獱水禽，取鯉魚置水邊，四面陳之，世謂之「祭魚」。鴈從彭蠡來，北過至北極之沙漠也。孔氏曰：凡記時候，先言者在前，後言者在後。正月中氣之時，蟄蟲得陽氣，初始振動，至二月，乃大動而出。對二月，故云「始振」。漢時以驚蟄爲正月中，雨水爲二月節，劉歆作三統書，始改雨水爲正月中，驚蟄爲二月節，故鄭云「漢始以驚蟄爲正月中」也。魚當盛寒之時，伏於水下，以逐温暖。正月陽氣既上，魚游於水上，近於冰，故曰「魚上冰」也。方氏慤曰：東風，即條

〔一〕「也」，呂覽孟春紀高注作「地」。

風也。八風之氣，生於八方，以應八節。經止於孟春言「東風」，季夏言「溫風」，孟秋言「涼風」，仲秋言「盲風」，或言其方，或言其氣，或言其時，而有詳畧不同者，特記時而已。○月令所記時候，亦見於周書時訓。月令總言於一月之中，而時訓則分五日爲一候，一月六候，爲後世明時家七十二候之所本。夫時候之變，固有後先，然而地勢有陰陽向背之殊，氣候有南北溫寒之異，而物之稟氣有厚薄，感氣有早晚，則同爲是物，不能使其一日之間翕然皆應者，乃理之所必然也。時訓乃定以五日爲一候，謂某候不應則致某災，有是理乎？周書本秦漢間人僞作，時訓一篇，蓋卽取月令所言分之，補湊割裂，毫不出於自然之意，不如月令之爲善也。

天子居青陽左个，乘鸞路，駕倉龍，載青旂，衣青衣，服倉玉，食麥與羊，其器疏以達。釋文：路，本又作「輅」。載音戴，後放此。衣青，於既反，後放此。噐，本又作「器」。○呂氏春秋「路」作「輅」，「倉龍」作「蒼龍」，「倉玉」作「青玉」。

皆所以順時氣也。青陽，明堂東方之堂名也。室之夾堂者謂之个。左傳：「置饋於个而退。」青陽左个者，明堂東方之北室也。明堂在國南門之外，周以季秋於此享上帝，而以文王配焉。每月之朔，則於此告朔於上帝及文王，而各順其月之方居之，以聽朔焉。此云「居青陽左个」，蓋亦周人順時聽朔之制，孟春則聽政於東北方之室也。淮南子時則訓作「朝於青陽左个，以出春令」，義尤分曉。朝，卽「春秋朝於廟」之朝，謂告朔也。出春令，謂聽朔也。高氏誘曰：衣服佩玉皆青者，順木色也。鄭氏曰：鸞路，有虞氏之車，有鸞和之節，而飾之以青，取其名耳。春言「鸞」，冬夏言色，互文。馬八尺以上爲龍。凡所服玉，謂冠飾及所佩者之衡璜也。凡此車馬衣服，皆所取於殷時而有變焉，非周制也。周禮朝、祀、戎、獵，車服各以其事，不以四時爲異。又玉藻曰「天子龍袞以祭，玄端而朝日」，「皮弁以日視朝」，與此皆殊。孔氏曰：龍與玉言「倉」者，倉亦青也，遠望則倉。旂與衣言「青」者，欲見人功所爲，故以近色言之。愚謂此車馬衣服，乃秦自所爲制耳，非有取於古也。食麥與羊者，蓋以麥爲木穀，羊爲木畜也。淮南子「春，其畜羊」，是也。月令四時所食之穀與牲，蓋亦以五行分配之。然五牲則惟牛之屬土，犬之屬金，彘之屬水，與周禮合。若羊，則周禮屬火，而月令屬木，雞則周禮屬木，而月令屬火，孔疏所謂「陰陽之說多塗」者。至五穀所配，其義尤多不可曉。鄭氏所言「麥實有孚甲，屬木」，「麻實有文理，屬金」之類，皆穿鑿無義理。今就其可釋者釋之，其餘亦無足深究也。疏，疏刻之，使通氣也。達者，直而無回曲也。器疏以達，順春氣之發舒也。○陳氏祥道曰：明堂之名，見於周頌、孝經、左傳、孟子、荀卿、考工記、禮記、家語，其制不見於經。特考工記曰：「夏后氏世室，堂脩二七，廣四，脩一。五室，三四步，四三尺，九階，四旁兩夾窗，白盛。門堂三之二，室三之一。殷人重屋，堂脩七尋，堂崇三尺，四阿，重屋。周人明堂，度九尺之筵，東西九筵，南北七筵，堂崇一筵。五室，凡室二筵。」此三代明堂之別也。夏世室，殷重屋，周明堂，則制漸文矣。夏度以步，殷度以尋，周度以筵，則堂漸廣矣。夏言堂脩、廣而不言崇，殷言堂脩而不言廣，言四阿而不言室，周言堂脩、廣、崇而不言四阿，其言蓋皆互備。鄭康成曰「夏堂崇一尺，殷堂廣九尋」，理或然也。月令中央大室，東青陽，南明堂，西總章，北玄堂，皆分左右个，與大廟，則五室十二堂矣。明堂位前中階、阼階、賓階，旁四門，而南門之外又有應門，則南三階，東西北各二階，而爲九階矣。蓋木室於東北，火室於東南，金室於西南，水室於西北，土室於中央，其外別之以十二堂，通之以九階，環之以四門，而南門之外加以應門，此明堂之大畧也。大戴禮、白虎通，韓嬰、公玉帶、淳于登、桓譚、鄭康成、蔡邕之徒，其論明堂者多矣。獨淳于登以爲在國之陽三里之外，七里之內，其說蓋有所傳然也。何則？聽朔必於明堂，而玉藻曰「聽朔於南門之外」，則明堂在國之南可知。成王朝諸侯，四夷之君咸列四門之外，朝寢之間，有是制乎？則明堂在國之外可知。鄭康成謂「明堂、大廟、路寢異實同制，」蔡邕謂「明堂、大廟、辟廱異名同實」，豈其然哉？諸侯之廟，見於公食大夫禮，有東西房、東西夾而已。天子路寢，見於書，亦東西房、東西夾，又東序、西序、東堂、西堂而已，則大廟、路寢無五室十二堂矣。謂明堂、大廟、路寢異實同制，非也。宗廟居雉門之內，而教學飲射於其中，則莫之容；處學者於鬼神之宮，享天神於人鬼之室，則失之瀆。謂明堂、大廟、辟廱同實異名，非也。朱子曰：論明堂之制者非一，某竊意當有九室，如井田之制。東之中爲青陽大廟，東之南爲青陽右个，東之北爲青陽左个；南之中爲明堂大廟，南之東爲明堂左个，南之西爲明堂右个；西之中爲總章大廟，西之南爲總章左个，西之北爲總章右个；北之中爲玄堂大廟，北之東爲玄堂右个，北之西爲玄堂左个；中央爲大廟大室。凡四方之大廟異所，其左右个，則青陽之右个乃明堂之左个，明堂之右个乃總章之左个，總章之右个乃玄堂之左个，玄堂之右个乃青陽之左个，但隨其時之方位開門耳。古人制事，多用井田遺意，此恐也是。愚謂明堂之制雖不可考，然以考工記、月令、大戴禮與夫朱子之所言者推之，亦可以得其槩矣。明堂東西九筵，南北七筵，四面有階，階之上爲堂，堂之旁爲室，室之居中者爲大廟大室，居乎四隅者爲青陽、明堂、總章、玄堂之左右个，其在兩室之間而居乎四正者爲堂，則青陽、明堂、總章、玄堂之大廟也。以大廟大室合四隅之室，則考工記之五室也。以四堂合五室，則大戴禮之九室也。以四隅之四室，隨方開門爲八室，又合四堂，則月令之十二室也。室有壁以爲界，別而堂則四周相通。分之爲十二室，而合之止爲一堂，故於此享上帝，配祖考，牲、牢、俎、籩陳焉，獻、酬、酳、酢行焉，而不患於迫隘也。

是月也，以立春。先立春三日，大史謁之天子曰：「某日立春，盛德在木。」天子乃齊。立春之日，天子親帥三公、九卿、諸侯、大夫以迎春於東郊，還反，賞公、卿、諸侯、大夫於朝。釋文：先，悉薦反。齊，側皆反。還音旋，後皆同。○呂氏春秋「反」作「乃」。

立春，正月之朔氣也。謁，告也。大史「掌正歲年以序事」，「大祭祀，與執事卜日。」先三日告天子，容齊三日也。迎春者，迎青帝大皞，祭之於東郊之兆，而伏羲氏配食焉。周禮所謂「祀五帝」，此其一也。賞公、卿、諸侯、大夫，謂有功德者則於此時賞賜之，順陽氣而布仁恩也。朝，路門外之朝也。凡言「是月」之下不別言「是月」者，或一事相爲首尾，或異事而一時所命者也。別言「是月」者，事既異端，命又異時者也。後皆放此。高氏誘曰：東郊八里，南郊七里，西郊九里，北郊六里。蔡氏邕曰：東郊去邑八里，因木數也。孔氏曰：周法四時迎氣皆前期十日而齊，散齊七日，致齊三日。今秦法簡，故三日，蓋散齊二日，致齊一日也。孟春賞公、卿、大夫，孟夏行賞，封諸侯，孟秋賞軍帥武人，孟冬賞死事、孤、寡，四時所賞不同者，順時氣也。○鄭氏曰：王居明堂禮曰：「出郊十五里迎歲。」蓋殷禮也。周則近郊五十里。愚謂王居明堂禮未可定其爲何代之制，然國外皆謂之郊。周時兆五帝於四郊，必不在五十里之遠也。高氏、蔡氏之說近之。○孔氏曰：自「孟春之月」訖「其日甲乙」，明天道也。先建春以奉天，奉天然後立帝，立帝然後言佐，言佐然後列昆蟲之別。物有形可見，然後聲音可聞，故陳音。有音然後清濁可聽，故言鐘律。音聲可以彰，此句疑有誤脫。故陳酸、羶之屬，羣品以著。五行爲用於人，然後宗而祀之，故陳五祀。此以上記事之次也。「東風」以下，効初氣之序也。二者既立，然後人君承天時，行庶政，故言帝者居處之宜，衣服之制，布政之節，所以奉天時也。

命相布德和令，行慶施惠，下及兆民。慶賜遂行，毋有不當。釋文：相，息亮反。施，如字，又始豉反。當，丁浪反。

鄭氏曰：相，謂三公相王之事也。德，謂善教也。令，謂時禁也。慶，謂休其善也。惠，謂恤其不足也。天子曰兆民。毋有不當者，言使當得者皆得，得者無非其人。孔氏曰：公羊傳云：「三公者何？天子之相也。」至六國時，一人知事者特謂之相。愚謂此與下節「命大史」，孟夏「命樂師習合禮樂」，「命大尉贊傑俊」之屬，孟秋「命將帥選士厲兵」，皆於迎氣還反行賞之後卽命之者，以其與迎氣同日，故不言「是月也」。

乃命大史守典奉法，司天日月星辰之行，宿離不貸，毋失經紀，以初爲常。釋文：宿，息六反，徐音秀。離，依註音儷，呂計反。貸，吐得反，徐音二。○呂氏春秋「貸」作「忒」。○今按：離，如字。

典，六典。法，八法也。星，二十八宿。辰，十二次也。司，主也。天與日月星辰各有行度，大史主審候之也。宿，謂日之所次，故二十八星謂之宿。離，謂月之所歷，詩言「月離于畢」是也。貸，差忒也。經，謂大綱。紀，謂條理。蓋天運本無差失，恆星之動甚微，而辰者卽日月之所會也。日有永短盈縮，月有朒朓遲疾，其占候不可以有所差失，日月之行審，而天與星辰在其中矣。初，舊也。以初爲常，言當循用舊法而無變也。周禮大史之職「掌建邦之六典以逆邦國之治，掌法以逆官府之治，掌則以逆都鄙之治」，「正歲年以序事」。其屬馮相氏「掌十有二歲、十有二月、十有二辰、十日、二十有八星之位，辨其敘事，以會天位」；保章氏「掌天星以志日月星辰之變動」。是典、法與天文皆大史之所掌也。此與上節皆於迎氣日命之，上節爲順時布政之首，此節於順時氣之義無與，以典、法、天文於國政特重故也。

是月也，天子乃以元日祈穀于上帝。

鄭氏曰：謂以上辛郊祭天也。春秋傳曰：「夫郊祀后稷，以祈農事，是故啟蟄而郊，郊而後耕。」孔氏曰：案郊特牲云「郊之用辛」，鄭云：「凡爲人君，當齊戒自新。」愚謂歲事莫重於農，故孟春卽祈之於上帝，仲春又祈之於社稷。先上帝，次社稷，尊卑之序也。郊之用辛，猶社之用甲，當時必有其義，但今無可考耳。鄭氏「齊戒自新」之說，未免於鑿也。上帝，謂昊天上帝。凡言「上帝」，與五帝別，於周禮掌次見之。

乃擇元辰，天子親載耒耜，措之于參保介之御間，帥三公、九卿、諸侯、大夫躬耕帝藉。天

子三推，三公五推，卿、諸侯九推。反，執爵于大寢，三公、九卿、諸侯、大夫皆御，命曰勞酒。釋文：耒，力對反，字林力隹反，又力水反。推，吐回反。勞，力報反。○呂氏春秋「于參」作「參于」，「帝藉」作「藉田」，「卿、諸侯」下有「大夫」字。

鄭氏曰：元辰，郊後吉亥也。耒，耜之上曲也。保介，車右也。置耒耜於車右與御者之間，明己勸農，非農者也。人君之車，必使勇士衣甲居右而參乘，備非常也。保猶衣也。介，甲也。帝藉，爲天神借民力所治之田也。既耕而宴飲，以勞羣臣也。大寢，路寢。御，侍也。盧氏植曰：日，甲至癸也。辰，子至亥也。郊天，陽也，故以日。藉田，陰也，故用辰。孔氏曰：甲乙丙丁等謂之日，郊用辛，上云「元日」。子丑寅卯之屬謂之辰，耕用吉亥，故云「元辰」。元者，善也。知用亥者，以陰陽式法「正月亥爲天倉」，以其耕事，故用天倉也。皇氏云：「正月建寅，日月會辰在亥，故耕用亥。」未知然否。措，置也。措之於參保介之御間者，車右與御皆是王參乘，言置此耒器於參乘保介及御者之間也。案國語耕後「宰夫陳饗」。饗禮在廟，燕禮在寢，此云「執爵于大寢」，故知燕也。國語云「饗」者，蓋用饗之饌具而行燕禮。愚謂供粢盛之田謂之帝藉，猶藏粢盛之委謂之神倉也。宗廟社稷之粢盛皆取於是，而獨曰「帝藉」者，以其尤尊者表之也。親載，親執而載之車上，重其事也。王之車上惟有車右與御，云「親載耒耜，措之于參保介之御間」，則保介爲車右審矣。推，以耜入土也。考工記「直庛則利推」是也。國語曰：「王耕一發，班三之，庶人終於千畝。」賈逵云：「王之下，各三其上：王一發，公三發，卿九發，大夫二十七發。」此云「天子三推，三公五推，卿、諸侯九推」，則秦禮與周異與？

是月也，天氣下降，地氣上騰，天地和同，草木萌動。釋文：上，時掌反。○呂氏春秋「萌」作「繁」。

鄭氏曰：此陽氣蒸達，可耕之候也。農書曰：「土長冒橛，陳根可拔，耕者急發。」孔氏曰：此論少陽之月，務其始生，故耕藉之後，當勸農事。天地之氣，謂之陰陽，一年之中，或升或降。聖人作易，各分六爻，以象十二月。陽氣之升，從十一月爲始，正月，三陽既上，成爲乾卦。乾體在下，坤體在上，故正月爲泰。乾爲天，坤爲地，天居地下，故云「天氣下降，地氣上騰。」愚謂天地和同，所謂「天地交而爲泰」也。天地交，則草木通矣。仲冬，諸生蕩，氣之始也。孟春，草木萌動，形之始也。

王命布農事：命田舍東郊，皆脩封疆，審端徑、術，善相丘陵、阪險、原隰土地所宜，五穀所殖，以教道民，必躬親之。田事既飭，先定準直，農乃不惑。釋文：術，依註音遂。阪音反。道音導。○呂氏春秋「王」下無「命」字。

鄭氏曰：田，謂田畯，主農之官也。舍東郊，順時氣而居，以命其事也。封疆，田首之分職。術，周禮作「遂」。夫間有遂，遂上有徑。遂，小溝也。步道曰徑。夏小正曰：「農率均田。」「田事既飭」以下，説所以命田舍東郊之意也。愚謂封疆，以爲一井一邑之界，脩之者，懼其有阤壞也。徑、遂，以爲一夫之別，審之端之者，恐其有侵越也。端，正也。土高曰邱，大阜曰陵。陂者曰阪，山澤曰險。高平曰原，下溼曰隰。土地各有所宜，故五穀各有所殖，若黍宜高燥，稌宜下溼是也。直，繩也。準所以爲平，繩所以爲直。此借以喻樹藝之成法也。封疆、徑、遂治，則田事飭矣；相土地五穀之所宜以教民，則準直定矣。田事飭則不亂於經界，準直定則不謬於土宜，此民之所以不惑也。

是月也，命樂正入學習舞。

樂正，樂官之長，掌國學之政者。入學習舞，以舞教國子而使習之也。○孟春之習舞，與仲春之習舞爲終始；仲春之習樂，與季春之合樂爲終始；季秋之習吹，與季冬之合吹爲終始。言「舞」則不及聲，言「吹」則不及舞，言「樂」則兼有舞與吹也。春爲陽，故習舞習樂，象陽氣之發揚也。秋爲陰，故但習吹，順陰氣之安静也。此皆爲國子學樂之事，唯孟夏習合禮樂，則以雩帝用盛樂而預習之，與國子無與也。

乃修祭典，

鄭氏曰：重祭禮，歲始省録也。

命祀山林川澤，犧牲毋用牝。

鄭氏曰：爲傷妊生之類。　愚謂大祭祀，犧牲皆用牡。大宗伯「以貍沈祭山林川澤」，地示之中祀也。其神卑，故餘月祭之犧牲或用牝，唯此月特禁之。

禁止伐木。

鄭氏曰：盛德所在。　愚謂山虞掌山林之政令，爲之厲禁。木在厲禁之内者，非十月不得取，王制云「草木零落，然後入山林」，是也。若禁外四野之木，雖非冬月，亦得採取，山虞「春秋之斬木不入禁」，是也。若國家所需，雖非十月，亦得斬禁内之木，山虞「凡邦工入山林而掄材不禁」，是也。唯正月則皆禁之。

毋覆巢，毋殺孩蟲、胎、夭、飛鳥，毋麛，毋卵。釋文：覆，芳服反。夭，烏老反。

鄭氏曰：爲傷萌幼之類。孔氏曰：餘月皆無覆巢，若夭鳥之巢則覆之。若硩蔟氏云：「掌覆夭鳥之巢。」此月亦禁之。胎，謂在腹中未出。夭，謂生而已出者。飛鳥，謂初飛之鳥。麛、卵四時皆禁，但於此月尤甚。若須薦獻，亦得取之，故王制云「韭以卵」，「庖人秋行犢麛」，是也。

毋聚大衆，毋置城郭。

鄭氏曰：爲妨農之始。

掩骼埋胔。釋文：骼，江百反。胔，才賜反。○呂氏春秋「埋胔」作「霾髊」。

鄭氏曰：爲死氣逆生也。骨枯曰骼，肉腐曰胔。孔氏曰：蜡氏云「掌除骴」，司農云：「胔，骨之尚帶肉者也，及禽獸之骨皆是。」

是月也，不可以稱兵，稱兵必天殃。兵戎不起，不可從我始。毋變天之道，毋絶地之理，毋亂人之紀。呂氏春秋「必」下有「有」字。

鄭氏曰：稱兵必天殃，逆生氣也。爲客不利，主人則可。變天之道，以陰政犯陽。絶地之理，易剛柔之宜。亂人之紀，仁之時而舉義事。愚謂立天之道曰陰與陽，立地之道曰柔與剛，立人之道曰仁與義。春之德爲陽、爲柔、爲仁，兵之事爲陰、爲剛、爲義。以正月而稱兵，則以陰而干陽，是變天之道也；以剛而逆柔，是絶地之理也；以義而反仁，是亂人之紀也。故唯不得已而應敵則可，若兵自我起，則反易三才之道，而天殃必及之矣。孟秋選士厲兵，則春夏皆非興兵之時，獨於孟春言之者，生氣之始，尤在所戒也。

孟春行夏令，則風雨不時，草木蚤落，國時有恐；風雨，舊本皆作「雨水」，據孔疏當爲「風雨」。○呂氏春秋「落」作「槁」，「時」作「乃」。

鄭氏曰：巳之氣乘之也。草木蚤落，生日促也。國時有恐，以火訛相驚。孔氏曰：施令失，則三才俱應。三才中，或先天，或先民，或先地，大抵害重者先言之，害輕者後言之。亦有唯二才應者，隨應則書，不爲義例也。風雨不時者，風雨少，不得應時。

行秋令，則其民大疫，猋風暴雨總至，藜、莠、蓬、蒿並興；釋文：猋，必遥反，徐芳遥反，本又作「飆」。

鄭氏曰：申之氣乘之也。七月始殺，故民疫。回風爲猋。藜、莠、蓬、蒿並興，生氣亂，惡物茂也。○鄭氏於「孟春行秋令，則猋風暴雨總至」，註云：「正月宿直尾、箕，箕好風，其氣逆也。」「仲春行秋令，則其國大水」，註云：「八月宿直昴、畢，畢好雨。」「季春行夏令，則民多疾疫」，註云：「六月宿直鬼，鬼爲天尸。」「仲夏行秋令，則草木零落」，註云：「八月宿直昴、畢，爲天獄，主殺。」「季夏行秋令，則丘隰水潦」，註云：「九月宿直奎，奎爲溝瀆。」「孟秋完隄防，謹壅塞，以備水潦」，註云：「備八月也。八月宿直畢，畢好雨。」「孟秋行冬令，則戎兵乃來」，註云：「十月宿直營室，營室主武事。」「仲秋，天子乃難，以達秋氣」，註云：「此月宿直昴、畢，得大陵積尸之氣。」「仲秋行春令，則秋雨不降」，註云：「卯宿直房、心，心爲大火。」「季秋行夏令，則其國大水」，註云：「六月宿直東井，氣多暑雨。」「孟冬行秋令，則小兵時起，土地侵削」，註云：「申宿直參、伐，參、伐爲兵。」「仲冬行秋令，則天時雨汁，瓜瓠不成」，註云：

「酉宿直昴、畢，畢好雨。」又云：「子宿直虛、危，虛、危內有瓜瓠。」孔疏於「孟春行夏令，則風雨不時」，云：「孟春建寅，宿直箕，箕好風。」季夏「大雨時行」，云：「六月建未，未值井，井主水。」此皆以斗柄初昏所指之宿而爲言也。夫北斗運轉於天，無時不有所指。自人言之，則因其昏時初見而識其所指，以定時候；自斗言之，初不知有晨昏日夜之分也，何以餘時不能致災，而獨初昏所指乃能致災乎？且斗柄所指之十二辰，與星辰之十二次初不相涉，而斗柄與星次相值者，又唯季春一月，若孟春斗指寅而析木則在子，仲春斗指卯而大火則在寅，孟夏斗指巳而鶉尾則在午，仲夏斗指午而鶉火則在申，季夏斗指未而鶉首則在酉，孟秋斗指申而實沈則在子，仲秋斗指酉而大梁則在寅，季秋斗指戌而降婁則在辰，孟冬斗指亥而娵訾則在午，仲冬斗指子而玄枵則在申，季冬斗指丑而星紀則在戌，則何以能相值而相感耶？

行冬令，則水潦爲敗，雪霜大摯，首種不久。釋文：摯音至。種，章勇反。

鄭氏曰：亥之氣乘之也。首種，謂稷。孔氏曰：百穀之內，稷先種，故云「首種」。○人君行令有失，固足以致災異，然必確指其所應爲何事，則其說過拘，而反有不可必者。歐陽子云：「絕天於人，則天道廢；以天參人，則人事惑。故孔子論六經，記異而說不書。」呂氏春秋本戰國雜家之書，所言行某令失則致某氣之說，支離破碎，蓋出於陰陽五行家之言，其義無足深究。今但存鄭氏之註，而刪去其宿直之謬說，其餘得失則不復論焉。

仲春之月，日在奎，昏弧中，旦建星中。

奎，西方白虎之第一宿，而降婁之次也。案漢三統書，二月節，日在奎五度；二月中，日在婁四度。秦時二月節，日在奎七度，弧星在輿鬼南，建星在南斗上。月令中星皆舉二十八宿，此舉弧、建，獨在二十八宿外者，蓋井三十三度，南斗二十六度，距度闊遠，不可的指，而弧近井，建近斗，故舉弧、建以定昏旦之星也。案三統書，二月節，昏井二十二度中，旦斗五度中，則秦時昏井二十四度中，旦斗七度中，弧入井十五度訖二十九度，建星入斗四度訖十度。是二月節昏時弧星得中，旦時建星得中也。○孔氏曰：春分，昏中之星去日九十一度，從奎五度爲二月節，數至井第十五度，得九十一度，是弧星當井之十六度也。從井十六度，至斗之初一百七十二度，計春秋分昏中之星，去明中之星，應一百八十二度餘。但日入以後二刻半始昏，不盡二刻半爲明，昏明相去，少晝五刻，約有十七度餘，則昏明中星相去一百六十五度餘，則建星不得在斗初，在斗十度也。孔氏既據奎五度爲二月節，而又以春分中星距日之度，及春分昏旦中星相距之度言之，皆欠分曉。愚謂月令日躔中星皆據月初言之，二月節與春分相去十五日，晝夜刻多寡不同。又其言「建星在斗十度」者，考之晉、宋兩朝天文志，及今欽若書、恆星表，亦皆不合也。○記中星與記日躔不同：記日躔必以二十八宿，以日之所歷唯此二十八星也。中星則不然，但值初昏時見於子午線上，而星體明大者，皆可表之以爲中星。故月令記弧、建，夏小正記南門，今時憲書中星兼記五車、天狼、軒轅等十五星，亦皆在二十八宿之外也。

其日甲乙，其帝大皞，其神句芒，其蟲鱗，其音角，律中夾鍾。

鄭氏曰：夾鍾者，夷則之所生，三分益一，律長七寸二千一百八十七分寸之千七十五。仲春氣至，則夾鍾之律應。周語曰：「夾鍾出四隙之細。」漢書律志曰：夾鍾，言陰夾助大蔟宣四方之氣而出種物也。位於卯，在二月。蔡氏元定曰：春分則夾鍾七寸四分三釐七毫三絲。鄭以十分之寸計，蔡以九分之寸計。後放此。

其數八，其味酸，其臭羶，其祀户，祭先脾。

始雨水，桃始華，倉庚鳴，鷹化爲鳩。呂氏春秋「始」作「李」。○按雨，去聲。

自小雪雨雪，至此始雨水，陽升於地上也。鄭氏曰：皆記時候也。倉庚，鸝黄也。鳩，搏穀也。漢始以雨水爲二月節。高氏誘曰：鷹化爲鳩，喙正直，不鷙擊也。孔氏曰：言「漢始以雨水爲二月節」，證此雨水爲二月節也。雨水、驚蟄，據其早作在正月，若其晚在二月。故漢初驚蟄爲正月中，雨水爲二月節，至後來改雨水爲正月中，驚蟄爲二月節，由氣有參差故也。陸氏佃曰：鷹一名鷞鳩。左傳：「鷞鳩氏，司寇。」鷹感秋氣，則喙鉤，善搏攫；應陽而變，則喙柔，仁而不鷙矣。陳氏澔曰：孔氏云：「化者，反歸舊形之謂。」故鷹化爲鳩，鳩復化爲鷹；田鼠化爲鴽，鴽復化爲田鼠。若腐草爲螢，雉爲蜃，爵爲蛤，皆不言「化」，是不復本形者也。愚謂鷹化爲鳩，鄭氏、高氏之説不同。案列子書云「鷂之爲鸇，鸇之爲布穀，布穀久復爲鷂也」，與鄭氏之説合。蓋化者，變其舊形之謂，若但喙直而不搏擊，則不當謂之化，疑鄭氏之説爲是。

天子居青陽大廟，乘鸞路，駕倉龍，載青旂，衣青衣，服倉玉，食麥與羊，其器疏以達。

青陽大廟，明堂之東堂也。明堂之四堂皆曰大廟者，明堂十二室，十二月分居之，而其祀天告朔皆於堂，以其爲事神之所，故謂之廟。

是月也，安萌芽，養幼少，存諸孤。釋文：少，詩召反。

鄭氏曰：助生氣也。　愚謂萌芽，植物之始生者。幼少，動物之未成者。存，謂存卹之。幼而無父曰孤。仲春物始生，故存諸孤；仲夏物方盛，故養壯佼；仲秋物已成，故養衰老；仲冬物皆藏，故飭死事。

擇元日，命民社。呂氏春秋「民」作「人」。

鄭氏曰：社，后土也，使民祀焉，神其農業也。祀社日用甲。　孔氏曰：郊特牲云祀社，「日用甲」，用日之始也」。召誥：「戊午，乃社于新邑。」用戊，周公告營洛邑始成，非常祭也。　愚謂社祭五土之總神，句龍爲后土之官，能平九土，以之配食焉。曰「命民社」者，社自天子諸侯以逮於大夫以下成羣立社，皆得祭之。但言「祭社」，嫌若唯國家得祭；曰「命民社」，則天子諸侯祭之可知矣。

命有司省囹圄，去桎梏，毋肆掠，止獄訟。釋文：省，所景反，徐所幸反。囹音零。圄，魚呂反。去，羌呂反。掠音亮。

鄭氏曰順陽寬也。省，減也。囹圄，所以禁守繫者，若今別獄矣。桎梏，今械也。在足曰桎，在手曰梏。掠，謂捶治人。　高氏誘曰：肆，極。掠，笞也。　應氏鏞曰：肆掠，謂肆意笞箠。　蓋雖輕刑而不敢縱意也。　愚謂有司，理官也。周時以圜土聚教罷民，秦時謂之囹圄。仲冬時增築之，至此則減省之也。古者五刑不入圜土，皆加桎梏，而掌囚守之。其入囹圄者，乃大司寇所謂「罷民之害人而置之圜土」者，其罪本輕，此時行寬大之政，命有司視其可赦者赦之，故省去囹圄也。五刑之桎梏，宜無去法，此云「去桎梏」，謂大司寇所謂「罷民之有罪過而未麗於法，桎梏而坐諸嘉石」者也。毋肆掠者，罪人未服，或當拷問，而不得肆意捶治也。周禮註曰：「爭罪曰訟，爭財曰獄。」上三者，所以寬之於已犯；止獄訟，所以禁之於未然。

是月也，玄鳥至。至之日，以大牢祠于高禖，天子親往，后妃帥九嬪御。乃禮天子所御，帶以弓韣，授以弓矢，于高禖之前。釋文：禖音梅。韣，大木反。○呂氏春秋「帥」作「率」。

玄鳥，鳦也。古以玄鳥至爲祠高禖之候，詩云「天命玄鳥，降而生商」是也。高禖，祈嗣之祭也。高，尊也。禖者，禖神，謂先帝始制爲嫁娶之禮者，蓋伏羲也。高禖之禮，祀天於南郊，而以禖神配之。

鄭氏曰：變「媒」言「禖」，神之也。御，謂從往侍祠。周禮天子有夫人，有嬪，有世婦，有女御，獨云「帥九嬪」，舉中言也。天子所御，謂今有娠者。於祠，大祝酌酒，飲於高禖之庭，以神惠顯之也。帶以弓韣，授以弓矢，求男之祥也。王居明堂禮曰：「帶以弓韣，禮之禖下，其子必得天材。」孔氏曰：周禮媒氏註：「媒之言謀也。謀合異類，使和成者。」世本及譙周古史云：「伏犧制以儷皮嫁娶之禮。」既用以配天，先媒當是伏犧也。「媒」字從女，今從示，是神明之也。祭高禖，是祭天，高禖爲配祭之人。祭天特牲，此用大牢者，謂配帝之牲也。○周禮不言高禖之祭，然以生民、玄鳥之詩及王居明堂禮證之，則祠禖祈嗣之禮由來舊矣。意者天子繼嗣不蕃，乃特行之。周禮大宗伯「國有故，則旅上帝」，其中蓋兼有此祭。若以此爲歲祀之常，則未免於瀆矣。

是月也，日夜分，雷乃發聲，始電，蟄蟲咸動，啟户始出。呂氏春秋「啟」作「開」。

鄭氏曰：又記時候。孔氏曰：重記時候者，庾蔚云：「先記時候，以明應節。後記時候，以應二分二至也。」日夜分，謂晝夜漏刻。馬融云：「晝有五十刻，夜有五十刻，據日出入爲限。」蔡邕以爲星見爲夜，日入後三刻、日出前三刻皆爲晝。晝有五十六刻，夜有四十四刻。鄭註尚書「日中星鳥」，謂「日見之漏五十五刻，不見之漏四十五刻」，與蔡校一刻也。雷乃發聲者，雷是陽氣之聲，將上與陰相衝。蔡邕云：「季冬，雷在地下，則雉應而雊；孟春動於地上，則蟄蟲應而振出。至此月而升於天之下，其氣發揚也。以雷出有漸，故言乃。」電是陽光，陽微則光不見，此月陽氣漸盛，以擊於陰，其光乃見。此月蟄蟲咸動，則正月未皆動也。户，謂穴也。啟户始出，謂發所蟄之户而出。高氏誘曰：冬陰閉固，陽伏於下，是月陽升，雷始發聲。震氣爲雷，激氣爲電。愚謂以日出入之度言，則春秋分晝夜各五十刻；以昏明之限言，則減夜之五度以益於晝，明時家所謂「晨昏分」也。蓋日初入之後，將出之前，距地平下十八度皆有光，故晝刻常饒，夜刻常乏。然記言「日夜分」，則當以日出入言，不計晨昏分也。古法晝夜共百刻，春秋分晝夜各五十刻。今法晝夜共九十六刻，春秋分晝夜各四十八刻。

先雷三日，奮木鐸以令兆民曰：「雷將發聲，有不戒其容止者，生子不備，必有凶災。」釋文先，悉薦反。○呂氏春秋無「木」字，「令」下有「于」字，「將」作「且」。

先雷三日，謂先春分三日也。鄭氏曰：容止，猶動靜。孔氏曰：君子迅雷甚雨必變，所以畏天威也。小人不畏天威，懈慢褻瀆，或至夫婦交接，不可斥言，故曰「有不戒其容止者」。言此時夫婦交接，生子支節性情必不備，其父母必有凶災也。

日夜分，則同度、量，鈞衡、石，角斗、甬，正權、概。釋文：量音亮。甬音勇。概，古代反。○呂氏春秋「甬」作「桶」。

鄭氏曰：因晝夜等而平當平也。同、角、正，皆謂平之也。丈尺曰度，斗斛曰量。三十斤曰鈞，稱上曰衡，百二十斤曰石。甬，今斛也。稱錘曰權。概，平斗斛者。高氏誘曰：鈞，等也。陸氏佃曰：鈞，讀如「四鍭既鈞」之鈞。愚謂高、陸之說是也。鈞、均字通，均亦平也。

是月也，耕者少舍，乃脩闔、扇，寢、廟畢備。毋作大事，以妨農之事。○呂氏春秋無「之」字，「事」作「功」。

鄭氏曰：舍猶止也。因耕事少閒而治門戶也。用木曰闔，用竹葦曰扇。大事，兵役之屬。愚謂少舍，言猶暫得止息，而未往處於田中之廬也。寢，居室也。廟，奉先之所也。庶人祭於寢。畢備，謂寢、廟之闔、扇皆備也。此時耕事猶未亟，而門戶之功易畢，故乘此時少息而脩之。若出耕廬舍，則不暇及於是矣。

是月也，毋竭川澤，毋漉陂池，毋焚山林。釋文：漉音鹿。陂，彼宜反。

鄭氏曰：順陽養物也。畜水曰陂，穿地通水曰池。方氏慤曰：川澤非竭其水不能取，若陂池，則漉以網罟，可盡之矣。二者主漁言之。毋焚山林，主田言之。愚謂周禮春田用火，此國家大蒐之禮也。若民間焚山林則有禁，以蟄蟲已出故也。

天子乃鮮羔開冰，先薦寢、廟。釋文：鮮，依註音獻。○呂氏春秋「鮮」作「獻」。

鄭氏曰：鮮當爲「獻」，聲之誤也。獻羔，祭司寒也。祭司寒而出冰。薦於宗廟，乃後賦之。春秋傳曰：「古者日在北陸而藏冰，西陸朝覿而出之。其藏冰也，深山窮谷，固陰沍寒，於是乎取之。其出之也，朝之祿位，賓食、喪、祭，於是乎用之。其藏之也，黑牡、秬黍，以享司寒。其出之也，桃弧、棘矢，以除其災。其出入也時，食肉之祿，冰皆與焉。大夫命婦，喪浴用冰，祭寒而藏之，獻羔而啟之。公始用之，火出而畢賦，自命夫命婦，至于老疾，無不受冰。」孔氏曰：左傳云「祭寒而藏之」，藏時祭司寒，明啟時亦祭司寒也。愚謂司寒，杜預以爲玄冥之神。玄冥，地示之尊者，而用羔祭之，告祭禮輕也。詩七月言「獻羔祭韭」，是也。○蘇氏轍曰：古者藏冰發冰，以節陽氣之盛。夫陽氣之在天地，譬猶火之著於物也，故常有以解之。十二月陽氣蘊伏，錮而未發，其盛在下，則納冰於地中。至於二月，四陽作，蟄蟲啟，陽始用事，則啟冰而廟薦之。至於四月，陽氣畢達，陰氣將絕，則冰於是乎大發。食肉之祿，老疾喪浴，冰無不及。是以冬無愆陽，夏無伏陰，春無淒風，秋無苦雨，雷出不震，無災霜雹，癘疾不作，民不夭札也。胡氏安國曰：藏冰啟冰，亦聖人輔相調燮之一事耳，非專恃此以爲治也。

上丁，命樂正習舞，釋菜。天子乃帥三公、九卿、諸侯、大夫親往視之。呂氏春秋「習」作「入」，「釋」作「舍」，「菜」作「采」，「帥」作「率」，無「大夫」字。

鄭氏曰：將舞，必釋菜於先師以禮之。夏小正曰：「丁亥，萬舞入學。」孔氏曰：此仲春習舞，則大胥「春入學，舍菜，合舞」，一也。據人所學，謂之習舞；節奏齊同，謂之合舞。仲春習舞，季春大合樂，天子親往，餘則否。　愚謂上丁者，上旬之丁日也。　孟春既命國子習舞，至此又命習之，以觀其學舞之成也。　菜，芹藻之屬。　釋菜於先師，而以國子學業之成告之也。　樂正所教者，王大子，王子，公、卿、大夫、元士之適子也，故仲春習舞，季春合樂，天子與公、卿、大夫皆親往視之。　蓋樂觀其學業之成就，而因以考察其材否，以鼓舞激勵之也。　此事在上丁，乃言於「日夜分」之後者，欲其與下文「仲丁」「習樂」以類相從也。

仲丁，又命樂正入學，習樂。　釋文：中音仲，本亦作「仲」。

仲丁，中旬之丁日也。　樂兼舞與聲而言。　國子之學舞者已成，又命樂正兼教以聲容而使習之也。　凡言「入學」者，皆國學之政，爲國子命之者也。

是月也，祀不用犧牲，用圭璧，更皮幣。　更，古行反。

鄭氏曰：爲季春將選而合騰之也。　孔氏曰：應祀之時，用圭璧更易此犧牲，非但用圭璧，又用皮幣以更易之。　此謂祈禱小祀。　若大祀，則自依常法，上文「大牢祀高禖」是也。

仲春行秋令，則其國大水，寒氣總至，寇戎來征；

鄭氏曰：酉之氣乘之也。　寇戎來征，金氣動也。

行冬令，則陽氣不勝，麥乃不熟，民多相掠；

鄭氏曰：子之氣乘之也。　十一月爲大陰。　民多相掠，陰姦衆也。

行夏令，則國乃大旱，煖氣早來，蟲螟爲害。

鄭氏曰：午之氣乘之也。蟲螟爲害，暑氣所生，爲災害也。

季春之月，日在胃，昏七星中，旦牽牛中。

胃者，西方白虎之第三宿，而大梁之次也。案三統書，三月節，日在胃七度；三月中，在昴八度。秦時三月節，日在胃九度。七星，南方朱鳥之第四宿；牽牛，北方玄武之第二宿。案三統書，三月節，昏張二度中，旦斗二十六度中；三月中，昏翼四度中，旦女二度中。據此，則漢時三月節，初昏時七星已西過二度，秦時三月節，初昏當張四度中，旦時當牽牛二度中也。○孔氏曰：自胃七度至七星初度，有九十九度。以日漸長，日没之時稍在西北，故昏時七星在南方之中。愚謂三月節，中星與日相距九十九度，再加昏分二刻半，約得九度，當爲一百七度。從胃九度至張四度，爲一百七度，則七星不得昏中明矣。

其日甲乙，其帝大皞，其神句芒，其蟲鱗，其音角，律中姑洗。釋文：洗，素典反。

鄭氏曰：姑洗者，南吕之所生，三分益一，律長七寸九分寸之一。季春氣至，則姑洗之律應。周語曰：「姑洗所以修絜百物，考神納賓。」漢書律志曰：洗，絜也，言陽氣洗物辜絜之也。位於辰，在三月。

蔡氏元定曰：穀雨則姑洗七寸一分。

其數八，其味酸，其臭羶，其祀户，祭先脾。

桐始華，田鼠化爲鴽，虹始見，蓱始生。釋文：鴽音如。虹音紅，又音絳。見，賢遍反。蓱，步丁反。○蓱，或作「萍」，誤。○吕氏春秋「蓱」作「萍」。

鄭氏曰：皆記時候也。鴽，牟無。蝃蝀謂之虹。蓱，萍也，其大者蘋。高氏誘曰：桐，梧桐也。郭氏璞曰：鴽，鶉也。　愚謂虹者，陰氣之交於陽氣而見者也，故陽盛而見，陽衰而藏。

天子居青陽右个，乘鸞路，駕倉龍，載青旂，衣青衣，服倉玉，食麥與羊，其器疏以達。

青陽右个，明堂東方之南室也。

是月也，天子乃薦鞠衣于先帝。釋文：鞠。居六反，又去六反。

鄭氏曰：爲將蠶，求福祥之助。鞠衣，黃桑之服。先帝，大皞之屬。　愚謂鞠衣色黃，蓋季夏所衣之黃衣也。先帝，謂軒轅氏。蠶事始於軒轅氏之妃西陵氏，后之功統於帝，故祈蠶之祀主於先帝。薦，謂因祭而薦之，若獻之於神然也。軒轅氏乘土德而王，而配食於黃帝，薦黃衣者，所以象其德也。

命舟牧覆舟，五覆五反，乃告「舟備具」于天子焉。天子始乘舟，薦鮪于寢廟，乃爲麥祈實。

釋文：覆，芳服反。爲，于僞反。○呂氏春秋無「命」字。

舟牧，主舟之官，蓋冬官之屬也。覆之以視其底，又反之以視其面，反覆視之，以至於五，恐其有穿漏也。乘舟本危事，而至尊所御，故其慎之如此。天子乘舟，示親漁也。鮪，王鮪也，似鱣而小。季冬嘗魚，先薦寢廟，是月又薦鮪者，鮪以是月始至而美，故又特薦之。麥將熟，故因薦鮪而爲麥祈實。左傳魯隱公矢魚於棠，臧僖伯諫，以爲皁隸之事，非君所及，則諸侯猶不親漁也。月令季春季冬天子皆親漁，與周典異矣。

是月也，生氣方盛，陽氣發泄，句者畢出，萌者盡達，不可以內。釋文：句，古侯反。○呂氏春秋「句」

作「牙」。○按：内當音納，季秋「務内」同。

鄭氏曰：時當宣出〔一〕，不可收斂也。句，屈生者。芒而直曰萌。愚謂自萬物言之曰「生氣」，自天地言之曰「陽氣」。陽氣發，故生氣盛。不可以内，所以順發宣之氣，下文所言是也。

天子布德行惠，命有司發倉廩，賜貧窮，振乏絶；開府庫，出幣帛，周天下，勉諸侯，聘名士，禮賢者。呂氏春秋「廩」作「窌」。

高氏誘曰：方者曰倉，穿地曰窌。無財曰貧，鰥、寡、孤、獨曰窮。行而無資曰乏，居而無食曰絶。振，救也。府庫，幣帛之藏也。周，賜。勉，進。有名德之士，大賢之人，聘而禮之，將與興化致理也。鄭氏曰：周，謂給不足也。勉猶勸也。聘，問也。名士，不仕者。孔氏曰：以物宣散之時，當順天散物，不可積聚在内也。無財曰貧，無親曰窮。暫無曰乏，不續曰絶。方氏慤曰：發倉廩以賜貧窮，振乏絶；開府庫而出幣帛，以聘名士，禮賢者。周天下，言其所聘所禮之廣；勉諸侯，則又欲諸侯之致力焉。名士，有實之稱；賢者，有德之稱。聘以問之，禮以體之。賢不止於名，禮不止於問。

是月也，命司空曰：「時雨將降，下水上騰，循行國邑，周視原野，脩利隄防，道達溝瀆，開通道路，毋有障塞。」釋文：上，時掌反。行，下孟反。道達，音導。障，之亮反，又音章。○按：塞，入聲，後文「壅塞」「閉塞」皆同。

時雨將降者，夏時恆多水潦，故於此預備之也。隄防所以蓄水，故備水，隄防爲先。然水潦之既盛，

〔一〕「當」，禮記注疏作「可」。

有非可專恃乎隄防者，故於溝瀆則道達之，所以使田間之水得以達於川也；於道路則開通之，所以使平地之水得以歸於畎澮也。障者，開通之反；塞者，道達之反。障塞則水無所歸，必泛溢於溝瀆而害禾稼，停積於道路而妨車徒矣。

田獵，罝罘、羅罔、畢翳、餧獸之藥毋出九門。」釋文：罝，子斜反。罘音浮。翳，於計反。餧，於僞反。○呂氏春秋「獵」下有「罼弋」字，無「畢翳」字，「九」作「國」。鄭註：今月令無「罘」。○按鄭註引今月令，疏以爲卽呂氏春秋。然與今呂氏春秋多不合，疑古今本異。

鄭氏曰：爲鳥獸方孚乳，傷之逆天時也。獸罟曰罝罘，鳥罟曰羅罔。小而柄長謂之畢翳，射者所以自隱也。高氏誘曰：天子城十二門，東方三門，王氣所在，餧獸之藥所不得出也。嫌餘三方九門得出，故特戒之。吳氏澄曰：南三門，王之正門，平日此等之物皆不得出，餘門則出，此月則皆禁之。

愚謂天子十二門，諸侯降於天子，則九門。秦本侯國，其時國門猶沿舊制，故曰「九門」。

是月也，命野虞毋伐桑柘。鳴鳩拂其羽，戴勝降于桑。具曲、植、籧、筐，后妃齊戒，親東鄉躬桑。禁婦女毋觀，省婦使，以勸蠶事。蠶事既登，分繭稱絲效功，以共郊廟之服，毋有敢惰。釋文：柘，之夜反。戴音帶，本亦作「載」。植，直吏反。籧，居呂反，亦作「筥」。鄉，許亮反。觀，古喚反。省，所景反。共音恭。○呂氏春秋「勝」作「任」，「曲、植、籧」作「挾、曲、蒙」，「使」下無「以」字。

鄭氏曰：野虞，謂主田及山林之官。毋伐桑柘，愛蠶食也。鳴鳩飛且翼相擊，趨農急也。戴勝，織紝之鳥，是時恆在桑。言降者，若時始自天來，重之也。二者，蠶將生之候也。曲、植、籧、筐，所以養蠶器也。曲，薄也。植，槌也。后妃親採桑，示帥先天下也。東鄉者，鄉時氣也。是明其不常留養蠶也。留養者，所卜夫人與世婦。婦，謂世婦及諸臣之妻也。內宰職曰：「仲春，詔后帥外、內命婦始蠶於北郊。」女，外、內子女也。夏小正曰「妾子始蠶」，「執養宮事」。毋觀，去容飾也。婦使，縫線組紃之事。登，成也。敕往蠶者蠶畢將課功，以勸戒之。高氏誘曰：桑與柘皆所以養蠶，故禁民不得斫伐。鳴鳩，班鳩也，是月拂擊其羽，直刺上飛數十丈乃復者是也。戴勝，爾雅云：「鷗鳩。」〔一〕部生於桑，是月，其子強飛，從空桑中來下。圓底曰篆，方底曰筐，皆受桑器也。王者親耕，后妃親蠶，以爲天下先，勸衆民也。觀，遊也。孔氏曰：槌，懸薄柱也。云「婦謂世婦及諸臣之妻」者，以經云「禁婦女無觀」，則尊者不在禁限，故知無夫人與九嬪也。外內子女，即周禮之內、外宗也。愚謂戴勝降于桑，鄭氏、高氏之說不同，高氏蓋以目驗得之。曲，以萑葦爲之，所以藉蠶；植，以木爲之，所以懸薄；籧、筐，以竹爲之，所以盛桑葉。皆蠶器也。齊戒，重其事也。禁容觀，省婦使，皆欲其專勉力於蠶事也。容觀直禁之，婦使則事或有不可闕者，故但省之而已。分繭稱絲效功者，未繅則分其繭之多少，已繅則稱其絲之重輕，而呈效其功，以課其事之勤惰也。蠶成在孟夏，此於初蠶時預言「蠶畢將課功」，以戒飭之也。此節首言惜蠶食，次記蠶候，次言具蠶器，次言后妃之親蠶，次言婦女之專於蠶，而終之以戒敕之事。蓋農桑爲衣食之本，然農功成於三時，而蠶事成於一月，故蠶興之時，其趨事爲尤亟，故記之鄭重而詳悉如此。○孔氏曰：此經季春躬桑，內宰云「仲春」者，以仲春既帥命婦躬

〔一〕「鷗鳩」，今本爾雅釋鳥作「鵖鴔」。

桑浴種，至季春又更躬桑浴蠶也。故熊氏云：「馬質註云：『蠶是龍精，月值大火則浴其種。』是二月浴種也。祭義云『大昕之朝，奉種浴于川』，註云：『大昕，季春朔日。』是三月又浴蠶也。」皇氏云「二月浴之，三月乃躬桑」，非也。愚謂浴種雖有二時，若採桑飼蠶，必待三月，故詩言「蠶月條桑」。孔氏謂二月三月皆躬桑，非也。初浴種時，后妃親往，故內宰言仲春詔后親蠶。始採桑時，后妃又往，故月令於季春言「東鄉躬桑」。天子於親耕僅一舉，而后妃於蠶事乃再往者，蓋耕藉田以終畝者，甸徒也，其人卑；而入蠶於蠶室者，則三宮夫人世婦之屬，其人尊，故后妃於浴種採桑皆親其事，非徒以倡率天下，而亦以勸勵內外命婦，而示之以不敢獨逸之意也。

是月也，命工師令百工審五庫之量，金、鐵、皮、革、筋，角、齒，羽、箭、幹，脂、膠、丹、漆，毋或不良。百工咸理，監工日號，毋悖于時，毋或作爲淫巧，以蕩上心。釋文：量音亮。監，古銜反。巧，如字，又苦孝反。○鄭註：今月令無「于時」，「作爲」爲「詐僞」。

鄭氏曰：工師，司空之屬也。五庫，藏諸物之舍也。量，謂物善惡之舊法。幹，器之木也。凡輮幹有當用脂。良，善也。咸，皆也。於百工皆理治其事之時，工師則監之，日號令之，戒之以此二事也。悖猶逆也。百工作器物各有時，逆之則不善，若弓人「春液角，夏治筋，秋合三材，冬奠體」之屬也。淫巧，謂僞飾不如法也。蕩，謂動之使生奢泰也。熊氏安生曰：五庫各以類相從：金、鐵一，皮、革、筋二，角、齒三，羽、箭、幹四，脂、膠、丹、漆五。孔氏曰：考工記云：「材美工巧，然而不良，則不時也。」故百工所作器物，當因氣序，無得悖逆於時，使物不堅牢。又當依舊常，毋得作爲淫過巧妙，以動蕩在上，使生奢泰之心也。愚謂金，銅錫也。皮去毛曰革。箭，竹之小者，可爲箭笴。幹，弓幹也。脂，亦以柔皮革。考工記：「革欲其柔滑，而腥脂之則需。」膠，鬻獸之皮角及魚膘爲之。丹，朱砂也。審五庫之量，所以預察其材之美也。材美而工巧，則可以爲良矣，然或逆於時則不堅牢，過於巧則生泰侈，故又從而戒之。

是月之末，擇吉日，大合樂，天子乃帥三公、九卿、諸侯、大夫親往視之。

仲春既命國子習樂，至此又命合而作之，以觀其學樂之成也。必擇吉日者，合樂又重於習舞也。

是月也，乃合累牛、騰馬，遊牝于牧。犧牷、駒、犢，舉書其數。釋文：累，力追反。○呂氏春秋「累」作「纍」。

高氏誘曰：累牛，父牛。騰馬，父馬也。鄭氏曰：累、騰，皆乘匹之名。是月所合牛馬，謂繫在廄者。其牝欲遊，則就牧之牡而合之。舉書其數，以在牧而校録書之，明出時無他故，至秋當録內，且以知生息之多少也。孔氏曰：季春陽盛，物皆産乳，故合此相累之牛、騰逐之馬，遊此繫廄之牝於牧田之中，就牡而合之。其在廄牡馬，須擬乘用者，則不放之。既遊牝之後，畜皆在野，所有犧牷，及小馬之駒，小牛之犢，皆書其見在之數，以至秋畜入時，當知其舊數及生息多少也。愚謂牛馬或在廄，或在牧，廄之牡者留之，以備乘用，而取其牝者游於牧而合之。若其本牧之牝，合之可知也。

命國難，九門磔攘，以畢春氣。釋文：難，乃多反。磔，竹伯反。穰，本又作「攘」，如羊反。○呂氏春秋作「國人難」。又此下有「行之是令，而甘雨至，三旬」十字。

難，索室驅疫也，周禮方相氏掌之。命國難者，命國人爲難也。蓋陰陽之氣流行於天地之間，其邪沴不正者，恆能中乎人而爲疾病，而厲鬼乘之而爲害。然陽氣發舒，而陰氣沈滯，故陰寒之氣爲害爲甚。而鬼又陰類也，恆乘乎陰以出，故仲秋陰氣達於地上，則天子始難；季冬陰氣最盛，又歲之終，則命有司大難。季春陽氣盛而亦難者，蓋感冬寒之氣而不卽病者，往往感春溫之氣而發，故又難以驅之也。磔，磔裂牲體也。九門磔攘者，逐疫至於國外，因磔牲以祭國門之神，欲其攘除凶災，禦止疫鬼，勿使復入也。畢，止也。畢春氣，謂畢止春時不正之氣也。鄭氏引王居明堂禮曰：「季春出疫于郊，以攘春氣。」吳氏澄曰：難者，聚衆戲劇，以盛其喜樂之氣，使人之和氣充盈，則足以勝天地不正之氣，亦先王燮理之一事也。熊氏安生曰：磔攘之牲，案小司徒云「小祭祀，奉牛牲」，又牧人云「凡毁事，用駹可也」，則是用牛也。羊人云：「凡沈、辜、侯攘，共羊牲。」犬人云：「凡幾、珥、沈、辜，用駹可也。」雞人云：「面禳，共雞牲。」是用羊用犬用雞也。蓋大難用牛，其餘難用羊用犬，小者用雞。○鄭氏於季春之難云：「難，陰氣也。是月，日行歷昴，有大陵積尸之氣。」於仲秋之難云：「難，陽氣也。是月，宿直昴、畢，得大陵積尸之氣。」於季冬之難云：「難，陰氣也。此月，日歷虛、危，有墳墓四司之氣。」鄭氏以斗建言難者固謬，其以日躔言難，亦鑿說耳。孔疏引熊氏說，謂「季春云『國難』，唯天子諸侯有國爲難，仲秋『天子乃難』〔一〕，唯天子得難，以其難陽氣，陽是君象，則諸侯以下不得難」，非也。難爲歲事之常，諸侯之難不待天子命之，若言天子自難而曰「命國難」，立文可如是乎？仲秋難

〔一〕「仲秋」，原本作「季秋」，據本篇「仲秋之月」改。

陽氣，本鄭氏之謬說，蓋仲秋之難，唯天子得行之，若諸侯之國，亦唯諸侯得行之，而不及國人者也。季春則國人皆得難，但不若季冬之大難，其驅索爲尤偏耳。

季春行冬令，則寒氣時發，草木皆肅，國有大恐；

鄭氏曰：丑之氣乘之也。肅，謂枝葉縮栗。國有大恐，以水訛相驚也。

行夏令，則民多疾疫，時雨不降，山陵不收；

鄭氏曰：未之氣乘之也。山陵不收，高者暵於熱也。

行秋令，則天多沈陰，淫雨蚤降，兵革並起。鄭註：今月令曰「衆雨」。

鄭氏曰：戌之氣乘之也。九月多陰。淫，霖也。雨三日以上爲霖。兵革並起，陰氣勝也。

禮記卷十六

月令第六之二

孟夏之月，日在畢，昏翼中，旦婺女中。釋文：婺音務。

畢者，西方白虎之第五宿，而實沈之次也。案漢三統書，四月節，日在畢十二度。秦時四月節，日在畢十四度。翼者，南方朱鳥之第六宿；婺女者，北方玄武之第三宿也。案三統書，四月節，昏軫四度中，旦虛三度中，則漢時立夏初昏翼星已西過四度，旦時婺女已西過三度，秦時立夏初昏軫六度中，旦虛五度中也。○孔氏曰：三月時，昏中之星去日九十八度，四月日漸長，昏中星去日應一百二度，計翼星中當在十二度。愚謂四月昏中之星去日一百二度，加以昏分二刻半，約爲九度，則去日應一百十一度。自畢十二度至軫三度，爲一百十一度，則秦時立夏軫星昏中明矣。

其日丙丁，

高氏誘曰：丙丁，火日也。漢書律志曰：明炳於丙，大盛於丁。鄭氏曰：夏時，萬物皆炳然著見而强大。愚謂丙丁爲火，故日之值丙丁者屬乎夏。

其帝炎帝，其神祝融，

鄭氏曰：此赤精之君，火官之臣，自古以來著德立功者也。炎帝，大庭氏也。祝融，顓頊氏之子，曰犂，爲火官。愚謂炎帝者，在天火德之帝。大庭氏乘火德而王，其號亦曰炎帝。祭火帝則以配焉。祝融者，在地火行之神，犂爲火正，其官亦曰祝融，祭火神則以配焉。祝，續也。融，明之盛也。祝融者，言火德之繼續而光明也。

其蟲羽，

馬氏晞孟曰：朱鳥，火屬也。其類爲羽，故夏則其蟲羽。吳氏澄曰：南方井、鬼、柳、星、張、翼、軫七宿，有鳥之象，故凡物之有羽者屬火。愚謂羽蟲輕揚而上升，得陽之極者也，故屬夏。

其音徵，釋文：徵，張里反。

鄭氏曰：三分宮，去一以生徵，徵數五十四。屬火者，以其微清，事之象也。夏氣和，則徵聲調。漢書律志曰：徵，祉也，物盛大而繁祉也。

律中中呂。釋文：中呂，音仲，又如字。○呂氏春秋作「仲呂」。

鄭氏曰：中呂者，無射之所生，三分益一，律長六寸萬九千六百八十三分寸之萬二千九百七十四。孟夏氣至，則中呂之律應。周語曰：「中呂宣中氣。」漢書律志曰：中呂，言微陰始起未成，著於其中，旅助姑洗宣氣齊物也。位於巳，在四月。蔡氏元定曰：小滿則中呂六寸五分八釐三毫四絲六忽。

其數七，

七者，火之成數也。

其味苦，其臭焦，

鄭氏曰：火之臭味也，凡物之苦、焦者屬焉。　馬氏晞孟曰：炎上作苦，故其味苦。　物以火化，則其氣爲焦。

其祀竈，祭先肺。

鄭氏曰：夏，陽氣盛，熱於外，祀之於竈，從火類也。　祀之先祭肺者，陽位在上，肺亦在上，肺爲尊也。　又設竈在廟門外之東，祀竈之禮，先席於門之奧東面，設主于竈陘，乃制肺及心肝爲俎，奠于主西。　又設盛于俎南，亦祭黍三，祭肺、心、肝各一，祭醴三。　亦既祭徹之，更陳鼎俎，設饌于筵前。　迎尸如祀户之禮。　孔氏曰：奥，謂廟門外西室之奥，以神位在西也。　祀户在户内，故祭在廟室之奥；祀竈在門外，故設主在廟門之奥。　配竈神而祭者，是先炊之人。　禮器云：「竈者，老婦之祭也。」　愚謂竈夏祀，盛德在火，烹飪之功所由著也。　特牲記「牲爨在廟門外」，「饎爨在西壁」。　西壁，堂之西牆下也。　註疏據「牲爨」言之，故云「祀竈在門外」。　然養人以穀食爲主，且祭竈配以先炊老婦之神，特牲禮「主婦視饎爨于西堂下」，則饎爨乃婦人之所主，祀竈之禮不當舍饎爨而就牲爨也。　竈祀饎爨，則奥亦廟室之奥，而非門堂之奥矣。　祭先肺者，肺屬金，夏火勝金，祭其所勝也。

螻蟈鳴，蚯蚓出，王瓜生，苦菜秀。

釋文：螻音樓。　蟈，古獲反。　蚓，以忍反。　○呂氏春秋「蚯」作「丘」，「瓜」作「善」。　鄭註：今月令云「王萯生」。

鄭氏曰：皆記時候也。　螻蟈，鼃也。　王瓜，萆挈也。　今月令云「王萯生」，夏小正云「王萯秀」，未聞孰是。蔡氏邕曰：螻，螻蛄。蟈，蝦蟆也。孔氏曰：王瓜萆挈者，本草文。未聞孰是者，一疑王瓜是王萯否，二疑「生」之與「秀」，其文不一也。愚謂二月蟄蟲已出，蚯蚓得陰氣之多者，故至是始出。王瓜，歸氏有光以爲卽今之黄瓜，未知是否。苦菜，荼也。爾雅疏：「苦菜，一名荼草，一名選，一名游冬。易緯通卦驗玄圖云：『苦菜生於寒秋，經冬歷春，得夏乃成。』」

天子居明堂左个，乘朱路，駕赤駵，載赤旂，衣朱衣，服赤玉，食菽與雞，其器高以粗。釋文：駵音留，本又作「騮」。菽，本又作「叔」，音同。粗，七奴反。○呂氏春秋「路」作「輅」，「粗」作「觕」。

明堂左个，明堂南方之東室也。明堂東曰青陽，西曰總章，北曰玄堂，南方不別爲之名者，明堂以向南爲正也。車馬衣服皆朱赤者，順火之色也。食菽與雞，蓋以菽爲火穀，雞爲火畜也。淮南子曰：「夏，其畜雞。」粗，大也。器高以粗者，象夏氣之盛大也。孔氏曰：色淺曰赤，色深曰朱。路與衣服，人功所爲，染必色深，故云「朱」。玉與駵馬，自然之性，皆不可色深，故云「赤」。旂雖人功所爲，染之不須色深，故亦云「赤」。愚謂爾雅：「一染謂之縓，再染謂之赬，三染謂之纁。」鄭氏士冠禮註云：「朱蓋四入。」是四者，總言之皆謂之赤；若對文言之，則深者謂之朱，淺者謂之赤也。

是月也，以立夏。先立夏三日，大史謁之天子曰：「某日立夏，盛德在火。」天子乃齊。立夏之日，天子親帥三公、九卿、大夫以迎夏於南郊，還反，行賞，封諸侯。慶賜遂行，無不欣說。釋文：說音悅。○呂氏春秋「帥」作「率」，「反」作「乃」，無「侯」字。

立夏者，四月之朔氣也。迎夏者，迎赤帝炎帝而祭之於南郊之兆，而以大庭氏配食焉。不言帥諸侯者，文署也。行賞，賞公、卿、大夫也。行賞與慶賜遂行，皆與孟春同，而封諸侯則所賞者益重，無不欣説則所賞者益徧。蓋孟夏陽氣益盛，故順之而布政如此。○鄭氏曰：祭統曰：「古者於禘也，發爵賜服，順陽義也；於嘗也，出田邑，發秋政，順陰義也。」今此行賞可也，而封諸侯則違於古。封諸侯、出土地之事，於時未可。愚謂月令之例，大約順陰陽以爲出內：春夏，陽也，故務出；秋冬，陰也，故務內。孟春行慶施惠，而封諸侯則行慶之尤重者，故孟夏乃行之，以順陽氣之發宣。季秋命百官貴賤無不務內，以會天地之藏，無有宣出，而封諸侯、立大官，則宣出之尤大者，故孟秋卽禁之，以順陰氣之收斂。蓋月令乃欲自爲一代之制，必以三代之法求之，則其不合者甚多，固不僅在此一事而已也。

乃命樂師習合禮樂。

鄭氏曰：爲將飲酎。愚謂此與下節，與孟春之「命相布德和令」、孟秋之「命將帥選士厲兵」一例，皆於迎氣之日發命，乃順時布政之最先者也。蓋習合禮樂以象時氣之盛大，行爵出祿以順時氣之宣散。鄭謂爲飲酎習之，非也。

命大尉贊桀俊，遂賢良，舉長大。行爵出祿，必當其位。釋文：長，如字，下「繼長」同。當，丁浪反。○

呂氏春秋「桀俊」作「儁傑」。

贊，助也。遂，進也。桀俊，有才者。賢良，有德者。長大，形貌壯大有力者。命大尉舉此三者，亦周

制以司馬掌爵祿之義。蓋季春既聘名士，禮賢者，至此則擇其才德之秀出，并及於形貌之魁異者，而

加以爵禄，所以順陽氣之盛也。鄭氏曰：助長氣也。三王之官，有司馬，無大尉，秦官則有大尉。今俗人皆云「周公作月令」，未通於古。

是月也，繼長增高，毋有壞墮，釋文：壞音怪。墮，許規反，又作「隳」。○呂氏春秋「墮」作「隳」。

鄭氏曰：繼長增高，謂草木盛、蕃廡。毋有壞墮，亦爲逆時氣。愚謂春物幼少，至此則繼而長；春物萌芽，至此則增而高。壞墮，如壞城郭，廢宫室之類。毋有壞墮，所以順繼長增高之氣也。○孔氏曰：是月草木蕃廡，王者施化，當繼續長養之道，增益高大之物。愚謂繼長增高，言天時。毋有壞墮，乃言施化。孔説非是。

毋起土功，毋發大衆，

鄭氏曰：爲妨蠶農之事。

毋伐大樹。

鄭氏曰：亦爲逆時氣。愚謂此謂邦工掄材，及萬民斬禁外之木者也。孟春禁止伐木，此特禁伐其大者，亦爲其傷盛大之氣也。其小者，則得伐之。

是月也，天子始絺。釋文：絺，敕其反。

鄭氏曰：初服暑服。方氏慤曰：孟夏，暑之始，故始絺。孟冬，寒之始，故始裘。

命野虞出行田原，爲天子勞農勸民，毋或失時。釋文：行，下孟反，下同。爲，于僞反。勞，力報反。○呂氏春秋無「爲天子」字。

勞以慰其勞，勸以勉其惰。曰「爲天子」者，言野虞之行如天子親行然，重農之至也。
命司徒循行縣、鄙，命農勉作，毋休于都。鄭註：今月令「休」爲「伏」。
鄭氏曰：急趨於農也。縣、鄙、鄉、遂之屬，主民者也。王居明堂禮曰：「毋宿于國。」高氏誘曰：縣，二千五百家也。鄙，五百家也。愚謂循行縣、鄙，則六鄉可知，舉遠以該近也。都，邑也。左傳：「邑有先君之主曰都。」毋休于都者，此時當出耕廬舍，而不可休於都邑也。既勸之以野虞，復申之以地官之長，其所以留意於農者至矣。
是月也，驅獸毋害五穀，毋大田獵。
鄭氏曰：爲傷蕃廡之氣。方氏慤曰：四時之田，夏曰苗，以其爲苗除害而已，故曰「毋大出獵」。若秋獮冬狩，則爲大矣。
農乃登麥。天子乃以彘嘗麥，先薦寢、廟。呂氏春秋「登麥」作「收麥」，下有「升獻天子」句。
高氏誘曰：麥始熟，故曰嘗。先寢、廟，孝之至。鄭氏曰：麥之新，氣尤盛，以彘食之，散其熱也。彘，水畜。愚謂月令嘗穀皆配以其時之牲，嘗黍在夏，以雛，嘗麻嘗稻在秋，皆以犬，獨夏嘗麥乃用彘，或當如鄭氏之説與？
是月也，聚畜百藥。釋文：畜，許六反。○呂氏春秋「畜」作「蓄」。
鄭氏曰：蕃廡之時，毒氣盛。
靡草死，麥秋至。

鄭氏曰：舊説，靡草，薺、葶藶之屬。孔氏曰：以其枝葉細靡，故曰靡草。蔡氏邕曰：百穀各以其初生爲春，熟爲秋。方氏慤曰：凡物感陽而生者彊而立，感陰而生者柔而靡。靡草至陰所生，故不勝至陽而死。凡物生於春，長於夏，成於秋，而麥獨成於夏，故言「麥秋」，以於麥爲秋也。愚謂言此以起下文之事。孟夏爲萬物盛長之時，然靡草則以之死，麥則以之秋，以明可順時氣而斷薄刑也。

斷薄刑，決小罪，出輕繫。釋文：斷，丁亂反。

徐氏師曾曰：此恤刑之事。是時天氣始炎，恐罪人之繫者或以鬱蒸而生疾，故刑之薄者即斷決之，罪之小者即決遣之，繫之輕者即縱出之。○鄭氏曰：祭統曰「草艾則墨」，謂立秋後也。刑無輕於墨者，今以純陽之月斷刑決罪，與「毋有壞墮」相違，似非。愚謂薄刑乃鞭笞之屬，鄭氏以「草艾則墨」疑其相違，非是。

蠶事畢，后妃獻繭。乃收繭税，以桑爲均，貴賤長幼如一，以給郊廟之服。長，丁丈反。○呂氏春秋「事」下有「既」字，「長幼」作「少長」，「之」下有「祭」字。

后妃獻繭者，三宮世婦之屬獻於后妃，而后妃獻於天子也。收繭税者，外命婦就公桑蠶室以蠶，以供其夫之祭服，使入繭於公家以爲税也。以桑爲均者，視其所受之桑葉而均其税之多少也。貴，謂公卿大夫之妻。賤，謂士之妻。長幼，謂内、外宗之女，其年有長幼也。鄭氏曰：收繭税者，收以近郊之税。孔氏曰：載師云：「近郊十一。」公桑在國北近郊，故知收以近郊之税。貴賤長幼出繭税，俱以十一，故云「如一」。其受桑，則貴賤異也。

是月也，天子飲酎，用禮樂。釋文：酎，直又反。○呂氏春秋此下有「行之是令，而甘雨至，三旬」十字。

鄭氏曰：酎之言醇也，謂重釀之酒也。春酒至此始成。愚謂飲酎，謂獻酎酒於宗廟也。左傳云：「見於嘗酎與執燔焉。」漢儀注：「王子爲侯，歲以户口酎黄金於漢廟。皇帝臨受，以助大祭祀，曰飲酎。」漢襲秦禮者也，則飲酎之爲祭宗廟，無可疑者。四時之祭，月令見其三，孟夏飲酎，季秋嘗，孟冬烝，唯不見春祭耳。古者天子宗廟三時祫祭，惟春則犆祭，月令不言春祭，豈以其非禮之盛者而畧之與？

孟夏行秋令，則苦雨數來，五穀不滋，四鄙入保；釋文：數，所角反。

鄭氏曰：申之氣乘之也。苦雨，白露之類。時物得雨傷。四鄙入保，金氣爲害也。鄙，界上邑。小城曰保。

行冬令，則草木蚤枯，後乃大水，敗其城郭；

鄭氏曰：亥之氣乘之也。草木蚤枯，長日促也。

行春令，則蝗蟲爲災，暴風來格，秀草不實。

鄭氏曰：寅之氣乘之也。蝗蟲爲災者，寅有啟蟄之氣，行於初暑，則當蟄者大出矣。格，至也。秀草不實，氣更生之，不得成也。

仲夏之月，日在東井，昏亢中，旦危中。釋文：亢音剛，又苦浪反。

東井，南方朱鳥之第一宿，而鶉首之次也。案漢三統書，五月節，日在井十六度；五月中，日在井三十一度。秦時五月節，日當在東井十八度。亢者，東方蒼龍之第二宿；危者，北方玄武之第五宿也。案三統書，五月節，昏氐二度中，旦室三度中，則漢時五月節初昏時亢星已西過三度，旦時危星已西過四度，則秦時五月節昏時當氐四度中，旦時當室五度中也。

其日丙丁，其帝炎帝，其神祝融，其蟲羽，其音徵，律中蕤賓。

鄭氏曰：蕤賓者，應鍾之所生，三分益一，律長六寸八十一分寸之二十六。仲夏氣至，則蕤賓之律應。周語曰：「蕤賓所以安靜神人，獻酬交酢。」漢書律志曰：蕤，繼也。賓，導也。言陽始導陰氣使繼養物也。位於午，在五月。蔡氏元定曰：夏至則蕤賓六寸二分八釐。

其數七，其味苦，其臭焦，其祀竈，祭先肺。

小暑至，螳蜋生，鵙始鳴，反舌無聲。釋文：螳音堂。蜋音郎。鵙，古闃反，字林工役反。

小暑至，言始暑而未盛也。六月節名小暑，視大暑爲小；此曰「小暑」，又視六月節之暑爲小也。鄭氏曰：皆記時候也。螳蜋，螵蛸母也。鵙，博勞也。反舌，百舌鳥。高氏誘曰：鵙，伯勞也。傳曰：「伯趙氏，司至者也。」反舌，能辨反其舌，效百鳥之鳴，故謂之百舌。孔氏曰：釋蟲云：「不過，螳蠰，其子蜱蛸。」蜱蛸則螵蛸，故云「螵蛸母」。反舌，蔡邕云：「鳴鼃也，今謂之蝦蟇。其舌本前著口側，而末向內，故謂之反舌。通卦驗曰：『博勞鳴，蝦蟇無聲。』」蟜夙云：「誠如緯言爲蝦蟇，五月得水，適當聒人耳，何反無聲？是知蝦蟇非反舌。」方氏慤曰：螳螂與鵙皆陰類，故或感微陰而生，或感微陰而鳴。百舌之鳴，感陽中而發，故感微陰而無聲。

天子居明堂大廟，乘朱路，駕赤騮，載赤旂，衣朱衣，服赤玉，食菽與雞，其器高以粗。

明堂大廟，明堂之南堂也。

養壯佼。釋文：佼，古卯反。○呂氏春秋「佼」作「狡」。

鄭氏曰：助長氣也。　孔氏曰：壯，謂容體盛大。佼，謂形容佼好。　愚謂此因物之盛而養之也。仲春存諸孤，仲夏養壯佼，仲秋養衰老，仲冬飭死事，其事一例，獨此不言「是月」者，文偶畧耳。

是月也，命樂師脩鞀、鞞、鼓，均琴、瑟、管、簫，執干、戚、戈、羽，調竽、笙、箎、簧，飭鍾、磬、柷、敔。釋文：鞀，大刀反，本亦作「鞉」，同。鞞，步西反。箎音池，本又作「篪」，同。柷，昌六反。敔，魚呂反，本又作「圉」。○呂氏春秋「箎簧」作「壎篪」。

鄭氏曰：爲將大雩帝，習樂也。脩、均、執、調、飭者，治其器物，習其事之言。　孔氏曰：鞀，周禮小師鄭註云：「似鼓而小，持其柄搖之，旁耳還自擊。」鞞，鄭註詩云：「小鼓在大鼓旁，應鞞之屬也。」鼓者，周禮「雷鼓鼓神祀」之屬是也。　劉熙釋名云：「鞀，導也，所以導樂作。」「鞞，裨也，裨助鼓節。」「鼓，廓也，張皮以冒之，其中空廓。」琴者，釋樂云：「大琴謂之離。」孫炎云：「聲留離。」廣雅云：「琴長三尺六寸六分，五弦。」瑟者，釋樂云：「大瑟謂之灑。」孫炎云：「音之變布如灑出。」郭璞云：「瑟長八尺一寸，二十七弦。」管者，釋樂云：「大管謂之簥。」郭云：「管長尺，圍寸，併漆之，有底。」鄭註周禮云：「管如篴而小，併兩而吹之。」簫者，釋樂云：「大簫謂之言。」郭云：「編二十二管，長尺四寸。」釋名云：「簫，肅也。」干，盾也。　戚，斧也。　戈，鉤孑戟。　羽，鳥羽，周禮「羽舞」「皇舞」之屬是也。　竽者，鄭註周禮云：

「竽三十六簧。」釋名云：「竽，汙也，其中汙空。」笙者，鄭註周禮云：「十三簧。」釋樂云「大笙謂之巢。」篪者，釋樂云：「大篪謂之沂。」郭云：「篪以竹爲之，長尺四寸，圍三寸，一孔上出寸三分，名翹，橫吹之。」廣雅云：「八孔。」鄭司農云：「篪七孔。」簧者，竽、笙之名也，氣鼓之而爲聲。鐘者，釋樂云：「大鐘謂之鏞。」釋名云：「鐘，空也，内空，受氣多。」磬者，釋樂云：「大磬謂之馨。」以玉石爲之。釋名云：「磬，罄也，聲堅，罄罄然。」柷者，釋樂云：「所以鼓柷謂之止。」郭云：「柷如漆桶，方二尺四寸，深一尺八寸，中有椎柄，連底撞之，令左右擊。止者，其椎名。」敔者，釋樂云：「所以鼓敔謂之籈。」郭云：「敔如伏虎，背上有二十七鉏鋙刻，以木長尺擽之。」脩者，脩理舊物。均者，均平其聲。執者，操持營爲。調者，調和音曲。飭者，整頓器物。故鄭云「治其器物，習其事之言」也。愚謂笣、簧，當從呂氏春秋作「塤、篪」。鄭司農註笙師云：「塤六孔。」康成云：「塤，燒土爲之，大如鵞卵。」鞀、鞞、鼓，革音也；琴、瑟，絲音也；管、簫、笣，竹音也；竽、笙，匏音也；鐘，金音也；磬，石音也；柷、敔，木音也；塤，土音也，則八音具矣。干、戚、戈，武舞也；羽，文舞也，則文武之舞備矣。武舞之大者，以干配戚，小者以干配戈。大雩帝當用干、戚大舞，此又有戈者，蓋山川之小者或唯用小舞。舞師「兵舞，以舞山川之祭祀」，是也。鞀、鞞等之聲易調，故以治其器言之，而曰「脩」曰「飭」；琴、瑟等之聲難調，故以習其節奏言之，而曰「均」曰「調」；干、戚、戈、羽用以舞，故曰「執」。

命有司爲民祈祀山川百源，大雩帝，用盛樂。乃命百縣雩祀百辟卿士有益於民者，以祈穀實。釋文：爲，于僞反。辟，必亦反。○呂氏春秋「源」作「原」，「百縣雩」下有「祭」字。

鄭氏曰：陽氣盛而當旱，山川百源，能興雲雨者也。衆水始所出爲百源。雩，吁嗟求雨之祭也。雩帝，謂爲壇南郊之旁，雩五精之帝，配以先帝也。自「鞀、鞞」至「柷、敔」皆作，曰「盛樂」；凡他雩，用歌舞而已。百辟卿士，古者上公，若句龍、后稷之類也。春秋傳曰：「龍見而雩。」雩之正，當以四月，凡周之秋三月中而旱，亦脩雩禮以求雨，因著正雩此月，失之矣。天子雩上帝，諸侯以下雩上公。周冬及春夏雖旱，禮有禱無雩。孔氏曰：將欲雩祭，先命有司祈祀山川百源，爲將雩之漸也。四月純陽用事，故制禮此月爲雩，縱令不旱，亦爲雩祭。愚謂凡言「水潦將降」者，皆謂夏時也。則夏非必乏雨，而雩以求雨者，蓋是時百穀待雨而長，於四時之中需雨爲最亟，此雩之所以必於夏行之也。水源必出於山，其源大而流長者則爲川。曰「百源」者，著其多，明所祈之徧也。將大雩而先祀山川，即事之漸也。禮器曰「齊人將有事於泰山，必先有事於配林」；「晉人將有事於河，必先有事於惡池。」此其義也。雩帝，雩祀昊天上帝於南郊之圜丘也。百縣，謂鄉、遂及三等采地之屬也。若因旱而雩者，其祭蓋與此同。雲漢之詩，言「自郊徂宮，靡神不舉」，又言「后稷不克，上帝不臨」，此因旱而雩之事也。因旱而雩者祭上帝，則常雩所祭者必上帝而非五帝也。

農乃登黍。是月也，天子乃以雛嘗黍，羞以含桃，先薦寢廟。

鄭氏曰：含桃，櫻桃也。蔡氏邕曰：是時黍新熟，今蟬鳴黍是也。孔氏曰：月令諸月無薦果之文，此獨羞含桃者，以此果先成，異於餘物，故特記之，其實諸果亦時薦。愚謂雛，小鷄也。夏食鷄，故五月嘗黍用之。蟬鳴黍，蓋穀之早熟者。鄭氏以此時黍未登，故謂「此爲嘗雛」，誤矣。羞，進也。果輕，不特薦，故因新穀而并薦之。凡果皆然，以含桃爲薦果之始，故言之以見例爾。

令民毋艾藍以染，釋文：藍，力甘反。○按：艾、刈通。

高氏誘曰：青未成也。鄭氏曰：此月藍始可別。夏小正曰：「五月啟灌藍蓼。」孔氏曰：種藍之體，初必叢生，若及早移種，則有損傷，此月藍既長大，始可分別移散。引夏小正者，證此月養藍。愚謂齊民要術榆莢落時可種藍，五月可刈藍，而月令五月禁刈藍，豈古今事異與？

毋燒灰，毋暴布。釋文：暴，步卜反。○呂氏春秋「灰」作「炭」。

高氏誘曰：是月炎氣盛猛，暴布則脆傷之。愚謂灰，謂所用以湅布者也。喪服記曰：「鍛而勿灰。」雜記曰：「朝服十五升，去其半而緦，加灰錫也。」考工記湅帛者用欄灰渥淳之，蜃灰涅之，沃而盝之，晝暴諸日，夜宿諸井。湅布之法，蓋亦如此。是月陽氣大盛，不可燒灰湅布，暴之日中，恐脆傷其布也。周禮染人：「凡染，春暴湅，夏纁玄，秋染夏。」

門閭毋閉，關市毋索。釋文：索，所白反。

鄭氏曰：順陽敷縱，不難物。孔氏曰：關市，停物之所，商賈或隱藏其物以避征稅，是月不得搜索。愚謂外而關門，內而宮門，皆門也。巷門曰閭，外則二十五家之門，內則宮中永巷之門，皆閭也。毋閉，毋夜閉也。蓋晨闢而夜闔者，門閭之常也。然至日閉關，則晝有不闢，所以養微陽之初生；仲夏門閭毋閉，則夜有不闔，所以洩盛陽之太過。高氏、蔡氏以門爲國門。竊謂門閭所包甚廣，而國門恐不在其中。蓋國門於備禦至於切要，若夜而不閉，豈所以待不虞乎？

挺重囚，益其食。

挺，緩也。重囚禁繫嚴密，是月稍寬之，而且益其食，恐其不堪暑熱以致死也。

游牝別羣，則縶騰駒。班馬政。釋文：別，彼列反。執，如字，蔡本作「縶」。○呂氏春秋「政」作「正」，註云：「養馬之官。」

高氏誘曰：是月牝馬懷妊已定，故別其羣；不欲騰駒蹴傷其胎育，故縶之。鄭氏曰：別羣，孕字之欲止也[一]。縶騰駒，爲其牡氣有餘，相蹄齧也。馬政，謂養馬之政教也。廋人職曰「掌十有二閑之政教，以阜馬逸特，教駣，攻駒」，此之謂也。愚謂別羣，別其牝牡之羣也。前月「牛」「馬」並言，此獨言「馬」者，以馬供軍國之用，所係獨重也。

是月也，日長至，陰陽争，死生分。

鄭氏曰：争者，陽方盛，陰欲起也。孔氏曰：長至者，謂日長之至極。大史漏刻，夏至晝漏六十五刻，夜漏三十五刻。愚謂以昏明爲限，則夏至晝六十五刻，夜三十五刻；以日之出入爲限，則晝六十刻，夜四十刻也。今法，夏至晝五十九刻五分，夜三十六刻十分。死生分者，天以陽氣生物，以陰氣殺物，陽謝陰興，自夏至始，此萬物死生之所由分也。

君子齊戒，處必掩身，毋躁，止聲色，毋或進，薄滋味，毋致和，節耆欲，定心氣。百官靜事毋刑，以定晏陰之所成。釋文：和，户卧反。耆，市志反。○呂氏春秋「掩」作「揜」，「身」下有「欲靜」字，「節」作

[一]「字」，禮記注疏作「妊」。

「退」。　鄭注：今月令「刑」爲「徑」。

此謂夏至之日也。齊戒者，所以定其心。處必掩身，無躁者，所以定其氣。止聲色，薄滋味者，所以節其耆欲。静事無刑，安静無爲而禁止刑罰也。晏，安也。陰道静，故曰「晏陰」。夏至之日，微陰初起，故致其敬慎安静以養之，而定此晏陰之所成就也。蓋人身一小天地，其陰陽之氣，恆與天地相爲流通。雖陽主生，陰主殺，君子嘗致其扶陽抑陰之意，然不收斂則不能發散，二者之氣，不可相無。故天地之陰陽一有所偏，則無以育庶類；人身之陰陽一有所偏，則無以養其生。故於其始生也，務於有以養之，所以贊化育之道而盡節宣之宜也。○鄭氏曰：易及樂、春秋説：「夏至，人主與羣臣從八能之士作樂五日。」今止樂，非其道也。　孔氏曰：冬至圜丘，夏至方澤，皆有樂，不得言止樂，月令非也。　朱子曰：止聲色，蓋亦處必掩身，毋躁之義，若以「止樂」言，則拘矣。月令之説，固多未安，而註以此爲非，則失其指。

鹿角解，蟬始鳴，半夏生，木堇榮。釋文：解，户買反。始，市志反。堇音謹。

鄭氏曰：又記時候也。　孔氏曰：熊氏云：「鹿是山獸，夏至得陰氣而角解；麋是澤獸，冬至得陽氣而角解。今以麋爲陰獸，情淫而遊澤，冬至陰方退，故解角，從陰退之象。鹿爲陽獸，情淫而遊山，夏至得陰而解角，從陽退之象。」　高氏誘曰：蟬鼓翼始鳴。半夏，藥草。木堇朝榮暮落，是月榮華，可用作蒸，一名蕣。　鄭氏曰：木堇，王蒸也。　愚謂菜亦有名堇者，故此曰「木堇」以别之。

是月也，毋用火南方。

鄭氏曰：陽氣盛，又用火於其方，害微陰也。

可以居高明，可以遠眺望，可以升山陵，可以處臺榭。

鄭氏曰：順陽在上也。高明，謂樓觀也。闍者謂之臺，有木者謂之榭。方氏慤曰：登高明，乃可遠眺望。山陵，自然高明之所，臺榭，人爲高明之所。

仲夏行冬令，則雹凍傷穀，道路不通，暴兵來至。釋文：雹，步角反。○呂氏春秋「凍」作「霰」。

鄭氏曰：子之氣乘之也。陽爲雨，陰起脅之，凝爲雹。盜賊攻劫，亦雹之類。

行春令，則五穀晚熟，百螣時起，其國乃饑。釋文：螣音特。

鄭氏曰：卯之氣乘之也。五穀晚熟者，生日長。螣，蝗之類。言百者，明衆類並爲害。

行秋令，則草木零落，果實早成，民殃於疫。

鄭氏曰：酉之氣乘之也。果實早成，生日短。

季夏之月，日在柳，昏火中，旦奎中。呂氏春秋作「昏心中」。

柳者，南方朱鳥之第三宿，而鶉火之次也。案漢三統書，六月節，日在柳九度。秦時六月節，日在柳十一度。火，大火，心星，東方蒼龍之第五宿也。案三統書，六月節，昏尾七度中，旦婁八度中。是漢時六月節昏時火星已西過八度，旦時奎星已西過九度矣。秦時六月節昏時當尾九度中，旦時當婁十度中也。

其日丙丁，其帝炎帝，其神祝融，其蟲羽，其音徵，律中林鍾。

鄭氏曰：林鍾者，黄鍾之所生，三分去一，律長六寸。季夏氣至，則林鍾之律應。周語曰：「林鍾和展百物，俾莫不任肅純恪。」漢書律志曰：林，君也，言陰氣受任，助蕤賓君主種物，使長大楙盛也。位於未，在六月。蔡氏元定曰：大暑則林鍾六寸。

其數七，其味苦，其臭焦，其祀竈，祭先肺。

温風始至，蟋蟀居壁，鷹乃學習，腐草爲螢。釋文：蟋音悉。蟀音率。熒，本又作「螢」，户扃反。○呂氏春秋「温風」作「凉風」，「壁」作「宇」，「腐草」下有「化」字，「螢」作「蚈」。

鄭氏曰：皆記時候也。鷹學習，謂搏擊也。夏小正曰：「六月，鷹始摯。」螢，飛蟲，螢火也。孔氏曰：蟋蟀，郭景純云：「今促織。」此物生土中，至季夏，羽翼稍成，未能遠飛，但居在壁，至七月，則能遠飛在野。於時二陰既起，鷹感陰氣，乃有殺心，學習搏擊之事。腐草得暑溼之氣，故爲螢，不云「化」者，蔡氏云：「鳩化爲鷹，鷹還化爲鳩，故曰化。今腐草爲螢，螢不復爲腐草，故不稱化。」方氏慤曰：温風，卽景風也。愚謂温風以五月至，乃於季夏言「始至」者，五月雖熱而未甚，而是月之朔氣爲小暑，故曰「温風始至」。○鄭志：焦氏問云：「仲秋鳩化爲鷹，此六月，何以言鷹學習乎？」張逸答曰：「鷹雖爲鳩，亦自有真鷹可習矣。」愚謂凡言「化」者，言有化者耳，非謂其皆化也。二月田鼠化爲鴽，豈遂無田鼠乎？九月雉入大水爲蜃，豈遂無雉乎？

天子居明堂右个，乘朱路，駕赤駵，載赤旂，衣朱衣，服赤玉，食菽與雞，其器高以粗。

明堂右个，明堂南方之西室也。

命漁師伐蛟、取鼉、登龜、取黿。釋文：鼉，大多反，又徒丹反。○呂氏春秋「命」上有「是月也」字，「命」作「令」，「登」作「升」。鄭註：今月令「漁師」爲「榜人」。

漁師，周禮之獻人也。高氏誘曰：漁師，掌漁官。鼉皮可作鼓，黿可爲羹，皆不害人，易得，故言「取」。蛟有鱗甲，能害人，難得，故言「伐」。龜神，可以決吉凶，入宗廟，尊之，故言「登」。鄭氏曰：四者甲類，秋乃堅成。周禮曰：「秋獻龜魚。」又曰：「凡取龜，用秋時。」是夏之秋也。作月令者，以爲此「秋」據周之時，周之八月，夏之六月，因書於此，似誤也。蛟言伐者，以其有兵衛也。龜言登者，尊之也。黿、鼉言取，羞物賤也。孔氏曰：此等事非一月所爲，故不言「是月也」。愚謂周禮登龜以秋，豳詩言「八月萑葦」，而月令皆言於季夏，蓋此諸事以季夏始命，而自是至秋，皆可爲之也。川澤之物，國家所常用，呂氏爲秦相，此等皆據當時實事而著之於書，非徒據舊典立說也。呂氏春秋此節本有「是月也」三字，此蓋録月令者偶然脱之，不得因此別立義例。

命澤人納材葦。釋文：葦，于鬼反。○呂氏春秋「命」上有「乃」字，「澤」作「虞」，「納」作「入」。

鄭氏曰：蒲葦之屬，此時柔刃，可取作器物也。愚謂澤人，澤虞也。萑葦之屬，澤之所生。

是月也，命四監大合百縣之秩芻，以養犧牲，令民無不咸出其力，以共皇天上帝，名山大川，四方之神，以祠宗廟社稷之靈，以爲民祈福。釋文：爲，于僞反。共音恭。○呂氏春秋「命」作「令」，「共」作「供」，「祠」作「祀」。鄭註：今月令「四」爲「田」。

鄭氏曰：四監，主山林、川澤之官。百縣，鄉、遂之屬，地有山林、川澤者也。秩，常也。百縣給國養犧牲之芻，多少有常，民皆當出力爲艾之。　牲以供祠神靈，爲民求福，明使民艾芻，不虛取也。　愚謂秋時草枯，故於季夏令民艾芻。　名山大川，五嶽、四鎮、四瀆也。　四方，山林、川澤、邱陵、墳衍之神，兆之各以其方者也。　以出於民力者供犧牲，成民而後致力於神也。　祭祀以爲民祈福，先民後己也。

是月也，命婦官染采，黼、黻、文、章必以法故，無或差貸，黑、黄、倉、赤莫不質良，無敢詐僞，以給郊廟祭祀之服，以爲旗章，以別貴賤等給之度。　釋文：貸音二，又他得反。　別，彼列反。　○呂氏春秋「貸」作「忒」，「倉」作「蒼」，「無」作「勿」，「詐僞」作「僞詐」，「等給」作「等級」。

鄭氏曰：婦官，染人也。　孔氏曰：婦官，掌婦功之官，謂染人也。　此月暑濕，染帛爲宜。　愚謂染人亦男子爲之，曰「婦官」者，以其與婦功相成也。　黼、黻、文、章，謂染其絲而用之以繡者也。　考工記曰：「青與赤謂之文，赤與白謂之章，白與黑謂之黼，黑與青謂之黻，五采備謂之繡。」必以法故者，若三入爲纁，五入爲緅，七入爲緇之類，當用舊法故事，不得參差變貸也。　黑、黄、倉、赤，染其絲以織帛，或已成帛而染之者也。　質，實也。　良，善也。　莫不質良，若用茅蒐染絳，用藍染青之類，必用質實良善之物，不得淆雜爲詐僞也。　上言「法故」，下言「質良」，亦互相備也。　給當作「級」，祭服旗章，貴賤皆有等級。

是月也，樹木方盛，乃命虞人入山行木，毋有斬伐。　釋文：行，下孟反。　○呂氏春秋「有」作「或」。

鄭氏曰：爲其未堅刃也。　愚謂入山行木，謂巡行厲禁之内也。

不可以興土功，不可以合諸侯，不可以起兵動衆，毋舉大事以搖養氣，毋發令而待，以妨神農之事也。水潦盛昌，神農將持功，舉大事則有天殃。呂氏春秋「搖養氣」作「搖蕩於氣」，「發令而待」作「發令而干時」，「神農將持功」作「命神農將巡功」。

高氏誘曰：炎帝神農氏，能殖嘉穀，神而化之，號爲神農，後世因名其官爲神農。　愚謂大事，即興土功，合諸侯，起兵動衆之事也。　搖養氣，謂搖動長養之氣也。　毋發令而待，孟秋當選士厲兵，不可預於此時發令，使民廢耕事，以待上之期會也。　搖養氣，言其逆天時；妨神農之事，言其害人事也。　神農，主稼穡之官。　此時水潦盛昌，百穀受甘雨以向成實，神農將持稼穡之功，若起繇役以搖養氣，妨農事，則歲功無以成而饑凶之殃及之矣。

是日也，土潤溽暑，大雨時行，燒薙行水，利以殺草，如以熱湯，可以糞田疇，可以美土彊。

釋文：辱，本或作「溽」，音同。　薙，他計反，又直履反。　糞，方問反。　彊，其丈反。　○呂氏春秋「美」作「化」。　又此下有「行之是令，是月甘雨三至，三旬二日」十四字。　○按註疏皆不解「暑」字，疑本無此字，後人據呂氏春秋增之耳。

火陽根陰，是月暑熱極，故土蒸溼而溽潤，而大雨應時而行也。　鄭氏曰：潤溽，謂塗溼也。　薙，謂迫地芟草也。　此謂欲稼萊地，先薙其草，草乾燒之，至此月大雨，流水潦畜於其中，則草死不生，而地美可稼也。　糞、美，互言耳。　土彊，彊檗之地。　土潤溽，膏澤易行也。　薙人「掌殺草」，職曰「夏日至而薙之」，「如欲其化也，則以水火變之」。　孔氏曰：五月夏至，芟殺暴之，至六月合燒之，故云「燒薙」也。　如行水者，大雨時行，行於所燒田中，仍壅蓄之，以漬燒薙之草，即草根爛死，是利以殺田中之草也。　如以熱湯者，日暴水於爛草田中，水熱而沫沸，如熱湯漬之也。　糞，壅苗之根也。　蔡云：「穀田曰田，麻田曰疇。」土潤溽，則土之膏澤易行，故可糞、美之，使肥易也。　吴氏澄曰：田疇，謂耕熟而其田有疆界者。　土彊，謂耕難而其土磽确者。

季夏行春令，則穀實鮮落，國多風欬，民乃遷徙；釋文：鮮音仙，又仙典反。欬，苦代反。

鄭氏曰：辰之氣乘之也。未屬巽，辰又在巽位，二氣相亂爲害，故多風。民乃遷徙，象風轉移物也。　孔氏曰：鮮落，謂鮮少墮落，由風多故也。或云：以夏召春氣，而逢秋氣肅殺，故初鮮潔而墮落也。　案易林云：「震主庚子午，巽主辛丑未，坎主戊寅申，離主己卯酉，艮主丙辰戌，兑主丁巳亥。」是未屬巽也。

行秋令，則丘隰水潦，禾稼不熟，乃多女災；

鄭氏曰：戌之氣乘之也。大雨而高下皆水。禾稼不熟，傷於水也。女災，含任之類敗也。

行冬令，則風寒不時，鷹隼蚤鷙，四鄙入保。

鄭氏曰：丑之氣乘之也。鷹隼蚤鷙，得疾厲之氣也。四鄙入保，象鳥雀之走竄也。

中央土，

鄭氏曰：火休而盛德在土也。　孔氏曰：四時，木配春，火配夏，金配秋，水配冬，土則每時分寄一十八日。雖每分寄，而位本未，宜處季夏之末，故在此陳之。　愚謂中央，謂四時之中間也。土雖寄王於四季之末，然五行播於四時，春爲木，夏爲火，秋爲金，冬爲水，而火生土，土生金。土之次在火、金之間，故其氣偏王於季夏之末，居四時之中央。

其日戊己，

高氏誘曰：戊己，土日也。 漢書律志曰：豐楙於戊，理紀於己。 鄭氏曰：戊之言茂也，己之言起也。至此萬物皆枝葉茂盛，其含秀者抑屈而起。 愚謂戊己屬土，故日之值戊己者皆屬於中央。

其帝黃帝，其神后土，

鄭氏曰：此黃精之君，土官之神，自古以來著德立功者也。 黃帝，軒轅氏也。 后土，亦顓頊氏之子，曰犂，兼爲土官。 愚謂黃帝，在天土德之帝。 軒轅氏乘土德而王，其號亦曰黃帝，祭黃帝則配食焉。后土，在地土行之神。 共工氏之子句龍爲土正，其官亦曰后土，祭五土之神則以配食焉。 后，君也。土爲四行之君，故曰「后土」。 鄭以后土爲犂，蓋據國語「火正犂司地」之說。 孔氏云：「句龍爲社神，不得又爲五祀，故云犂。」不知五祀之后土卽社也。 左傳蔡墨云：「句龍爲后土。」又云「后土爲社正」，以明社稷之社卽五官土正之后土，非社之外又列土正之祀也。 ○周禮每言「祀五帝」，小宗伯：「兆五帝于四郊。」蓋春迎氣於東郊而祀青帝，夏迎氣於南郊而祀赤帝，季夏迎氣於西南而祀黃帝，秋迎氣於西郊而祀白帝，冬迎氣於北郊而祀黑帝，所謂「祀五帝」也。 月令於中央但曰「其帝黃帝」，而不言迎氣，豈秦自以爲水德，土者水之所畏，故遂闕其禮與？

其蟲倮，釋文：倮，力果反，又乎瓦反。

馬氏晞孟曰：人，土屬也，其類爲倮，故中央則其蟲倮。 吳氏澄曰：倮，人類也。 人類之尊於羽毛鱗介，猶土之尊於木火金水也，故以蟲之倮者屬焉。 愚謂大戴禮曰：「倮蟲三百六十，聖人爲之長。」

周禮大司徒：「原隰，其動物宜嬴物。」蓋凡物之無羽毛鱗介，若鼃、螾之屬，皆倮蟲也。而人則倮蟲之最靈者，聖人又人之最靈者，人秉中和之氣，猶土之爲冲氣，故倮蟲屬於中央。

其音宮，

鄭氏曰：聲始於宮，宮數八十一。屬土者，以其最濁，君之象也。季夏之氣和，則宮聲調。漢書律志曰：宮，君也，居中央，倡始施生，爲四聲綱也。

律中黃鍾之宮。

鄭氏曰：黃鍾之宮最長也。十二律轉相生，五聲具，終於六十焉。季夏之氣至，則黃鍾之宮應。禮運曰：「五聲、六律、十二管，還相爲宮。」　孔氏曰：黃鍾之宮，於諸宮爲長。黃鍾候氣之管，本位在子，此是黃鍾宮聲與中央土聲相應。但土寄王四季，無候氣之法，取黃鍾宮聲以應土耳，非候氣也。蔡氏及熊氏以爲黃鍾之宮是黃鍾少宮也，半黃鍾九寸之數，管長四寸五分，六月用爲候氣。案六月林鍾之律長六寸，七月夷則五寸三分有餘，何以四寸五分之律於六月候之乎？又土聲最濁，何得以黃鍾半聲相應乎？蔡、熊之説非也。　愚謂蔡氏、熊氏謂「黃鍾之宮，六月用以候氣」，其説固非，而鄭氏、孔氏又直以黃鍾之律爲黃鍾之宮，亦非也。黃鍾之律，位於十一月，豈容復應季夏乎？呂氏春秋古樂篇云：「黃帝令伶倫取竹嶰谿之谷，以生空竅厚均者，斷兩節間，其長三寸九分，而吹之，以爲黃鍾之宮。次曰含少，次制十二筒，以之阮俞之下，聽鳳凰之鳴，以別十二律，以比黃鍾之宮，而皆可以生之。故曰黃鍾之宮，律呂之本也。」月令爲呂氏之書，則所謂「黃鍾之宮」必指此三寸九分之少宮無疑也。史記云：「黃鍾八寸七（當作十。）分一，應鍾四寸二分三分二。」蓋十二律黃鍾最長，應鍾最短。自黃鍾八寸一分，至應鍾四寸二分，其中長短取用之數，不過三寸九分而已。此乃黃鍾中所含之少聲，故謂之「含少」。黃鍾之少宮，在十二律之外，而十二律長短取用之數皆含於此，猶土於十二月無專位，而於四行無不包也。故黃鍾之宮，以應中央土位也。

其數五，

鄭氏曰：土生數五，成數十。但言五者，土以生爲本。愚謂四時皆言成數，土獨言生數者，以五居數之中，與中央之位合也。

其味甘，其臭香，

鄭氏曰：土之臭味也，凡物之甘、香者皆屬焉。馬氏晞孟曰：稼穡作甘，故其味甘。物以土化，則其氣爲香。

其祀中霤，祭先心。

鄭氏曰：中霤，猶中室也。土主中央而神在室，古者複穴，是以名室爲霤云。祀之先祭心者，五藏之次，心次肺，至此，心爲尊也。祀中霤之禮，設主於牖下，乃制心及肺肝爲俎。其祭肉，心肺肝各一，他皆如祀户之禮。孔氏曰：古者複穴，皆開其上取明，故雨霤之，是以後因名室爲中霤。愚謂季夏祀中霤者，以其居室之中而配乎土也。郊特牲「家主中霤而國主社」，是也。祭先心者，心屬火，火者，土之母也。土兼載四行，不以有所勝爲功，故用其所由生。

天子居大廟大室，乘大路，駕黃騮，載黃旂，衣黃衣，服黃玉，食稷與牛，其器圜以閎。釋文：圜，于權反。閎音宏。○呂氏春秋「閎」作「揜」。

大廟大室，明堂五室之中也。以其尊於四隅之室，故曰「大室」；以其處乎四堂之中，故曰「大廟大室」。明堂十二室，皆居之以聽朔，季夏之末，無聽朔之事，蓋但於土始王之日居之，以順時氣與？大路，制如殷輅，而飾之以黃。車馬衣服皆黃者，順土色也。稷，五穀之長，屬土。牛，土畜也。圜則流轉不滯，閎則翕受宏多。器圜以閎，象土之周布於四時而包載廣大也。孔氏曰：案考工記：「周人明堂，東西九筵，南北七筵，凡室二筵。」是五室皆二筵，無大小也。中央獨稱大者，土爲五行之主，尊之，故大之。然夏世室四旁之室皆南北三步，東西三步三尺，中央土室南北四步，東西四步四尺，則周之明堂亦應中央大於餘室。

禮記卷十七

月令第六之三

孟秋之月，日在翼，昏建星中，旦畢中。

翼者，南方朱鳥之第六宿，而鶉尾之次也。案漢三統書，七月節，日在張十八度；秦時七月節，日在翼二度也。又案三統書，七月節，昏斗四度中，旦畢八度中；秦時七月節，昏斗六度中，旦畢十度中。

其日庚辛，

高氏誘曰：庚辛，金日也。漢書律志曰：斂更於庚，悉新於辛。鄭氏曰：秋時萬物皆肅然改更，秀實新成。愚謂庚辛屬金，故凡日之值庚辛者屬乎秋。

其帝少皞，其神蓐收。釋文：少，詩召反。蓐音辱。

鄭氏曰：此白精之君，金官之臣，自古以來著德立功者也。少皞，金天氏。蓐收，少皞氏之子，曰該，爲金官。孔氏曰：西方收斂，元氣便少，故西方之帝謂之少皞。蓐收，言秋時萬物摧蓐而收斂。愚謂少皞，在天金德之帝。金天氏乘金德而王，其號亦曰少皞，祭金帝則以配食焉。蓐收，在地金行之神，該爲金正，其官亦曰蓐收，祭金神則以配食焉。

其蟲毛，

馬氏晞孟曰：白虎，金屬也，其類爲毛，故秋則其蟲毛。吴氏澄曰：西方奎、婁、胃、昴、畢、觜、參七宿，有虎之象，故凡物之毛者皆屬金。愚謂毛蟲陸處而走，得陰之少者也，故屬秋。

其音商，

鄭氏曰：三分徵，益一以生商，商數七十二。屬金者，以其濁次宮，臣之象也。秋氣和，則商聲調。

漢書律志曰：商之爲言章也，物成熟可章度也。

律中夷則。

鄭氏曰：夷則者，大呂之所生也。三分去一，律長五寸七百二十九分寸之四百五十一。孟秋氣至，則夷則之律應。周語曰：「夷則所以詠歌九則，平民無貳。」漢書律志曰：則，法也，言陽氣正法度，而使陰氣夷當傷之物也。位於申，在七月。蔡氏元定曰：處暑則夷則五寸五分五釐一毫。

其數九，

九者，金之成數也。

其味辛，其臭腥，

鄭氏曰：辛、腥，金之臭味也，凡物之辛、腥者皆屬焉。馬氏晞孟曰：從革作辛，故其味辛。物以金化，則其氣爲腥。

其祀門，祭先肝。

鄭氏曰：秋，陰氣出，祀之於門，外陰也。祀之先祭肝者，秋爲陰中，於藏值肝，肝爲尊也。祀門之禮，北面設主於門左樞，乃制肝及肺心爲俎，奠于主南。又設盛于俎東，其他皆如祭竈之禮。愚謂門偶，陰也。且秋主内，内從外始，故秋祀門。祭先肝者，肝屬木，秋金勝木，用其所勝也。

涼風至，白露降，寒蟬鳴，鷹乃祭鳥，用始行戮。呂氏春秋「用始」作「始用」。

鄭氏曰：皆記時候也。寒蟬，寒蜩，謂蜺也。鷹祭鳥者，將食之，示有先也。既祭之後，不必盡食。若人君行刑，戮之而已。高氏誘曰：是月鷹摯殺鳥，於大澤之中，四面陳之，世謂之「祭鳥」。孔氏曰：案釋蟲云：「蜺，寒蜩。」郭景純云：「寒螿也。似蟬而小，青赤。」鷹欲食鳥之時，先殺鳥而不食，與人之祭食相似，猶若供祀先神，不敢卽食，故曰「示有先也」。方氏慤曰：春露則生，秋露則殺，以其殺，故言「白」，蓋白爲秋之正色故也。愚謂陰氣盛而露重，故色白。寒蟬生於夏，前此未鳴，至是月感陰氣而鳴也。

天子居總章左个，乘戎路，駕白駱，載白旂，衣白衣，服白玉，食麻與犬，其器廉以深。釋文：駱音洛。

總章左个，明堂西方之南室也。萬物至西方而章明成熟，故曰「總章」。戎路，兵車也，飾之以白。白馬黑鬣曰駱。麻，金穀。犬，金畜也。器廉以深者，外有廉隅，而其中深邃，象金氣之嚴肅而收斂也。

是月也，以立秋。先立秋三日，大史謁之天子曰：「某日立秋，盛德在金。」天子乃齊。立秋之日，天子親帥三公、九卿、諸侯、大夫以迎秋於西郊，還反，賞軍帥、武人於朝。

立秋，七月之朔氣也。迎秋者，迎白帝少皞而祭之於西郊之兆，而金天氏配食焉。軍帥，諸將也。武人，軍士之有勇力者。賞之者，將順秋氣而耀武也。

天子乃命將帥選士厲兵，簡練桀俊，專任有功，以征不義，詰誅暴慢，以明好惡，順彼遠方。釋文：詰，去吉反。好，呼報反。惡，烏路反。○呂氏春秋「順」作「巡」。

士，謂其人，選之則無不精。兵，謂其器，厲之則無不利。桀俊，卽士之材勇者。簡練，簡擇之，而以其器練習之也。士既可用，然後專任有功之將，以征不義之國。蓋戰者危事，非有已試之效者不敢任，而任之不專，亦無以責其成功也。詰，謂問其罪。誅，謂討其人。暴者，暴於民。慢者，慢於上。暴慢卽不義之人，詰誅卽征之之事，所征如此，所以明我之好義而惡不義，以順服彼遠方之國也。彭氏廉夫曰：此亦因時氣而著此令，非謂出師必用此時也。

是月也，命有司修法制，繕囹圄，具桎梏，禁止姦，愼罪邪，務搏執。

爲將順秋氣而斷刑也。繕亦脩也。法制傳之於古，則修而明之。囹圄，春之所省，桎梏，春之所去，則繕之具之，禁其姦以戒之於未然，罪其邪以治之於已犯。搏，若周禮司隸「搏盜賊」之搏。搏執，謂搏擊而拘執之。罪邪言「愼」，懼其濫及於無辜；搏執言「務」，又戒其縱釋乎有罪也。孟秋之政，首言治兵，而繼以明刑，順天地肅殺之氣也。

命理瞻傷、察創、視折、審斷，決獄訟必端平，戮有罪，嚴斷刑。天地始肅，不可以贏。釋文：創，初良反。斷，丁亂反。○註疏以「審斷決」爲句。蔡氏及高氏呂氏春秋註並以「審斷」爲句，「斷」字徒管反，「決」字下屬，今從之。

蔡氏邕曰：皮曰傷，肉曰創，骨曰折，骨肉皆絶曰斷。 愚謂理，治獄之官，於周禮則士師、鄉士、遂士之屬也。傷也，創也，折也，斷也，四者皆掠治罪人所致。 傷輕，故瞻之而已；創重於傷，故察之；折又重於創，故視之；斷又重於折，故審之。皆恐其以創重致死，矜恤之意也。 端，謂明於曲直之辨而無所枉。平，謂得乎輕重之宜而無所頗。 贏者，肅之反，謂政令之寬縱也。 承上文而言：所以戮有罪，嚴斷刑者，所以順天地之氣也。

是月也，農乃登穀。天子嘗新，先薦寢廟。

方氏慤曰：穀，謂稷也。 孟夏之麥，仲夏之黍，仲秋之麻，季秋之稻，皆穀也，獨於稷言「穀」，以其爲五穀之長也。 稼穡之官，謂之后稷，土穀之神，謂之社稷，凡以此爾。 皇氏侃曰：不云牲，記文畧也。

愚謂嘗麻嘗稻在秋，皆用犬，嘗穀亦用犬與？

命百官始收斂，

鄭氏曰：始收斂，順秋氣也。 愚謂秋主收斂，命百官始收斂者，官之收斂以是月始也。

完隄防，謹壅塞，以備水潦， 釋文：隄，本又作「堤」，丁兮反。防，本又作「坊」，音房。

應氏鏞曰：夏時脩利堤防，無有壅塞，秋時則完而謹之，蓋夏潦不可隄也，秋潦則可隄矣。 一通一障，其爲民禦患一也。 愚謂季春脩利隄防，當大雨時行之後，不能無損壞，故又脩之。 辰角見而雨畢，是時雨猶未畢，故云「備水潦」。

修宮室，坏牆垣，補城郭。釋文：坏，步回反。○呂氏春秋「坏」作「坿」。

鄭氏曰：象秋收斂，物當藏也。

是月也，毋以封諸侯，立大官，毋以割地，行大使，出大幣。釋文：使，色吏反。○呂氏春秋無「諸」字，「以割地」作「割土地」，「行大使」二句作「行重幣，出大使」。又此下有「行之是令，而涼風至，三旬」十字。

爲其逆收藏之氣也。封諸侯，始建國者。割地，有功而加賜者。○鄭氏曰：古者於嘗，出田邑，此其月也。而禁封諸侯、割地，失其義。愚謂月令之法，大抵順陰陽爲出內，不必以古制繩之。說已見「孟夏」章。

孟秋行冬令，則陰氣大勝，介蟲敗穀，戎兵乃來；

鄭氏曰：亥之氣乘之也。介，甲也。甲蟲屬冬。敗穀者，稻蟹之屬。

行春令，則其國乃旱，陽氣復還，五穀無實；釋文：復，扶又反。還音環，又音旋。

鄭氏曰：寅之氣乘之也。旱者，雲雨以風除也。五穀無實，陽氣能生而不能成。

行夏令，則國多火災，寒熱不節，民多瘧疾。釋文：瘧，魚略反。○鄭註：今月令「瘧疾」爲「疾疫」。

鄭氏曰：巳之氣乘之也。瘧疾，寒熱所爲也。

仲秋之月，日在角，昏牽牛中，旦觜觿中。釋文：觜，子斯反，又子髓反。觿，户圭反，又户規反。○呂氏春秋「觿」作「巂」。

角者，東方蒼龍之第一宿，而壽星之次也。案漢三統書，八月節，日在軫十二度，則漢時立秋後七日日在角初度，秦時立秋後五日日在角初度也。觜觿，西方白虎之第六宿也。案三統書，八月節，昏斗二十六度中，旦井二度中，則秦時立秋昏時牽牛二度中也。漢時立秋，旦時觜觿已西過十一度，秦時立秋，旦時當井四度中也。秋分，昏、旦中星相去一百八十二度有餘，八月節，中星相去一百七十五度，加晨、昏分五刻，約減十八度，當相去一百五十七度。自牽牛二度至井四度，得一百五十五度，若至觜初度，止一百四十八度，其誤必矣。

其日庚辛，其帝少皞，其神蓐收，其蟲毛，其音商，律中南呂。

鄭氏曰：南呂者，大蔟之所生，三分去一，律長五寸三分寸之一。仲秋氣至，則南呂之律應。周語曰：「南呂贊陽秀物。」漢書律志曰：南，任也，言陰氣旅助夷則任成萬物也〔一〕。位於酉，在八月。

蔡氏元定曰：秋分則南呂五寸三分。

其數九，其味辛，其臭腥，其祀門，祭先肝。

盲風至，鴻鴈來，玄鳥歸，羣鳥養羞。釋文：盲，亡庚反。

鄭氏曰：皆記時候也。盲風，疾風也。玄鳥歸，謂去蟄也。凡鳥隨陰陽者，皆不以中國爲居。羞，謂所食也。夏小正曰：「九月，今夏小正作「八月」，孔云：「鄭所見本異。」丹鳥羞白鳥。」說者曰：「丹鳥也者，謂丹良也。白鳥也者，謂閩蚋也。其謂之鳥者，重其養者也。有翼爲鳥。養也者，不盡食也。」二者文異。「羣

〔一〕「陰」，原本作「陽」，據漢書律曆志改。

鳥」「丹良」，未聞孰是。疏云：月令云「羣鳥養羞」，夏小正云「丹鳥羞白鳥」，是二者文異。月令云「羣鳥」，夏小正說者云「丹良」，故云「未聞孰是」。高氏誘曰：是月，候時之雁從北漠中來，南過周、雒，之彭蠡。玄鳥，春分而來，秋分而去，歸蟄所也。傳曰：「玄鳥氏，司分者也。」寒氣將至，羣鳥養進其毛羽禦寒也，故曰「羣鳥養羞」。方氏慤曰：盲風，又謂之閶闔風。玄鳥至以陽中，故歸以陰中。羞，謂所美之食，養之，所以備冬藏也。項氏安世曰：羣鳥至秋，與百穀俱成，人取之以爲養羞，如雉、鷃、鶉、鳩、鴈、鶩，今人皆至秋食之。愚謂羣鳥養羞之義未詳。高氏、方氏、項氏之說，未知孰是。以夏小正之義推之，方氏稍長。

天子居總章大廟，乘戎路，駕白駱，載白旂，衣白衣，服白玉，食麻與犬，其器廉以深。

總章大廟，明堂之西堂也。

是月也，養衰老，授几杖，行糜粥飲食。釋文：糜，亡皮反。粥，之六反，字林羊六反。

順物之成而養之也。鄭氏曰：助老氣也。行猶賜也。高氏誘曰：陰氣發，老年衰，故共養之。今之八月，比户賜高年鳩杖、粉餈是也。張子曰：老人津液少，不能乾食，故糜粥爲養老之具。

乃命司服具飭衣裳，文繡有恆，制有小大，度有長短，衣服有量，必循其故，冠帶有常。釋文：量音亮，下「度量」同。呂氏春秋「恆」作「常」。

司服，春官之屬也。鄭氏曰：文繡，祭服也。文，畫也。祭服之制，畫衣而繡裳。衣服，謂朝、燕及他服。凡此爲寒益至也。詩云「七月流火，九月授衣」，於此作之可也。冠帶，因制衣服而作之。愚謂量，卽大小長短之齊限也。故，謂制度及所用采色之成法也。祭服重，故言之詳；餘服輕，故言之畧。

乃命有司申嚴百刑，斬殺必當，毋或枉橈；枉橈不當，反受其殃。釋文：當，丁浪反。橈，女教反，又乃絞反。字林作「撓」，非。

高氏誘曰：有司，理官。刑非一，故言「百」。軍刑斬，獄刑殺，皆重其事，故曰「必當」。凌弱爲枉，違彊爲橈。鄭氏曰：申，重也。當，謂值其罪。愚謂孟秋既命嚴斷刑矣，是月又命申嚴之，重民命也。於百刑中又特言「斬殺必當」，以大辟之刑尤宜慎也。枉則失入，橈則失出，二者皆謂之「不當」。人命至重，用刑不當則反受其殃，明有國法，幽有天道，無可逃也。

是月也，乃命宰、祝循行：犧牲，視全具；案芻豢，瞻肥瘠；察物色，必比類；量小大，視長短，皆中度。五者備當，上帝其饗。釋文：行，下孟反。中，竹仲反。○呂氏春秋「循」作「巡」，「饗」作「享」。

鄭氏曰：於鳥獸肥充之時，宜省羣牲也。宰、祝，大宰、大祝，主祭祀之官也。養牛羊曰芻，犬豕曰豢。愚謂大宰掌贊王牲事，大祝掌接神，故命之循行。犧牲全具，謂體完也。草食曰芻，穀食曰豢。芻豢足則肥，減則瘠，肥者乃中爲牲也。比，合也。必比類者，若陽祀用騂牲，陰祀用黝牲，望祀各以其方之色牲，必各比於其類也。小，謂羔犢；大，謂成牲。長短，若祭天地之牛角繭栗，宗廟之牛角握是也。中度，謂中大小長短之度也。全具也，肥也，物色也，小大也，長短也，五者皆得其當，雖上帝至尊，猶且饗之，則餘神可知。

天子乃難，以達秋氣。釋文：難，乃多反。○呂氏春秋「難」下有「禦佐疾」三字，「達」作「通」。

是月陰氣始達於地上，故天子爲難以禦之。不及於國人者，以陰氣猶未盛也。達，謂道而行之也。凡天地不正之氣凝滯，則中乎人而爲害，道而行之，則其害消矣。鄭氏引王居明堂禮曰：「仲秋，九門磔禳，以發陳氣，禦止疾疫。」然則凡難皆有磔禳之祭，此不言者，文畧也。

以犬嘗麻，先薦寢廟。

麻始熟也。秋食犬，故是月嘗麻，九月嘗稻，皆以犬。

是月也，可以築城郭，建都邑，穿竇窖，脩囷倉。釋文：窖，古孝反。○呂氏春秋「窖」作「窌」。

鄭氏曰：爲民將入，物當藏也。入地隋曰竇，方曰窖。王居明堂禮曰：「仲秋，命庶民畢入于室，曰：『時殺將至，毋罹其災。』」高氏誘曰：國有先君宗廟曰都，無曰邑。穿水通竇，不欲地泥濕也。穿窖，所以盛穀也。圓曰囷，方曰倉。愚謂築城郭，謂舊時已爲都邑而未有城郭者，則築之。建都邑，謂舊時未爲都邑者，或當建，則建之。此皆以寒氣至而民將入也。穿竇窖，以藏穀於下，脩囷倉，以藏穀於上，此皆以禾稼熟而穀將藏也。孟秋脩宮室，補城郭而已。此月則可以築城郭，建都邑。脩之補之之功少，築之建之之功多。案左傳：「凡土功，龍見而畢務，火見而致用，水昏正而栽，日至而畢。」月令興土功以仲秋，此亦秦制之異於古者。

乃命有司趣民收斂，務畜菜，多積聚。釋文：趣，七住反，本又作「趨」，又七綠反。畜，丑六反。○呂氏春秋「畜」作「蓄」。

鄭氏曰：始爲禦冬之備也。高氏誘曰：有司，於周禮爲場人。場，協入也。蓄菜，乾苴之屬也。詩云「亦有旨蓄」以禦冬也。吳氏澄曰：菜之外，他物皆當積聚而蓄之。愚謂孟秋「命百官始收斂」，收其在官者也。此言「趣民收斂」，斂其在民者也。

乃勸種麥，毋或失時。其有失時，行罪無疑。呂氏春秋「其有」作「其或」。

鄭氏曰：麥者，接絶續乏之穀，尤重之。孔氏曰：前年秋穀，至夏絶盡，後年秋穀未登，麥此時熟，乃接續其乏絶。黍稷百穀不言「勸」，麥獨言「勸」，是尤重之。

是月也，日夜分，雷始收聲，蟄蟲坏户，殺氣浸盛，陽氣日衰，水始涸。釋文：坏音陪。浸，子鴆反。涸，户各反。○呂氏春秋「雷」下有「乃」字，「坏」作「俯」。

鄭氏曰：又記時候也。雷始收聲，在地中動内物也。坏，益也。蟄蟲益户，謂稍小之也。涸，竭也。此甫八月中，雨氣未止，而曰水竭，非也。周語曰：「辰角見而雨畢，天根見而水涸。雨畢而除道，水涸而成梁。」辰角見，九月本也；天根見，九月末也。王居明堂禮曰：「季秋除道致梁，以利農也。」孔氏曰：雷是陽氣，主於動，不唯地中潛伏而已。至十一月，一陽生，震下坤上，復卦用事，震爲動，坤爲地，是動於地下，從此月爲始。户，謂穴也。以土增益穴之四畔，使通明處稍小。以陰氣將至，是以坏之。稍小，以時氣尚温，猶須出入，十月寒甚，乃閉之也。

日夜分，則同度、量，平權、衡，正鈞、石，角斗、甬。呂氏春秋「同」作「一」，「角」作「齊」，「斗」作「升」。

高氏誘曰：三十斤爲鈞。吴氏澄曰：鈞、石，五權之二。斗、甬，五量之二。正之角之，所以同之平之也。

是月也，易關市，來商旅，納貨賄，以便民事。四方來集，遠鄉皆至，則財不匱，上無乏用，百事乃遂。釋文：易，以豉反。○呂氏春秋「納」作「入」，「集」作「雜」，「財」下有「物」字。

鄭氏曰：易，謂輕其稅，使民利之。商旅，賈客也。匱亦乏也。遂猶成也。孔氏曰：關市既易，商旅自來，是來商旅也。商旅既來，貨賄自入，是納貨賄也。所須皆供，故國無乏用。上下豐足，故百事乃成。　愚謂重關市之稅者，所以聚財也，然而商旅去之，則財用必匱。輕關市之稅者，所以散財也，然而商旅趨之，則財用自足。是故國家足用之道，在此不在彼。

凡舉大事，毋逆大數，必順其時，愼因其類。呂氏春秋「舉大事」作「舉事」，「大數」作「天數」，「愼」作「乃」。此下有「行之是令，白露降，三旬」九字。

鄭氏曰：大事，謂興土功，合諸侯，舉兵衆也。季夏禁之，孟秋始征伐，此月築城郭，季秋教田獵，是以於中爲之戒焉。　愚謂此承上「百事乃遂」而言。大數，謂天道也。天道運而爲四時，時各有類：陽宜溫，陰宜肅；陽宜發宣，陰宜收斂也。蓋財用既足，則百事無患於不遂，然恃其財用之足，逆天時而妄舉大事，又不可也，故又因而戒之。

仲秋行春令，則秋雨不降，草木生榮，國乃有恐。呂氏春秋「有」下有「大」字。

鄭氏曰：卯之氣乘之也。草木生榮，應陽動也。國乃有恐，以火訛相驚。

行夏令，則其國乃旱，蟄蟲不藏，五穀復生。釋文：復，扶又反。○呂氏春秋無「乃」字。

鄭氏曰：午之氣乘之也。

行冬令，則風災數起，收雷先行，草木蚤死。釋文：數，所角反。

鄭氏曰：子之氣乘之也。風災，北風殺物。先猶蚤也。雷先收聲，冬主閉藏也。草木蚤死，寒氣盛也。

季秋之月，日在房，昏虛中，旦柳中。

房者，東方蒼龍之第四星，而大火之次也。案漢三統書，九月節，日在氐五度。氐共十五度，則漢時寒露十二日，日在房初度；秦時寒露十日，日在房初度也。虛者，北方玄武之第四宿也。案三統書，九月節，昏虛二度中，旦張初度中，則秦時九月節，昏虛四度中也。漢時九月節，旦時柳星已西過九度，秦時九月節，旦當張三度中也。

其日庚辛，其帝少皞，其神蓐收，其蟲毛，其音商，律中無射。釋文：射音亦。

鄭氏曰：無射者，夾鍾之所生，三分去一，律長四寸六千五百六十一分寸之六千五百二十四。季秋氣至，則無射之律應。周語曰：「無射所以宣布哲人之令德，示民軌儀。」漢書律志曰：射，厭也，言陽氣究物，而使陰氣畢剝落之，終而復始，無厭已也。位於戌，在九月。蔡氏元定曰：霜降則無射長四寸八分八釐四毫八絲。

其數九，其味辛，其臭腥，其祀門，祭先肝。

鴻雁來賓，爵入大水爲蛤，鞠有黃華，豺乃祭獸戮禽。釋文：蛤，古答反。鞠，本又作「菊」，九六反。僇，本或「戮」。○呂氏春秋「鴻」作「候」，「乃」作「則」。

鄭氏曰：皆記時候也。來賓，言其客止未去也。大水，海也。孔氏曰：國語云「雀入于海爲蛤」，故知大水是海也。高氏誘曰：豺，獸也，似狗而長毛，其色黃，於是月殺獸，四圍陳之，世謂之「祭獸」。

愚謂八月鴻雁來，始行而未至也；是月鴻雁來賓，始至中國也。曰「來賓」者，雁以北爲鄉，其在中國也，若來爲賓客然。鞠，治蘠也。祭獸戮禽，殺獸以祭也，猶言「鷹乃祭鳥」，用始行戮爾。禽亦獸也，其名通爾。

天子居總章右个，乘戎路，駕白駱，載白旂，衣白衣，服白玉，食麻與犬，其器廉以深。

總章右个，明堂西方之北室也。

是月也，申嚴號令，命百官貴賤無不務內，以會天地之藏，無有宣出。呂氏春秋「內」作「入」。

申嚴號令，申孟秋收斂之令也。百官之貴者，謂卿大夫；賤者，謂士也。無不務內，言其收斂皆當畢也。秋主收，冬主藏，官之收物，始於孟秋，畢於季秋，於是始言「藏」，冬將至也。會猶合也。言會合於天地藏物之時也。

乃命冢宰農事備收，舉五穀之要，藏帝藉之收於神倉，祇敬必飭。釋文：之收，如字，又守又反。○呂氏春秋無「乃」字，「穀」作「種」。

鄭氏曰：舉五穀之要，定其租稅之簿也。帝藉，所耕千畝也。藏祭祀之穀爲神倉。祇亦敬也。祇敬必飭，重粢盛之委也。孔氏曰：神倉者，貯祀鬼神之倉也。命冢宰藏帝藉所收禾穀於此神倉之中，當敬而又敬，無不飭正也。愚謂舉五穀之要，於將藏之時，核其多少之實數，以制國用也。祇敬必飭，言當蓋藏完密，以避燥溼朽蠹之患也。此承上「會天地之藏」言，蓋凡物皆藏，而以五穀爲重；五穀皆藏，而尤以神倉爲重也。

是月也，霜始降，則百工休。

鄭氏曰：寒而膠漆之作不堅好也。 張氏虙曰：將休老勞農，凡終歲勤動者，無不休矣。百工之役，使之少息，亦順時之政也。

乃命有司曰：「寒氣總至，民力不堪，其皆入室。」

入室，謂自廬舍而入居於都邑也。

上丁，命樂正入學習吹。釋文：吹，昌睡反。○呂氏春秋無「命樂正」字。

入學習吹，入學教國子以吹，而使習之也。春爲陽，陽主動，故習舞；秋爲陰，陰主靜，故習吹。周禮籥師：「掌教國子吹籥。」 孔氏曰：周禮大胥「秋頒學，合聲」，卽此季秋習吹一也。

是月也，大饗帝，句。嘗，句。犧牲告備于天子。

大饗帝，祀上帝於明堂也。嘗者，宗廟之秋祭也。二祭皆於是月行之，故有司以「犧牲皆備」告於天子也。

合諸侯，制百縣，爲來歲受朔日，與諸侯所稅於民輕重之法，貢職之數，以遠近土地所宜爲度，以給郊廟之事，無有所私。鄭氏以「合諸侯制」爲句，「百縣」下屬。吴氏澄云：「『合諸侯』一句，『制百縣』一句。」今從之。

諸侯，畿外之諸侯。百縣，畿內鄉、遂及三等采地之屬。合諸侯，制百縣，皆謂合之而定其制也。於諸侯言「合」，於百縣言「制」，互文也。朔日，來歲十二月之朔也。秦正建亥，九月爲歲終，故於此頒來歲之朔於內外，而使受之。諸侯、百縣之税於民者，有輕重之法，貢於天子者，有遠近土地所宜之度，於須朔而並令受此法焉，則取民者有制，奉上者有準矣。以給郊廟之事，無有所私者，言所以令諸侯入貢，凡以事天地祖宗，而非有所私於己也。諸侯之貢，非但給郊廟之用，特舉其重者言之爾。張氏虙曰：遠近所宜，若周禮男服貢器物，衛服貢財物之類。土地所宜，如禹貢徐州貢土五色，揚州貢金三品之類。

是月也，天子乃教於田獵，以習五戎，班馬政。呂氏春秋「班馬政」作「獀馬」。

鄭氏曰：教於田獵，因田獵之禮，教民以戰法也。五戎，謂五兵：弓矢、殳、矛、戈、戟也。馬政，謂齊其色，度其力，使同乘也。校人職曰：「凡軍事，物馬而頒之。」孔氏曰：周禮司兵「掌五兵」，鄭司農註：「五兵者，戈、殳、戟、酋矛、夷矛。」後鄭云：「步卒之五兵，則有弓矢而無夷矛。」愚謂五兵者：弓矢也，殳也，矛也，戈也，戟也。司馬法「弓矢圍，殳、矛守，戈、戟助，」是也。酋矛、夷矛之皆爲矛，猶唐、大、夾、庾之皆爲弓也。先鄭分而爲二，非也。兵車一乘，甲士三人，左執弓，右持矛，後鄭以弓矢專屬於步卒，亦非也。仲夏因別羣而頒馬政，養馬之政也；此因田獵而頒馬政，用馬之政也。

命僕及七騶咸駕，載旌、旐，授車以級，整設于屏外，司徒搢扑，北面誓之。釋文：騶，側求反。搢，如字，又音箭。扑，普卜反。○呂氏春秋「旌」作「旍」，「旐」下有「輿」字，「授」作「受」，「面」作「嚮」，「嚮」下有「以」字。

鄭氏曰：僕，戎僕及御夫也。七騶，謂趣馬，主爲諸官駕說者也。既駕之，又爲之載旌旐〔一〕。級，等次

〔一〕禮記注疏「旐」作「旗」。

也。整，正列也。設，陳也。屏，所田之地門外之蔽。　愚謂僕者，大僕、戎僕之屬也。騶，說文云：「御也。」左傳：「孟氏之御騶豐點。」韓非書：「使騶盡粟以食馬。」騶掌御，又掌食馬，蓋周禮馭夫、僕夫、趣馬之屬也。七騶皇氏云：「天子馬六種，種別有騶，又有總主之人，故七騶。」案左傳晉使「程鄭爲乘馬御，六騶屬焉」。皇氏所謂總主之騶，蓋卽乘馬御與？騶掌駕馬，而僕監之。曰「咸駕」者，王出則五路皆從，故命騶皆駕之，而大僕以下各監其所御路之駕也。析羽爲旌，龜蛇爲旐。周禮大司馬：「仲秋教治兵，辨旗物之用。王載大常，諸侯載旂，軍吏載旗，師都載旜，鄉遂載物，郊野載旐，百官載旟。」此獨舉旌、旐者，畧言之也。授車以級，謂諸侯軍吏以下之車，各以等級授之也。左傳鄭伯「授車於大宮，公孫閼與潁考叔爭車」，則卿大夫戎事之車皆官給之，田獵亦然也。整，謂陳車徒之行列。設，謂設驅逆之車也。屏，以木爲之，樹於和門之外以爲蔽者。大司馬「仲冬教大閱」，「遂以狩田，以旌爲左、右和之門，羣吏各帥其車徒以敍和出，左右陳車徒，有司平之」，「既陳，乃設驅逆之車」。整設於屏外，謂既教戰，出於和門之外，而陳車徒，設佐車也。司徒，小司徒也。周禮小司徒：「凡用衆庶，則掌其政教與其戒禁。」扑，所以罰犯令者。搢，搢於帶間也。誓者，誓以犯田法之罰。若周禮註引漢田律云「無干車，無自後射」，是也。車徒背門而南面，故司徒北面向屏而誓之。四時之田，皆既教戰，然後田獵，而皆有誓焉。周禮大司馬於大閱，言「羣吏聽誓于陳前，斬牲以左右徇陳」，此教戰之誓也。於蒐田，言「表貉，誓民」，此田獵之誓也。教戰之誓，在未出和門之先；田獵之誓，在既出和門之後。此誓於屏外，謂田獵之誓也。教戰以象用師，用師則君親誓師，故郊特牲云「君親誓社」，以其事重故也。田獵之誓，但戒其從禽之不如法者，其事稍輕，故唯司徒誓之而已。○大司馬「仲秋教治兵，辨旗物之用，王建大常」，而巾車「革路建大白以即戎，木路建大麾以田」，何也？蓋王之車皆建大常，若即戎則大常外別建大白，田獵則大常外別建大麾也。左傳：「衛侯不去其旗，是以甚敗。」是諸侯戰時亦建龍旂，王戰時亦建大常可知。田獵亦然。王制「天子殺則下大綏，諸侯殺則下小綏」，則諸侯以下田獵皆別建綏，但其大小不同耳。大綏小綏，既殺則下之，而大常與旂則不下也。

天子乃厲飾，執弓挾矢以獵，命主祠祭禽于四方。釋文：挾，子協反，又音協。○呂氏春秋「厲飾」作「厲服厲飾」，「挾」作「操」，「獵」作「射」。鄭註：今月令「獵」爲「射」。

鄭氏曰：厲飾，謂戎服尚威武也。祭禽于四方，以所獲禽，祀四方之神。司馬職曰：「羅獘，致禽以祀祊。」　愚謂主祠，掌祭祀之官。四方，四類及山林、川澤、丘陵、墳衍之神，兆之各以其方者也。四方與社稷，爲五行、五土之神，祭社稷者必及四方，祭四方者亦必及社稷也。周禮大司馬春田「獻禽以祭社」，秋田「致禽以祀方」，春言「社」，秋言「方」，互見之也。○孔氏曰：熊氏云：「戎服者，韋弁服也。秋冬之田，韋弁服；若春夏，則冠弁服。」　愚謂司服「凡兵事，韋弁服」；「凡甸，冠弁服」。蓋四時之田，教戰皆韋弁服，田獵皆冠弁服也。熊氏謂四時田獵異服，義無所出。弁用皮，冠用繒。冠弁服者，用冠之物，而如弁之制爲之者也。

是月也，草木黃落，乃伐薪爲炭。

鄭氏曰：伐木必因殺氣。　方氏慤曰：爲炭以禦冬寒也。

蟄蟲咸俯在内，皆墐其户。乃趣獄刑，毋留有罪。釋文：墐，其靳反。趣音促，又七住反。○吕氏春秋「内」作「穴」。

墐，謂塗閉之。是月殺氣益盛，而陽氣在下，故蟄蟲咸俯其首，以隨在下之陽氣；又塗閉其户穴，以辟地上之殺氣也。乃者，繼事之辭。以「趣獄刑」繼「蟄蟲墐户」言之者，蓋蟄蟲墐户，因天地殺氣之盛，以明此月可順時而行殺也。斷刑之事，始於孟秋，申於仲秋，至是則獄辭皆具，而秦正建亥，歲首不可以行刑，故當刑者皆於此月趣決之也。

收禄秩之不當、供養之不宜者。釋文：當，丁浪反。供，九用反。養，餘亮反。○吕氏春秋「當」下有「者」字，供作「共」。

鄭氏曰：禄秩不當，恩所增加也。供養不宜，欲所貪嗜，若熊蹯之屬，非常食也。高氏誘曰：供養之不宜，謂所養無勳於國，故收之。愚謂二事皆言「收」，則供養非謂王之所飲食，當如高氏之説。蓋有位而有常禄者謂之禄秩，無常禄而官爲共給者謂之供養。周禮「門關之財以養老孤」，孟子言國君養賢，「廩人繼粟，庖人繼肉」之類，皆供養也。平時禄秩、供養，或有過從其厚者，至此收斂之時，乃嚴核其當否而收之。

是月也，天子乃以犬嘗稻，先薦寢廟。

鄭氏曰：稻始熟也。

季秋行夏令，則其國大水，冬藏殃敗，民多鼽嚏；釋文：鼽音求。嚏，丁計反。○吕氏春秋「嚏」作「窒」。

鄭氏曰：未之氣乘之也。

行冬令，則國多盜賊，邊竟不寧，土地分裂；釋文：竟音境，後同。

鄭氏曰：丑之氣乘之也。極陰爲外，邊竟之象也。大寒之時，地隆坼也。

行春令，則煖風來至，民氣解惰，師興不居。釋文：煖，乃管反，又許元反。解，古買反。○今按：解、懈同。○呂氏春秋作「師旅必興」。

鄭氏曰：辰之氣乘之也。巽爲風。辰宿直角，角主兵。不居，象風行不休止。

孟冬之月，日在尾，昏危中，旦七星中。

尾宿，析木之次也。案漢三統書，十月節，日在尾十度，秦時十月節，日在尾十二度。又三統書，十月節，昏危十四度中，旦翼初度中。秦時十月節，昏時危十六度中。漢時十月節，旦時七星已西過十九度，秦時十月節，旦時當翼五度中也。

其日壬癸，

高氏誘曰：壬癸，水日。漢書律志曰：懷任於壬，陳揆於癸。鄭氏曰：冬時閉藏萬物，萬物懷任於下，揆然萌芽。愚謂壬癸屬水，故日之值壬癸者皆屬乎冬。

其帝顓頊，其神玄冥，釋文：顓音專。頊，許玉反。

鄭氏曰：此黑精之君，水官之臣，自古以來著德立功者也。顓頊，高陽氏也。玄冥，少皞氏之子，曰脩，曰熙，爲水官。愚謂顓頊，在天水德之帝也。高陽氏以水德王，其號亦曰顓頊，祭水帝則以配食焉。玄冥，在地水行之神。脩及熙爲水正，其官亦曰玄冥，祭水神則以配食焉。顓頊者，冬物閉藏，其德專一而静正也。玄冥者，水之色玄而幽闇也。

其蟲介，

馬氏晞孟曰：玄武，水屬也，其類爲介，故冬則其蟲介。吴氏澄曰：北方斗、牛、女、虛、危、室、壁七宿，有龜之象，故凡物之甲者皆屬水。愚謂介蟲沈重而下伏，得陰之極者也，故屬冬。

其音羽，

鄭氏曰：三分商，去一以生羽，羽數四十八。屬水者，以其最清，物之象也。冬氣和，則羽聲調。漢書律志曰：羽，宇也，物聚藏宇覆之也。

律中應鍾。釋文：應，「應對」之應。

鄭氏曰：應鍾者，姑洗之所生，三分去一，律長四寸二十七分寸之二十。孟冬氣至，則應鍾之律應。周語曰：「應鍾均利器用，俾應復也。」漢書律志曰：應鍾，言陰氣應亡射，該藏萬物而雜陽閡種也。位於亥，在十月。蔡氏元定曰：小雲則應鍾四寸六分六釐。

其數六，

六者，水之成數。

其味鹹，其臭朽，釋文：朽，許九反，本或作「殏」。

鄭氏曰：鹹、朽者，水之臭味也，凡鹹、朽者皆屬焉。氣若有若無爲朽。馬氏晞孟曰：潤下作鹹，故其味鹹。物以水化，則其氣爲朽。

其祀行，祭先腎。

鄭氏曰：冬，陰盛，寒於水，祀之於行，從辟除之類也。祀之先祭腎者，陰位在下，腎亦在下，腎爲尊也。行在廟門外之西，爲軷壤，厚二寸，廣五尺，輪四尺。祀行之禮，北面設主于軷上，乃制腎及脾爲俎，奠于主南。又設盛于俎東，祭肉，腎一，脾再，其他皆如祀門之禮。愚謂行，謂宮內道路之神也。冬祀之者，以其爲往來之交也。祭先腎者，腎屬水，冬氣靜而復其所，故自用其藏也。○白虎通、淮南子、蔡邕獨斷皆云：「冬祀井。」大玄數亦云：「冬爲井。」夏盛德在火而祀竈，冬盛德在水，似乎祀井爲宜。然詩云「取羝以軷，以興嗣歲」，聘禮出，「釋幣于行」，入，「釋幣于門」，則行爲五祀之一無疑。○行神所主不同。月令冬「祀行」，聘禮「釋幣于行」，此宮中之行神也。聘禮記云：「出祖，釋軷。」軷祭行神，此國外之行神也。行神皆主道路，但所主不同耳。曾子問疏引崔氏說，謂「宮內之軷，祭古之行神；城外之軷，祭山川及道路之神」。其說非是。

水始冰，地始凍，雉入大水爲蜃，虹藏不見。釋文：蜃，常忍反。見，賢遍反。

鄭氏曰：皆記時候也。大水，淮也。大蛤曰蜃。孔氏曰：知大水爲淮者，晉語云：「雉入于淮爲蜃。」

高氏誘曰：虹，陰陽交氣也。是月陰壯，故藏不見。

天子居玄堂左个，乘玄路，駕鐵驪，載玄旂，衣黑衣，服玄玉，食黍與彘，其器閎以奄。呂氏春秋作「宏以弇」。鄭註：今月令曰「乘軫路」。似當作「袗」，字之誤也。

玄堂左个，明堂北方之西室也。鐵驪，馬色黑如鐵者也。車馬衣服皆以玄及黑者，順水色也。黍，水穀。彘，水畜也。器閎以奄，謂其中宏大，其口揜小，象冬氣之收斂而藏物於內也。

是月也，以立冬。先立冬三日，大史謁之天子曰：「某日立冬，盛德在水。」天子乃齊。立冬之日，天子親帥三公、九卿、大夫以迎冬於北郊，還反，賞死事，恤孤寡。

立冬，十月之朔氣也。迎冬者，迎黑帝顓頊，祭之於北郊之兆，而高陽氏配食焉。死事，謂死國事者。孤寡，死事者之妻子。周禮司門「以其財養死政之老與其孤」，是也。蓋行此賞以勵死敵者之氣，亦所以順殺氣也。孟春迎氣行賞後，則命布德和令，孟夏迎氣行賞後，則命習合禮樂及贊桀俊之屬，孟秋迎氣行賞後，則命選士厲兵，皆迎氣日發命，以應時氣。孟冬獨無所命者，冬主閉藏，不別發命者，亦所以順時氣也。

是月也，命大史釁龜、筴，占兆，審卦，吉凶是察，阿黨則罪，無有掩蔽。釋文：釁，許靳反。筴，初格反。○呂氏春秋作「命大卜禱祠，龜、筴占兆，審卦吉凶，於是察阿上亂法者則罪之，無有揜蔽」。鄭註：今月令曰「釁祠」。○按註疏「審卦吉凶」句，「是察阿黨」句，「則罪」下屬。今當以「卦」字「察」字「罪」字爲句。

大史，當作「大卜」，卜、筮官之長也。釁者，攘磔之祭名。龜、筴所以卜、筮於歲首，釁之，神之也。龜所得曰兆，筴所得曰卦。有事而卜、筮，則占兆、審卦，以察所行之吉凶也。阿，謂有所曲狥於上。黨，謂有所私附於下。其或有阿黨，而以吉爲凶，以凶爲吉者，必治其罪，無得有掩蔽而不以實告也。蓋因命釁龜、筴，而言此以預戒之。鄭氏曰：周禮龜人「上春釁龜」，謂建寅之月也。秦以其歲首使大史釁龜、筴，與周異矣。

是月也，天子始裘。

鄭氏曰：九月授衣，至此可以加裘。　愚謂四時之服不同，而獨言「裘」「葛」者，以其爲寒暑之大別也。

命有司曰：「天氣上騰，地氣下降，天地不通，閉塞而成冬。」釋文：上，時掌反，又如字。○呂氏春秋無「塞」字。

孔氏曰：以易卦爻象言之，則七月三陽在上，爲天氣上騰；三陰在下，爲地氣下降。　以氣應言之，則從五月地氣上騰，至十月，地氣六陰俱升，天氣六陽並謝，天體在上，陽歸於虛無，故云「上騰」；地氣六陰用事，地體在下，陰下連於地，故云「地氣下降」。易含萬物，言非一端，各取其義，不相妨也。　愚謂命有司以此者，欲使之順天地而行閉藏之令，下文三節所言皆是也。○閉塞成冬，乃言天地之氣。　鄭氏以「閉門户、塞窓牖」言，非是。

命百官謹蓋藏。命司徒循行積聚，無有不斂。釋文：藏，才浪反，又如字。行，下孟反。積，子賜反。聚，才柱反，又並如字。仲冬同。

鄭氏曰：謹蓋藏，謂府庫囷倉有藏物也。積聚，謂芻禾薪蒸之類。　愚謂積聚，謂禾稼之露積者。斂，謂納之於囷倉。秋主斂，故孟秋命百官始收斂；冬主藏，故孟冬命百官謹蓋藏。民間之收斂，視官爲稍晚，故仲秋趣民收斂，至此又命司徒循行而趣之，爲其尚有未斂者也。

坏城郭，戒門閭，修鍵閉，慎管籥，固封疆，備邊竟，完要塞，謹關梁，塞徯徑。釋文：鍵，其輦反，又其偃反。要塞，先代反。塞徯，上先則反，下音奚。○呂氏春秋「坏」作「坿」，「疆」作「壟」。鄭註：今月令「疆」或爲「壟」。

鄭氏曰：坏，益也。鍵，牡，閉，牝也。管籥，搏鍵器也。固封疆，謂使有司循其溝樹，及其衆庶之守法也。要塞，邊城要害處也。梁，橋橫也〔一〕。徯徑，禽獸之道也。孔氏曰：城郭當須牢厚，故言「坏」；門閭備禦非常，故云「戒」；鍵閉或有破壞，故云「脩」；管籥不可妄開，故云「慎」；封疆理當險阻，故云「固」；邊竟防擬盜賊，故云「備」；要塞理宜牢固，故云「完」；關梁禁禦姦非，故云「謹」；徯徑細小狹路，故須塞。高氏誘曰：要塞所以固國，關梁所以通塗，塞絕徯徑，爲其敗田。

飭喪紀，辨衣裳，審棺椁之薄厚，塋、丘壟之大小、高卑、厚薄之度，貴賤之等級。釋文：塋音營。壟，力種反。○呂氏春秋「塋」作「營」。

鄭氏曰：此亦閉藏之具，順時飭正之也。辨衣裳，謂襲、斂尊卑所用也，所用又有多少。孔氏曰：衣裳襲、斂多少，及棺椁厚薄，具在喪大記。丘壟大小，鄭註冢人云：「漢律，列侯墳高四丈，關内侯以下各有等差。」又檀弓註云：「墳高四尺。」蓋周之士制外無文。愚謂飭喪紀，謂正飭喪事之條理。墓域曰塋，其封土而高者曰丘壟。喪紀之衣裳有多寡，棺椁有厚薄，塋有大小，丘壟有高卑厚薄，皆所以爲貴賤之等級，辨之審之，皆以正飭喪紀也。

是月也，命工師效功，陳祭器，案度程，毋或作爲淫巧，以蕩上心，必功致爲上。物勒工名，

〔一〕「橫」，原本作「梁」，據禮記注疏改。

以考其誠，功有不當，必行其罪，以窮其情。釋文：當，丁浪反。○呂氏春秋無「命」字，「功有」之「功」作「工」。

鄭氏曰：霜降而百工休，至此物皆成也。效功，錄見百工所作器物也。主於祭器，祭器尊也。度，謂制大小也。程，謂器所容也。淫巧，謂奢僞怪好也。蕩，謂搖動生其奢淫。孔氏曰：功有不當，謂用材精美而器不堅固也。窮其情，窮其詐僞之情。愚謂季春云「毋或作爲淫巧，以蕩上心」，於其方作而戒之也。此又言「毋作淫巧，以蕩上心」，於其既成而察之也。竭其力謂之功，盡其心謂之致。雖合度程，戒淫巧，而未能功致，猶未得爲器之善也。勒，刻也。器之功致與否，一時未能遽辨，必用之而後見，故刻工名於物，於其既用而考之，則其誠僞莫能逃矣。考工記輪人曰「輪敝，三材不失職，謂之完」，築氏爲削，曰「敝盡而無惡」，所謂「考其誠」者如此。

是月也，大飲烝。

烝，冬祭宗廟也。曰「大」者，冬物可進者多也。曰「飲烝」者，猶獻酎於宗廟而曰「飲酎」也。

天子乃祈來年于天宗，大割祠于公社及門閭，臘先祖五祀，勞農以休息之。釋文：臘，力合反。勞，力報反。○呂氏春秋「割」下有「牲」字，「臘先祖」作「饗禱祖」，「農」下有「夫」字。

鄭氏曰：天宗，謂日月星辰也。大割，大殺羣牲割之也。臘，謂以田獵所得禽祭也。五祀，門、户、中霤、竈、行也。或言「祈年」，或言「大割」，或言「臘」，互文。愚謂社以上公配祭，故曰「公社」。此所言，皆臘祭也。臘祭始於戰國。史記秦惠王始臘。韓非書：「山居谷汲者，膢、臘相遺以水。」左傳有「虞不臘」之言，蓋其書亦作於戰國時耳。勞農，既祭而令民飲酒相慰勞也。周制，營室中而土功始。秦以仲秋興土功，故是月民已休息也。○周禮大司樂：「凡六樂者：一變而致羽物及川澤之示，再變而致贏物及山林之示，三變而致鱗物及丘陵之示，四變而致毛物及墳衍之示，五變而致介物及土示，六變而致象物及天神。」此但言樂之感於神祇，其遲速不同，大約如是，非謂諸神皆一祭中所有也。鄭氏誤謂一祭有此諸神，求其說而不得，唯蜡祭有「合聚萬物而索饗」之說，遂指爲蜡祭。月令孟冬祈天宗，祠公社，此秦時祈禱之祭。鄭氏又以其合於大司樂偏致神示之說，亦指爲蜡祭。展轉相證，浸淫蔓衍，唐宋議禮，率用其說，於是所謂蜡也者，自日、月、星辰、社稷、四望、山林、川澤之示，羽毛鱗介之細，莫不徧及矣。夫蜡祭之曰「合聚萬物」者，謂禽獸百種之屬無所不祭，初不謂徧祭天地間之神示也。祭祀之禮，祭尊可以及卑，祭卑不可以及尊。蜡祭八神，而猫虎之微與焉，乃因而祭及日、月、星辰、社稷、四望，於尊者既非專誠之義，於卑者復有厭降之嫌，求諸禮意，不亦遠乎！且蜡祭用疈辜，而天神用實柴槱燎，社稷、四望用血祭。蜡祭之樂，土鼓、葦籥，而天神舞雲門，地示舞咸池，四望舞大磬，乃禮之必不可得而合者。月令有臘而無蜡，秦制也；郊特牲有蜡而無臘，周制也。月令歷言「祈天宗，祠公社、門閭，臘先祖、五祀」，而無一語及八蜡之神；郊特牲歷言八蜡之神，而無一語及天宗、公社等之祭。二記所言，不啻風馬牛之不相及，豈容牽合而指爲一祭乎？

天子乃命將帥講武，習射御，角力。 呂氏春秋「帥」作「率」，「習」作「肄」。

此卽周禮「冬大閱」之禮也。春治兵，夏茇舍，秋振旅，冬大閱，皆所以習武事也，而唯冬之大閱爲盛，左傳所謂「三時務農，一時講武」也。角力，角擊刺之技勇。習射御以講車乘之武，角力以講步卒之武。○鄭氏謂此「爲仲冬大閱習之」。果爾，則仲冬何以反不言「大閱」？周禮大雩在孟夏，而月令在仲夏。周禮田獵及時祭皆以仲月，而月令酎以孟夏，嘗以季秋，烝以孟冬，教田獵以季秋，講武以孟冬。此自秦制不同，皆不可以周制求其必合。至其他周禮之不著於月令者甚多，或本無此禮，或記文疎畧，要無庸以意說也。

是月也，乃命水虞、漁師收水泉池澤之賦，毋或敢侵削衆庶兆民，以爲天子取怨于下。其有若此者，行罪無赦。

鄭氏曰：因盛德在水，收其稅。愚謂水虞，澤虞。漁師，䱷人也。水泉池澤之賦，若周禮䱷人之「䱷征」，掌葛「徵草貢之材于澤農」之類是也。

孟冬行春令，則凍閉不密，地氣上泄，民多流亡；

鄭氏曰：寅之氣乘之也。民多流亡，象蟄蟲動。

行夏令，則國多暴風，方冬不寒，蟄蟲復出；

鄭氏曰：巳之氣乘之也。立夏巽用事，巽爲風。

行秋令，則雪霜不時，小兵時起，土地侵削。

鄭氏曰：申之氣乘之也。

仲冬之月，日在斗，昏東辟中，旦軫中。釋文：辟，必亦反，又必狄反。

斗宿，星紀之次也。案漢三統書，大雪，日在斗十二度，秦時大雪當在斗十四度。又三統書，大雪，昏壁五度中，旦角三度中；秦時大雪，昏辟七度中。漢時大雪，旦軫星已西過四度，秦時大雪，旦角五度中也。

其日壬癸，其帝顓頊，其神玄冥，其蟲介，其音羽，律中黃鍾。鄭氏曰：黃鍾者，律之始也，九寸。仲冬氣至，則黃鍾之律應。周語曰：「黃鍾所以宣養六氣九德。」漢書律志曰：黃者，中之色，君之服也。鍾者，種也。天之中數五，五爲聲，聲上宮，五聲莫大焉。地之中數六，六爲律，律有形有色，色上黃，五色莫盛焉。故陽氣施種於黃泉，孳萌萬物，爲六氣元也。以黃色名元氣律者，著宮聲也。宮以九唱六，變動不居，周流六虛。始於子，在十一月。蔡氏元定曰：冬至則黃鍾九寸。

其數六，其味鹹，其臭朽，其祀行，祭先腎。

冰益壯，地始坼，鶡旦不鳴，虎始交。釋文：曷，本亦作「鶡」，同户割反。鄭氏曰：皆記時候也。鶡旦，求旦之鳥也。交猶合也。高氏誘曰：坼，凍裂也。鶡旦，山鳥，陽物也，是月陰盛，故不鳴。虎，陽中之陰，陰氣盛，以類發也。

天子居玄堂大廟，乘玄路，駕鐵驪，載玄旂，衣黑衣，服玄玉，食黍與彘，其器閎以奄。玄堂大廟，明堂之北堂也。

飭死事。呂氏春秋無此句。

孔氏曰：因殺氣之盛，以飭軍士，令戰有必死之志。

命有司曰：「土事毋作，慎毋發蓋，毋發室屋及起大衆，以固而閉。地氣沮泄，是謂發天地之房，諸蟄則死，民必疾疫，又隨以喪，命之曰暢月。」呂氏春秋無「慎」字，「蓋」下有「藏」字，「以固而閉」下有「發蓋藏，起大衆」字，「沮」作「且」，「必」作「多」。

鄭氏曰：大陰用事，尤重閉藏。　愚謂以固而閉，謂上文所言，皆所以固陰氣之閉藏也。　此句下當有「發蓋藏，起大衆」二句。　沮，當作「且」。　房所以藏物者，是時陽氣潛藏地下，若房舍然。　若發蓋藏，起大衆，則地下之陽發洩於上，是發天地之房也。　蟄蟲隨陽氣以生，陽氣洩，故死。　陰氣用事，而陽氣出而干之，二氣乖沴，故中乎人而爲疾疫，又隨之以死喪也。　暢，達也。　時當閉藏而暢達之，故命之曰「暢月」，言其逆天時也。○孔氏曰：慎無發蓋，則孟冬云「謹蓋藏」是也。　非唯仲冬一月之事，故不言「是月也」。　愚謂孔謂「此非一月之事」，是也。　然此所命，下及季冬，而非上包孟冬。　孟冬「謹蓋藏」，欲其謹於方藏也；此云「毋發蓋」，戒其發於已藏也。

是月也，命奄尹申宮令，審門閭，謹房室，必重閉，省婦事，毋得淫。　雖有貴戚近習，毋有不禁。釋文：重，直龍反。　省，所景反。

鄭氏曰：奄尹，主領奄豎之官，於周則爲內宰，掌治王之內政、宮令，譏出入及開閉之屬。　重閉，外內閉也。　省婦事，所以靜陰類也。　淫，謂女工奢僞怪巧物也〔一〕。　貴戚，姑、姊妹之屬。　近習，天子所親

〔一〕「巧」，禮記注疏作「好」。

幸者。馬氏晞孟曰：貴戚易奢，近習易驕。欲法之行，自貴近始。愚謂此門閭，謂宫中之門閭也。巷門曰閭，宫中有永巷，故有閭。○郝氏敬曰：周禮内宰、宫伯，皆大夫士爲之，故先王之世，宫府如一。是書以奄爲尹，内宰宫政之職，移而屬之奄矣。此秦作法之獘，趙高所以專制也。愚謂郝氏之説固善，然奄尹之名，或因其所領者乃奄官，若周禮内宰之下有内小臣、寺人之屬，而其爲尹者未必奄也。

乃命大酋秫稻必齊，麴糵必時，湛熾必絜，水泉必香，陶器必良，火齊必得。兼用六物，大酋監之，毋有差貸。釋文：酋，子由反，又在由反。秫音述。麴，邱六反。糵，魚列反。湛，子廉反。熾，尺志反。火齊，才計反。監，古銜反。貸音二，又他得反。○吕氏春秋「熾」作「饎」，「貸」作「忒」。

鄭氏曰：酒孰曰酋。大酋者，酒官之長，於周爲酒人。秫稻必齊，謂孰成也。湛，漬也。熾，炊也。火齊，生孰之調也。物猶事也。差貸，謂失誤。古者穫稻而漬米麴，至春而爲酒。詩云：「十月穫稻，爲此春酒，以介眉壽。」孔氏曰：周禮酒正引此「大酋」爲「酒正」。此註大酋「爲酒人」者，以酒正掌酒之政令，及酒出入之事，不親監作，此大酋監作，故爲酒人也。此月漬米麴，至春而成，故毛詩傳云：「春酒凍醪。」吴氏澄曰：黍、稷、稻、粱之黏者皆曰「秫」，此「稻」既别出，則秫乃黍、稷、粱之總名。愚謂麴糵者，所以爲酒也。秫稻者，所以爲麴糵也。齊，謂齊同成熟，無秕稗之雜也。時者，麴之蒸鬱，必伺其温涼之時而調適之，則生衣多而力厚也。湛必絜者，謂盛水之盆盎，欲其滌濯之浄也。熾必絜者，謂所用炊之柴薪也。如以勞薪炊飯，則味變，是熾之不絜，其害於酒可知。以水泉漬秫稻，及以和麴，必欲其香，香，謂甘洌也。陶器，甑、甗、尊、罍之屬。良，謂不髻、墾、薜、暴也。器不良，以之炊及盛酒，則能敗味。火齊，謂火之齊候，炊米和酒，其生熟必得中也。六者一有失焉，則謂之差貸。

天子命有司祈祀四海、大川、名源、淵澤、井泉。呂氏春秋「子」下有「乃」字，「源」作「原」。　鄭註：今月令「淵」爲「深」。

大川，江、淮、河、漢之屬。名源，大川所發源，岷山、桐柏之屬。淵，深也。深澤，雲夢、大野之屬。四海，水之所歸也。大川、名源，水之流者；淵澤、井泉，水之聚者。鄭氏曰：順其德盛之時祭之也。

是月也，農有不收藏積聚者，馬牛畜獸有放佚者，取之不詰。釋文：畜，許六反。○呂氏春秋「馬牛」作「牛馬」。

鄭氏曰：此收斂尤急之時，人有取者不禁〔一〕，所以警懼其主也。王居明堂禮曰：「孟冬之月，命農畢積聚，繫收牛馬。」　愚謂畜獸，羊豕之屬也。官之收物始於孟秋，藏物始於孟冬。仲秋趣民收斂，孟冬命司徒循行積聚，毋有不斂，則民間之收物始於仲秋，而畢於孟冬。至仲冬，乃藏物之候也，今其積聚非唯不藏，而且未收，則其怠惰匆率甚矣。故又下此令，非徒警懼其主，使之急於收斂，且與其積聚耗敗於外，牛馬凍露而死，不如使他人得取之以爲用，亦「貨惡其棄於地」之意也。然民之收斂，趣之再三，而藏僅於是言之，蓋藏易於收，既收未有不藏者也。

山林藪澤，有能取蔬食，田獵禽獸者，野虞教道之。其有相侵奪者，罪之不赦。釋文：道音導。

〔一〕「禁」，禮記注疏作「罪」。

〇呂氏春秋「蔬」作「疏」。

高氏誘曰：無水曰藪，有水曰澤。草實曰疏食。　鄭氏曰：大澤曰藪。草木之實爲蔬食。　愚謂是時禾稼畢納，故命之以餘力取蔬食，獵禽獸。教道之者，指示其所在也。易曰：「卽鹿無虞，惟入于林中。」既教道以遂其求，又禁侵奪以止其爭，所以爲民計者周矣。

是月也，日短至，陰陽爭，諸生蕩。

鄭氏曰：爭者，陰方盛，陽欲起也。蕩，謂物動，將萌芽也。　愚謂日短至，謂短之至極。以昏明之限言，則晝四十刻，夜六十刻；以日出入之度言，則晝三十五刻，夜六十五刻也。（今法冬至晝三十六刻十分，夜五十九刻五分。）蕩，動也。諸生蕩者，陽復於下，而諸物之生氣初動也。仲夏曰「死生分」，懼陰之長也；仲冬曰「諸生蕩」，喜陽之復也。

君子齊戒，處必掩身，身欲寧，去聲色，禁耆慾，安形性，事欲靜，以待陰陽之所定。　釋文：去，起呂反。耆，市志反。〇呂氏春秋「掩」作「弇」。

此謂冬至之日也。齊戒，以安其性。處必掩身，身欲寧，以安其形。去聲色，以禁其耆慾。事欲靜，卽仲夏之「靜事無刑」也。此所言，皆與仲夏同，而稍略，以彼文可互見也。蓋敬愼安靜以養微陽之初起，陽長則陰自將退聽，而陰陽之爭者定矣。〇鄭氏曰：易及樂、春秋說云：「冬至，人主與羣臣從八能之士作樂五日。」此言「去聲色」，又相反。　朱子說已見「仲夏」章。

芸始生，荔挺出，蚯蚓結，麋角解，水泉動。　釋文：芸音云。荔，力計反。〇呂氏春秋「結」作「紆」。

鄭氏曰：又記時候也。芸，香草也。荔挺，馬薤也。水泉動，潤上行。高氏誘曰：荔，馬荔。挺，生出也。孔氏曰：結猶屈也。蚯蚓在穴，屈首下嚮陽氣，陽動則宛而上首，故結而屈也。愚謂季冬「水澤腹堅」，而此云「水泉動」者，謂隨陽氣而動於下也。

日短至，則伐木，取竹箭。

鄭氏曰：此其堅成之極時。愚謂王制「草木零落，然後入山林」，謂此月也。

是月也，可以罷官之無事，去器之無用者。

鄭氏曰：謂先時權所建作者也。天地閉藏而萬物休，可以去之。

塗闕廷、門閭，築囹圄，此以助天地之閉藏也。呂氏春秋「此」作「所」。

吳氏澄曰：闕廷，畚土以補其凹陷；門閭，埏埴以塞其罅隙。愚謂仲春曰「省囹圄」，孟秋曰「繕囹圄」，此又曰「築囹圄」者，蓋孟秋之繕，特因其本有脩治之，而其所省者如故也，至此收藏嚴肅之時，又增築之。此月之所築，卽至仲春而省之者也。

仲冬行夏令，則其國乃旱，氛霧冥冥，雷乃發聲。釋文：氛，芳云反。○呂氏春秋「氛」作「氣」。

鄭氏曰：午之氣乘之也。氛霧冥冥，霜露之氣，散相亂也。

行秋令，則天時雨汁，瓜瓠不成，國有大兵。釋文：雨，于付反。汁音執。瓠，户故反。

鄭氏曰：酉之氣乘之也。雨汁者，水雪雜下也。

行春令，則蝗蟲爲敗，水泉咸竭，民多疥癘。釋文：疥音介。○呂氏春秋「疥」作「疾」。

鄭氏曰：卯之氣乘之也。蝗蟲爲敗，當蟄者出也。水泉咸竭，大火爲旱也。疥癘之病，孚甲之象。

季冬之月，日在婺女，昏婁中，旦氐中。

婺女者，北方玄武之第三宿，而玄枵之次也。案漢三統書，小寒，日在婺女八度，秦時小寒，日當在婺女十度。婁者，西方白虎之第二宿；氐者，東方蒼龍之第三宿。案三統書，小寒，昏婁十一度中，旦氐十二度中。秦時小寒，昏時婁星已西過一度，當胃初度中，旦時氐十四度中也。

其日壬癸，其帝顓頊，其神玄冥，其蟲介，其音羽，律中大呂。

鄭氏曰：大呂者，蕤賓之所生也，三分益一，律長八寸二百四十三分寸之百四。季冬氣至，則大呂之律應。周語曰：「大呂助陽宣物。」漢書律志曰：呂，旅也，言陰大，旅助黃鍾宣氣而牙物也。位於丑，在十二月。蔡氏元定曰：大雪則大呂八寸三分七釐六毫。〇十二律之相生，自蕤賓以下，鄭氏與班固漢志不同。蕤賓上生大呂，大呂下生夷則，夷則上生夾鍾，夾鍾下生無射，無射上生中呂者，鄭氏之說也。蕤賓下生大呂，大呂上生夷則，夷則下生夾鍾，夾鍾上生無射，無射下生中呂者，班固之說也。西山蔡氏云：「黃鍾生十一律，子、寅、辰、午、申、戌六陽辰皆下生，丑、卯、巳、未、酉、亥六陰辰皆上生。其林鍾、南呂、應鍾，在陰無所增損，其大呂、夾鍾、中呂，在陽則用倍數，方與十二月之氣相應。」是蔡氏以班固所言者，大呂、夾鍾、中呂之本，用之以調聲者也。鄭氏所言者，就大呂、夾鍾、中呂之本而倍之，以爲候氣之用者也。然十二月候氣，皆用本律，何以此三律乃用倍聲？且如班固「蕤賓下生」，至蕤賓清宮，不可又下生，却當「上生大呂」，故沈存中疑其時上時下，非自然之數。蓋自子至巳爲陽律、陽呂，律呂皆下生；自午至亥爲陰律、陰呂，律呂皆上生。鄭氏所言大呂、夾鍾、中呂以蕤賓三律上生而得之者，乃其本律；而班固所言大呂、夾鍾、中呂三律以蕤賓三律下生而得之者，特其半律耳。

其數六，其味鹹，其臭朽，其祀行，祭先腎。

鴈北鄉，鵲始巢，雉雊，雞乳。釋文：鄉音向。雊，古豆反。乳，如住反。○呂氏春秋「雉雊、雞乳」作「乳雉雊」。

鄭氏曰：皆記時候也。雊，雉鳴也。詩云：「雉之朝雊，尚求其雌。」高氏誘曰：鵲，陽鳥，順陽而動，始爲巢也。乳，卵也。愚謂鴈北鄉者，始鄉之而尚未北也；至正月候鴈北，始北歸矣。是月雷應陽氣，始發聲於地中，雉聞之而雊。漢書云「雉者聽察，先聞雷聲，故月令以紀氣」，是也。

天子居玄堂右个，乘玄路，駕鐵驪，載玄旂，衣黑衣，服玄玉，食黍與彘，其器閎以奄。

玄堂右个，明堂北方之東室也。

命有司大難，旁磔，出土牛，以送寒氣。釋文：難，乃多反。

鄭氏曰：旁磔，於四方之門磔攘也。出猶作也。作土牛者，丑爲牛，牛可牽止也。送猶畢也。愚謂是月陰寒至盛，故命大難。仲秋之難，唯天子行之；季春之難，雖及於國人，而不若是月之驅除爲尤徧也。旁磔，磔牲於國門之旁，卽季春之「九門磔攘」也。出土牛者，牛爲土畜，又以土作之，土能勝水，故於旁磔之時出之於九門之外，以禳除陰氣也。十二物相屬，其說未知其始。月令季冬「出土牛」，或秦時已有此說與？

征鳥厲疾。

鄭氏曰：殺氣當極也。征鳥，題肩也。齊人謂之擊征，或名曰鷹。愚謂厲疾，言其搏鳥猛厲而迅疾也。

乃畢山川之祀，及帝之大臣，天之神祇。呂氏春秋「畢」下有「行」字，「天」下有「地」字。

此於歲終總祭諸神，承孟冬之所未祭者而畢之，亦秦禮也。帝之大臣，謂先帝之大臣，卽百辟卿士之有益於民者也。山川先於帝之大臣者，山川中有嶽瀆，尊也。天地之神祇最在後者，孟冬已祭天宗及公社，此所祭天神乃風師、雨師、司中、司命之屬，地祇乃邱陵、墳衍之屬，卑於帝之大臣也。

是月也，命漁師始漁。天子親往，乃嘗魚，先薦寢、廟。鄭註：

是月魚美，於始漁而天子親往，爲將薦寢、廟，重其事也。國語里革曰：「古者大寒降，土蟄發，水虞於是乎講罛罶，取名魚，登川禽，而嘗之寢、廟。」「鳥獸孕，水蟲成，獸虞於是乎禁罝羅，矠魚鼈，以爲夏犒〔一〕。」蓋自此月始漁，以至於季春，皆取魚之時也。季春所薦唯鮪，此言「嘗魚」，明非一種也。

冰方盛，水澤腹堅，命取冰，冰以入。釋文：腹，本又作「復」，又方服反。○呂氏春秋「腹」作「復」。今月令無「堅」。

水，流水也。澤，聚水也。腹，謂水之深處，言其在水之中，若人之腹然。水之冰，由上以漸及於下，至是月而水澤之腹皆凝結而堅固，故可取而藏之也。入，謂入於凌室。以入，猶畢入也。

〔一〕「犒」，原本作「槁」，據國語魯語改。

令告民出五種，命農計耦耕事，脩耒耜，具田器。釋文：種，章勇反。○呂氏春秋「命」下有「司」字。

鄭氏曰：大寒氣過，農事將起也。耜者，耒之金也，廣五寸。田器，鎡錤之屬。　愚謂令告民，令田官告之也。五種，五穀之種。出，謂出於倉窖而簡擇之。耦耕者，耕必以二人爲耦也。正月農事將起，故於歲終預飭之。

命樂師大合吹而罷。釋文：吹，昌睡反。

季秋習吹，至此則合而作之，以觀國子學吹之成也。此亦當天子親往，不言者，以已於季春見之也。言「而罷」者，以一歲學樂之事於是而終也。○鄭氏曰：歲將終，與族人大飲，作樂於大寢，以綴恩也。王居明堂禮：「季冬，命國爲酒，以合三族。君子說，小人樂。」　愚謂如鄭氏之說，則合吹爲燕飲而舉，必不當舍燕飲而但言「合吹」也；飲酎用禮樂，必不可但言「用禮樂」也；大雩用盛樂，必不可但言「用盛樂」也。使飲酎但言「用禮樂」，大雩但言「用盛樂」，則人亦安知其所用爲何事乎？必無是立文之法也。王居明堂禮所言，古或有是禮，若以月令「合吹」當之，則必不然。

乃命四監收秩薪柴，以共郊廟及百祀之薪燎。釋文：共音恭，下文「以共」皆同。燎，力召反。○鄭註：今月令無「及百祀之薪燎」。

鄭氏曰：大者可析謂之薪，小者合束謂之柴。薪施炊爨，柴以給燎。　愚謂薪以給烹飪，燎以助明，若庭燎及田燭之類是也。薪燎所共非一，獨曰「郊廟及百祀」，舉其重者言之爾。合秩芻以夏，草至夏而長也；收薪柴以冬，薪至冬而乾也。

是月也，日窮于次，月窮于紀，星回于天，數將幾終，歲且更始，專而農民，毋有所使。釋文：

幾音祈，又音機。

鄭氏曰：言日月星辰運行，於此月皆周匝於故處也。次，舍也。紀，會也。而猶汝也。言專一汝農民之心，令之豫有志於耕稼之事，不可徭役，徭役之則志散失業也。孔氏曰：去年季冬，日次於玄枵，至此月復次玄枵，故曰「日窮于次」。去年季冬，日月會於玄枵，至此復會於玄枵，故曰「月窮于紀」。二十八宿隨天而行，每日雖周天一匝，早晚不同，至此月復其故處，故曰「星回于天」。幾，近也。以去年季冬至今年季冬三百五十四日，未滿三百六十五日，未得正終，唯近於終，故云「數將幾終」。而，汝也。言在上專一農民之事，毋得興起造作，有所役使也。蓋此脩月令者，爲國家戒約之辭，月令內不云乃命某官之屬者，皆是禮家總禁也。愚謂星回於天，謂今年正月節，昏參中，至明年正月節，復參中也。經星每日一周天，實不待終歲而回，但其東西伏見，昏旦之中皆隨日之所行而異。日行一歲始周，故星之中於昏旦伏見於東西，亦必盡一歲乃回復於舊處也。小民終歲勤動，至春農事又起，唯歲晚務閒之時少可休息，若又使之，則力不堪矣。

天子乃與公、卿、大夫共飭國典，論時令，以待來歲之宜。呂氏春秋無「公」字。

鄭氏曰：飭國典者，和六典之法也。馬氏晞孟曰：先王之時，歲終，令百官府各正其治，受其會，聽其致事。於是飭國典之未宜者改之，以經邦治；論時令之未協者正之，以授民事；至正月始和布焉，所謂「待來歲之宜」也。吳氏澄曰：國典，經國之常典；時令，隨時之政令。國典有定，故飭正其舊而已」；時令無常，故須商度所宜而行。來歲所宜，謂時令也。論時令必先飭國典者，時之所宜雖不同，要無不出於國典也。

乃命大史次諸侯之列，賦之犧牲，以共皇天、上帝、社稷之饗。

鄭氏曰：此所與諸侯共者也。列，國有大小也。賦之犧牲，大者出多，小者出少。孔氏曰：言「諸侯」，則同姓、異姓皆然。

乃命同姓之邦共寢、廟之芻豢。

鄭氏曰：此所以與同姓共也。芻豢，猶犧牲。

命宰歷卿大夫至于庶民，土田之數，而賦犧牲，以共山林名川之祀。

鄭氏曰：此所與卿、大夫、庶民共者也。歷猶次也。卿大夫采地亦有大小，其非采地，以其邑之民多少賦之。孔氏曰：不言「士」，省文。愚謂宰，疏以爲小宰。周禮小宰職「掌祭祀賓客之戒具」，「令百官府共其財用」，是也。上所賦者，畿外之國；此所賦者，畿內之地。天地、社稷、宗廟尊，故所賦者廣；山林名川卑，故所賦者狹。

凡在天下九州之民者，無不咸獻其力，以共皇天、上帝、社稷、寢廟、山林、名川之祀。呂氏春秋此下有「行之是令，此謂一終，三旬二日」十二字。

此復總上三節而結言之。上言「諸侯、卿、大夫」，此獨言「民」者，邦國采地之賦皆由民出也。犧牲非國家之所乏，而必以出於民力者奉祭祀，蓋成民而後致力於神，且以明所爲祭祀者，凡爲民祈福，而非私其禱於己也。

季冬行秋令，則白露蚤降，介蟲爲妖，四鄙入保；

鄭氏曰：戌之氣乘之也。九月初尚有白露，月中乃爲霜。介蟲爲妖者，丑爲鼈蟹也。疏云：陰陽式法：「丑爲鼈蟹。」四鄙入保，畏兵，辟寒象。

行春令，則胎夭多傷，國多固疾，命之曰逆；釋文：夭，烏老反。

鄭氏曰：辰之氣乘之也。夭，少長也。此月物甫萌芽，季春乃句者畢出，萌者盡達。胎夭多傷者，生氣早至，不充其性。國多固疾，生不充性，有久疾也。命之曰逆者，衆害莫大於此。

行夏令，則水潦敗國，時雪不降，冰凍消釋。

鄭氏曰：未之氣乘之也。季夏大雨時行。

禮記卷十八

曾子問第七之一 別録屬喪服。

此篇多記吉凶冠昏所遭之變。內子游問者一條，子夏問者一條，餘則皆曾子問而夫子答之者也。亦有不言「曾子問」，直曰「孔子曰」者，或記者文畧，或孔子自爲曾子言之，不待其問也。蓋先王所著之爲禮者，其常也，然事變不一，多有出於意度之外，而爲禮制所未及備者。曾子預揣以爲問，夫子隨事而爲之處，蓋本義以起夫禮，由經以達之權，皆精義窮理之實也。

曾子問曰：「君薨而世子生，如之何？」孔子曰：「卿、大夫、士從攝主，北面於西階南。大祝裨冕，執束帛，升自西階，盡等，不升堂，命毋哭。祝聲三，告曰：『某之子生，敢告。』升，奠幣于殯東几上，哭降。衆主人、卿、大夫、士、房中皆哭，不踊，盡一哀，反位，遂朝奠。小宰升，舉幣。釋文：大音泰，下文「大祝」「大宰」「大宗」「大廟」皆同。祝，之六反。裨，婢支反。毋音無，本亦作「無」。祝聲，之六反，徐之又反。三，息暫反，又如字。下「聲三」及「三者三」皆放此。

此言世子生，告殯之禮也。攝主，謂攝爲喪主者。蓋世子雖未生，而喪不可以無主，故以庶子或兄弟之子暫主喪事。左傳：「季桓子疾，命其臣正常曰：『南孺子之子，男也，則立之；女也，則肥也可。』桓子卒，康子卽位。南氏生男，康子請退。」所謂「攝主」者，謂若康子者也。朝夕哭之位，攝主在阼階東，西面，卿大夫在其南。今以告殯故，在西階南，北面，以殯在西階上也。裨猶副也，益也。服冕者，各以其上服之次爲裨冕。此兼明天子諸侯之禮。天子之大祝下大夫，服希冕，其裨冕則玄冕也。大祝接神，故吉服，又以在喪，故不用其上服而服其次也。顧命「王麻冕、黼裳」，「大保麻冕、彤裳」。黼裳者，三章之絺冕裳繡黼黻者也。彤裳者，一章之玄冕、玄衣、纁裳者也。以此知在喪而假冕服者，皆視其常服有所降明矣。帛，制幣也。十端爲束。告於堂下則大遠，升堂又迫近殯所，故升階盡等而不升堂，遠近之節也。命毋哭者，告神宜靜也。聲三，謂發聲告神者三，欲其聽之也。某，夫人之氏也。殯無几筵，此特設几以奠幣，蓋橫設於殯東，與尋常設几之法異也。哭降者，大祝既告，則哭而且降，而北面於大夫之列也。衆主人，君大功以上之親也，亦從攝主北面於西階下。前不言者，文畧也。房中，婦人也。朝夕哭之位，男子在阼階下西面，婦人在阼階上西面。今告殯，男子在西階下北面，故婦人在西房中南面，皆爲欲鄉殯故也。不踊者，此告殯耳，異於朝夕哭及受弔也。反位，反朝夕哭之位也。告殯在朝哭之後，既告，反位而後朝奠。鄭氏曰：聲三，噫歆警神也。孔疏曰：直云「祝聲」，不知作何聲。按論語云：「顏淵死，子曰：『噫！天喪予！』」檀弓公肩假曰：「噫！」是古人發聲多云「噫」，故知此聲亦謂噫也。凡祭祀，神之所享謂之歆。今作聲，欲令神歆享，故曰「歆警神也」。小宰升，舉幣，所主也，舉而下，埋之階間。孔氏曰：周禮小宰職「凡祭祀，贊玉、幣、爵之事」，「喪荒，受其含襚幣玉之事」。是幣，小宰所主也。知埋之階間者，下文云「師行，主命」，「反必告，設奠卒，斂幣、玉，藏諸兩階之間」，故知此幣亦埋階間也。○鄭氏以攝主爲上卿代君聽國政者。果爾，則百官總己以聽，終於三年者也，何以下見殯不言攝主乎？又鄭氏謂「筵、几以明繼體」，不知明繼體何所取於几、筵？且記但言「几」，不言「筵」也。雜記諸侯致含、襚，「有葦席，既葬蒲席」，有筵而無几，此奠於殯東几上，有几而無筵，蓋皆特設之以受幣物，故不備几筵，與設坐位之法異，無他義也。

三日，衆主人、卿、大夫、士如初位，北面，大宰、大宗、大祝皆裨冕，少師奉子以衰，祝先，子從，宰、宗人從，入門，哭者止。子升自西階，殯前北面，祝立于殯東南隅。祝聲三，曰：「某之子某，從執事敢見。」子拜稽顙，哭，祝、宰、宗人、衆主人、卿、大夫、士哭，踊三者三，降，東反位，皆袒。子踊，房中亦踊三者三，襲，衰，杖，奠，出[一]。大宰命祝、史以名徧告于五祀、山川。」釋文：少，升召反。奉，方勇反。衰，七雷反。從，才用反，下同。見，賢遍反，下「見伯父」「廟見」「旅見」同。

此言見殯之禮也。如初位者，如告殯時西階南之位也。不言攝主者，見子則子爲喪主，而攝主退矣。大宰主贊王，大宗伯詔相王之大禮，故子見皆從。天子之卿六命，服毳冕，其裨冕則希冕也。二卿裨冕，猶大祝裨冕之義也。少師主養子者，蓋以師氏之上士爲之，左傳所謂「卜士負之」者也。初生未能服衰，故用衰奉之。特牲、少牢吉祭，「祝先，主人從」；士虞禮凶祭，「主人先，祝從」。此在喪中，乃祝先子從者，以告神，故依吉祭之禮也。入門，哭者止者，子乃喪主，初入門未哭，故衆主人止哭以待之也。升自西階者，居喪之禮，升降不由阼階也。殯前北面者，殯南首，子不可正立於其南而當死者

[一]「奠出」，四部備要本及萬有文庫本並同，禮記注疏作「亦出」。

之首，當在殯之東稍南而北面也。祝立於殯東南隅者，詔辭自右，祝在子之右而稍後，直殯之東南也。祝亦北面。子某者，稱其名也。禮，子生三月，見於父，父名之。此見殯稱名，則名子在見殯之先矣。疏謂「大宰即位立名，然後告殯」，是也。子拜稽顙哭者，奉子者代爲之也。初告子生不踊，此皆踊者，子初見殯，故踊，子踊則衆主人以下皆從而踊矣。三者三者，踊以三度爲一節，如是者凡三也。降東反位者，降自西階，而反阼階東之位也。此言「東反位」於「衆主人、卿、大夫、士」之下，則人君朝夕哭之位，卿、大夫、士皆同面，與士喪禮異矣。皆袒者，子及衆主人、卿、大夫皆袒也。子又踊者，象小斂後主人初即阼階下之位而踊也。子踊則衆主人、卿、大夫及婦人皆踊，不言「衆主人、卿、大夫踊」者，文畧也。見子時，婦人在西房，反位時，在阼階上西面，皆與男子拾踊，故言「房中亦踊」，欲見婦人在房中及反位皆踊也。襲而衰杖者，成子禮也。奠，謂朝奠。出者，出反於喪次也。以名徧告于五祀山川，不言「宗廟社稷」者，亦文畧也。鄭氏曰：三日，負子日也。因負子名之，喪禮畧也。孔氏曰：諸侯五日而殯，殯而成服。此三日而衰者，喪已在殯故也。降東反位者，堂上皆降，堂下者皆東反朝夕哭位。皆袒者，以初堂上堂下之哭非正位，故不袒，今反朝夕哭位，故皆袒。

曾子問曰：「如已葬而世子生，則如之何？」孔子曰「大宰、大宗從大祝而告于禰。三月，乃名于禰，以名徧告，及社稷、宗廟、山川。」釋文：禰，本又作「祢」，乃禮反。

孔氏曰：禰，父殯宮之主也。既葬，無尸柩，唯有主在，故告於主，同廟主之稱，故曰「禰」也。不云「裨冕」者，未葬尚裨冕，葬後不言自顯也。不云「執帛」者，凡告必制幣，從可知也。雖三日不見，其成服衰絰自依常禮也。前不云「宗廟社稷」，此不云「五祀」，互相明也。王肅云：「未葬當稱子某，故三日名之；既葬稱子不稱名，故三月乃名。」愚謂前告殯，卿、大夫、士皆在者，以朝哭故也。既葬不復朝夕哭，故唯大宰、大宗從大祝而告，蓋大宰攝政，宗伯主宗廟之禮故也。不言攝主者，子生則退矣。三月乃名於禰者，三月乃見於禰而名之也。喪必有主，主幼則使人抱之。未葬，殯宮有朝夕哭奠拜賓之事，故三日卽見，既見而後攝主可退；既葬，則朝夕哭皆在廬，而殯宮無所事焉，故子生則攝主可以告退，而見子亦可以待三月也。

孔子曰：「諸侯適天子，必告于祖，奠于禰，冕而出視朝。命祝、史告于社稷、宗廟、山川，乃命國家五官而后行，道而出。告者五日而徧，過是非禮也。凡告用牲、幣，反亦如之。釋文：朝，直遥反，下同。牲，依註音制。○今按：牲如字。

祖，大祖也。祖與禰，皆設奠以告之。或言「告」，或言「奠」，互見之也。冕而出視朝者，諸侯朝天子，服裨冕，今於將出時先服之以視朝，所以預敬其事也。命祝、史告宗廟，謂君所不親告者也。告山川，就國外之兆而告之也。五官，五大夫主國事者。道，祭行道之神於國城之外也。其禮以菩、芻、棘、柏爲神主，封土爲軷壇，厚二寸，廣五尺，輪四尺，既祭，以車轢之而去，喻行道時無險難也。周禮犬人「伏、瘞亦如之」，鄭謂「伏爲軷祭」，則天子軷祭用犬，諸侯降於天子，軷祭蓋以狗與？告者五日而徧者，容日告一廟也。前行五日，君親告禰廟，其祖及曾祖、高祖，使祝、史以次告之，至五日，君親告大廟，遂奉遷主以行。上以尊卑之次，故先言「告于祖」，其實告祖最在後也。若告山川，則分四方，以四日告之，至五日告社稷，而遂奉社主以行也。過是非禮者，蓋過五日則其所告者不相繼續，於先告者嫌於留其命，於後告者嫌於怠其禮，故爲非禮。告出告反，並用牲幣，但告反所用之牲重於告出，以聘禮出釋幣、反釋奠推之可知也。天子巡守歸，假于祖、禰，用特牛，則其出當用特羊，諸侯或歸用特羊，出用特豕與？　孔氏曰：大夫衆多，云「五」者，據典國事者言之。不云「命卿」者，或從君出行，或留國總主衆事，既命五大夫，亦命卿可知。

諸侯相見，必告于禰，朝服而出視朝。命祝、史告于五廟、所過山川，亦命國家五官道而出。反必親告于祖、禰，乃命祝、史告至于前所告者，而后聽朝而入。」

告于禰，謂親告之。不言祖者，使祝、史告之也。朝服，諸侯之朝服玄冠、緇衣、素裳、冕弁，皆以冠名服，而朝服與玄端同冠，故因以其所用以爲服名。凡經典言「朝服」，皆謂此服也。諸侯相朝亦冕服，此將出視朝，不冕服。祖廟不親告，山川僅告於所過，皆所以貶於朝天子之禮也。反則祖、禰皆親告者，告反之禮重於告出也。○朝、聘之服不同：朝以冕，聘以弁。諸侯朝天子裨冕，其自相朝亦然。熊氏謂「諸侯相聘皮弁服，相朝亦皮弁服」，非也。

曾子問曰：「並有喪，如之何？何先何後？」孔子曰：「葬，先輕而後重，其奠也，先重而後輕，禮也。自啟及葬不奠，行葬不哀次，反葬奠，而后辭於殯，遂修葬事。其虞也，先重而後輕，禮也。」釋文：殯音賓，出註。

鄭氏曰：並，謂父母若親同者同月死。不奠，務於當葬者。不哀次，輕於在殯者。殯當爲「賓」，聲之誤也。辭於賓，謂告將葬啟期也。孔氏曰：並，謂父母也。親同者，祖父母及世叔兄弟。葬是奪情，故從輕者爲首；奠是供養，故令重者居先。自，從也。從啟母殯之後，及至葬柩欲出之時，唯設母之啟殯之奠，朝廟之奠，及祖奠、遣奠而已，不於殯宮爲父喪奠，故云「自啟及葬不奠」，謂不奠父也。不奠者，不更設新奠，仍有舊奠存也。反葬奠者，謂葬母還，反於父殯宮而設奠也。奠父之後，孝子告語於賓，以明日啟父殯期節，賓出，遂脩葬父之事。虞是奠之類，故亦先重後輕。愚謂不奠，謂不爲未葬者設朝夕奠也。凡朝奠至夕則徹之，夕奠至朝則徹之。今於輕喪既啟之朝，不復徹重喪之夕奠而設朝奠也。蓋既啟則哀有所偏隆，葬近則事有所偏急，故於重喪之奠有所不暇及也。次，謂居喪次舍之處，廬、堊室之所在也。葬時，柩至此則哭踊以致其哀，今行葬不哀次者，喪次乃爲父母之所同，而父喪尚在殯，故不敢爲母喪致哀於此也。奠，謂設重喪之夕奠也。虞以安神，故亦先重而後輕。○孔疏以次爲大門外接賓客之處，非也。此云「行葬不哀次」，則非並有喪者，其葬母固當哀次矣。婦人迎送不出門，可謂次爲大門外接賓客之處乎？

孔子曰：「宗子雖七十，無無主婦；非宗子，雖無主婦可也。」

鄭氏曰：族人之婦，不可無統。孔氏曰：此謂無子孫及有子孫而年幼小者，若有子孫，則傳家事於子孫。故曲禮：「七十曰老，而傳。」愚謂宗子主宗廟之祭，祭必夫婦親之，故不可以無主婦。大宗、小宗皆然。

曾子問曰：「將冠子，冠者至，揖讓而入，聞齊衰、大功之喪，如之何？」孔子曰：「內喪則廢。

外喪則冠而不醴，徹饌而埽，卽位而哭。如冠者未至，則廢。釋文：冠，古亂反，下同。

鄭氏曰：冠者，賓與贊者。內喪，同門也。不醴，不醴子也。其廢者，喪成服，因喪而冠。孔氏曰：加冠在廟，廟在大門之內，吉凶不可同處，故內喪則廢。愚謂此篇所言「冠者」，與士冠禮異：士冠禮言「冠者」，謂加冠之人也；此篇言「冠者」，謂爲人加冠之人也。冠禮有醴子、醴賓，醴賓在醴子之後，既不醴子，則不醴賓可知。饌，陳也，所陳醴子之具。士冠禮甒醴、勺、觶、角柶、脯、醢之屬在房中者是也。不醴子，故徹之。埽者，爲異事改新之也。卽位而哭，謂喪遠者也；若近，則往哭之。

如將冠子而未及期日，而有齊衰、大功、小功之喪，則因喪服而冠。」

鄭氏曰：廢吉禮而因喪冠，俱成人之服。愚謂未及期日，謂既筮日而未及所筮之日也。因喪服而冠者，於成服之日，就喪次以喪冠而冠也。蓋亦當有賓及贊者。既冠字之，一加而已，而無餘禮也。冠爲重禮，乃因喪服行之，其畧如此者何也？蓋吉禮重於嘉禮，以嘉禮所以接神，而吉禮乃所以事神也。凶禮又重於吉禮，以吉禮爲事之常，而凶禮乃事之變也。冠禮雖重，視喪禮則爲輕矣。童子於喪服不能備，今既有冠日，乃以不能備嘉禮之故，而不得以成人之服居喪，則是以所輕廢所重也。故因喪冠者，非輕冠禮，乃所以重喪禮也。雜記「大功、小功之末，可以冠子」，乃謂備嘉禮而冠者，與此因喪服而冠者異也。○雜記曰：「以喪冠者，雖三年之喪可也。」而此言「將冠子，而未及期日，而有齊衰、大功、小功之喪，則因喪服而冠」，則未有期日者固不必因喪而冠矣。蓋父母之喪，已及冠年則必因喪而冠，以不欲以未成人之禮服其親也。若齊衰以下，則有當室，有不當室。不當室者，已筮日，則因喪而冠，此記所言是也。若未筮日，則大功者，待喪末，以吉禮冠，雜記「大功之末，可以冠子」是也。齊衰者，待除喪，以吉禮冠，雜記：「下殤之小功則不可。」下殤之小功，本齊衰之親也。當室者，齊衰、大功之喪，已及冠年則冠，故雜記云：「以喪冠者，雖三年之喪可也。」明齊衰、大功因喪而冠，可知小功以下則待喪末以吉禮冠，雜記「小功之末可以冠」是也。蓋因喪而冠者，所以重喪服，而服之輕重，恩之隆殺不同，故冠之緩急亦異也。

「除喪不改冠乎？」孔子曰：「天子賜諸侯、大夫冕弁服於大廟，歸設奠，服賜服。於斯乎有冠醮，無冠醴。」釋文：醮，子妙反。

鄭氏曰：酒爲醮。冠禮醴重而醮輕。此服賜服，酌用酒，尊賜也。不醴，明不爲改冠，改冠當醴之。愚謂大夫，謂天子之大夫也。諸侯、大夫未冠嗣位，初見天子，天子假大廟而命之，賜以冕弁，禮本於尊者所成，故歸遂不復行冠禮也。大夫五十而後爵，此未冠嗣位，得賜冕弁服於大廟，謂有功得世國，若周、召、劉、單之屬者也。設奠者，告於祖廟也。服賜服，言服所賜之服而告廟，明不爲冠禮也。酌而無酬酢曰醮。冠禮有醴與醮：醴用醴，三加之後，總一醴之；醮用酒，每一加而一醮。醴質而醮文，醴重而醮輕。諸侯冠禮用鬱鬯之裸，左傳「君冠，必以裸將之禮行之」是也。此云「有冠醮，無冠醴」，據大夫言之也。大夫冠禮當用醴，今以不復行冠禮，故但使人酌酒醮己而不用醴；若諸侯，則亦但使人酌酒醮己而不爲鬱鬯之裸也。受賜服者如此，則因喪而冠者，其不復行冠禮可知矣。○孔疏以醴與醮爲適子庶子之分，非是。說見郊特牲。

父没而冠，則已冠埽地而祭於禰，已祭而見伯父叔父，而后饗冠者。」

鄭氏曰：饗，謂禮之。　愚謂祭於禰者，冠於禰廟，既冠而行告祭也。埽地，亦爲新其事也。饗冠者，謂醴賓也。士冠禮「醴賓，以一獻之禮」，「贊者皆與」，是也。伯父叔父尊，故先見之而后饗冠者。父在而冠，則於其父饗冠者之時而見伯父叔父。

曾子問曰：「祭如之何則不行旅酬之事矣？」孔子曰：「聞之，小祥者，主人練祭而不旅，奠酬於賓，賓弗舉，禮也。昔者魯昭公練而舉酬行旅，非禮也；孝公大祥，奠酬弗舉，亦非禮也。」

三年之喪，至期而祭，謂之小祥。小祥練冠練衣。練祭，謂練冠以祭也。特牲禮三獻以後，主人獻賓及衆賓訖，洗觶酬賓，奠于薦北，賓取觶，奠于薦南。至衆賓長爲加爵之後，兄弟弟子舉觶於其長，賓乃取所奠觶，酬長兄弟，長兄弟取觶酬賓，交錯以辯，謂之旅酬。今小祥之祭，長兄弟爲加爵，則禮畢賓不復取所奠觶，行旅酬之禮也。昭公練而旅酬，不肖者之不及也；孝公大祥，奠酬弗舉，賢者之過也。　鄭氏曰：奠無尸，虞不致爵，小祥不旅酬，大祥無無算爵，彌吉也。孝公，隱公之祖父。

曾子問曰：「大功之喪，可以與於饋奠之事乎？」孔子曰：「豈大功耳，自斬衰以下皆可，禮也。」曾子曰：「不以輕服而重相爲乎？」孔子曰：「非此之謂也。天子諸侯之喪，斬衰者奠，大夫齊衰者奠，士則朋友奠。不足則取於大功以下者，不足則反之。」釋文：與音預，下至「説衰與奠」皆同。爲，于僞反。士則朋友，一本作「士則朋友奠」。

饋奠，謂執喪奠之事也。曾子所問者，謂己有大功之服，而與於他人之喪奠，故曰「與於饋奠」。孔子所言，謂有服而爲所服者奠，故直曰「奠」。天子諸侯之喪，爲君服者皆斬衰也。大夫之臣爲大夫，亦斬衰。不奠者，避天子諸侯之禮也。朋友，謂僚屬。士卑，不嫌與君同，故使其屬奠。不足則取於大功以下，不取齊衰者，又避大夫之禮也。不足則反之者，謂殷奠時需人多，取於大功以下猶不足，則使執事者往而復反也。公食大夫禮「士羞庶羞」，「先者反之」。凡喪禮，主人皆不親奠。吳氏澄曰：曾子初問自「大功之喪」始者，蓋以斬齊服重，必不可執事於人，大功稍輕，或可與人殯奠。而孔子答之如此，則知有服之人但爲所服者奠，而不可爲他人奠矣。

曾子問曰：「小功可以與於祭乎？」孔子曰：「何必小功耳，自斬衰以下與祭，禮也。」曾子曰：「不以輕喪而重祭乎？」孔子曰：「天子諸侯之喪祭也，不斬衰者不與祭。大夫齊衰者與祭。士祭不足，則取於兄弟大功以下者。」

祭，謂虞、祔、練、祥也。曾子問已有喪服可與於他人之喪祭，而孔子復言可爲所爲服者之喪祭以答之也。天子之喪，無不斬衰者；諸侯則有之，若寄公、國賓是也。不斬衰者不與祭，以羣臣多，足以執事也。孔子於喪奠，直言「奠」，於喪祭言「與祭」者，蓋喪奠，主人不親，而他人執其事；喪祭，主人親之，他人特與之而已也。大夫臣少，故斬衰以外，又取齊衰者。士亦齊衰者與祭，若齊喪者不足，又取兄弟大功以下也。吳氏澄曰：曾子疑小功又輕於大功，或可與他人之喪祭，而孔子答之如此，則知但得爲所服者祭，而不得與他人喪祭矣。○鄭註謂「祭爲虞、卒哭」，孔疏云：「知非練、祥者，士練祭時，大功服已除，天子諸侯之祭則得兼練、祥。」其說非也。大功以下，但據其本服言之，初不嫌已除服而與於喪祭也。若大夫士之練、祥，必服未除者乃得與祭，則得與於祭者甚寡，必不足以執事矣。

曾子問曰：「相識，有喪服可以與於祭乎？」孔子曰：「緦不祭，又何助於人？」

喪服，謂緦也。與於祭，謂與於相識之吉祭也。上文曾子兩問，而孔子不喻，故此特言「相識」，以明所問者非謂其所爲服者也。吉凶不相干，己有緦服，不得自祭宗廟，況他人之祭乎？吳氏澄曰：曾子疑緦麻更輕於小功，或得與所識者吉祭，而孔子以不可答之。以上三問，論喪服則先大功，次小功，次緦麻，由重而漸輕；於爲人，則先殯奠，次喪祭，次吉祭，由凶而漸吉也。○熊氏以祭爲虞、祔，謂「身有同宮緦服，不得爲父母虞、祔、卒哭祭。天子諸侯，臣妾死於宮中，雖無服，亦不得爲父母虞、祔、卒哭祭」。其說亦非也。雜記：「如三年之喪，既顈，其練、祥皆行。」言「練、祥」而不言「虞、祔」，蓋虞以安神，祔以適祖，其祭皆不可以久稽，雖值三年之喪，亦不過既殯而祭耳，況其輕焉者乎？又曰「將祭，同宮臣妾死，葬而后祭」，亦謂練、祥之祭，非虞、祔也。雖大夫士，亦必不以同宮臣妾之未葬，輟其父母之虞、祔，況天子諸侯乎？若謂身有緦服，不得爲練、祥之祭，雖若可通，然此唯同宮緦爲然，若以喻身有緦服，不得與於他人之祭，則義不相當。故此節所言之祭，皆當爲吉祭無疑也。

曾子問曰：「廢喪服，可以與於饋奠之事乎？」孔子曰：「說衰與奠，非禮也，以擯相可也。」

釋文：說，湯活反。相，息亮反。

鄭氏曰：說衰與奠，非禮者，執事於人之神，以其忘哀疾也。　孔氏曰：曾子不問吉祭而問饋奠者，以己新說喪服，吉祭禮輕，吉凶不相干，決其不可；饋奠是他人之重者，己又新始說衰，凶事相因，疑得助奠，故問之也。　愚謂廢喪服，謂新除父母之喪也。新除喪，不可與他人饋奠者，以己尚未吉祭，故不可執事於人之鬼神也。　擯相猶可，以其非所以接神故也。　吳氏澄曰：可者，畧許而非深許之辭，則不若并擯相不爲之爲得也。　詳酌人情禮意，緦功之喪，踰月可與人祭，齊斬之喪，則須己行吉祭畢，乃可爲人執事也。

曾子問曰：「昏禮既納幣，有吉日，女之父母死，則如之何？」孔子曰：「壻使人弔。　如壻之父母死，則女之家亦使人弔。　父喪稱父，母喪稱母。　父母不在，則稱伯父世母。　壻已葬，壻之伯父致命女氏曰：『某之子有父母之喪，不得嗣爲兄弟，使某致命。』女氏許諾而弗敢嫁，禮也。　壻免喪，女之父母使人請，壻弗取而后嫁之，禮也。　女之父母死，壻亦如之。」

釋文：取，七住反，本亦作「娶」，下文「取婦」「取女」同。

鄭氏曰：吉日，取女之吉日。　必使人弔者，未成兄弟也。　父喪稱父，母喪稱母，禮宜各以其敵者也。父使人弔之，辭云：「某子聞某之喪，某子使某，　如何不淑。」母則若云：「宋蕩伯姬聞姜氏之喪，伯姬使某，如何不淑。」凡弔辭一耳。　愚謂壻不親弔者，以未成昏姻，親弔則難爲辭也。　致命者，前已卜日以告於女家，女家許之，今既未得取，故致還其命也。　兄弟者，昏姻之稱也。　喪服傳曰：「小功以下爲兄弟。」壻爲外舅，外舅報服皆緦，故曰「兄弟」。　弗敢嫁者，不敢遽嫁女與之也。　免喪，壻猶弗取者，餘哀未忘，不欲汲汲於昏也。而后嫁之者，蓋女之家擇日以告於壻，而不俟其親迎也。士昏禮有「若不親迎」之禮，蓋謂此也。蓋壻弗取者，所以盡人子之心；女之父母嫁之者，所以赴嘉會之期也。羅氏欽順曰：壻弗取，免喪之後，不忍遽從吉也。而后嫁之，所謂「有故則二十三年而嫁」也。

曾子問曰：「親迎，女在塗，而壻之父母死，如之何？」孔子曰：「女改服，布深衣，縞總，以趨喪。女在塗，而女之父母死，則女反。」釋文：迎，魚敬反，下同。

鄭氏曰：布深衣，縞總，婦人始喪未成服之服。女反，奔喪，服期。孔氏曰：改服，改嫁時之服。嫁服，士妻褖衣，大夫妻展衣，卿妻鞠衣也。深衣，衣裳相連，前後深邃。縞，白絹。總，束髮者。女子在室，爲父箭、笄、髽、衰三年，父卒，爲母亦三年。今既在塗，非復在室，故知服期，於時女亦改服布深衣，縞總，反而奔喪也。愚謂深衣皆不言「布」，此特言「布」者，蓋婦人之服皆深衣之制也。玄綃衣以上則用帛矣，故特言「布」以別之。斬衰總六寸，齊衰總八寸，婦爲舅姑期，則縞總八寸也。昏禮，舅姑承子以授壻，而夫婦之義自此始，故在塗而反，爲其父母降服期。○郭子從問：「曾子問『親迎，女在塗，而壻之父母死，如之何』，孔子曰：『女改服，布深衣，縞總，以趨喪。』開元禮除喪之後，束帶相見，不行初昏之禮，趨喪後事，皆不言之，何也？」朱子曰：「趨喪之後，男居外次，女居內次，自不相見。除喪而後，束帶相見，於是而始入御。開元之制，必有所据矣。」○葉味道問：「今有男就成於女家，久而未歸，若壻之父母死，女之本喪如之何？若女之父母死，其女之制服如之何？」朱子曰：「此乃原頭不是，且放在塗之禮行之可也。然既嫁則服自當降，既除而歸夫家耳。」

「如壻親迎，女未至，而有齊衰、大功之喪，則如之何？」孔子曰：「男不入，改服於外次，女入，改服於內次，然後即位而哭。」曾子問曰：「除喪則不復昏禮乎？」孔子曰：「祭過時不祭，禮也。又何反於初？」釋文：過，古卧反。

鄭氏曰：不聞喪即改服者，昏禮重於齊衰以下。祭過時不祭，重喻輕也。同牢及饋饗，相飲食之道。孔氏曰：男，謂壻也，不入大門，改服深衣於門外之次。女，謂婦也，入大門，改服深衣於門內之次。即位而哭，謂於壻家爲位也。皇氏以爲就喪家爲位。祭祀是奉事鬼神，故爲重；昏禮是生人相燕飲，故爲輕。重者尚廢，輕者廢可知也。愚謂齊衰、大功之喪者，於男爲齊衰，則於女爲大功也；於男爲大功，則於女爲小功也。此聞喪不爲昏禮，則昏禮非重於齊衰、大功。不即改服者，所以降於父母舅姑之喪也。齊衰、大功之喪，有同門不同門，而奔喪皆必至喪所。男改服於門外者，改服於所奔者之大門外也。婦人奔喪，入自闈門。女改服於門內者，改服於所奔者闈門之內也。既改服，乃入至喪所，與在家者皆即位而哭也。嘉禮輕於吉禮，祭過時不祭，則昏禮可知，故曰「又何反於初」。然則婦可以不見舅姑乎？曰：齊衰、大功之喪，婦與舅姑皆即位而哭，是見也。喪事重，則於嘉事不得不畧也。○熊氏安生曰：此謂在塗聞齊衰、大功。若婦已揖讓入門，內喪則廢，外喪則行昏禮，約上冠禮之文。孔氏曰：不問小功者，小功輕，待昏禮畢乃哭耳。愚謂熊氏言「行昏禮」者，謂行同牢合卺之禮，然後改服即位而哭。其次日見舅姑，盥饋饗婦之禮則不復舉也。若小功在塗聞喪者，其禮蓋亦如此與？

孔子曰：「嫁女之家，三夜不息燭，思相離也。取婦之家，三日不舉樂，思嗣親也。三月而廟見，稱『來婦』也。擇日而祭於禰，成婦之義也。」釋文：離，力智反。

不息燭，謂不能寢也。嗣親，則親有代謝之義，人子之所不忍言也。三月而廟見，稱來婦者，昏禮「質明，贊見婦於舅姑」，「若舅姑沒，則三月而見於廟，奠菜於舅姑」，其祝辭曰「某氏來婦，敢奠嘉菜于皇舅某子」也。擇日而祭於禰，謂擇吉日而奠菜也。婦見於舅姑，乃成爲婦。賈氏公彥曰：若舅沒姑存，則當時見姑，三月亦廟見舅；若舅存姑沒，婦人無廟可見，或更有繼姑，自當如常禮也。愚謂賈氏謂姑沒有繼姑，當見繼姑，固也。然於沒者不見，於人情亦恐未安。且如夫爲前姑所生，尤不可但見繼姑而已也。婦人之先夫而死者，雖無廟，而祭之於寢，則婦就寢而奠菜與？○孔氏謂「庶婦不廟見」，非也。士昏禮於奠菜祭行之後，別言庶婦之禮云：「庶婦則使人醮之，婦不饋。」其異於適婦者止此，則其餘禮皆如適婦矣。蓋供養主於適婦，故庶婦不盥饋，若廟見，所以代質明之見，與盥饋殊義。庶婦於舅姑存者，未嘗無質明之見，特醮而不醴耳，舅姑沒，亦必廟見可知。至三月祭行，則適婦爲祭主，而庶婦不過列於內賓宗婦之班，此則與適婦盥饋、庶婦不盥饋同義。若廟見，自與祭禮不同，未可以庶婦不得主祭疑之也。

曾子問曰：「女未廟見而死，則如之何？」孔子曰：「不遷於祖，不祔於皇姑，壻不杖、不菲、不次，歸葬于女氏之黨，示未成婦也。」釋文：菲，一本作「屝」，扶畏反。

鄭氏曰：遷，朝廟也。壻雖不備喪禮，猶爲之服齊衰也。孔氏曰：反葬於女氏之黨，故其柩不朝於壻之祖廟，祔祭之時又不得祔於皇姑廟也。壻爲妻合服齊衰，杖而菲屨，及止哀次，今未廟見而死，其壻不杖、不菲、不次，唯服齊衰而已。其女之父母，則爲之降服大功，以其非在家，壻爲之服齊衰期，非無主也。　愚謂壻不杖、不菲、不次，爲未成婦，殺其禮也。歸葬於女氏之黨，亦不祔於皇姑之意也。

曾子問曰：「取女有吉日而女死，如之何？」孔子曰：「壻齊衰而弔，既葬而除之。夫死亦如之。」

鄭氏曰：既葬而除，以未有期三年之恩也。女服斬衰。　孔氏曰：所以既葬而除者，以壻於女未有期之恩，女於壻未有三年之恩。

曾子問曰：「喪有二孤，廟有二主，禮與？」孔子曰：「天無二日，土無二王。嘗、禘、郊、社，尊無二上，未知其爲禮也。」　釋文：與音餘，下「禮與」同。

尊無二上者，言所祭雖衆，而所尊者則一而已。嘗、禘合食羣主，而所尊者唯太祖；郊祭及日、月、三望，而所尊者唯上帝；社祭及四方，而所尊者唯后土也。

昔者齊桓公亟舉兵，作僞主以行，及反，藏諸祖廟。廟有二主，自桓公始也。　釋文：亟，徐起吏反。

鄭氏曰：僞猶假也。舉兵，以遷廟主行，無則主命。爲假主，非也。　孔氏曰：亟，數也。作假主以行，而反藏於祖廟，故有二主也。

喪之二孤，則昔者衛靈公適魯，遭季桓子之喪，衛君請弔。哀公辭，不得命。公爲主，客入弔，康子立於門右，北面。公揖讓，升自東階，西鄉，客升自西階弔，公拜，興哭，康子拜稽顙於位。有司弗辯也。今之二孤，自季康子之過也。」釋文：鄉，許亮反。

鄭氏曰：辯猶正也。若康子者，君弔其臣之禮也。鄰國之君弔，君爲之主，主人拜稽顙，非也，當哭踊而已。孔氏曰：二主行來已久，故云「自桓公始」。康子正當孔子之時，未知後代行之以否，但見當時失禮，故云「自康子之過」。愚謂諸侯於鄰國之臣，尊卑既異，情分又疎，其弔其喪者，乃因其君而及之，故其君爲主，拜賓，唯其情之稱而已。喪禮拜賓者，唯主喪一人，今哀公既拜，康子又拜，是有二孤也。哀公乃桓子之君，而曰「孤」者，以喪禮主人拜賓，今哀公拜賓，是有爲喪主之義，二孤猶曰「二主」云爾。案春秋哀公三年秋，季桓子卒，時衛君爲出公而非靈公，又無適魯之事，此記所言疑也。

曾子問曰：「古者師行，必以遷廟主行乎？」孔子曰：「天子巡守，以遷廟主行，載于齊車，言必有尊也。今也取七廟之主以行，則失之矣。」釋文：守，手又反，本亦作「狩」。齊，側皆反，本亦作「齋」。

鄭氏曰：齊車，金路。皇氏侃曰：遷廟主，謂新遷之主。愚謂遷廟主多，莫適載焉，宜奉其近者而載之，故知爲新遷廟之主也。金路，王乘之以朝、覲、會、同。鄭氏齊僕註云：「王將朝、覲、會、同，必齊，所以敬宗廟及神明。」故金路曰「齊車」。載遷主必以金路者，巡守卽會、同也。會、同乘金路，故載遷主亦以金路，象其生時之所乘也。取七廟之主以行者，謂於七廟中取一主以行，非謂並載七廟之主也。後世不知載遷廟主之禮，故取七廟之主以行，又以廟不可無主，故又別作一主以行，此僞主之所由來也。

當七廟五廟無虛主。虛主者，唯天子崩，諸侯薨，與去其國，與祫祭於祖，爲無主耳。吾聞諸老聃曰：『天子崩，國君薨，則祝取羣廟之主而藏諸祖廟，禮也。卒哭成事，而后主各反其廟。君去其國，大宰取羣廟之主以從，禮也。祫祭於祖，則祝迎四廟之主，主出廟入廟，必蹕。』老聃云。」釋文：祫音洽。聃，他甘反。從，才用反，下「椑從」「而從」同。蹕音畢。

鄭氏曰：老聃，古壽考者之號也，與孔子同時。藏諸主於祖廟，象有凶事者聚也。卒哭成事，先祔之祭名也。去國取廟主以從者，鬼神依人者也。孔氏曰：卒哭明日，新主祔祭於祖，故祖主先還入己廟也。祫祭是祝之所掌，故祝迎四廟之主；去國非祭祀之事，故大宰取羣廟之主以從。天子祫祭，則迎六廟之主，今言「迎四廟」，舉諸侯言之也。出廟，謂出己廟，往大廟；入廟，謂由大廟還入己廟也。主出入當蹕，止行人；若主出入大廟中，則不蹕，以壓於尊也。若有喪及去國，無蹕禮也。主，天子一尺二寸，諸侯一尺。○郭德元問：「老子云『禮，忠信之薄而亂之首』，孔子又却問禮於他，不知何故？」朱子曰：「他曾爲柱下史，故禮自是理會得，所以與孔子說得如此好。只是他又說這箇物事不用得亦可，一似聖人用禮時反多事，所以如此說。」

曾子問曰：「古者師行無遷主，則何主？」孔子曰：「主命。」問曰：「何謂也？」孔子曰：「天子諸侯將出，必以幣、帛、皮、圭告于祖、禰，遂奉以出，載于齊車以行。每舍，奠焉而后就舍。反必告，設奠，卒，斂幣、玉，藏諸兩階之間，乃出。蓋貴命也。」

無遷主，謂天子則始祖在七世以內，諸侯則大祖在五世以內也。主命者，受命而出，而遂以爲主，但主其命而無主也。凡告用牲、幣，於所主命者則加以皮、圭，而奉幣、帛、皮、圭以出。但言「以幣、帛、皮、圭告于祖、禰」，不言「牲」者，唯據所奉以出者言之也。文王世子曰：「其在軍，則守於公禰。」覲禮：「侯氏裨冕釋幣於禰。」此皆據無遷主而主命者言之。然則主命之禮，蓋主禰廟，亦受命於禰之義。兼言「祖、禰」者，因禰而及祖，且容父有故不得立，而受國於祖者也。舍，謂館舍。每日至館舍，必設脯、醢之奠於齊車而後就舍，禮神而後卽安也。貴，尊也。謂尊祖、禰之命。孔氏曰：在路不可恆設牲牢，奠以脯、醢而已。○鄭氏曰：所告而不以出，卽埋之。孔氏曰：皇氏云：「謂有遷主者，直以幣、帛告神，而不將幣、帛以出，卽埋之兩階之間。無遷主者，加之以皮、圭，告於祖、禰，遂奉以出。」熊氏以爲每告一廟，以一幣、玉，告畢，將所告遠祖幣、玉載之而去；若近祖幣、玉不以出者，卽埋之。反時，以所載幣、玉告於遠祖，事畢，埋於遠祖兩階間；其近祖以下，直告祭而已，不陳幣、玉也。愚謂鄭氏之言，所以補記文之所未備，而皇氏、熊氏各以其意申之。皇氏謂有遷主則載遷主，而幣、帛不以出，故卽埋之。熊氏謂所告之廟而不主其命者，則其幣、帛不以出，故卽埋之。二者皆禮之所有，其義相兼乃備。但告用皮、圭，唯所主命之廟則有之，而熊氏謂每廟用幣、玉；主命者，主於祖、禰，而熊氏謂以所告遠祖幣、玉載之而去；告反重於告出，而熊氏謂近祖以下，反時無幣，則其說皆非是。又前章云「凡告用牲、幣，反亦如之。」鄭氏見此章言「幣、帛、皮、圭」而不言「牲」，故破牲、幣爲制幣，而諸家於告出告反之禮，亦皆不言有牲。然以舜典、王制考之，則告禮有牲。此章不言「牲」者，蓋以主命之禮，所奉以出者唯幣、帛、皮、圭，牲非所奉以出者，故畧而不言耳。謂「告禮無牲」，非也。

禮記卷十九

曾子問第七之二

子游問曰：「喪慈母如母，禮與？」孔子曰：「非禮也。古者男子外有傅，內有慈母，君命所使教子也，何服之有？昔者魯昭公少喪其母，有慈母良，及其死也，公弗忍也，欲喪之。有司以聞曰：『古之禮，慈母無服。今也君爲之服，是逆古之禮而亂國法也。若終行之，則有司將書之，以遺後世，無乃不可乎！』公曰：『古者天子練冠以燕居。』公弗忍也，遂練冠以喪慈母。喪慈母自魯昭公始也。」釋文：少喪，如字，讀者亦息浪反。遺，如字，又于季反。

慈母有二：一則妾之無子者，妾子之無母者，父命之爲母子。此則大夫士之子爲之皆如其母，父在，則大夫之子大功，士之子期；父沒，皆三年。喪服「齊衰三年」章云「慈母如母」，是也。若爲父後者，則服緦。天子諸侯之子，爲其母，父在，則練冠、麻衣縓緣，既葬除之；父沒大功，則其爲慈母亦然。一則內則曰：「擇於諸母與可者，必求其寬裕、慈惠、溫良、恭敬、愼而寡言者，使爲子師。其次爲慈母。」此則大夫士之子爲之小功，喪服「小功」章「君子子爲庶母慈己者」，是也。天子諸侯之子則不服。子游所問，蓋謂人君於庶母慈己者，而以其母之服服之也。故孔子以「君命所使教子」告之，言與命爲母子者異也。練冠以燕居，庶子爲君，爲其母之服也。大夫士之子，父在，爲其母或期，或大功，爲父後者降而服緦；人君之子，父在，爲其母練冠、麻衣縓緣，既葬除之。在五服之外，則其爲父後者不可以復降，故但如其父在之服以服之。然燕居則練冠，出則否，蓋不敢以私喪廢國家之禮，則亦視其父在而畧降之也。昭公爲慈母練冠，則是以其母之服服之矣。不知此服但可施於命爲母子之慈母，而不可施於君命教子之慈母也，故曰「喪慈母自昭公始也」。然此稱練冠以居之制，而曰「古者」，蓋春秋時庶子爲君者，皆以小君之禮服其母，而練冠之制已不復行矣。鄭氏曰：昭公年三十，乃喪齊歸，又無慼容，是不少，又安能不忍於慈母？此非昭公明矣，未知何公也。孔氏曰：家語云：「孝公有慈母良。」鄭云「不知何公」，不見家語故也。

曾子問曰：「諸侯旅見天子，入門不得終禮，廢者幾？」孔子曰：「四。」請問之。曰：「大廟火，日食，后之喪，雨霑服失容，則廢。如諸侯皆在而日食，則從天子救日，各以其方色與其兵。大廟火，則從天子救火，不以方色與兵。」釋文：幾，居起反，下同。霑，竹廉反。

鄭氏曰：旅，衆也。大廟，始祖廟。宗廟皆然，主於始祖耳。各以方色與兵，示奉時事有所討也。方色者，東方衣青，南方衣赤，西方衣白，北方衣黑。兵，未聞也。愚謂日食有定，可以預推，此云「揖讓入門」，乃爲日食廢禮者，古時曆法疎也[一]。漢建安中，將正會，而太史上言：「正旦當日蝕。」朝士疑會否。時廣平計吏劉劭在坐，曰：「梓慎、裨竈，古之良史，猶推水火錯失天時。諸侯旅見天子，入

[一]「曆」，原本作「律」，據文義並參萬有文庫本改。

門不得終禮者四，日蝕其一。然則聖人垂制，不爲變異豫廢朝禮者，或災消異伏，或推術謬誤也。」朝位在庭，故雨則廢。救日用兵者，蓋以示助陽討陰，與伐鼓於社同義。周禮庭氏：「掌射天鳥，若不見其鳥獸，則以救日之弓與救月之矢射之。」

曾子問曰：「諸侯相見，揖讓入門，不得終禮，廢者幾？」孔子曰：「六。」請問之。曰：「天子崩，大廟火，日食，后、夫人之喪，雨霑服失容，則廢。」

鄭氏曰：夫人，君之夫人。

曾子問曰：「天子嘗、禘、郊、社、五祀之祭，簠、簋既陳，天子崩，后之喪，如之何？」孔子曰：「廢。」

鄭氏曰：既陳，謂夙興陳饌牲器時也。孔氏曰：下文云「當祭而日食」，則此簠、簋既陳明是祭前也。前文云「天子崩」、「后之喪」，與「日食」、「大廟火」，其禮皆同，則此簠、簋既陳，日食，大廟火，亦同也。

曾子問曰：「當祭而日食，大廟火，其祭也如之何？」孔子曰：「接祭而已矣。如牲至未殺，則廢。」

此祭謂祭外神也。若祭宗廟而大廟火，則廢祭，不待問矣。接祭，謂以祭禮一接於神，以致其祭祀之意，而不復行餘禮也。祭外神之所以牲已殺必祭者，以其已降神故也。祭天神以燔燎降神，祭地以瘞埋，社稷以血祭，山林川澤以貍沈，四方百物以疈辜，此皆於殺牲後行之，神既降則不可不祭矣。牲未殺，則未降神，故可廢。若當祭而天子崩，后之喪，外神已殺牲，亦接祭，內神則廢與？

天子崩，未殯，五祀之祭不行，既殯而祭。其祭也，尸入，三飯，不侑，酳不酢而已矣。自啟至于反哭，五祀之祭不行，已葬而祭，祝畢獻而已。」釋文：飯，扶晚反，下同。侑音又，絕句，下皆放此。酳音允，又仕覲反。酢，才各反。

孔氏曰：天子諸侯祭禮既亡，今儀禮唯有大夫士祭禮。按特牲饋食禮，尸入，「三飯，告飽，祝侑」，尸至九飯畢。少牢饋食尸食十一飯畢。士九飯，大夫十一飯，則諸侯十三飯，天子十五飯也。又按特牲禮，尸九飯畢，主人酌酒酳尸，尸飲卒爵，酢主人；主人受酢飲畢，酌獻祝；祝飲畢，酌獻佐食。今約此而說天子五祀之祭。初崩哀戚，未遑祭祀，故五祀之祭不行。既殯而祭者，五祀外神，不可以私喪久廢其祭，故既殯哀情稍殺而祭也。但不得純如吉禮，理須降殺，故迎尸入奧之後，尸三飯告飽則止，祝不勸侑使滿常數也。冢宰攝主，酌酒酳尸，尸受卒爵，不酢攝主。而已者，謂唯行此而已，不爲餘事也。若啟殯以後，反哭以前，哀摧更甚，故五祀之祭不行，已葬反哭畢而祭。但既葬彌吉，尸入三飯之後，祝侑尸至十五飯畢，攝主酳尸，尸飲卒爵而酢攝主，攝主飲畢，酌獻祝，祝受飲畢則止，無獻佐食以下之事也。鄭氏曰：郊、社亦然。唯嘗、禘宗廟，俟吉也。愚謂未殯之前，諸祭皆廢，既殯則外神皆祭。王制言「天地社稷，越紼行事」，此言「五祀既殯而祭」，各舉尊卑一偏言之，其實外神無不祭也。在喪而祭者，皆使人攝之。特牲禮尸食九飯而畢，少牢禮尸食十一飯而畢。鄭云：「士九飯，大夫十一飯，則其餘有十三飯，十五飯也。」蓋謂諸侯祭宗廟當十三飯，天子祭宗廟當十五飯。若天子諸侯所祭之外神，則當視其神之尊卑，以爲飯數之多寡，非天子所祭皆當十五飯也。此言殯後祭五祀，「尸入，三飯，不侑，酳不酢」，則常禮當三飯而侑，飯畢而獻尸，與特牲祭禮同，蓋五祀神卑故也。疏乃謂「侑尸至十五飯」，同宗廟之禮，誤矣。

曾子問曰：「諸侯之祭社稷，俎豆既陳，聞天子崩，后之喪，君薨，夫人之喪，如之何？」孔子曰：「廢。自薨比至于殯，自啟至于反哭，奉帥天子。」釋文：比，必利反。

帥，循也。自薨比至于殯，自啟至于反哭，此謂君薨，夫人之喪也。奉循天子者，言亦如天子之於五祀，既殯而祭，既葬而祭也。若天子崩，后之喪，則赴告之及於諸侯者，不必皆在殯前，蓋於赴告至日，斷爲七日之限，以爲祭行之節也。諸侯社稷之祭，奉帥天子，則五祀可知。

曾子問曰：「大夫之祭，鼎、俎既陳，籩、豆既設，不得成禮，廢者幾？」孔子曰：「九。」請問之。曰：「天子崩，后之喪，君薨，夫人之喪，君之大廟火，日食，三年之喪，齊衰，大功，皆廢。外喪自齊衰以下行也。其齊衰之祭也，尸入，三飯，不侑，酳不酢而已矣。大功，酢而已矣。小功、緦，室中之事而已矣。士之所以異者，緦不祭，所祭，於死者無服，則祭。」

祭，謂祭宗廟也。外喪，謂不同門者。酢而已矣者，祝侑尸至十一飯畢，主人獻尸，尸酢主人而止也。此皆謂齊衰、大功之外喪也。室中之事而已者，少牢饋食禮主人、主婦、賓長獻尸皆在室，既祭而賓尸則在堂，今以殺禮，但於室中行祭禮而不復賓尸也。上云「齊衰、大功廢」，不云「小功、緦」，則雖同宮不廢祭，此云「小功、緦，室中而已」，兼謂小功、緦之內外喪也。大夫無緦服，小功之服降爲緦服，亦不復服。此緦、小功，據其本服而言，蓋雖不爲之服，而當祭聞喪，猶爲之殺禮也。士緦不祭，則小功可知。所祭於死者無服者，如爲庶母緦，妾有子亦緦。若祭禰廟，則庶母死，所祭者有服；妾死，所祭者無服也。此皆謂門内緦喪，若外喪，則齊衰以下皆祭，而其降殺之節亦如大夫。不言者，蒙上可知也。其緦、小功之祭，則賓長獻尸，尸飲卒爵，酢賓，又獻祝及佐食而祭止，而無主人、主婦相爲致爵之事與？孔氏曰：雜記云：「臣妾死於宮中，三月而後祭。」此内喪緦麻不廢祭者，此謂鼎、俎既陳，臨祭之時，故不廢也。若不當祭時則不祭，所祭於死者無服。鄭氏謂「若舅，舅之子，從母兄弟」，非也。士緦不祭，亦謂内喪耳。士門内緦喪廢祭，若與所祭者無服則仍祭，若外喪則齊衰以下皆祭矣，豈論其於死者有服無服乎？

曾子問曰：「三年之喪弔乎？」孔子曰：「三年之喪，練不羣立，不旅行。君子禮以飾情，三年之喪而弔哭，不亦虛乎！」

鄭氏曰：不羣立、旅行，爲其苟語忘哀也。三年之喪而弔哭，爲彼哀則不專於親，爲親哀則是妄弔。愚謂飾猶表也。有是情而後以禮表之，故曰「禮以飾情」。三年之喪，爲己哀之不暇，而遑爲人哀乎？乃從而弔哭，則是無是情而虛行弔禮也。

曾子問曰：「大夫士有私喪，可以除之矣。而有君服焉，其除之也如之何？」孔子曰：「有君喪，服於身，不敢私服，又何除焉？於是乎有過時而弗除也。君之喪服除而后殷祭，禮也。」

鄭氏曰：有君服不敢私服，重喻輕也。君之喪服除而後殷祭，謂主人也；支子則否。孔氏曰：成服爲重始，除服爲輕末，在親始重之日尚不獲伸，況輕末之時乎？故云「又何除焉」。殷祭，謂小大二祥也。禘、祫曰殷祭，小大二祥變除之大祭，故亦謂之殷祭。此謂適子仕宦者，故二祥待君服除而後行；若支子仕宦，雖不得除私服，而其家適子已行祥祭，庶子不復追祭。　愚謂可以除之者，謂小祥之後，將及大祥之期也。此殷祭，謂大祥也。君喪除而后殷祭者，凡變除之祭，必服其除後之服以祭，君服未除，則不可以行親喪大祥之祭也。若未練而遭君喪，則親喪練、祥之祭亦各於君喪練、祥之後行之。如此，則雖不除親喪，而其練、祥之祭與變除之服亦悉得相應矣。

曾子問曰：「父母之喪，弗除可乎？」孔子曰：「先王制禮，過時弗舉，禮也。非弗能勿除也，患其過於制也，故君子過時不祭，禮也。」

曾子以有君喪不敢私服，則聞君喪之後，其服皆主於君，而親喪實則未畢，故欲於君服既除之後，弗除親喪而追服之也。　孔子答以「祭過時弗祭」，則親喪之已過者無追服之之禮也。

曾子問曰：「君薨既殯，而臣有父母之喪，則如之何？」孔子曰：「歸居于家，有殷事則之君所，朝夕否。」

君喪既殯而遭親喪，則當歸治喪事也。不曰「歸殯」而曰「歸居」，則親喪既殯亦在家可知矣。殷，盛也。殷事，謂月朔薦新之奠視朝夕奠爲盛也。若父母之喪既殯而有君喪，則之君所，君喪既殯而歸，其禮亦如此與？

曰：「君既啟而臣有父母之喪，則如之何？」孔子曰：「歸哭而反送君。」

鄭氏曰：言「送君」，則既葬而歸也。歸哭者，服君服而歸，不敢私服也。　孔氏曰：既葬而歸者，不待君之虞祭也。　愚謂疏謂「不待虞祭」，不待葬日之虞也。人君五虞，其虞與卒哭、祔祭在親喪既殯之後者，則當之君所。若親喪既啟而有君喪，則往哭而歸葬，葬畢而居君所，值父母虞、祔、卒哭之祭則歸。大夫士三日而殯，此君喪既啟而有父母之喪，歸哭而反送君，則殯親固在君葬之後矣。以此見人君啟殯至葬不遠，而舊説謂「諸侯之葬，朝廟六日而徧，天子朝廟八日而徧」者，其不然決矣。

曰：「君未殯而臣有父母之喪，則如之何？」孔子曰：「歸殯，反于君所，有殷事則歸，朝夕否。」大夫室老行事，士則子孫行事。大夫內子，有殷事，亦之君所，朝夕否。

歸殯，反于君所者，人君五日而殯，其殯在親之後也。反于君所，爲殯君也。君已殯則歸居於家，有殷事則之君所，朝夕否。若父母之喪未殯而有君喪，則往哭而反殯親，亦既殯反於君所也。鄭氏曰：內子，大夫適妻也。內子有殷事，亦之君所，朝夕否，謂君之喪既殯而有舅姑之喪者，妻爲夫之君，如婦爲舅姑，服齊衰。孔氏曰：舉此一條，婦同於夫，則君既啟及君未殯而有舅姑之喪，其禮悉同夫也。○君以義制，親以恩制，其隆一也。然君之喪，臣之所共襄；親之喪，子之所獨盡。故此上三條，言並遭君親之喪，而於其並隆者，權乎其已殯未殯，以爲緩急輕重之節，使恩與義得以交盡而無憾，禮之卽乎人心如此。

賤不誄貴，幼不誄長，禮也。唯天子稱天以誄之。諸侯相誄，非禮也。釋文：誄，力水反。長，知丈反。

鄭氏曰：誄，累也。累列生時行迹，讀之以作謚。謚當由尊者成。天子無尊焉。春秋公羊說，以爲讀誄、制謚於南郊，若受之於天然。諸侯，禮當請誄於天子，天子乃使大史賜之謚。孔氏曰：非但賤不誄貴，卽平敵相誄，亦爲不可。案白虎通云：「君薨請謚，世子赴告於天子，天子遣大夫會葬而謚之。」周禮大史職「小喪，賜謚」，鄭云：「小喪，卿大夫也。」知諸侯亦然。徐氏師曾曰：謚由尊者成，一則以分之所在，不可擅操榮辱之權；一則以情之所在，恐其雜於虛美之私。此義行，名分正，美惡當矣。愚謂此章不言問答，又不云「孔子曰」，疑上有脫文。

曾子問曰：「君出疆，以三年之戒，以椑從。君薨，其入如之何？」孔子曰：「共殯服，則子麻弁絰、疏衰、菲、杖，入自闕，升自西階。如小斂，則子免而從柩，入自門，升自阼階。君、大夫、士一節也。」釋文：椑，薄歷反。共音恭。免音問。

三年之戒，謂喪備也。椑，親身棺也。君出，必以親身棺從，是以喪備行也。殯服，大斂至殯時所服之服。共者，於在外大斂時共之，遂服之以從柩。在家遭喪者，大斂與殯相連爲之，故大斂之服卽殯服。今大斂在外，雖未殯而已服殯服，卽下「麻弁絰、疏衰、菲、杖」是也。麻，小斂時所服未成服之麻苴絰，大鬲，散帶垂，至大斂而無變者也。弁絰，皮弁而加苴絰也。疏，麤也。麤衰，卽斬衰也。菅蒯之屨謂之菲，此謂斬衰之菅屨也。杖者，爲已病也。弁絰、疏衰、菲、杖，此人君大斂之服，異於士者也。疏衰、菲、杖，至成服皆不改，其服之未成者，首尚皮弁，帶猶未絞耳。入自闕，升自西階，皆所以異於生也。小斂則免而從柩者，小斂時，主人括髮，此以行遠，不可以無飾，故不括髮而免也。不言其服者，人君小斂之服與士同，以其可知，故畧之也。喪大記曰「君之喪，三日授子杖」，謂死後之三日，乃小斂之明日。此尚在小斂日，故不杖也。入自門，升自阼階者，形體猶在，猶以生人之禮待之也。凡以柩入者，皆入自闕，升自西階；以尸入者，皆入自門，升自阼階。君、大夫、士一節者，謂已小斂則服小斂之服，已大斂則服大斂之服，及其所入之處，所升之階，其禮皆同也。鄭氏曰：子麻弁絰、疏衰、菲、杖者，棺柩未安，不忍成服於外也。○鄭氏云：「殯服，謂布深衣、苴絰、散帶垂，殯時主人所服。麻弁絰者，布弁而加環絰。」案上云「共殯服」而下言「麻弁絰、疏衰、菲、杖」，上言「小斂」而下言「免」，免卽小斂之服，則麻弁絰、疏衰、菲、杖卽殯服也。鄭分殯服與麻弁絰、疏衰、菲、杖爲二，誤矣。且布深衣，始死已服之，苴絰、散帶，小斂時已服之，不可謂之殯服。初喪變服，自輕而重，若疏衰從柩至殯，又服布深衣，反自重而輕，有是理乎？至雜記「小斂環絰」，所謂絰，卽苴絰也，鄭氏以爲弔服之環絰，尤誤之甚者。說詳雜記。○喪大記人君五日既殯成服。此大斂卽疏衰、菲、杖，何也？曰：士之殯期近，故小斂而苴絰、散帶，既殯而成服。人君殯期遠，故小斂而苴絰、散帶，三日而杖，大斂而弁絰、疏衰、菅屨，卽殯而成服。大斂之服，雖苴絰、疏衰、菲、杖悉與成服後同，而首猶皮弁，帶猶未絞，則服猶未成。至殯後絞其帶垂，首加六升布之服弁，乃爲成服耳。若以大斂遽疏衰、菅屨爲疑，則士之苴絰、大鬲，小斂時已服之，至殯後亦無以異也。且此言殯服有杖，與喪大記「三日授子杖」合，殯服弁絰，與喪大記「君將大斂，子弁絰卽位于序端」合。杖與弁絰既爲人君大斂之服，則疏衰、菲屨爲大斂之服可知。蓋天子諸侯喪禮與士禮不同，故孟子以爲未嘗學，正謂此等也。

曾子問曰：「君之喪既引，聞父母之喪，如之何？」孔子曰：「遂。既封而歸，不俟子。」釋文：

引，以刃反。封，依註音窆，彼驗反。

鄭氏曰：遂，遂送君也。封當爲「窆」。子，嗣君也。孔氏曰：若待封墳既畢，必在子還之後，今云「不俟子」，故知封當爲「窆」，非封墳也。黃氏應暘曰：前云「君既啟」，啟後越日而行，故得歸哭；此言「既引」，則既行矣，故不得歸哭而遂往。

曾子問曰：「父母之喪既引及塗，聞君薨，如之何？」孔子曰：「遂。既封，改服而往。」

鄭氏曰：封亦當爲「窆」。改服，括髮，徒跣，布深衣，扱上衽，不以私喪包至尊也。孔氏曰：禮，親始死，笄纚，小斂乃始括髮。今有父母之喪，葬在於塗，首先服免，忽聞君喪，若著其笄纚，則與尋常同，故括髮。　愚謂喪服未有不俟主人而先變者。始死，主人尚未括髮，臣無先括髮之理，此既改服始死之服，自當笄纚耳。父母之葬，服斬衰，可改而深衣，何不可笄纚之有？

曾子問曰：「宗子爲士，庶子爲大夫，其祭也如之何？」孔子曰：「以上牲祭於宗子之家，祝曰：『孝子某，爲介子某薦其常事。』」釋文：祝，皇之六反，舊之又反，下同。爲，于僞反。

鄭氏曰：「貴祿重宗也。上牲，大夫少牢。介，副也。不言「庶」，使若可以祭然。孔氏曰：用大夫之牲，是貴祿；宗廟在宗子之家，是重宗。此宗子，謂小宗也。若大宗子爲士，得有祖、禰二廟也。若庶子是宗子親弟，則與宗子同祖、禰，得以上牲於宗子之家而祭祖、禰也。庶子爲大夫，得祭曾祖廟，而庶子不合立廟，當寄曾祖廟於宗子之家，亦以上牲，宗子爲祭也。若己是宗子從父庶兄弟父之適子，則於其家自立禰廟，其祖及曾祖廟亦於宗子之家寄立之；若己是宗子從祖庶兄弟父祖之適，則立祖、禰廟於己家，亦寄立曾祖之廟於宗子之家，並供上牲，宗子爲祭也。孝子，謂宗子也。某，是宗子之名。介子，謂庶子爲大夫者。介，副也；某是庶子名也。庶子，卑賤之稱，介是副介之義，故稱「介子」，使若可以祭然。　愚謂此稱「孝子」「介子」，據祭禰廟言之也，若祭祖廟，則曰「孝孫」「介孫」。

若宗子有罪，居于他國，庶子爲大夫，其祭也，祝曰：『孝子某，使介子某執其常事。』攝主不厭祭，不旅，不假，不綏祭，不配，布奠於賓，賓奠而不舉，不歸肉。其辭於賓曰：『宗兄、宗弟、宗子在他國，使某辭。』」釋文：其祭也，本或此下有「如之何」三字，非也。厭，本或作「壓」，於豔反，下皆同。綏，註作「墮」，同許垂反，徐又況垂反。歸，如字，徐其位反。○按，假，依註音嘏。綏，今音奴禾反。

鄭氏曰：「不厭祭」至「不配」，皆辟正主。厭，厭飫神也。厭有陰有陽：迎尸之前，祝酌奠，奠之且饗，是陰厭也；尸謖之後，徹薦俎、敦，設於西北隅，是陽厭也。此不厭者，不陽厭也。不旅，不旅酬也。假讀爲嘏。不嘏，不嘏主人也。不綏祭，謂今主人也。綏，周禮作「墮」。不配者，祝辭不言「以某妃配某氏」。布奠，謂主人酬賓，奠觶於薦北。賓奠，謂取觶奠於薦南也。此酬之始也。奠之不舉，止旅。肉，俎也。諸與祭者留之共燕。辭猶告也。宿賓之辭，與宗子爲列，則曰「宗兄」若「宗弟」；昭穆異者，曰「宗子」而已。其辭若曰：「宗兄某在他國，使某執其常事，使某告。」　孔氏曰：按少牢饋食司宮筵于奧，設饌畢，祝酌奠于鉶南，主人西面再拜稽首，祝曰：「孝孫某，敢用柔毛、剛鬣、嘉薦、普淖，用薦歲事于皇祖伯某，以某妃配某氏，尚饗。」此所謂「配」也。攝主不敢備禮，故不言「以某妃配某氏」。又少牢尸入，即席坐，取菹，擩于醢，祭于豆間，及祭黍、稷、肺等，是尸綏祭也。尸十一飯訖，主人酳尸，尸酢主人，主人拜受爵，佐食取黍、稷、肺授主人，此是主人綏祭也。綏是減毀之名，周禮作「墮」，守祧云「既祭則藏其墮」，是也。又少牢祝與上佐食取黍以授尸，衣言曰：按少牢經文，取黍者二佐食，而上佐食兼受，摶之，以授尸也，不當有「祝與」二字。尸執以命祝，祝受，以東，北面，嘏於主人曰：「皇尸命工祝承致多福無疆于女孝孫。」此所謂「嘏」也。攝主辟正主，故不敢受嘏。凡將受福，先爲綏祭，今攝主不敢受福，故不綏祭也。按特牲主人獻賓及衆賓訖，尊兩壺于阼階東，西方亦如之，酌西方之尊以酬賓，主人奠爵於賓之薦北，賓取爵而奠於薦南，所謂「布奠於賓，賓奠」也。主人獻長兄弟，又獻衆兄弟訖，長兄弟加爵於尸，衆賓又加爵於尸訖，嗣子舉奠，舉奠訖，賓坐取薦南之爵，酬長兄弟，長兄弟酬衆賓，衆賓酬衆兄弟，所謂「旅酬」也。今攝主，主人奠於薦北，賓取奠於薦南而不舉，不爲旅酬也。旅酬是賓主交歡之始，今攝主不敢當正主，故不旅也。特牲禮尸起，主人降，「佐食徹尸薦俎，設於西北隅」，所謂「陽厭」，以其無尸設饌，欲神之歆饗而厭飫也。攝主不爲陽厭，謙退，似若神未厭飫然也。凡祭，皆先祝而配，次綏祭，次嘏，次旅，末乃厭祭。今此文乃從祭末以次至祭初，以攝主非正，故逆陳之。　愚謂大夫祭，有賓尸、不賓尸二禮，賓尸之禮文，不賓尸之禮質。厭祭與旅，不賓尸之禮有之，蓋攝主不但不行賓尸之禮，卽不賓尸之禮亦有所不敢備也。綏祭，祭黍、稷、肺之名也。周禮守祧作「墮」，儀禮古文士虞禮亦作「墮」，又作「綏」，特牲禮三見皆作「挼」，今文士虞、特牲並作「綏」。鄭氏皆讀爲墮，士虞註云：「下祭曰墮。」此篇孔疏云：「墮是減毀之名。」然凡祭皆下，皆減毀，不獨黍、稷、肺也。疑此字正當作「挼」，「墮」者音近而誤，「綏」者形似而誤也。挼，挼抄也。黍、稷、肺三物，一并祭之，恐其播散，故以手挼抄，令其摶聚。特牲禮尸嘏主人，佐食摶黍授尸。挼祭，亦摶黍之義也。綏祭有二：一是尸綏祭，一是主人綏祭。此不綏祭，謂主人也；其尸則綏祭，自如常禮也。布奠於賓，賓奠而不舉，卽上文「不旅」之事也。蓋主人酬賓，奠于薦北，賓取奠于薦南，至旅酬則舉之，今不行旅酬，故奠於薦南而不復舉也。又案特牲禮嗣舉奠訖，「兄弟弟子酌于東方之尊，阼階上舉觶于長兄弟，如主人酬賓儀」。主人酬賓之觶，賓所取以酬長兄弟者也；弟子所舉之觶，長兄弟所取以酬賓者也。既不旅酬，則弟子舉觶之禮蓋亦不行矣。若宗子死，則其禮可以如正主，稱名不言「孝」，身没而已，亦當如下節所云與？○鄭氏以迎尸之前，祝酌奠，爲陰厭；尸謖之後，徹薦俎、敦，設於西北隅，爲陽厭。陸氏、敖氏非之，而以陰厭、陽厭專爲祭殤之名。然此篇言「攝主不厭祭」，則祭末改設之名爲厭明矣。又云「殤不祔祭，何謂陰厭、陽厭」，則成人之祭有陰、陽二厭亦明矣。蓋厭者，無尸而以飲食飫神之名。祭殤無尸，故曰「厭祭」。初之饗神，尸未入，祭末之改設，尸既謖，故亦皆曰「厭」。饗神在奥，祭宗子之殤亦於奥，以其在幽陰之所，故皆曰「陰厭」。改設在西北隅，祭凡殤亦於西北隅，以其在顯明之處，故皆曰「陽厭」。不妨異事而同名也。

曾子問曰：「宗子去在他國，庶子無爵而居者，可以祭乎？」孔子曰：「祭哉！」「請問其祭如之何？」孔子曰：「望墓而爲壇，以時祭。若宗子死，告於墓，而后祭於家。宗子死，稱名不言『孝』，身没而已。子游之徒，有庶子祭者，以此，若義也。今之祭者，不首其義，故誣於祭也。」

鄭氏曰：有子孫存，不可以乏先祖之祀。不祭於廟，無爵者賤，遠辟正主。言祭於家，容無廟也。孝，宗子之稱。不敢與之同其辭，但言「子某薦其常事」。身没而已者，至子可以稱孝也。以，用也，用此禮祭也。若，順也。首，本也。誣猶妄也。　愚謂庶子無爵而居，對上「庶子爲大夫」而言，則無爵者兼謂士、庶人，蓋凡言有爵者，皆據爲大夫者也。宗子尊，故不問其爲大夫士，而唯大夫乃敢攝其祭。若士，則不敢，故望墓而爲壇，以四時致祭，所以遠辟正主。周公告於三王，爲三壇，同墠，雖事與此異，而其爲壇之意則與此同也。告於墓，而后祭於家者，士則祭於廟，庶人則薦於寢也。廟、寢在大門之内，對墓在外而言，故曰「家」。稱名不言『孝』者，宗子在，庶子祭，稱介子某；宗子既死，無可副貳，故但稱名，而不得稱「孝子」同於宗子也。身没而已，謂没庶子之身也。此庶子之所祭者，其禰也。庶子既死，其子卽庶子之適子，祭此庶子固得稱「孝子」，祭此庶子之禰亦得稱「孝孫」也。蓋族人不可以無宗，此子主祖、禰之祭，則爲族人之所宗，卽去國宗子之子，亦當還宗此子矣。若義，謂順於古義。徐氏師曾曰：「子游之徒」以下，非孔子語，乃記者記之以爲證。〇孔氏曰：此宗子去國，謂有罪者。若其無罪，則以廟從，本國不得有廟。故鄭註小記云：「宗子去國，以廟從。」愚謂宗子有罪去國，乃上章之明文；無罪去國，以廟從，則鄭氏之臆説也。大夫士去國，謂之亡，曲禮記其禮曰：「踰竟，爲壇位，鄉國而哭。」又曰：「大夫去其國，止之曰：『奈何去宗廟也？』士曰：『奈何去墳墓也？』」自非有罪，必無棄宗廟墳墓而越在他竟者，故去國則不以廟從，蓋不敢以有罪之人主宗廟之祭，以辱其祖、禰也。

曾子問曰：「祭必有尸乎？若厭祭，亦可乎？」孔子曰：「祭成喪者必有尸，尸必以孫，孫幼則使人抱之，無孫則取於同姓可也。祭殤必厭，蓋弗成也。祭成喪而無尸，是殤之也。」

厭祭，謂無尸而以飲食飫神也。成喪，成人之喪也。尸必以孫，用所祭者之孫，以其昭穆同也。取於同姓者，尸必適子無父者，或近屬不可得，則取於族屬之遠者，但同姓之人，在孫行而昭穆同者，則得取以爲尸也。然此謂祭祖、禰以下爾。若天子諸侯祭遠祖，則但取其廟之所出而昭穆同者以爲尸，又不必皆孫行也。祭殤必厭者，原立尸之義，本在用孫，而殤未成人，無爲人父之道，已既無孫，亦不得取於同姓孫行者也。

孔子曰：「有陰厭，有陽厭。」曾子問曰：「殤不祔祭，何謂陰厭、陽厭？」釋文：附，依註音備，本或作「祔」，亦同。○今按：祔如字。

殤唯祔與除服二祭則止。祔，附也。不祔祭，言不得附於宗廟四時之祭也。宗廟之祭有尸，故其祭初，尸未入而饗神，曰「陰厭」；祭末，尸已謖而改設，曰「陽厭」。殤不祔祭，而其祔與除服之祭，初未嘗有尸，則無所爲陰陽二厭之分，故曾子疑而問之。

孔子曰：「宗子爲殤而死，庶子弗爲後也。其吉祭特牲，祭殤不舉肺，無肵俎，無玄酒，不告利成，是謂陰厭。釋文：肵音其，又忌依反。○「不舉」下本或無「肺」字。按正義云：「以經云『不舉肺，無肵俎』」，是孔氏所據本有「肺」字也。今從之。

鄭氏曰：宗子爲殤而死，族人以其倫代之，明不序昭穆立之廟，其祭之就其祖而已。代之者主其禮。卒哭成事之後爲吉祭。「不舉肺」以下，以其無尸，及所降也，其他如成人。舉肺，肵俎，利成，禮之施於尸者。陰厭，是宗子爲殤，祭之於奧之禮。小宗爲殤，其禮亦如之。愚謂宗子爲殤而死，謂大宗子爲殤而死也。喪服「齊衰」章「爲人後者」傳曰：「爲人後者孰後？後大宗也。」小宗無子則絶，不得立後。庶子弗爲後者，殤無爲人父之道，族人來後大宗，與殤之父爲後，而不與殤爲後也。言此者，明殤既不得以族人爲後，故不得以成人之禮祭之也。吉祭，謂祔祭也。凡喪祭，自卒哭以後謂之吉祭。殤無卒哭之祭，其祔祭準成人之喪，則在卒哭之後也。殤有祔與除服二祭：祔祭於祖廟，除服於寢。下節言「祭於宗子之家」，則此唯據祔祭言之也。成人卒哭成事，祔用少牢，殤用特牲，降於成人也。特牲禮尸將食，「佐食舉肺、脊以授尸」，「主人羞肵俎于腊北」。肵者，敬也，主人敬尸之俎。祭殤無尸，故不舉肺，無肵俎。祭設玄酒，重古之義，祭殤禮降，故無玄酒。又特牲禮無算爵之後，「主人出，户外西面，祝東面告利成。」言孝子之利養成畢也。今亦以無尸故，不告利成也。案士虞禮無尸祝，祝卒不綏祭，無泰羹湆、胾從獻。祭殤無尸，其禮亦當如之。不言「無泰羹湆、胾從獻」，蓋文畧耳。鄭氏謂「他如成人」，亦爲未審也。曰「陰厭」者，以其祭之於奧，其處幽陰也。不言其祭之所者，祭於奧乃禮之常，不言可知也。此節本主爲大宗子而言，而小宗子爲殤而死，其祭之之禮亦如此。又庶子成人無後，其祭與凡殤同。若小宗子成人無後，不得以族人爲後，則亦當以殤禮祭之，而與宗子之殤同也。大宗子之殤，族人來後者爲之祔；小宗子之殤與無後者，主其祖之祭者爲之祔。蓋小宗雖不立後，而廟祭不可無主，如高祖之適死而無後，則其庶昆弟之長者主高祖之祭矣。推而下之，莫不皆然。既主廟祭，則收族之責移而屬之殤，祔於祖，則主是祖之祭者皆爲之祔也。其除服之祭，則親者主之，殤與無後者皆然。○孔氏曰：熊氏云：「殤與無後者，唯祔與除服二祭則止。此言吉祭者，唯據祔與除服也。」庾氏云：「吉祭通四時常祭。」若如庾説，殤與無後者之祭不知何時休止？愚謂熊氏之説甚確。小記云：「殤與無後者，從祖祔食。」蓋殤與無後者既祔於祖，自後祭祖之時，則欲其神依祖而食，故曰「從祖祔食」，實別無殤與無後者之祭也。鄭氏解吉祭爲卒哭以後之祭，是已。而又以用特牲爲從成人，是又以四時常祭言之，則誤也。殤雖有祔與除服二祭，而此所言「吉祭」，則唯據祔祭。孔氏謂「兼據祔與除服」者，亦非是。又案殤與無後者，喪禮不備，則無卒哭之祭，而虞以安神，則其祭不可闕。而孔子唯以吉祭爲言者，蓋虞與除服皆祭於寢，宗子凡殤，其處不異，而祔於祖廟，則祭之異所。故陰厭、陽厭之名，唯祔祭有之，而虞與除服則但有陰厭而無陽厭也。

凡殤與無後者，祭於宗子之家，當室之白，尊于東房，是謂陽厭。」

鄭氏曰：凡殤，謂庶子之適也；或昆弟之子，或從父昆弟。無後者如有昆弟及諸父，此則今死者皆宗子大功以內親，共祖、禰者。言「祭於宗子之家」者，爲有異居之道也。無廟者，爲墠祭之，親者共其牲物，宗子皆主其禮。當室之白，尊于東房，異於宗子之爲殤。當室之白，謂西北隅得戶明者也。明者曰陽。凡祖廟在小宗之家，小宗祭之亦然。宗子之適，亦爲凡殤。過此以往，則不祭也。孔氏曰：凡殤，謂非宗子之殤。無後者，謂庶子無子孫爲後。凡殤有二：一是昆弟之子，祭之當於宗子父廟；二是從父昆弟，祭之當於宗子祖廟。無後者亦有二：一是昆弟無後，祭之當於宗子祖廟；二是諸父無後，祭之當於宗子曾祖之廟。　愚謂凡殤自宗子以外，凡適庶之殤皆是也。無後，謂成人而無後者也。註疏謂庶殤不祭，以凡殤專爲適子之殤，非也。殤唯祔與除服二祭。雜記云：「男子祔於王父則配，女子祔於王母則不配。」女子未嫁，亦未成人者也，而祔，何以庶子之未成人者不祔乎？雜記云：「有父母之喪，尚功衰，而祔兄弟之殤，則練冠祔。」可知兄弟之殤不限適、庶皆祔矣。然則凡殤之內，兼有宗子之親昆弟，而不止於註疏之所言者矣。祭於宗子之家者，祔必於祖，故於宗子之家就祖廟而祔之。諸父無後者，祭於曾祖之廟，若曾祖無廟，則於祖廟祭曾祖而祔之。註謂「爲墠祭之」，亦非也。室之白，謂室之西北隅，所謂屋漏也。祭凡殤，當室之白，設席南面。蓋堂上之位，牖間南向者最尊，西階上東面者次之；室中之位，西南隅東面者最尊，西北隅南面者次之。故士昏禮：「奠菜，席舅于廟奧，東面；席姑于北方，南面。」凡殤與庶子無後者，皆降於宗子，故祭之不於奧，而於室之白也。士虞禮：「尊于室中北墉下。」祔祭之設尊，蓋與此同。祭凡殤在西北隅，故設尊辟之而在東房也。曰「陽厭」者，以屋漏乃日光漏入之所，其處顯明也。無後者之祭亦無尸者，蓋既無後，則不得下敘昭穆，而使孫行者爲之尸矣。祭凡殤與無後者，其異於宗子者，唯其祭之之所，則其所用之牲，祭之之禮，皆與宗子之殤同也。

曾子問曰：「葬引至于堩，日有食之，則有變乎，且不乎？」孔子曰：「昔者吾從老聃助葬於巷黨，及堩，日有食之，老聃曰：『丘！止柩就道右，止哭以聽變。』既明反，而后行，曰：『禮也。』反葬而丘問之曰：『夫柩不可以反者也。日有食之，不知其已之遲數，則豈如行哉？』老聃曰：『諸侯朝天子，見日而行，逮日而舍奠。大夫使，見日而行，逮日而舍。夫柩不蚤出，不莫宿。見星而行者，唯罪人與奔父母之喪者乎！日有食之，安知其不見星也？且君子行禮，不以人之親痁患。』吾聞諸老聃云。」釋文：堩，古鄧反。且，如字，徐子餘反。從，才用反，又如字。既明反，絕句。數音速，出註。朝，直遙反。使，色吏反，下「君使」「所使」同。莫音暮。痁，始占反。○今按：「且不」之不，否通。

堩，道也。有變，謂有異禮也。巷黨，黨名。葬於北方，柩嚮北行，縱塗以西爲右，道右，道西也。道路，男子由右，婦人由左，車從中央，柩行專道。今止就道右，以避婦人之所行也。止哭者，爲天災變也。聽變，謂待日食之變也。明反，謂明復也。已，止也。數讀爲速。舍奠，至館舍而奠行主也。柩不蚤出莫宿者，懼其近姦寇也。罪人見星而行者，以夜葬也。周禮司烜氏「邦若屋誅，則爲明竁焉」，賈疏云：「司烜氏主明火，掌夜事。」掌爲明竁，則罪人夜葬可知。荀子禮論篇云：「刑餘罪人之喪，不得晝行，以昏殣。」奔喪禮曰：「父母之喪，見星而行，見星而舍。」痁，病也。不以人之親痁患，謂不使其見星而行，而病於姦寇之患也。

曾子問曰：「爲君使而卒於舍，禮曰：『公館復，私館不復。』凡所使之國，有司所授舍，則公館已。何謂私館不復也？」孔子曰：「善乎問之也！自卿大夫之家曰私館，公館與公所爲曰公館。公館復，此之謂也。」釋文：爲君，于僞反，又如字。

鄭氏曰：復，始死招魂也。公館，若今縣官舍也。公所爲，君所命使舍己者。孔氏曰：私館者，謂非君命所使，私相停舍，謂之私館。公館，謂公家所造之館。與，及也。公所爲者，君所命停客之處，卽是卿大夫之家，但有君命，故謂之公館也。方氏慤曰：公館之禮隆，故復；私館之禮殺，故不復。

曾子問曰：「下殤土周葬于園，遂輿機而往，塗邇故也。今墓遠，則其葬也如之何？」孔子曰：「吾聞諸老聃曰：『昔者史佚有子而死，下殤也，墓遠。召公謂之曰：「何以不棺斂於宮中？」史佚曰：「吾敢乎哉！」召公言於周公。周公曰：「豈不可？」史佚行之。』下殤用棺衣棺，自史佚始也。」釋文：召，本又作「邵」，同上照反。周公曰豈，絕句。○鄭註：輿機，或作「餘機」。○按：輿，舊如字，今音舁。棺斂，舊古患反，今如字。「豈不可」爲一句。舊「豈」字絕句，非。用棺，如字。衣棺，並去聲。

鄭氏曰：土周，堲周也。周人以夏后氏之堲周葬下殤，葬於園[一]，以其去成人遠，不就墓也。機，輿尸之牀也。以繩絙其中央，又以繩從兩旁鉤之。孔氏曰：機以木爲之，狀如牀，無脚及輄簀，先用一繩直於中央，繫著兩頭之橛。又別取一繩，繫一邊材，橫鉤中央直繩，往還取匝，以尸置於繩上。愚謂輿，舁也。周人以有虞氏之瓦棺葬無服之殤，以夏后氏之堲周葬中殤、下殤。蓋中、下之殤，皆先斂於瓦棺，下棺於堲周中以葬。但中殤葬於墓，棺於家，而車載以往；下殤葬於園，則輿尸就園，斂於

[一]「葬於園」，禮記注疏作「於園中」。

棺而遂葬焉，以其塗邇故也。後世下殤葬於墓，而塗遠，則與尸不便，故曾子問之。棺斂於宮中，用瓦棺斂之於家也。豈不可，言是豈不可乎？權乎禮之宜而許之也。衣棺，謂用衣衣之，又用棺斂之也。前此下殤在家衣之而已，其棺之則在園；至此，在家衣之，遂置於棺而棺斂之，故曰「用棺衣棺」。自史佚始，此禮之所由變也。○孔疏謂「轝機往園，臨斂時，當塱周之上，先縮除直繩，則兩邊之繩悉解，而尸從機中央落入塱周中」。如其説，則下殤竟以尸葬而無棺，反不如無服之殤矣。疑「尸」字乃「棺」字之誤。蓋既斂於棺，置棺於機上，而除繩以下之也。

曾子問曰：「卿大夫將爲尸於公，受宿矣，而有齊衰內喪，則如之何？」孔子曰：「出舍於公館以待事，禮也。」孔子曰：「尸弁冕而出，卿、大夫、士皆下之，尸必式，必有前驅。」

宿，謂祭前宿尸也。鄭氏特牲禮註云：「宿當爲肅，進也。」進之者，使知祭日當來。人君祭前三日卜尸，既卜吉，乃宿之，既受宿，則祭日已迫，不可復改卜，故雖有齊衰內喪，而不可已也。齊衰內喪，同門齊衰之喪也。出宿於公館以待事，吉凶不可同處也。尸服卒者之上服，君之祖父或爲士，則尸服爵弁；爲大夫、諸侯，則尸服冕。下之，敬尸也。尸必式，答之也。人君出，則有前驅辟道，左傳「公子歜犬、華仲前驅」，是也。尸尊，與君同故必有前驅。餘説見曲禮。孔氏曰：「尸弁冕而出」以下，此孔子因曾子問爲尸之事，遂廣説事尸之法。士服爵弁助祭，大夫著冕。特牲尸服玄端，少牢尸服朝服。尸皆服在家自祭之服，不服爵弁及冕者，大夫士卑，屈於人君，故尸服在家自祭之服；人君禮伸，故尸服助祭之上服。

子夏問曰：「三年之喪卒哭，金革之事無辟也者，禮與？初有司與？」孔子曰：「夏后氏三年之喪，既殯而致事，殷人既葬而致事。記曰：『君子不奪人之親，亦不可奪親也。』此之謂乎！」釋文：辟音避。與音餘，下皆同。

鄭氏曰：初有司，疑有司初使之然。致事，謂還其職位於君。周卒哭而致事。不奪人親，亦不可奪親，二者，恕也，孝也。孔氏曰：皇氏云：「夏后氏尚質，孝子喪親恍惚，君事不敢久留，故既殯致事。殷人漸文，思親彌深，故既葬致事。周人極文，悲哀至甚，故卒哭致事。」知周人卒哭致事者，以喪之大事有三：殯也，葬也，卒哭也。夏既殯，殷既葬，後世漸遠，故知周卒哭也。人臣有親之喪，人君許其致事，是不奪人喪親之心，此謂恕也，以己情恕彼也。遭喪致事，不奪情以求利祿，此謂孝也。言孝子居喪，不可不致事，人君亦不可不許。舊記有此文，孔子引之。

子夏曰：「金革之事無辟也者，非與？」孔子曰：「吾聞諸老聃曰：『昔者魯公伯禽有爲爲之也。今以三年之喪從其利者，吾弗知也。』」釋文：有爲，于僞反。

鄭氏曰：伯禽，周公子，封於魯。有徐戎作難，喪卒哭而征之，急王事也。征之作費誓。以三年之喪從其利者，時多攻取之兵，言非禮也。孔氏曰：伯禽卒哭而從金革，時有徐戎作亂，東郊不開，故征之。時周公尚在，伯禽卒哭，爲母喪也。從其利，貪從於利，攻取於人也。○應氏鏞曰：曾子以篤慤醇至之資，而爲潛心守約之學。其於身也，反觀內省，而益加以傳習講貫之功；其於禮也，躬行實踐，而又不廢乎旁搜博考之力。知天下之義理無盡，而事物亦日新而無窮，有非意料所可及者，或講明不素而猝然遇之，則應之難以中其肯綮，故歷舉喪祭吉凶雜出不齊之事，而問於聖人。夫子隨事剖析而決其疑，遂使千百載下，遇變事而知其權者，亦如處經事而不失其宜焉。此皆其問答講明之功也。其後真積力久，夫子語以「一貫」，隨聲響答，畧無留難，其見益高矣。

禮記卷二十

文王世子第八別錄屬世子法。

此篇合衆篇而成，首言文王、武王爲世子及周公教成王之事，次言大學教士之法，次言三王教世子之法，次言庶子正公族之法，次言養老之事，末引世子之記以終之。蓋其初本各爲一篇之書，各有篇名，而記者集合之者也。記者之意，本主於教世子，故以文王世子居首，而因總爲六篇之大名焉。其第二篇、第四篇、第五篇，若無與於世子之事，然國學之教王大子、王子皆造，亦莫非所以教世子也。而人君親睦九族，尊事耆老，必自其孝於親者推之，則其本亦皆由於爲世子之能盡其道，故廣言之，而以世子之記終焉。此記者採輯之意也。

文王之爲世子，朝於王季日三。鷄初鳴而衣服，至於寢門外，問内豎之御者曰：「今日安否何如？」内豎曰：「安。」文王乃喜。及日中又至，亦如之；及莫又至，亦如之。其有不安節，則内豎以告文王。文王色憂，行不能正履，王季復膳，然後亦復初。食上，必在視寒煖之節；食下，問所膳。命膳宰曰：「末有原！」應曰：「諾。」然後退。釋文：朝，直遥反。三，如字，又息暫反。衣，徐於既反，又如字。莫音暮。上，時掌反。

鄭氏曰：內豎，小臣之屬，掌外內之通命者。御，如今小史直日矣。節，謂居處故事。復膳，飲食安也。復初，憂解也。在，察也。問所膳，問所食者。末猶勿也。原，再也。勿有所再進，爲其失飪，臭味惡也。退，反其寢。方氏慤曰：寒煖之節，若食齊視春時，飲齊視冬時。問所膳，欲知親之所好也。徐氏師曾曰：「復初」以上，問安之禮；「食上」以下，視膳之禮。愚謂聖人之於人倫，無所不用其極，而盡其愛敬以事其親，乃其爲子之止於孝也。故此篇言教世子，而先以此開其端，蓋以聖人之盡倫盡性者立之極也。

武王帥而行之，不敢有加焉。文王有疾，武王不說冠帶而養，文王一飯亦一飯，文王再飯亦再飯。旬有二日乃間。釋文：稅，本亦作「脫」，又作「說」，同音他活反。養，羊尚反。壹，本亦作「一」。飯，扶晚反。○間，去聲。

鄭氏曰：帥，循也。不說冠帶而養，言常在側。一飯再飯，欲知氣力箴藥所勝。間猶瘳也。孔氏曰：病損則不恒在身，其間有空隙，故云「間猶瘳也」。愚謂不敢有加者，文王事親之止於孝，不可以有所加也。文王一飯亦一飯，再飯亦再飯者，親食乃能食，親飽乃能飽也。

文王謂武王曰：「女何夢矣？」武王對曰：「夢帝與我九齡。」文王曰：「女以爲何也？」武王曰：「西方有九國焉，君王其終撫諸。」文王曰：「非也。古者謂年齡，齒亦齡也。我百，爾九十。吾與爾三焉。」文王九十七乃終，武王九十三而終。釋文：聆音零，本或作「齡」。

陳氏澔曰：數之修短，稟氣於有生之初，文王雖愛其子，豈能減己之年而益之耶？好事者爲之辭而不究其理，讀記者信其說而莫之敢議也。　愚謂年壽之數，父不能以與子，且既云「帝與我九齡」，而又云「吾與爾三」，上下不相應，何也？武王有疾，周公禱於三王，求以身代。若武王之年已定於此夢，則未至於九十三，周公固可以決其必瘳，何必皇皇焉爲之禱乎？鄭氏謂「吾與爾三者，示傳業於武王。」孔疏云：「年壽之數，賦命自然，不可延之寸陰，不可減之晷刻。文王云『吾與爾三』者，示其傳基業於武王，欲使武王承其所志。」蓋亦疑記言之不可信而曲解之。然果爾，則何不可明言而爲此廋詞隱語耶？且其曰「九」曰「三」者，又何所指耶？○大戴禮謂「文王十五而生武王」。如其言，則文王九十七而崩，時武王年八十三，又十三年而伐紂，又六年而崩，則武王崩時年百有二歲，與此記言「九十三」者不合。先儒因謂泰誓「十三年大會孟津」者，乃并文王受命稱王之年而數之。而鄭氏與尚書孔傳之說又自不同：謂文王受命九年而崩者，孔傳也；謂文王受命七年而崩者，鄭氏也。至仁山金氏，則據竹書紀年，謂武王崩時年五十四。「受命稱王」之說，歐陽氏已辨其妄，而大戴禮、竹書紀年亦皆難以徵信。要之，此等處不可盡考，姑闕之可也。

成王幼，不能涖阼。周公相，踐阼而治。抗世子法於伯禽，欲令成王之知父子、君臣、長幼之道也。成王有過，則撻伯禽，所以示成王世子之道也。釋文：相，息亮反。治，徐直吏反，一音如字。長，丁丈反，後皆同。○令，力呈反。

鄭氏曰：涖，視也。成王不能視阼階，行人君之事。周公代王履阼階，攝王位，治天下也。抗，舉也。舉世子之法於伯禽，使與成王居而學之。以成王之過擊伯禽，則足以感喻焉。　愚謂世子法，文王爲世子之法也。舉此法於伯禽，使帥而行之，欲成王觀伯禽之所行，而求文王之所以盡倫盡性者，則於君臣、父子、長幼之道無不明矣。成王有過，則撻伯禽，爲其所以法文王者未至，而無以使成王觀感也。然則其所以警悟成王者切矣。○吳氏棫曰：書所謂「位冢宰，正百工」，與詩所謂「攝政」，皆在成王諒闇之年，非以幼冲而攝。而其攝也，不過位冢宰而已，非如荀卿所謂「攝天子位」之事也。三年之喪，二十五月而畢，方其畢時，周公固未嘗攝位，亦非有七年而後還政之事也。百官總己以聽冢宰，未知其所從始，如殷之高宗已然，不特周公行之。此皆論周公者所當先知也。吳氏澄曰：按此篇周公教成王，可謂曲盡。但稽之事實，武王崩，成王幼，管、蔡流言，殷人謀叛，其時周公即出居東，伯禽亦就封而征徐戎。其後周公三年而歸，即相成王東征，安得有伯禽同學之事？或武王在時，周公使伯禽與成王同學，令觀伯禽所學而效之，記者誤傳爲武王崩後事乎？愚謂天子居喪，而冢宰攝政，其禮所從來遠矣。然人君能行之者少，故喪服四制言「高宗諒闇」，「殷衰而復興，禮廢而復起」。意高宗以後亦未有能行之者。至武王之喪，周公復使成王行是禮，而已攝其政焉。而禮典曠廢已久，管、蔡輩創見而生疑，遂至挾武庚以叛。而後世傳聞，亦不復究其本末，因以爲成王幼，不能踐阼，而周公代之踐阼，而不知其爲古者天子居喪之常禮也。至伯禽就封，周公居東，雖其年月先後不可詳考，要皆在成王初年，實無抗世子法之時。仁山金氏云：「武王崩，成王幼，周公踐阼，抗世子法於伯禽，以教成王。至明年，王冠且長，使伯禽就封於魯。」如其説，則抗世子法在武王喪期年之內也。廬、堊室之中，不與人處焉。成王斬焉衰絰，乃使之與伯禽處，而抗世子法以示之，舍居喪哀痛迫切之至情，而觀事生、問安、視膳之儀節，舍本而逐末，舍其當務而圖其不切，必無是理也。竊疑吳氏之說得之，蓋成王爲世子，周公爲大傅，使伯禽與之同學，而抗世子法以示之，欲成王以文王所以事王季者事武王也。若成王已爲天子而乃示之，以爲世子之法，則所以教之者亦迂而不切矣。○自篇首至此爲一篇，名文王世子，記文王、武王爲世子及周公教成王之事。

文王之爲世子也。

鄭氏曰：題上事。　愚謂此書篇之名也。此篇合六篇爲一篇，自第一篇至第三篇，其篇名題於篇末，第六篇則引於篇首，惟第四篇第五篇不可考耳。

凡學世子及學士，必時：春夏學干戈，秋冬學羽籥，皆於東序。 釋文：凡學，户教反。下「小樂正學干」「籥師學戈」「學舞干戚」同

學，教也。學士，冑子及鄉所升之俊士也。必時，必因其四時所宜，若下文所言也。干戈，武舞；羽籥，文舞也。武舞發揚，陽之屬也，故用春夏動作之時教之。文舞安靜，陰之屬也，故用秋冬安靜之時教之。東序，夏后氏之學也。○孔氏曰：大舞以干配戚，明堂位「朱干、玉戚，冕而舞大武」；小舞以干配戈，周禮樂師教干舞是也。　愚謂此所教皆文武之小舞也；下文「大樂正學舞干、戚」，則大舞也。武舞之小舞，文王之象箾也；文舞之小舞，文王之南籥也。文王大勳未集，故其樂聲容未備，文武之舞猶皆爲小舞。至武王作大武，爲武舞之大；若文舞則武王未及作，而因夏之大夏修而用之，以

配大武。故明堂位、祭統皆以大武、大夏對言，仲尼燕居亦言「象、武、夏、籥序興」〔一〕。若禘、祫大祭，則取大韶以配大武，故大司樂言「舞大武以享先祖」，又言「九磬之舞，於宗廟之中奏之」也。內則「十三舞勺，成童舞象，二十舞大夏」，熊氏謂勺即籥也。國子之未二十者，學象、勺之小舞，則小樂正之等教之，周禮樂師「掌教國子小舞」，是也。至二十學大舞，則大樂正教之，大司樂「教國子舞雲門、大卷、大咸、大磬、大夏、大濩、大武」，是也。

小樂正學干，大胥贊之；籥師學戈，籥師丞贊之。胥鼓南。釋文：大，如字，又音泰。胥，息余反，又息呂反。

鄭氏曰：小樂正，樂師也。四人皆樂官之屬。通職，秋冬亦學以羽籥。周禮樂師「掌國學之政，教國子小舞」；大胥「掌學士之版，以待致諸子，春入學，舍菜，合舞，秋頒學，合聲」；籥師「掌教國子舞羽、吹籥」。孔氏曰：周禮籥師「掌教國子舞羽、歙籥」，是籥師既教戈，又教籥，此小樂正教干，周禮樂師教小舞，六舞皆教，故知通職至秋冬之時亦教羽、籥也。此有大樂正、小樂正，周禮有大司樂，有樂師，周禮惟有籥師，此有籥師丞。或諸侯之禮，或異代之法。愚謂「小樂正」四句，申上「學干戈」之事也。「胥鼓南」，申上「學羽、籥」之事也。南，即羽、籥之舞也。文王之文舞名南籥，蓋歌二南之詩以奏之。大胥於國子舞羽、籥之時，則擊鼓以爲之節。上言「小樂正學干」，「籥師學戈」，則知學羽、籥者亦小樂正、籥師也。下言「胥鼓南」，則知學干戈而大胥、籥師丞贊之者亦鼓也。皆互見以相備

〔一〕「象」字原本脫，據禮記仲尼燕居補。

也。○周禮樂師「掌教國子小舞，凡舞，有帗舞，有羽舞，有皇舞，有旄舞，有干舞，有人舞」，不言「戈」「籥」者，蓋舞以干、戈，羽、籥相配，干舞兼戈，羽舞兼籥也。干舞，亦謂之兵舞，以干戈皆兵也。舞師「兵舞，舞山川之祭祀」，是也。此不言「帗舞」「皇舞」之屬者，蓋周禮因樂師教舞，遂廣言舞之所用，其實皇舞用於旱暵，則司巫帥羣巫之所舞，旄舞則四夷舞者之所舞，非盡所以教國子者也。

春誦夏弦，大師詔之；瞽宗秋學禮，執禮者詔之；冬讀書，典書者詔之。禮在瞽宗，書在上庠。釋文：大音泰。下「大樂正」「大傅」「大寢」皆同。

誦，謂誦詩也。弦，以絲播其詩也。周禮大師教六詩，「以六德爲之本，以六律爲之音」。執，持也。典，主也。周禮大司樂之屬，無教書、禮之事，執禮、典書，蓋以他官之習於書、禮者充之，使之入教於國學也。瞽宗，殷學也。瞽，大師也。宗，尊也。殷學以祀先賢，而三時釋奠，大師首行其禮，故曰「瞽宗」。上庠，有虞氏之學也。鄭氏曰：陽用事則學之以聲，陰用事則學之以事，因時順氣，於功易成也。周立三代之學，學書於有虞氏之學，典、謨之教所興也。學舞於夏后氏之學，文武中也。學禮、樂於殷之學，治定功成，與己同也。○劉氏敞曰：周立四代之學，謂一處並建四學：辟廱居中，其北爲有虞氏之學，其東爲夏后氏之學，其西爲殷人之學。學干戈羽籥者就東序，學禮者就瞽宗，學書者就虞庠，其辟廱，惟天子出師、成謀、受俘、大射就焉。當天子至辟廱，則三學之人環水而觀矣。愚謂學之名，散見於經記，先儒之説不同，惟劉氏最有條理。周立四代之學：辟廱、上庠、東序、瞽宗，皆大學也。辟廱一名成均。詩言「鎬京辟廱」，而大司樂言「掌成均之法，以治建國之學政」，知辟廱、成均並爲周代之大學，異名而同實也。東序一名東膠。王制言「養國老於東膠」，文王世子言「養老於東序」，知東序、東膠一也。瞽宗一名西學。大司樂「死則以爲樂祖，祭于瞽宗」，祭義「祀先賢於西學」，知瞽宗、西學一也。東序、瞽宗、上庠爲教學之所，而辟廱則天子之所視學而行禮。魯頌言「在泮獻馘」，「在泮獻囚」。魯四學，而頖宮當天子之辟廱，則天子之受成獻俘在辟廱矣。穀梁傳言「習射於澤宮」。詩言「振鷺于飛，于彼西廱」，毛傳云：「廱，澤也。」是澤宮卽辟廱，則天子大射在辟廱矣。周鄉之學名庠，孟子曰「周曰庠」，鄉飲酒義「主人拜迎賓於庠門之外」，是也。州、黨之學皆名序，州長「春秋以禮會民而射于州序」，黨正「國索鬼神而祭祀，則以禮屬民而飲酒于序」，是也。家塾所升者，教於黨之序；黨所升者，教於州之序；州所升者，教於鄉之庠。鄉大夫之賓賢能，皆取諸鄉學，其尤俊異者乃升於大學而教之。

凡祭與養老乞言、合語之禮，皆小樂正詔之於東序。釋文：合，如字，徐音閤。下「大合樂」放此。

乞言，求善言可行者也。合語，謂於旅酬之時，而論説義理，以合於升歌之義。第五篇云「登歌清廟，既歌而語」，「言父子、君臣、長幼之道，合德音之致」，是也。鄉射記曰：「古者於旅也語」。國語申叔時曰：「教之語，使明其德，而知先王之務用明德於民也。」禮，謂進退之威儀也。祭祀之禮，及養老時乞言、合語之禮，皆小樂正於東序之中教之也。

大樂正學舞干、戚。語説，命乞言，皆大樂正授數，大司成論説在東序。釋文：説，如字，徐始鋭反。論，力門反，徐力頓反。

干、戚，大武之舞也。大樂正兼教六舞，而獨言「干、戚」者，舉當代之舞以該其餘也。語說，合語之說也。命乞言者，養老乞言，惟君所命者爲之也。數，謂其所習之篇數也。語說、乞言二者，小樂正詔其禮，大樂正又授以篇數而使習之。周禮大司樂「以樂語教國子興、道、諷、誦、言、語」，是也。大司成，有道德而教於國學者也。蓋大司樂掌國學之政，至於教國子，則惟詩、樂乃樂官之所掌，執禮、典書則以他官之習於書、禮者充之，又以公卿之有道德者入而總主其教，謂之大司成，言其主成國子之業。大司樂所謂「有道者、有德者，使教焉，死則以爲樂祖，祭于瞽宗」，是也。大司成無定人，無專職，必其位望尊重而道德充盛者乃得爲之。詔其禮，授其數者，所以習其事也。論說者，所以明其義也，習其事者易，明其義者難，此所以必屬之大司成也。

凡侍坐於大司成者，遠近間三席，可以問，終則負牆，列事未盡不問。釋文：間，如字，猶容也，徐古辨反。

孔氏曰：席制廣三尺三寸三分寸之一，三席則函一丈，可以指畫而問也。問終則退就後席，負牆而坐，辟後來問者。若問事之時，尊者序列其事，未得終盡，則不可錯亂尊者之言，輒有咨問爲不敬也。

凡學，春官釋奠於其先師，秋冬亦如之。

鄭氏曰：官，謂詩、書、禮、樂之官。周禮曰：「凡有道者、有德者，使教焉，死則以爲樂祖，祭於瞽宗。」此之謂先師之類也。若漢，禮有高堂生，樂有制氏，詩有毛公，書有伏生，億可以爲之也。不言「夏」，從春可知也。釋奠者，設薦饌奠之，不迎尸也。愚謂三時釋奠，各以主其時之教者行禮，如春則大師，秋則執禮者，冬則典書者也。曰「於其先師」者，弦誦也，禮也，書也，其先師不同也。學以詩、書、禮、樂爲教，而以古之賢臣明於其業者爲先師。若禮有伯夷，樂有后夔，祭義所謂「祀先賢於西學」，是也。此先代之先師也。其有道德而爲學之大司成者，死則亦祭之，以爲先師，大司樂所謂「樂祖」是也。此當代之先師也。下文「始立學，釋奠」，但爲先代之先師；此三時釋奠，兼有當代之先師也。夏不釋奠者，弦誦相成，無二師也。○陳氏祥道曰：釋奠有牲、幣，有合樂，有獻酬。曾子問「凡告用牲、幣」，此有牲、幣之證也。「釋奠必有合」，此有合樂之證也。聘禮「一人舉爵，從者行酬」，此有獻酬之證也。然山川廟社有牲、幣，學非始立，不必有幣也。學之釋奠有合樂，山川廟社不必合樂也。聘禮釋奠三獻，天子諸侯於山川廟社，不止三獻也。此又其異者也。

凡始立學者，必釋奠於先聖、先師，及行事，必以幣。

鄭氏曰：謂天子命之教，始立學官者也[一]。先聖，周公若孔子。愚謂作者之謂聖，述者之謂明。制作禮樂以教後世者，先聖也，若堯、舜、禹、湯、文、武、周公是也。承先聖之所作以教於大學者，先師也，若伯夷、后夔是也。立學禮重，故祭及先聖；四時常奠禮輕，故惟祭先師。

凡釋奠者，必有合也。有國故則否。

劉氏敞曰：合，謂合樂也。有國故者，謂凶、札、師旅也。陳氏祥道曰：必有合，合舞與聲。有故則否，與國有大故去樂意同。愚謂凡釋奠，總上三時之釋奠及始立學釋奠而言。○鄭氏曰：國無先

〔一〕「官」字原本脱，據禮記注疏補。

聖、先師，則釋奠者當與鄰國合。有國故，若唐、虞有夔、伯夷，周有周公，魯有孔子，則各自奠之，不合也。朱子曰：以下文考之，「有合」當爲「合樂」。從陳說。愚謂鄭氏之說，穿鑿無據。先聖、先師非一國之所得專，天子與列國雖各有學，而所祀之先聖、先師則同，豈有各自奠之者乎？

凡大合樂，必遂養老。

鄭氏曰：大合樂，謂春入學釋菜，合舞，秋頒學，合聲。愚謂三時釋奠皆合樂，而春合舞，秋合聲，則謂之大合樂，以其用樂爲特盛也。必遂養老者，樂不可以無事而空作，故因行養老之禮而合樂。○釋奠禮重，釋菜禮輕。三時釋奠合樂，春合舞、釋菜乃大合樂者，蓋釋奠合樂，合樂因釋奠而舉者也；釋菜合舞，釋菜因合舞而舉者也。

凡語于郊者，必取賢斂才焉：或以德進，或以事舉，或以言揚。曲藝皆誓之，以待又語。三而一有焉，乃進其等，以其序，謂之郊人，遠之於成均，以及取爵於上尊也。釋文：遠，于萬反。

郊，謂六鄉之學在四郊者，王制所謂「虞庠」是也。語，考論也。語於郊，謂鄉大夫詢衆庶，賓賢能也。人材各有所長，隨其所能而用之。事舉者非必無德，而事爲優；言揚者非必不任事，而言爲長。若孔門之德行、政事、言語之各爲一科也。曲藝，祝、史、醫、卜、射、御之屬。誓，戒飭也。以待又語者，曲藝賤，不得與賢能之士同日而語，故戒飭之，以待後日再考論之也。三而一有焉，乃進其等者，謂曲藝之士陳三事而有一事之善，則異之於其等類之中，不求備也。以其序者，謂於其等輩之中自爲次第，以待補用也。謂之郊人，言不得與賢能之士同稱俊選也。遠之於成均，以及取爵於上尊者，賢能之士得升於成均而爲俊士，於鄉大夫賓賢能之時得爲鄉飲酒之賓、介，取爵於上尊，以酢主人；郊人既賤，不得升大學，又不得爲鄉飲酒之賓、介，取爵於上尊，以酢主人。言於此二事遠之，使不得與也。

始立學者，既興器用幣，然後釋菜，不舞不授器。乃退，儐于東序，一獻，無介、語可也。

釋文：興，依註爲「釁」，音虛覲反。儐，必刃反，本亦作「擯」。○今按：興如字。

興，舉也，與後「興秩節」之興同。興器用幣，舉釋奠之器而用幣，即前云「釋奠於先聖、先師，及行事必以幣」也。君既親行釋奠之禮，然後學官行釋菜之禮，學記「大學始教，皮弁祭菜」，是也。舞則授器，司干：「舞者既陳，則授舞器。」不舞不授器，釋菜禮輕也。以禮禮賓謂之儐，此釋菜之禮，蓋以大樂正主之，而其爲賓者則大司成與？蓋大司成主國學之教，既釋菜於先師，而繼之以儐大司成，亦禮之宜也。儐賓之禮行一獻，蓋先師但行釋菜禮，儐賓之禮宜與之相稱也。凡飲酒，有介以輔賓，又至旅酬而合語。一獻之禮既輕，故無介、語亦可也。蓋此二事，或有或無，隨人之所行也。釋菜在瞽宗，儐賓在東序，則諸侯亦不惟一學矣。○熊氏安生曰：釋奠有六：始立學，一也；四時有四，五也；王制師還釋奠，六也。釋菜有三：春入學釋菜，合舞，一也；興器釋菜，二也；學記「皮弁祭菜」，三也。秋頒學，合聲，無「釋菜」之文，則不釋菜也。釋幣惟一，此興器用幣是也。愚謂夏不釋奠，則釋奠惟五。學記「大學始教，皮弁祭菜」，即始立學者興器用幣，然後釋菜之事，則釋菜惟二也。此言「興器用幣」，即上所言「釋奠於先聖、先師，及行事必以幣」，非二事也。蓋始立學釋奠，已見上文，此又重述之，以起下釋菜儐賓之事耳。其曰「既」者，乃遥繼前文之辭也。鄭氏讀興爲釁，謂「禮樂之器成，釁之，又用幣告先聖、先師」，以始立學釋奠與興器用幣爲二事，故熊氏亦分釋奠、釋幣爲二，皆誤也。釁器事小，何必告及先聖哉？○自「凡學世子」至此爲一篇，名教世子，明大學教士之法。

教世子。

鄭氏曰：亦題上事。

凡三王教世子，必以禮樂。樂，所以脩内也；禮，所以脩外也。禮樂交錯於中，發形於外，是故其成也懌，恭敬而温文。

樂發於歡欣鼓舞之情，故曰「所以脩内」；禮見於威儀動作之際，故曰「所以脩外」。然發於内者，未嘗不達於外，制於外者，乃所以養其内也。懌者，和順之意。和順矣，而又能恭敬，則和而不流也；恭敬矣，而又能温文，則質而不野也。蓋惟禮樂之功交養互發，故其德性之進於中和而不倚於一偏者如此。真氏德秀曰：禮以起人之敬，敬心生則慢心塞；樂以感人之和，和心生則戾心消。薰陶德性，變化氣質，莫妙於此。至二者薰釀涵暢，相與莫間，故其成也，但見其懌而已，恭敬温文而已。

立大傅、少傅以養之，欲其知父子君臣之道也。大傅審父子君臣之道以示之，少傅奉世子以觀大傅之德行而審喻之。大傅在前，少傅在後，入則有保，出則有師，是以教喻而德成也。師也者，教之以事而喻諸德者也。保也者，慎其身以輔翼之而歸諸道者也。記曰：「虞、夏、商、周有師、保，有疑、丞，設四輔及三公，不必備，唯其人。」語使能也。釋文：少，詩照反。○行，下孟反。

養，謂涵育薰陶以成其德也。大傅、少傅，蓋亦以他官之有道德者充之。國語晉悼公使羊舌肸傅大子，楚莊王使士亹傅大子，是二人皆以他官充是職，蓋古制然也。喻，曉也。審父子君臣之道以示之，以身教也。奉世子以觀大傅之德行而審喻之，以言教也。師、保，即周禮之師氏、保氏也。師氏掌教國子以三德、三行，所謂「教以事而喻諸德」也。保氏掌養國子以道，而教以六藝、六容，所謂「輔翼之而歸諸道」也。「前」「後」「出」「入」互言之，以見師、保、傅之無時或離，是以所見皆正事，所聞皆正言，潛移默導，少成若性，教喻而有以明其理，德成而有以踐其實也。孔氏曰：尚書大傳云：「古者天子必有四鄰：前曰疑，後曰丞，左曰輔，右曰弼。天子有問無以對，責之疑；可志而不志，責之丞；可正而不正，責之輔；可揚而不揚，責之弼。」四輔三公，古記據天子之事，作記者取以成說。「語使能」一句，作記者解前記之言也。○世子入小學則受教於師氏、保氏，入大學則受教於大司成。然師氏、保氏則貴游之子弟皆學焉，大司成則諸侯、公、卿、大夫、元士之適子及俊選皆造焉，皆非專於教世子者也，故又爲之立大傅、少傅，使之專以教世子爲事。師、保與大司成，有小學、大學之分，而大傅、少傅則周旋左右，無朝夕之離，無少長之異者也。

君子曰德，德成而教尊，教尊而官正，官正而國治。君之謂也。釋文：治，直吏反，下「而治」「國治」並同。

此申上「教喻」「德成」之言，所謂「德成」者，謂其能成爲君子也。君子之德既成，則教於國者尊嚴，而人不敢忽，百官由此正，萬民由此治，此世子爲君之謂也。上言「教成」，以世子之教於人言之也。此言「教尊」，以世子爲君而教人言之也。

仲尼曰：「昔者周公攝政，踐阼而治，抗世子法於伯禽，所以善成王也。聞之曰：『爲人臣者，殺其身有益於君則爲之。』況于其身以善其君乎！周公優爲之。」釋文：于，依注作「迂」，音同，又音紆。

劉氏彝曰：以世子法教世子，直道也。今舉世子法於伯禽以教成王，則迂曲矣。蓋人臣殺身爲國，猶尚爲之，況不過迂曲其身之所行以成其君之德乎！宜乎周公優爲之。

是故知爲人子，然後可以爲人父；知爲人臣，然後可以爲人君；知事人，然後能使人。成王幼，不能涖阼，以爲世子則無爲也。是故抗世子法於伯禽，使之與成王居，欲令成王之知父子、君臣、長幼之義也。

孔氏曰：凡教世子之法，必須對父，成王既無父，則無爲世子之處，故抗世子法於伯禽，使成王與之居而學之也。

君之於世子也，親則父也，尊則君也。有父之親，有君之尊，然後兼天下而有之。是故養世子不可不慎也。

周公之於成王，迂其身以成其德，況君之於世子，兼尊親之分，可不思所以教之乎？世子教喻德成，則能爲人子而有父之親，能爲人臣而有君之尊，然後兼天下而有之，而能爲人父，爲人君。不然，狥姑息之愛，昧義方之訓，今日爲臣子而教不成，必異日爲君父而教不尊，欲官正而國治，其可得乎？

行一物而三善皆得者，唯世子而已，其齒於學之謂也。故世子齒於學，國人觀之，曰：「將君我而與我齒讓，何也？」曰：「有父在，則禮然。」然而衆知父子之道矣。其二曰：「將君我而與我齒讓，何也？」曰：「有君在，則禮然。」然而衆著於君臣之義也。其三曰：「將君我而與我齒讓，何也？」曰：「長長也。」然而衆知長幼之節矣。故父在斯爲子，君在斯謂之臣，居子與臣之節，所以尊君親親也。故學之爲父子焉，學之爲君臣焉，學之爲長幼焉，父子、君臣、長幼之道得而國治。語曰：「樂正司業，父師司成，一有元良，萬國以貞。」世子之謂也。釋文：學之，並音效。

物，事也。齒於學，謂入學，而與同學之人以年齒爲序也。父子、君臣、長幼，人之大倫也，學之所以教世子者，其事非一，然其本則在於教此三者而已。三者之道得，則本其有諸己者教諸人，而國無不治矣。語，古語也。司，主也。父師，卽大司成也。樂正掌國學之政，故世子之學業，樂正之所主；大司成總國學之教，故世子學業之成，大司成之所主也。一，謂一人。元，大。良，善也。貞，正也。世子一人有大善之德，則萬國以之而正也。上文言「出則有師」，「入則有保」，世子入小學之事也。此引古語，言「樂正司業，父師司成」，世子入大學之事也。○自「凡三王教世子」至此爲一篇，名周公踐阼，明三王教世子之法。

周公踐阼。

鄭氏曰：亦題上事。　愚謂此篇名周公踐阼，必篇首有此語，而記者删去之也。

庶子之正於公族者，教之以孝弟、睦友、子愛，明父子之義，長幼之序。釋文：弟，大計反，又作「悌」。下「孝弟」皆同。○按：子當音慈。

鄭氏曰：正者，政也。庶子，司馬之屬，掌國子之倅，爲政於公族者。孔氏曰：周禮「諸子，下大夫二人」，諸侯謂之庶子。愚謂周禮有「諸子」，而禮記燕義引諸子職作「庶子」，則庶子卽諸子，非侯國之異名也。子當作「慈」，與樂記「子諒」之子同。教之以孝、慈、愛，以明父子之義；教之以弟、睦、友，以明長幼之序。此節爲一篇之綱，下文所列，皆其目也。

其朝于公，內朝則東面北上，臣有貴者以齒。庶子治之，雖有三命，不踰父兄。釋文：朝，直遙反，下同。○「庶子治之」十二字，舊在「則以上嗣」下，孔氏云：「應承『臣有貴者以齒』之下。」今從之。

鄭氏曰：內朝，路寢庭。治之，治公族之禮也。唯於內朝則然，其餘聚會之事，則與庶姓同。一命齒於鄉里，再命齒於父族，三命不齒。不齒者，特爲位，不在父兄行列中。愚謂內朝，卽燕朝也。臣有貴者以齒，言雖貴，猶在父兄之下，以昭穆長幼爲序列也。燕禮：「卿西面北上，大夫北面東上，士西方東面北上。」此但云「東面北上」，則無北面、西面之位。臣有貴者以齒，則不別卿、大夫、士之貴賤，與燕禮異。又周禮大僕：「王眡燕朝，則正位。」此云「庶子治之」，與周禮異。燕禮、大僕所言，謂羣臣朝於內朝之禮；此所言，則公族朝於內朝之禮。蓋或圖宗人之嘉事，或與宗族燕飲，異姓所不與者也。

其在外朝，則以官，司士爲之。

鄭氏曰：外朝，路寢門之外庭。司士，亦司馬之屬也，掌羣臣之班，正朝儀之位也。愚謂外朝，治朝也。周禮司士「正朝儀之位」：「三公北面東上，孤東面北上，卿大夫西面北上，士門西東面北上。」諸侯之治朝，其三卿北面，大夫西面，而士亦西方東面，與卿、大夫、士之位不同，是以官之貴賤爲等列也。○天子諸侯皆有三朝：詢衆庶之朝爲外朝，周禮朝士「掌建外朝之法」，是也。路寢門内之朝爲燕朝，大僕「王眂燕朝，則正位」，是也。亦曰内朝，此記公族朝於内朝是也。路寢門外之朝爲治朝，大宰「王眂治朝，則贊聽治」，是也。治朝對詢衆庶之朝，則亦曰内朝，玉藻「朝服以日視朝於内朝」，是也。對燕朝，則亦曰外朝，此記「其在外朝，則以官」，是也。於燕禮見諸侯燕朝之位，而天子則無文；於司士、射人見天子治朝之位，於小司寇、朝士見天子外朝之位，而諸侯則無文。由諸侯燕朝之位以推天子，由天子治朝、外朝之位以推諸侯，其朝位亦大畧可見矣。蓋君視燕朝在阼階下東南，故以西面而近君者爲尊。諸侯之西面者爲卿，而大夫北面，士西方東面，則天子之西面者爲三公，而孤、卿、大夫北面，士西方東面也。君視治朝，出路門外少左，故以北面而對君者爲尊。天子之北面者爲三公，而孤東面，大夫西面，士西方東面，則諸侯之北面者爲三卿，而大夫西面，士西方東面也。天子外朝之位，三公及州長、百姓北面，羣臣東面，羣吏西面，則諸侯外朝之位，三卿及州長、百姓北面，而羣臣羣吏之位亦與天子同也。○此上二節，言公族在朝廷之禮。

其在宗廟之中，則如外朝之位，宗人授事，以爵以官。

鄭氏曰：宗人，掌禮及宗廟也。以爵，貴賤異位也。以官，官各有所掌，若司徒奉牛，司馬奉羊，司空奉豕。　愚謂特牲禮衆兄弟之位在阼階下西面。祭統云「凡賜爵，昭與昭齒，穆與穆齒」，鄭註云：「昭穆，猶特牲之衆兄弟。」是天子諸侯同姓助祭皆在阼階下西面之位，此則云「宗人授事，以爵以官」。特牲記賈疏云：「無爵者阼階下西面，有爵者則以爵序。其獻之亦以官。」故祭統：「尸飲五，君洗玉爵獻卿；尸飲七，以瑤爵獻大夫；尸飲九，以散爵獻士及羣有司。皆以齒。」蓋特牲禮主人獻長兄弟、衆兄弟在賓長、衆賓之後，若天子諸侯同姓之爲卿大夫者，亦以昭穆獻之，則其得獻反在衆賓之後，故賈氏之説如此。然如其言，又非所謂羣昭羣穆咸在而不失其倫矣。疑未獻以前，羣昭羣穆皆在阼階下西面，以齒爲序，至獻之，則其爲卿大夫者，自依卿大夫之班次，既獻而改就卿大夫之位，如少牢禮衆賓門東，北面，既獻西階西南者與？特牲記「公有司門西，北面，東上，私臣門東，北面，西上」，鄭註云：「祭祀有上事者貴之。」疏謂「公有司執事者列爲衆賓，餘在門西位」也。天子諸侯異姓助祭之位，蓋亦如此。執事者在西階下賓位，其不執事者則在門東、門西之位，中庸所謂「序事辨賢」也。然則宗廟之位，有不能盡如外朝者，但其以貴賤爲序則與外朝之禮同耳。

其登餕、獻、受爵，則以上嗣。釋文：餕音俊。

鄭氏曰：上嗣，君之適長子。以特牲饋食禮言之，受爵，謂上嗣舉奠也。獻，謂舉奠洗爵酌入也。餕，謂宗人遣舉奠盥，祝命之餕也。大夫之嗣無此禮，辟君也。孔氏曰：特牲禮尸未入之前，「祝酌奠于鉶南」。尸入，祭奠不飲，衆賓長爲加爵之後，嗣子乃舉之。特牲云「嗣舉奠，盥，入，北面再拜稽首。尸執奠，嗣子進受，復位，再拜稽首」，尸答拜，嗣子卒觶，拜，則此經所謂「受爵」也。必嗣子舉奠者，鄭註特牲云：「將傳重，累之也。」特牲又云「舉奠洗酌入，尸拜受」，嗣子答拜，則此經所謂「獻」也。

又特牲無算爵之後，禮畢，尸謖而出，宗人遣嗣子長兄弟相對而餕，所謂「餕」也。餕時雖有長兄弟，以上嗣爲主。特牲禮先受爵而後獻，獻而後餕，今此經先言「餕」者，以餕爲重，故逆言之。登，謂登堂。嗣子在堂下，餕時、獻時、受爵時並登堂。○此上二節，言公族在宗廟之禮。

其公大事，則以其喪服之精麤爲序，雖於公族之喪亦如之，以次主人。

此言公族喪紀之禮也。公大事，謂君之喪事。喪服親者麤，疏者精。爲君雖皆斬衰，而其本服各有精麤，故庶子治其喪事，使以本服之精麤爲序，親疏不得相越也。非但君喪如此，雖於公族之喪事，亦使有服者以精麤爲序，以次主人。尸在室，則親者在室中，立於主人之後，而疏者在堂下。既小斂，則皆在阼階之東西面，而服麤者近主人，服精者以次而南也。

若公與族燕，則異姓爲賓，膳宰爲主人，公與父兄齒。

此言公族燕飲之禮也。鄭氏曰：異姓爲賓，同姓無相賓客之道。膳宰爲主人，君尊，不獻酒。膳宰，膳夫也。公與父兄齒，親親也。愚謂燕禮「公席于阼階上」，此云「公與父兄齒」，則與尋常燕禮之序異矣。尚書顧命有西序東鄉之位，此其爲君與族燕之位與？燕禮賓席于牖間，卿席于賓東，大夫繼賓而西，若有東面者，則北上東面之位卽西序之位也。是燕禮之席位，牖間最尊，賓東者次之，賓西者又次之，西序東面者又次之。公與族燕，異姓爲賓，席於牖間，在父行者席於賓東，在兄行者席於賓西，公與父兄齒，則宜在西序東鄉之位也。

族食，世降一等。

鄭氏曰：親者稠，疏者希。　孔氏曰：族食，與族人燕食也。世降一等者，族人既有親疏，燕食亦隨世降殺。假如本是齊衰一年四會食，大功則一年三會食，小功則一年再會食，緦麻則一年一會食也。愚謂大宗伯：「以飲食之禮親宗族兄弟。」公與族燕，飲禮也；族食，食禮也。公食大夫禮賓惟一人，公立於廂，無阼席。大傳云「合族以食，序之以昭穆」，則公與族食，序昭穆列坐，蓋用燕食之禮，亦與公食大夫禮異也。族食，世降一等，則與族燕不用此法，但閒暇無事，則相與燕飲，伐木詩所謂「迨我暇矣，飲此湑矣」，是也。○此上二節，言公族飲食之禮。

其在軍，則守於公禰。

禰，父廟也。師以遷廟主行，此云「公禰」，據無遷主而主命者也。若有遷主而奉遷主以行，則亦守於遷主也。必言「公禰」者，以下文言「孝愛之深」，自仁率親，故以尤親者言之。

公若有出疆之政，庶子以公族之無事者守於公宮：正室守大廟，諸父守貴宮、貴室，諸子諸孫守下宮、下室。 釋文：守，如字，又手又反。守貴室，本或作「守貴宮、貴室」。

出疆之政，謂軍旅、會、同之事也。周禮諸子「會、同、賓客，作羣子從」，此云「庶子以公族守於公宮」，蓋羣子非一人，故或從或守也。正室，公族之適子。諸父，昭穆尊者。諸子諸孫，昭穆卑者。貴宮，吴氏以爲四親廟。下宮，吴氏以爲別廟，如魯仲子之廟者是也。貴室，路寢。下室，燕寢也。周禮宮正「掌王宮之戒令糾禁，以時比宮中之官府次舍之衆寡，爲之版以待，夕擊柝而比之。國有故，則令宿，其比亦如之。」宮伯「掌王宮之士庶子凡在版者」，「授八次、八舍之職事，若邦有大事，作宮衆，則令之」。蓋公有出疆之政，庶子率公族致於宮正、宮伯，宮正比其當宿者，宮伯授以次、舍，以尊卑分守廟、寢。公在國及無事時，則更番入直，公出疆及有故，則盡入宿衛也。○吳氏澄曰：鄭以貴宮、貴室總爲路寢，下宮爲親廟，下室爲燕寢，則貴宮、室混爲一，下宮、室分爲二。又親廟貶稱「下宮」，而但子孫守之，路寢反稱「貴宮」，而以諸父守之，是尊己而卑祖、禰也。方氏以貴宮、貴室爲昭廟，下宮、下室爲穆廟。昭穆等耳，可分貴、下乎？陸氏以大廟若周公，貴宮、貴室若魯公，下宮、下室若羣公廟。然魯公廟僭放文世室，他國無之也。又四親廟可貶爲下乎？胡氏以貴宮、下宮人所居，貴室、下室皆親廟，亦未是。○此上二節，言公族在軍及在國宿衛之法也。

五廟之孫，祖廟未毀，雖爲庶人，冠、取妻必告，死必赴，練、祥則告。釋文：冠，古亂反。取，七喻反。

鄭氏曰：赴，告於君也。實四廟孫，而言「五廟」者，容顯考爲始封子也。孔氏曰：祖廟未毀，謂同高祖。高祖以下，唯有四廟，今云「五廟」，故云「容顯考爲始封子」。是高祖爲四世，五世祖爲始封之君，自五世以下，其廟不毀也。

族之相爲也，宜弔不弔，宜免不免，有司罰之。至于賵、賻、承、含，皆有正焉。釋文：爲，于僞反。免音問。承音贈，出註。含，胡暗反，本又作「唅」。○陳氏承如字。

鄭氏曰：弔，謂六世以往。免，謂五世。承讀爲贈，聲之誤也。正，正禮也。孔氏曰：六世以至百世，但有弔禮；五世親盡，但有袒免。賵、賻、含、襚，皆贈喪之物：賵，車馬；賻，財帛；含，珠玉；襚，衣服。總謂之贈，贈，送也。正，謂庶子之官正之以禮。陳氏祥道曰：實於口者謂之含，承於身者謂之承。凡玉可以爲渠眉、疏璧者，皆承也。愚謂族人相爲弔、免，乃其疎遠者，而闕於禮則有司罰之，則其相爲有服者可知。於君言「赴告」，則族之相爲亦必赴告可知。於族之相爲言「弔」「免」，則公於族人之喪亦必弔可知，互相備也。○此上二節，言公族赴弔之法也。

公族，其有死罪，則磬于甸人。其刑罪，則纖剸，亦告于甸人。公族無宮刑，獄成，有司讞于公。其死罪，則曰「某之罪在大辟」。其刑罪，則曰「某之罪在小辟」。公曰「宥之」，有司又曰「在辟」。公又曰「宥之」，有司又曰「在辟」。及三宥，不對，走出，致刑于甸人。公又使人追之，曰：「雖然，必赦之。」有司對曰：「無及也。」反命于公。公素服不舉，爲之變，如其倫之喪，無服，親哭之。釋文：纖，依註音鍼，之林反，徐子廉反。註：「本或作纖。」讀爲殲者，是依徐音而改也。剸，之免反。告，依註作「鞫」，久六反。讞，徐魚列反。辟，婢亦反。爲，于僞反。○今按：告如字。○朱子曰：「素服」下，脱「居外不聽樂」五字。「親哭之」下，脱「于異姓之廟」五字。

鄭氏曰：甸人，掌郊野之官。縣縊殺之曰磬。不於市朝者，隱之也。纖讀爲鍼，刺也。剸，割也。臏、墨、劓、刖皆以刀鋸刺割人體也。宮刑，淫刑。讞之言白也。辟亦罪也。孔氏曰：魯語云「小刑用鑽鑿，次刑用刀鋸。」蓋墨刑以鑽鑿刻其面，宮、臏、刖、劓則以刀鋸割其體也。愚謂周禮掌囚：「凡有爵者與王之同族，奉而適甸師氏，以待刑殺。」蓋同族雖無爵，其刑殺亦於甸師氏也。告于甸人，告之以當刑人而就之行刑也。公族無宮刑，當宮者以劓、刖代之也。不對走出者，以法奪君之恩也。素服，素衣、素裳、素冠。不舉，不殺牲盛饌以食也。倫，親疎之序也。變，變禮也。雜記：「君爲卿大夫，比葬不食肉，比卒哭不舉樂。爲士，比殯不舉樂。」此公爲卿、大夫、士變禮之差也。公於公族之喪爲之變禮，其親疎亦各有等衰。今雖以罪死，猶如其常禮爲之也。君弔則服弔服，爲大夫錫衰，爲士疑衰，無服者不往弔也。親哭，謂不使有司哭之。君哭其臣，無不親者，特言此者，嫌爲有罪而死者或異也。此節言公族刑罰之法也。自此以上，皆庶子之所正也。○鄭氏讀「告于甸人」之告爲鞫，非也。鞫者，推審而窮其情之謂。既將行刑，則獄已定矣，尚待鞫乎？又公族無宫刑，鄭氏謂「以髡代之」，蓋以周禮掌戮「髡者使守積」，在五刑之外故也。然宫重於刖，而髡輕於墨，公族之劓、刖者不獲減等，而宫者乃以髡代，亦失輕重之平矣。先鄭以髡者爲司圜所收罷民，其説近是。又鄭氏云：「君於臣，使有司哭之。」夫弔哭之事不可虚，鄭於檀弓既言之矣，何以又生異説乎？○天子諸侯弔服三：錫衰也，緦衰也，疑衰也。大夫無緦衰，弔服二。士又無錫衰，弔服疑衰而已。鄭氏謂「君弔於士疑衰，同姓則緦衰」，非也。天子弔其臣，諸侯弔其卿大夫，其服皆無同、異姓之異，何獨諸侯之弔士乃異其同、異姓之服乎？凡上之弔下，與下之自相弔，其服同。以君爲大夫錫衰，大夫自相爲亦錫衰推之，可見天子爲諸侯緦衰，則諸侯自相弔亦緦衰，非所以施於同姓之士也。

公族朝于内朝，内親也。雖有貴者以齒，明父子也。外朝以官，體異姓也。

體異姓者，言與異姓爲一體，而不可以有所異也。此以下，覆解前文。

宗廟之中，以爵爲位，崇德也。宗人授事以官，尊賢也。登餕、受爵以上嗣，尊祖之道也。

鄭氏曰：上嗣，祖之正統。

喪紀以服之輕重爲序，不奪人親也。

紀，條理也。不奪人親，故必以親者居上，而不相越踰也。

公與族燕則以齒，而孝弟之道達矣。其族食，世降一等，親親之殺也。釋文：殺，色界反，徐所例反。

殺，等差也。

戰則守於公禰，孝愛之深也。正室守大廟，尊宗室，而君臣之道著矣。諸父諸兄守貴室，子弟守下室，而讓道達矣。

戰者危事，故守於公禰，事死如事生之孝也。適庶之分，有君臣之義，故尊正室而君臣之道著。尊者守尊，卑者守卑，故讓道達。鄭氏曰：上言「父」「子」「孫」，此言「兄」「弟」，互相備。

五廟之孫，祖廟未毁，雖及庶人，冠、取妻必告，死必赴，不忘親也。親未絶而列於庶人，賤無能也。敬弔、臨、賻、賵，睦友之道也。釋文：臨，如字，徐力鴆反。

賤無能者，言以其無能，故賤之。睦友之道，不以貴賤殊也。

古者庶子之官治而邦國有倫，邦國有倫而衆鄉方矣。釋文：治，直吏反。鄉，許亮反。

倫，理也。庶子之官治，則邦國之中，父子之義，長幼之道，各得其倫理也。父子長幼之道明而民皆鄉於禮義之方矣。孔氏曰：此合結庶子官義也。不待下條結而於此者，以下條是罪惡之事，今結邦國之功，不宜與罪惡相連，故於此結也。

公族之罪，雖親，不以犯有司正術也，所以體百姓也。刑于隱者，不與國人慮兄弟也。弗弔，弗爲服，哭于異姓之廟，爲忝祖，遠之也。素服居外，不聽樂，私喪之也，骨肉之親無絶也。公族無宮刑，不翦其類也。釋文：百姓，本或作「異姓」，非。遠，于萬反。

術，法也。體百姓者，言與百姓爲一體，而不可以有所私也。刑于隱，謂刑于甸人也。不與國人慮兄弟，不以疏謀親也。忝，辱也。骨肉之親無絶，故雖以罪死，而猶私喪之也。翦猶絶也。○自「庶子之正於公族者」至此爲一篇，明庶子正公族之法。

天子視學，大昕鼓徵，所以警衆也。衆至，然後天子至，乃命有司行事，興秩節，祭先師、先聖焉。有司卒事反命，始之養也。釋文：昕音欣。養，如字，徐羊尚反，後皆依徐音。

鄭氏曰：大昕，早昧爽，擊鼓以召衆也。警猶起也。周禮「凡用樂」，大胥「以鼓徵學士」。興猶舉也。秩，常也。節猶禮也。使有司舉常禮祭先師、先聖，不親祭者，視學觀禮耳，非爲彼報也。愚謂祭先師、先聖者，將有事於學，故釋菜以告之。大胥「釋菜合舞」，謂此也。之，適也。養，謂養老之處，東序是也。天子初至在辟廱，有司既行釋菜之禮，反命於天子，天子始適東序養老之處也。此一節，後文所謂「慮之以大」也。

適東序，釋奠於先老，遂設三老、五更、羣老之席位焉。釋文：更，江衡反，蔡作「叟」，音素口反。

鄭氏曰：親奠之者，已所有事也。三老、五更各一人，皆年老更事致仕者。天子以父兄養之，示天下之孝弟也。羣老無數，其禮亡。以鄉飲酒禮言之，則三老席位如賓，五更如介，羣老如衆賓必也。愚謂先老，先世之老，更也。「三老」，以三公致仕者爲之，故曰「三老」。禮運曰：「三公在朝，三老在學。」五更，以孤、卿致仕者爲之。曰「五更」者，因古者五官之名也。羣老，則大夫士之致仕者也。此一節，所謂「愛之以敬」也。○陳氏祥道曰：天子視學，遂適東序養老，則視學、養老同日也。鄭氏謂「用其明日」，誤矣。

適饌省醴，養老之珍具，遂發咏焉。退，修之以孝養也。

饌，籩、豆、俎、簋之實也。珍，八珍之屬也。饌曰「適」，醴曰「省」，珍曰「具」，皆互言之也。養老有饗、食、燕三禮，此有醴齊，據饗禮言之也。發咏，謂歌咏其饌具之豐美，若封人職所謂「歌舞牲及毛炰之豚」也。鄭氏謂以樂納老、更，非也。饗、燕之禮，賓入，皆金奏肆夏，不歌也。退，謂自省饌之所而退也。脩，治也。脩之以孝養，言脩此饌具以致其孝養也。

反，登歌清廟，既歌而語，以成之也。言父子、君臣、長幼之道，合德音之致，禮之大者也。

反，自省饌之所而反於堂也。既反，然後迎老、更入而獻之，羣老受獻畢，皆升就席，乃使工登堂上，歌清廟之詩也。升歌之詩，以清廟爲最尊，天子祭祀及饗諸侯乃用之，今養老亦升歌清廟，尊老、更也。語，合語也。既歌而語者，升歌及下管、間歌、合樂之後，樂正告樂備作，相爲司正，乃行旅酬，於此時有合語之禮也。成之，謂成其升歌之意也。致，極致也。升歌清廟，以發文王之德，乃道德之音之極致；既歌而語，論說父子、君臣、長幼之道，合於德音之極致也。升歌、合語，事不相接，以二者皆所以發明道德，故合而言之。此所謂「行之以禮」也。

下管象，舞大武，大合衆以事，達有神，興有德也。正君臣之位，貴賤之等焉，而上下之義行矣。

象，詩頌維清之篇也。詩序云：「維清，奏象舞也。」象箾，文王之舞，歌維清之詩以奏之，因謂維清之詩爲象，亦猶桓、賚諸詩以奏大武而左傳卽謂之武也。管，以管播其聲也。凡樂皆有四節，鄉飲酒禮「歌」「笙」「間」「合」是也。樂之重者，則兼用笙管而舞，當合樂之節。書云「戛擊鳴球，搏拊琴瑟以詠」，此升歌也；「下管鼗鼓」，此下管也；「笙鏞以間」，此間歌也；「簫韶九成」，此合舞也。上言「登歌清廟」，樂之第一節也；此云「下管象」，第二節也；「舞大武」，第四節也。不言「間歌」者，以其非樂之重者，故畧之也。觀鄉射有合樂，大射有歌管，而皆無間歌，可見矣。大合衆以事者，象以奏象舞及大武之舞，所以象文、武之大合師衆以行討伐之事也。神，如「所存者神」之神，以見於治者言；德，以具於身者言。達有神，興有德者，言文、武治化之神通達於天下，道德之盛興起而受命，又以見文、武之討伐，應天順人，而非以力征也。大武之舞，有武王與周、召之等，是君臣之位；有諸侯與士卒之屬，是貴賤之等。天下既定，而君臣貴賤之分皆正，故上下之義行，此所謂「紀之以義」也。○儀禮用樂，每節皆三終，此及明堂位、祭統、仲尼燕居皆言「升歌清廟」，「下管象」，不言「三終」，文畧也。以詩及儀禮考之，歌、笙同用之詩，其篇皆相比次：升歌清廟三終，當爲清廟、維天之命、維清；下管象三終，當爲維清、烈文、天作。然如此則升歌之第三篇，卽下管之第一篇，疑其非是。蓋今周頌篇第已亂，觀左傳楚子所言大武七章，其次第與今詩皆不合，可見也。

有司告以樂闋，王乃命公、侯、伯、子、男及羣吏曰「反養老幼于東序」，終之以仁也。 按「幼」字衍，注疏皆不解此字，是鄭、孔本無此字。

鄭氏曰：闋，終也。 告君以歌舞之樂終。 此所告者，謂無算樂。 羣吏，鄉、遂之官。 諸侯，時朝會在此者。命各反養老如此禮，是終其仁心。 孔氏曰：上云「登歌清廟」，次「下管象」，此云「告以樂闋」，下即云「王乃命諸侯反養老」，是燕末之事，故知樂闋謂無算樂也。

是故聖人之記事也，慮之以大，愛之以敬，行之以禮，脩之以孝養，紀之以義，終之以仁。是故古之人一舉事而衆皆知其德之備也。 古之君子，舉大事必慎其終始，而衆安得不喻焉？兑命曰：「念終始典于學。」釋文：兑，註作「説」，同音悦。

聖人之記事，言聖人養老之事，記之以傳後世也。 慮，圖也。 慮之以大者，養老之始，徵學士，祭聖師，是慮之以重大之心而不敢苟也。 愛之以敬者，養老所以愛之，正其席位，是愛之而致其恭敬之心也。 慮之以大，慎其始也；終之以仁，慎其終也。 喻者，謂敬老之意，曉喻於衆心而化之也。 引説命者，證養老始終行禮在學也。 此一節總結前文。 ○自「天子視學」至此爲一篇，記天子養老之禮。

世子之記曰：朝夕至于大寢之門外，問於内豎曰：「今日安否何如？」内豎曰：「今日安。」世子乃有喜色。 其有不安節，則内豎以告世子，世子色憂，不滿容。 内豎言「復初」，然後亦復初。 朝夕之食上，世子必在視寒煖之節；食下，問所膳羞。 必知所進，以命膳宰，然後退。若內豎言「疾」，則世子親齊玄而養，膳宰之饌，必敬視之；疾之藥，必親嘗之。嘗饌善，則世子亦能食，嘗饌寡，世子亦不能飽，以至于復初，然後亦復初。釋文：朝，直遥反。旦曰朝，暮曰夕，舊如字。上，時掌反。齊，側皆反。

鄭氏曰：世子之禮亡，此存其記。色憂，憂淺也，不及文王行不能正履。養疾者齊玄，玄冠、玄端也。必敬視之者，疾者之食，齊、和所欲或異，不能飽，又不及武王一飯再飯。金氏履祥曰：稱世子之記，則古者教世子，其文字禮節必自有一書，世所誦習而常行之者也。愚謂朝夕至于大寢之門外，日再朝也。內則曰：「昧爽而朝，慈以旨甘；日入而夕，慈以旨甘。」一日再朝者，自命士以上，事親之達禮也。色憂不滿容，謂不能充滿其容貌，所謂「笑不至矧，怒不至詈」，是也。必知所進，以命膳宰者，必知親之所食何物，命使勿復進也。養疾者必齊，欲專其志慮於養也。玄者，玄端，齊服也。必敬視之者，疾時之齊、和嗜好，或與常時不同，尤當慎察之也。飲食善則多，惡則寡，互言之也。此云日再朝，而文王則日三朝；此云「色憂不滿容」，其憂淺，文王行不能正履，其憂深。此篇首引文王之事，而復以是終之，所以見世子之常禮如此，而文王之盡倫、盡性者，其孝爲獨至也。然則禮雖有常，而世子之所以事其親者，亦務於自盡而已。○此篇名世子之記，言爲世子之常禮。

禮記卷二十一

禮運第九之一 別録屬通論。

禮運者，言禮之運行也。蓋自禮之本於天地者言之，四時五行，亭毒流播，秩然燦然，而禮制已自然運行於兩間矣。然必爲人君者體信達順，然後能則天道，治人情，而禮制達於天下，此又禮之待聖人而後運行者也。周衰禮壞，孔子感之而歎，因子游之問，而爲極言禮之運行，聖人所恃以治天下國家者以告之。陳氏澔曰：疑子游門人所記。

昔者仲尼與於蜡賓，事畢，出遊於觀之上，喟然而嘆。仲尼之嘆，蓋嘆魯也。言偃在側，曰：「君子何嘆？」孔子曰：「大道之行也，與三代之英，丘未之逮也，而有志焉。」釋文：與音預。蜡，仕嫁反。觀，古亂反。喟，去媿反，又苦怪反。

蜡，歲十二月，合聚鬼神而索饗之也。黨正：「國索鬼神而祭祀，則以禮屬民而飲酒於序。」與於蜡賓，言與於蜡祭飲酒之賓也。觀，闕也，門旁築土而高，可登以眺望者。蜡祭在黨之序，夫子出於序而遊於觀，所謂「闕黨」者與？大道之行，謂五帝時也。英，才德之秀出者。三代之英，即下言禹、湯、文、武、成王、周公是也。逮，及也。孔子言帝王之盛，已不及見，而有志乎此。蓋登高眺望，有感於魯之衰，而思得位行道，以反唐、虞、三代之治也。鄭氏曰：不言魯事，爲其太切，廣言之。○註疏謂「蜡亦祭宗廟，孔子助祭，出遊於象魏之上」，其説非是。宗廟，冬已烝祭，蜡又祭之，不亦煩乎？臘祀先祖，乃秦制耳。説詳月令。象魏尊嚴，必無登眺之理。熊氏謂「遊爲遊目」，然孔子入公門，鞠躬，如不容，若至象魏而遊目，亦非所以爲敬矣。爾雅「觀謂之闕」，孫炎以爲宫門雙闕，懸法象，使民觀之處，周禮所謂「象魏」也。然闕實不惟象魏有之。詩言「城闕」，是城門有闕。左傳「鬻拳葬於經皇」，杜氏註云：「經皇，冢前闕。」是墓門有闕。又左傳「屨及於窒皇之外」，註云：「窒皇，寢門闕。」是寢門有闕。是凡有門皆有闕，皆得謂之觀也。若雉門之闕，則天子諸侯皆有之，禮器「天子諸侯臺門」是也。而公羊傳又以魯設兩觀爲僭禮，則必天子諸侯雉門之闕其高卑等級不同，魯之兩觀，其高與天子之制同，故爲僭禮，非諸侯不得有闕也。餘處之闕，則其制當又加卑焉。雉門之闕，獨得專闕之名者，正以其高於餘闕爾，其實有闕者不止雉門也。

大道之行也，天下爲公，選賢與能，講信脩睦。故人不獨親其親，不獨子其子，使老有所終，壯有所用，幼有所長，矜、寡、孤、獨、廢、疾者皆有所養，男有分，女有歸。貨惡其棄於地也，不必藏於己；力惡其不出於身也，不必爲己。是故謀閉而不興，盜竊亂賊而不作，故外户而不閉。是謂大同。釋文：長，丁丈反。矜，古頑反。分，扶問反。惡，烏故反。爲，于僞反。

大道，言道之廣大而不偏私也。行，謂通達於天下也。天下爲公者，天子之位，傳賢而不傳子也。選賢與能，諸侯國不傳世，惟賢能者則選而用之也。講信者，談説忠信之行。脩睦者，脩習親睦之事。

男有分者，士、農、工、商各安其業也。女有歸者，嫁不失時也。謀，謂相圖謀也。蓋人之所以相圖謀而至於爲盜竊亂賊者，由於身困窮而俗惡薄也。今大道之行如此，則民無不足不贍之患，而有親遜和睦之風，故圖謀閉塞而不興，盜竊亂賊而不作，故門户之扉從外闔而不關閉也。同，和也，平也。此言五帝之時也。

今大道既隱，天下爲家，各親其親，各子其子，貨力爲己，大人世及以爲禮，城郭溝池以爲固，禮義以爲紀。以正君臣，以篤父子，以睦兄弟，以和夫婦，以設制度，以立田里，以賢勇、知，以功爲己。故謀用是作，而兵由此起。禹、湯、文、武、成王、周公，由此其選也。此六君子者，未有不謹於禮者也。以著其義，以考其信，著有過，刑仁講讓，示民有常。如有不由此者，在埶者去，衆以爲殃。是謂小康。」釋文：知音智。埶音世，本亦作「勢」。去，起吕反。○按「故謀用是作，而兵由此起」，此十字當在「貨力爲己」之下。

今，謂三代以來也。隱猶微也。天下爲家，傳子而不傳賢也。大人，諸侯也。父子曰世，兄弟曰及，謂父傳國於子，無子則傳弟也。城郭溝池以爲固，設險以守其國也。紀，條理也。禮之從來遠矣，與天地並。五帝之時，未嘗不以禮義治天下，但其節文度數之詳，至三代而後備耳。言三代以來，大道既微，在上者既以天下爲家，而不復傳賢，在下者各私其骨肉，各愛其貨力，於是有無相耀，貧富相競，而親遜和睦之意衰，不足以相維持，故圖謀由此而作，兵革由此而起也。兵起，卽亂賊之事，既有亂賊，則盜竊不足言矣。世變既異，則聖人之所以治之者不得不詳，故大人世及以防篡奪之端，城郭溝池以爲守國之險，備設禮義以爲條理之密。此三者，皆聖人之因時立政，而要以禮義爲本。此下所言，皆禮義爲紀之事也。賢勇、知者，謂以勇、知者爲賢而登用之也。以功爲己者，使之立功於國，以輔助於己也。由，用也。選者，高出之意。言禹、湯、文、武、成王、周公用此禮義以治天下，而爲三代之高出者，所謂「三代之英」也。上言「禮義」而下但言「禮」者，以其文言之謂之禮，以其理言之謂之義，言禮則義在其中矣。考，成也。刑，法也。著其義以導其行，考其信以杜其欺，著有過以懲其罪，法仁恩以厚其性，講遜讓以防其爭，凡此皆所以謹於禮而示民以常行之道也。苟不由此，則無以治其民，雖在勢位，衆以爲殃，禍及於下，而必黜去之也。康，安也。蓋人倫厚則雖各親各子，而恩亦足以相被矣。設制度，立田里，則雖貨力爲己，而力亦足以相贍矣。刑仁講讓，則講信脩睦之道亦無以異矣。舉賢尚功，而不由禮者則去，則雖大人世及，而仍不失乎選賢與能之意矣。此五帝、三王之所以爲時不同而同歸於治也。小康者，言其稍遜於大同之時也。此篇言聖人以禮治天下，其體信達順，功效至盛。而此乃以三代之禮義爲小康者，蓋五帝之時，風氣方厚，而聖人之治乘其盛，三代之時，風氣漸薄，而聖人之治扶其衰，故其氣象之廣狹稍有不同者，非聖人之德有所不足也，時爲之也。

○張子曰：大道之行，如堯、舜方是謹於禮，所以致大道之行。各親其親，各子其子，亦不害於不獨親，不獨子，止是各親各子者恩差狹，至於順達之後，則不獨親其親，不獨子其子矣。大人世及以爲禮，古來亦有，但道隱之後，雖有子如朱、均，有臣如伊、周者，亦不能行堯、舜之事，故以世及爲定禮，城郭溝池爲固，亦是禮義以爲紀之事，所以防亂也。大道既隱，由暴君以壞之也。然使堯、舜承桀、紂之後，亦當禮義以爲紀。六君子居堯、舜之世，是亦大同之治也。以其襲亂，急於禮義，適得小康耳。馬氏晞孟曰：傳子傳賢，皆天之所與，非人之所爲也。老有所終，至廢疾有養，三王未嘗不同也。以正君臣至以立田里，五帝之時亦莫不行也。孔子傷時之弊，欲復歸於至德之盛，故言如此。

言偃復問曰：「如此乎禮之急也？」孔子曰：「夫禮，先王以承天之道，以治人之情，故失之者死，得之者生。詩曰：『相鼠有體，人而無禮。人而無禮，胡不遄死？』是故夫禮必本於天，殽於地，列於鬼神，達於喪、祭、射、御、冠、昏、朝、聘。故聖人以禮示之，故天下國家可得而正也。」釋文：復，扶又反，下「復問」同。相，息亮反。遄，市專反。殽，户教反，徐户交反。冠，古亂反。朝，直遥反。

三代之時，大道既隱，謀作兵起，聖人以禮治之，然後天下復安，則可以見禮之急矣。承天之道者，本其自然之秩序，禮之體所以立也。治人之情者，示以一定之儀則，禮之用所以行也。禮者，人之所恃以生，失禮則亡其所以生矣。殽，效也。應氏鏞曰：禮之大原出於天，故推其所自出而本之。效法之謂地，故因其成法而效之。列於鬼神，充塞乾坤，昭布森列而不可遺。達於喪、祭、射、御、冠、昏、朝、聘，人道交際，周流上下而無不通。法於天地鬼神者，所以承天之道；達於天下國家者，所以治人之情。

言偃復問曰：「夫子之極言禮也，可得而聞與？」孔子曰：「我欲觀夏道，是故之杞，而不足徵也，吾得夏時焉。我欲觀殷道，是故之宋，而不足徵也，吾得坤乾焉。坤乾之義，夏時之等，吾以是觀之。釋文：與音餘。

鄭氏曰：得夏時，得夏四時之書也。其書存者有小正。得坤乾，得殷陰陽之書也。其書存者有歸藏。熊氏安生曰：殷易以坤爲首，故曰坤乾。　愚謂子游聞夫子告以禮之急，復欲問其詳，而夫子以所得於夏、殷者告之也。之，適也。徵，證也。杞，夏之後。宋，殷之後。蓋禮義備於三代，而夏、殷者，周所監以損益者也。故欲觀夏、殷之禮，而之於杞、宋，但二國文獻不足，無可考證，所得者如此而已。以是觀之者，以是二書而觀夏、殷之禮也。

夫禮之初，始諸飲食，其燔黍捭豚，汙尊而抔飲，蕢桴而土鼓，猶若可以致其敬於鬼神。釋文：燔音煩。捭，卜麥反，注作「擗」，又作「擘」，皆同。汙，烏華反，一音作烏。抔，步侯反。蕢，依註音凷，苦對反，又苦怪反。桴音浮。○胡氏蕢如字。

鄭氏曰：言其物雖質略，有齊敬之心則可以薦羞於鬼神，鬼神饗德不饗味也。中古未有釜、甑，釋米捭肉，加於燒石之上而食之耳。今北狄猶然。汙尊，鑿地爲尊也。抔飲，手掬之也。蕢讀爲凷，堛也，謂摶土爲桴也。土鼓，築土爲鼓也。　孔氏曰：中古雖有火化，未有釜、甑。燔黍者，以水洮釋黍米，加於燒石之上而燔之。捭豚者，捭析豚肉，加於燒石之上而熟之。鑿池汙下而盛酒，故曰「汙尊」。以手掬之而飲，故曰「抔飲」。桴，擊鼓之物。蕢桴者，摶土凷爲桴。土鼓，築土爲鼓。　杜氏子春曰：土鼓，以土爲匡，以革爲兩面，可擊也。　胡氏銓曰：蕢，草也。以草爲桴。　愚謂禮經緯萬端，無乎不在，而飲食所以養生，人既生則有所以養之，故禮制始乎此焉。曰「猶若」者，言非獨養人者質略如此，而猶可以奉祭祀焉，由其物不足而誠有餘也。○孔氏曰：從此以下至「禮之大成」，皆是二書所見之事。

及其死也，升屋而號，告曰：『皋某復！』然後飯腥而苴孰，故天望而地藏也。體魄則降，知氣在上，故死者北首，生者南鄉，皆從其初。釋文：號，户毛反。飯，扶晚反。苴，子餘反。知音智。首，手又反。鄉，許亮反。○鄭註：苴，或爲「俎」。

孔氏曰：皋，引聲之辭。某，名也。升屋北面告天，招魂復魄，復魄不復，然後浴尸而行含禮，飯用生米，故曰「飯腥」。至葬，設遣奠，苞裹孰肉以送尸，故曰「苴孰」。天望，謂望天而招魂。地藏，謂葬地以藏尸也。所以地藏者，由體魄則降故也。所以天望者，由知氣在上故也。體魄入地爲陰，故死者北首，歸陰之義。生者南鄉，歸陽也。愚謂上言古者養生之禮如彼，此又言及其死而送死之禮如此也。然養生之禮，後世聖人既變之矣，以其過於質野而且不足以養人也。若送死之禮，則雖其棺椁衣衾之美有踵事而增者，至於飯腥苴孰，以盡其事死如生之愛，天望地藏，以順乎魂升魄降之宜，此則出乎心之所不容已，與順夫理之所不可易者，夏、殷之禮，因之而不變焉，故曰「皆從其初」。

昔者先王未有宮室，冬則居營窟，夏則居橧巢。未有火化，食草木之實，鳥獸之肉，飲其血，茹其毛；未有麻絲，衣其羽皮。釋文：橧，本又作「增」，又作「曾」，同則登反。樔，本又作「巢」，助交反。茹音汝。衣，于既反。

鄭氏曰：寒則累土，暑則聚柴薪居其上。未有火化，食腥也。此上古之時也。孔氏曰：此論上古之時。營窟者，地高則穴於地，地下則營累其土而爲窟。橧巢者，橧聚其薪而爲巢。茹毛，食鳥獸之肉，并茹其毛以助飽。陳氏澔曰：未有火化，故去毛不盡而并食之也。

後聖有作，然後脩火之利，范金，合土，以爲臺榭、宮室、牖户。以炮以燔，以亨以炙，以爲醴酪；治其麻絲，以爲布帛。以養生送死，以事鬼神上帝，皆從其朔。釋文：榭音謝，本亦作「謝」。炮，薄交反，徐扶交反。亨，普伻反，下「合亨」同。炙，之石反。酪音洛。○范，陳氏作「笵」。

鄭氏曰：作，起也。脩火之利，謂孰治萬物。范金，謂鑄作器用。合土，謂瓦瓴、甓及甒、大。榭，器之所藏也。炮，裹燒之也。燔，加於火上。亨，煮之鑊也。炙，貫之火上。以爲醴酪，蒸釀之也。酪，酢酨。朔亦初也。陳氏澔曰：笵字從竹。以土曰型，以金曰鎔，以木曰模，以竹曰笵。笵金，爲形範，以鑄金器也。合土，和合泥土，以爲陶器也。愚謂茹毛飲血，未有火化也。燔黍捭豚，雖有火化，而火之利未盡也。後聖脩之，而器用、宮室、飲食、衣服，凡所以養生、送死、事鬼神之具，莫不資火以成，而後火之利盡矣。上古之居處、飲食、被服，過於樸陋，而不宜於人，後聖通其變，而相生相養之道乃盡。皆從其朔者，夏、殷之禮，亦因之而不變也。

故玄酒在室，醴、醆在户，粢醍在堂，澄酒在下。陳其犧牲，備其鼎、俎，列其琴、瑟、管、磬、鐘、鼓，脩其祝、嘏，以降上神與其先祖，以正君臣，以篤父子，以睦兄弟，以齊上下，夫婦有所。是謂承天之祜。釋文：醆，側眼反。粢，依註爲「齊」，才細反。醍音體。嘏，本或作「假」，古雅反。

玄酒，鬱鬯也。水及明水皆謂之玄酒。鬱鬯配明水而設，而尊於五齊，故因謂鬱鬯爲玄酒也。在室者，在室内之北也。醴，醴齊也。醆，盎齊也。盎齊盛之以醆，故謂之醆。在户者，醴在户内之東，醆在户外之東也。粢醍，醍齊也。在堂，在堂上也。周禮：「五齊：一曰泛齊，二曰醴齊，三曰盎齊，四曰醍齊，五曰沈齊。」此不言「泛齊」「沈齊」者，或文略，或據諸侯之禮惟有三齊也。澄，清也。澄酒，三酒也。三酒清於五齊，故曰「澄酒」。在下，在堂下也。尸在室，設酒之法以在北者爲尊，以次而南。五齊所以獻酢，故在室内及堂上；三酒則旅酬及無算爵之所酌，故在堂下也。陳其犧牲者，按特牲禮：「陳鼎於門外，北面，棜在其南，南順，實獸於其上，牲在獸西。」天子諸侯省牲之禮，亦於廟門外陳之也。備其鼎、俎者，特牲禮「夕，陳鼎於門外」，是也。少牢禮祭曰陳鼎，大夫尊辟人君之禮也。琴、瑟，堂上之樂。管、磬、鐘、鼓，堂下之樂。列者，磬、鐘、鼓皆縣之，琴、瑟與管雖未遽入，亦使工執之，而陳列於廟門之外，以待及時而納之也。祝，謂饗神之辭。嘏，謂嘏主人之辭。脩，謂預脩習之，以待用也。上神，謂尸也，若詩稱尸爲「神保」也。先祖，謂死者之精氣也。君在廟門外則疑於君，入廟門則全於臣，故君迎牲而不迎尸，而君臣之位正；祭，立尸北面而事之，所以明子事父之道，而父子之恩篤；羣昭羣穆咸在而不失其倫，而兄弟之情睦；序爵辨貴賤，而上下之分齊；君在阼，夫人在房，而夫婦之位各得其所。祜，福也。此節言將祭之先，陳齊酒，脩禮樂，省牲視濯，將以假祖考，備十倫。蓋雖未與神交，而其慮事之預，備物之具，致愛致慤，而祭則受福者，已於是乎在矣。蓋祭祀之行事，雖在於迎尸殺牲之後，而積其誠敬，以爲昭格之地者，實在於未事之先。易所謂「盥而不薦，有孚顒若」，正此義也。故此下三節，備言祭禮，而受天之祜特於此言之。○孔氏曰：崔氏云：「周禮大祫，王備五齊、三酒。朝踐，王酌泛齊，后酌醴齊；饋食，王酌盎齊，后酌醍齊；朝獻，王酌泛齊，因朝踐之尊，再獻，后酌醍齊，因饋食之尊，諸侯爲賓，則酌沈齊。尸酢王與后，皆用所獻之齊；賓長酳尸，酢用清酒，加爵亦用三酒。大禘用四齊、三酒，四時祭二齊、三酒。鄭註司尊彝四時祭：「用醴盎而已。」魯及王者之後，大祫與王禘禮同，禘與王四時同。侯伯子男祫、禘，皆用二齊，醴、盎而已，四時惟用盎齊，用三酒，皆同於王。」天子大祫用五齊、三酒，五齊各有明水之配，三酒各加玄酒，通鬱鬯、明水共十八尊。　愚謂先儒不知禘大於祫，故疏謂「祫用五齊，禘用四齊」。又其言王與后獻尸所酌之尊，及用齊多少之差，及謂「賓長酳尸及加爵用清酒」，及「三酒配玄酒」，其說亦皆非是。今以愚意疏於下方。

○司尊彝：「春祠、夏禴，其朝踐用兩獻尊，其再獻用兩象尊，皆有罍，諸臣之所酢也。秋嘗、冬烝，其朝獻用兩著尊，其饋獻用兩壺尊，皆有罍，諸臣之所酢也。四時之間祀、追享、朝享，其朝踐用兩大尊，其再獻用兩山尊，皆有罍，諸臣之所酢也。」追享，謂大禘。朝享，謂大祫也。朝踐、朝獻，皆謂朝事獻尸也。以籩、豆言之，則曰「踐」；以爵言之，則曰「獻」。二句，臨川王氏說。再獻、饋獻，皆謂饋熟獻尸也。以其次於朝踐而獻，則曰「再獻」；以其與饋熟同節，則曰「饋獻」。朝獻兩尊：一盛泛齊，一盛醴齊也。饋獻兩尊：一盛盎齊，一盛醍齊也。罍則盛沈齊也。是天子禘、祫與四時之祭，皆有五尊，以分盛五齊，則無多寡之差矣。蓋王祭齊有五，酒有三，猶籩、豆之有八，鼎、俎之有九，不因殷祭、時祭爲隆殺也。但經、記所言，或據侯國之禮，或畧舉而不備。說者因以爲禘、祫、時祭多少之差，實皆臆說無據也。五齊配以明水，當有十尊。司尊彝於朝獻、饋獻皆惟言「兩尊」者，惟據所酌以獻者言之，不數明水之尊。冪人云「以疏布巾冪八尊」，亦不數明水也。王祭十二獻，每節皆備三獻。說見於後。朝獻兩尊：王獻，酌泛齊之尊；后與諸臣獻，酌醴齊之尊。饋獻兩尊：王獻，酌盎齊之尊；后與諸臣獻，酌醍齊之尊。司尊彝不言酳尸所用之尊，蓋酳尸即用饋獻之尊與？○特牲禮加爵三，皆不酌堂下之尊。蓋堂下之尊至將酬賓乃設之，特以爲旅酬無算爵之所用，不但不以獻尸，即獻賓及兄弟之屬，皆不酌此尊也。王祭，羣臣酳尸用饋食之醍齊，則爲加爵者宜降用沈齊，其所酌蓋堂上之罍尊也。○設尊之處，醴、醆在户，醴在户內，醆在户外。以特牲、少牢「尊於户東」推之，則盎齊設於户東，即特牲、少牢禮設尊之處。凡尊於户外者，皆在户東，士昏禮「尊于房户之東」，鄉飲酒禮「尊于房户之間」，是也。醴齊設於户內之東，直盎齊之北，又其北爲泛齊，當室東壁南北之中，又其北爲鬱鬯，在北墉下也。士昏禮：「尊于室中北墉下。」士虞禮：「尊于堂中北墉下。」〔一〕禮器「罍尊在阼」，則沈齊設於阼階上東傍東序，醍齊在堂，蓋在堂上東楹之西，當燕禮設尊之處也。蓋設尊必有所傍，或傍於壁，或傍於楹，或傍於序，事當然爾。鬱鬯、五齊，皆以明水配設。鬱鬯傍北墉，醴齊南傍於壁，盎齊北傍於壁，皆東西設之而西上；泛齊傍於室之東壁，醍齊傍於東楹，沈齊傍於東序，皆南北設之而北上。鄉飲、鄉射禮設尊西上，統於賓也。士虞、特牲設尊亦西上，統於尸也。燕禮設尊於東楹之西南上，公在阼階上，統於公也。此室中堂上之尊，東西設者西上，南北設者北上，皆統於尸也。鄭氏解「澄酒在下」，以澄爲沈齊，酒爲三酒，謂「沈齊、三酒皆在堂下」，非也。沈齊雖爲五齊之下，然視三酒爲尊，且配以明水，必不設於堂下也。特牲禮將酬賓，「尊兩壺

〔一〕「堂」，原本作「室」，據儀禮士虞禮改。

于阼階東」，「西方亦如之」。人君堂下之酒，其設之亦必在此。但士止四尊。人君備三酒，而羣臣衆多，其設尊多少不可考。又特牲禮堂下無玄酒，燕禮「尊士旅食者於門西」，「兩方壺」，無玄酒。蓋尊之設於堂下者，例無玄酒之配，一則玄酒尊，不設於堂下，二則堂下之尊，但爲旅酬無算爵之所用，以其不用於正禮，故畧之，三則堂下人衆，故使兩尊皆酒，所以優之也。天子祭用十八尊，鬱鬯、五齊配明水爲十二尊，三酒自相配爲六尊也。○坊記：「醴酒在室，醍酒在堂。」祭統：「執醴授之，執鐙。」禮器、祭義、祭統皆言「夫人薦盎」，無言「泛齊」者，是諸侯無泛齊也。又禮器云：「君親割牲，夫人薦酒。」是薦熟時，夫人獻已用酒。從上醴齊差而下之，朝踐，君獻尸用醴齊，夫人用盎齊；饋熟，君獻尸用醍齊，夫人用酒。是諸侯又無沈齊也。禮記所言，多據魯禮，乃上公九獻之禮。若侯伯惟七獻，則朝踐、饋食，夫人不獻尸，惟用二齊：醴齊、醍齊也。子男五獻，朝踐、饋食，君、夫人皆不獻尸。其酳尸，當與侯伯同：君用醍齊，夫人用酒。是子男用一齊也。五齊惟醴之所用最廣，冠、昏皆用之。子男惟用一齊，則君酳尸或進用醴齊，宜更詳之。○此上所言，於禮雖無明據，但合諸經、記所言推之，則或當如此耳。

作其祝號，玄酒以祭，薦其血、毛，腥其俎；孰其殽，與其越席，疏布以冪，衣其澣帛；醴、醆以獻，薦其燔、炙。君與夫人交獻，以嘉魂魄。是謂合莫。釋文：祝，之六反，徐之又反。殽，本或作「肴」，户交反。越音活，字書作「趏」。冪，本又作「鼏」，同莫歷反。衣，於既反。

鄭氏曰：周禮祝號有六：「一曰神號，二曰鬼號，三曰祇號，四曰牲號，五曰齍號，六曰幣號。」號者，所以尊神顯物也。腥其俎，謂豚解而腥之，及血、毛，皆所以法於上古也。孰其殽，謂體解而爓之。此

以下，皆所法於中古也。越席，翦蒲也。冪，覆尊也。澣帛，練染以爲祭服。嘉，樂也。莫，虛無也，

愚謂作其祝號，謂尸未入時，祝作牲、幣之嘉號，告神而饗之也。少牢禮：「祝曰：『孝孫某，敢用柔毛、剛鬣、嘉薦、普淖，用薦歲事于皇祖伯某，以某妃配某氏。尚饗！』」大夫士祭禮自饋食始，祭初卽設饌饗神。人君祭始未有饌具，則其饗神之辭未知如何。意者雖未設饌，而亦預舉之以爲祝與？玄酒以祭，謂用鬱鬯灌地以降神也。薦其血、毛者，初殺牲時，取血、毛以告殺也。此二句皆尸初入在室時也。腥其俎，以腥肉盛於俎以進之。殽，骨體也。孰其殽，謂以湯爓骨體而進之。此與下「醴、醆以獻」三句，皆尸出在堂行朝獻之時也。越，結也。越席，結草爲席，若司几筵「莞筵」「蒲筵」之屬也。疏布，麤布也。冪，所以覆尊鼎者。周禮冪人：「以疏布巾冪八尊，以畫布巾冪六彝。」澣帛者，祭服用帛，皆湅絲而織之也。此三事，非惟施於朝踐，以與上下所言朝踐之禮，並因於中古之禮，故并而言之。曰「與其」者，明與上下所言專屬於朝踐者不同也。醴、醆以獻者，朝踐時君獻用醴齊，夫人獻用盎齊也。燔，燔肉。炙，炙肝也。特牲禮主人獻尸，「賓長以肝從」；主婦獻尸，「長兄弟以燔從」。彼謂酳尸從獻，此則朝踐時從獻者也。嘉，善也。魂氣爲陽，體魄爲陰。醴、醆、燔、炙之屬，可以飲食，而以味饗神者，所以嘉魄也。血腥之屬，不可以飲食，而以氣歆神者，所以嘉魂也。此節言祭初至朝踐所行之禮，乃所因於古初者，報氣報魄，合陰陽以求之，足以通合乎冥莫之中也。○孔氏以越席、疏布爲祭天之禮，非也。上下皆言祭宗廟之事，此乃忽言祭天，有是理乎？郊特牲：「蒲越、稾鞂之尚。」稾鞂爲祭天席，則蒲越非祭天席矣。疏布，說見禮器。○陳氏祥道曰：國語曰：「郊禘之事則

有全脅，王公立飫有房脅，親戚燕飲有殽脅。」全脅，豚解也。房脅，體解也。殽脅，骨折也。士喪禮：「特豚，四鬄，去蹄，兩胉，脊。」下篇葬奠羊左胖亦如之。四鬄者，殊左右肩、髀而爲四，又兩胉一脊而爲七，所謂「豚解」也。若夫吉祭，則天子諸侯有豚解、體解。禮運曰：「腥其俎，熟其殽。」腥其俎，謂豚解而腥之爲七體；熟其殽，謂體解而熟之爲二十一體。大夫士有體解，無豚解，以其無朝踐獻腥之禮故也。

然後退而合亨，體其犬豕牛羊，實其簠、簋、籩、豆、鉶羹，祝以孝告，嘏以慈告。是謂大祥。此禮之大成也。」釋文：鈃，又作「鉶」，音刑。

鄭氏曰：此謂薦今世之食也。體其犬豕牛羊，謂分別骨肉之貴賤，以爲衆俎也。祝以孝告，嘏以慈告，各首其義也。祥，善也。今世之食，於人道爲善也。愚謂合亨者，合左右體而亨之也。朝踐時，孰其殽，雖爓之而實未熟，且其薦於尸俎者，惟右胖十一體而已，至此乃合牲之左右體亨熟之也。體其犬豕牛羊者，既熟，乃體別其骨之貴賤，其右胖仍升之尸俎，其左胖則以爲主人主婦及助祭者之俎也。籩、豆，朝踐時已有，此則謂饋食之籩、豆，及加籩、加豆之等也。簠盛稻粱，簋盛黍稷。特牲禮黍稷二敦，少牢禮黍稷四敦，此兼有稻粱者，諸侯以上之禮也。鉶羹，羹之有芼者，盛以鉶器，亦饋食時之所薦也。祝，謂饗神之祝辭也。嘏，謂尸嘏主人之辭也。祭初饗神，祝辭以主人之孝告於鬼神；至主人酳尸，而主人事尸之事畢，則祝傳神意以嘏主人，言「承致多福無疆于女孝孫」，而致其慈愛之意也。祝以孝告，即上「作其祝號」之事，在於祭初，此又言之者，以尸之嘏所以答主人之孝，故又本上而言之也。此節言饋食以後之禮，所因於近世者，蓋朝踐之時，禮質而物未備，體嚴而情未洽，足以肅敬，而未足以盡愛也；至饋食而盡飲食之道以事鬼神，然後皇尸醉飽，神惠周浹，祭之情文至是而備，故曰「大祥」。祥，善也。禮之大成，言祭禮於此而成也。○孔氏曰：祭之日，王被衮而入，尸亦被衮而入，祝在後侑之，王不出迎。祭統云：「君不迎尸。」尸入室，大祖東面，昭南面，穆北面。愚按：「大祖東面」以下，疏於饋食尸入室時乃言之，蓋以郊特牲言「奠斝、角，拜妥尸」〔一〕，故疑尸初入未坐耳。不知尸既入室，無不坐也。今移於此。作樂降神，愚按：尸入，奏肆夏，見大司樂。若降神之樂，疑大司樂所謂「奏無射」者是。疏以大司樂「黃鐘爲宮」一段當之，非是。今不取，説詳郊特牲。乃灌，衆尸依次而灌。○愚按：灌爵，尸亦飲之，鄭註小宰，謂「尸祭之、啐之、奠之」，非是。説見郊特牲。是一獻也。后從灌，二獻也。愚按：疏據内宰註，先言王迎牲，乃言后灌，頗失次第，今據司尊彝賈疏更正。又天子十二獻，后灌後，當有賓長灌獻，下朝獻、饋獻亦然。説見於下。獻皆用樂，王乃出迎牲，入至庭，禮器云：「納牲詔於庭。」王親執鸞刀，啓其毛，而祝以血、毛告於室。禮器云：「血、毛詔於室。」廟各別牲，故公羊傳云：「周公白牡，魯公騂犅。」逸禮云：「毀廟之主，昭共一牢，穆共一牢。」○愚按：上節「薦其血、毛」，疏云：「延尸在堂，祝以血、毛告於室。」此言「血、毛告於室」，在尸未出之前，與彼異。然告於室，正是告於尸，此疏爲是。於是行朝踐之事，尸出於堂。鄭註祭統云：「天子諸侯之祭，朝事，延尸於户外，有北面事尸之禮。」大祖之尸坐於户西，南面，其主在右，昭在東，穆在西。愚按：昭宜在西，穆宜在東，蓋鬼神之位尊西。尸在室，昭南嚮而穆北嚮，尸在堂，昭東嚮而穆西嚮，皆以嚮陽者爲昭，嚮陰者爲穆。祝乃取牲膟膋，燎於爐炭，入以詔神於室，又出以制於主前，王乃洗肝於鬱鬯而燔之，謂之制祭。愚按：「制祭」之説，鄭註禮器及郊

〔一〕禮郊特牲「奠」作「舉」，「拜」作「詔」。

特牲皆言之，乃據漢禮爲說，而經傳未有見焉，未知古有此禮否？說見禮器。次乃升牲首於室中北墉下，后薦朝事之豆、籩，乃薦腥於尸主之前，謂之朝踐。卽禮運云「薦其血、毛，腥其俎」是也。○愚按：薦其血、毛，卽血、毛詔於室。疏家因司尊彝註有「薦血、腥」之言，故謂「薦腥時又薦血」〔一〕。然血、毛不當再薦。鄭云：「薦血、腥者，謂腥肉帶血耳」。說又見郊特牲。又按：朝踐中又有薦爛，卽禮運所云「熟其殽」。蓋當在王獻尸之後，后獻尸之前，而此疏不言。王乃以玉爵酌泛齊以獻尸，三獻也。愚按：疏謂「朝踐酌著尊，饋獻酌壺尊」，蓋據大祫在秋，故用司尊彝秋嘗冬烝之尊。不知司尊彝追享、朝享乃大禘、大祫之祭，其尊則大尊、山尊也。后又以玉爵酌醴齊以獻尸，四獻也。於是行饋熟之禮，徙堂上之饌於室内坐前，祝以斝酌奠於饌南。郊特牲註：「天子奠斝，諸侯奠角。」時尸未入，於是取腸間脂，焫蕭合羶薌，愚按：疏據曾子問註，以此前爲接祭。其說無據，今不取。乃迎尸入室，舉此奠斝。主人拜以妥尸，后薦饋獻之豆、籩，王乃以玉爵酌盎齊以獻尸，五獻也。后又以玉爵酌醍齊以獻尸，六獻也。於是尸食十五飯訖，后乃薦加豆、籩，王以玉爵酌盎齊以酳尸，七獻也。愚按：疏先言王酳尸，乃言后薦豆、籩。祭禮皆先薦後獻，疏於朝踐、饋獻已依次而言，此又自亂其例，今更之。又疏言「王酌泛齊酳尸」，乃據用司尊彝註，其說非是，今易以「盎齊」，說已見前。○又按：疏於此下言「尸酢主人」，蓋據特牲禮而言。然獻必有酢，特牲禮獻尸自酳尸始，故尸亦至是始酢主人。若天子十二獻，灌獻、朝獻、饋獻，主人主婦及賓皆獻尸，則皆有酢，不俟酳尸始酢主人也。主人受嘏時，王可以獻諸侯，於是后乃以瑤爵酌醍齊酳尸，爲八獻。於時王可以瑤爵獻卿也。諸侯爲賓者，以瑤爵酌醍齊以獻尸，爲九獻。九獻之後，謂之加爵。特牲三加爵，天子以下依尊卑，不止三也。天子諸侯祭禮既亡，其見於周禮、禮記之中者，尚存涯畧，然散而無

〔一〕「時又」，萬有文庫本作「又有」。

紀。疏家採合貫串，又參以鄭氏之說，雖其詳不可盡考，而其始末規模已具於此。但其中舛誤頗多，今畧爲考訂如上。○天子九獻，此先儒相承之舊說，而歷代祭禮之所遵用而不易者也。然自上以下，降殺以兩，凡禮皆然。士大夫三獻，子男五獻，侯伯七獻，上公九獻。而天子與上公無隆殺，必不然也。掌客「王合諸侯而饗禮」，「則諸侯長十有再獻」。是九獻之上，又有十有二獻之禮矣。王於諸侯之長，其饗禮必不踰於王，則十有二獻者，必王之饗禮，而王於諸侯之長加隆焉而用之者也。大行人上公「饗禮九獻」，侯伯「七獻」，子男「五獻」，此先儒所據以推五等諸侯宗廟之獻數者。是宗廟之饗與賓客之饗，其獻數相準。王之饗禮十有二獻，則其祭宗廟亦必十有二獻矣。十有二獻者，灌獻、朝獻、饋獻、酳尸皆三獻，王爲正獻，后亞之，諸侯爲賓者又亞之也。特牲、少牢禮酳尸皆三獻，是每獻必三者，禮之正也。其不及乎此者，皆禮之有所降殺也。特牲禮賓長酳尸，長兄弟首爲加爵，則天子自灌獻至酳尸，亦以同、異姓諸侯相間而獻，每獻則尸必酢之。故司尊彝云：「皆有罍，諸臣之所酢也。」言「諸臣之所酢」，則受酢者非一人，必獻尸者非一人，而諸臣不惟酳尸一獻亦明矣。上公九獻，於灌獻、朝獻、饋獻各殺其一，以降於天子也。侯伯七獻，於朝獻、饋獻又各殺其一，以降於上公也。子男五獻，於朝獻、饋獻又各殺其一，以降於侯伯也。然朝獻、饋獻遞有降殺，而灌獻則五等諸侯皆二，至酳尸三獻，則雖大夫士亦未嘗有所殺焉。何也？蓋灌用鬱鬯，臭陰達於淵泉，此周人之所尚也，故諸侯之祭，必備二灌。而自饋食以後，皇尸醉飽，所謂「禮之大成」者，不可得而畧，故天子諸侯及大夫士一節也。

孔子曰：「於呼哀哉！吾觀周道，幽、厲傷之，吾舍魯何適矣？魯之郊、禘，非禮也。周公其衰矣！杞之郊也，禹也；宋之郊也，契也。是天子之事守也。故天子祭天地，諸侯祭社稷。

釋文：於音烏。舍音捨，下「舍禮」同。契，息列反。

將言周道而先發歎辭者，以周之衰也。於夏、殷之道言「欲觀」，周道直云「觀」者，夏、殷爲前代之制，而周道乃時王之法也。郊，祭天於南郊也。禘，王者宗廟之大祭，追祭始祖之所自出於大廟，而以始祖配之也。魯之郊、禘，僭天子也。杞、宋，天子之後，故王命之郊，以守其先世之事，非魯之所得擬也。周道壞於幽、厲，而魯爲周公之後，猶秉周禮，故觀禮者舍魯則無所之適，而其僭竊又如此，此孔子之所以出游而發歎也。○程子曰：周公之功固大矣，然皆臣子之分所當爲，魯安得獨用天子之禮樂哉？成王之賜，伯禽之受，皆非禮也。其因襲之弊，遂使季氏僭八佾，三家僭雍徹，故仲尼譏之。陳氏傅良曰：魯之郊、禘，惠公請之也。劉恕外紀云：「魯惠公使宰讓請郊、廟之禮於天子，王使史角往，魯公止之。」然外紀之說，又本於呂氏春秋。惠公雖請之，而魯郊猶未率以爲常也。僖公始作頌，以郊爲夸焉。按衛祝鮀之言曰：「周公相王室，以尹天下，於周爲睦，分魯公以大路、大旂，夏后氏之璜，封父之繁弱，殷民六族」，「以昭周公之德。予之土田，陪敦，祝、宗、卜、史，備物典册，官司、彝器。」則成王命魯，不過如此。如記禮之言，得用郊、禘，兼四代服、器、官，祝鮀不應不及。況魯行天子之禮久矣，隱公何以問羽數於衆仲？周公閱何以辭備物之享？甯武子何以致譏於湛露、彤弓？於以見魯僭未久。有識者皆疑怪遜謝，而魯人並無一語及於成王之賜以自解，故郊、禘之說，當從劉恕。愚謂魯僭郊、禘，以理言，則程子之言爲盡；以事言，則謂「出自惠公之請」者爲實。蓋魯既僭禮，而託言出於成王之賜。

明堂位、祭統之所言，則承魯之所自託者，而遂傳以爲實也。○自此以下，至「是謂疵國」，歷言當時禮之壞失，所以申明發歎之意。

祝、嘏莫敢易其常古，是謂大假。祝、嘏辭說，藏於宗、祝、巫、史，非禮也。是謂幽國。假，舊如字。鄭云：「大也。」陳氏澔曰：「假，亦當作嘏，猶上章『大祥』之意。」今從之。

常古，舊法也。假當作「嘏」，福也。有德之君，祭祀不祈，薦信不愧，故祝、嘏之常法，祝、史莫敢變易。如此，則雖不求福，而鬼神用饗，大福自降之矣。人君無德，祝、嘏之辭說，變易常禮，媚禱以求福，矯舉而不實，必有不可聞於人者，故爲宗、祝、巫、史之所私藏，若漢世祕祝之類是也。幽國，言其國之典禮幽暗不明也。應氏鏞曰：祭祀之辭說，未嘗不使人知之也，故曰「宣」。祝、嘏辭說，苟欲聽宗、祝、巫、史爲之，而又俾私其藏，不爲隨之矯舉，則爲漢之祕祝矣。

醆、斝及尸君，非禮也。是謂僭君。釋文：斝，古雅反，又音嫁。

鄭氏曰：醆、斝，先王之爵也。唯魯與王者之後得用之，其餘諸侯用時王之器而已。僭君，僭禮之君也。愚謂夏曰醆，殷曰斝，周曰爵。盎齊，饋食所用，而名曰醆酒，則天子饋食獻以醆也。周禮內宰「大祭祀，后祼、獻，則贊，瑤爵亦如之」，註謂「后酳尸，爵以瑤爲飾」，則天子酳尸獻以爵也。天子饋食獻以醆，酳尸獻以爵，則朝踐獻以斝矣。堂上行朝踐禮畢，尸入於室，祝酌奠亦以斝。諸侯獻尸，唯用當代之爵，其酌奠又以角。魯用玉琖仍雕，猶不用斝。醆、斝及尸君，諸侯之僭禮也。尸君，猶詩言「公尸」也。此上二節，言當時諸侯之壞禮。

冕、弁、兵、革藏於私家，非禮也。是謂脅君。

弁、冕，卿大夫之尊服，君爵命之乃得服。兵掌於司兵，革掌於司甲，有軍事則出以授人。自大夫世官，而爵命不出於君，則冕、弁藏於私家矣。自大夫藏甲，而兵、革藏於私家矣。脅君，謂君被刼脅，制於臣而不得伸也。

大夫具官，祭器不假，聲樂皆具，非禮也。是謂亂國。

鄭氏曰：臣之奢富，儗於國君，敗亂之國也。　朱子曰：大夫不得具官，一人常兼數事。　愚謂少牢禮「司士擊豕」，賈疏云：「司士乃司馬之屬，擊豕不使司空者，諸侯猶兼官，大夫職職相兼也。」蓋天子有六卿，諸侯立三卿以兼六卿之事，是諸侯已兼官矣。然諸侯有三卿，有五大夫。若大夫則家臣之長惟宰，而不得如諸侯之有三也；宰之下有宗人、司馬、司士，見少牢禮。而不得如諸侯之有五也。具官者，謂放諸侯三卿、五大夫之制而備設之也。四命之孤，得備祭器，周禮大宗伯「四命受器」是也。三命大夫，祭器造而不備，必假而後足也。聲樂皆具，謂樂之八音皆具也。大射禮無柷敔及塤，八音闕其二。大射乃諸侯用樂之輕者，八音不得具，則大夫可知也。亂國，謂其國之法紀紊亂也。

故仕於公曰臣，仕於家曰僕。三年之喪，與新有昏者，期不使。以衰裳入朝，與家僕雜居齊齒，非禮也。是謂君與臣同國。　釋文：期，居其反。朝，直遥反。

方氏慤曰：臣者，對君之稱，故仕於公曰臣，而諸侯稱君。僕者，對主之稱，故仕於家曰僕，而大夫稱主。然通而言之，臣亦可謂之僕，若周官「戎僕」「齊僕」之類是矣。僕亦可謂之臣，若左氏所謂「皁臣」「輿臣」之類是矣。名雖可通，而位不可不辨。王制曰：「仕於家者，出鄉不與士齒。」齊齒者，與之等夷而齒列也。愚謂仕於公曰臣，仕於家曰僕，言公臣與家臣貴賤殊也。期不使，謂期年之內，不使之以事也，蓋喪不貳事者，禮也。期年得出使者，權也；期年之內，無出使之禮也。以衰裳入朝者，大夫擅國政，居喪不復致事，故以喪服入於朝而治事，不待期年也。大夫强則陪臣尊，故朝廷之臣與之相雜而處，而齊同齒列也。君與臣同國者，言其上替下陵，而政柄不出於一也。蓋君被刼脅，國法紊亂，則其勢之所極，必至於上失操柄，而下移於臣，故發端言「故」者，承上文而言也。此上三節，言當時大夫之僭禮。

故天子有田以處其子孫，諸侯有國以處其子孫，大夫有采以處其子孫。是謂制度。

田，謂九州之田。天子有田以處其子孫，其子孫受之以爲諸侯；諸侯有國以處其子孫，其子孫受之以爲大夫；大夫有采以處其子孫，其子孫受之以爲庶士。此乃制度之一定者也。故自天子之田而別者，不可與天子同天下；自諸侯之國而別者，不可與諸侯同國；自大夫之家而別者，不可與大夫同家。而欲在下者之遵制度，尤在乎在上者謹守制度而不失。言此以申上文之義而起下節也。

故天子適諸侯，必舍其祖廟，而不以禮籍入，是謂天子壞法亂紀。諸侯非問疾弔喪，而入諸臣之家，是謂君臣爲謔。

鄭氏曰：以禮籍入，謂大史執簡記，奉諱惡。天子雖尊，舍人宗廟，猶有敬焉，自拱飭也。無故而相之，是戲謔也。愚謂天子不謹於禮，而壞法亂紀，則無以責諸侯；諸侯不謹於禮，而君臣爲謔，則無以治大夫。此又承上文而言天子諸侯不能謹守制度，而禮之壞失所由來也。

是故禮者，君之大柄也。所以別嫌明微，儐鬼神，考制度，別仁義，所以治政安君也。釋文：儐，必刃反。治，皇如字，徐直吏反。

柄者，所執以治物者也。人君執禮以治國，猶匠人執斧斤之柄以治器也。嫌者，事之淆雜，禮以別之，而嫌者辨矣。微者，事之細小，禮以明之，而微者著矣。接賓以禮曰儐。鬼神者，天地、社稷、山川之屬，禮以儐而接之，而幽明通矣。制度者，宮室、車旗、衣服之等，禮以考而正之，而貴賤辨矣。仁主於慈愛，義主於斷制，以禮別而用之，而刑賞、黜陟當矣。故人君執禮以治國，則政治而君安也。此又承上文而言爲國之必以禮也。

故政不正則君位危，君位危則大臣倍，小臣竊。刑肅而俗敝，則法無常，法無常而禮無列。禮無列，則士不事也。刑肅而俗敝，則民弗歸也。是謂疵國。釋文：倍，步內反。敝音弊，本亦作「弊」。

鄭氏曰：又爲言政失君危之禍敗也。肅，駿也。疵，病也。愚謂禮者，所以治政安君。禮失，故政不正而君位危，謂操柄失而無以自安其身也。倍，謂悖逆而犯上，則非徒君與臣同國矣，若魯季氏之逐君是也。大臣既倍其君，則小臣亦盜竊國政，若魯陽虎之專政而囚季桓子是也。政出於下，而人心不服，故督以威嚴而刑肅。民志不定，故上下乖離而俗敝。刑罰既肅，風俗又敝，則舊法不足以防姦，而至於更張而無常。列，謂陳列也。法者，所以輔禮。本以無禮而至於法無常，而法無常則禮益無列，蓋其彼此相因之勢然也。上無禮則下無學，故士游談而不事；刑罰濫則民離心，故怨畔而弗歸。此節又承上文而言治國無禮，則非獨君危於上，而其疵病又及於士民也。如此，則國之不亡者，幸而已。

禮記卷二十二

禮運第九之二

故政者，君之所以藏身也。是故夫政必本於天，殽以降命。命降于社之謂殽地，降于祖廟之謂仁義，降於山川之謂興作，降於五祀之謂制度。此聖人所以藏身之固也。

藏猶託也。藏身，謂身之所託以安也。殽，效也。命，謂政令也。指其神謂之社，指其形體謂之地。命降於社，謂政令之本於地而降者也。下三句放此。五祀，五行之神。左傳「社稷五祀，是尊是奉」，大宗伯「以血祭祭五祀」，是也。蓋政者，禮而已矣。禮必本於天，殽於地，列於鬼神。鬼神體物不遺，而祖廟之降格，山川之生物，五行之流播，則其性情功效之尤顯者也。自仁率親，自義率祖，故仁義出於祖廟。山川者，人之所取材，故興作出於山川。五行者，見象於天爲五星，分位於地爲五方，行於四時爲五德，稟於人爲五常，播於音律爲五聲，發於文章爲五色，散於飲食爲五味，是天下之制度莫不本之，故制度出於五祀。聖人之爲政，其所效法者如此，此所以政無不治，而所以託其身者安固而不可危也。○此下二節，申言聖人承天道之意。

故聖人參於天地，並於鬼神，以治政也。處其所存，禮之序也；玩其所樂，民之治也。故天生時而地生財，人，其父生而師教之，四者君以正用之，故君者立於無過之地也。釋文：樂音岳，又音洛，又五孝反。治也，直吏反。

參於天地，並於鬼神，猶中庸言「建諸天地，質諸鬼神」之意，言聖人效法於天地鬼神而參擬之，比並之，以求其合也。樂，如孟子「君子樂之」之樂。天地鬼神之道，具於吾身，是聖人之所存也，有以處之，而率履不越，則禮無不序矣。天地鬼神之道，見於政治，是聖人之所樂也，有以玩之，而鼓舞不倦，則民無不治矣。天生四時，地生貨財，父生，師教，四者各不相兼，兼是四者而使之各得其正者，君之責也。故君必正身立於無過之地，而與天地合其德，與鬼神合其吉凶，然後禮序而民治也。

故君者所明也，非明人者也；君者所養也，非養人者也；君者所事也，非事人者也。故君明人則有過，養人則不足，事人則失位。故百姓則君以自治也，養君以自安也，事君以自顯也。故禮達而分定，故人皆愛其死而患其生。釋文：養，羊尚反，又如字。分，扶問反，後皆同。○明，舊讀如字。陳氏澔云：「三明字皆當作則。」今從之。

所則，爲人所取法也；則人，取法於人也。所養，謂食於人；養人，謂食人。所事，謂役人；事人，謂役於人也。爲人所則、所養、所事者，君之分也；則君、養君、事君者，民之分也。禮由分出，分以禮顯，故人皆知尊君親上，愛其死而患其生。蓋合禮而死，則死賢於生；違禮而生，則生不如死也。○自此以下至「舍禮何以哉」，申明治人情之意。

故用人之知，去其詐；用人之勇，去其怒；用人之仁，去其貪。釋文：知音智。去，羌呂反，後皆同。

知者易於詐，勇者易於怒，仁者易於貪，惟禮達分定，而民知嚮方，則有以去其氣質之偏，而全其德性之美。故用人之知而能去其詐，用人之勇而能去其怒，用人之仁而能去其貪也。朱子曰：人之性易得偏。仁善底人便有貪便宜意思，廉介多是剛硬底人。

故國有患，君死社稷謂之義，大夫死宗廟謂之變。釋文：變音辨，出註。○陳氏變如字。今從之。陳氏祥道曰：社稷，天子之社稷也，故君死之則義而正。宗廟，己之宗廟也，故大夫死之則非義而變也。然則大夫之義而正者如之何？曰：死衆而已。愚謂國君與社稷共存亡，故死社稷者謂之義。大夫得罪於君，則當出亡，若致死以守宗廟，則謂之變，若鄭之伯有，晉之欒盈是也。蓋大夫死宗廟，乃誤用其勇而至於怒者，惟不明於上下之分故也。禮達分定，則有仗節死義之風，而無作亂犯上之禍矣。

故聖人耐以天下爲一家，以中國爲一人者，非意之也，必知其情，辟於其義，明於其利，達於其患，然後能爲之。釋文：耐音能。辟，婢亦反。

禮達分定，人皆愛其死而患其生，則是天下雖遠，而民之親其君，不啻父子兄弟之相親愛，如一家之人也；中國雖大，而下之趨上，不啻手足頭目之相捍衛，如一人之身也。意之者，謂以私意測度，不能實知其理之所以然也。辟猶通也，開也。聖人於人之情義利害，知之無不明，故處之無不當，而能以天下爲一家，中國爲一人也。

何謂人情？喜、怒、哀、懼、愛、惡、欲，七者弗學而能。何謂人義？父慈、子孝、兄良、弟弟、

夫義、婦聽、長惠、幼順、君仁、臣忠，十者謂之人義。講信脩睦，謂之人利；争奪相殺，謂之人患。故聖人之所以治人七情，脩十義，講信脩睦，尚辭讓，去争奪，舍禮何以治之？釋文：惡，烏路反，下皆同。弟弟，上如字，下音悌。長，丁丈反。

孔氏曰：昭二十六年左傳云：「人有六情：喜、怒、哀、樂、好、惡。」此云「欲」，則彼云「樂」；此云「愛」，則彼云「好」也。六情之外，增一懼，爲七。陳氏祥道曰：父慈、子孝、兄良、弟弟、夫義、婦聽，閨門之義。長惠，幼順，鄉黨之義。君仁，臣忠，朝廷之義。愚謂愛，謂相親愛，如父愛子，子愛父是也。欲，謂貪欲，如目欲色，耳欲聲是也。中庸言「喜、怒、哀、樂」，左傳言「喜、怒、哀、樂、好、惡」爲六情，此言「喜、怒、哀、懼、愛、惡、欲」爲七情。蓋人值所好則喜，值所惡則怒，得所愛則樂，失所愛則哀，而於所怒所哀之將至而未至也則懼，故總之爲四，析之則爲六，又析之則爲七也。十義先父子而後兄弟夫婦，先尊而後卑也。先兄弟而後夫婦，先天合而後人合也。先閨門而後鄉黨，先鄉黨而後朝廷，先近而後遠也。情不治則亂，義不治則壞，信睦非講且脩則廢，争奪非尊尚辭讓則不能去。此四者，非禮則無以治之也。

飲食男女，人之大欲存焉。死亡貧苦，人之大惡存焉。故欲惡者，心之大端也。人藏其心，不可測度也。美惡皆在其心，不見其色也。欲一以窮之，舍禮何以哉！釋文：度，大洛反。見，賢遍反。

馬氏晞孟曰：莫非欲也，而飲食、男女，欲之甚也，故曰「大欲」。莫非惡也，而死亡貧苦，惡之甚也，故曰「大惡」。喜、怒、哀、懼、愛、惡、欲，皆所謂情，而情之所本，尤在於欲惡，故曰「心之大端」。　愚謂情者，心之所發；心者，情之所具。情雖有七，而喜也，愛也，皆欲之別也；怒也，哀也，懼也，皆惡之別也。故情七而欲惡可以該之，故曰「欲惡者，心之大端也」。人心之欲惡不可見，而惟禮可以窮之。蓋見其所爲之合禮，則知其情之美矣；見其所爲之悖禮，則知其情之惡矣。窮之而後能治之，情治則人義無不脩，信睦之風敦，而爭奪之患息矣。

故人者，其天地之德，陰陽之交，鬼神之會，五行之秀氣也。

徐氏師曾曰：上天之載，無聲無臭，而實造化之樞紐，品彙之根柢，此天地之實理，而爲生人之本也。理一而已，動而爲陽，陽變交陰，靜而生陰，陰合交陽，此實理之流行，而爲生人之機也。由是二氣凝聚，陰靈爲鬼，聚而成魄，陽靈爲神，聚而成魂，此實理之凝成，而人於是乎生矣。形生而四肢、百骸無有偏塞，五行之質之秀也，神發而聰明睿知無有駁雜，五行之氣之秀也，此實理之全具，而人之所以靈於物也。　愚謂天地之德以理言，陰陽、鬼神、五行以氣言。人兼此而生，周子所謂「太極之真，二五之精，妙合而凝」也。魂者神之盛，魄者鬼之盛。陰陽之交，指其氣之初出於天地者而言；鬼神之會，指其氣之已具於人身者而言。天地之生人物，皆予之理以成性，皆賦之氣以成形。然以理而言，則其所得於天者，人與物未嘗有異；以氣而言，則惟人獨得其秀，此其所以爲萬物之靈而能全其性也。○自此以下至「故人情不失」，明人情之本於天道，而本天道者之所以治人情也。

故天秉陽，垂日星。地秉陰，竅於山川。播五行於四時，和而后月生也。是以三五而盈，

三五而闕。釋文：播於五行四時，本亦作「播五行於四時」。

秉，持也。竅，孔也。垂者，在上而照臨乎下也。竅者，在下而通氣乎上也。播，分散也。播五行於四時者，春爲木，夏爲火，秋爲金，冬爲水，而土則寄王於四季也。三五而盈，自朔以至望也。三五而闕，自望以至晦也。四時分而爲十二月，而月弦、望、晦、朔於其中。五行之氣和，則四時之序順，而月之弦、望、晦、朔無不如期而生矣。李氏光地曰：日星從天而屬陽，四時，日星之所經也。山川從地而屬陰，五行，山川之所主也。然五行之氣，實上播乎四時之間，如雷電、風霆、雲雨、霜露之感遇聚散，無非山川所鬱；五行之精，地所載之神氣，然皆應天之時，與之同流。故天雖有春夏秋冬之四時，而所以生化萬物者，亦不離乎風雨霜露而已。夫五行播於四時，是天地陰陽之和合也。和合，故月生焉。陰精陽氣，會於太虛而成象，生之謂也。古今說者，皆謂月在天、日、星之下，而居地之上，其去地最近。是月在天地之中，而所以調和斟酌乎陰陽者，故曰「月以爲量」也。其盈也三五，以受陽之施；其闕也三五，以毓陰之孕。故月雖懸象於天，而實地類。故既經緯日星，以佐四時寒暑之令，而又專司山川風雨，胎育羣英也。

五行之動，迭相竭也。釋文：迭，大計反，又田結反。竭，義作揭，其列反。○陳氏、陸氏竭如字。

鄭氏曰：竭，猶負戴也。孔氏曰：物在人上，謂之負戴。氣之過去者，下亦負戴之。陳氏祥道曰：竭，猶所謂休也。休則有王，故竭則有盈。陸氏佃曰：竭，盡也。水王則金竭，木王則水竭。愚謂此包下文四節而言。蓋四時固五行之所播，而五聲、五味、五色亦莫非五行之所分著，其流行變動，皆迭相爲休王也。

五行、四時、十二月，還相爲本也。釋文：還音旋，下同。

五行各以其時之王者爲本：春木王，夏火王，季夏土王，秋金王，冬水王。是四時各有其本也。然春三月皆木，而正月爲寅，二月爲卯，三月爲辰。是十二月又各有其本也。

五聲、六律、十二管，還相爲宮也。

鄭氏曰：五聲，宮、商、角、徵、羽也。其陽管曰律，陰曰呂。布十二辰，始於黃鍾，管長九寸，下生者三分去一，上生者三分益一，終於南呂，更相爲宮，凡六十也。孔氏曰：十二管更相爲宮，以黃鍾爲始，黃鍾下生林鍾，林鍾上生大簇，大簇下生南呂，南呂上生姑洗，姑洗下生應鍾，應鍾上生蕤賓，蕤賓上生大呂，大呂下生夷則，夷則上生夾鍾，夾鍾下生無射，無射上生中呂。隨其相生之次，每辰各自爲宮，各有五聲。十二律相生，至中呂而畢。黃鍾爲第一宮，下生林鍾爲徵，上生大簇爲商，下生南呂爲羽，上生姑洗爲角。林鍾爲第二宮，上生大簇爲徵，下生南呂爲商，上生姑洗爲羽，下生應鍾爲角。大簇爲第三宮，下生南呂爲徵，上生姑洗爲商，下生應鍾爲羽，上生蕤賓爲角。南呂爲第四宮，上生姑洗爲徵，下生應鍾爲商，上生蕤賓爲羽，上生大呂爲角。姑洗爲第五宮，下生應鍾爲徵，上生蕤賓爲商，上生大呂爲羽，下生夷則爲角。應鍾爲第六宮，上生蕤賓爲徵，上生大呂爲商，下生夷則爲羽，上生夾鍾爲角。蕤賓爲第七宮，上生大呂爲徵，下生夷則爲商，上生夾鍾爲羽，下生無射爲角。大呂爲第八宮，下生夷則爲徵，上生夾鍾爲商，下生無射爲羽，上生中呂爲角。夷則爲第九宮，上生夾鐘爲徵，下生無射爲商，上生中呂爲羽，上生黃鐘爲角。夾鐘爲第十宮，下生無射爲徵，上生中呂爲商，上生黃鐘爲羽，下生林鐘爲角。無射爲第十一宮，上生中呂爲徵，上生黃鐘爲商，下生林鐘爲羽，上生大簇爲角。中呂爲第十二宮，上生黃鐘爲徵，下生林鐘爲商，上生大簇爲羽，下生南呂爲角。是十二律各有五聲，凡六十聲。朱子曰：五聲相生，至於角位，隔八下生，當得宮前一位，以爲變宮。又自變宮隔八上生，當得徵前一位，以爲變徵。自此下生，餘分不可損益，故立均之法，至是而終焉。孔氏以本文但云「五聲」「十二管」，故不及二變，而止爲六十聲，增入二變二十四聲，合爲八十四聲。自唐以來，法皆如此。又曰：「十二律相生，至仲呂而窮。」自仲呂復上生黃鐘，不及九寸，於是有變律。又曰「十二正律各有一定之聲，而旋相爲宮」，則五聲初無定位，當高者或下，當下者或高，則宮商失序而不和，故取其半律以爲子聲。朱子變律、半律之說，其詳見於儀禮經傳通解鐘律篇。

五味、六和、十二食，還相爲質也。 釋文：和，戶卧反。

鄭氏曰：五味，酸、苦、辛、鹹、甘也。和之者，春多酸，夏多苦，秋多辛，冬多鹹，調以滑甘，是爲六和。愚謂十二食，十二月之所食也。質猶本也。旋相爲質者，如春三月則以酸爲質，夏三月則以苦爲質也。

五色、六章、十二衣，還相爲質也。

五色，謂青、赤、黃、白、黑，五方之色也，加以天玄爲六章。考工記「東方謂之青，南方謂之赤，西方謂之白，北方謂之黑，天謂之玄，地謂之黃」，是也。十二衣，十二月之所衣也。旋相爲質者，如冕服則以玄爲質，皮弁服則以素爲質也。蓋五味有四時之分，而無每月之別，若衣則因事而服：冕服以祭，韋弁以兵，皮弁以朝，並無四時之異。月令春衣青，夏衣朱，秋衣白，冬衣黑，乃秦法耳。此因上文言「十二月」「十二律」，故以十二食、十二衣配而言之，謂以五味、六和於十二月食之，以五色、六章於十二月衣之耳。若必於衣食求其十二之說，則鑿矣。

故人者，天地之心也，五行之端也，食味、別聲、被色而生者也。釋文：別，彼列反。被，皮義反，徐扶義反。

天地之心，謂天地所主宰以生物者，卽上文「天地之德」也。人物各得天地之心以生，而惟人之知覺稟其全，故天地之心獨於人具之，而物不得與焉。端，緒也。五行之性不可見，自人稟之，以爲仁、義、禮、知、信，然後其端緒可見也。五味、六和，物不能備也。而人則盡食之；五聲、六律，物不能辨也，而人則能別之；五色、六章，物不能全也，而人則兼被之。天地之心，五行之端，溯其有生之初，而言其稟義理之全；食味、別聲、被色而生，據其既生之後，而言其得形氣之正也。不言陰陽、鬼神者，五行一陰陽，而陰陽之良能卽鬼神也，言五行則陰陽、鬼神在其中矣。此以結上文七節之意也。

故聖人作則，必以天地爲本，以陰陽爲端，以四時爲柄，以日星爲紀，月以爲量，鬼神以爲徒，五行以爲質，禮義以爲器，人情以爲田，四靈以爲畜。釋文：柄，本又作「枋」，兵命反。量音亮。畜，許又反，下同。

則，法也。以天地爲本者，道之大原出於天，聖人之所效法，莫非天地之道也。端，首也。以陰陽爲端者，仁育萬物，法陽之温，義正萬民，法陰之肅，聖人之政治，以二者爲端首也。柄者，工之所執也。以四時爲柄者，四時有生長收藏，聖人執而用之，以爲作訛成易之序也。以日星爲紀者，歲有四時，而日星運行乎其間，若網之有綱而又有紀，聖人因之以爲紀，若日在北陸而藏冰，西陸朝覿而出之，龍見畢務，水昏正而栽之類是也。月以爲量者，十二月各有分限，聖人因之以爲量，孟春則有孟春之令，仲春則有仲春之令也。鬼神以爲徒者，明則有禮樂，幽則有鬼神，聖人之功用，與天地之功用並行迭運，若相爲徒侶然也。五行以爲質者，制度出於五行，聖人凡有興作，必以此爲質幹，而因而裁制之也。禮義以爲器者，聖人用禮義治人情，猶農夫用耒耜之器以耕田也。人情以爲田者，人情爲聖人之所治，猶田爲農夫之所耕也。四靈以爲畜者，四靈並至，聖人養之，若養六畜然也。　吴氏澄曰：上言人以天地、陰陽、五行而生，此言聖人制禮以治人，亦取法於天地、陰陽、五行也。

以天地爲本，故物可舉也。以陰陽爲端，故情可睹也。以四時爲柄，故事可勸也。以日星爲紀，故事可列也。月以爲量，故功有藝也。鬼神以爲徒，故事有守也。五行以爲質，故事可復也。禮義以爲器，故事行有考也。人情以爲田，故人以爲奥也。四靈以爲畜，故飲食有由也。　鄭註：藝，或爲「倪」。

萬物皆天地之所生，故以天地爲本而物可舉也。人情不出乎陰陽二端，故以陰陽爲端而人情可睹也。生長收藏，隨時無失，故民不假督勵而事皆勸勉也。列，謂以次第陳列之也，敬授人時，各有早晚，故事可次第陳列也。藝，謂事之分限。後云「協於分藝」，「藝之分」，皆此義也。月以爲量，則十二月之政各有分限，而不相踰越矣。鬼神體物不遺，以鬼神爲徒，則事皆有所循以守矣。復者，終而復始之意。五行循環迭運，以五行爲質，則事之已終者可復矣。考，成也。以農器治田則農功成，以禮義治人則事行成。奧，主也。田無主則荒廢，故用人爲主，聖人以人情爲田，而其情不至於荒廢，故人以爲奧。四靈爲羣物之長，既爲聖人所畜，則其屬並隨而至，得以充庖廚，故飲食有由。

何謂四靈？麟、鳳、龜、龍謂之四靈。故龍以爲畜，故魚鮪不淰；鳳以爲畜，故鳥不獝；麟以爲畜，故獸不狘；龜以爲畜，故人情不失。釋文：鮪，于軌反。淰音審，徐舒冉反。矞字又作「獝」，況必反。狘，況越反。

孔氏曰：淰，水中驚走也。獝，驚飛也。狘，驚走也。魚鮪從龍，鳥從鳳，獸從麟，其長既來，故其屬見人不驚走也。龜知人情，既來應人，知人情善惡，故人各守其行，其情不失也。方氏慤曰：麟體信厚，鳳知治亂，龜兆吉凶，龍能變化，故謂之四靈。

故先王秉蓍龜，列祭祀，瘞繒，宣祝嘏辭說，設制度。故國有禮，官有御，事有職，禮有序。釋文：瘞，於例反，一音於器反。繒，本又作「增」，同似仍反，又則登反。○鄭註：繒，或作「贈」。瘞，埋也。繒，帛也。瘞帛以降神，地祇之祭也。宣祝嘏辭說，宗廟之祭也。二者皆列祭祀之事也。制度，城郭、宮室、車旗之屬也。秉蓍龜以決其嫌疑，列祭祀以盡其昭假，而禮達於上矣；設立制度以治民，而禮達於下矣。御，治也。惟上下一於禮，故官有所御，而事得其職，所行之禮莫不順其次序也。○自此以下，申以禮示之，故天下國家可得而正之意，而極言其功效之盛也。

故先王患禮之不達於下也，故祭帝於郊，所以定天位也；祀社於國，所以列地利也；祖廟，所以本仁也；山川，所以儐鬼神也；五祀，所以本事也。故宗祝在廟，三公在朝，三老在學，王前巫而後史，卜筮瞽侑皆在左右。王中心無爲也，以守至正。釋文：儐，皇音賓，舊必信反。朝，直遥反。侑音又。

此承上節而申言先王以禮自治之事也。天、地、祖廟、山川、五祀，先王之所效法以爲政治，故還本其功而報之。尊天，故祀之於郊。定天位，所謂祀於南郊，就陽位也。國，謂國中也。親地，故祀之於國。列地利，謂陳列其養人之功而報之也。於天曰「定天位」，於地曰「列地利」，互見之也。本仁，謂本於仁恩之意也。祖廟、山川、五祀皆鬼神，獨於山川言之者，亦所以與上下爲互也。本事，謂本制度之所自出而報之也。先王患禮之不達於下，而行禮必自上始，故其致謹於祭祀，以報功於神祇、追孝於祖考者如此。前巫者，周禮男巫「王弔則與祝前」，是也。後史者，君舉必書，記言、記動之史恒從王而在後也。瞽，樂官也。侑，勸也。王有疑則卜筮，食則樂官以樂侑也。先王以禮事天地鬼神，而行禮又有其本，故宗祝在廟以相其禮，三公在朝以論其道，三老在學以乞其言，巫以卻其不祥，史以記其言動，卜筮以助其明智，瞽侑以導其中和。其環列於前後左右者，無非所以格其非心而納諸軌物，王則中心無所作爲，而絶乎人欲之擾，所守得其至正，而循乎天理之則。蓋不待登壇塲，秉圭、鬯，而齊戒神明之德固已默通於鬼神矣。是以郊焉而格，廟焉而享，而其效如下文之所言也。

故禮行於郊而百神受職焉，禮行於社而百貨可極焉，禮行於祖廟而孝慈服焉，禮行於五祀而正法則焉。故自郊、社、祖廟、山川、五祀，義之脩而禮之藏也。

百神，天之羣神也。受職，各率其職也。極，盡也，謂可盡得而用也。服，行也。孝慈服，言天下化之而服行孝慈之道也。正法則，言法則得其正也。不言山川興作者，法則中包之也。義以理言，禮以文言。脩者，禮也，義因禮而見，故曰「義之脩」。藏者，義也，禮因義而起，故曰「禮之藏」。

是故夫禮，必本於大一，分而爲天地，轉而爲陰陽，變而爲四時，列而爲鬼神。其降曰命，其官於天也。釋文：大音泰。

大者，極至之名。一者，不貳之意。大一者，上天之載，純一不貳，而爲理之至極也。分而爲天地，而乾坤之位以定；轉而爲陰陽，而動静之氣以行；變而爲四時，而春夏秋冬錯行不悖；列而爲鬼神，而屈伸變化，體物不遺。降，猶「降衷」之降。其降曰命者，言天理之流行而賦於物者，則謂之命，所謂「天命之謂性」也。官，主也。其官於天者，言此所降之命，莫非天之所主，所謂「道之大原出於天」也。

此一節以天理之本然者言之，所謂「天高地下，萬物散殊，而禮制行焉」者也。

夫禮必本於天，動而之地，列而之事，變而從時，協於分藝。其居人也曰養，其行之以貨、力、辭讓、飲食、冠、昏、喪、祭、射、御、朝、聘。釋文：冠，古亂反。○養，鄭讀爲義，王肅如字。今從王。

此乃言聖人制禮之事也。天者，禮之所從出，故聖人之制禮，莫不本之。動而之地，而爲朝、廟、鄉、黨之異；列而之事，而爲吉、凶、軍、賓之分；變而從時，而或損或益之各有所宜；協於分藝，而大事小事之各有其稱。其居人也曰養者，言禮之在人，所以養其身心，而非以煩苦天下也。貨力、飲食者，行禮之具；辭讓者，行禮之文；冠昏、喪祭、射御、朝聘者，行禮之事。人之行禮如此，乃禮達於下之實也。蓋先王之於禮，既已履之於身，以先天下，而其所以教人者，又皆出於天理之本然，而即乎人情之所安，此其所以行之而無弗達也。馬氏晞孟曰：禮以養人爲本，故曰養。荀子曰：「恭敬辭讓之所以養安，禮義文理之所以養情。」蓋聖人之道，寓於度數之間，莫非順性命之理而所以養人也。

故禮義也者，人之大端也。所以講信脩睦，而固人肌、膚之會，筋、骸之束也；所以養生送死，事鬼神之大端也；所以達天道，順人情之大竇也。故唯聖人爲知禮之不可以已也。故壞國、喪家、亡人，必先去其禮。釋文：喪，息浪反。○石經「固人」下有「之」字。

肌、膚、筋、骸四者，聚而爲身，有禮則莊敬日强，惰慢邪僻之氣無自而入，而肌膚之會，筋骸之束，自此固矣。講信脩睦，而見於事者無不誠；固人肌、膚、筋、骸，而動於身者無不莊。以明則養生送死，以幽則事鬼神，亦惟禮義爲大端緒也。道出於天，先王制禮以達之，而秩敘、經、曲自此而行；情具於人，先王制禮以順之，而喜怒哀樂由此而和。竇，孔穴也。孔穴，物之所出入，禮亦天道人情之所由以出入也。禮所以内治其身心，外治其天下國家，故壞亂之國，喪敗之家，死亡之人，皆由自去其禮而致然。○吴氏澄曰：「順人情」三字，爲此條之體要。自此以至終篇，皆演「順」字之意。

故禮之於人也，猶酒之有蘖也：君子以厚，小人以薄。釋文：蘖，魚列反。

蘖，麴也。禮所以成人，猶蘖所以成酒也。蘖厚則酒美，蘖薄則酒薄；禮厚則其人爲君子，禮薄則其人爲小人。

故聖王脩義之柄，禮之序，以治人情。故人情者，聖王之田也，脩禮以耕之，陳義以種之，講學以耨之，本仁以聚之，播樂以安之。

方氏慤曰：義者，所操有宜而不可失，故言「柄」。禮者，所行有節而不可亂，故言「序」。禮義本出於人心，而或至無禮無義，心動而情亂也。聖人脩其柄與其序，還以治人之情而已。愚謂此以申明上文「禮義以爲器」、「人情以爲田」之義也。人情不治則荒穢，脩禮以治人情，猶農夫用耒耜以耕，所以墾闢荒穢也。然爲禮而不合乎義，則無以各適乎事之宜，故必陳之以義，然後大小多寡各適其宜，猶耕者之因地宜而播種也。然非明乎其理，則於義之是非或不能辨，故必講之以學，以去其非而存其是，猶耕者之耨，所以去稂莠而長嘉禾也。然非去人欲，存天理，則其所講者終非己有，故必本之於仁，然後德存於心而實有諸己，猶耕者之穫而聚之於家也。然非有以進之於安，則其所本者未必不終失之，故必播之以樂，歌咏以永其趣，舞蹈以暢其機，然後所存者洽，而可以不失，猶耕者之既穫而食，免於勤苦，而得其安美也。蓋先王既脩禮義以治天下，又設爲學校，使天下之人從事於學問之途者，其事如此。故其爲君子者，既能窮理盡性，以進於聖賢；其爲小人者，亦有以開其知覺，復其天良，振興鼓舞，遷善而不自知。此先王以禮義治人情之備也。

故禮也者，義之實也。協諸義而協，則禮雖先王未之有，可以義起也。

陳氏澔曰：實者，定制也。禮者，義之定制；義者，禮之權度。禮一定不易，義隨時制宜，故協合於義而合，雖先王未有此禮，可酌於義而創爲之。

義者，藝之分，仁之節也。協於藝，講於仁，得之者强。

陳氏澔曰：藝以事言，仁以心言。事之處於外者，以義爲分限之宜；心之發於内者，以義爲品節之度。協於藝者，合於事理之宜也。講於仁者，商度其愛心之親踈厚薄，而協合乎行事大小輕重之宜，一以義爲之裁制焉。上好義則民莫敢不服，故得之者强。

仁者，義之本也，順之體也。得之者尊。

陳氏澔曰：仁者，本心之全德，故爲義之本，是乃百順之體質也。元者，善之長。體仁足以長人，故得之者尊。上文言「禮者義之實」，此言「仁者義之本」，實以散體言，本以全體言，同一理也。張子謂經禮三百，曲禮三千，無一事之非仁也。猶之木也，從根本至枝葉皆生意，此全體之仁也。自一本至千枝萬葉，先後大小，各有其序，此散體之禮也。而其自本至末，一枝一葉，各得其宜者，義也。吳氏澄曰：順乎天理，畧無違逆，中節之和也。由全體之中，發而爲中節之和。全體之中，仁也。大用之和，順也。故仁爲順之體。愚謂此三節皆所以明禮、義與仁，其相資而不可闕者如此，以申上文「脩禮以耕，陳義以種」，「本仁以聚」之意。不言「講學」「播樂」者，蓋學者仁、義、禮之所藉以講明，樂者仁、義、禮之所由以精熟，不在三者之外也。

故治國不以禮，猶無耜而耕也；爲禮不本於義，猶耕而弗種也；爲義而不講之以學，猶種而弗耨也；講之以學而不合之以仁，猶耨而弗穫也；合之以仁而不安之以樂，猶穫而弗食也；安之以樂而不達於順，猶食而弗肥也。釋文：不，亦作「弗」。何休注公羊云：「弗者，不之深也。」

吴氏澄曰：此反解上文，而以順爲極也。治國，謂治一國之人情。合之以仁，謂合聚衆理於一心。仁而未能安，是猶與仁爲二也；成於樂而安於仁，則與仁爲一矣。仁者，體之全於內；順者，用之達於外。仁之體雖全，而順之用未達，猶內腹雖充，而外體未肥，故必達於順，而後爲禮義治情之極功也。

四體既正，膚革充盈，人之肥也。父子篤，兄弟睦，夫婦和，家之肥也。大臣法，小臣廉，官職相序，君臣相正，國之肥也。天子以德爲車，以樂爲御，諸侯以禮相與，大夫以法相序，士以信相考，百姓以睦相守，天下之肥也。是謂大順。大順者，所以養生、送死、事鬼神之常也。鄭註：車，或爲「居」。

四體既正者，天君泰然，而手容恭，足容重，無不從令也。膚革充盈者，睟面盎背，和順積於中，而英華發於外也。父慈子孝，故父子篤；兄良弟弟，故兄弟睦；夫義婦聽，故夫婦和。大臣法，則必不至於倍；小臣廉，則必不至於竊。官職相序，小宰所謂「以官府之六敘正羣吏，以敘正其位，進其治，作其事，制其食，受其會，聽其情」也。君正其臣，以道揆率其下；臣正其君，以法守事其上。車以載物，天子之德，所以容載天下，故曰「以德爲車」。樂以導和，而感人爲深，天子之德，所以無所不達者，賴有樂以導之，猶車之恃御以行也，故曰「以樂爲御」。以禮相與，謹於邦交，而大能字小，小能事大也。以法相序，大宰職所謂「以八法治官府」，而官屬、官職、官聯、官常、官成、官法、官刑、官計皆秩然而不紊也。以信相考，而朋友之義篤；以睦相守，而鄉閭之情親。蓋以禮義治人情，而其功效之極至於如此。前言「禮義者，人之大端」，而以「講信脩睦」三條申言其說。此獨以「養生、送死、事鬼神」言之者，蓋大順即順天道，達人情之意，諸侯以下，以禮相與，以法相敘，以信相考，以睦相守，即講信脩睦之事，四體既正，膚革充盈，則視所謂「固肌、膚之會，筋、骸之束」者又有進矣，獨養生、送死、事鬼神之意未顯，故舉此以結之。

故事大積焉而不苑，並行而不繆，細行而不失，深而通，茂而有間，連而不相及也，動而不相害也。此順之至也。故明於順，然後能守危也。釋文：苑，于粉反。繆音謬。○間，如字。

陳氏澔曰：以大順之道治天下，則雖事之大者積疊在前，亦不至於膠滯；雖事之不同者一時並行，亦不至舛謬；雖小事，所行亦不以微細而有失也。雖深窅而可通，雖茂密而有間，謂有中間也。兩物接連而相及，則有彼此之争；兩事一時而俱動，則有利害之争。不相及，不相害，則無所争矣。此泛言天下之事有大有細，有深有茂，有連有動，而自然各得其分理者，順之極至也。愚謂危，即前「政不正則君位危」之危。必明於順而後能達於順，達於順而後能治政安君，以爲藏身之固而不至於危也。

故禮之不同也，不豐也，不殺也，所以持情而合危也。釋文：殺，所戒反，徐所例反。

徐氏師曾曰：貴賤有等，故禮制不同，宜儉者不可豐，宜隆者不可殺。凡此禮制之順，所以維持人情，不使驕縱；保合上下，不使危亂也。愚謂此申上「明於順然後能守危」之意。蓋君位之危皆起於下陵而上替，而陵替之患皆由於人情之驕縱，禮有豐殺之節，所以維持人情，和合上下，而使之各安其分也。上專以君位言之，故曰「守危」；此兼以上下言之，故曰「合危」。然禮之順非一，而不豐不殺者特其一端耳，故下文又以順之事廣言之。

故聖王所以順，山者不使居川，不使渚者居中原，而弗敝也。用水、火、金、木、飲食必時，合男女、頒爵位必當年、德，用民必順。故無水旱昆蟲之災，民無凶饑妖孼之疾。故天不愛其道，地不愛其寶，人不愛其情。故天降膏露，地出醴泉，山出器、車，河出馬圖，鳳凰、麒麟皆在郊棷，龜、龍在宮沼，其餘鳥獸之卵胎，皆可俯而闚也。則是無故，先王能脩禮以達義，體信以達順故。句。此順之實也。」釋文：當，丁浪反。孼，又作「蠥」，魚列反。妖，又作「祅」。澧，本又作「醴」，音禮。棷，素口反，徐總會反，本或作「藪」。窺，本又作「闚」，去規反。

鄭氏曰：小洲曰渚，高平曰原。山者利其禽獸，渚者利其魚鹽，中原利其五穀，使各安其所，不易其利以勞敝之也。用水，謂漁人以時漁爲梁，「春獻鼈蜃，秋獻龜魚」是也。用火，謂司爟「四時變國火以救時疾」，及「季春出火」，「季秋納火」也。用金，謂廾人以時取「金、玉、錫、石」也。用木，謂山虞「仲冬斬陽木，仲夏斬陰木」。飲食，謂食齊視春時，羹齊視夏時，醬齊視秋時，飲齊視冬時。合男女，謂媒氏「令男三十而取，女二十而嫁」。頒爵位，謂司士「稽士任，進退其爵祿」也。用民必順，不奪農時也。昆蟲之災，螟螽之屬。無災疾者，言大順之時，陰陽和也。「天不愛其道」三句，言嘉瑞應，人情至也。膏猶甘也。器，謂若銀甕、丹甑也。馬圖，謂龍馬負圖而出。孔氏曰：禮緯斗威儀云「其政太平，山車垂鉤」，註云：「山車，自然之車。垂鉤，不揉治而自圓曲。」方氏慤曰：五行獨不言「土」，以飲食見之。飲食，土所生也。愚謂山者不使居川，渚者不使居中原，因乎地利而順之也。用水、火、金、木、飲食必時，因乎天時而順之也。用水、火、金、木、飲食之事甚廣，鄭氏所言，特畧舉其一端耳。合男女、頒爵位必當年、德，用民必順，因乎人情而順之也。自此以下，皆言順之所感而應也。說文云：「衣服、歌謠、草木之怪謂之妖，禽獸、蟲蝗之怪謂之孽。」順之所感，始於無烖害，而終於致嘉應，由淺而深也。山出器，謂出自然之器，鄭氏所謂「銀甕、丹甑」是也。山出車，謂出自然之車，孔氏所謂「山車垂鉤」是也。鳥不獝而巢在下，故可俯而闚其卵；獸不狘而近人，故可俯而闚其胎。天不愛其道者，風雨節而寒暑時，而天降膏露，則不愛其道之至也。地不愛其寶者，五穀稔而貨財殖，而地出醴泉，山出器、車，河出馬圖，則不愛其寶之至也。人不愛其情者，不獨親其親，不獨子其子，而仁心足以感鳥獸，則不愛其情之至也。無故，無他故也。脩禮以達義者，外脩禮制，而達之天下無不宜；體信以達順者，內體誠實，而達之天下無不順也。義者禮之理，禮者義之實，惟脩禮而後能達義；信者盡己之忠，順者循物之信，惟體信而後能達順也。然所謂大順者，亦不外於以禮義治人情而致之，則脩禮、達順亦非有二事矣。夫子感當時之衰，而有志於唐、虞、三代之治，而爲子游言禮義治天下，其體信達順至於如此，所謂「上下與天地同流」者，使夫子而得行其道，其功效固如此也。嗚呼！盛矣！　朱子曰：體信是忠，達順是恕。體信是無一毫之僞，達順是發而中節，無一物不得其所。又曰：信是實理，順只在和氣。體信是致中底意思，達順是致和底意思。

禮記卷二十三

禮器第十之一 別録屬制度。

此篇以忠信義理言禮，而歸重於忠信；以内心、外心言禮之文，而歸重於内心。蓋孔子禮樂從先進，禮奢寧儉之意。禮運言禮之行於天下，而極其效於大順，由體而達之於用也。此篇言禮之備於一身，而原其本於忠信，由外而約之於内也。二篇之義，相爲表裏。○方氏慤曰：形而上者謂之道，形而下者謂之器。道運而無名，器運而有迹。禮運言道之運，禮器言器之用。愚謂此以禮器名篇，亦以其在簡端耳，非有他義也。諸家多從「禮器」二字立説，似非本旨。今姑録方氏之説，以備一解云。

禮器，是故大備。大備，盛德也。禮釋回，增美質，措則正，施則行。其在人也，如竹箭之有筠也，如松柏之有心也。二者居天下之大端矣，故貫四時而不改柯易葉。故君子有禮，則外諧而内無怨。故物無不懷仁，鬼神饗德。釋文：錯，七路反，本又作「措」，又作「厝」，音同。

禮經緯萬端，人能以禮爲治身之器，則於百行無所不備，而其德盛矣。禮之爲用，能消人回邪之心，增人質性之美，而盛德充實於内矣。措諸身則無不正，施諸事則無不達，而盛德發見於外矣。箭，竹之小者。筠，竹之青皮也。大端，猶言大節。竹箭有筠，以貞固於其外；松柏有心，以和澤於其內。二物於天下，有此大節，故能貫乎四時，而枝葉無改。其在人身，則禮之釋回、增美，以充其德於內者，猶松柏之心；禮之措正、施行，以達其德於外者，猶竹箭之筠。故君子有禮，則外而鄉國，無不和諧，內而家庭，無所怨悔，人歸其仁，神歆其德，遠近幽明，無不感通，亦猶松柏之不改柯易葉也。○鄭氏云：「禮器，言禮使人成器，如耒耜之爲用也。人情以爲田，脩禮以耕之，此是也。大備，自耕至於食之而肥。」似以此篇爲承上篇而作。然上篇語意已盡，此篇之義與上篇不同，而其文體亦別，非一人所作也。

先王之立禮也，有本有文。忠信，禮之本也；義理，禮之文也。無本不立，無文不行。石經無「有文」二字。

忠信，謂存諸心者無不實，故爲禮之本；義理，謂見於事者無不宜，故爲禮之文。無本則見於事者爲具文，故禮不立；無文則存諸心者爲虛願，故禮不行。釋回、增美者，所以立其忠信之本；措正、施行者，所以達其義理之文。此一節乃一篇之綱領。

禮也者，合於天時，設於地財，順於鬼神，合於人心，理萬物者也。是故天時有生也，地理有宜也，人官有能也，物曲有利也。故天不生，地不養，君子不以爲禮，鬼神弗饗也。居山以魚鼈爲禮，居澤以鹿豕爲禮，君子謂之不知禮。

孔氏曰：忠信爲本易見，而義理爲文難睹，故此以下廣說義理爲文之事。君子行禮，必仰合天時，俯會地理，中趣人事。天時有生者，若春薦韭卵，夏薦麥魚是也。地理有宜者，若高田宜黍稷，下田宜稻麥是也。人官有能者，人居其官，各有所能，若司徒奉牛，司馬奉羊，及庖人治庖，祝治尊俎是也。物曲有利者，若麴蘖利爲酒醴，絲竹利爲琴笙是也。天不生，謂非時之物，若冬瓜夏橘，及李梅冬實之屬。地不養，若山之魚鼈，澤之鹿豕。君子不以爲禮，是不合人心；鬼神弗饗，是不順鬼神也。方氏慤曰：以陽生於子，故祀天於冬之日至；以陰生於午，故祭地於夏之日至。以飲養陽氣，故饗、禘於春；以食養陰氣，故食、嘗於秋。此禮所以合於天時者也。黍稷之馨，足以爲簠、簋之實；水土之品，足以爲籩、豆之薦。貨無常，以示遠物之致；幣無方，以別土地之宜。此禮所以設於地財者也。以天之高，故燔柴於壇；以地之深，故瘞埋於坎。以魂氣歸於天，故焫蕭以求陽；以形魄歸於地，故祼鬯以求陰。此禮所以順於鬼神者也。以人莫不有男女之別，故制爲夫婦之禮；莫不有君臣之分，故制爲朝、覲之禮；莫不有追遠之心，故制爲喪、祭之禮；莫不有合歡之情，故制爲燕、饗之禮。此禮所以合於人心者也。火田不於昆蟲未蟄之時，罻羅必於鳩化爲鷹之後。獺祭魚，然後虞人入澤梁；豺祭獸，然後田獵。此禮所以理萬物者也。禮本乎天，而還以事天，出乎人，而還以治人，則是以天合天，以人合人也，故曰「合」。地則效法焉，故曰「設」。鬼神不可遺也，故曰「順」。萬物有成理也，故曰「理」。韭生於春，黍生於秋，稻生於冬，所謂「天時有生」也。山林宜毛物，川澤宜鱗物，邱陵宜羽物，墳衍宜介物，所謂「地理有宜」也。籧篨蒙璆，戚施直鎛，聾聵司火，瞽矇脩聲，所謂「人官有能」也。水之潤下，火之炎上，木之曲直，金之從革，所謂「物曲有利」也。上言「鬼神」，而下不言，以天地兼之也。以天所不生者爲禮，則逆天之時矣；以地所不養者爲禮，則逆地之理矣。天時地理之不可逆如此，則人宜、物曲可知。言地所不養之物，而不及天所不生者，亦擧此以見彼也。劉氏彝曰：君子謂之不知禮者，禮以致其敬爲本，不求物之所難得也。愚謂曲，偏也，如「其次致曲」之曲。物曲有利，言物之材質，偏有所利也。「合於天時」五句，以制禮之大體言之也。「天時有生」四句，又專以行禮之所用言之也。上言「鬼神」，而下不言者，蓋鬼神體物不遺，天地之所生養莫非鬼神之所爲，不可專指一事爲言也。又言「天不生，地不養」，「鬼神弗饗」，正以鬼神卽天地之功用，而非有二也。

故必擧其定國之數，以爲禮之大經。禮之大倫，以地廣狹；禮之薄厚，與年之上下。是故年雖大殺，衆不匡懼，則上之制禮也節矣。釋文：殺，色戒反，徐所例反。恇音匡，又邱往反。

應氏鏞曰：定國，猶立國也。愚謂定國之數，謂一國所入賦稅之數也。經，常法也。倫，次第也。地有廣狹，年有上下，合此二者，而定國之數可見矣。然後斟酌其禮之次第薄厚，以爲行禮用財之常法也。禮之大倫，以地廣狹，因乎地理之所宜也。禮之薄厚，與年之上下，因乎天時之所生也。殺，謂穀不熟也。匡猶恐也。雖凶歉而衆不恐懼，以上之制禮有節，有餘財以爲凶年之備也。

禮，時爲大，順次之，體次之，宜次之，稱次之。釋文：稱，尺證反，後皆同。

方氏愨曰：天之運謂之時，人之倫謂之順，形之辨謂之體，事之義謂之宜，物之平謂之稱。項氏安世曰：五者，自綦大至極細也。

堯授舜，舜授禹，湯放桀，武王伐紂，時也。詩云：「匪革其猶，聿追來孝。」釋文：革，紀力反。○

革，詩作「棘」。猶，詩作「欲」。聿，詩作「遹」。

禮之因革損益，必隨乎時，而嬗、授、放、伐，尤隨時中之大者也。自「倫」以下，皆禮之經，而時者乃禮之權，非有聖人之德而居天子之位，不能乘時創制，以達天下之大權，故禮莫大乎此。詩，大雅文王有聲之篇。革，急也。猶，謀也。言文王作豐邑，非急於成己之所謀，乃所以追先人之志，而來致其孝耳。引之者，言湯、武放伐，亦所以追堯、舜之道，事雖異而道則同也。蓋嬗、授之跡易白，而放、伐之心難明，故引詩以證之如此。

天地之祭，宗廟之事，父子之道，君臣之義，倫也。

王者事天如事親，事死如事生。天地之祭，宗廟之事，與夫子之所以事父，臣之所以事君，皆倫常之大者也。人道莫大於五倫，故順次於時。

社稷山川之事，鬼神之祭，體也。

鄭氏曰：天、地、人之別體也。孔氏曰：社稷山川是地之別體，神是天之別體，鬼是人之別體。愚謂鬼，謂若先帝及百辟卿士之有益於民者。神，謂天神、日、月、星辰之屬。社稷、山川、鬼神，其祭之之禮，由天地宗廟而分，猶人之四體由身而分也。三者之祭，其尊次於天地宗廟，故體次於順。

喪祭之用，賓客之交，義也。

喪之主於哀，祭之主於敬，此所謂宗廟之道，父子之親也。若其所用之財物，與夫賓客之交際，其事各有所宜者，所謂義也。喪祭之用，於哀敬爲末，賓客之交，視鬼神爲輕，故又次於體。

羔、豚而祭，百官皆足，大牢而祭，不必有餘，此之謂稱也。

鄭氏曰：足猶得也。稱，謂稱牲之大小以爲俎。此指謂助祭者耳，而云「百官」，喻衆也。愚謂羔，小羊。豚，小豕。王制「大夫士有田則祭，無田則薦」，鄭氏謂「大夫薦用羔，士薦用豚」，即此「羔、豚而祭」是也。百官，謂助祭之人。皆足，謂牲之體骨足以徧及助祭者也。蓋薦則助祭者少，又牲小而俎骨亦小，大牢而祭，則助祭者多，又牲大而俎骨亦大，故羔、豚非不足，而大牢非有餘，由其稱乎大小多寡之分故也。蓋禮之得宜爲義，就其得宜之中，又酌乎多寡大小之分，則謂之稱，故又次於宜。

諸侯以龜爲寶，以圭爲瑞。家不寶龜，不藏圭，不臺門，言有稱也。

孔氏曰：此一節還明上經稱次之事也。以禮主威儀，尊卑大小，多少質文，各有所宜，其稱非一，故從此以下，更廣明爲稱之事。諸侯以龜爲寶者，諸侯有守土之重，宜須占詳吉凶，故以龜爲寶。以圭爲瑞者，諸侯之於天子，如天子之於天也，天子得天之物，謂之瑞，故諸侯受封於天子，天子與之圭，亦謂之瑞。書云「輯五瑞」，又云「班瑞於羣后」，是也。云「圭」不云「璧」，從可知也。家，卿大夫也。大夫卑輕，不得寶龜，故臧文仲居蔡爲僭。卿大夫不得執玉，故不得藏圭。愚謂以龜爲寶者，龜之大者尤神，君自寶之，以占國之大事。大誥言「寧王遺我大寶龜」，左傳衛有「成之昭兆」，春秋「盜竊寶玉、大弓」，公羊傳云「龜青純」，皆謂此也。若尋常所用之龜，掌於卜人者，不得謂之寶也。大夫所卜之龜，蓋與卜人所掌者同，不得藏此大龜以爲寶也。卿大夫執禽摯，雖得爲君執瑑圭以聘，而不得家自藏之也。臺門，謂於門之兩旁築土爲臺，高出於門，望之闕然，故謂之闕。周禮所謂「象魏」，左傳所謂「觀臺」是也。天子諸侯臺門，所以懸法象，望氛祲，大夫不得爲也。○孔氏曰：案三正記、白虎通，天子之龜尺二寸，諸侯一尺，大夫八寸。彼謂卜龜。士亦有龜，故士喪禮「卜宅」是也。兩邊築闍爲基，基上起屋，曰臺門。諸侯有保捍之重，故爲臺門。愚謂漢書食貨志云：「元龜尺二寸。」此龜之最大者，天子所寶之龜也。諸侯一尺，即諸侯所寶之龜也。大夫八寸，則尋常所卜之龜，與卜人所掌同，孔氏所謂「卜龜」也。然寶龜未嘗不用以卜，特非大事不輕卜耳。爾雅：「闍者謂之臺，有木者謂之榭。」孔氏謂「築土爲基，基上起屋」，則榭而非臺矣。臺門之設，亦與保捍無與。○此章言禮之義，有「時」以下五者，此下十章，皆以雜明此章之義也。

禮有以多爲貴者：天子七廟，諸侯五，大夫三，士一。

說見王制。

天子之豆二十有六，諸公十有六，諸侯十有二，上大夫八，下大夫六。

鄭氏曰：豆之數，謂天子朔食，諸侯相食及食大夫。公食大夫禮曰：「宰夫自東房薦豆六，設于醬東。」此食下大夫而豆六，則其餘著矣。聘禮「致饔餼於上大夫，堂上八豆，設于户西」，則凡致饔餼，堂上之豆數亦如此。周禮：「公之豆四十，其東西夾各十有二。侯伯之豆三十有二，其東西夾各十。子男之豆二十有四，其東西夾各六。」　愚謂周禮醢人朝事之豆八，饋食之豆八，加豆八，羞豆二，合爲二十六。天子全用之，而公以下遞減焉。公食禮下大夫六豆，韭菹、醓醢、昌本、麋臡、菁菹、鹿臡，此朝事之六豆也。以此差而上之，則上大夫全用朝事之八豆，諸侯加以饋食之四豆而爲十二，諸公兼用朝事、饋食之豆而爲十六也。聘禮「致饔餼」，「堂上八豆」，「西夾六豆」，皆云「韭菹」「醓醢」，則凡東西夾之豆實與堂上同，但其數減於堂上耳。○孔氏曰：皇氏云：「天子之豆二十有六者，天子庶羞百二十品，籩、豆各六十。今云『二十六』者，説堂上數也。」今案庶羞與正羞別。此上大夫八豆，下大夫六豆，皆爲正羞。天子二十六豆，亦爲正羞，故熊氏以爲正羞百二十罋之等。皇氏以爲庶羞，其義非也。愚謂皇氏以天子二十六豆爲庶羞，固非；而熊氏以爲正羞百二十罋之等，其説亦尚未晰。周禮膳夫「王醬用百有二十罋」，醯人「王舉，共齏菹醯物六十罋」，此謂實於罋而陳之者有此數耳。掌客上公「飧五牢，食四十，簠十，豆四十，鉶四十有二，壺四十，鼎、簋十有二，腥三十有六，皆陳。饔餼九牢，其死牢如飧之陳，牽四牢，米百有二十筥，醯醢百有二十罋。」是豆配死牢，醯醢百二十罋配生牢，其所用不同，非可合而言之也。又醯醢百二十罋，皆豆實也。若籩實，則見於籩人者，惟朝事、饋食、加籩、羞籩之實而已，初無所謂「六十籩」者。且籩實惟用於飲酒，不用於食。皇氏「籩、豆各六十物」之説尤謬，而孔氏亦未之辨也。○此節所言，謂食禮之豆數也。若饗神之豆數，則王亦全用二十六豆，而諸侯朝事、饋食、加豆皆減其二，爲十八豆，加以羞豆二，爲二十豆，五等諸侯同也。少牢賓尸惟四豆，蓋大夫饗、燕之禮，上下大夫同也。又左傳周公閱聘魯，饗之有昌歜、白、黑、形鹽，閱以備物辭。昌歜即朝事豆實之昌本也。是天子三公饗禮無昌本，而公食大夫禮六豆乃有昌本，饗、食法異也。又少牢賓尸禮亦有昌菹，蓋大夫饗、燕禮惟用四豆，遠降於諸侯，故得用昌菹優之也。

諸侯七介、七牢，大夫五介、五牢。

介，副也。牢，謂主國所致饔餼之牢數也。七介、七牢，侯伯之禮；五介、五牢，侯伯之卿也。上公九介、九牢，侯伯七介、七牢，子男五介、五牢。卿大夫出聘，其介各降其君二等，牢數則君以爵等，五等之卿同牢。○孔氏云「不云『天子』者，天子無介，牢禮無等」，非也。周禮鬯人「王弔臨，則共介鬯」，是天子非無介矣。左傳吳徵百牢於魯，子服景伯曰：「周之王也，制禮，上物不過十二。」是天子十二牢也。天子之介，由上公差而上之，亦當十二也。

天子之席五重，諸侯之席三重，大夫再重。釋文：重，直龍反，下同。

陸氏佃曰：天子之席五重，書曰「敷重篾席」，「敷重筍席」，則凡王席重設，行葦傳曰：「設席，重席也。」周官司几筵：「設莞筵紛純，加繅席畫純，加次席黼純。」席皆重設，是以謂之五重。凡禮，對文則別，散文則通，筵或謂之席，席亦謂之筵也。又天子五重，諸侯三重，筵皆單設，席則重也。大夫再重，有筵則席亦單設，無加席，則筵蓋重爾。公食大夫禮「蒲筵常，緇布純，加萑席尋，玄帛純」，萑席蓋亦單設。大射儀曰「司宮兼卷重席，設于賓左」，此筵亦重設也。是以謂之重席。而鄭謂「公食大夫孤爲賓則莞筵紛純，加繅席畫純」，是不知司几筵「加繅席」重設，主諸侯三重言之，公食大夫「加萑席」，主大夫再重言之，萑席單設而已。愚謂凡席以一爲一重，司几筵王「莞筵紛純，加繅席畫純，加次席黼純」，繅席、次席皆重設，并莞筵爲五重也。書言「敷重篾席」，篾席即次席也。據其在上之席而言重，則繅席亦重可知。又司几筵諸侯「莞筵紛純，加繅席畫純」，繅席亦重設，則三重也。大夫之席，則公食記云「蒲筵常，緇布純，加萑席尋，玄帛純」，筵與席皆單設，則再重也。鄉飲酒、鄉射禮「蒲筵布純」，士冠禮「蒲筵二在南」，是士席蒲筵而已。○熊氏謂天子之席五重爲大祫之席，以司几筵言「三重」爲時祭之席。是不知司几筵之繅席、次席皆重設，而强爲區別也。然司几筵云「凡大朝、覲、大饗、射，凡封國，命諸侯」，「設莞筵紛純，加繅席畫純，加次席黼純。祀先王昨席亦如之」。此皆重禮而設席如此，其餘事當有差降。顧命有篾席、底席、豐席、筍席，蓋天子之席，其加於上者有此四種，各因禮之重輕而用之也。天子如此，則諸侯之席，以莞筵加繅席爲三重者，亦惟祭、祀、饗、射大禮用之，而其餘當有所降也。又公食大夫禮蒲筵加萑席爲再重，大射禮賓有加席，蓋與公食禮同。至燕禮之賓，大射及燕禮之卿大夫，則無加席。又鄉飲酒禮「大夫再重」，再重者，一種席而重設之也。是大夫之席隆殺有三等，則天子諸侯設席之重數亦必以禮之輕重爲隆殺矣。○司几筵諸侯「昨席莞筵紛純，加繅席畫純。筵國賓于牖前，亦如之」。國賓，謂諸侯爲賓者。鄭氏兼諸侯來朝、孤卿大夫來聘者言之，非也。大夫之席，蒲筵加萑席，公食禮有明文。孤卿之席，蓋亦與此同，以五等諸侯無異席推之可知也。然大夫席再重，而鄉飲酒禮「公三重」者，蓋以一種席爲三重，與諸侯之三重不同。鄉飲酒又云「公升，辭一席，使一人去之」，則不過暫設以優之，而究亦止於再重而已。

天子崩，七月而葬，五重八翣；諸侯五月而葬，三重六翣；大夫三月而葬，再重四翣。此以多爲貴也。

鄭氏曰：重，謂抗木與茵也。葬者抗木在上，茵在下。士喪禮下篇陳器，曰「抗木橫三縮二，加抗席三，加茵，用疏布，緇翦，有幅，亦縮二橫三」。此士之禮一重者。愚謂士喪禮陳器，「抗木」之上又有「折」。蓋古之爲椁，累木於棺之四旁，而上下不周，故其下藉之以茵。既不棺，加折於其上，次加抗席，次加抗木。茵也，折也，抗席也，抗木也，四者備爲一重。由士禮之一重者推之，則所謂「再重」「三重」「五重」者皆可見矣。翣，形如扇，以木爲匡，衣以白布而畫之，在路以障柳車，入壙以障柩。喪大記曰君「黼翣二，黻翣二，畫翣二」，大夫「黻翣二，畫翣二」。周禮縫人註云：「漢制，天子有龍翣二，」是天子龍翣、黼翣、黻翣、畫翣各二，爲八翣也。○鄭氏謂「上公四重」，無據。

有以少爲貴者：天子無介，祭天特牲。天子適諸侯，諸侯膳以犢。釋文：犢音獨，本亦作「特」。

鄭氏曰：天子無介，無客禮也。孔氏曰：爲賓用介，天子以四海爲家，既不爲賓客，故無介，謂無以客禮陳擯介也。其實餘事亦有介，故鬯人「共介鬯」，是天子臨鬼神，使介執鬯也。特，一也。天神尊，貴質，故止一牛也。諸侯事天子，如天子事天，故天子巡守，適諸侯境上，諸侯奉膳亦止一牛而已。愚謂兩君相見，列擯介以交辭，天子無客禮，故雖有介而不陳之以交辭，故曰「無介」。膳，謂殷膳也。掌客：「王巡狩、殷國，國君膳以牲犢。」於祭天言「特牲」，於膳天子言「犢」，互見之也。宗廟社稷用大牢，而祭天惟特牲，諸侯之禮，殷膳大牢，而天子惟用犢，皆貴少也。

諸侯相朝，灌用鬱鬯，無籩、豆之薦。大夫聘禮以脯、醢。釋文：朝，直遥反。

灌，獻也。灌用鬱鬯者，朝享禮畢，主君酌鬱鬯之酒以禮賓也。大行人上公「王禮再祼而酢」，侯伯「一祼而酢」，子男「一祼不酢」。諸侯相朝之禮亦然。無籩、豆之薦者，凡獻酒必薦籩、豆，惟鬱鬯之灌則無之。蓋至敬不饗味而貴氣臭，不敢以此褻之也。脯，籩實。醢，豆實。大夫聘禮之以醴而加以脯、醢，則有籩、豆之薦矣。是貴其無籩、豆之少，卑其有籩、豆之多也。○孔疏謂祭天無鬱鬯、諸侯膳天子亦無鬱鬯爲尊，諸侯相朝用鬱鬯爲卑，非也。鬱鬯之灌，天子宗廟固用之矣，特祭天不用耳。且諸侯殷膳大牢，亦未嘗有鬱鬯也。祭天特牲，對社稷宗廟用大牢而言；天子適諸侯，膳以犢，對諸侯殷膳用大牢而言。此節又自以朝、聘相對爲義，與上文初不比附，未嘗以鬱鬯之有無別多少也。

天子一食，諸侯再，大夫士三，食力無數。

孔氏曰：食猶飧也。天子以德爲飽，不在食味，故一飧；諸侯德降天子，故再飧；大夫士德轉少，故三飧。食力，謂工、商、農、庶人之屬，以其無祿代耕，陳力就業乃得食，故呼食力。此等無德，以飽爲度，故飧無數。愚謂食一口謂之一飯，再謂連食二口，三謂連食三口也。孔氏以一飯、再飯、三飯爲告飽之節，非也。特牲禮尸三飯告飽，侑至七飯；少牢禮尸七飯告飽，侑至十一飯。是飯之侑皆以四爲節，則諸侯九飯告飽，侑至十三飯；天子十一飯告飽，侑至十五飯也。少牢禮「上佐食舉牢肺正脊授尸」，尸「食舉，三飯。上佐食舉尸牢幹」，乃又食。是士三飯告飽，須侑乃舉牢體再食。大夫三飯雖未告飽，亦連食三口則止，舉牢體乃再食也。天子禮極文，故食一口卽止，舉牢體乃再食；諸侯禮稍簡，故食二口則止，舉牢體乃再食；大夫士禮又簡，故食三口則止，舉牢體乃再食也。食力無數者，禮不下庶人也。

大路繁纓一就，次路繁纓七就。釋文：繁，步干反。

鄭氏曰：大路繁、纓一就，殷祭天之車也。周禮「王之五路」：「玉路繁、纓十有二就」，「金路九就」，「象路七就」,「革路五就」,「木路翦繁、鵠纓」。孔氏曰:殷質,以木爲路,無別雕飾,乘以祭天,謂之大路。繁,謂馬腹帶也。纓,鞅也。染絲而織之曰罽,五色一帀曰就。就,成也。言五色帀一成。車既樸素,故馬亦少飾,止一就也。次路供卑用,故就多。方氏慤曰:殷尚質,故就之少者爲大,多者爲次。周則以多爲貴,故玉路十有再就。郊特牲言「先路三就,次路五就」,彼謂繼先路之次路也。此言「七就」,謂繼次路而又次者也。周路有五,則殷固不止於三路矣。

圭、璋特,琥、璜爵。釋文:琥音虎。又作「虎」。璜音黄。

鄭氏曰:圭、璋特,朝、聘以爲瑞,無幣帛也。琥、璜爵,天子酬諸侯,諸侯相酬,以此玉將幣。孔氏曰:圭、璋,玉中之貴也。特,謂不用他物媲之也。聘禮曰聘君以圭,夫人以璋。典瑞云:「公執桓圭,侯執信圭,伯執躬圭。」諸侯以相見及朝天子,是圭、璋朝、聘以爲瑞,皆無幣帛,表德特達,不加物也。若聘禮行享之時,則璧以帛,琮以錦。是加束帛。又小行人云以玉「合六幣,圭以馬」,註云:「二王之後享天子。」「璋以皮」註云:「二王之後享后。」皮馬不上堂,惟圭、璋特升,亦是圭、璋特義也。琥、璜,是玉劣於圭、璋者也。天子饗諸侯,或諸侯自相饗,至酬酒時,則有幣,將送酬爵,又有琥、璜之玉將幣,故云「琥、璜爵」。琥、璜既賤,不能特達,故附爵乃通也。案聘禮禮賓之幣束帛乘馬。又「致饗以酬幣」,「致食以侑幣」,鄭云:「禮,束帛乘馬,亦不是過也。」則諸侯於聘賓唯用束帛乘馬,皆不用玉。今琥、璜送爵,故知是天子酬諸侯,及諸侯自相酬也。愚謂圭、璋特有二義:朝、聘用圭璋,無束帛之藉,一也。六幣,圭以馬,璋以皮,皮馬不上於堂,二也。上是正義,下是兼義。半圭曰璋,爲虎形曰琥，半璧曰璜。

鬼神之祭單席。

孔氏曰：神道異人，不假多重自温故也。　愚謂此謂祭外神之席，若司几筵「甸役則設熊席」，是也。其宗廟之祭，則司几筵祀先王「設莞筵紛純，加繅席畫純，加次席黼純」，「諸侯祭祀席蒲筵繢純，加莞席紛純」，皆不單也。

諸侯視朝，大夫特，士旅之。此以少爲貴也。

鄭氏曰：謂君揖之。　孔氏曰：特，獨也。旅，衆也。君出路門視諸臣之朝，若大夫則君人人揖之，若士則不問多寡，而君衆共一揖之也。大夫貴，故人人得揖；士賤，故衆共得一揖。是以少爲貴。此諸侯所尊者少，故大夫特，士旅之。若天子之朝，所尊者多，故司士云「孤卿特揖，大夫以其等旅揖，士旁三揖」，是也。

有以大爲貴者：宫室之量，器皿之度，棺椁之厚，丘封之大，此以大爲貴也。釋文：量音亮。皿，命景反，字林音猛。

方氏慤曰：周官典命宫室以命數爲節，自上公至子男，以九、以七、以五爲節，此宫室以大爲貴也。天子之路謂之大路，弓謂之大弓，斗謂之大斗，俎謂之大房，此器皿以大爲貴也。尊者之棺，至於四重，卑者止於一重，椁則周於棺，此棺椁以大爲貴也。周官冢人「以爵等爲丘封之度」，此丘封以大爲貴也。量，言其所容。度，言其所至。度、量，宫室、器皿皆有之，於宫室言「量」，於器皿言「度」，互相備也。　愚謂器皿以大爲貴，若天子之弓合九成規，諸侯合七成規，大夫合五成規；牛鼎之扃三尺，腳鼎二尺之類。至車之淺深廣狹，其制有定，君路曰大路，特尊其名耳。

有以小爲貴者：宗廟之祭，貴者獻以爵，賤者獻以散；尊者舉觶，卑者舉角。釋文：散，悉旦反。

鄭氏曰：凡觴，一升曰爵，二升曰觚，三升曰觶，四升曰角，五升曰散。　陸氏佃曰：貴者獻以爵，賤者獻以散，所謂「尸飲五，君洗玉爵獻卿」；「尸飲九，以散爵獻士」。　愚謂獻，謂獻尸也。君夫人獻尸以爵，諸臣爲加爵用散。　明堂位「爵用玉琖仍雕，加以璧散、璧角」，是也。是貴者獻以爵，賤者獻以散也。　案特牲禮，兄弟弟子舉觶於其長，爲旅酬之始，又賓弟子及兄弟弟子各舉觶於其長，爲無算爵之始，而無舉角之事。特牲禮主人獻尸以角，又郊特牲云「舉斝、角，詔妥尸」，此雖皆用角，然與卑者舉角之義不相當。　疑天子諸侯尸有旅酬之禮，酬尸用觶，而爲尊者之所舉；至賓與兄弟相酬，避尸之所用，故旅酬降而用角，而爲卑者之所舉與？○考工記梓人：「爲飲器，爵一升，觶本作「觚」，鄭氏云「當作觶」。三升。」是爵與觶以木爲之，觚、角、散亦皆木爲之可知。　朱子紹興禮器圖爵範銅爲之，蓋後世之制耳。　其形製，則朱子圖謂「兩柱三足，有流有鋬」者當得之。　祭統「尸酢夫人執柄，夫人授尸執足」，孔疏謂柄爲尾，即朱子圖所謂「鋬」也。　聶氏崇義云「今祭祀之爵，刻木爲爵，立方板上，失之矣」，然其圖乃仍爲爵立方板，誤也。　觚爲稜角，故謂之觚。　周禮鬯人「凡疈事，用散尊」，鄭氏謂「無飾曰散」，然則散爵亦無飾者也。　散爵無飾，則爵、觚、觶、角皆刻畫爲飾矣。　天子諸侯之爵，飾以玉謂之玉爵，飾以瑶謂之瑶爵，其角與散，或以璧飾之，謂之璧散、璧角。大夫士所用之爵，蓋但有疏刻而無他飾與？

五獻之尊，門外缶，門内壺。君尊瓦甒。此以小爲貴也。釋文：甒音武。

鄭氏曰：壺大一石，瓦甒五斗，缶大小未聞。易曰：「尊酒簋貳，用缶。」愚謂子男饗禮五獻，五獻之尊，饗子男所用之尊也。瓦甒，卽燕禮之「瓦大」也。士冠禮「側尊一甒醴」，聘禮「醴尊于東箱，瓦大一」，是甒與大皆可以盛醴，又皆瓦爲之，其爲一器無疑。此「瓦甒」，蓋亦以盛醴，以爲君尊；壺與缶，皆以盛酒，壺以爲卿大夫之尊，缶以爲士旅食者之尊也。燕禮兩方壺在東楹之西，以爲卿、大夫、士之尊；兩圜壺在門西，以爲士旅食者之尊。此兩君相饗，故惟君尊設於堂上，而卿、大夫、士之尊設於門内，士旅食者之尊設於門外也。燕禮卿、大夫、士之尊爲方壺，士旅食者之尊爲圜壺，豈所謂「圜壺」者卽缶與？

有以高爲貴者：天子之堂九尺，諸侯七尺，大夫五尺，士三尺。天子諸侯臺門。此以高爲貴也。

堂九尺，謂堂廉至地之度也。天子堂九尺，而階九等，盡等至堂，復爲一級，則每等不及一尺也。諸侯堂七尺，階七等；大夫堂五尺，階五等；士堂三尺，階三等。

有以下爲貴者：至敬不壇，埽地而祭。

至敬，謂祭天也。封土曰壇，除地曰墠。埽地，卽墠也。祭法曰「燔柴於泰壇」，「瘞埋於泰折」。周禮大司樂「圜鍾爲宮」，「於地上之圜丘奏之」；「函鍾爲宮」，「於澤中之方丘奏之」。蓋天地之祭，燔柴、瘞埋及奏樂皆於壇，而行祭禮則在墠也。陳用之謂「祭天無兆」，非也。祭天之所，中爲圜壇，壇下爲墠，墠外有壝，壝卽兆也。郊特牲言「兆於南郊」，是也。小宗伯但言「兆五帝」，不言兆上帝、地祇，蓋舉其次以明其上。大宰言「祀五帝」，掌「誓戒」「具脩」等事，而不言上帝，亦此義也。

天子諸侯之尊廢禁，大夫士棜、禁。此以下爲貴也。釋文：棜，於據反。

鄭氏曰：廢猶去也。棜，斯禁也。謂之棜者，無足，有似於棜，或因名云耳。大夫用斯禁，士用棜禁，如今方案，隋長局足，高三寸。孔氏曰：天子諸侯之尊廢禁者，司尊彝鬱鬯之尊用舟以承之，犧象等六尊皆不用舟。又燕禮諸侯之法：「瓦大兩，有豐。」是無禁也。棜及禁皆長四尺，廣二尺四寸，深五寸，漆赤中，畫青雲氣，菱苕華爲飾。棜上有四周，下無足，似木轝之棜，故因名爲棜。此謂之棜，鄉飲酒禮謂之「斯禁」。禁局足，高三寸，刻其足爲褰帷之形。謂之禁者，因爲酒戒也。玉藻云「大夫側尊用棜，士用禁」，鄉飲酒大夫禮云「兩壺斯禁」，是大夫用斯禁也。士冠禮、士昏禮承尊皆用禁，是士用禁也。鄉射是士禮，而用斯禁者，以禮樂賢從大夫也。特牲士禮，而云「棜禁在東序」，祭尚厭飫，不爲神戒也。愚謂鄭註此記云「士用棜禁」，是禁又名棜禁也。特牲禮「棜禁在東序」，鄭註云：「祭尚厭飫，故與大夫同。」是棜禁卽棜。二註不同，疑此註爲是。蓋上之四周者謂之棜，棜下之足謂之禁。大夫之棜無足，故但謂之棜。鄉飲酒禮謂之「斯禁」，斯，滅也，斯禁，言其切地無足也。士之棜有足，故謂之禁，又謂之「棜禁」，特牲禮「棜禁饌于東序」，是也。

禮有以文爲貴者：天子龍袞，諸侯黼，大夫黻，士玄衣纁裳。釋文：卷，本文作「袞」，同古本反。熏字又作「纁」，許云反。

孔氏曰：人君因天之文章以表於德，德多則文備，故天子龍衮，諸侯以下文稍少也。上公亦衮，侯伯鷩，子男毳，孤卿希，大夫元士爵弁、玄衣、纁裳。今言「諸侯黼，大夫黻」者，熊氏云：「諸侯九章、七章以下，其中有黼，孤希冕而下，其中有黻，特舉黼、黻而言耳。詩采菽云『玄衮及黼』，是特言黼也。終南篇云『黻衣、繡裳』，是特言黻也。」

天子之冕，朱綠藻，十有二旒，諸侯九，上大夫七，下大夫五，士三。此以文爲貴也。釋文：繅，本又作「璪」，亦作「藻」，同子老反。

藻，雜采也。冕以雜采絲繩爲旒。天子之冕藻五色，而云「朱綠藻」者，謂五采之中有此二色也。十有二旒，十二章之服之冕也。諸侯九旒，謂上公也。上大夫七者，天子之卿六命，加一命而爲侯伯，則鷩冕七旒也。下大夫五者，天子之中下大夫四命，加一命而爲子男，則毳冕五旒也。士三者，天子之上士玄冕三旒也。○孔疏以此爲夏、殷制，謂「周家冕旒隨命數，士但爵弁無旒」，非也。冕旒隨命數，五等諸侯則然，爵弁無旒，諸侯之士則然，而非可以論天子之卿、大夫、士也。王制：「三公一命衮。」三公八命，加一命而服衮冕九旒，則三公之不加命者宜服鷩冕矣。以此差之，則孤卿六命，宜服毳冕，加一命爲侯伯，則服鷩冕七旒也。大夫四命，宜服希冕，加一命爲子男，則服毳冕五旒也。大夫希冕，則上士玄冕宜矣。若天子三等之士但服爵弁，則自希冕以下頓降二等，非禮之差次也。希冕三旒，則玄冕宜一旒，而曰「士三」者，蓋冕必有旒，而一旒不可以爲飾，故進而與希冕同，禮窮則同也。司服冕之服有六，而弁師僅言「五冕」，蓋以冕配服則爲六，而冕則止有五，則希冕服、玄冕服同冕可知矣。

有以素爲貴者：至敬無文，父黨無容。

至敬無文者，謂祭天襲大裘而不裼也。衣以裼爲文，以襲爲質。容，謂趨翔爲容。士相見禮曰：「庶人見于君，不爲容，進退走。」父黨至親，故見之不爲趨翔之容也。

大圭不琢，大羹不和，大路素而越席，犧尊疏布鼏，樿杓。此以素爲貴也。釋文：琢字又作「瑑」，丈轉反。徐又依字，丁角反。大羹，音泰，和，胡卧反。越音活。犧，鄭素何反，王如字。幎，本又作「冪」，又作「鼏」，莫歷反。樿，章善反，又市戰反。杓，市灼反。○鄭註：鼏，或作「幕」。

鄭氏曰：大圭長三尺，杼上，終葵首。琢當爲「篆」，字之誤也。明堂位曰：「大路，殷路也。」樿，白理木也。孔氏曰：大圭，天子朝日月之圭也。但杼上，終葵首，而無琢桓蒲之文，尚質之義也。大羹，肉汁也。不和，無鹽梅也。大古初變腥，但煮肉而飲其汁，未知調和，後人祭既重古，但盛肉汁，謂之大羹。犧尊者，先儒云：「刻尊爲犧牛之形。」鄭云：「畫尊作鳳羽婆娑然，故謂娑尊。」疏，麤也。鼏，覆也。以麤布爲巾以覆尊也。冪人云：「祭祀，以疏布巾冪八尊。」陸氏佃曰：凡木不飾爲樿，樿櫛、樿杓是也。若龍勺、疏勺、蒲勺，則於勺加飾矣。愚謂大路素者，謂祭天之大路質素而無金玉之飾也。越，結也。結草爲席，謂之越席。禮運言「越席」，謂祭宗廟之席，結蒲莞爲之者也。此言「越席」，與「大路」連文，謂祭天之席，結藁秸爲之者也。犧尊，阮氏禮圖云：「畫以牛形。」周禮先鄭註謂「以翡翠爲飾。」聶氏禮圖云：「禮器『犧尊在西』，注云：『犧，周禮作獻。』又詩頌毛傳說，『用沙羽以飾尊』。

然則毛鄭「獻」「沙」二字讀與「婆娑」之娑義同，皆謂刻鳳凰之象於尊，其羽形婆娑然。又詩傳疏說，王肅註禮，以犧、象二尊並全刻牛、象之形，鑿背爲尊。」今按司尊彝雞彝、鳥彝、虎彝、蜼彝、犧尊、象尊皆以鳥獸名其器，則其形製當相似。雞彝、鳥彝、虎彝、蜼彝，先儒皆以爲刻而畫之爲其象，則犧尊、象尊亦然。阮氏之說是也。若如後鄭之說，則犧尊與鳥彝無別，如先鄭之說，則虎彝、蜼彝豈亦以虎、蜼爲飾耶？至謂「爲牛形而鑿其背爲尊」，此雖在古器或有之，魏時，魯郡地中得齊大夫子雅送女器，有尊作犧牛形。晉永嘉中，曹嶷於青州發齊景公冢，得二尊，亦作牛形。然形製詭異，置之六彝、六尊之列皆不倫，未可據以爲古天子諸侯宗廟之所用也。疏布所以冪尊，以素爲貴，但據疏布冪言之，因冪而連言「尊」，非以犧尊爲素也。杓卽勺也。然杓有加於尊而用以斞酒者，考工記梓人「爲飲器，勺一升」是也。有加於罍而用以斞水者，少牢禮：「司宮設罍水于洗東，有枓，」賈氏士冠禮疏謂「勺與枓爲一物」，是也。龍勺、疏勺，斞酒之勺也；樿杓，斞水之勺也。此節惟大路、越席爲祭天之事，若大圭則朝日所搢，大羹則凡祭皆有之，「犧尊」以下則祭宗廟之禮也。疏家見大路乘以祭天，遂欲於「犧尊」「樿杓」亦以祭天之說通之。又以祭天器用陶匏，不當用犧尊，則謂犧尊爲夏、殷禮，用陶爲周禮。又以杓爲爵，謂祭天爵不用玉，皆誤也。夏、殷質於周，夏、殷祭天用犧尊，而周顧用陶耶？祭天器用陶匏，以匏爲爵也，何以又用樿耶？○周禮冪人：「祭祀，以疏布巾冪八尊，以畫布巾冪六彝。」蓋宗廟有鬱鬯之灌，而天地無之，故言「八尊」於上者，以其爲祭天地、宗廟之所同也；言「六彝」於下者，以其爲祭宗廟之所獨也。鄭氏解「疏布巾」謂「祭天地尚質」，解「畫布巾」謂「宗廟可以文」。果如其言，則經文雖簡，亦不當止於如此矣。禮運言宗廟之禮而曰「疏布以冪」，此又以「疏布鼏」係「犧尊」言之，則疏布鼏不專用於祀天亦明矣。

孔子曰：「禮不可不省也。禮不同、不豐、不殺。」此之謂也。蓋言稱也。釋文：殺，所戒反，又所例反。

孔氏曰：省，察也。禮既有諸事，所趣不同，不察則無由可知。不同，謂高下、大小、文素之異也。不豐者，應少不可多；不殺者，應多不可少也。馬氏晞孟曰：禮歸於稱，故豐之而不以爲有餘，殺之而不以爲不足。愚謂此引禮運孔子之言以結上文。不豐不殺，孔氏、馬氏之說不同，然其義皆通。

禮之以多爲貴者，以其外心者也。德發揚，句。詡萬物，大理物博，如此，則得不以多爲貴乎？故君子樂其發也。釋文：詡，況矩反。樂，五教反。○今按：樂音洛。

禮之多，大、高、文者，皆多之屬也。外心，謂發其心於外也。詡，普也，徧也。物猶事也。天地與聖人之德，發揚昭著，徧於萬物，其理至大，其事甚博，非備物不足以稱之。故君子之於禮樂，其發見於外，而極夫儀文之盛，凡以求稱乎德之盛大而已。

禮之以少爲貴者，以其內心者也。德產之致也精微，觀天下之物無可以稱其德者，如此，則得不以少爲貴乎？是故君子慎其獨也。

禮之少，小、下、素者，皆少之屬也。內心，謂專其心於內也。德產，猶德性也。致，極也。天地與聖人德性之極至，精深微妙，而物無可以稱之，故君子之於禮，必致慎於幽獨，務於在內之致誠，而不專事乎外之備物，凡以求象夫德之精微而已。蓋發揚者德之用，天地之大生廣生，聖人之位天育物，人之所得而見者也。精微者德之體，天地之於穆不已，聖人之至誠無息，人所不得而見者也。樂其發者，由內而推之於外，自忠信之本，而求盡夫義理之文也。愼其獨者，由外而約之於內，自義理之文，而歸極於忠信之本也。

古之聖人，內之爲尊，外之爲樂，少之爲貴，多之爲美。是故先王之制禮也，不可多也，不可寡也，唯其稱也。釋文：樂音洛。

孔氏曰：內極敬愼，而其理可尊；外極繁富，而其事可樂。極心於內，故外以少爲貴；極心於外，故外以多爲美。方氏慤曰：內外以心言，多少以物言。愚謂大禮必簡，故內心可尊，而物少之爲貴；稱情立文，故外心可樂，而物多之爲美。宜寡而多，則失其所爲貴，宜多而寡，則失其所爲美，是以行禮唯其稱也。

禮記卷二十四

禮器第十之二

是故君子大牢而祭謂之禮，匹士大牢而祭謂之攘。釋文：匹士，本或作「正士」。攘，如羊反。

孔氏曰：君子，大夫以上。大夫常祭少牢，遣奠及卒哭、祔用大牢，故祭用大牢而謂之禮。匹士，士也。士賤，不得特使，爲介乃行，故謂之匹。攘，盜也。士常祭特豚，遣奠、卒哭、祔少牢，若用大牢，則是盜竊君子之禮。愚謂大夫常祭少牢，殷祭大牢，故大牢而祭謂之禮。士常祭特牲，殷祭少牢，故大牢而祭謂之攘。此章以申明前章言「宜」之義。得其宜，故謂之禮；失其宜，故謂之攘。

管仲鏤簋、朱紘，山節、藻梲，君子以爲濫矣。釋文：紘音宏。梲，章悅反，依字當作「棳」。

鏤，刻也。簋即敦也。特牲禮前云「兩敦」，而後云「分簋、鉶」，是簋與敦一器而兩名也。周禮九嬪「贊玉齍」，少牢禮有金敦，士喪禮有廢敦、瓦敦。廢敦無足，瓦敦無飾，則士吉祭敦有飾矣。凡飾，金次玉，象次金。然則敦之飾，天子諸侯以玉，大夫以金，士以象與？鏤簋，謂鏤玉以飾簋也。紘，屈組爲之，繫於弁冕之笄以固冠者。天子朱紘，諸侯青紘，士緇組紘纁邊，大夫之紘未聞。節，柱頭斗栱也。

棁，梁上侏儒柱也。畫山於節，畫藻於棁，天子之廟飾也。濫，謂放溢而踰節也。鄭氏曰：宮室之飾，士首本，大夫達棱，諸侯斲而礱之，天子加密石焉，無畫山藻之禮也。○歐陽氏集古録曰：劉原父得古煮簋於扶風，簋容四升，其形外方內圓而小隋之，似龜，有首尾，有甲有腹。今禮家作簋，亦外方內圓，而其形如桶，但於其蓋刻爲龜形，與原父所得真古簋不同也。愚謂士喪禮：「敦啟會面足。」啟會而猶云「面足」，則是爲龜形者不專在於蓋矣。集古録謂劉原父所得者爲真古簋，蓋可信也。又原父所得之簠，外方內圓，則簠當外圓內方，而禮圖謂「外圓內方曰簠，外方內圓曰簋」，亦失之也。

晏平仲祀其先人，豚肩不揜豆，澣衣濯冠以朝，君子以爲隘矣。釋文：澣，又作「浣」，户管反。朝，直遥反。隘，本又作「阸」，於賣反。

孔氏曰：大夫祭用少牢，今平仲用豚，豚又過小，併豚兩肩，不揜豆也。必言肩者，周人貴肩也。肩在俎，不在豆，喻其少，假豆言之。大夫須鮮華之美，澣衣濯冠，是不華也。隘，狹也。愚謂濫而僭上，隘而逼下，皆失禮之宜者也。

是故君子之行禮也，不可不慎也，衆之紀也。紀散而衆亂。鄭氏曰：言二大夫皆非也。

禮爲衆之綱紀，行禮而或失之濫，或失之隘，則綱紀散而尊卑上下之分亂矣。

孔子曰：「我戰則克，祭則受福。」蓋得其道矣。」

得其道者，謂慎於行禮也。蓋禮者所以治神人，和上下，禮得則人和而神饗，故以戰則克，以祭則受福。然孔子未嘗戰，而云此者，蓋以理決之爾。

君子曰：「祭祀不祈，不麾蚤，不樂葆大，不善嘉事，牲不及肥大，薦不美多品。」釋文：摩，本又作「麾」，毀皮反。蚤音早。葆音保，又保毛反，本又作「保」。

鄭氏曰：祈，求也。祭祀不爲求福也。麾之言快也。祭有時，不以先之爲快〔一〕。齊人所善曰麾。不樂葆大，謂器幣也。葆之言褒也。孔氏曰：祭祀之禮，爲感霜露而存親，非爲就親祈福報也。麾，快也。蚤，謂先時也。孝子感霜露而思親，思親而祭，不以霜露未至而先時蚤設爲快也。葆者，褒也，崇高之稱也。祭之器幣，大小長短自有常宜，不以貴者貪高大爲之也。嘉事，冠、昏也。人生成人自宜冠，嗣親自宜昏。若無親者，昏三月祭以告廟，冠畢埽地而祭禰，並是有爲而然，非謂善之而設祭。牲不及肥大者，謂郊牛繭栗，宗廟角握，社稷尺，不必須並及肥大也。薦不美多品者，薦祭品味各有其定，不以多爲美也。陸氏佃曰：葆大，讀如保大。春秋傳所謂「保大」。愚謂葆大，陸氏之說爲是。葆猶有也，謂有盛大之業，若天子克敵服遠，諸侯大夫著勳伐，見褒賜也。不樂保大，謂不爲樂此而祭也。蓋保大、嘉事，以之告祭則有之，若四時之祭，自爲存親，不因此而舉也。奉牲以告，曰「博碩肥腯」，是牲未嘗不肥大，然或貴大，或貴小，各有所宜，不必皆及肥大也。薦，謂籩、豆也。籩、豆之品，未嘗不多，然祭器有定，不求多於常品之外以爲美也。蓋濫與隘皆爲失宜，而濫之失尤甚，故引君子之言，以明行禮貴乎儉約，而不尚乎侈大也。○鄭志：趙商問：「周禮設六祈之科，

〔一〕「之」，原本作「人」，據禮記注疏改。

而禮記祭祀不祈，何義也？」鄭答云：「祭祀常禮，以序孝敬之心，當專一其志而已。祈禱有爲言之，豈祀之常也？」又鄭發墨守云：「孝子祭祀，雖不求其爲，而尸嘏主人曰：『皇尸命工祝，承致多福無疆于女孝孫，來女孝孫，使女受祿于天，宜稼于田，眉壽萬年，勿替引之。』此亦有祈福之義也。」愚謂祭祀之有嘏，蓋緣子孫之心莫不欲孝其祖考，緣祖考之心莫不欲福其子孫，故本其慈愛之心而達之，乃事死如事生之義，與祭祀不祈之義初不相悖也。

孔子曰：「臧文仲安知禮？夏父弗綦逆祀而弗止也，燔柴於奧。夫奧者，老婦之祭也。盛於盆，尊於瓶。」釋文：父音甫。不綦，音忌。不，亦作「弗」。奧，依註作「爨」，七亂反。盛音成。○鄭註：奧當爲「爨」，或爲「竈」。

鄭氏曰：文仲，魯公子彄之曾孫臧孫辰也。莊、文之間爲大夫，於時爲賢，是以非之，不正禮也。文二年「八月丁卯，大事于大廟，躋僖公」，始逆祀，是夏父弗綦爲宗伯之爲也。奧當爲「爨」，字之誤也。禮，尸卒食而祭饎爨、饔爨也。時人以爲祭火神，乃燔柴。老婦，先炊者也。盆、瓶，炊器也。明此祭先炊，非火神，燔柴似失之。孔氏曰：魯閔公、僖公，俱是莊公之子，閔適而少，僖庶而長。莊公死而立閔爲君，僖時爲臣；閔少而死，後乃立僖。僖死，僖子文公立，大事于大廟。弗綦爲宗伯，佞文公云「吾見新鬼大，故鬼小」，以閔置僖下。是臣在君上，逆亂昭穆，文仲不能諫止，故爲不知禮。禮祭至尸食竟而祭爨神，言其有功於人，人得飲食，故祭報之。弗綦謂爨神爲火神，遂燔柴祭之，文仲又不諫止，又爲不知禮也。愚謂春秋文二年：「大事于大廟。」大事者，大祫也。大祫之禮，毀廟未毀廟之主列叙昭穆，而合食於大祖。而閔、僖爲兄弟，不爲昭穆，則大祫當同位。然閔雖少而嘗爲僖之君，僖雖長而嘗爲閔之臣，則閔當在西而居僖之上，僖當在東而居閔之下，今弗綦諂文公而躋僖於閔，則於禮逆矣。燔柴者，天神之祭，大宗伯「以實柴祀日、月、星、辰」，是也爨卽竈也。左傳云：「古之火正，或食於心，或食於咮，故心爲大火，咮爲鶉火。」此火神爲天神，當燔柴祭之者也。竈爲五祀之一，其常祀在夏，乃地示之卑者，已非火神之比，若祭畢祭爨，則不過祭先炊老婦之神，其禮又降於五祀之竈矣。盆所以淅米，瓶所以汲水。祭爨之禮，用盆以盛食，用瓶以爲尊，蓋因其所用之器以爲禮，乃簡畧之甚者。弗綦以天神之禮祭之，失禮甚矣。逆祀、燔柴，雖皆弗綦所爲，然是時文仲爲正卿，又稱爲賢，而不能正，故孔子責之。記者引此，以明前章言「順」與「體」之義。蓋逆祀，不順也；燔柴於爨，非體也。不稱且不可，又況失順與體乎？○孔氏曰：文二年公羊傳云：「逆祀奈何？先禰而後祖也。」何休云：「惠公與莊公當同南面西上，隱、桓與閔、僖當同北面西上。閔、僖爲兄弟，以繼代言之，有父子君臣之道，故云『先禰後祖』。」此公羊之義。案外傳：「躋僖公。弗綦云：『明爲昭，其次爲穆。』」以此言之，文公上至惠公七世，惠公爲昭，隱公爲穆；桓公爲昭，莊公爲穆；閔公爲昭，僖公爲穆。按魯自魯公至惠公，共十三君，止爲八世。魯公爲世室，其廟不毀。自魯公子考公以下，遞叙昭穆，故惠公當爲昭。今躋僖公爲昭，閔公爲穆，自此以下，昭穆皆逆。服氏同國語之說，與何休義異。鄭云：「兄弟無相後之道，正以僖在閔上，謂之爲昭，非昭穆也。」又曰：祝融并奧及爨，三者不同：祝融是五祀之神，祭於郊。奧者，止是竈之神，常祀在夏，以老婦配，有俎及豆、籩，設於竈陘，又延尸入奧。爨者，宗廟祭後，直祭先炊老婦之神，在於爨竈。愚謂兄弟不爲昭穆，先儒已有定論。左傳疏云：「若兄弟相代卽爲昭穆，設令兄弟四人皆立爲君，則祖父之廟卽當從毁，知其禮必不然。」斯言可謂簡而盡矣。但兄弟同面，祫祭之位固然，而立廟之法，未知如何。若僖公之時，遽以閔公祔祖廟，則祖遷而高祖毁，高祖不得與於時享，而文公之世，閔、僖同廟而無遷、毁，揆之人情，皆所不安。疑僖公之時，閔公特立廟於祖廟之南，至文公時，僖公祔，則閔公之主遷藏於祖廟之夾室與？蓋在僖公之時，雖廟數增多，而所祭止於四世，固不患於僭，而文公爲僖公子，閔公無後而毁，而僅與於大祫之祭，亦不患於薄也。當時逆祀之舉，於大祫見之，而不聞更立廟制，則意其立廟、遷、毁之法正當如是耳。竈卽是爨，但五祀所祀者竈神，迎尸於奥而祭之，祭畢，所祭者先炊之神，卽就竈陘而祭，其神不同，其禮亦異。孔氏謂先炊卽配於竈者，非也。五祀之神，其配食之人不可考，若祀竈以先炊配，則先炊之尊與竈等，其祭之豈苟簡若此乎？

禮也者，猶體也。體不備，君子謂之不成人。設之不當，猶不備也。釋文：當，丁浪反。

此又承上文而申言體之義也。禮也者，體也，此以人之體喻禮之體也。人之肢體不可以不備，而設之又不可以不當。爲禮亦然。如祭爨而燔柴，則設之不當，而失所以爲體矣。

禮有大有小，有顯有微。大者不可損，小者不可益，顯者不可揜，微者不可大也。故經禮三百，曲禮三千，其致一也。未有入室而不由户者。

此又以申言稱之義也。貴多謂之大，貴少謂之小，外心謂之顯，內心謂之微。經禮者，常行之禮，如儀禮、冠禮、昏禮之類，其目有三百也。曲禮者，儀文之委曲，如冠禮有三加，昏禮有六禮之類，其目有三千也。禮文雖繁，而莫不得乎大、小、微、顯之宜，則其致一也。惟其然，故人之所行莫不由之，如入室之必由户而不可外也。○朱子曰：禮儀三百，便是儀禮中士冠、諸侯冠、天子冠禮之類。此是大節目有三百，餘如始加、再加、三加，又如坐如尸，立如齊之類，皆是其中小目。吕與叔云「經便是當行底，緯便是變底」，恐不然。經中自有常、變，緯中亦自有常、變。

君子之於禮也，有所竭情盡慎，致其敬而誠若，有美而文而誠若。

竭情盡慎，致其敬，禮之内心者也。美而文，禮之外心者也。若，順也。禮之内心外心雖不同，而莫不實順乎天理之所當然也。

君子之於禮也，有直而行也，有曲而殺也，有經而等也，有順而討也，有摲而播也，有推而進也，有放而文也，有放而不致也，有順而摭也。釋文：摲，所監反，又所覽反。放，方往反。不致，本或作「不至」。摭，之石反。

直而行，謂若始死哭踊無節也。曲而殺，謂委曲而減殺，若喪禮變除，及上殺、旁殺、下殺是也。經而等，謂若三年之喪，貴賤皆遂服是也。討，去也。順而討，謂自上順之以至於下，而遞有所去，若天子以下，降殺以兩是也。摲，芟也。播，布也。摲而播，謂取上之所有，以播之於下，若祭禮旅酬逮賤，及天子燕享來朝諸侯是也。推而進，謂推下之所有，以進之於上，若祭禮事尸，及諸侯朝享天子是也。放，效也。放而文，謂所效於古之禮而益之者，若夏立尸，殷坐尸，周旅酬六尸是也。放而不致，謂所放於古之禮而損之者，如古者不降，上下各以其服，周則有尊降之法是也。摭，取也。順而摭，謂自上順之以至於下，而遞有所取，若天子一食，諸侯二，大夫士三之類是也。項平父謂「此九條皆以反對爲文，獨『經而等』無反對」。今詳玩文義，「直而行」「經而等」二句，實與「曲而殺」一句爲反對也。○此以承上章而起下章也。

三代之禮一也，民共由之，或素或青，夏造殷因。

鄭氏曰：素尚白，青尚黑者也。變「白」「黑」言「素」「青」者，秦二世時，趙高欲作亂，或以青爲黑，黑爲黄，民言從之，至今語猶存也。　愚謂三代之禮，異於迹而不異於道。或素或青者，服色異尚，聖人之所得而變革者也。夏造殷因者，三綱五常，禮之大體，聖人之所不得而變革者也。其不變者，固守之以爲經，其所變者，亦考之而不謬，是以達之於下，而民莫不信從也。

夏立尸而卒祭，殷坐尸，此節舊在「其道一也」之下。今詳下文「其禮亦然」句，其文義當有所承，此二句必在「周坐尸」之上，簡錯在下耳。

鄭氏曰：夏禮，尸有事乃坐，殷尸無事猶坐。　孔氏曰夏禮質，以尸是人，不可久坐神坐，故惟飲食暫坐，不飲食則立也。殷禮轉文，言尸本象神，神宜安坐，不辨有事無事，皆坐也。

周坐尸，詔侑武方，其禮亦然。其道一也。釋文：侑音又，本或作「宥」。武音無。○鄭註：詔侑，或爲「詔囿」。

鄭氏曰：言此亦周所因於殷也。武當爲「無」，聲之誤也。方猶常也。告尸行節，勸尸飲食無常，若孝子之爲也。孝子就養無方。　孔氏曰：詔，告也。侑，勸也。謂告尸威儀，勸尸飲食。周禮坐尸及詔侑無方，亦因於殷禮，故曰「亦然」也。其道一者，其用至誠之道一也。愚謂無方，言隨尸之所在而詔侑之，無常所也。其道一者，言三代之禮，其道同歸於敬尸也。

周旅酬六尸。曾子曰：「周禮其猶醵與？」釋文：醵，其庶反，又其約反。與音餘。○王肅禮醵作「遽」，註云：「周使六尸旅酬，不三獻，猶遽而畧。」

鄭氏曰：周旅酬六尸，使之相酌也。后稷之尸，發爵不受旅。合錢飲酒爲醵，旅酬相酌，似之也。王居明堂禮：「仲秋，乃命國醵。」孔氏曰：周旅酬六尸，又因殷禮而益之也。祫祭時，聚羣廟之主於大廟，后稷之尸在室西壁東嚮，爲發爵之主，不與子孫爲旅酬，餘文武并親廟六尸，南北相對爲昭穆，更相次序以酬也。大祫多主，而唯云「六尸」者，先儒云：「毀廟無尸，但有主也。」醵，斂錢共飲酒也。凡斂錢飲酒，必令平偏，與周旅酬六尸相似。陸氏佃曰：案周九廟，而旅酬六尸，蓋言成、康之時，文武親未盡，猶在七廟之數。蓋以時祭，何必大祫？愚謂特牲、少牢禮尸不與旅酬，蓋以旅酬之禮殺而尸尊，故不與子孫相酬。天子諸侯祫祭尸多，雖皆得獻，而羣尸之閒，其歡情猶未通，故使之自相酬，以通其歡情，蓋其爵僅逮於禰廟之尸而止，而不及於下也。此三節言三代之禮，其因革損益者如此，乃聖人受命創制之事，所謂「時爲大」也。

君子曰：禮之近人情者，非其至者也。郊血，大饗腥，三獻爓，一獻孰。釋文：近，「附近」之近。爓，似廉反。

鄭氏曰：近人情者褻，而遠之者敬。郊，祭天也。大饗，祫祭先王也。爓，沈肉於湯也。一獻，祭羣小祀也。血、腥、爛、熟遠近備古今也。尊者先遠，差降而下，至小祀，孰而已。愚謂近人情，謂近於生人之道也。禮以近人爲褻，遠人爲尊。三獻，謂祭山、林、川、澤之屬也。鄭氏以爲社稷、五祀，非是。陳氏說見後。郊祭以薦血爲始，大饗以薦腥爲始，三獻以薦爛爲始，此皆謂朝事時也。一獻無血朝踐、饋獻之禮，直自饋孰爲始也。然三獻亦有自饋孰始者，若大夫士祭宗廟，及五祀之祭是也。血於生人飲食最遠，腥次之，爛稍近人，孰則全乎生人之道矣。○祭宗廟，上公九獻，侯伯七獻，子男五獻，大夫士三獻。外神五嶽視三公，四瀆視諸侯，小山川視子男，四方百物之類視大夫士。但宗廟自五獻以上，皆有二灌，外神無灌，而祭初有降神之禮。大宗伯：「以實柴祀日、月、星、辰，以槱燎祀司中、司命、風師、雨師，以血祭祭社稷、五祀、五嶽，以貍沈祭山、林、川、澤，以疈辜祭四方百物。」實柴、血祭之屬，皆祭初降神之禮，與宗廟之灌相當，故其視三公者止七獻，視諸侯者止五獻，視子男者止三獻，以其不灌故也。其視大夫士者，則惟食畢酳尸一獻。蓋內神三獻者本無二祼，而外神既有降神之禮，禮盛於其初，則殺乎其末也。○孔氏曰：郊血，大饗腥，三獻爛，一獻熟，謂降神之外，於正祭之時有此也。凡郊與大饗、三獻之屬，正祭之時皆有血、有腥、有爛、有熟。皇氏云：「郊則先設血，後設腥與爛、熟；大饗之時，血與腥同時俱薦；三獻之祭，血、腥、爛一時同薦。」熊氏云「宗廟之祭無血」，其義非也。愚謂孔氏謂此所言「皆降神之外正祭之禮」，是也。而又云「郊與大饗、三獻皆有血、腥、爛、熟」，則非也。四者惟祭天正祭時備有之，大饗腥則無血，三獻爛則又無腥矣。郊特牲言「毛、血告幽全」，及詩言「薦其血膋」，皆謂祭初告殺之禮，大宗伯「以血祭祭五祀」，謂祭初降神之禮，皆非謂正祭時也。記文本簡明，而疏家自生支繆耳。

是故君子之於禮也，非作而致其情也，此有由始也。是故七介以相見也，不然則已愨；三辭三讓而至，不然則已蹙。釋文：蹙，本又作「慼」，子六反，又音促。

作，起也。作而致其情，謂本無此情，而起而强致之也。內有恭敬之情，則外有交接之禮，故禮之所由始，始於心之敬也。七介以相見，謂諸侯相朝，陳擯、介以交辭也。七介者，侯伯之禮，舉中以言之也。已，甚也。愨，謂質愨也。三辭者，主君迎賓於大門外，交擯，三辭，辭主國以客禮待己也。三讓者，讓入門也。至，至廟中也。蹙，謂急迫也。君子於所尊敬者不敢質，若已愨已蹙，則情文不足，而無以將其敬矣。故擯、介辭讓之禮，雖在於外，而實本於心之不容已也，夫豈作而致之乎？前此以內心、外心二者發明義理之文，上節言祭祀之尚臭不尚味，則歸重於內心之義，至此言禮之由於心，而非作致於外，又以見義理之文莫不根於忠信之本也。

故魯人將有事於上帝，必先有事於頖宮；晉人將有事於河，必先有事於惡池；齊人將有事於泰山，必先有事於配林。三月繫，七日戒，三日宿，慎之至也。釋文：頖，本或作「泮」，依註音判。惡，依註音呼，又音虖，好故反。池，大河反。泰，本又作「大」，音同。○鄭註：頖宮，或爲「郊宮」。

鄭氏曰：頖宮，郊之學也。惡當爲「呼」，聲之誤也。呼池、嘔夷，并州川。配林，林名。繫，繫牲於牢。戒，散齊也。宿，致齊也。將有祭祀之事，必先敬慎如此，不敢切也。孔氏曰：魯無后稷之廟，將祭天，先於頖宮告后稷以將配天，是先告卑，後祭尊也。晉人將祭河，必先告惡池小川從祀於河者，然後祭河。齊人將祭泰山，必先告配林從祀於泰山者，然後祭泰山。此皆積漸，從小至大也。充人云：「祀五帝，則繫于牢，芻之三月。」是三月繫也。七日戒，謂祭前七日散齊也。三日宿，謂祭前三日致齊也。鄭註儀禮云：「宿是又戒。」宿之言肅，肅敬之義也。將祭之時，以漸如此，敬謹至極，不敢切迫也。愚謂郊特牲云「卜郊受命于祖廟」，謂先於大廟告后稷而後卜也。魯無稷廟，故卜郊之時，假頖宮以告稷。上節既以賓客之禮，明禮之本於忠信，此又言祭祀之禮，其卽事之有漸，誠意之預積者如此，莫非本於敬愼之至，亦上節之義也。

故禮有擯詔，樂有相步，温之至也。釋文：相，息亮反。温，紆運反。○鄭註：詔，或爲「紹」。

鄭氏曰：皆爲温藉，重禮也。擯詔，告道賓主者也。相步，扶工也。皇氏侃曰：温謂承藉。凡玉以物緼裹承藉，君子亦以威儀擯相以自承藉也。愚謂賓主以行禮，而擯詔以相道之，樂工以奏樂，而相步以扶持之，所以承藉於禮樂，而致其從容和順之意，亦不敢慤、不敢蹙之義也。

禮也者，反本、脩古，不忘其初者也。故凶事不詔，朝事以樂；醴酒之用，玄酒之尚；割刀之用，鸞刀之貴；莞簟之安，而槀鞂之設。是故先王之制禮也，必有主也，故可述而多學也。

釋文：莞音官，一音丸。槀字亦作「藁」，古老反。鞂，江八反，徐古八反。

鄭氏曰：凶事、朝事二者，反本也。「醴酒」以下三者，脩古也。主，謂本與古也。可述而多學者，以本與古求之而已。孔氏曰：本，謂心也。反本，謂反其本性。脩古，謂脩習於古。由其反本脩古，故不忘其初也。凶事，喪親之事也。詔，告也。孝子喪親，痛由心發，故不待詔告而哀自至，是反其孝性之本心也。朝事，朝廷之事也。以樂，奏音樂也。朝廷是養老樂賢之地，故臣入門必縣輿，是反其樂朝廷之本心也。此二者是反本。醴酒，五齊第二酒也。玄酒，水也。尚，上也。割刀，今之刀也。鸞刀，古之刀也。莞簟，今之席也。稾鞂，除穗粒，取稈稾爲郊席。祭祀有醴酒之美，而陳尊以玄酒在上；今刀便利，古刀遲緩，而宗廟不用今刀而用古刀；莞簟精細，而可安人，祭不用莞簟而用稾鞂之麤席。此三者，皆脩古也。先王制禮，必有反本、脩古之法，若欲述行學習，但用本與古求之，則可得也，故曰「可述而多學也。」方氏慤曰：物有本末，時有古今，逐末之流而不知所反，從今之便而不能有所脩，則先王之禮意忘矣。本者末之初，古者今之初，反之脩之，則不忘之故也。本末一物，欲追還之而已，故於本曰「反」。古今異時，必有損益焉，故於古曰「修」。愚謂朝事，謂朝廷燕樂羣臣之事也。凶事不詔者，反其哀戚之本心，而無待於詔也。朝事以樂者，反其和樂之本心，而非樂不足以達之也。上古無酒，酌水獻之而已，後世聖人，既爲酒醴，而猶設玄酒，使居酒醴之上。鸞刀，刀之有鈴者。古時但有鸞刀而已，後世既有割刀，而宗廟割牲，貴用鸞刀。古時但有稾鞂之席而已，後世既有莞簟，而祭天之席猶設稾鞂。三者，皆爲不忘古之故也。述，謂傳其義；學，謂習其事。先王之制禮，必以反本脩古爲主，故可傳述而多學，而不患其博而寡要也。蓋禮貴反本，故有義理之文，尤不可無忠信之本；禮貴脩古，故有外心之貴多，尤不可無內心之貴少也。

君子曰：「無節於內者，觀物弗之察矣。欲察物而不由禮，弗之得矣。故作事不以禮，弗之敬矣；出言不以禮，弗之信矣。故曰：禮也者，物之致也。」

禮者，天地之節。無節於内者，謂不能察乎禮之節文而喻之於心也。物，事也。察物不以禮，則昧乎天理之則，而於是非不能辨矣。作事不以禮，則必有惰慢之失，而人弗之敬矣。出言不以禮，則必有鄙悖之傷，而人弗之信矣。人之辨别事理，謹言慎行，莫不由禮，故禮者，事物之極致也。

是故昔先王之制禮也，因其財物而致其義焉爾。故作大事必順天時，爲朝夕必放於日月，爲高必因丘陵，爲下必因川澤。是故天時雨澤，君子達亹亹焉。釋文：亹，亡匪反，徐音尾。○朝，直遥反。

此申前「合於天時」一節之義也。財物，猶才性，卽天時之所生，地理之所宜，人官之所能，物曲之所利也。財物各有所宜，故先王之制禮，因之而致其宜焉。大事，祭祀之事爲大事。必順天時，若啟蟄而郊，龍見而雩，始殺而嘗，閉蟄而烝是也。放，依也。爲朝夕必放於日月者，朝日以朝，放日之升於朝；夕月以夕，放月之見於夕也。此所因乎天時之事也。爲高必因丘陵，謂爲崇高之祭，必因於丘陵之本高，若祭天於圜丘是也。爲下必因川澤，謂爲卑下之祭，必因於川澤之本卑，若祭地於方澤是也。此所因於地理之事也。亹亹，勸勉之意。先王之制禮，必因乎財物之宜，故順於鬼神而雨澤時降；君子達其亹亹勸勉之意，勉力以報功於神祇，而不敢怠也。

是故昔先王尚有德，尊有道，任有能，舉賢而置之，聚衆而誓之。是故因天事天，因地事地，因名山升中于天，因吉土以饗帝于郊。升中于天，而鳳皇降，龜龍假；饗帝于郊，而風雨節，寒暑時。是故聖人南面而立而天下大治。釋文：假音格。治，直吏反。

有德，謂有德行者。有道，謂有道藝者。有能，謂曲藝之士。賢，卽道德才能之人。置，謂置於位也。衆，卽在位之衆。誓，謂將齊而誓戒之也。因天事天，謂祭天以冬至因陽氣之至而祭之也。因地事地，謂祭地以夏至，因陰氣之始而祭之也。名山，謂五嶽也。中，成也。升中于天，謂巡守至於方嶽之下，燔柴祭天，而以治功之成，升而告之也。吉土，王者所卜而居之地。饗帝于郊，祭天於圜丘也。假，至也。先王既因天地之宜，以制爲祭祀之禮，於是備百官，申誓戒，順其陰陽，就其壇兆，以行其禮。治定功成，故鳳皇降而龜龍假；百神受職，故風雨節而寒暑時。

天道至教，聖人至德。廟堂之上，罍尊在阼，犧尊在西；廟堂之下，縣鼓在西，應鼓在東。君在阼，夫人在房，大明生於東，月生於西，此陰陽之分，夫婦之位也。君西酌犧、象，夫人東酌罍尊，禮交動乎上，樂交應乎下，和之至也。釋文：罍音雷。犧，素河反。縣音玄。應，「應對」之應。分，扶問反。

天道垂教，著於陰陽；聖人之德，著於禮樂。罍尊，尊畫爲雲雷之飾者。在阼，在阼階之上也。禮樂之器尊西，罍尊卑，故在阼；犧尊尊，故在西。縣鼓，大鼓也。應鼓，應鼙也，以其與朔鼙相應，故曰應鼙。縣鼓在西，應鼓在東者，縣鼓尊於應鼓也。尸入之後，主人室內西面，朝踐時，堂上北面。此云「君在阼」，謂初入時卽位於阼階下也。房，東房也。大明生於東，日出於東方也。月生於西，月初見在西方也。象尊，刻爲象形者。鄭司農云：「以象骨飾尊。」君在阼，而西酌犧、象，象日之出於東方而西行；夫人在房，而東酌罍尊，象月之生於西方而東行也。夫人在東房，而乃以月生於西喻之者，蓋由阼階而視東房，則東房在阼階之西也。君與夫人交獻，是禮交動乎上；縣鼓、應鼓並奏，是樂交應乎下。禮樂之和若此，豈非聖人至德之所發乎？○周禮司尊彝春夏用犧尊、象尊，秋冬用著尊、壺尊，追享、朝享用大尊、山尊，皆有罍，諸臣之所酢也。犧、象，當代之尊也；著尊、壺尊、大尊、山尊，前代之尊也。諸侯不得用前代之尊，惟用犧、象而已。天子春夏之祭，兼用犧、象；諸侯四時之祭，或以犧配罍，或以象配罍。故此云「罍尊在阼，犧尊在西」；又云「西酌犧、象」，「東酌罍尊」也。犧、象之所盛者，蓋醴齊、盎齊；罍尊之所盛者，蓋事酒也。禮運云「醴、醆在户」，則犧尊非正在罍尊之西，但自阼階而視室户，則室户在西也。○大射禮：「樂人宿縣于阼階東，笙磬西面，其南笙鍾，其南鑮，皆南陳。建鼓在阼階西，南鼓，應鼙在其東。南鼓，西階之西，頌磬東面，其南鍾，其南鑮，皆南陳。一建鼓在其南，東鼓，朔鼙在其北；一建鼓在西階之東，南面。」人君樂縣之位，惟見於此。然人君軒縣，而大射以辟射故，惟西方之縣皆備，而東方與階間之縣則異於常法。其建鼓、應鼙在阼階西者，本在東方鍾、鑮之南，與西方之建鼓、朔鼙相對者也，因辟射而移之於阼階之西。西階之東有建鼓，則阼階之西當有磬，其西鍾，其西鑮，而鼙在鼓東，因辟射而獨設鼓。若祭祀，則三面皆備縣之，東方西方之縣，皆鼓南鼙北，不可以言「東」「西」。此云「縣鼓在西，應鼓在東」，據階間之縣言之也。東方以應鼓與笙磬、笙鍾相配，階間之鼙爲應鼙，則磬亦笙磬，鍾亦笙鍾也。若天子宮縣，則於南方亦備縣鍾、磬、鼙、鼓，而與階間相對：東方西方之縣同北上，則階間南方之縣同東上；階間爲應鼙，則南方爲朔鼙；階間爲笙磬、笙鍾，則南方爲頌磬、頌鍾也。大射言「建鼓」，此言「縣鼓」，則廟庭用縣鼓，路寢用建鼓，縣鼓尊也。若天子，則路寢或以縣鼓與？○鄭氏云：「天子諸侯有左右房。」孔疏云：「卿大夫以下惟有東房。」蓋注疏以「夫人在房」爲西房，故言「天子諸侯有左右房」，以明夫人之所在爲西房也。然儀禮鄉飲記薦出自左房，少牢禮主婦薦自東房。有左房則有右房，有東房則有西房。又聘禮賓館于大夫，「君使卿還玉於館」，「賓退，負右房」，此尤大夫士有東西房之明據。舊説謂「大夫士惟東房」者，非也。特牲、少牢禮主婦在房中，皆謂東房。祭統：「夫人副褘立于東房。」蓋房雖有東西，而祭祀，主婦之位則惟在東房，人君及大夫士皆然。東房有側階，爲婦人之所升降，所謂「北堂」者在此，乃婦人之正位。鄭、孔泥於「大明生於東，月生於西」之語，故以西房言之，不知君在阼之時，夫人東房中之位，視之爲少西，亦猶犧尊設於室户，而與阼階之罍尊對言東西也。然此所言君夫人之位，亦第以初卽位言之，若尸入後，主人之位在室中與堂上，則君反西而夫人反東矣。

禮也者，反其所自生；樂也者，樂其所自成。是故先王之制禮也以節事，脩樂以道志。故觀其禮樂，而治亂可知也。蘧伯玉曰：「君子之人達。」故觀其器而知其工之巧，觀其發而知其人之知。故曰：君子慎其所以與人者。釋文：道音導。之知，音智。○今按：樂其，音洛。

反其所自生者，反本、脩古，不忘其初，若酒醴之美而尚玄酒，黼黻文繡之美而尚疏布是也。樂其所自成者，樂其治功之成，而象之爲樂，若韶樂其紹堯致治，武樂其伐紂救民也。禮得其反，故能節制其行事之過差；樂有所樂，故能宣道其志意之堙鬱。禮節樂和則治，禮慝樂淫則亂。達，謂通於事理也。發，發言也。與人，謂接於人也。引蘧伯玉之言，以喻觀禮樂可以知治亂，故君子以禮樂與人交接，不可不慎也。

大廟之內敬矣：君親牽牲，大夫贊幣而從；君親制祭，夫人薦盎；君親割牲，夫人薦酒。卿大夫從君，命婦從夫人。洞洞乎其敬也，屬屬乎其忠也，勿勿乎其欲其饗之也！釋文：從，才用反。盎，烏浪反。屬，之玉反。

牽牲，謂灌獻既畢，君出廟門迎牲，牽之而入也。幣，所以禮神告殺者。贊，謂助君執之也。制，如量人「制其從獻脯燔」之制。制祭，謂朝踐薦腥、爓，量度牲體而進之也。盎，盎齊也。割牲，謂饋孰時割牲體而進之也。酒，事酒也。上公祭用三齊。朝踐，君薦醴齊，夫人薦盎齊；饋獻，君薦醍齊，夫人薦事酒也。言「君制祭」「割牲」，則知夫人薦豆、籩；言「夫人薦盎」「薦酒」，則知君薦醴、薦醍，互見之也。洞洞，敬貌。屬屬，忠貌。勿勿，猶勉勉也。詩「黽勉從事」，漢書劉向傳引之作「密勿從事」。○鄭氏曰：親制祭，謂朝事進血膋時所制者，制肝洗於鬱鬯，以祭於室及主。孔氏曰：朝事進血膋者，案郊特牲云：「取膟膋燔燎升首，報陽也。」祭義取膟膋之後，又爓祭、祭腥，則膟膋所用在腥、爓之前，是朝事時也。云「制肝洗於鬱鬯」者，據漢禮而知。愚謂郊特牲「蕭合黍稷，臭陽達於牆屋，故既奠然後焫蕭合羶薌」，鄭氏云：「蕭，香蒿也。染以脂，合黍稷燒之。」疏云：「饋孰有黍稷，此云『蕭合黍稷』，『既奠然後焫蕭合羶薌』，故知當饋孰時也。」是燔燎在酌奠之後，饋孰之節，記文明白可據，而孔疏所以發明其義者亦已當矣。而鄭氏於此章「制祭」註云：「朝踐進血膋時。」郊特牲「詔祝於室」註云：「取牲膟膋，燔於爐炭，入以詔神於室。」孔氏於郊特牲「取膟膋燔燎升首」，及祭義「建設朝事，燔燎羶薌」，皆言「朝踐、饋孰兩度燔燎」。原其所以，實由誤解「建設朝事，燔燎羶薌」之義也。祭義云：「建設朝事，燔燎羶薌，以報氣也。薦黍稷，羞肺、肝、首、心，覵以俠甒，加以鬱鬯，以報魄也。」蓋朝事、燔燎二者，非一時事也，而皆所以報氣，故合而言之。薦黍稷，羞肺、肝、首、心及鬱鬯之灌三者，亦非一時事也，而皆所以報魄，故亦合而言之。鄭、孔誤以燔燎合於朝事解之，遂生謬説耳。至洗肝於鬱鬯，制於主前，謂之制祭，鄭本據漢禮爲言，其爲周制與否，亦未敢決也。○孔氏曰：王祭九獻，魯及王者之後亦九獻，侯伯七獻；朝踐及饋獻時，君皆不獻，子男五獻；薦腥、薦孰時，君亦皆不獻，酳尸，君一獻而已。此崔氏之説也。今按特牲、少牢，尸食之後，主人、主婦及賓備行三獻，主婦因獻而得受酢。若子男尸食之後但得一獻，則夫人不得受酢。蓋子男饋孰以前，君與夫人並無獻，食後行三獻，通二灌爲五獻也。愚謂王之祭禮十二獻，說見禮運。上公九獻，侯伯七獻，子男五獻。自侯伯以下，其差降之法不可考，而疏家之説如此。以理言之，朝踐、饋獻之豆、籩皆夫人所薦，則獻尸者必君。不然，則薦獻皆屬之夫人，而君反無所事矣。疏特據此章言「夫人薦盎」、「夫人薦酒」，以爲侯伯朝踐、饋獻君不獻之證，非確義也。祭統言「夫人副褘立于東房」，則上公九獻者也。而其下止言「宗婦執盎從，夫人薦涗水，」寧可據之以爲君不獻耶？至子男五獻，則孔氏之説固視崔氏爲優，但朝踐、饋食之豆、籩因獻而薦，若子男朝踐、饋食皆無獻，則籩、豆乃爲虛設，未知其禮何如也。或謂子男朝踐，君獻尸，尸酢君；饋獻，夫人獻尸，尸酢夫人；食畢，賓長酳尸，尸酢賓長。如此，則薦、獻相須，於禮似協，但食畢酳尸三獻，自王以訖於大夫士，皆無異，獨子男參差其間，揆諸隆殺之節，亦恐不然也。

納牲詔於庭，血、毛詔於室，羹定詔於堂。三詔皆不同位，蓋道求而未之得也。設祭於堂，爲祊乎外，故曰：於彼乎，於此乎？釋文：定，徐丁磬反，一音如字。祊，百彭反。

詔，告也。納牲詔於庭，謂牲既入廟門，而以幣告神於庭也。必於庭告之者，時方降神之後，象神之初自外來，入及庭，而於此告之也。血、毛詔於室，既殺牲而取毛、血以告神於室也。肉謂之羹。定，熟也。煮肉必沸，既熟則止火而沸者定，故曰羹定。羹定詔於堂，謂煮既熟，將迎尸入室，先用俎盛之，以告神於堂，然後入設於室也。不同位，謂庭也，室也，堂也，其處不同也。道，言也。求，求神也。求神未得，不知其定所在，故偏於諸處告之也。設祭於堂，謂尸出在堂時，薦朝踐之豆、籩，及祭腥、爛之肉也。爾雅：「門謂之祊。」爲祊乎外，謂求神於廟門外待賓客之處也。朝踐之時，既設祭於堂，又求神於廟門之外，蓋不知神之於彼於此，故求之非一處也。詩楚茨曰「祝祭于祊，祀事孔明，」而其下章乃言「執爨踖踖」，則祊在饋食之前，當朝踐之節明矣。鄭氏以祊爲繹祭，其說非是，說見郊特牲。

一獻質，三獻文，五獻察，七獻神。

五獻，四瀆視諸侯者也。七獻，五嶽視三公者也。大宗伯「以血祭祭社稷、五祀、五嶽」，則社稷五祀其祭亦七獻與？質，謂其禮質畧。文者，有文飾也。察者明察，而其禮彌備；神者神靈，而其體彌尊。

○陳氏祥道曰：周禮大祀、次祀、小祀，見於肆師；大祭、中祭、小祭，見於酒正。大宗伯所辨天地、五帝、先王之類，大祀也；社稷、五祀、五嶽之類，中祀也；四方百物之類，小祀也。大祀獻多，小祀獻少，則社稷之獻宜加於山川也。先王於祭服，各有象類，希冕三章，以祭社稷，非卑之於山川，以獻數不繫於服章也。賓客之禮，子男五獻，侯伯七獻，上公九獻，而王饗諸侯，自子男五獻，以至於諸侯長十有二獻，皆鷩冕七章而已。鄭氏以三獻爲社稷五祀，五獻爲四望山川，誤矣。愚謂鄭氏以七獻爲祭先公，亦非也。司服「享先王衮冕，享先公則鷩冕」，蓋以不可過於尸之服故也。中庸曰「上祀先公以天子之禮」，「父爲士，子爲大夫，葬以士，祭以大夫」。豈有天子廟祭而貶用侯伯之禮乎？

大饗，其王事與？三牲、魚、腊，四海九州之美味也。籩、豆之薦，四時之和氣也。内金，示和也。束帛加璧，尊德也。龜爲前列，先知也。金次之，見情也。丹、漆、絲、纊、竹、箭，與衆共財也。其餘無常貨，各以其國之所有，則致遠物也。其出也，肆夏而送之，蓋重禮也。

釋文：事與，音餘。腊音昔。内音納。見，賢遍反。纊音曠，劉昌宗古曠反。肆，依註作「陔」。○今按：肆如字。

大饗，謂王饗來朝諸侯也。王事者，言其爲天子之禮，與諸侯之饗賓異也。腊，乾獸也。四時之和氣，言四時和氣之所生也。此四句，言大饗饌具之盛也。「内金」以下，言諸侯來朝，所以享天子者也。内，謂先内之於廟也。示和者，金可爲鍾，取其聲之和也。束帛加璧，尊德也者，餘物皆陳於庭，而束帛加璧則執之以升堂致命，君子於玉比德，故尊之也。龜爲前列者，陳於庭而最在北也。先知者，龜能前知，故貴之，而在諸物之前也。金次之者，金雖先入，而陳之則在龜之後也。見情者，聲和則情和也。丹、漆、絲、纊、竹、箭，又陳於金之後，示與天下共此物而不私也。覲禮三享，皆束帛加璧，庭實唯國所有，龜也，金也，丹、漆、絲、纊、竹、箭也，皆三享中所有之庭實也。然庭實旅百，其物固不止於此，此所言，其有常者也。其餘則隨其國之所有而用之，無常物也。其出也，肆夏以送之，此還明大饗禮畢，送賓之事也。大司樂「大祭祀，王出入奏王夏，尸出入奏肆夏，牲出入奏昭夏」，「大饗不入牲，其他皆如祭祀」，則賓出奏肆夏，大饗之禮然也。饗賓之樂，乃與祭祀同，此所以爲禮之重也。鄭氏曰：荆、揚二州，貢金三品。荆州納錫、大龜。荆州貢丹，兗州貢漆、絲，豫州貢纊，揚州貢篠蕩。儀禮覲禮註曰：「初享或用馬，或用虎豹之皮。賈疏：下經先陳馬。聘禮記：「皮馬相間可也。」其次享，龜也，金也，丹、漆、絲、纊、竹、箭也。其餘無常貨。此地物非一國所能有，唯所有。分爲三享，皆以璧、帛致之。」

祀帝於郊，敬之至也。宗廟之祭，仁之至也。喪禮，忠之至也。備服器，仁之至也。賓客之用幣，義之至也。故君子欲觀仁義之道，禮其本也。

王者所敬莫如天，故祀帝爲敬之至。宗廟之祭，事死如生，事亡如存，故爲仁之至。孝子喪親，哀痛迫切，出於真情，而無一毫之僞，故爲忠之至。服，襲、斂之衣也。器，明器之屬也。服器無益於死者，而不敢不備，亦不欲死其親之意，故爲仁之至。朝、聘所用之幣、帛，多寡各有其宜，故爲義之至。觀於行禮，而仁義之道可見，故觀仁義，以禮爲本。孔氏曰：言「觀仁義之道」，不言「忠敬」者，言「仁義」則忠敬可知也。

君子曰：「甘受和，白受采。忠信之人，可以學禮，苟無忠信之人，則禮不虛道。是以得其人之爲貴也。」釋文：和，户卧反。

鄭氏曰：道，由也，從也。孔氏曰：甘爲衆味之本，不偏主一味，故得受五味之和。白爲五色之本，不偏主一色，故得受五色之采。忠信之人，不有雜行，故可以學禮。其人，卽忠信之人也。愚謂學禮者，習學義理之文也。然苟非忠信之人，則無本不立，而禮不能虚行矣。蓋忠信之本，與義理之文，固不可偏廢，而尤以立其本爲先也。

孔子曰：「誦詩三百，不足以一獻；一獻之禮，不足以大饗；大饗之禮，不足以大旅；大旅具矣，不足以饗帝。毋輕議禮！」

誦詩三百，可以言矣，而未嘗學禮，故不足以一獻。一獻禮輕，故未足以大饗。此大饗，謂祫祭先王也。大旅者，因事祭天之名，其禮稍殺於正祭。大宗伯：「國有故，則旅上帝及四望。」有故，謂凶烖也。有故而禱於上帝及四望，皆曰旅，而上帝之旅爲大旅也。饗帝，謂祀天之正禮也。大饗、大旅皆大祭，然分有遠近，則誠之所感有難易；大旅、饗帝皆祀天，而禮有隆殺，則敬之所致有淺深。行禮者必至於可以饗帝，然後爲内盡忠信之本，而外極義理之文，禮其可輕言乎？○鄭氏謂「旅爲祭五帝」，非也。周禮大宗伯、典瑞皆云「旅上帝」，周禮言「上帝」與「五帝」別，於掌次見之。

子路爲季氏宰。季氏祭，逮闇而祭，日不足，繼之以燭。雖有强力之容，肅敬之心，皆倦怠矣。有司跛倚以臨祭，其爲不敬大矣。他日祭，子路與，室事交乎户，堂事交乎階，質明而始行事，晏朝而退。孔子聞之，曰：「誰謂由也而不知禮乎！」釋文：跛，彼義反。與音預。朝，直遥反，又張遥反。

宰，家臣之長也。逮，及也。闇，未昧爽也。立而偏任一足曰跛。倚物爲倚。室事，謂正祭事，尸在室也。交乎户者，室外之人取饌至户，而室内之人受之以進於尸也。堂事，謂儐尸時在堂也。交乎階者，堂下之人取饌至階，而堂上之人受之以進於尸侑也。質明，正明也。晏，晚也。晏朝，謂夕時也。質明而始行事，則不必逮闇矣；晏朝而退，則不必繼以燭矣。子路所行，非必循乎舊禮，然畧繁文敦實意，爲能近乎内心之意，而不失乎忠信之本，故孔子善之。孔氏曰：禮寧畧而敬，不可煩而怠也。

禮記卷二十五

郊特牲第十一之一

別録屬祭祀。

此篇多記祭事，而中雜以冠、昏兩段，間又及於朝、覲、燕、饗之禮，其語頗與禮器相出入。而篇首言貴誠尚少之義，又似承禮器而發其未盡之義，疑一人所作。

郊特牲而社稷大牢，天子適諸侯，諸侯膳用犢，諸侯適天子，天子賜之禮大牢，貴誠之義也。故天子牲孕弗食也，祭帝弗用也。

孔氏曰：諸侯適天子，天子賜之禮用大牢，則掌客云「殷膳大牢」，及饔餼、飧積之等皆用大牢也。貴誠之義者，釋郊用特牲、天子膳用犢之意。郊之特牲，亦犢也，貴其誠慤，未有牝牡之情。愚謂用特牲爲貴少，用犢爲貴誠。上篇兼言「犢」，而義主於貴少；此篇兼言「特牲」，而義主於貴誠。○孔氏曰：自此以下至「降尊以就卑」，覆説以少爲貴之義。愚謂自此至「尚腶脩而已矣」，明貴誠尚少之義；「降尊就卑」，則又明貴稱之義也。

大路繁纓一就，先路三就，次路五就。釋文：繁，步干反。

此又明貴少之義也。

郊血，大饗腥，三獻爓，一獻孰，至敬不饗味而貴氣臭也。釋文：爓，本又作「⿰月閻」，夕廉反。

此又明貴臭之義也。至敬，謂郊天也。郊天以血爲始，血非食味之道，但用氣臭歆神而已。

諸侯爲賓，灌用鬱鬯，灌用臭也。大饗尚腶脩而已矣。釋文：灌，本又作「祼」，古喚反。腶，丁喚反。

此亦明貴臭之義。諸侯朝天子及自相朝，廟中行朝享竟，以鬱鬯之酒灌賓。鬱鬯有芬芳之氣，故云「用臭」。大饗，謂諸侯來朝而天子享之，及諸侯相朝而主國饗賓也。腶脩，籩實也。周禮籩人「朝事之籩」，「蔆、芡、栗、脯」。大饗雖設大牢之饌，先設腶脩於筵前，然後始設餘饌，故曰「尚腶脩」。

大饗，君三重席而酢焉；三獻之介，君專席而酢焉。此降尊以就卑也。釋文：重，直龍反。酢，才各反。

大饗，謂諸侯相朝而主君享賓也。諸侯之席三重，主君獻賓，賓酢主君，設三重席而受之，賓主禮敵，無所降下也。三獻之介，諸侯使大夫聘於諸侯，主君享賓，其禮三獻，而以其介爲介也。專，單也。賓與介皆大夫，席並再重，但享時賓席再重，介降於賓，故不重。主君獻介之時，則徹去重席而受酢，降主君之尊，以就介之卑，所以敬客也。○三獻之介，謂饗禮也。鄭氏言「以介爲賓，賓爲苟敬」，據燕禮爲說，而燕禮無賓酢主君之禮，孔疏强以媵觚當之，其說皆非是。

饗、禘有樂，而食、嘗無樂，陰陽之義也。凡飲，養陽氣也；凡食，養陰氣也。故春禘而秋嘗，春饗孤子，秋食耆老，其義一也，而食、嘗無樂。飲，養陽氣也，故有樂；食，養陰氣也，故無聲。凡聲，陽也。釋文：禘音藥，出註。食音嗣。

饗，謂春饗孤子也。禘當作「禴」，字之誤也。天子春祭宗廟曰祠，諸侯曰禴。饗、禴在陽時，故有樂。食，謂秋食耆老，嘗，謂秋祭宗廟也，在陰時，故無樂。飲，謂饗禮以飲酒爲主也。飲養陽氣者，以其清虛而從乎陽也；食養陰氣者，以其重實而從乎陰也。養陽氣，故用諸春；養陰氣，故用諸秋。耆老，死王事者之父祖也。孤子，死王事者之子也。周禮外饔：「邦饗耆老、孤子，則掌其割亨之事。」酒正：「饗耆老孤子，則共其酒。」耆老亦有饗，則孤子亦有食矣。於孤子言「春饗」，於耆老言「秋食」，互相備也。禘、嘗皆所以追慕，饗、食皆所以報功，故曰「其義一也」。而或用樂，或不用樂，蓋聲樂是陽，其或用或否，亦順乎陰陽之義而已。○周禮樂師：「饗食諸侯，序其樂事，令奏鐘鼓。」鍾師：「凡饗食，奏燕樂。」籥師：「賓客饗食，鼓羽籥之舞。」是天子食禮有樂。公食大夫禮不用樂，食、嘗無樂，蓋諸侯之禮異於天子者與？魯頌「秋而載嘗」，「萬舞洋洋」。祭統：「大嘗、禘，升歌清廟，下管象。」此嘗祭有樂者，蓋大祫之祭也。諸侯大祫之祭，因秋嘗行之。諸侯秋祭無樂，而祫祭在秋，則用樂，大祫禮盛故也。熊氏以食、嘗無樂爲殷禮，非也。商頌言「鞉、鼓、磬、管」，又言「顧予烝、嘗」，是殷天子嘗祭有樂矣。

鼎、俎奇而籩、豆偶，陰陽之義也。籩、豆之實，水土之品也。不敢用褻味而貴多品，所以交於旦明之義也。釋文：奇，居宜反。褻，息列反。旦音神，出註。

鄭氏曰：水土之品，言非人所常食。旦當爲「神」，篆字之誤也。孔氏曰：鼎、俎奇者，以其盛牲體，動物屬陽，故其數奇。籩、豆偶者，以其兼有植物，植物屬陰，故其數偶。故云「陰陽之義也」。水土之品者，言籩、豆之實皆是水土所生之品類，非人所常食也。不敢用褻美食味，而貴衆多品族，所以交接神明之義也。神道與人異，故不敢用人之食味；神以多大爲功，故貴多品。鼎、俎奇者，案聘禮牛一、羊二、豕三、魚四、腊五、腸胃六、膚七、鮮魚八、鮮腊九也。是鼎九，其數奇也。又有陪鼎：膷一也，臐二也，膮三也，亦其數奇也。正鼎九鼎，別一俎，俎亦九也。又少牢陳五鼎：羊一、豕二、膚三、魚四、腊五。其腸胃從羊。五鼎五俎，又肵俎一，非正俎也。特牲三鼎：牲鼎一，魚鼎二，腊鼎三。亦有三俎，肵俎一，非正俎，不在數。是皆鼎、俎奇也。有司徹陳六俎者，尸及侑、主人、主婦各一俎，其餘二俎者，是益肉之俎。此云「鼎、俎九」者，謂一處並陳也。籩、豆偶者，案掌客云上公「豆四十」，侯伯「三十二」，子男「二十四」。又禮器云：「天子之豆二十有六，諸公十有六，諸侯十有二，上大夫八，下大夫六」。案禮，籩與豆同，是籩、豆偶也。愚謂特牲禮三鼎，少牢禮五鼎，以此差之，則諸侯祭禮七鼎，天子祭禮九鼎也。俎之數各如其鼎，是鼎、俎皆奇也。籩人朝事之籩及加籩皆八，羞籩二。醢人朝事、饋食之豆及加豆皆八，羞豆二，惟饋食之籩止五物，蓋亦當有八，而脱其三耳。特牲二豆二籩，少牢四豆四籩，以此差之，諸侯朝事、饋食酳尸皆六籩六豆也。是籩、豆皆偶也。○此章言祭祀之禮。孔氏所引掌客上公「四十豆」之屬，乃致饔餼之法，禮器「天子二十六豆」之屬，則朔食及禮食之法，不可通之於祭，且其禮皆有豆而無籩。而又云「籩與豆同」，尤爲非是。蓋豆，飲、食皆用之，籩則惟用於飲耳。○凡用特牲者三鼎，用少牢者五鼎，用大牢者七鼎、九鼎。三鼎之實，見於特牲禮；五鼎之實，見於少牢禮；七鼎之實，見於公食禮，就五鼎而加以牛與腸胃也；九鼎之實，見於聘禮致饔餼，就七鼎而加以鮮魚、鮮腊也。左傳云「唯君用鮮」，則諸侯祭用鮮魚、鮮腊矣。天子祭九鼎，則諸侯宜七鼎，有鮮魚、鮮腊而止爲七鼎，則膚與腸胃不別鼎與？又士喪禮遣奠用少牢五鼎，曲禮凡祭，「大夫以索牛」。是大夫殷祭用大牢，有七鼎；士殷祭當用少牢，有五鼎也。然則諸侯大祫亦當爲九鼎矣。○籩人「饋食之籩，棗、栗、桃、乾䕩、榛實」，爲五物。鄭氏云：「乾䕩，乾梅也」。賈疏謂棗、桃、梅皆有乾有溼，爲八。然三物之溼者，四時不常有。又籩人加籩之實，以四物爲八籩而重言之，不應饋食之籩立文簡奧如此。少牢不儐尸禮，主婦亞獻，設四籩：棗、糗、栗、脯。故君善謂籩人「棗」下脫「糗」，「栗」下脫「脯」，是也。然如其言，尚止七籩。曲禮：「婦人之摯，脯、脩、棗、栗、榛、椇」。此皆籩實，而椇獨不見於籩人，疑亦在饋食八籩之內而脫之耳。

賓入大門而奏肆夏，示易以敬也，卒爵而樂闋。孔子屢歎之。奠酬而工升歌，發德也。歌者在上，匏、竹在下，貴人聲也。樂由陽來者也，禮由陰作者也，陰陽和而萬物得。釋文：易，以豉反。闋，苦穴反。婁，本又作「屢」，力住反。

此言諸侯朝天子，而天子饗之之禮也。饗禮在廟。大門，廟門也。奏，謂以鐘鼓奏之也。肆夏，詩篇名，九夏之首也。說見玉藻。易，和悅也。闋，止也。卒爵而樂闋者，王獻賓，賓飲卒爵，賓又酢王，王飲卒爵，而樂乃闋也。燕禮：「若以樂納賓，則賓及庭，奏肆夏。賓拜酒，主人答拜而樂闋。」此入門即奏肆夏，卒爵乃樂闋者，大饗禮與燕異也。左傳晉饗叔孫穆叔，「金奏肆夏之三」，穆叔謂「三夏，天子所以饗元侯」。是饗元侯奏肆夏、昭夏、納夏，而饗、燕卿大夫止用肆夏也。惟止用肆夏，故其始終之節短，惟兼奏三夏，故其始終之節長。孔子屢歎之者，歎其禮樂之盛。仲尼燕居孔子曰「吾語女禮，大饗有四焉」，即其事也。奠酬，王酬賓，賓受爵而奠之薦東也。工升歌者，升堂上而歌清廟之詩也。發德者，清廟之詩，所以發明文王之德也。匏，笙也。竹，管也。凡樂，升歌之後，總以笙、管，燕禮「下管新宮，笙入三成」是也。王饗元侯，則下管象。下，堂下也。堂上之樂獨言「歌」，以歌爲主也；堂下之樂獨言「匏、竹」，以匏、竹爲主也。貴人聲者，聲之出於人者精，寓於物者粗也。樂由天作，故屬乎陽；禮由地制，故屬乎陰。陰陽和則萬物得，禮樂和則萬事順。此因大饗禮樂之盛，又言禮樂之所由作，與其感化之效也。○王饗賓客，其初亦有二灌。此言「卒爵」，謂卒鬱鬯之爵也。内宰：「凡賓客之祼、獻、瑤爵，皆贊。」大宗伯：「大賓客則攝而載祼」。小宗伯：「祭祀賓客，以時將瓚祼。」肆師「大賓客」，「贊祼將」。鬱人：「凡祭祀賓客之祼事，和鬱鬯以實彝而陳之。」所謂「賓客之祼」，皆大饗之禮也，而朝享之後，王所以禮賓者亦存焉。鄭氏專以禮賓言之，蓋疑饗賓無灌耳。然内宰以「祼、獻、瑤爵」連言，其爲一時之事明矣。大饗之禮，后有助王薦、獻之法，若朝時禮賓，非后所與也，則大饗之有灌無疑。灌用圭瓚，而圭瓚重大，不可以飲，故注之於爵而飲之。顧命行灌禮有同，同即爵也。又左傳「秦后子享晉侯」，「自雍及絳，歸取酬幣，終事八反」，杜氏云：「備九獻之儀。始禮自齊其一，故續送其八，酬酒幣。」據此，則饗賓之禮每獻皆有酢有酬矣。此云「奠酬」，謂王初獻賓，賓酢王，王酌自飲，又酬賓，賓受爵而奠之也。若祭祀灌獻，尸飲畢亦酢王，但無酬耳。

旅幣無方，所以別土地之宜，而節遠邇之期也。龜爲前列，先知也。以鐘次之，以和居參

之也。虎豹之皮，示服猛也。束帛加璧，往德也。釋文：別，彼列反。

此謂諸侯所以享王者也。旅，衆也。旅幣，謂三享之庭實也。無方，言非一方之物也。別土地之宜，若禹貢兗州貢漆、絲，青州貢鹽、絺之屬是也。節遠邇之期，若周禮大行人「侯服歲壹見而貢祀物，甸服二歲壹見而貢嬪物」，是也。覲禮有三享，龜也，鐘也，次享、三享所用之庭實也。龜爲前列，先知者，以龜能前知，故列之最在先也。鐘，貢金以共王鑄鐘之用也。次之，次於龜也。以和居參之者，前有龜，後有丹、漆、絲、纊、竹、箭之屬，取鐘聲之和，參居於前後之間也。虎豹之皮，初享所用之庭實也。覲禮初享，「匹馬卓上」。蓋有馬者用馬，無馬則用虎豹之皮。聘禮云「皮馬相間可也」，是也。示服猛者，虎豹威猛之物，用爲庭實，表示天子之德，能服四方之威猛者也。束帛加璧，往德者，君子於玉比德，故升之堂上，以明諸侯歸往於天子之德也。上節言天子饗來朝諸侯之禮，此節言諸侯貢享之物，與禮器「大饗王事」一章語意相似，但所言各有詳畧耳。

庭燎之百，由齊桓公始也。釋文：燎，力妙反，徐力弔反。

鄭氏曰：僭天子也。孔氏曰：庭中設火，以照燎來朝之臣夜入者，因謂火爲庭燎。禮，天子百燎，上公五十，侯、伯、子、男三十。見大戴禮。齊桓僭用，後世襲之，是失禮從桓公始也。

大夫之奏肆夏也，由趙文子始也。

天子諸侯饗、燕賓客，奏肆夏之樂以納賓。上章言「賓入門，奏肆夏」，燕禮「賓及庭，奏肆夏」，是也。鄉飲酒大夫禮納賓無樂，趙文子始奏肆夏，僭人君也。○孔氏謂「文子奏肆夏，僭諸侯，納賓樂」，是也。又謂「登歌、下管正樂」，則天子用三夏以饗元侯，元侯相饗亦用之，非也。左傳：晉享叔孫穆叔，「金奏肆夏之三」，此納賓之樂也；「工歌文王之三」，此升歌之樂也；「工歌鹿鳴之三」，此間歌之樂也。燕禮：「賓及庭，奏肆夏。」穆叔不敢當肆夏之三，則是納賓奏肆夏之一者，燕、饗卿大夫之禮；奏肆夏之三者，燕、饗諸侯之禮也。燕、饗卿大夫，納賓宜奏肆夏之一，升歌宜用鹿鳴之三，間歌宜用魚麗、南有嘉魚、南山有臺，而晉皆進而用之，此所以見譏於穆叔也。天子饗諸侯，及諸侯自相饗，皆升歌清廟，下管象，「上賓入門」章及仲尼燕居所言是也。若九夏，惟用於金奏，未有用之升歌、下管者。

朝覲，大夫之私覿，非禮也。大夫執圭而使，所以申信也。不敢私覿，所以致敬也。而庭實私覿何爲乎諸侯之庭？爲人臣者無外交，不敢貳君也。釋文：使，色吏反。

朝覲，謂諸侯相朝也。大夫之私覿，謂大夫從君朝覲而行私覿之禮於主國之君也。大夫執圭出聘，得行私覿，所以申己之誠信也。從君而行，不敢私覿，所以致敬於己君也。庭實私覿，私覿者必陳庭實之物也。何爲乎者，深怪之之辭。貳君，謂貳心於他君也。○聘禮賓、介皆得私覿，諸侯相朝則爲介者不敢私覿，所以降於從卿爲介之禮，以明禮之專主於君，而己不敢參焉耳。聘賓卑，故介禮得伸；朝君尊，故介禮從屈。今乃謂「不敢貳君」，非禮意矣。周禮掌客諸侯相朝，主國之卿皆得以摯見於朝君，曷嘗以貳君爲嫌乎？

大夫而饗君，非禮也。大夫强而君殺之，義也，由三桓始也。天子無客禮，莫敢爲主焉。君適其臣，升自阼階，不敢有其室也。釋文：升自阼，本又作「升自阼階」。

鄭氏曰：大夫饗君，由强且富也。三桓，魯桓公之子，莊公之弟，公子慶父、公子牙、公子友。慶父與牙通於夫人，以脅公，季友以君命鴆牙。後慶父弒二君，又死也。孔氏曰：大夫富强，專制於君，召君而饗之，非禮也。大夫强盛，則干國亂紀，而君能殺之，是銷絶惡原，得其宜也。三桓之前，齊公孫無知、衛州吁、宋南宫長萬皆以强盛被殺。此云「由三桓始」者，據魯而言。愚謂天子可以祭天，則臣可以饗君，然當就君所而設饗禮，猶天子祭天於南郊，就陽位也。故左傳「鄭伯饗王於闕西辟」，若召君至己家而饗之，則亢矣。故又言「天子無客禮」，「臣不敢有其室」，以明饗君之非禮也。

覲禮，天子不下堂而見諸侯。下堂而見諸侯，天子之失禮也，由夷王以下。

鄭氏曰：不下堂而見諸侯，正君臣也。夷王，周康王之玄孫之子也。時微弱，不敢自尊於諸侯。孔氏曰：案覲禮「天子負斧扆」，南面，侯氏執玉入。是不下堂見諸侯也。若春朝、夏宗，則以客禮待諸侯，以車出迎。熊氏云：「春夏受三饗之時，乃有迎法。」義或然也。賈氏公彦曰：春夏受贄於朝，無迎法，受享則有之。秋冬一受之於廟，受贄、受享並無迎法。故云「覲禮不下堂而見諸侯」。

諸侯之宫縣，而祭以白牡，擊玉磬，朱干、設錫，冕而舞大武，乘大路，諸侯之僭禮也。釋文：縣音玄。錫音陽。

天子宫縣，謂四面縣樂，若宫室然。諸侯軒縣，惟東西北三面而已。白牡，殷牲也，宋得用之，其餘諸侯但用時王之牲耳。玉磬，書所謂「鳴球」，天子之樂器也。干，盾也。錫當作「揚」，鉞也。朱干、設錫，即明堂位所謂「朱干、玉戚」也。廣雅云：「揚、戚，斧也。」是揚、戚皆斧之别名，故戚亦謂之揚。天子祭宗廟，舞大武，則王親在舞位，執朱干、玉斧，以象武王。必執朱干、玉戚者，武王伐紂，初執朱干以待諸侯，後執黄鉞以臨六師，故大武之舞象之。冕而舞者，因祭時之服也。諸侯雖得舞大武，然其所象者，特周、召、大公以下，而不得執干、戚以象武王也。大路，天子祭天之車也。

臺門而旅樹，反坫，繡黼丹朱中衣，大夫之僭禮也。釋文：坫，丁念反。繡，依註作「綃」，音消。○今按：繡如字。

鄭氏曰：此皆諸侯之禮也。旅，道也。屏謂之樹。禮，天子外屏，諸侯内屏，大夫以簾，士以帷。疏云：禮緯文。反坫，反爵之坫也，蓋在尊南。孔氏曰：旅樹，謂當門道立屏，蔽内外爲敬也。坫以土爲之，兩君相見，尊南爲坫，獻酬飲畢，則反爵於坫上。熊氏云：「主君獻賓，賓筵前受爵飲畢，反此虚爵於坫上，於西階上拜，主人阼階上答拜。賓於坫取爵，洗爵，酌以酢主人，主人受爵飲畢，反此虚爵於坫上，主人阼階上拜，賓答拜。是賓主飲畢皆反爵於坫上也。」愚謂鄉飲酒禮賓卒爵，於西階上奠爵拜，主人卒爵，於阼階上奠爵拜。兩君相饗，則其卒爵不奠於地，而反於坫上。坫之設，蓋卽於鄉飲酒禮奠爵之所，東西各一，而賓主各於其所奠之也。中衣，衣在上服之中者。黼，斧文也。繡黼丹朱中衣，謂以丹朱爲中衣之領緣，又於其上繡爲黼文也。虞書十二章，黼用繡。鄭氏破「繡」爲「綃」，非矣。人君之中衣丹朱緣，喪自小祥以後縓緣，則大夫士中衣之飾，蓋自縓以上，丹朱以下也。其大夫以纁，士以頩與？論語云「君子不以紺、緅飾」，邢疏謂「紺爲玄色」。朱四入，緅五入，玄六入，此三者皆不可爲飾，則大夫士之飾，舍再染之頩，三染之纁，別無可用也。○孔氏曰：鄉飲酒是卿大夫之禮，尊於房户間，燕禮是燕己之臣子，尊於東楹之西。若兩君相見，則尊於兩楹間，故其坫在兩楹間。愚謂凡設尊之法，必有所傍，說見禮運。兩楹之間，非設尊之所也。燕禮尊於東楹西，爲君燕其臣之尊；鄉飲酒尊於房户間，爲賓主敵體之尊。是凡賓主體敵者，其設尊皆當如鄉飲酒之法矣。特牲、少牢禮尊於房户間，而禮運云：「醴、醆在户」，是人君祭祀醴齊、盎齊之尊與大夫士設尊同處，安見饗賓設尊之處必異於大夫士也？但兩君相饗，其尊非一，大饗有灌，則有盛鬱鬯之彝。左傳：「王享醴，命之宥。」王饗諸侯有醴，兩君相饗亦當有之，則有齊酒之尊。故左傳云「犧、象不出門」，是也。禮器云：「夫人薦酒。」諸侯祭祀獻尸，兼有三酒，則兩君相饗亦有三酒，則又有盛酒之尊。禮運云「玄酒在室，醴、醆在户，粢醍在堂。」大饗之尊，其亦鬱鬯在室，齊在户，酒在堂與？蓋坫設於兩階之上，尊皆在其北，故明堂位言「反坫出尊」，言坫出於尊之南也。○中衣，衣於上服之内，以裼裘葛者也。玄綃衣以裼狐青裘，祭服之中衣也。素衣以裼麛裘，皮弁服之中衣也。緇衣以裼羔裘，朝服之中衣也。孔疏以詩言「素衣朱襮」爲冕及爵弁服之中衣，非也。

故天子微，諸侯僭；大夫强，諸侯脅。於此相貴以等，相覿以貨，相賂以利，而天下之禮亂矣。

鄭氏曰：言僭所由。方氏慤曰：微，故見脅；强，故敢僭。四者之言，亦互相明爾。相貴以等，則爵不足以馭其貴；相覿以貨，則禄不足以馭其富；相賂以利，則予不足以馭其幸。大宰「八柄詔王馭羣臣」，以此三者爲先。三者失，天下之禮由是亂矣。愚謂脅，謂被劫脅。等，貴賤之等列也。○此以結上七節之意，而起下節也。

諸侯不敢祖天子，大夫不敢祖諸侯。而公廟之設於私家，非禮也，由三桓始也。

鄭氏曰：仲孫、叔孫、季孫氏皆立桓公廟。魯以周公之故，立文王廟，三家見而僭焉。愚謂諸侯不祖天子，大夫不祖諸侯，不敢以卑祭尊也。支子不祭，大夫士且然，況天子諸侯乎？左傳：「魯爲諸姬，臨於周廟；爲邢、凡、蔣、茅、胙、祭，臨於周公之廟。」周廟，文王之廟也。魯以周公爲大祖，文王之廟蓋別立之，而不在五廟之數者。魯立周廟，則諸侯祖天子矣；三家立桓公廟，則大夫祖諸侯矣。至其極也，遂以魯之所以祭文王者祭桓公，而歌雍舞佾，無所不僭矣。

天子存二代之後，猶尊賢也。尊賢不過二代。釋文：過，古卧反。○鄭註：二或爲「三」。

存二代之後，謂周存夏、殷之後，使得用天子之禮樂，以祭其先世，所謂「脩其禮物，作賓王家」也。猶尊賢，言猶尊敬其先世之賢也。尊賢不過二代，以己之制禮，所視以爲因革損益之宜者，不過此也。○黄帝、堯、舜之後，謂之三恪，左傳言「封胡公於陳，以備三恪」是也。夏、殷之後，謂之二代，此言「存二代之後」是也。樂記「武王克殷，未及下車，而封黄帝之後於薊，帝堯之後於祝，帝舜之後於陳」，所謂三恪也；「下車而封夏后氏之後於杞，投殷之後於宋」，所謂二代也。杞、宋皆郊，而黄帝、堯、舜之後未聞有此，則三恪之禮殺於二代矣。鄭氏駁許叔重五經異義云：「存二代之後者，命之郊天，以天子之禮祭其始祖受命之王，自行其正朔服色。恪者，敬也。敬其先世而封其後，與諸侯無異，何得比夏、殷之後？」杜預以陳及杞、宋爲三恪，非是。

諸侯不臣寓公，故古者寓公不繼世。鄭注：寓，或爲「託」。

寓公，謂諸侯失國而寄寓於諸侯者也。寓公嘗爲諸侯，故諸侯不敢臣之。至其子則臣之矣，故寓公不繼世。

君之南鄉，答陽之義也。臣之北面，答君也。釋文：鄉，許亮反，下「君南鄉」同。

此謂君視朝、臣朝君之位也。答，對也。臣在朝，不皆北面，北面答君，據其尊者言之。天子日視朝之位，三公北面，諸侯則三卿也，朝位之說，詳文王世子。

大夫之臣不稽首，非尊家臣，以辟君也。釋文：辟音避。

孔氏曰：諸侯於天子稽首，大夫於諸侯稽首，皆盡臣禮以事君。家臣於大夫不稽首，非尊敬此家臣，以辟國之正君也。臣於國君已稽首，今大夫之臣又稽首於大夫，便是一國兩君，故曰「以辟君也」。大夫稽首於諸侯，不辟天子者，以諸侯出封畿外，專有其國，故大夫得盡臣禮事之也。

大夫有獻弗親，君有賜不面拜，爲君之答己也。釋文：爲，于僞反。

大夫有獻弗親，使宰獻之也。君有賜不面拜，謂君使人賜大夫於家，大夫既拜受，明日又往拜君賜，拜於門外而退也。大夫尊，若親獻面拜，則君當答之，重勞君也。玉藻曰「凡獻於君，大夫使宰」，又曰「大夫拜賜而退」，是也。鄭氏曰：不面拜者，於外告小臣，小臣受以入也。小臣：「掌三公及孤卿之復逆」。

鄉人禓，孔子朝服立于阼，存室神也。釋文：禓音傷。○鄭註：禓，或爲「獻」，或爲「儺」。

鄭氏曰：禓，強鬼也。謂時儺，索室驅疫，逐強鬼也。存室神者，神依人也。孔氏曰：驅逐強鬼，恐室神驚恐，故著朝服立於廟之阼階，存安廟室之神，使依己而安也。大夫朝服以祭，故用祭服以依神。愚謂朝服立于阼，儺禮蓋朝服與？蜡祭皮弁服，儺之禮卑於蜡，則朝服宜也。

孔子曰：「射之以樂也，何以聽？何以射？」

鄭氏曰：多其射容與樂節相應也。孔氏曰：何以聽者，言何以能聽此樂節，使與射容相應。何以射者，言何以能使射與樂節相應。善其兩事相應，故鄭註射義云：「何以，言其難也。」

孔子曰：「士使之射，不能則辭以疾，縣弧之義也。」釋文：弧音胡。

男子生，則懸弧於門左。射者，男子之所有事也。故君使士射，不能則託疾以辭，因有懸弧之義，不可自言其不能射故也。

孔子曰：「三日齊，一日用之，猶恐不敬。二日伐鼓，何居？」釋文：齊，本又作「齋」，側皆反。居音姬。

散齊七日，致齊三日。散齊則不樂矣，獨譏三日齊，二日伐鼓者，致齊伐鼓尤爲失禮之甚也。齊所以專致其精明之德，而樂足以感動性情，鼓鼙之聲讙，尤非他樂之比，三日齊而二日伐鼓，則情意放散，而不成其爲齊矣。何居，怪之也。

孔子曰：「繹之於庫門內，祊之於東方，朝市之於西方，失之矣。」

繹者，祭而又祭之名。絲衣詩序曰：「繹，賓尸也。」大夫正祭畢而賓尸，天子諸侯祭之明日又祭，亦祭畢而賓尸，而大名曰繹也。庫門，諸侯之外門也。繹之於庫門內，謂於庫門之內塾也。絲衣之詩曰

「自堂徂基」，毛傳曰：「基，門塾之基也。」大夫賓尸於堂，天子諸侯繹祭，就廟門內之西塾，而祭於其室，賓尸於其堂。今魯人乃於庫門之內塾，則非禮矣。祊，正祭時求神於廟門外待賓客之處，詩楚茨所謂「祝祭于祊」也。東方者，廟門外而東於門之處也。魯人以主人待賓客，其位在門東，故求神於此，不知鬼神之位在西，求神當於廟門外之西方，不當於東方也。市有三時，朝時而集者謂之朝市。於西方〔一〕，謂於其處列次而陳貨也。朝市宜在東方，夕市宜在西方，順其時之陰陽也。○鄭氏曰：祊於廟門外西室，繹又於其堂，二者同時，而大名曰繹。愚謂祊者，正祭日求神於廟門外之名；繹者，祭之次日又祭之名。二祭不同日。詩「祝祭于祊」，禮器「設祭于堂，爲祊乎外」，郊特牲「祊之於東方」，又「直祭祝于主，索祭祝于祊」，祭統「詔祝於室而出于祊」，皆謂正祭求神之事也。鄭氏箋詩及註郊特牲「索祭祝于祊」，謂爲正祭，餘則皆以爲繹祭。蓋因此章以繹與祊對言，遂誤合爲一事也。且祊之於東方，謂門外庭之東方耳。燕禮：「士西方，東面北上。」〔二〕士喪禮朝夕哭，門外之位：「西方，北面東上。」門內之庭，其遠於堂者謂之東方、西方，門外之庭，其遠於門者亦謂之東方、西方，皆不指堂室而言。祊不當於東方，則當於西方，鄭謂「祊於廟門外西室」，誤矣。

社祭土而主陰氣也，君南鄉於北墉下，答陰之義也。日用甲，用日之始也。釋文：庸，本亦作「墉」，音容。

〔一〕「西」，原本作「東」，據經文及文義改。
〔二〕「東面北上」，原本作「北面東上」，據儀禮燕禮改。

山林、川澤、邱陵、墳衍、原隰，謂之五土，社者，祭五土之總神也。地秉陰，故社之祭，主於陰氣也。墉，牆也。君南鄉於北墉下者，社壝北面開門，其主設於壇上北面，君在壝內北墉下，南鄉祭之也。答，對也。社主北面向陰，君南鄉對之，故曰「答陰之義」。國中之神，莫貴乎社，祭用日之始，所以尊之也。○社一歲再祭。大司馬「春蒐田，獻禽以祭社」，是春祭也；「秋獮田，致禽以祀方」，是秋祭也。蓋二至者，陰陽之極；二分者，陰陽之中。天神、上帝至尊，而日月次之，故南郊以冬至，而祀日月以春分秋分。地示皇、地祇至尊，而社稷次之，故北郊以夏至而祭，社稷以仲春仲秋也。孔氏據月令孟冬「大割祠于公社」，謂「社一歲三祭」，不知月令乃秦法，非周禮也。○孔氏曰：鄭康成之説，以爲社祭五土總神，稷爲原隰之神，句龍以有平水土之功，配社祀之；稷有播種之功，配稷祀之。白虎通云：「天子之社壇方五丈，諸侯半之。」説者又云：「天子之社，封五色土爲之；若諸侯受封，各割其方色土與之，上皆以黃土也。」條牒論：「稷壇在社壇西，俱北向，營並壇共門。」其所置之處，小宗伯云「左宗廟，右社稷」，鄭云：「庫門內、雉門外之左右。」按天子社稷在應門內，諸侯在雉門內，説詳祭義。

天子大社，必受霜露風雨，以達天地之氣也。是故喪國之社屋之，不受天陽也。薄社北牖，使陰明也。釋文：大音太，下文「大廟」「大古」皆同。喪，息浪反。薄，本又作「亳」，步各反。

天子之社曰大社，尊之之辭也。達，通也。天秉陽，而霜露風雨，天之用也。地秉陰，而山川陵隰，地之體也。故大社不爲屋，使天之陽氣下通於地，以成生物之功也。喪國之社，即亳社也。薄、亳通，殷之舊都也。武王滅殷，班其社於諸侯，使各立之，以爲鑑戒。穀梁傳云「亡國之社，以爲廟屏，戒」，謂立之於廟門之外，以爲屏蔽，使人君見之而知戒懼也。薄社屋其上，使不得受風雨霜露之陽氣也。又塞其三面，惟開北牖，使其陰方偏明，所以通其陰而絶其陽也。陽主生而陰主殺，亡國之社如此，以其無事乎生物，而但用以示誡也。孔氏曰：「亡國之社亦有稷，故士師云：『若祭勝國之社稷，則爲之尸。』」

社所以神地之道也。地載萬物，天垂象，取財於地，取法於天，是以尊天而親地也，故教民美報焉。家主中霤而國主社，示本也。

孔氏曰：社所以神地之道者，言立社之祭，是神明於地之道也。地載萬物者，釋地所以得神之由也。天垂象者，欲明地之貴，故引天爲對也。地有其物，上天皆垂其象，所謂「在天成象，在地成形」也。取財於地者，財産並從地出，爲人所取也。取法於天者，四時早晚，皆放日月星辰，以爲耕作之候也。所取法，故尊而祭之，天子祭天是也。所取財，故親而祭之，一切皆祭社是也。地既爲民所親，故與庶民祭之，以教民美報也。中霤，謂土神。卿大夫之家，主祭土神於中霤；天子諸侯之國，主祭土神於社。以土神生財養人，故皆祭之，示其養生之本也。愚謂中霤者，宮内之土神也，一家之中以爲主；社者，境内之土神也，一國之中以爲主。主，謂家、國之所依以爲主也。

唯爲社事，單出里。唯爲社田，國人畢作。唯社，丘乘共粢盛，所以報本反始也。釋文：乘，時證反。共音恭。粢音資。○鄭注：乘，或爲「鄰」。

此謂州長祭社之事也。單，盡也。惟爲祭社之事，則一里之人盡出，謂每家出一人也。爲社田，謂爲祭社而田獵也。畢，盡也。畢作，竭作也，謂羨卒皆行。小司徒：「凡起徒役，毋過家一人，以其餘爲羨。惟田與追胥，竭作。」「九夫爲井，四井爲邑，四邑爲丘，四丘爲乘。」粢，稷也。稷曰明粢，在器爲盛。報本者，報其養人之本；反始者，反其生物之始。祭社所以報本反始，故民無不咸出其力，以供其事也。皇氏侃曰：天子諸侯祭社，用藉田之穀；大夫以下無藉田，則丘乘之民共之。

季春出火，爲焚也。然後簡其車賦，而歷其卒伍，而君親誓社，以習軍旅，左之右之，坐之起之，以觀其習變也。而流示之禽，而鹽諸利，以觀其不犯命也。求服其志，不貪其得，故以戰則克，以祭則受福。釋文：鹽，依註音豔。○鄭註：社，或爲「省」。

大司馬春蒐，火弊，獻禽以祭社」，故此因言祭社而遂及春田之事也。出火，出而用之也。焚，將田而先焚除其草萊也。簡、歷，謂算具陳列之也。車賦，車馬器械之屬也。百人爲卒，五人爲伍。誓社，謂於社田而誓之也。以習軍旅者，謂未田之先，教之以戰陳之法，大司馬「仲春，教振旅」是也。凡四時之田，誓皆有二：一爲教陳之誓，一爲田獵之誓。田獵，司徒誓之；教陳，則君親誓之。蓋教陳以象用師，用師必君親誓師，故教陳亦然。左之右之，謂車徒皆左右陳列之也。坐之起之，謂教以坐作進退之法也。變，非常也。觀其習變者，戰陳乃非常之事，於無事之時教之，觀其預習於非常之事也。此三句，言教陳之事也。流，行也。流示之禽者，將田而設驅逆之車，驅禽以示之也。鹽讀爲豔，歆動之意。凡田，大獸公之，小獸私之，歆動之以獲禽之利也。犯命，謂從禽不如法者。不犯命，若漢田律所謂「無干車，無自後射」，是也。豔諸利而能不犯命，斯真能用命矣。求服其志者，求士卒之用命。不貪其得者，不欲其犯命而獲禽也。此五句，言田獵之事也。士皆可用，故以戰則克；田獵得禮，故祭社則受福。鄭氏曰：祭社是仲春之禮。仲春以火田，田止火獘，然後獻禽，至季春出火，而民乃用火。今云「季春出火」，乃誓社，記者誤也。○經典多以郊、社對言。胡氏謂「社卽祭地，別無北郊之祭」，其說似是而實非也。蓋天無二者也，地則疆域廣狹各有不同。北郊所祭，祭全載之地祇也。天子之社，祭畿內之地祇也。諸侯之社，祭一國之地祇也。州社，祭一州之地祇也。大夫以下成羣立社，亦各視其所居之地，以爲神之所主而祭之者也。天子祭天，一歲有九，又有大旅之祭，出征、巡守之祭，所祭者皆上帝也。地則惟夏至祭方澤，其尊與上帝對。至於春祈、秋報，及因事告祭，皆祭社。蓋畿外之地，分封諸侯，使各主其五土之祭，則天子之祈、報、告祭，自無庸祭及全載之地矣。經典言郊、社，多舉南郊以見北郊，而北郊自夏至外，又別無他祭，故無明文可見，致滋後人之惑。然大示之祭，見於周禮者非一，大司樂「凡樂函鍾爲宮」，「夏日至，於澤中之方丘奏之。」曲禮：「天子祭天地，諸侯祭山川。」郊特牲：「器用陶、匏，以象天地之性也。」祭法：「瘞埋於泰折，祭地也。」可謂社卽祭地乎？卽胡氏不信周禮，然禮記所言，豈皆妄耶？若鄭註周禮，謂有崑崙地祇，又有神州地祇，此則與六天之說同爲讖緯無稽之言，所當辭而闢之者也。○自「社祭土」至此，明祭社之禮。

天子適四方，先柴。

巡守至方嶽之下，先燔柴以告天也。

郊之祭也，迎長日之至也，大報天而主日也。

迎長日之至，謂冬至祭天也。冬至一陽生，而日始長，故迎而祭之。禮之盛者謂之大，祭天歲有九，而冬至之禮最盛，故謂之大報天。縣象著明莫大乎日月，故祭天之禮以日爲主，而月配焉。張子曰：以始祖配天，須在冬至，一陽始生，萬物之始。宗祀九月，萬物之成。○孔氏曰：皇氏云：「天歲有八祭：冬至，一也；夏正，二也；五時迎氣，五也；通前爲七也；九月大饗，八也。雩與郊禖爲祈祭，不入數。」崔氏以雩爲常祭，九也。祭日，王立於丘之東南，西嚮，燔柴及牲玉於丘上，升壇以降其神。祭天無祼，故鄭註小宰云：「唯人道宗廟有祼，天地大神，至尊不祼，莫稱焉。」然則祭天唯七獻也。鄭註周禮云「大事於大廟，備五齊、三酒」，則圜丘之祭與宗廟祫同。愚謂天子祭宗廟十二獻，祭天無灌，則九獻也。祭天所以不灌者，以其以燔柴降神也。蓋天神之燔柴，地示之瘞埋，宗廟之灌將，皆所以降神也。天神在上，非燔柴不足以達之；地示在下，非瘞埋不足以達之。人鬼在天地之間，鬱鬯芬芳，其氣從乎陽而上升，其質達乎陰而下潤，故灌用鬱鬯，所以求諸上下之交也。此三者之禮之所以不同也。

兆於南郊，就陽位也。埽地而祭，於其質也。器用陶、匏，以象天地之性也。於郊，故謂之郊。牲用騂，尚赤也。用犢，貴誠也。

兆，謂壇之營域也。埽地而祭者，燔柴在壇，而設祭於墠也。陶，瓦器也。器用陶匏，以陶爲尊、簠之屬，以匏爲爵也。天地之性，本無可象，但以質素之物，於沖穆無爲之意爲稍近，故用之以祭。禮器言「天下之物無可以稱其德」，是也。此主言郊天而兼言地，則北郊之禮亦然也。○祭天牲用騂犢，此與祭法所言是也。玉用四圭有邸，典瑞所言是也。大宗伯：「以蒼璧禮天，以黃琮禮地，以青圭禮東方，以赤璋禮南方，以白琥禮西方，以玄璜禮北方，皆有牲、幣，各放其器之色。」此謂大朝覲之時所以禮方明者，非祀天之禮也。方明非正祭，嫌不用牲、幣，故曰「皆有牲、幣」。若言祀天之正禮，則其有牲，幣豈待言乎？鄭氏誤分郊、丘爲二祭，孔氏因謂大宗伯所言者爲圜丘所用之牲玉，此與典瑞所言者爲南郊所用之牲玉，誤矣。

郊之用辛也，周之始郊，日以至。

郊之用辛，謂正月上辛祈穀之祭也。始郊，日以至，謂冬至之祭也。曰「始郊」者，對祈穀又郊言之也。於始郊特言「周」者，上辛祈穀之郊，魯亦行之，冬至之郊，則惟周有之，而魯未嘗行也。○郊，即圜丘也。王肅謂「以所在言之則謂之郊，以所祭言之則謂之圜丘」，是也。祭之於冬至者，大報天之正祭也，祭之於孟春者，祈穀之祭也，其所祭則皆昊天上帝也。鄭氏見祭法「禘嚳」在「郊稷」之上，謂「郊既祭天，而禘在郊上，又大於郊」，遂分郊、丘爲二祭，謂「禘者冬至祭天皇大帝於圜丘，而以嚳配；郊者祭感生帝於南郊，而以稷配」。不知禘乃宗廟之大祭，非祭天之名，但郊以稷配，而禘追及於嚳。以尊卑言之，則郊之祭天爲尊；以遠近言之，則禘之及嚳爲遠。此祭法之所以先言「禘嚳」而後言「郊稷」也。且鄭氏既分禘、郊爲二，至小記與大傳言「王者禘其祖之所自出」，則又以爲南郊之祭，是自亂其說也。蓋郊以祭天，禘以祭祖，必不可合也，而鄭合之；小記、大傳之禘，即祭法之禘，冬至所祭之天，即孟春所祭之天，必不可分也，而鄭分之。其汨亂經典甚矣。

卜郊，受命于祖廟，作龜于禰宮，尊祖親考之義也。

卜郊，卜日也。周禮大宰「祀五帝」，「帥執事而卜日」，「祀大神亓亦如之」。大宗伯：「祀大神，享大鬼，祭大亓，帥執事而卜日。」祀大神，祭天也。祭大亓，祭地也。祀五帝，迎氣之祭也。此皆有定日，而猶卜之者，審慎之意也。以魯禮卜郊推之，則周之祈穀或亦有用中辛、下辛者矣。其冬至祭天，固以至之日爲主，其不從，則或移用其前後之一日與？祖廟，始祖之廟。受命于祖廟者，郊天以稷配，故將卜而先告之也。作，灼也。周禮卜師：「凡卜事，眡高，揚火以作龜，致其墨。」作龜于禰宮，就禰廟而卜之也。受命于祖，尊祖之義；作龜于禰，親考之義。

卜之日，王立于澤，親聽誓命，受教諫之義也。

澤，辟廱也。辟廱環水，故謂之澤。詩「振鷺于飛，在彼西雝」，毛傳云「雝，澤也」，是也。誓命，謂戒王以失禮之譴也。郊天至重，故王亦受誓戒。周禮大宰職「祀五帝，則掌百官之誓戒」，「前期十日，帥執事而卜日，遂戒」。不言戒王者，尊王，不敢言戒，其實亦并戒王矣。受教諫之義者，釋所以聽誓命於澤之意也。大學者，王受教之所，所謂「詔於天子，無北面」者。誓王有教諫之義，此其所以不於朝廟而於澤也。

獻命庫門之內，戒百官也。大廟之命，戒百姓也。 鄭註：庫，或爲「廏」。

鄭氏曰：王自澤宮而還，以誓命重相申勅也。大廟，祖廟也。百官，公卿以下也。百姓，王之親也。入廟戒親親也。王自此還齊路寢之室。孔氏曰：王親謂之百姓者，皇氏云：「姓者，生也，並是王之先祖所生。」　愚謂王之外門曰皐門，諸侯之外門曰庫門。云「獻命庫門之內」者，據魯之郊禮言之也。大司寇「禋祀五帝，則戒之日涖誓百官，戒于百族」，則郊之誓戒亦大宰誓之，而司寇涖之矣。百族，即百姓也。戒百官於庫門內，戒百姓於大廟，皆不於朝者，郊之誓戒出於大宰，辟王所出命之處也。

祭之日，王皮弁以聽祭報，示民嚴上也。

鄭氏曰：報，白也。夙興，朝服以待白祭事者，乃後服祭服而行事也。周禮「祭之日」，小宗伯「逆粢省鑊，告時于王，告備于王」。孔氏曰：皮弁以聽祭報，未郊，故未服大裘，而服日視朝之服也。示民嚴上，示民以尊嚴君上之意也。　愚謂嚴，敬也。天子敬於事天，則民化之而敬其君上矣，故曰「示民嚴上」。

喪者不哭，不敢凶服，氾埽反道，鄉爲田燭，弗命而民聽上。釋文：氾，芳劍反，本亦作「汎」。

鄭氏曰：謂郊道之民爲之也。反道，剗令新土在上也。田燭，田首爲燭。弗命而民聽上，化王嚴上也。孔氏曰：郊祭之旦，喪者不哭，又不敢凶服而出，以干王之吉祭也。氾埽，廣埽也。反道，剗路上之土反之，令新土在上也。郊道之民，各當界廣埽新道也。鄉，謂郊內六鄉也。六鄉之民，各於田首設燭照路，恐王祭郊之早也。弗命而民聽上者，合結「喪者不哭」以下，並非王命，而民化王嚴上故也。周禮蜡氏：「凡國之大祭祀，令州里除不蠲，禁刑者，任人及凶服者，以及郊野。」而此云「不命」者，蜡氏所云，有司常事，及郊祭之時，王不特命，故云「不命」。

祭之日，王被衮以象天。戴冕璪十有二旒，則天數也。乘素車，貴其質也。旂十有二旒

龍章而設日月，以象天也。天垂象，聖人則之，郊所以明天道也。釋文：被，皮義反。卷，本又作「袞」，同古本反。載，丁代反，本亦作「戴」。璪音早。

被袞，謂内服大裘，而被十二章之衣於其上也。在天成象，莫大於日月，十二章之衣，有日、月、星辰之章，故曰「象天」。日、月、星辰之衣，不別爲之名，而但謂之袞者，蓋以龍之象爲最顯著而華盛，故特以名其服，猶大常有龍章、日、月，而或亦但謂之旂也。璪者，用五采絲爲繩，垂之以爲冕之旒也。則天數者，天之大數十二，故王之服章及冕之旒，旂之旒，皆取數於是也。素車，殷之木輅，無金玉之飾者也。旂十有二旒，龍章而設日月，巾車所謂「大常」也。明，謂則之以示人也。郊所以明天道，故其衣服旂章皆取象於天也。○陳氏祥道曰：祀天，内服大裘，外被龍袞。龍袞，所以襲大裘也。記曰：「裘之裼也，見美也。」「服之襲也，充美也。」禮不盛，服不充，故大裘不裼，則襲袞可知也。古者服裘，有裼之而不襲，襲之而不裼，未有表之而不裼、襲者也。林氏之奇曰：説者謂「周畫三辰於旗，服惟九章」，不過據左氏「三辰旂旗」之文。左氏謂旗有三辰，何嘗謂衣無三辰耶？此云「祭之日，王被袞以象天」，則十二章備。鄭氏謂「此魯禮也」，豈有周制止九章，而魯乃十二章乎？愚謂舊説謂「王之服止於九章，而祭天但服大裘」，非也。周禮司服：「公之服，自袞冕以下如王之服。」王之服十二章，而公特如其袞以下，猶公之服九章，而侯伯特如其鷩以下也。裘乃褻服，與夏之絺、綌，春秋之袍、繭、絅、褶爲類者也。表裘不入公門，而可以祀天乎？玉藻言大裘不裼，不裼則襲也，則大裘之上有中衣與上服必矣。陳氏謂「大裘襲袞」，不可易也。○祭天乘素車，巾車「玉路以祀」，謂自宗廟以下之祭之所乘也。杜預謂「玉路卽大路」，陸農師謂「乘玉路以就道，乘大路以卽壇」，皆非也。大路質素無飾，玉路飾之以玉，不可混而爲一。巾車備言五路，而不及大路，猶司尊彝不言祭天之陶、匏，司几筵不言祭天之稾鞂也。郊祭雖有大次以爲止息，然其去壇不遠，出次卽壇，咫尺之地，未必復乘車也。大馭「掌馭玉路以祀」，而有「犯軷」之祭，蓋朝日、夕月、四望、山川之祭，王之有事於郊外者不一，非祭天之事也。

帝牛不吉，以爲稷牛。帝牛必在滌三月，稷牛唯具，所以別事天神與人鬼也。釋文：滌，范音迪，徐徒嘯反。別，彼列反。

不吉，謂死傷也。爲，用也。以爲稷牛，謂取稷牛而用之也。郊天以稷配，故卜二牲而養之：一爲帝牛，一爲稷牛。若帝牛死傷，則取稷牛爲帝牛，又別取他牛爲稷牛也。天神尊，故帝牛必在滌三月；人鬼卑，故稷牛可臨時取具。鄭氏曰：滌，牢中所搜除處也。

萬物本乎天，人本乎祖，此所以配上帝也。郊之祭也，大報本反始也。

祖之所以配上帝者，以其一爲物之本，一爲人之本也。郊、社皆有報本反始之義，而郊之報本反始爲尤大也。○自「天子適四方」至此，明郊天之禮。

天子大蜡八。伊耆氏始爲蜡。蜡也者，索也，歲十二月，合聚萬物而索饗之也。釋文：蜡，仕詐反。

八者，所祭有八神也：先嗇一，司嗇二，百種三，農四，郵表畷五，禽獸六，坊七，水庸八。伊耆氏，秋官之屬。伊，安也。耆，老也。此官掌共杖，以安息老人爲職，蜡息老物，故并使掌焉。始爲蜡者，於將蜡之時，始命國人爲蜡祭也。十二月，建丑之月也。蜡祭八神，而曰「合聚萬物」者，以百種禽獸，其類非一也。大宗伯：「以疈辜祭四方百物。」或言「百物」，或言「萬物」，並喻其多耳。索饗之，謂求索而盡饗之也。孔氏曰：蜡云「大」者，是天子之蜡，對諸侯爲大。天子有八神，則諸侯之蜡未必八也。謂若先嗇，古之天子諸侯未必得祭也。愚謂蜡祭，自天子諸侯之國及黨正皆有之。天子大蜡八，則諸侯及黨正之蜡，於八神有不皆祭者矣。其諸侯無先嗇，黨正又無司嗇與？○孔疏謂「伊耆氏爲神農。」明堂位曰：「土鼓、蕢桴、葦籥，伊耆氏之樂也。」女媧氏已有笙簧，而神農之樂乃葦籥、土鼓乎？

蜡之祭也，主先嗇而祭司嗇也，祭百種以報嗇也。釋文：種，之勇反。

鄭氏曰：先嗇，若神農也。司嗇，后稷是也。孔氏曰：以先嗇爲主，司嗇從祭。種曰稼，斂曰嗇。不云「稼」而云「嗇」者，取其成功收斂，受嗇而祭也。陳氏澔曰：主先嗇，猶前章「主日」之主，言其爲八神之主也。愚謂百種，百穀之種也。

饗農及郵表畷、禽獸，仁之至，義之盡也。古之君子，使之必報之：迎貓，爲其食田鼠也，迎虎，爲其食田豕也，迎而祭之也。釋文：郵，本亦作「尤」，有周反。畷，丁劣反，又丁衛反。猫字又作「貓」，音苗。爲，于僞反。

鄭氏曰：農，田畯也。郵表畷，謂田畯所以督約百姓於井間之處也。迎，迎其神也。孔氏曰：農，謂古之田畯，有功於民。郵表畷者，是田畯於井閒所舍之處。郵，若郵亭屋宇。表，田畔。畷，謂井畔相連畷。於此田畔相連畷之所，造此郵舍，田畯處焉。禽獸，卽貓虎之屬，助田除害者。特云「貓」「虎」，舉其除害甚者。仁之至，義之盡者，不忘恩而祭之，仁也；有功必報之，義也。愚謂郵，田間廬舍也。表，田間道路，國語所謂「列樹以表道」也。畷，疆界相連綴也。郵表畷，謂始創廬舍，表道路，分疆界，以利人者也。迎，迎其尸也。貓虎非可爲尸，蓋使人蒙其皮以象之與？

祭坊與水庸，事也。曰：「土反其宅，水歸其壑，昆蟲毋作，草木歸其澤。」釋文：坊音房。

鄭氏曰：水庸，溝也。孔氏曰：坊以畜水，亦以障水；庸以受水，亦以泄水。坊及水庸，是人營爲所須，故曰「事也」。土卽坊也。反，歸也。宅，安也。土歸其宅，則不崩阤。水，卽水庸也。壑，坑坎也。水歸其壑，則不汎溢。昆蟲，蝗螟之屬，得陰而死，得陽而生，故曰「昆蟲毋作」，謂不爲災。草，苔、稗；木，榛、梗之屬也。當各歸生藪澤，不得生於良田，害嘉穀也。蜡祭報功，亦因祈禱，故有此辭。愚謂「土歸其宅」四句，祭坊與水庸之祝辭也。坊與水庸同祝辭，則其祭之同處矣。蓋蜡祭當爲三壇：先嗇、司嗇、百種爲一壇，農及郵表畷、禽獸爲一壇，坊及水庸爲一壇，以記文繹之可見也。

皮弁、素服而祭。素服，以送終也。葛帶、榛杖，喪殺也。蜡之祭，仁之至，義之盡也。釋文：殺，所界反，徐所例反，下「德之殺」同。

此下二節，言黨正蜡祭之禮也。皮弁，以白鹿皮爲弁。素服，以素繒爲衣裳。皮弁、素服，卽皮弁服也。司服：「王祭羣小祀，則玄冕服。」此服皮弁服者，黨正蜡祭之禮卑也。送終，謂送老物之終也。素服色白，近於喪服，故曰「以送終」。周禮籥章：「蜡祭則龡豳頌，擊土鼓，以息老物。」殺，猶輕減也。喪服變除有葛帶，喪服又有杖，今蜡祭以葛爲帶，以榛爲杖，喪服之減殺者也。爲物之將終也，故素服以送之，爲物之已終也，故喪服以哀之。不忍其終者，愛邮之仁也，有始必有終者，裁制之義也。前云「仁之至，義之盡」，專就迎貓迎虎而言，此則統指一祭而言也。

黃衣、黃冠而祭，息田夫也。野夫黃冠。黃冠，草服也。

方氏慤曰：皮弁、素服，主祭者之服。黃衣、黃冠，助祭者之服。愚謂黨正祭蜡，屬民飲酒，而一國之人皆若狂。黃衣黃冠而祭，謂農夫與於蜡祭之禮者，既祭則使之飲酒宴樂，以休息之也。野夫黃冠者，言野夫既賤，故蜡祭之時，不得皮弁、素服，而其服如此也。黃冠，草服者，黃冠乃臺笠之屬，而其色黃也。鄭氏以黃衣、黃冠爲臘祭，非是，說見月令。

大羅氏，天子之掌鳥獸者也，諸侯貢屬焉。草笠而至，尊野服也。羅氏致鹿與女，而詔客告也。以戒諸侯曰：「好田、好女者亡其國。」天子樹瓜華，不斂藏之種也。」釋文：好，呼報反。

孔氏曰：此因上蜡祭，廣釋歲終蜡時之事。大羅氏，爲大羅以捕鳥獸者也。周禮羅氏「掌羅烏鳥，蜡則作羅襦」，不言「掌獸」，此云「獸」者，以其受貢獸故也。大羅氏能張羅得鳥，故諸侯貢鳥獸者皆屬焉。草笠，以草爲笠也。諸侯貢鳥獸之使，著草笠而至王庭。草笠是野人之服，今歲終功成，由野人而得，故重其事而尊其服。詔亦告也。客，謂貢鳥獸之使者。鹿是田獵所得，女是亡國之女，而王所獲者也。羅氏受貢畢，致鹿及女子以示使者，而宣天子之詔令，使者還告其君也。好田、好女者亡其國，此宣詔所告之言也。華，果蓏也。言天子樹植瓜華，是供一時之食，不是收斂久藏之物，若可久藏，則不樹之，不務聚蓄，與民爭利。令使者還告其君，亦當如此。　愚謂此節之義未詳，今姑存舊說如此。

八蜡以記四方。四方年不順成，八蜡不通，以謹民財也。順成之方，其蜡乃通，以移民也。

釋文：移，以豉反。○今按：移如字。

記四方，謂記明四方之豐歉也。通猶行也。順成，謂風雨和順，而五穀成熟也。大宗伯：「以疈辜祭四方百物。」是天子八蜡之祭，方別爲壇。有不順成之方，則蜡祭不行，其當方黨、鄙之祭亦然。蓋八蜡所以報功，今神既無功於民，故不行蜡祭，所以使民謹於用財，亦凶荒殺禮之意也。移，猶表記「衣服以移」之之移。順成之方，則通其蜡祭，蓋百姓終歲勤動，恐其倦怠，使之因蜡祭而聚會飲食，所以移其厭倦之心，而予以豐饒之樂，一張一弛之道也。

既蜡而收，民息已。故既蜡，君子不興功。

民息，謂民之收藏畢也。君子不興功，謂上之力役止也。左傳「凡土功，龍見而畢務」，「火見而致用，水昏正而栽，日至而畢」。然則蜡祭在夏正之十二月明矣。○自「天子大蜡八」至此，記蜡祭之禮。

禮記卷二十六

郊特牲第十一之二

恒豆之菹，水草之和氣也；其醢，陸産之物也。加豆，陸産也；其醢，水物也。釋文：菹，爭居反。

恆豆，朝事所薦之豆也。菹，酢菜也，取生菜以醯釀之。全物若牒謂之菹，細切謂之齏。水草之和氣，謂取水草爲菹，乃四時和美之氣所生也。禮器云：「籩、豆之薦，四時之和氣也。」是豆實所用水草之物，莫非四時之和氣，獨於恆豆之菹言之，餘從可知也。醢，肉醬也。有骨者謂之臡，無骨者謂之醢。加豆，祭末酳尸所薦之豆也。加豆不言「菹」者，文省也。周禮醢人「朝事之豆」有昌本、茆菹，是水物也；醓醢、麋臡、鹿臡、麇臡，皆陸産也。「加豆之實」芹菹、筍菹，是陸産也；鴈醢、魚醢，是水物也。恆豆之韭菹、菁菹非水物，加豆之芹菹、深蒲非陸産，兔醢、醓醢非水物，此蓋約畧言之，以見豆實或用水物，或用陸物，可薦之物莫不咸在耳。不言「饋食之豆」者，舉恆豆、加豆，則饋食之豆亦備水陸之物可知也 ○鄭氏曰：此謂諸侯也。天子朝事之豆有昌本、麋臡、茆菹、麕臡，饋食之豆有葵菹、蠃醢、豚拍、魚醢，其餘則有雜錯云。愚謂鄭氏以此爲諸侯，非也。以儀禮考之：特牲禮二豆，葵菹、蠃醢，周禮饋食之二豆也。少牢禮四豆，韭菹、醓醢、葵菹、蠃醢，周禮朝事之二豆，饋食之二豆也。公食禮六豆，韭菹、醓醢、昌本、麋臡、菁菹、鹿臡，周禮朝事之六豆也。聘禮歸饔餼八豆，而韭菹、醓醢居其首，則全用周禮朝事之豆也。是天子、諸侯、大夫之豆，惟其多少有差，而其實則未嘗有異矣。又鄭引饋食之豆以當加豆，與周禮違。孔氏既從周禮，以酳尸之豆爲加豆，是矣，而又舉饋食之豆實以釋之，以强從鄭氏，徒令學者瞀眩耳。

籩、豆薦之，水土之品也。不敢用常褻味而貴多品，所以交於神明之義也，非食味之道也。

釋文：薦，即見反，又作「薦」，同。或作「廌」，非。

重舉前文而申之，以起下文也。

先王之薦，可食也，而不可耆也。卷冕、路車，可陳也，而不可好也。武，壯而不可樂也。宗廟之威，而不可安也。宗廟之器，可用也，而不可便其利也。所以交於神明者，不可以同於所安樂之義也。釋文：耆，市志反。路，本亦作「輅」，音同。樂，皇音洛，徐五孝反。便，婢面反，徐比絹反。

薦，謂籩、豆也。以其非食味之道，故可偶食之，而不可常耆也。衮冕、路車尊嚴，雖可陳列，而不可常服乘之以爲容好也。大武之舞，發揚蹈厲，其容壯勇，不可常奏之以爲娛樂也。宗廟之中，尊嚴肅敬，不可常處之以爲安也。宗廟之器，共事神明，不可便其利於用，言常用之則不便也。孔氏曰：此總明祭祀之物不可同於尋常安樂之義。

酒醴之美，玄酒、明水之尚，貴五味之本也。黼黻、文繡之美，疏布之尚，反女功之始也。莞簟之安，而蒲越、稾鞂之尚，明之也。大羹不和，貴其質也。大圭不琢，美其質也。丹漆雕幾之美，素車之乘，尊其樸也。貴其質而已矣。所以交於神明者，不可同於所安褻之甚也。如是而后宜。釋文：越音活。和，胡卧反。琢，依註爲丈轉反。雕，又作「彫」。幾，巨衣反。乘，時證反。

鄭氏曰：尚質貴本，其至如是，乃得交於神明之宜也。明水，司烜以陰鑑所取於月之水也。蒲越、稾鞂，藉神席也。明之者，神明之也。琢當爲「篆」，字之誤也。幾，謂漆飾沂鄂也。孔氏曰：此明祭祀之物貴質尚本也。玄酒，謂水也。明水，所取於月中水也。陳列酒尊之時，明水在五齊之上，玄酒在三酒之上，尊尚其古，故設尊在前。疏布之尚者，冪人「疏布巾冪八尊」，禮器云「犧尊疏布鼏」，是也。凡常下莞上簟，祭天則蒲越、稾鞂之尚，是神明之也。彫，謂刻鏤。幾，謂沂鄂。言尋常車以丹漆彫飾之爲沂鄂，而祭天則素車之乘者，尊其樸素也。貴其質而已矣者，此一句包上「酒醴」以下諸事，言祭祀之時不重華飾，惟貴質素而已，以其交於神明，不可同於尋常身所安樂之甚也。尚質尚儉如是，而後得交神明之義。愚謂蒲越，結蒲爲席，宗廟之席也。稾鞂，祭天之席也。大羹淡泊，故曰「貴其質」；玉質本美，故曰「美其質」。不可同於所安褻之甚者，言同於所安褻則不可之甚也。上節言祭祀之物不可用於平常，此節言平常之物不可用於祭祀，承上文所以交於神明之義，非食味之道之義，而推廣申明之也。

鼎、俎奇而籩、豆偶，陰陽之義也。黄目，鬱氣之上尊也。黄者，中也。目者，氣之清明者也。言酌於中而清明於外也。釋文：奇，居宜反。

鄭氏曰：黄目，黄彝也，周所造，於諸侯爲上。孔氏曰：黄彝，以黄金鏤其外以爲目，因取名也。將貯鬱鬯，故云「鬱氣」。祭祀時列諸尊之上，故云「上」也。案明堂位云「夏后氏以雞彝，殷以斝，周以黃目」，是周所造也。天子黃彝之上有雞彝、鳥彝，備前代之器，諸侯但有黃彝，故云「於諸侯爲上」。黃是中方色，目是氣之清明者。言酌於中而清明於外者，言酒清明在尊中，而可斟酌，示人君慮於祭事，必斟酌盡於中也。目在尊外，而有清明，示人君行祭，必外盡清明潔淨也。

祭天，埽地而祭焉，於其質而已矣。醓醢之美，而煎鹽之尚，貴天產也。割刀之用，而鸞刀之貴，貴其義也，聲和而后斷也。 釋文：斷，丁亂反。

孔氏曰：餘物皆人功和合爲之，鹽則天產自然，故曰「貴天產也」。言煎者，煎此自然之鹽，鍊治之也。煎鹽之尚者，皇氏云：「設之於醓醢之上，故云尚。」熊氏云：「煎鹽，祭天所用，故云尚。」愚謂煎鹽卽形鹽，朝事之籩實也。醓卽醓醢之屬也。曰「醓醢」者，醓必資醢以成也。煎鹽不獨用於祭天，皇氏之說是也。特牲禮設饌之法，俎在豆東，敦在俎南，籩在敦南。是籩直豆之南。尸席南上，設饌以南爲上，煎鹽籩實，設當豆實醓醢之南，是煎鹽之尚也。醓醢須釀而成，煎鹽天質自然，故曰「貴天產也」。貴其義，謂貴其和而能斷之義也。凡物之和者，或不足於斷，斷者或不足於和。鸞刀先有調和之聲，而後資割斷之用，和、斷相資，剛、柔不偏，故其義爲可貴也。自「恆豆之菹」至此，雜明祭祀所用之物，而歸重於尚質之義，亦前篇之義也。

冠義，始冠之，緇布之冠也。大古冠布，齊則緇之。其緌也，孔子曰：「吾未之聞也，冠而敝之可也。」 釋文：之冠，如字；餘並古亂反，後同。齊，側皆反。緌，耳佳反。敝，本亦作「弊」，婢世反，徐又房列反。

鄭氏曰：始冠三加，先加緇布冠也。太古無飾，非時人緌也。雜記曰：「大白、緇布之冠不緌。」大白即太古白布冠，今喪冠也。齊則緇之者，鬼神尚幽闇也。唐、虞以前曰太古。冠而敝之者，此重古而冠之耳，三代改制，齊冠不復用也。以白布冠質，以爲喪冠也。愚謂冠義者，儀禮有士冠禮，此解其義也。太古但用白布爲冠，齊則緇之，以明敬也。後世冠制既異，而始冠猶用太古之齊冠，重古之義也。緌者，結纓而垂其餘以爲飾也。後世之冠有笄，其纓分屬於笄，交結於頤，而垂其餘以爲緌。古冠無笄，其纓惟一條，屬於缺項之左，而上結於其右，故無垂餘之緌。始冠既用古冠，則其纓宜用古制，而其後乃爲之緌，則失其制矣。敝，壞也。敝之可也者，言緇布冠既冠則不復用也。皇氏侃曰：齊則緇之，謂祭前若祭時，自若祭服，有虞氏皇而祭是也。賈氏公彥曰：冠訖，士則敝之，不復著；若庶人，猶著之。故詩云：「彼都人士，臺笠緇撮。」是庶人用緇布冠籠其髮，以爲常服也。

適子冠於阼，以著代也。醮於客位，加有成也。三加彌尊，喻其志也。冠而字之，敬其名也。

釋文：適，丁歷反。醮，子妙反。

適子冠於阼階之上，士冠禮「筵於東序少北」，是也。著，明也。阼階，主人之位，適子冠於此，明其有代父之義也。冠禮用醴曰醴，用酒曰醮。客位，謂戶牖之間，賓客之位也。醮於客位，謂既冠則筵於賓客之位，而酌酒以禮之，士冠禮「筵於戶西，南面」，是也。冠禮用醴，則三加之後總一醴之；用酒，則每一加則一醮。加有成者，謂每加則醮之，以表其禮之有成也。蓋冠禮雖有醴與醮二禮，然醴質而醮文，周世尚文，用醮禮者多，故此及冠義篇皆言「醮於客位」也。三加彌尊者，初加緇布冠，次加皮弁，次加爵弁，皮弁尊於冠，爵弁又尊於皮弁也。喻其志者，服彌尊則當思所以稱之，曉喻冠者之志意務令充大以稱其服也。名者，所受於父母，既冠而字之，敬其名而不敢稱也。

委貌，周道也。章甫，殷道也。毋追，夏后氏之道也。釋文：毋追，上音牟，下多雷反。

鄭氏曰：委猶安也。言所以安正容貌。章，明也。言所以表明丈夫也。毋，發聲也。追猶堆也。夏后氏質，以其形名之。三冠，其制之異同未聞。愚謂此三者，皆玄冠之別名也。始冠宜用玄冠，而以重古，故用緇布冠。然緇布冠冠而敝之，而所常冠者則玄冠也。故此因明三代玄冠之異名。道猶制也。

周弁，殷冔，夏收。釋文：冔，況甫反，字林作「[糸㝵]」，火于反。

此三代三加之冠也。弁，爵弁也。弁、冔、收，三代士助祭之冠也。鄭氏曰：弁名出於槃，槃，大也，言所以自光大也。冔名出於幠，幠，覆也，言所以自覆飾也。收，言所以收斂髮也。其制之異未聞。

三王共皮弁、素積。

此再加之冠也。素積，以素繒爲裳而襞積之也。素言其色，積言其制。賈氏公彥曰：言三代再加，所用同也。

無大夫冠禮，而有其昏禮。古者五十而后爵，何大夫冠禮之有？

鄭氏曰：二十而冠，急成人也。五十乃爵，重官人也。大夫或時改娶，有昏禮也。愚謂喪服「殤小功」章：「大夫爲昆姊之長殤。」大夫爲兄姊殤服，則有未冠已爲大夫者矣。而不爲之制冠禮者，爲大夫者必由士而升，當其爲士，則固以士禮而冠矣。童子之禮，不裘、不帛、不屨絇，見先生，從人而入，既仕而爲士，固不可以童子之禮處之，未有不冠者也。爲士者必冠，則無爲大夫而後冠者矣。爵，謂假祖廟而命之也。雖爲大夫，至假祖廟而命之，則必待五十。蓋古者爵人之愼重如此，則固無仕而卽爲大夫者矣，又何大夫冠禮之有？

諸侯之有冠禮，夏之末造也。

鄭氏曰：言夏初以上，諸侯幼而卽位者，猶以士禮冠之。愚謂末造，猶末世也。諸侯繼世而立，或有幼而嗣位者，既爲諸侯，及其冠也，不容不與士禮異，所以至夏末始作爲公侯之冠禮也。家語冠頌：「公冠玄冕四加，天子擬焉。」○鄭氏謂「夏時諸侯至五十乃爵命」，無據。

天子之元子，士也。天下無生而貴者也。

敖氏繼公曰：元子，長子。其冠時猶士，而用士禮，以其未卽位則無爵故也。舉天子之元子，以見其餘。皇氏侃曰：天子元子，唯冠禮與士同，其餘則與士不同，故喪服諸侯之兄弟得行大夫之禮也。○歸氏有光曰：自「無大夫冠禮」至此，明天子、諸侯、大夫之無冠禮也。冠者，將責爲人子、爲人弟、爲人臣、爲人少者之禮，蓋父兄以成人之事責子弟也。天子爲元子之時，以士禮冠，設不幸君終，世子未冠，則冕而踐阼。已君臨天下，將又責以爲人子、爲人弟、爲人臣、爲人少之禮乎？家語孔子答孟懿子吾取焉曰：「古者王世子雖幼，其卽位，則尊爲人君，人君治成人之事者，何冠之有？」曰：「諸侯之冠異天子與？」曰：「君薨而世子主喪，是亦冠也已，人君無所殊也。」此孔氏之遺言也。益以祝雍頌公冠之篇，則誣矣。公冠曰：「公冠四，加玄冕。」左傳：「君冠必以祼享之禮行之，以金石之樂節之，以先君之祧處之。」玉藻曰「始冠緇布冠，自諸侯下達」，「玄冠朱組纓，天子之冠也。緇布冠繢緌，諸侯之冠也」。蓋務爲天子、諸侯、大夫、士之別，而不知先王制冠禮之義，所以同之於士者也。

繼世以立諸侯，象賢也。以官爵人，德之殺也。死而謚，今也。古者生無爵，死無謚。

孔氏曰：繼世以立諸侯，象賢也，此明夏末以來有諸侯冠禮之意也。以官爵人，德之殺也，言官爵之授，隨德隆殺，此明所以無大夫冠義也。愚謂繼世以立諸侯，以能象其先世之賢，故諸侯無升陟之漸，未冠而爲諸侯者不得不別爲諸侯之冠禮也。以官爵人，隨德隆殺，故大夫無驟爲之法，其爲大夫者，必皆已冠於爲士之時，而不得別爲大夫之冠禮也。死而謚，謂大夫死皆有謚，而不問其已爵與否也。謚起於周。今，蓋謂春秋以還；古者，謂周初也。生無爵，死無謚者，古者大夫五十而爵，然後生則稱其族，死則爲之謚；若未五十而死，未受爵命，死則無謚也。春秋初，魯大夫如無駭、羽父、柔挾輩，生不稱族，死不爲謚，皆未爵故也。至僖、文以後，乃無不謚者，則禮之失固未久也。此又因大夫無冠禮而推類言之。○孔氏謂「此士冠禮記之文，故論士死而無謚，至作記之時加謚」，非也。士之無謚，周末猶然，謂作記之時加謚，何所據乎？士冠禮自「戒賓曰」以下，至「不屨繐屨」，本其記也。自「冠義」以下，則後人節取郊特牲之文，附諸篇末，其文體與儀禮記全不類。其後又誤以記連於經，而以「冠義」以下謂之記，失之矣。

禮之所尊，尊其義也。失其義，陳其數，祝、史之事也。故其數可陳也，其義難知也。知其義而敬守之，天子之所以治天下也。

孔氏曰：此因上論冠義，下論昏義，故因上起下，於中說重禮之義。　愚謂禮之數，見於事物之末；禮之義，通乎性命之精。故其數可陳，其義難知。知其義而又能敬守之，以體其實焉，則所謂「能以禮讓爲國」者，雖先王所以治天下，其道不出乎是。此禮之義之所以爲尊也。○朱子曰：此蓋秦火之前，典籍具備之時之語，固爲至論。然非得其數，則其義亦不可得而知矣。況今亡逸之餘，數之存者不能什一，則尤不可以爲祝、史之事而忽之也。

天地合，而后萬物興焉。夫昏禮，萬世之始也。取於異姓，所以附遠厚別也。釋文：取音娶，本又作「娶」。遠，皇于萬反。別，兵列反。

孔氏曰：天氣下降，地氣上騰，天地合配，則萬物生焉。夫婦合配，則子姓生焉。娶異姓者，所以依附疏遠之道，厚重分別之義也。　方氏慤曰：必取於異姓，所以附遠；不取同姓，所以厚別。

幣必誠，辭無不腆，告之以直信。信，事人也。信，婦德也。壹與之齊，終身不改，故夫死不嫁。釋文：腆，天典反。事，側吏反，又如字。○鄭註：齊，或爲「醮」。○今按：事如字。

幣，謂納徵之幣。誠，實也。幣必誠，謂不以沽惡之物，昏禮記云「皮帛必可制」，是也。腆，善也。辭無不腆者，謂納幣之辭，不自謙言皮帛不善。幣必誠，信也；辭無不腆，直也。斯二者，所以告婦以正直誠信之道也。信者，人之所以事人。婦以事夫，其德以信爲本，故於納徵之幣與辭，而先有以示之如此。上言「直信」，而下但云「信」者，言「信」則直在其中矣。齊，謂共牢同尊卑也。壹與之齊，終身不改，惟其信而已。 陸氏佃曰：凡謙辭，言「不腆」。據聘禮：「主人曰：『不腆先君之祧，既拚以俟矣。』」春秋傳曰：「不腆敝器，不足辭也。」又曰：「不腆先君之敝器，使下臣致諸執事以爲瑞節。」今辭不云「不腆」，告之以直信也。○顧氏炎武曰：「歸妹，人之終始也」，先王於此有省文尚質之意焉。故辭無不腆無辱。 告之以直信，曰：「先人之禮而已。」所以立生民之本，而爲嗣續之源。故以內心爲主，而不尚乎文辭也，非徒以教婦德而已。

男子親迎，男先於女，剛柔之義也。天先乎地，君先乎臣，其義一也。 釋文：迎，魚敬反。先，悉見反。

男子親迎，是男先於女也。所以然者，男剛而女柔，剛之德主乎進，柔之德主於退。非獨昏姻如此，至於天地君臣，其義亦然。故天道資始，而地道代終，君務於求賢，而臣恥於自衒也。

執摯以相見，敬章別也。男女有別，然後父子親；父子親，然後義生。義生然後禮作，禮作然後萬物安。無別無義，禽獸之道也。 釋文：贄音至，本亦作「摯」。

摯，謂親迎所奠之鴈也。章，明也。執摯相見者，賓主之道，今乃於夫婦之間行之，所以致其恭敬，以明男女有別，而其交接不可以苟也。有夫婦然後有父子，故父子之親由於男女之別；有父子然後有君臣，故君臣之義由於父子之親。有君臣然後有上下，有上下然後禮義有所錯，故義生而後禮作。人無禮則危，有禮則安，故禮作而後萬物安。由男女有別，而遞推其所致如此，所以深明男女之別之重也。

壻親御授綏，親之也。親之也者，親之也。敬而親之，先王之所以得天下也。

親御，謂御婦車也。授綏，授婦綏以升也。婦本有御者，壻必親御授綏，所以示身親其事也。必身親其事者，所以致其親愛於婦也。執摯相見，所以爲敬；親御授綏，所以爲親。敬則夫婦之禮肅，而無燕暱之傷；親則夫婦之情篤，而無睽離之患。化起於閨門，而風行於四海，先王之所以得天下，其道不外乎是也。

出乎大門而先，男帥女，女從男，夫婦之義由此始也。婦人，從人者也：幼從父兄，嫁從夫，夫死從子。夫也者，夫也。夫也者，以知帥人者也。釋文：先，如字，又悉遍反。知音智。○鄭註：夫，或爲「傅」。

大門，婦家之大門也。先，壻車先行也。夫婦之義由此始者，婦未出父家，猶未成其爲婦，出乎大門，則夫全乎其爲夫，婦全乎其爲婦，一帥一從，而尊卑唱隨之義定矣。自「婦人從人」以下，又以申明男帥女、女從男之義也。夫也者，夫也，言夫乃丈夫之稱。丈夫乃有才智者之名，左傳「成師以出，聞敵强而退，非夫也」，是也，故曰「以知帥人者也」。

玄冕齊戒，鬼神陰陽也。將以爲社稷主，爲先祖後，而可以不致敬乎？

孔氏曰：案昏禮，士昏用爵弁。爵弁是士之上服，則天子以下皆用上服。五冕色通玄，故總稱玄冕。陰陽，謂夫婦著祭服而齊戒親迎，是敬此夫婦之道如事鬼神，故曰「鬼神陰陽也」。妻爲內主，故有國者是爲社稷內主也。嗣廣後世，是爲先祖後也。明如此之重，不可不致敬，所以冕而親迎也。

共牢而食，同尊卑也。故婦人無爵，從夫之爵，坐以夫之齒。

二牲以上謂之牢。士昏用爵弁，而上云「玄冕」，士昏用特豚，而此云「共牢」，皆謂大夫以上之禮也。共牢者，謂用一牢而夫婦共食之，不別俎也。牢禮以爵等爲差，夫婦共牢，以其尊卑同也。婦人無爵，從夫之爵者，婦人無受爵命之法，其夫受爵命，則其妻之爵從之也。坐以夫之齒者，謂兄弟之妻，其娣姒之序，不以己之年而以夫之年也。

器用陶、匏，尚禮然也。三王作牢，用陶、匏。

陶，謂以瓦爲尊，敦之屬。匏，謂以匏爲爵也。士昏禮食畢，夫婦皆三酳：初酳、再酳用爵，三酳用巹。巹，半匏也。以一匏分而爲二，夫婦各用其一以酳也。尚、上通。尚禮然，謂上古之禮器如是也。

鄭氏曰：太古無共牢之禮，三王之世作之，而用太古之器，重夫婦之始也。

厥明，婦盥饋。舅姑卒食，婦餕餘，私之也。舅姑降自西階，婦降自阼階，授之室也。釋文：盥音管。一本無「婦盥饋」三字。

孔氏曰：厥，其也。其明，謂共牢之明日也。食餘曰餕。私猶恩也。明日，婦見舅姑，盥饋特豚，舅姑食特豚之禮竟，以餘食賜婦，此示舅姑相恩私之義也。愚謂盥饋，言致潔以饋也。孔氏言「盥饋特豚」，此據士昏禮言之，若大夫以上，有不止於特豚者矣。舅姑降自西階，婦降自阼階，謂盥饋之明日，舅姑饗婦以一獻之禮，既饗而降也。授之室者，西階爲客階，阼階爲主階，舅姑自由客階降，使婦由主階降，明以室事授之，而使爲家主也。盥饋、授室，皆謂適婦之禮，若庶婦則不饋，舅姑亦不饗之，無著代之事也。

昏禮不用樂，幽陰之義也。樂，陽氣也。昏禮不賀，人之序也。

陳氏祥道曰：大司徒：「以陰禮教親，則民不怨。」昏之爲禮，其陰禮與？古之制禮者，不以吉禮干凶禮，不以陽事干陰事。昏禮不用樂，幽陰之義也。方氏慤曰：孔子曰：「取婦之家，三日不舉樂，思嗣親也。」彼言「思嗣親」，此言「幽陰之義」者，蓋有所思者，固欲其幽陰也。經云「齊之玄也，以陰幽思也」，是矣。愚謂昏爲陰禮，而樂爲陽氣，故昏禮不用樂，與食、嘗無樂同義。然既昏之後，猶不遽舉樂者，則以思嗣親之故，此與曾子問各據一義而言之也。序，謂相傳之次第也。昏禮，舅姑授婦以室，子有傳重之端，則親有代謝之勢，人子之所不忍言也，故不賀。○自「天地合而萬物興」至此，明昏禮之義。

有虞氏之祭也，尚用氣。血、腥、爓祭，用氣也。「血、腥、爓祭」爲句。鄭註：爓，或爲「膶」。

鄭氏曰：尚，謂先薦之。孔氏曰：尚謂貴尚，祭祀之時，先薦之也。血，謂祭初以血詔神於室。腥，謂朝踐薦腥肉於堂。爓，謂沈肉於湯次，腥亦薦於堂。以血、腥、爓三者而祭，是用氣也。以其並未熟，故云「用氣」。愚謂用氣者，血、腥、爓三者皆不可食，但用其氣以歆神也。有虞氏祭禮不可考。禮運曰「薦其血、毛，腥其俎，孰其殽」，則三者之祭乃周之所因於夏、殷，而夏、殷所因於唐、虞者也。有虞氏尚氣，故於饋孰之前，先薦此三者，而後王因之而不變也。○自此以至篇終，皆明祭祀之禮。

殷人尚聲，臭味未成，滌蕩其聲。樂三闋，然後出迎牲。聲音之號，所以詔告於天地之間也。釋文：滌音狄，又同弔反。三，如字，徐息暫反。

臭味未成，謂未殺牲之先，未有血、腥，故臭未成；未合亨饋孰，故味未成也。滌蕩者，播散之意。闋，止也。殷人先求諸陽，故作樂三闋以降神，而後迎牲。樂爲陽氣，聲音之呼號，所以詔告於天地之間，與魂氣之陽相感召也。○凡正樂有四節，而降神惟三闋。大司樂：「尸出入，奏肆夏。」左傳云：「金奏肆夏之三。」是尸入奏肆夏，亦奏肆夏之三矣。蓋大饗之納賓，祭祀之納尸與降神，其事相類，故樂皆以三爲節。商頌那之篇曰：「猗與那與！置我鞉、鼓。奏鼓簡簡，衎我烈祖。」此降神之樂也。又曰：「湯孫奏假，綏我思成。鞉、鼓淵淵，嘒嘒管聲，既和且平，依我磬聲。於赫湯孫，穆穆厥聲。庸鼓有斁，萬舞有奕。我有嘉客，亦不夷懌。」此正祭之樂也。大司樂：「奏無射，歌夾鍾，舞大武，以享先祖。」歌夾鍾，升歌也。舞大武，合舞也。「奏無射」在「歌夾鍾」之上，降神之樂也。降神三闋，而但言「奏無射」，豈三奏皆用無射之調與？抑或舉其一以該其三，若尸入奏肆夏之三，而但言「肆夏」與？大司樂又云：「黃鐘爲宮，大呂爲角，大簇爲徵，應鐘爲羽，路鼓、路鼗，陰竹之管，龍門之琴瑟，九德之歌，九磬之舞，於宗廟之中奏之。」此謂大禘、大祫之樂，故「黃鐘」以下有四調，蓋其上二調亦用以降神與？若然，則大禘、大祫降神有六闋矣。疏家謂大司樂「黃鐘」以下皆爲降神之樂，然商頌言正祭之樂詳，言降神之樂畧，又大司樂言「奏無射」，則降神之樂蓋止以鐘鼓或笙管奏之，如尸入奏肆夏之比，而不升歌、合舞也。大司樂「黃鐘爲宮」以下，有琴瑟與管，則升歌、下管之器也。有九德之歌，九磬之舞，則合舞之事也。必非徒用以降神者矣。

周人尚臭，灌用鬯臭，句。鬱合鬯，句。臭陰達於淵泉。灌以圭璋，用玉氣也。既灌然後迎牲，致陰氣也。蕭合黍、稷，臭陽達於牆屋，故既奠然後焫蕭合羶、薌。凡祭慎諸此。釋文：鬱字又作「鬰」。焫，如悅反。合，如字，徐音閤。羶，依註音馨，許經反。薌音香。○鄭註：奠，或爲「薦」。○今按：羶如字。

鄭氏曰：灌，謂以圭瓚酌鬯，始獻神也。已，乃迎牲於庭殺之，天子諸侯之禮也。奠，謂薦孰時，特牲饋食禮所云「祝酌奠于鉶南」是也。蕭，薌蒿也，染以脂，合黍、稷燒之。詩云：「取蕭祭脂。」孔氏曰：饋孰有黍、稷，此云「蕭合黍、稷」，故知當饋孰時。　愚謂臭，香氣也。鬯，秬鬯也。釀黑秬黍爲酒，芬芳鬯達，故謂之鬯。灌用鬯臭，言灌地降神，用秬鬯之香氣也。鬱，鬱金，香草也。鬱合鬯，言秬鬯之酒，煮鬱金香草以和合之也。曰「臭陰」者，酒醴之質下潤也。達於淵泉，言其所達之深，而足以感乎死者之體魄也。灌用圭、璋者，灌鬯盛以玉瓚，以圭、璋爲之柄也。用玉氣者，玉氣潔潤，言非但鬱鬯是用臭，圭、璋亦用臭之義也。既灌然後迎牲，周人先求諸陰也。蕭，香蒿也。蕭合黍、稷，謂以香蒿合於黍、稷而燔之也。曰「臭陽」者，燔燎之氣上升也。達於牆屋，言其所達之高，而足以感乎死者之魂氣也。既奠然後焫蕭合羶、薌，此明焫蕭之節也。奠，謂奠爵於鉶南也。焫，燒也。薌與香同。羶、薌，牛羊腸間脂也。羊膏羶，牛膏薌，周禮庖人「春行羔豚，膳膏薌」，「冬行鱻羽〔一〕，膳膏羶」，是也。特牲禮尸未入時，設饌饗神，「祝酌奠于鉶南」。天子諸侯之祭，朝踐時事尸於堂，朝踐禮畢，尸

〔一〕「冬」，原本作「秋」，據周禮庖人改。

未入室，亦先設饌於室，而酌酒奠之，然後焫蕭合羶、薌，迎尸入室而行饋孰之禮也。焫蕭合羶、薌，并有黍稷，上言「合黍、稷」，下言「合羶、薌」，互相備也。灌用鬱鬯，所以求諸陰，焫蕭所以求諸陽，凡祭慎諸此者，周人尚臭，故於此灌與焫蕭之時尤致其慎也。○鄭氏小宰註云：「凡鬱鬯，受祭之，啐之，奠之。」此別無他據，蓋見特牲禮尸入，舉鉶南之奠觶，「祭酒、啐酒、奠觶」，遂據以推受祼之禮耳。不知鉶南之觶奠也，與祭饌並設，而在獻數之外者也，則但當啐之而已；鬱鬯之祼獻也，不與祭饌並設，而在獻數之內者也，則不但啐之而已也。宗廟之大饗，賓客之大饗，始皆有祼，其禮當相放。前「賓入門」章云：「卒爵而樂闋。」此爵卽祼獻之爵，而云「卒爵」，則尸於鬱鬯亦卒爵，賓飲卒爵而酢主人，則尸卒爵亦當酢王，但獻尸無酬爵耳。飲鬱鬯之法，見於顧命。顧命云：「王受同、瑁，三宿、三祭、三咤。」又云：「大保受同，以異同秉璋以酢。」同，爵名。蓋圭瓚口徑八寸，不可以飲，故注之於同而祭之飲之，此飲鬱鬯之法也。圭瓚受五升，既以注於同者飲之，其餘鬯在瓚，仍陳於尸前，故典瑞云：「祼圭有瓚，以肆先王，以祼賓客。」肆，謂陳之也。或言「肆」，或言「祼」，互見之爾。人君饋孰之始，鉶南之奠亦酌於瓚，（說見後。）下文所謂「舉斝、角，詔妥尸」，是也。此則尸祭之、啐之而不飲者也。

魂氣歸于天，形魄歸于地，故祭，求諸陰陽之義也。殷人先求諸陽，周人先求諸陰。

魂氣歸於天者，陽也。形魄歸於地者，陰也。故祭祀之義，求諸陰陽而已。棫樸美文王而曰「奉璋峩峩」，則殷未嘗不灌而以求諸陽爲先也。大司樂言「奏無射」、「以享先祖」，則周未嘗無降神之樂而以求諸陰爲先也。殷人先求諸陽，先作樂而後灌也。周人先求諸陰，先灌而後作樂也。祭義云「建設朝事」，「以報氣也」，則有虞氏之尚氣，亦所以求諸陽。不言者，可知也。馬氏晞孟曰：有虞氏尚氣，殷人從而文之，故尚聲；殷人既尚聲，周人從而文之，故尚臭。周人既求諸陰，又求諸陽，則知有虞氏之用氣，非不用味也；殷人先求諸陽，非不求諸陰也。謂之尚氣，謂之尚聲，謂之尚臭，皆以始言之，而其意各有所主也。

詔祝於室，坐尸於堂，用牲於庭，升首於室。直祭祝于主，索祭祝于祊。不知神之所在，於彼乎，於此乎？或諸遠人乎？祭于祊，尚曰求諸遠者與？釋文：遠人，徐于萬反。與音餘。

此因上文言「求諸陰陽」而備言求神之法也，與禮器「納牲詔於庭」一章語意大同小異。詔祝於室，謂初殺牲時，以幣告神於室，即禮器云「血、毛詔於室」也。坐尸於堂，謂既告殺，尸出坐於户西，南面，而行朝踐之禮，即禮器云「設祭於堂」也。用牲於庭，謂納牲於庭而殺之，即禮器云「納牲詔於庭」也。此時尸尚在室。升首於室，謂殺牲而升其首於室中北墉下也。此時尸出在堂，薦腥之前也。直，正也。直祭祝于主，謂正行祭禮，則祝釋辭於主也，亦禮器「設祭於堂」之事也。索，求也。索祭祝于祊，謂求神之時，則祝釋辭於門外之祊，即禮器云「爲祊於外」也。以不知神之所在，故其求之之徧如此。尚，庶幾也。自室至堂，自堂至庭，自庭至祊，而祊爲最遠，於至遠之所而無不求焉，庶幾其可以得之與？○鄭氏曰：朝事，延尸於户西，南面，布主席東面，取牲膟膋，燎于鑪炭，洗肝于鬱鬯而燔之，入以詔神於室，又出以墮于主，主人親制其肝，所謂「制祭」也。時尸薦以籩、豆，至薦孰，乃更延主于室之奧，尸來升席，自北方，坐于主北焉。　愚謂禮運疏云：「朝踐之時，尸出於室，大祖之尸坐於户西，南面，昭在東，穆在西，主皆在其右。」此註則謂「尸南面，主東面」。然尸入室時坐於主北，則尸、主同面，不應在堂時獨異。且堂上之位，以南面爲尊，不應尸南面而主反東面也。又坐於户西，謂大祖之尸也。大祖之尸、主不同面，則羣廟之尸、主或東或西，或南或北，參差淆雜，必無是禮。當以禮運疏爲是。朝踐燔膟膋，及洗肝而祭之，謂之制祭，鄭於禮器及此註皆言之。然焫蕭在饋孰時，不在朝踐，制祭乃漢禮，於經亦無所見也。說詳禮器。

祊之爲言倞也，肵之爲言敬也。富也者，福也。首也者，直也。相，饗之也。嘏，長也，大也。尸，陳也。　釋文：倞音諒。肵音祈。嘏，古雅反。相，息亮反。長，直良反，徐知兩反。○鄭註：倞，或爲「諒」。富也者，福也，或曰「福也者，備也」。直，或爲「犆」。

鄭氏曰：倞猶索也。肵也者，敬也，爲尸有肵俎，此訓也。富也者，福也，人君嘏辭有富，此訓之也。首也者，直也，訓所以升首祭也。相，謂詔侑也。詔侑尸者，欲使饗此饌也。特牲饋食禮曰：「主人拜妥尸，尸答拜，執奠，祝饗。」嘏，長也，大也，主人受祭福曰嘏，此訓也。尸或詁爲主，此尸神象，當從主訓之，言「陳」非也。　孔氏曰：特牲、少牢尸祭饌訖，祝取牢心舌，載于肵俎，設于饌北，尸每食牲體，反置于肵俎。是主人敬尸之俎也。人君嘏辭有富者，少牢云：「皇尸命工祝承致多福無疆于女孝孫，使女受祿于天，宜稼于田，眉壽萬年，勿替引之！」此是大夫嘏辭也。人君則福慶之辭更多，故詩楚茨云「永錫爾極，時萬時億」，「卜爾百福，如幾如式」，是也。直，正也。言首爲一體之正。嘏，長也，大也，尸嘏主人，欲其長久廣大也。　愚謂倞，遠也。祊也者，倞也，此因上文求諸遠之義而釋之也。
直，正也。　牲體載之尸俎者，但其右胖耳，惟首則全升之，故爲體之正。　嘏，長也，大也，言福之長久
而廣大也。　尸以象神，神無形而尸陳見，故曰「尸，陳也」。
毛、血，告幽全之物也。　告幽全之物者，貴純之道也。　血祭，盛氣也。　祭肺、肝、心，貴氣主
也。　祭黍稷加肺，祭齊加明水，報陰也。　取膟膋燔燎升首，報陽也。　釋文：齊，才細反，下「涚齊」
同。膟音律。膋，力彫反。
毛、血，謂初殺牲時取毛、血以告尸於室，所謂「血、毛詔於室」也。　血以告幽，表其內之無所傷；毛以
告全，表其外之無所雜。　純，謂內外皆善也。　血祭，盛氣，謂取血非但告幽，又所以明其氣之盛也。血
陰而氣陽，氣不可見而陰陽相資，故因血以表氣也。　祭肺、肝、心者，肺載於正俎，肝以從獻，心載於
肵俎也。　貴氣主者，肺以藏魄而爲氣主，心肝亦與肺相附著，故皆以氣主言之。　牲之五藏，惟用其三
者，蓋肺、肝、心在前，故貴之，脾腎在後，故賤之，猶貴肩賤髀之義也。　祭黍、稷，謂饋孰時也。　此所
謂祭，皆謂薦之於尸，非祭於豆間之祭，疏以「綏祭」解之，與記言「報陰」意不合。　肺有離肺，有刌肺。
離肺亦謂之舉肺，尸之所用以食者也；刌肺亦謂之祭肺，尸之所用以祭者也。　此云「加肺」，謂離肺
也。　祭齊，謂以五齊獻於尸也。　加明水，謂設五齊，以明水配之也。　膟膋，腸間脂也。　取膟膋燔燎，
卽所謂「焫蕭合羶、薌」也。升首，謂升首於室也。　魂氣爲陽，體魄爲陰。　黍稷、牲體、酒醴之屬，可以
飮食而以味饗神者也，故曰「報陰」。　燔燎、升首，不可以飮食，而以氣歆神者也，故曰「報陽」。○禮

運云：「薦其血、毛。」禮器云：「血、毛詔於室。」郊特牲云：「毛、血，告幽全之物也。」又曰：「血祭，盛氣也。」此皆謂初殺牲時，取毛、血以告於室也。而註疏或以爲在室，或以爲在堂，而祭血有二時矣。郊特牲云：「蕭合黍稷，臭陽達於牆屋，故既奠然後焫蕭合羶、薌。」又云：「取膟膋燔燎。」祭義云：「燔燎羶、薌，覵以蕭光。」此皆謂饋孰之初也。而註疏或以爲饋孰時，或以爲朝踐時，而燔燎有二時矣。禮器云：「爲祊乎外。」郊特牲云：「祊之於東方。」又云：「索祭祝于祊。」祭統：「詔祝於室而出於祊。」此皆謂正祭求神也。而註疏或以爲正祭，或以爲繹祭，而祊有二名矣。此皆先儒繆誤之說，所當辨正者也。

明水涚齊，貴新也。凡涚，新之也。其謂之明水也，由主人之絜著此水也。釋文：說，始銳反，又作「涚」。○鄭註：涚齊，或爲「汎齊」。

涚猶清也。凡酒初成必濁，以清者和而泲之，謂之涚。涚齊，謂五齊皆涚之也。新，謂明潔也。祭祀取明水於月，及涚五齊之酒，皆爲貴其明潔也。凡涚，新之也，釋涚齊之義，言主人之所以涚此酒者，致其新潔以敬鬼神也。「其謂之明水也」以下，又申明水之意。著，成也。主人齊潔，此水乃成，以見所謂新者之不徒在乎外也。

君再拜稽首，肉袒親割，敬之至也。敬之至也，服也。拜，服也。稽首，服之甚也。肉袒，服之盡也。

孔氏曰：言君所以再拜稽首，及肉袒親割，是恭敬之至極，恭敬之至極，乃是服順於親也。拜，服也，又釋「再拜」之文，拜者是服順於親也。稽首，服之甚也，釋「稽首」之文，拜既是服，稽首，首至於地，是服之甚極也。肉袒，服之盡也，釋「肉袒」之文，言心雖内服，外貌不盡，今肉袒去飾，是服之竭盡也。

祭稱「孝孫」、「孝子」，以其義稱也。稱曾孫某，謂國家也。

孔氏曰：祭稱孝孫，對祖爲言；稱孝子，對禰爲言。義，宜也。事祖、禰宜行孝道，故以義而稱孝也。國，謂諸侯。家，謂大夫。既有國家之尊，不但祭祖、禰，更祭曾祖以上，但自曾祖以上，唯稱曾孫而已，言已是曾重之孫。

祭祀之相，主人自致其敬，盡其嘉，而無與讓也。

相，謂詔侑也。敬，謂内心之肅。嘉，謂外儀之善。庾氏蔚曰：賓主之禮，相告以揖讓之儀。祭祀之禮，則是主人自致其敬，盡其善，故詔侑尸者，不告尸以讓，是其無所讓也。

腥肆、爓、腍祭，豈知神之所饗也？主人自盡其敬而已矣。釋文：肆，敕歷反。腍，而審反。○鄭註：爓，或爲「⿰月習」。

腥，腥肉也。肆，剔也，謂豚解也。士喪禮：「特豚，四鬄，去蹄，兩胉，脊。」蓋豚解有七體：殊左右肩、髀而爲四，又兩胉一脊而爲七也。腥肉用豚解之法解之，故曰「腥肆」。爓，湯沈也。腍，熟也。爓與腍，皆體解也。祭祀或進腥，或進爓，或進熟，豈知神之何所饗，但主人自盡其敬心，故備用之以祭耳。

舉斝、角，詔妥尸。古者尸無事則立，有事而后坐也。尸，神象也。祝，將命也。

鄭氏曰：妥，安坐也。尸始入，舉奠斝若奠角，祝則詔主人拜，妥尸，使之坐。尸即至尊之坐，或時不自安，則以拜安之也。天子奠斝，諸侯奠角。愚謂特牲禮祭初設饌饗神，「祝酌奠于鉶南」，「尸入，即席坐，主人拜妥尸，尸答拜，執奠，祝饗」。天子諸侯之祭，於堂上行朝踐禮畢，尸將入室，亦先於室中設饌酌奠。斝、角，所奠之爵也。斝，殷爵名。四升曰角。尸入，即席坐，舉所奠之爵，則主人拜以妥尸，此饋食未食之先也。楚茨之詩曰：「以爲酒食，以享以祀，以妥以侑。」此妥尸當饋食之節明矣。人君祭自灌獻始，饋孰乃酌奠者，蓋鉶南之奠，與祭饌俱設者也。灌獻時無饌，朝踐雖有籩、豆，而俎惟腥、爓，至合亨、饋孰，而俎、簋、籩、豆備設，於是奠觶鉶南，鄭註少牢禮謂「酒尊要成」是也。尸入舉奠，蓋以饌多不可偏執，而酒所以要饌之成，故特執之，以示其饗之之意也。祭初，尸已入室而坐，至此乃拜妥尸者，蓋灌獻一時之事耳，自饋食以至祭末，禮節多而爲時久，故恐尸之不安，而拜以安之也。少牢禮尸不執奠，避人君也。特牲禮「拜妥尸，尸答拜」，乃「執奠」，此舉斝、角乃拜妥尸，人君禮與士異也。古者尸無事則立，有事而後坐，謂夏時也。有事，謂飲食之事也。言此者，以明殷、周以來，尸即無事亦坐，所以有拜妥尸之禮也。尸，神象者，鬼神無形，立尸以象之也。祝，將命者，祝以傳達主人與神之辭命也。○禮運「醆斝及尸君，非禮也」，則斝惟天子用之。周禮鬱人：「與量人受舉斝之卒爵而飲之。」量人：「凡宰祭，與鬱人受斝歷而皆飲之。」蓋鉶南之奠，至上嗣舉奠飲之，還洗酌入，尸受祭之、啐之、奠之，祭畢，則鬱人、量人飲之。

言「舉斝之卒爵」，以見其爲上嗣所飲而復奠之爵也。歷與瀝同。言「斝歷」，以見其爲尸所祭所啐之餘也。飲奠斝之卒爵以鬱人與量人者，蓋以嗣子舉奠食肝，而量人制從獻之脯燔，與鬱人和鬱鬯，其事相成也。然則天子酌奠用鬱鬯，於此可見矣。諸侯舉角，雖於禮無考，然「斝」「角」連文，則其爲諸侯禮可知。觶止爲酬爵，而角則特牲禮用以獻尸，是角尊於觶，故少牢、特牲禮皆奠觶，而諸侯奠角也。

縮酌用茅，明酌也。

鄭氏曰：謂泲醴齊以明酌也。司尊彝曰：「醴齊縮酌。」五齊，醴尤濁，和之以明酌，藉之以茅，縮去滓也。春秋傳曰：「爾貢包茅不入，王祭不共，無以縮酒。」明酌者，事酒之上也。酌猶斟也。酒已泲，則斟之以實尊、彝。孔氏曰：三酒之中，事酒尤濁，五齊之中，醴齊尤濁，故以事酒泲醴齊也。不云「泛齊」者，與醴齊同也。愚謂周禮司尊彝：「凡六彝、六尊之酌，鬱齊獻酌，醴齊縮酌，盎齊涚酌，凡酒脩酌。」人君祭用鬱鬯、五齊、三酒，惟三酒人所共知，而鬱鬯、五齊則自禮制久廢，時人無有能知之者，故記者就司尊彝之文，釋之以曉人，此釋醴齊縮酌之義也。凡酒新成必濁，用清者和之，又用筐筥之器泲之，以去其糟滓，謂之涚；又用茅藉泲酒之器，謂之縮。五齊皆涚，而醴齊尤濁，必縮而涚之乃可酌，故曰「縮酌」。縮醴齊用茅者，取其潔白也。曰「明酌」者，言涚醴齊用事酒也。○周禮「五齊」「三酒」，鄭氏云：「泛齊者，成而滓浮，泛泛然如今宜成醪矣。醴齊，醴猶體也，成而汁滓相將，如今恬酒矣。盎齊，盎猶翁也，成而翁翁然蔥白色，如今酇白矣。醍齊者，成而紅赤，如今下酒矣。沈齊者，成而滓沈，如今造清矣。自醴以上尤濁，盎以下差清。事酒，酌有事者之酒，其酒則今之醳酒也。昔酒，今之酋久白酒，所謂舊醳者也。清酒，今中山冬釀，接夏而成。」

醆酒涗于清，

此釋司尊彝「盎齊涗酌」之說也。鄭氏曰：謂涗醆酒以清酒也。醆酒，盎齊。盎齊差清，和之以清酒，涗之而已。涗盎齊必和以清酒者，皆久味相得。孔氏曰：盎齊和以清酒而後涗之，不用茅，以其差清。醍齊、沈齊，涗之與醆酒同。

汁獻涗于醆酒，釋文：汁，之十反。獻，依註爲「莎」，素何反。

此釋司尊彝「鬱齊獻酌」之說也。鄭氏曰：謂涗秬鬯以醆酒也。獻當讀爲莎，齊語聲之誤也。秬鬯中有煮鬱，和以盎齊，摩莎涗之，出其香汁，因謂之汁獻。不以三酒涗秬鬯者，秬鬯尊也。

猶明、清與醆酒于舊澤之酒也。釋文：澤，依註讀爲醳，音亦，徐詩石反。

鄭氏曰：猶，若也。澤讀爲醳。舊醳之酒，謂昔酒也。涗醴齊以明酌，涗醆酒以清酒，涗汁獻以醆酒，天子諸侯之禮也。天子諸侯禮廢，時人或聞此而不知，云「若今明酌、清酒與醆酒，以舊醳之酒涗之矣」，就其所知以曉之也。涗清酒以舊醳之酒者，爲其味厚腊毒也。孔氏曰：作記之時，明酌、清酒與醆酒，皆涗於舊醳之酒。古禮廢亡，就今日所知，以曉古者涗酒之事。愚謂凡酒速釀則味薄，久釀則味厚。味薄者尊，味厚者卑，反古復本之義也。事酒因事而作，成最速，味最薄；昔酒爲酋久白酒，味差厚；清酒冬釀，接夏而成，味最厚。涗酒之法，皆以薄者涗於厚者，而作記時以清酒涗於舊醳之酒，則反是。蓋爲清酒味過厚，故用昔酒之稍薄涚之，以殺其毒，與他涚酒之意異也。

祭有祈焉，有報焉，有由辟焉。釋文：辟，依註作「弭」，亡婢反。○方氏辟讀婢亦反。

鄭氏曰：祈猶求也。謂祈福祥，求永貞也。報，謂若穫禾報社。由，用也。辟讀爲弭，謂弭災兵，遠罪疾也。方氏愨曰：欲彼之有予也，故有祈以求之，若噫嘻「祈穀於上帝」，載芟「祈社稷」之類是也。因彼之有施也，故有報以反之，若豐年之「秋冬報」，良耜之「秋報社稷」是也。慮彼之有來也，故有辟以去之，若月令之「磔攘」「開冰」，而用桃弧棘矢以辟去不祥是也。於辟又言「由」者，以非祭之常禮，或有所以而用之故也。然禮器言「祭祀不祈」者，彼之所言，蓋爲己耳；此之所言，主爲民也。

齊之玄也，以陰幽思也。故君子三日齊，必見其所祭者。

齊之玄，謂齊服玄冠、玄衣、玄裳也。大夫士齊服玄端、玄裳，人君玄冕、玄衣、玄裳。蓋玄者幽陰之色，陽明則發散於外，幽陰則收斂於內。君子服以稱情，齊服幽陰之色，欲使稱其服，以專思慮於親也。思慮專，故三日齊，必見其所祭者。